Angriffs-
höhe
4000

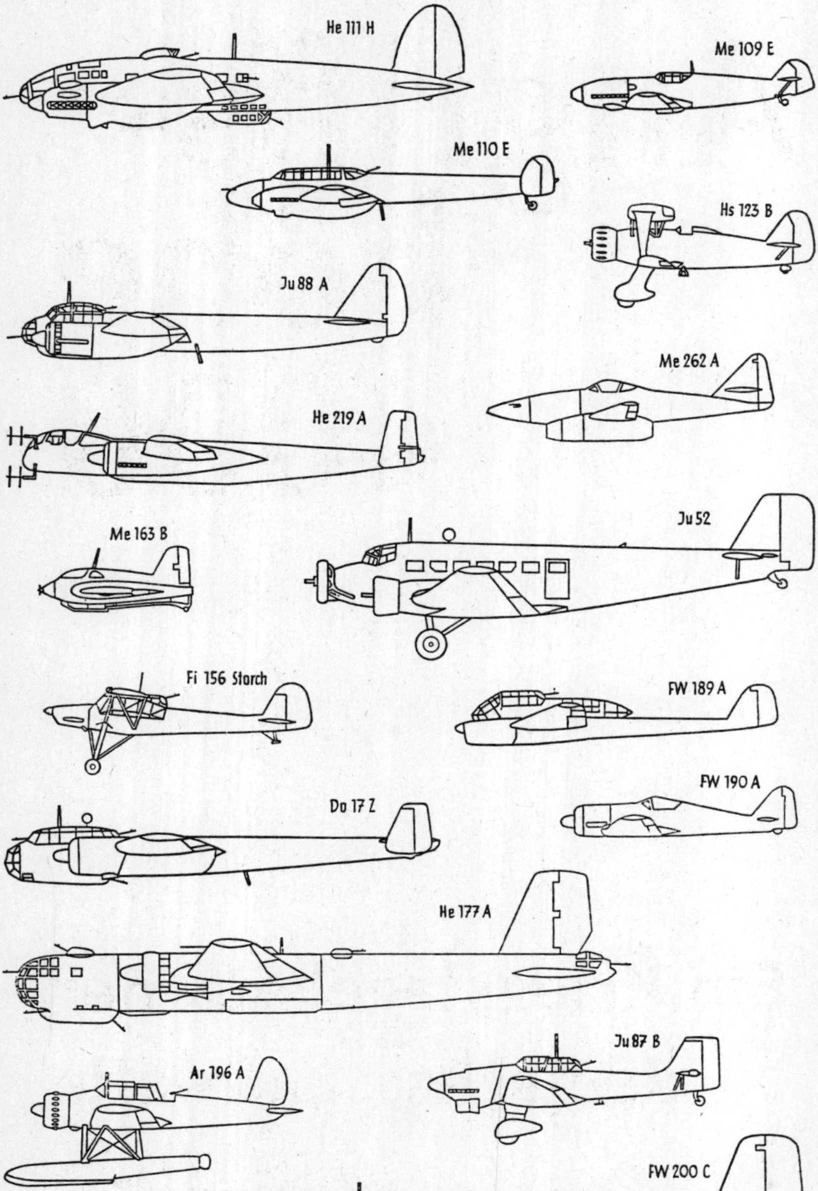
He 111 H
Me 109 E
Me 110 E
Hs 123 B
Ju 88 A
Me 262 A
He 219 A
Ju 52
Me 163 B
Fi 156 Storch
FW 189 A
FW 190 A
Do 17 Z
He 177 A
Ar 196 A
Ju 87 B
FW 200 C

Cajus Bekker

Angriffs-höhe 4000

Ein Kriegstagebuch der deutschen Luftwaffe 1939–1945

BECHTERMÜNZ VERLAG

Genehmigte Lizenzausgabe für
Weltbild Verlag GmbH, Augsburg 1998

Umschlaggestaltung: Parzhuber & Partner, München
Umschlagmotiv: Start eines Bombers der deutschen Luftwaffe zu einem nächtlichen Einsatz (vorne: AKG, Berlin); Pilot in der Kanzel eines Jagdflugzeuges der deutschen Luftwaffe (hinten; AKG, Berlin)
Gesamtherstellung: Ebner, Ulm
Printed in Germany
ISBN 3-8289-0306-1

Inhalt

Vorwort

Die Geschichte der deutschen Luftwaffe in einem Band darzustellen, ist ein gewaltiges Vorhaben. Dies mag einer der Gründe dafür sein, daß wir bis heute kein amtliches Werk darüber besitzen. Die Aufgabe anzupacken ist aber schon deshalb notwendig, um die falschen Akzente der Kriegs- und Nachkriegszeit geradezurücken.

Es lag mir daran, ein zutreffendes, im Sachlichen einwandfreies Bild der wesentlichen Ereignisse auf den Hauptschauplätzen des Luftkrieges – im Westen, in Rußland, im Mittelmeerraum und über Deutschland selbst – zu zeichnen. Dieses Bild soll vor allem gerecht sein. Vollständig sein kann es bei der Fülle der Ereignisse nicht. Doch stehen die näher geschilderten Einsätze stets stellvertretend für zahlreiche weitere, die sich ebenso oder ähnlich abgespielt haben. Die Entwicklung des Luftkrieges ist zudem in den ›Erfahrungen und Lehren‹ am Ende eines jeden Kapitels zusammengefaßt, um dem Leser unabhängig von den Einzelberichten einen allgemeinen Überblick zu geben.

Mir allein wäre es unmöglich gewesen, dieses Buch zu schreiben, hätten mir nicht ungezählte freiwillige Mitarbeiter dabei geholfen. Ihnen allen gilt mein Dank. Einzelne dieser Helfer namentlich hervorzuheben, wäre gewiß ungerecht gegenüber der großen Zahl derer, die unerwähnt bleiben müßten. Dank gebührt ebenfalls den Institutionen, Gruppen und Verbänden, die mir den Einblick in das umfangreiche dokumentarische Material ermöglicht und mir die Erfahrungen ihrer Mitglieder vermittelt haben. Hier sind in erster Linie zu nennen die Studiengruppe Luftwaffe in Hamburg-Blankenese, der Arbeitskreis für Wehrforschung in Stuttgart, der Luftwaffenring in Bremen mit den angeschlossenen Verbänden, insbesondere der Bund der deutschen Fallschirmjäger, die Gemeinschaft der Kampfflieger und die Gemeinschaft der Jagdflieger mit ihrer vorbildlichen Dokumentation.

Danken möchte ich nicht zuletzt dem Verlag und der Redaktion der Zeitschrift ›Kristall‹, die durch die Erstveröffentlichung wesentlicher Teile dieses Berichts ein breites Echo nicht nur in Deutschland, sondern bei Lesern in aller Welt hervorgerufen hat. So konnte ich in Ergänzung des dokumentarischen Materials mehrere hundert Beteiligte an den geschilderten Luftkriegsereignissen nach ihren persönlichen Eindrücken befragen, und mehrere tausend briefliche Anregungen wurden verwertet.

Es liegt in der Natur eines solchen Berichts, der in seiner Form zwischen Kriegsgeschichtsschreibung und Reportage angesiedelt ist, daß er dem einen Leser zu kritisch, dem anderen nicht kritisch genug erscheint. Der zur Verfügung stehende Raum hat ferner zu einer Auswahl der dargestellten Ereignisse gezwungen, die manchen Beteiligten nicht ganz befriedigen mag. Ich weiß sehr wohl, daß man noch viel mehr berichten könnte, mußte mich aber bescheiden. So soll dieser Bericht ein Anfang sein, dem vielleicht weiteres folgen wird.

Zur erklären ist auch, warum das Schicksal der Luftwaffe im letzten Kriegsjahr nur mehr summarisch zusammengefaßt ist. Etwa ab Mitte 1944 kämpfte die Luftwaffe an der West- und an der Ostfront in einer hoffnungslosen Unterlegenheit. Man kann nicht sagen, ihr Einsatz habe noch irgendeinen Einfluß auf den Ablauf des Kriegsgeschehens gehabt. Obwohl es gerade durch die Hektik und die allgemein wachsende Erkenntnis des nahen Zusammenbruchs zu vielen dramatischen Szenen in Führung und Truppe gekommen ist, habe ich darauf verzichtet, diese letzten Monate näher zu schildern. Die dokumentarischen Unterlagen reichen im allgemeinen nicht über das Jahr 1944 hinaus. Ich hätte mich daher auf die oft voneinander abweichenden persönlichen Erinnerungen der Beteiligten verlassen müssen. Das wollte ich nicht. Manche Soldaten, wie etwa Adolf Galland in seinem vorzüglichen Buch ›Die Ersten und die Letzten‹, haben aus ihrer Sicht selbst darüber geschrieben.

Das ist also der Grund, warum dieses Buch 1944 endet – und nicht etwa, wie man unterstellen könnte, irgendein Bemühen, über die Siege der Luftwaffe zu berichten, ihre Niederlagen aber zu verschweigen. Der Niedergang der deutschen Luftwaffe liegt bereits in ihrer Wurzel begründet, in ihrem überhasteten Aufbau, ihrem unfertigen Eintritt in den Krieg, ihren für wichtige Aufgaben fehlenden Flugzeugtypen. Daran lassen schon die Anfangskapitel keinen Zweifel.

Es mag verführerisch sein, in einer Wenn-Wäre-Hätte-Beweisführung Thesen über den Lauf der Dinge unter anderen Voraussetzungen aufzustellen. Ich glaube dieser Versuchung nicht erlegen zu sein. Nicht Vermutungen, sondern die Tatsachen sollen für sich sprechen.

Dieses Buch ist ein Bericht allein über den militärischen Verlauf des Luftkrieges. Es enthält mit voller Absicht keine moralischen Wertungen von seiten des Verfassers. Eines steht fest: Eine zutreffende Beurteilung des Kriegsgeschehens kann nicht auf rein gefühlsmäßiger Grundlage stehen. Die Überbetonung des Heldischen in der Kriegspropaganda und die ins Gegenteil umgeschlagene Nachkriegskampagne gegen alles Militärische und Soldatische, deren sich manche Publizisten noch heute befleißigen, stehen auf der gleichen Stufe: Sie vernebeln den Tatbestand, sie dienen nicht der Wahrheitsfindung.

Zunächst müssen wir wissen, was wirklich geschehen ist und wie die Zusammenhänge waren. Nur so können wir uns eine unabhängige Meinung bilden. Eine Meinung, die gewiß nicht in einer Verherrlichung des Krieges gipfeln wird. Dafür ist zuviel Leid über alle vom Krieg heimgesuchten Nationen gekommen.

So möge auch dieses Buch letztlich dem Ziel dienen, den Menschen deutlich vor Augen zu führen, daß sie trotz aller Gegensätze in Frieden miteinander leben müssen – heute mehr denn je.

Cajus Bekker

Blitz über Polen 1

1. Stichwort ›Ostmarkflug‹

25. August 1939. Ein drückend heißer Tag geht zu Ende. Die Sonne spielt noch in den alten Baumwipfeln neben Schloß Schönwald in Schlesien. Unter den Stämmen liegt schon Dämmerung. Nur von Abendfrieden kann keine Rede sein. Vor dem Schloß herrscht geschäftiges Kommen und Gehen. Kradmelder knattern den Sandweg herauf. Luftwaffen-Ordonnanzen laufen über die Treppen. Ein Kübelwagen, das taktische Zeichen einer Aufklärungsstaffel am Kotflügel, jagt in einer Staubwolke davon.

Vielleicht ist es nur der Staub, der alles verhüllt und die Szene so unwirklich macht. Dieser Staub schluckt den Lärm. Er dörrt den Männern die Kehlen aus. Schnürt ihnen den Hals zusammen. Oder ist es auch der Gedanke an morgen?

Denn morgen soll der Krieg beginnen.

Um 18.30 Uhr hat der Oberbefehlshaber der Luftwaffe, Hermann Göring, von dem bei Potsdam gelegenen Wildpark Werder aus das Stichwort gefunkt. Das Stichwort, auf das die beiden Luftflotten im Osten, die Fliegerdivisionen und Geschwader, seit Tagen mit steigender Unruhe warten. Das Stichwort, das die ›gewaltsame Lösung der polnischen Frage‹ bedeutet.

Jetzt ist es gegeben: »Ostmarkflug 26. August, 4.30 Uhr«.

Schönwald liegt hart östlich der schlesischen Kreisstadt Rosenberg, an der Straße zum zehn Kilometer entfernten Grenzübergang Grunsruh. Hier hat der ›Fliegerführer z. b. V.‹, Generalmajor Wolfram Freiherr v. Richthofen, sein Gefechtsquartier aufgeschlagen. Der lebhafte General liebt es nicht, meilenweit hinter der Front zu sitzen.

»Unsere Strippen müssen mit der Angriffsspitze der Infanterie vorgebaut werden«, sagt er.

Die Strippen – das sind die Nachrichtenverbindungen. Wenn sie nicht funktionieren, kann kein Kommandeur seine Truppe führen. Und es war eine der wichtigsten Spanien-Erfahrungen der deutschen Luftwaffe, daß es mit den Strippen meist nicht klappte.

Richthofen war gegen Ende des spanischen Bürgerkrieges Befehlshaber der Legion Condor gewesen. Auch sein jetziger Stab war fast ausnahmslos seit den Tagen der Legion auf ihn eingespielt. Das gab ihm seine Sonderstellung: Von allen Führungsstäben im Luftwaffenaufmarsch gegen Polen besaß allein der Fliegerführer z. b. V. frische Fronterfahrung. Erfahrung vor allem darin, wie vorgehende Heerestruppen wirkungsvoll, ja entscheidend aus der Luft unterstützt werden können.

Genau das ist Richthofens Aufgabe. Seine Nahkampf-Fliegerverbände – vier Stukagruppen, eine Schlachtflieger- und eine Zerstörergruppe – sollen der aus Schlesien antretenden 10. Armee eine Bresche in die polnischen Grenzbefestigungen schlagen. Und dann sollen seine Verbände helfen, den Panzerkeil dieser Stoßarmee direkt auf Warschau vorzutreiben.

Deshalb will Richthofen mit seinem Stab der kämpfenden Front ›auf Tuchfühlung‹ folgen. Morgens schon will er seinen Gefechtsstand dort haben, wo noch nachts gekämpft worden ist. Und deshalb muß das mit den Strippen klappen. Der General ist voller Skepsis. Das Luftgaukommando hatte sich um die Nachrichtenlinien zu kümmern. Jetzt weiß kein Mensch Bescheid.

»Passen Sie auf, Seidemann«, sagt Richthofen zu seinem Ia, »wenn jetzt noch was umgeworfen wird für morgen früh, kriegen wir die Meldungen nicht mehr durch.« Die Uhren zeigen wenige Minuten vor acht. Richthofen ahnt nicht, wie schnell die Ereignisse des Abends seine Befürchtungen bestätigen werden.

Unten an der Grenzstraße nach Grunsruh steht der Oberbefehlshaber der 10. Armee, General der Artillerie von Reichenau, mit seinem persönlichen Ordonnanzoffizier, Major Wietersheim. Seit einer halben Stunde rollen die motorisierten Verbände an ihnen vorbei nach Osten.

Schloß Schönwald liegt mitten im Aufmarschgebiet des XVI. Armeekorps. Und das XVI. Korps, geführt von Generalleutnant Hoepner, bildet die Speerspitze der 10. Armee. Seine beiden Panzerdivisionen, die 1. und die 4., sollen morgen früh um 4.30 Uhr auf einer Frontbreite von nur wenigen Kilometern über die Grenze hervorbrechen. Sie sollen die Überraschung und Verwirrung des Gegners nutzen. Sollen nicht rechts und nicht links schauen, sondern tief ins Land hinein vorstoßen. Vorbei an den polnischen Bunkerlinien bei Lublinitz im Süden, vorbei an den Befestigungen vor Wielun im Norden. Vorbei auch am Industriegebiet von Tschenstochau. Direkt auf die Warthe-Übergänge bei Radamsko zu (siehe Karte auf Seite 44).

Der Fliegerführer hat sein Quartier also mit Bedacht ausgesucht. Richthofen tut ein zweites: Er bittet den Oberbefehlshaber der 10. Armee, sein persönliches Quartier ebenfalls in Schönwald zu nehmen. Reichenau nimmt dankend an, denn das Schloß ist von seinen Besitzern, der Familie von Studtnitz, mit erlesenem Geschmack eingerichtet.

Besser konnte Richthofens ›Prinzip der engen Tuchfühlung‹ kaum verwirklicht werden. Heerführer und Fliegerführer wohnen unter demselben Dach. Tür an Tür der General, dessen Panzer morgen früh angreifen, und der General, dessen Stukas diesen Panzern den Weg ebnen werden.

Es ist kurz nach 20 Uhr. Reichenau und Richthofen stehen gemeinsam am Tor. Endlos die Fahrzeugkolonnen, die an ihnen vorbeiziehen. Plötzlich taucht Oberstleutnant Hans Seidemann auf, ganz außer Atem.

»Melde gehorsamst, Herr General: ›Ostmarkflug‹ findet morgen nicht statt!«

Sprachlos starrt Richthofen seinen Ia an.

»Die Meldung ist gerade von der 2. Fliegerdivision durchgekommen«, erklärt Seidemann. »Auf Befehl des Führers dürfen die Feindseligkeiten am 26. August nicht eröffnet werden. Der Aufmarsch läuft weiter.«

Richthofen schnauft durch die Nase: »Da haben wir den Salat. Nun aber 'raus mit dem Haltebefehl, Seidemann. Und zwar doppelt und dreifach. Draht, Funk, Melder. Umgehende Bestätigung verlangen. Daß uns bloß keiner losschlägt morgen früh. Keine einzige Maschine. Sonst sind wir noch am Kriegsausbruch schuld!«

Richthofen entschuldigt sich bei Reichenau und hastet davon. Im Funkwagen und in den Nachrichtenzelten neben dem Schloß herrscht Hochbetrieb. Befehle werden verschlüsselt. Fernsprecher rufen nach einer Verbindung. Und draußen jagen die Melder los.

Richthofens Gruppen und Staffeln sind erst im Laufe des heutigen Nachmittags auf ihre Einsatzplätze vorgezogen worden. Von einigen liegt noch keine Meldung vor. Er weiß nicht, wo sie stecken. Die Plätze liegen natürlich viel zu weit auseinander und zu weit hinter der Front. Man hat sich in der Heimat den Teufel um seine Erfahrungsberichte aus Spanien gekümmert.

Oberst Günter Schwartzkopffs Stukageschwader 77 ist mit seinen zwei Gruppen in Neudorf westlich von Oppeln eingefallen, die beiden Stukagruppen des Lehrgeschwaders 2 unter seinem Kommodore, Oberst Baier, in Nieder-Ellguth am Steinberg.

Weit vom Schuß liegt Major Werner Spielvogels Schlachtgruppe, die II./LG 2, in Altsiedel. Diese Gruppe fliegt die brennstoffschwachen Henschel-Doppeldecker Hs 123, deren Eindringtiefe kaum mehr als 130 Kilometer beträgt.

»Wenn Spielvogel mit seinen Krähen von Altsiedel aus endlich an der Front ist, hat er schon fast den halben Sprit verbraucht«, schimpft Richthofen und befiehlt, gleich morgen wenigstens einen Gefechtslandeplatz für die Schlachtgruppe in Alt-Rosenberg, dicht hinter der Grenze, einzurichten.

Schließlich ist da noch die I. Gruppe/Zerstörergeschwader 2 unter Hauptmann Genzen in Groß Stein südlich Oppeln. Wird der Haltebefehl sie alle rechtzeitig erreichen?

Gegen 20.30 Uhr steckt der OB, General von Reichenau, seinen Kopf zur Tür herein. »Na, mein Lieber«, sagt er gutgelaunt, »dann werden wir die Schlacht wohl doch ohne die Luftwaffe schlagen müssen.«

Richthofen sieht ihn fragend an.

»Ich habe jedenfalls keinen Haltebefehl«, sagt Reichenau, »ich marschiere!«

Seit Stunden hat der OB keine Verbindung mehr mit seinem Chef des Stabes, Generalmajor Paulus, der in Turawa, in den Wäldern nordöstlich von Oppeln, sitzt. Aber die Truppenbewegungen unten auf der Straße gehen eindeutig weiter nach Osten. Die wissen also auch noch nichts. Und Reichenau weigert sich entschieden, ohne direkten Befehl an ihn irgend etwas zu unternehmen, was dem Vormarsch Halt geböte.

In dieser verfahrenen Lage bietet Richthofen dem OB an, über das Luftwaffen-Funknetz eine direkte Anfrage an Berlin zu richten. Reichenau ist einverstanden. Wenig später – es ist bald 21 Uhr – jagt ein seltsamer Funkspruch durch den Äther:

»Fliegerführer z. b. V. bittet für OB 10. Armee um Auskunft, ob Haltebefehle auch für 10. Armee gelten.«

Der Spruch läuft auf dem Dienstweg: vom Fliegerführer zur 2. Fliegerdivision. Von dort zur Luftflotte 4. Und schließlich zum Oberbefehlshaber der Luftwaffe. Die Nachrichtenoffiziere, die ihn entschlüsseln, trauen ihren Augen kaum.

Die Zeit verrinnt. 21.30 Uhr: Immer noch rasseln Panzer am Schloß Schönwald vorbei ostwärts.

22 Uhr: Jetzt wälzen sich die Marschkolonnen der Infanterie über die Straße zur nahen Grenze.

22.30 Uhr: Der Fliegerführer atmet auf. Die letzten ihm unterstellten Verbände haben gemeldet, daß sie den Haltebefehl bekommen haben. Aber die Infanterie hat offenbar keinen Schimmer. Unbeirrt rückt sie vor.

Endlich, eine Stunde vor Mitternacht, trifft die Funkantwort aus Berlin ein. Der Ob. d. L. bittet, General von Reichenau im Auftrag des OKW darauf hinzuweisen, daß die Anhaltebefehle auch für die 10. Armee gelten.

Fast gleichzeitig stockt unten auf der Straße der Vormarsch. Und kurz nach Mitternacht beginnen die Regimenter zurückzurollen.

Nun klärt sich auch, warum der Armee-Oberbefehlshaber nicht früher unterrichtet worden ist. Die Armee hatte den Widerruf des Angriffsbefehls von der Heeresgruppe Süd am frühen Abend erhalten. Aber Reichenau war schon in sein vorgeschobenes Quartier vorausgefahren. Und der Draht zwischen dem Armeestab in Turawa und seinem OB in Schönwald blieb den ganzen Abend gestört. Auch Melder kamen nicht durch.

Generalmajor Paulus hatte in Turawa alle Hände voll damit zu tun, den Haltebefehl an die Korps durchzubringen. Denn von dort mußte er weiter zu den Divisionen. Von dort zu den Regimentern. Zu den Abteilungen, Bataillonen und Kompanien ganz vorn an der Grenze. Und vor allem zu den Stoßtrupps, die sich mit Sonderaufträgen schon von Mitternacht an, vier Stunden vor der allgemeinen Angriffszeit, hinter die feindlichen Linien schleichen sollten.

Paulus nahm zu Recht an, daß sein OB wohl nicht allein den Krieg eröffnen würde, wenn die Armee zuvor geschlossen kehrtmachte. Deshalb unterrichtete er die Truppe zuerst. Trotzdem wäre es ein Wunder zu nennen, wenn in den wenigen Stunden auch der letzte Mann vorn an der Grenze erführe, daß er nicht losschlagen darf.

Um ein Haar wäre das Wunder Wirklichkeit geworden. Im ganzen Bereich der 10. Armee gab es nur einen Stoßtrupp, der nichts von dem neuen Haltebefehl erfuhr. Dieser Stoßtrupp lag vor der Front der 46. I. D., gegenüber den polnischen Bunkerstellungen bei Lublinitz.

Noch in der Nacht fühlte er, entsprechend seinem Auftrag, auf Feindgebiet vor. Um 4.30 Uhr eröffneten die dreißig Mann das Feuer auf die Polen. Jeden Augenblick mußten ja die deutschen Bataillone von der Grenze her vorstürmen und den Gegner in die Zange nehmen. Aber an der Grenze blieb alles ruhig. Der Stoßtrupp wurde zusammengeschossen.

Und noch ein Fall ist bekanntgeworden. Am rechten Flügel der Heeresgruppe Süd, bei der 14. Armee des Generalobersten List in der Slowakei, wurde im Handstreich ein Eisenbahntunnel besetzt: eine wichtige Verbindung für den Nachschub, wenn der deutsche Angriff erst einmal rollte. Der Stoßtrupp mußte zurückgerufen, der Tunnel aufgegeben werden. Kaum hatten die Polen ihn wieder in Besitz genommen, sprengten sie ihn und machten ihn unpassierbar.

Mit diesen beiden ›Pannen‹ ging die geplante Überraschung verloren. Genauso die letzten Zweifel der Polen, ob die Deutschen angreifen würden.

In den nächsten Tagen stellte die deutsche Luftaufklärung fest, daß der Gegner auf allen Straßen und Bahnlinien Verstärkungen in die Grenzprovinzen warf. Das war die Folge des in letzter Stunde abgeblasenen deutschen Angriffs. Von einem Tag zum anderen mußte der Gegner viel stärker eingeschätzt werden.

Reichenau und Paulus waren gezwungen, den Angriffsplan für die 10. Armee völlig umzukrempeln. Panzer und motorisierte Verbände wurden in die zweite Linie zurückbefohlen. Jetzt marschierte die Infanterie nach vorn. Sie sollte die Grenze aufreißen und Breschen schlagen. Dann erst konnten die Panzer in die Tiefe des Raumes stoßen. Was vorher als Überraschungsschlag möglich schien, mußte nun hart erkämpft werden.

Auch die anderen deutschen Armeen gruppierten in aller Eile ihre Kräfte um. Das grundsätzliche Operationsziel blieb jedoch von solchen taktischen Verschiebungen unberührt. Der Oberbefehlshaber des Heeres beabsichtigte, »einer geordneten Mobilmachung und Versammlung des polnischen Heeres zuvorzukommen und die westlich der Weichsel-Narew-Linie zu erwartende Masse des Gegners durch konzentrischen Angriff aus Schlesien einerseits, aus Pommern/Ostpreußen andererseits, zu zerschlagen«.

Alles hing davon ab, ob die Zange mit ihren gewaltigen Armen rechtzeitig geschlossen werden konnte. Rechtzeitig, um der Masse der polnischen Armee das Ausweichen über die Weichsel in die Tiefe des ostpolnischen Raumes zu verwehren. Dann steckten die Polen in einem riesigen Kessel. Und die Entscheidungsschlacht konnte westlich der Weichsel geschlagen werden.

Dieser Feldzugsplan baute darauf, daß die deutsche Luftwaffe erstens den Himmel über Polen beherrschte.

Er setzte zweitens voraus, daß deutsche Bomber die Straßen und Schienenstränge im feindlichen Hinterland unterbrechen könnten, wann und wo immer es von der Führung verlangt wurde. Und drittens rechnete er mit der Luftwaffe im Höhepunkt der Schlacht: Kampf- und Sturzkampfflugzeuge, Zerstörer und Jäger sollten sich nahezu pausenlos auf den Gegner stürzen. Sie sollten ihm Stunde um Stunde den Gedanken einhämmern, daß es nur einen Ausweg gebe: die Kapitulation.

Erstmals in der Geschichte wurde Fliegern eine so schlachtentscheidende Rolle zudiktiert. Erstmals trat aber auch eine in sich geschlossene, völlig selbständige Luftwaffe in einen Krieg ein.

Erfüllte sie die hohen Erwartungen, die in sie gesetzt wurden? War sie schon stark genug, um überall zur Stelle zu sein – im Luft- und im Erdkampf, im Hinterland und an der Front?

Wie stark war die deutsche Luftwaffe wirklich? Gleich nach dem Polenfeldzug verbreitete sich die Legende von ihrer überwältigenden Stärke, ihrer zermalmenden Kraft über den ganzen Erdball. Eine geschickte deutsche Propaganda tat alles, um diese Meinung aufrechtzuerhalten. Und sie hatte Erfolg damit. Nicht nur im Kriege, sondern noch lange nach dem Zusammenbruch Deutschlands, ja eigentlich bis auf den heutigen Tag.

Zwei Beispiele von vielen: In der 1945 verfaßten kriegsgeschichtlichen Studie ›The War in Poland‹ der amerikanischen Militärakademie West Point heißt es:

»Im Sommer 1939 hatte Deutschland sein Ziel erreicht, die stärkste Luftwaffe der Welt zu besitzen. Durch zivile und militärische Ausbildung hatte es nahezu 100000 Reservepiloten. Die Produktion wurde auf etwa 2000 Flugzeuge pro Monat geschätzt. Deutschland besaß eine Luftstreitmacht von 7000 Frontflugzeugen, die in vier Luftflotten eingeteilt waren.«

In der heute gültigen Ausgabe der mehrbändigen Geschichte der ›Royal Air Force 1939–1945‹ wird die Stärke der deutschen Luftwaffe am 3. September 1939, dem Tage der britischen Kriegserklärung, sogar ganz genau mit 4161 Frontflugzeugen (First-line Aircraft) angegeben.

Und die tatsächlichen Zahlen? Das einzig zuverlässige Dokument über die wirklich einsatzbereiten Flugzeuge, die tägliche Stärkemeldung des Generalquartiermeisters beim Ob. d. L., spricht eine ganz andere Sprache. Die ›operative Luftwaffe‹ war im Polenfeldzug in der Luftflotte 1 ›Ost‹ unter General der Flieger Albert Kesselring und der Luftflotte 4 ›Südost‹ unter General der Flieger Alexander Löhr zusammengefaßt. Beide Flotten verfügten am 1. September 1939 über nicht mehr als 1302 Flugzeuge (Iststärke).

Außerdem flogen im Osten 133 Maschinen, die dem Ob. d. L. unmittelbar unterstellt waren; neben zwei Kampfstaffeln für Sondereinsätze nur Aufklärer, Wetterflugzeuge und Transportmaschinen.

31 Aufklärungs- und Kurierstaffeln mit 288 Flugzeugen waren an das Heer abgegeben.

Schließlich kann man noch die Jäger der Heimatluftverteidigung Ost aufführen, obwohl sie in den Luftkrieg über Polen nur vereinzelt am Rande eingegriffen haben: in den Luftgauen I Königsberg, III Berlin, IV Dresden und VIII Breslau insgesamt 24 Jagdstaffeln mit 216 Maschinen.

Alles in allem und bei großzügiger Rechnung hat die Luftwaffe also 1929 Flugzeuge gegen Polen aufgeboten. Davon waren nur 897 ›Bombenträger‹, also Kampf-, Sturzkampf- und Schlachtflugzeuge, die den eigentlichen Angriff aus der Luft führten.

Göring hatte zwei Drittel seiner gesamten Streitkräfte in den Osten geworfen. Mit dem restlichen Drittel, das im Westen Wache hielt, verfügte er am 1. September über ganze 2775 Frontflugzeuge aller Art. Nur 1182, rund 40 Prozent, waren ›Bombenträger‹.

Die nüchterne Sprache der Zahlen läßt drei Folgerungen zu:

Die Luftwaffe war zu Beginn des Krieges wesentlich schwächer als allgemein angenommen.

Sie war keineswegs eine reine Angriffswaffe.

Sie taugte in diesem frühen Aufbaustadium, in dem Hitler den Krieg vom Zaun brach, allenfalls für einen kurzen und auf *eine* Front beschränkten ›Blitzkrieg‹.

Aber nicht Flugzeugzahlen allein machen den Wert oder gar die Überlegenheit einer Luftwaffe aus. Nicht einmal die modernere Technik ist allein entscheidend. Noch drei Monate vor Kriegsausbruch, Ende Mai 1939, warnte Oberst i. G. Hans Jeschonnek, der Generalstabschef der deutschen Luftwaffe:

»Täuschen wir uns nicht, meine Herren: Jeder Staat will den anderen in der Luftrüstung überflügeln. Aber alle stehen etwa auf dem gleichen Niveau. Ein technischer Vorsprung ist auf die Dauer nicht zu halten!«

Das sind ketzerische Worte im Deutschland von 1939. Jeschonnek vertritt diese Ansicht vor einem geladenen Kreis hoher Militärs aller drei Wehrmachtteile, die unter der Tarnung ›Generalstabsreise Schlesien‹ zu einer Offiziertagung ins verträumte Bad Salzbrunn, westlich von Oppeln, befohlen worden sind.

Mit seiner Warnung vor einer allzu optimistischen Einschätzung des zahlenmäßigen und technischen Übergewichts der deutschen Luftwaffe verfolgt Jeschonnek ein ganz bestimmtes Ziel: »Aber da ist die Lufttaktik. Da ist alles noch so jung, so neu. Da können wir zu Überlegungen kommen, die uns eine Überlegenheit über den Gegner sichern.«

Diese Gedanken bestimmen denn auch die anschließenden Diskussionen der Studiengruppen, die Kommandeurbesprechungen und die Planspiele in Bad Salzbrunn. Die Taktik der Luftwaffe erhält ihren letzten Schliff für den bevorstehenden Krieg. Vor allem die simple Frage »Was machen wir mit unseren 800 Stukas und Bombern?« wird in ungezählte Einzelfragen zerlegt.

Wie soll zum Beispiel der gemeinsame Angriff einer Kampf- und einer Sturzkampfgruppe auf das Ziel Nr. 1076, den Flugplatz Warschau-Okecie, zeitlich abrollen? Zweifellos können die in ihrer Angriffsweise völlig verschiedenen Horizontal- und Sturzbomber nicht gleichzeitig zuschlagen.

Aber wer zuerst? Die Stukas, damit sie klare Sicht auf die wichtigsten Punktziele haben? Die Hochbomber, um die feindliche Luftabwehr anzuschlagen, damit die Stukas leichteres Spiel haben? Können Zerstörer die feindliche Flak niederhalten? Wie sollen sie es machen, um die eigenen Stukas zu schützen und dennoch ihren Angriff nicht zu behindern?

Das sind einige wenige Fragen von Tausenden. »Die Taktik ist noch so jung, so neu.« Die einzigen Erfahrungen stammen von der ›Legion Condor‹ aus Spanien. Und die Zeit drängt. Schon hat Hitler vor den Chefs der Wehrmachtteile seine Absicht bekanntgegeben, »bei erster passender Gelegenheit Polen anzugreifen«*. Aber noch glaubt niemand, daß dies schon so bald sein könne.

»Unsere Schwächen in der Ausbildung, Ausrüstung und Einsatzbereitschaft waren nur zu gut bekannt und wurden pflichtgemäß immer wieder nach oben gemeldet«, schreibt der Chef des Generalstabes der Luftflotte 1, Oberst i. G. Helm Speidel. Wenige Wochen später, am 22. August, ist Speidel unter den Spitzen der Wehrmacht, denen Hitler auf dem Obersalzberg seinen Entschluß begründet, jetzt sofort gegen Polen loszuschlagen.

»Gleich vielen anderen Offizieren«, vertraut Speidel seinem Tagebuch an, »verließ ich die Führerbesprechung in unverkennbarer Bestürzung.« Noch am gleichen Nachmittag bezieht der Luftwaffen-Führungsstab seinen Gefechtsstand im Arbeitslager Wildpark Werder bei Potsdam.

Am 24. August nachmittags gibt Göring das Stichwort »Unterstellungsverhältnis Weiß«. Die für den Poleneinsatz vorgesehene Gliederung tritt in Kraft. Bis zum 25. August verlassen alle Gruppen und Geschwader ihre Friedensstandorte und fallen auf ihren Einsatzhäfen ein.

* Aus dem stenografischen Bericht über die Ausführungen Hitlers vor den Oberbefehlshabern der drei Wehrmachtteile, ihren Generalstabschefs sowie acht weiteren Offizieren am 23.5.1939 in der Reichskanzlei in Berlin. Für die Richtigkeit der Wiedergabe unterzeichnet von Oberstleutnant d. G. Schmundt. Alle in diesem Buch zitierten Aussprüche, Befehle u. ä. stützen sich auf authentische Unterlagen, auch wenn sie, dem populären Charakter des Werkes entsprechend, nicht einzeln durch Quellenangaben belegt werden.

Am Nachmittag und Abend des 25. August kommt es zu dem schon beschriebenen dramatischen Vorspiel. ›Ostmarkflug‹ wird für den nächsten Morgen befohlen und wenige Stunden später wieder abgeblasen.

Und dann sechs Tage Warten. Sechs Tage, die zugleich eine Qual sind und doch die große Hoffnung bedeuten. Die Hoffnung auf eine friedliche Beilegung des Konflikts. Speidel: »Wir glauben immer noch, daß es dem Führer gelingen wird, durch Verhandlungen der Vernunft zum Siege zu verhelfen.«

Am 25. August gibt Englands Premierminister den Abschluß eines weiteren Beistandspaktes London–Warschau bekannt.

Selbst Hitler kann nun nicht mehr mit einem ›schwächlichen Stillhalten‹ Englands rechnen. Aber er ist zu sehr in seinen Angriffsplan verrannt. Zuviel Unwahrscheinliches ist ihm in den letzten Jahren gelungen. Er will keinen Schritt zurück.

Am 31. August, 12.40 Uhr, beendet die »Weisung Nr. 1 für die Kriegführung« das sechstägige Warten. Vorbei ist die Qual, betrogen die Hoffnung.

Vom 1. September an ist Krieg. Angriffszeit: 4.45 Uhr.

Oberleutnant Bruno Dilley, Führer der 3. Staffel im Stukageschwader 1, starrt angestrengt aus der Kabine seiner Ju 87 B. Er versucht immer wieder, sich zu orientieren. Nebelfetzen verdecken ihm ringsum die Sicht.

Dilley kommt dieser Flug wie ein Alptraum vor. Doch der Steuerknüppel ist wirklich da. Vorn vor der Kabine dröhnt der Junkers-Motor. Und hinter ihm, Rücken an Rücken, sitzt sein Funker, Oberfeldwebel Kather, und versucht, die anderen beiden Maschinen der Kette nicht aus den Augen zu verlieren.

Gestern noch hätte Dilley jeden für verrückt erklärt, der ihm einen solchen Tiefflug bei Nebel zugemutet hätte. Dilley ist ausersehen, den ersten Luftangriff dieses Krieges zu fliegen, die erste scharfe Bombe ins Ziel zu werfen.

Der deutsche Operationsplan wollte eine rasche Verbindung zwischen Ostpreußen und dem Reich herstellen. Der Nachschub für die 3. Armee sollte so schnell wie möglich über den Schienenweg laufen. Dabei gab es einen besonders gefährdeten Engpaß: die Weichselbrücke bei Dirschau. Diese Brücke durfte nicht gesprengt werden.

Eine Kampfgruppe des Heeres, geführt von Oberst Medem, sollte von Marienburg aus mit einem Panzerzug vorstoßen, die Brücke im Handstreich nehmen und sichern. Die Luftwaffe hatte die Polen durch wiederholte Angriffe niederzuhalten. Sie sollte verhindern, daß der Feind die Brücke sprengte, ehe Medem heran war.

Das ist Dilleys Auftrag. Nicht die Brücke soll er treffen, sondern die Zündstellen für die vorbereitete Sprengung, dicht neben dem Bahnhof. Ein winziges Ziel. Ein Punkt auf dem Stadtplan, sonst nichts.

Tagelang haben sie diesen Angriff auf ein Ersatzziel in der Nähe ihres Fliegerhorstes Insterburg geübt. Außerdem sind sie mehrmals mit dem D-Zug Berlin–

Königsberg über die Dirschauer Brücke gefahren und haben festgestellt, daß die Zündleitungen an der Südböschung des Bahndamms zwischen Bahnhof und Brücke entlanggeführt sind. Darauf bauen sie ihren Plan: Sie werden im Tiefflug angreifen und die Bomben aus kürzester Entfernung in den Bahndamm hineinsetzen!

Gestern sind sie für diesen Sonderauftrag von Insterburg nach Elbing vorverlegt worden. Und nun heute morgen dieser Nebel. In kaum 50 Meter Höhe hängt er über dem Platz und wischt mit seinen Fetzen sogar über den Erdboden.

Dilley wagt es trotzdem. Von Elbing bis Dirschau ist es nur ein Katzensprung. Acht Minuten Flugzeit. Der Staffelkapitän selbst fliegt die erste Maschine. Leutnant Schiller die zweite, und die dritte ein erfahrener Unteroffizier.

Um 4.26 Uhr starten sie in die Morgendämmerung hinein, schwenken nach Süden und jagen dicht über den Baumwipfeln durch Nebelfetzen dahin.

4.30 Uhr, genau eine Viertelstunde vor dem ›offiziellen‹ Beginn des Krieges: Voraus kommt für Augenblicke das dunkle Band der Weichsel in Sicht. Schon dreht Dilley nach Norden ein und folgt dem Fluß. Jetzt weiß er, daß er die Brücke nicht mehr verfehlen kann. Entgegen seinen Befürchtungen sieht er sie schon von weitem. Die mächtige Stahlkonstruktion ist unverkennbar.

4.34 Uhr: Das Land ringsum scheint noch im tiefsten Frieden zu liegen. Aber drei Stukas jagen zehn Meter über dem Erdboden gegen den Bahndamm links von der Dirschauer Brücke. Drei Stukas, jeder mit einer 250-Kilo-Bombe unter dem Rumpf und mit vier 50-Kilo-Bomben unter den Tragflächen.

Kurz vor dem Damm drückt Dilley die Auslöseknöpfe, reißt die Maschine hoch und ist schon mit einem mächtigen Satz über die Bahn hinweg, als drüben auf der Anflugseite die Bomben explodieren. Die beiden anderen Maschinen folgen links und rechts gestaffelt. Auch ihre Bomben liegen im Ziel.

Das war der erste Stuka-Angriff des zweiten Weltkrieges, geflogen eine Viertelstunde vor der x-Zeit.

60 Minuten später wagt eine Staffel der III./KG 3 von Heiligenbeil aus den Start ins Ungewisse. Auch diese Staffel mit ihren Horizontalbombern Do 17 Z hat über Dirschau Bodensicht, lädt ihre Bomben aus größerer Höhe ab und meldet Brände in der Stadt.

Doch inzwischen wird der Panzerzug des Oberst Medem aufgehalten. So gelingt es den Polen, die zerfetzten Zündleitungen in fieberhafter Eile zu flicken. Um 6.30 Uhr, lange ehe die Deutschen heran sind, knickt eine der beiden Brücken unter der Gewalt der Sprengung zusammen und stürzt in die Weichsel.

Der erste Angriff der Luftwaffe hat, obwohl an sich erfolgreich, seinen Zweck nicht erfüllt.

Noch eine weitere Legende muß fallen. Diese Legende erzählt, der Polenfeldzug und mit ihm der zweite Weltkrieg seien in der Frühe des 1. September 1939 mit einem gewaltigen Angriffsschlag der Luftwaffe eröffnet worden.

Davon stimmt, daß die Gruppen und Geschwader auf ihren Einsatzhäfen im Osten bereitlagen. Fertig gewartet, betankt und mit Bomben beladen. Zwar keine 7000, auch keine 4000, aber immerhin 897 ›Bombenträger‹ und gut noch einmal so viel Zerstörer, Jäger und Aufklärer.

Ferner stimmt, daß sie alle ihre Einsatzziele kannten, daß sie ganze Mappen erstaunlich genauer Zielunterlagen mitführten. Aber der große Angriffsschlag konnte nicht stattfinden. Zumindest nicht in der Frühe des 1. September, zur befohlenen Zeit. Der große Schlag erstickte im Nebel.

Man könnte es einen Modellfall für den zweiten Weltkrieg nennen. Monatelang wird der Großeinsatz geplant. Hunderte von Generalstäblern setzen ihr ganzes Können in die Ausarbeitung der Einzelheiten. Tausende stehen bereit, den Plan in die Tat umzusetzen. Aber dann macht ihnen das Wetter einfach einen Strich durch die Rechnung.

Von der ganzen Luftflotte 1 gelingt bis 6 Uhr früh nur vier Kampfgruppen der Absprung von ihren Häfen. Am Vormittag kommen noch zwei Gruppen dazu. Sie sind froh, wenn sie überhaupt ein Ziel finden.

Auch Göring muß abblasen. Schon um 5.50 Uhr läßt er an die Luftflotten funken: »Wasserkante findet heute nicht statt.«

›Wasserkante‹ ist der für den Nachmittag vorgesehene zusammengefaßte Angriff aller Geschwader auf die polnische Hauptstadt. 200 Meter über Warschau beginnen die Wolken; und darunter reicht die Sicht nicht einmal einen Kilometer weit.

Bei der Luftflotte 4 im Süden herrscht besseres, wenn auch kein ideales Flugwetter. Es ist noch dunkel, als Generalmajor v. Richthofen das kurze Stück vom Schloß Schönwald zur Grenze fährt. Die Uhr zeigt ein paar Minuten nach halb fünf. In weniger als einer Viertelstunde wird die Grenze zur Front werden.

Mit abgeblendeten Scheinwerfern rollt der Kübelwagen des Fliegerführers an den endlosen Kolonnen der Infanterie vorbei. Dann hält er an einem Arbeitslager. Von hier hat Richthofen noch einen Kilometer Fußweg zu seinem Gefechtsstand dicht südlich des Grenzübergangs Grunsruh. Sein Ordonnanzoffizier, Oberleutnant Beckhaus, begleitet ihn.

Auf halbem Wege knattert nahebei Infanteriefeuer. Weiter im Norden grummelt Artillerie.

»Genau 4.45 Uhr, Herr General«, meldet Beckhaus. Richthofen nickt. Er ist stehengeblieben und lauscht in die Nacht.

»Diese ersten Schüsse machten mir besonderen Eindruck«, schreibt er später in sein persönliches Tagebuch. »Jetzt muß es also doch ernst werden. Dachte bisher nur an einen rein politischen oder an einen ›Blumenkrieg‹. Denke an Frankreich und England und glaube nicht mehr an eine politische Schlichtungsmöglichkeit des großen, nunmehr beginnenden Geschehens. Die Viertelstunde Marsch im Dunkeln zum Gefechtsstand macht ernsthafte Sorgen für die Zukunft. Als mir Seidemann den Gefechtsstand meldet, ist alles überwunden. Und es gibt nur noch den sachlichen, den befohlenen Krieg...«

Langsam dämmert der Morgen. Das Wetter ist dunstig. Nebelfelder kleben am Boden.

»Kein gutes Flugwetter«, sagt der Ia, Oberstleutnant Hans Seidemann. »Wenn nachher die Sonne auf den Dunst scheint, haben die Stukas keine Bodensicht.«

Auf dem Gefechtsstand treffen die ersten Startmeldungen ein. Richthofen geht vor die Tür. Draußen ist immer noch alles seltsam ruhig. Kein Gefechtslärm. Nur vereinzelte Schüsse. Es klingt kaum nach Krieg. Aber dann, kurz vor Sonnenaufgang, kommen die Schlachtflieger.

Ganz plötzlich sind sie da. Major Spielvogels Schlachtgruppe, die II./LG 2, ist befehlsgemäß von Altsiedel gestartet. Nun kreisen die Henschel Hs 123 über dem Grenzfluß, böse brummend, wie ein aufgescheuchter Hornissenschwarm.

Etwas altertümlich sehen sie aus: bizarre Doppeldecker mit dickem, rundem Sternmotor, der Pilot frei und ungeschützt im offenen Sitz. Da ist nichts anonym, nichts verborgen. Kein gepanzerter Rumpfbug, keine verglasten Kabinen. Im ›Schlächter‹, wie die Maschine genannt wird, sitzen Flieger von altem Schrot und Korn, Aug' in Auge mit dem Gegner.

Jenseits der Grenze hat Hauptmann Otto Weiß, der Kapitän der 1. Staffel, sein Ziel erkannt: das Dorf Panki (Przystain), in dem sich die Polen verschanzt haben. Weiß hebt die Hand zum Zeichen für seine Staffelkameraden und drückt die Maschine zum Angriff.

Nun fallen auch hier im Süden, dicht vor der Front der 10. Armee, die ersten Bomben: leichte ›Flambos‹ mit Aufschlagzünder. Sie detonieren mit dumpfem Knall an der Erdoberfläche, setzen in Brand, was sie treffen, und hüllen die Szene in Rauch und Flammen. Der Angriff ist vom Gefechtsstand des Fliegerführers genau zu verfolgen. Die zweite Staffel der ›Schlächter‹ unter Oberleutnant Adolf Galland, dem später berühmten Jagdflieger, wiederholt den Anflug der ersten. Andere Ketten springen im Tiefflug über die Bäume, harken die polnischen Stellungen mit MG-Feuer ab.

Dazwischen jetzt die trockenen Abschüsse leichter Flak. Der Gegner setzt sich zur Wehr. Infanteriewaffen fallen ein. Das Gefecht schwillt an. Und es dauert noch lange nach dem Abflug der Schlachtflieger.

Dieser Luftangriff auf das Dorf Panki in der Morgendämmerung des 1. September war die erste direkte Unterstützung eines Heeresangriffs durch die deutsche Luftwaffe im zweiten Weltkrieg. Am Abend meldete das Oberkommando der Wehrmacht bei der Aufzählung der Luftwaffenerfolge unter anderem wörtlich: »... außerdem unterstützten mehrere Schlachtgeschwader wirkungsvoll das Vorwärtskommen des Heeres.«

Mehrere Schlachtgeschwader – das hätten demnach mehrere hundert Schlachtflugzeuge sein müssen. Denn ein normales Geschwader mit drei Gruppen verfügte zu Anfang des Krieges über etwa 90 bis 100 einsatzbereite Maschinen. Tatsächlich aber flog nur diese eine Schlachtgruppe, die II./LG 2, gegen Polen. Nur diese 36 Doppeldecker des Majors Spielvogel!

Freilich: Sie flogen wie die Teufel. Zehn Tage lang begleiteten sie den Vorstoß des XVI. Armeekorps auf Warschau und auf die Weichsel wie ein Schatten. Griffen überall ein, wo Panzer und motorisierte Verbände auf harten Widerstand stießen. Und flogen schließlich in den großen Kesselschlachten bei Radom und an der Bzura bis zu zehn Einsätze am Tag.

Am Morgen des 1. September kann der Nahkampf-Fliegerführer Richthofen zur direkten Unterstützung des Heeresangriffs nur diese eine Schlachtgruppe und zwei von seinen vier Stukagruppen einsetzen. Wo sind die anderen beiden Gruppen?

Grollend liest der General noch einmal den gestrigen Luftflottenbefehl, der ihm ausgerechnet für den ersten Angriffsmorgen die Hälfte seiner ohnehin zu schwachen Sturzkampfverbände genommen hat. Sie werden neben anderen Kampfverbänden der 2. Fliegerdivision auf Krakau und auf weitere Flugplätze im feindlichen Hinterland angesetzt.

Ist das richtig? Kann es überhaupt etwas Wichtigeres geben, als dem Heer aus der Luft eine Bresche in die gegnerischen Grenzbefestigungen zu schlagen?

Seit Wochen trommelt die Propaganda den Refrain von der überwältigenden Stärke und Schlagkraft der deutschen Luftwaffe. Doch der Chef des Generalstabes der Luftwaffe, Generalmajor Jeschonnek, hat die nackten Zahlen vor sich. Zahlen, die ihm nicht geringes Kopfzerbrechen bereiten. Denn so viele Geschwader auch auf dem Papier hin und her geschoben werden, es kommen höchstens 900 ›Bombenträger‹ für den Einsatz gegen Polen heraus, wenn die Westfront nicht völlig entblößt werden soll.

Nur 900 Kampfflugzeuge – oder vielmehr nur 800. Denn zehn Prozent der vorhandenen Maschinen muß man mindestens abziehen, weil so viele Flugzeuge immer aus irgendeinem Grund nicht einsatzbereit sind.

Jeschonnek weiß: Wenn schon die erdrückende Masse nicht vorhanden ist, dann müssen Einsatzplanung und Taktik den Sieg aus dem Feuer reißen. Das heißt: Die vorhandenen Kräfte nicht verzetteln, nicht hier eine Gruppe, dort eine Staffel einsetzen, wie es der Augenblick gerade ergibt.

Die Luftwaffe braucht klare Schwerpunkte. Sie muß ihre Kräfte zusammenfassen. Wenn auch nicht auf ein einziges Ziel, so doch auf eine bestimmte Gruppe gleichartiger Ziele.

So arbeitet der Führungsstab nach langen Diskussionen eine Rangordnung für den Einsatz der Luftwaffe aus. An erster Stelle, sozusagen auf höchster Dringlichkeitsstufe, steht »das Niederkämpfen der feindlichen Luftwaffe«.

Die Polen besitzen nach den letzten Geheimmeldungen gut 900 einsatzbereite Frontflugzeuge – darunter etwa 150 Bomber, 315 Jäger, 325 Aufklärer, 50 Marine- und 100 sonstige Verbindungsflugzeuge. Sie sind der deutschen Luftwaffe nicht nur an Zahl, sondern auch in der Technik unterlegen.

Dennoch: Läßt man sie außer acht, so können sie empfindlichen Schaden anrichten. Durch das Stören von Luftangriffen, durch Bomben gegen Heeresoperationen und vielleicht sogar durch Bomben auf deutschen Boden.

»Die Entscheidung in der Luft fällt vor der Entscheidung auf dem Erdboden«, hat schon der italienische Luftkriegs-Theoretiker Douhet* verkündet. Die Luftwaffe hält sich daran. Absolute Luftherrschaft heißt ihr erstes Ziel über Polen.

An zweiter Stelle in der Rangordnung der Aufgaben taucht das »Zusammenwirken mit Heer und Marine« auf, sofern und solange entscheidungsuchende Operationen des Heeres und der Marine im Gange sind. Dabei hat die mittelbare Unterstützung durch Luftangriffe auf Truppen und Verkehrswege hinter der feindlichen Front Vorrang vor dem unmittelbaren Eingreifen in die Erdoperationen, wie es die Schlachtflieger tun.

Bei Stillstand der Operationen gewinnt der »Kampf gegen die feindlichen Kraftquellen«, der sich also nicht gegen die kämpfende Front, sondern gegen die Kriegsindustrie im Hinterland des Gegners richtet, an Bedeutung.

Diese Rangordnung hat die deutsche Luftwaffe mit geringen Abweichungen während des ganzen Krieges beibehalten. In Polen, beim Feldzug der 30 Tage, mochte das bei der Überlegenheit der deutschen Waffen noch nicht so wichtig sein. Später entschieden diese Fragen letztlich über Sieg und Niederlage.

Deshalb hat also die Luftflotte 4 dem Nahkampf-Fliegerführer Richthofen die Stukas fortgenommen. Das Heer muß auf massive Luftunterstützung warten, zumindest bis zum Nachmittag des Angriffstages.

Am frühen Morgen des 1. September hat die Luftwaffe Wichtigeres zu tun. Die Kampf- und Sturzkampfgruppen der Luftflotte 4 fliegen rollende Angriffe auf feindliche Flughäfen, Hallen und Startbahnen, auf Flugzeugwerke am Rande der Plätze und auf abgestellte Maschinen. Sie schlagen überall zu, wo sie die polnische Fliegertruppe treffen können.

Der Hauptschlag fällt gegen Krakau. Das war nicht einmal beabsichtigt. Aber die weiter nach Norden angesetzten Verbände finden ihre Ziele nicht. Oder sie werden des schlechten Wetters wegen noch vor dem Start nach Süden umdirigiert.

Über Krakau ist die Wolkendecke aufgerissen. Aufklärer erkennen schon am frühen Morgen, daß der Flugplatz belegt ist. Die I. und III. Gruppe des Kampfgeschwaders 4 erhalten den Einsatzbefehl. Sechzig He 111 starten vom schlesischen Fliegerhorst Langenau. Das KG 4 ist als einziges Geschwader im

* General Giulio Douhet (1869–1930) entwickelte bereits 1921 in seinem Buch »Die Luftherrschaft« die umstrittene Lehre, einen Kriegsgegner vorwiegend durch eine Luftoffensive zu bezwingen.

Bereich der Luftflotte 4 bereits mit diesem Standard-Mittelstreckenbomber der Luftwaffe ausgerüstet. Die anderen Geschwader fliegen die Do 17 E oder die Do 17 Z.

Oberstleutnant Evers, der Kommandeur der III./KG 4, läßt seine Gruppe zum besseren Schutz gegen feindliche Jäger im dichten Pulk fliegen. Aber hier oben, in 4000 Meter Höhe, läßt sich kein Pole blicken. Die Begleitschutz fliegenden Zerstörer der I./ZG 76 bleiben arbeitslos. Nach knappen 45 Minuten Flugzeit ist der Kampfverband über dem Ziel. Krakau liegt unter leichtem Dunst, doch der Flugplatz ist gut zu erkennen. Sekunden später fallen die Bomben aus den Schächten. Jede der beiden Gruppen lädt 48 Tonnen ab. Sie liegen genau im Ziel.

Als nächster Verband stürzt sich die I. Gruppe/Stukageschwader 2 unter Major Oskar Dinort auf Hallen und Startbahnen. Die nachfolgenden beiden Gruppen des Kampfgeschwaders 77 können das Ziel nicht mehr verfehlen. Brände und Rauchsäulen weisen den Weg, verhindern aber eine klare Zielsicht. Oberst Wolfgang von Stutterheim, Kommandeur der III./KG 77, befiehlt seiner Gruppe daher, im Tiefflug anzugreifen.

Nur fünfzig Meter hoch jagen die Do 17, die ›fliegenden Bleistifte‹, über den Platz. Wie mit dem Lineal gezogen die Start- und Landebahn entlang. 50-Kilo-Bomben torkeln im Reihenwurf durch die Luft – ein paar Sekunden nur, und schon spritzen sie auf der Betonpiste auseinander.

Als die beiden Gruppen des KG 77 wieder daheim in Brieg landen, weisen zahlreiche Flugzeuge Beschädigungen auf. Nicht von der feindlichen Flak, geschweige denn von Jägern. Sondern von eigenen Bombensplittern, die den Angreifern um die Ohren geflogen sind.

Außer gegen Krakau fliegen Stukas auch gegen die Flugplätze von Kattowitz und Wadowice. Die II./KG 77 greift Krosno und Moderowka an. Später, bei besserem Wetter, werden Radom, Lodz und Skierniewice, Tomaszow, Kielce und Tschenstochau zu Zielen des KG 76.

Oberstleutnant Erdmanns Gruppe, die II./KG 4, fliegt mit ihren He 111 P sogar über eine Entfernung von 500 Kilometer, mitten durch eine Schlechtwetterzone über der Slowakei, bis nach Lemberg und lädt dort 22 Tonnen Bomben auf Rollfeld und Flugzeughallen ab.

Überall suchen die deutschen Kampfflieger ihren Hauptgegner vernichtend zu treffen: die polnische Luftwaffe. Aber treffen sie sie wirklich?

Gewiß, die Start- und Landebahnen sind von Einschlägen übersät. Die Hallen bersten unter der Gewalt der Sprengbomben. Vorräte gehen in Flammen auf. Überall stehen, einzeln oder in Gruppen, ausgeglühte Flugzeugwracks – am Boden zerstört.

Dennoch bleibt ein Gefühl des Unbehagens. Von Stunde zu Stunde verstärkt sich die Frage: Wo ist eigentlich die polnische Luftwaffe? So hatte man es sich nicht vorgestellt.

Natürlich sollte überraschend angegriffen, sollte die feindliche Bodenorganisation auf den Flugplätzen empfindlich getroffen werden. Aber man hatte doch damit gerechnet, daß sich der Feind in der Luft zur Wehr setzte. Daß sich seine Jäger den deutschen Bombern entgegenwerfen würden und daß dabei die Entscheidung zugunsten der besseren deutschen Waffen fiele. So etwa, wie es dann im Wehrmachtbericht lautete:

»Die Luftwaffe hat sich heute die Luftherrschaft über dem polnischen Raum erkämpft...«

Aber davon kann in Wirklichkeit keine Rede sein. Nur vereinzelt greifen ein paar Jäger die deutschen Verbände an und werden abgewiesen.

Die polnische Luftwaffe stellt sich nicht zum Kampf, sie weicht aus. Warum? Ist sie schwächer als angenommen? Oder sammelt sie sich auf gutgetarnten Feldflugplätzen zum Gegenangriff? Es wird sich noch zeigen, wie ernst das Oberkommando der Luftwaffe in Berlin diese Gefahr einschätzt.

Auf dem Gefechtsstand des Fliegerführers z. b. V., dicht hinter der Front, schleichen die Vormittagsstunden des 1. September dahin. Richthofen und sein Stab warten darauf, daß sich der Bodennebel hebt, daß sie ihre Stukas einsetzen können. Sie warten auf Meldungen von der Front, auf Anforderungen des XVI. Armeekorps, dessen Vorstoß sie aus der Luft unterstützen sollen. Sie warten auf Alarmrufe, daß starker Feindwiderstand durch Punktzielangriffe gebrochen werden müsse.

Nichts dergleichen geschieht. Das Heer scheint die Luftwaffe vergessen zu haben. Oder die höheren Stäbe besitzen selber noch keinen Überblick.

Richthofen kennt das alles aus Spanien. Er weiß sich zu helfen. Er schickt eigene Verbindungsoffiziere, mit Nachrichtenwagen oder wenigstens mit tragbarem Funkgerät, in die vorderste Front. Wird Luftunterstützung gebraucht, so kommt die Meldung direkt an ihn, nicht erst auf dem zeitraubenden Umweg über die Heeresdivision und das Armeekorps und womöglich noch über die Luftflotte und die vorgesetzte Fliegerdivision.

Die ›auf Grund spanischer Erfahrungen‹ eingeführte eigene Verbindungsorganisation hat einen weiteren entscheidenden Vorteil. Bleibt die Erdtruppe im Angriff stecken, so fordert sie schwere Waffen an, Artillerie oder Flugzeuge. Die jungen Fliegeroffiziere in der Front aber können besser beurteilen, ob Luftangriffe Aussicht auf Erfolg haben oder nicht. Ob Bodensicht vorhanden, ob der Feind aus der Luft zu erkennen ist. Und welche Angriffsart vorzuziehen ist: mit Kampfflugzeugen, Sturzbombern oder Schlachtfliegern.

Am Vormittag des 1. September jedoch bringt diese Organisation noch nichts ein. Die ›Schlächter‹ suchen sich ihre Ziele selber. Die I./StG 76 unter Hauptmann Walter Sigel ist am frühen Morgen gegen das befestigte Wielun geflogen. Und eine Gruppe des Stukageschwaders 77 wird von der 2. Fliegerdivision gegen die Bunkerlinie vor Lublinitz eingesetzt. Sonst ist nichts los.

Schließlich wird es dem Fliegerführer zu dumm. Um 11 Uhr läßt er sich seinen Fieseler Storch kommen. Er klettert hinein und startet, nur mit Feldstecher und Karte ausgerüstet, von dem Kartoffelacker neben seinem Gefechtsstand zu einem Erkundungsflug, tief über der Front. Er wird Zeuge eines deutschen Schützenangriffs auf das Dorf Panki. Die Polen verteidigen sich mit Maschinengewehren. Deutsche Soldaten bleiben verwundet liegen. Der Fliegerführer beobachtet alles mit bloßem Auge, so tief streicht er über das Gefechtsfeld.

Unversehens ist der Storch über der polnischen Linie und wird unter Feuer genommen. Die Polen zielen gut.

Treffer schlagen in die Zelle und zerfetzen das Leitwerk. MG-Garben zersieben den Tank, Treibstoff fließt wie aus einer Gießkanne und zerstäubt in der Luft.

Wenn die Mühle jetzt nur nicht Feuer fängt, jagt es Richthofen durch den Kopf. Aber er behält die Nerven – und hat Glück. Es gelingt ihm, den lahmen Vogel hochzuziehen, heraus aus dem Wirkungsbereich der Infanteriewaffen.

In großem Bogen kehrt er zur Grenze zurück. Gerade noch rechtzeitig, mit spuckendem, fast leerlaufendem Motor, setzt er den Storch neben seinem Gefechtsstand auf.

Viel fehlte nicht, und der Chef der deutschen Nahkampfflieger wäre schon am ersten Kriegstag abgeschossen worden. Derselbe Richthofen übrigens, der seinen Fliegern schon immer »dieses unsinnige Tieffliegen über der feindlichen Front« verboten hat. Und der aus dem gleichen Grund – der Verwundbarkeit eines tief herabstoßenden, aber langsamen Flugzeugs durch die feindliche Flak – vor Jahren als Leiter der Flugzeugentwicklung beim Technischen Amt der Luftwaffe die Idee des Sturzkampfbombers entschieden abgelehnt hat. Richthofen hielt im Kriegsfall einen Sturz unter 2000 Meter Höhe für unmöglich. Die Geschichte spielte ihm einen Streich: Ausgerechnet die befehdeten Stukas sind nun seine stärkste Waffe.

Das eigene Erlebnis über der polnischen Front und die im Laufe des Tages eintreffenden Berichte der Gruppen, die übereinstimmend Verluste und Beschädigungen durch schweren Bodenbeschuß melden, führen sofort zu einem neuen Befehl des Fliegerführers:

»Keine Tiefflüge, sofern zur Erfüllung der Aufgabe nicht unbedingt erforderlich!«

Denn eines zeigt der erste Kriegstag deutlich: Mit der polnischen Bodenabwehr ist nicht zu spaßen.

Mittags kommen weitere Ergebnisse der eigenen Luftaufklärung, die ebenso durch schlechte Sicht und Bodennebel behindert war. Gemeldet werden starke Ansammlungen polnischer Kavallerie bei Wielun, vor dem linken Flügel des deutschen XVI. Armeekorps. Ferner Kolonnen bei Dzialoszyn an der Warthe, nördlich Tschenstochau. Und auf der Bahnlinie von Zdunska Wola Truppentransporte in den gleichen Aufmarschraum.

Die Stukas werden gebraucht. Gefechtsstand und Quartiere der I./StG 2 liegen auf dem Steinberg bei Oppeln. Von hier hat man einen herrlichen Blick weit in die Ebene hinaus. Aber heute achtet niemand darauf. Mühsam verborgene Nervosität kennzeichnet die Lage, nachdem die Gruppe von ihren Vormittagseinsätzen gegen die polnischen Flughäfen zurück ist.

Plötzlich schrillt das Telefon im Gefechtsstand der I. Gruppe, deren Kommandeur Major Oskar Dinort ist, ein ehemals bekannter Sportflieger. Oberst Baier ist am Apparat, der Kommodore des Lehrgeschwaders 2, zu dem die Gruppe gehört.

»Es ist soweit, Dinort«, sagt Baier, »neuer Einsatzbefehl. Kommen Sie sofort herunter!«

Auf dem Flugplatz Nieder-Ellguth, am Fuße des Steinberges, werden die Maschinen aus der Deckung geschoben, die Motoren angeworfen.

Die Einsatzbesprechung beim Geschwader ist kurz. 30 Ju 87 B stehen am Start. Stukas mit ihren robusten Knickflügeln und den charakteristischen Stelzbeinen des starren Fahrwerks. Um 12.50 Uhr startet die Stabskette. Kurz darauf ist die Gruppe in der Luft, macht Höhe und wendet sich nach Osten.

Unten huschen kleine Dörfer und einzelne Gehöfte vorbei. Eine größere Ortschaft taucht aus dem Dunst. Nach dem gesteuerten Kurs kann das nur Wielun sein. Major Dinort legt die Karte beiseite und konzentriert sich ganz auf das Ziel. Er sucht nach Einzelheiten. Schwarze Rauchfahnen auf der Landschaft. Im Ort brennen ein paar Häuser, dicht an der Hauptstraße. Ja, da ist sie, die Straße! Da führt sie nach Wielun hinein. Auf der Straße, winzig klein und doch deutlich zu erkennen, ein zuckender, sich krümmender Wurm: die feindliche Kolonne!

Dinort zieht die Maschine in eine Linkskurve. Ein rascher Blick zurück: Die Staffeln scheren in die befohlene Angriffsformation ein.

Dann sieht der Gruppenkommandeur nur noch sein Ziel. Mechanisch, fast wie von selbst, kommen die hundertmal geübten Handgriffe.

Kühlerklappe schließen.

Höhenlader aus.

Abkippen über den linken Flügel.

Sturzflugwinkel 70 Grad.

350 Stundenkilometer – 400 – 500 ...

Bremsen ausfahren. Widerlich, dieses Kreischen.

Da ist das Ziel. Es wächst, wird rasend schnell größer. Plötzlich ist es kein anonymer Wurm mehr, der über eine tote Landkarte kriecht. Jetzt sind es Fahrzeuge, Menschen und Pferde.

Ja: Pferde. Polnische Reiter. Stukas gegen Kavallerie. Als ob verschiedene Jahrhunderte gegeneinander ständen. Das also ist der Krieg.

Unten jagt jetzt alles wild durcheinander. Die Reiter versuchen aufs freie Feld zu entkommen.

Major Dinort hält auf die Straße zu. Er zielt mit der ganzen Maschine. Bei 1200 Meter drückt er den Auslöseknopf am Steuerknüppel. Ein Zittern läuft durch die Ju. Die Bombe hat sich gelöst, sie fällt.

Und nun abfangen. Kurve und wieder hochziehen. Abwehrbewegungen gegen Flakbeschuß. Schließlich ein Blick nach unten. Die Bombe sitzt dicht neben der Straße. Holz wirbelt durch die Luft, und schwarzer Rauch quillt hervor. Die nächsten Stukas stürzen sich auf ihre Ziele.

Dreißigmal schlägt es unten ein. Die Flugzeugführer reißen ihre Maschinen hoch. Winden sich in Abwehrbewegungen durch das Netz glühender Fäden, das die Flak nach ihnen auswirft. Und sammeln sich über dem Ort zum neuen Angriff.

Zweites Ziel ist der Nordausgang von Wielun. Major Dinort entdeckt ein großes Gehöft, das offenbar als Gefechtsstand dient. Ringsum wimmelt es von Soldaten. Truppen sind in einem großen Karree aufgefahren.

Diesmal greift die Stabskette geschlossen an. Nur 1200 Meter Flughöhe haben die Stukas noch. Sie kippen trotzdem ab, stürzen steil bis auf 800 Meter und lösen die Bomben. Wenig später verhüllen Rauch und Flammen die Tragödie auf dem Erdboden. Die Tragödie eines mit ungleichen Waffen geschlagenen Gegners.

Aber damit nicht genug. Die I./StG 77 aus dem Geschwader des ›Stuka-Vaters‹ Oberst Schwartzkopff greift dasselbe Ziel an. Und als auch dann noch Truppenbewegungen bei Wielun festgestellt werden, erhält eine Kampfgruppe – die I./KG 77 (Major Balk) – den Befehl, das Vernichtungswerk fortzusetzen.

Im Laufe weniger Stunden werfen 90 Sturzkampf- und Kampfflugzeuge ihre Bomben auf die eng zusammengedrängte polnische Kavalleriebrigade. Danach hat diese Truppe aufgehört, eine kampfkräftige Einheit zu bilden. Ihre Reste jagen in regelloser Flucht nach Osten. Erst am Abend sammeln sich die Versprengten in einzelnen Gruppen, viele Kilometer vom Ort der Luftangriffe entfernt. Am gleichen Abend fällt Wielun, ein Eckpfeiler der grenznahen polnischen Befestigungen, in deutsche Hand.

Ohne Zweifel hat die Luftwaffe hier entscheidend in die Erdkämpfe eingegriffen. Das Erstaunliche ist, daß sie es bereits am ersten Kriegstag kann, in einem Augenblick, in dem sie befehlsgemäß zuerst die feindliche Luftwaffe niederzukämpfen hat.

Aber die polnische Fliegertruppe tritt kaum in Erscheinung. So können einige deutsche Gruppen und Geschwader schon jetzt auf ihre zweite Aufgabe umschwenken: die Unterstützung des Heeres und der Marine aus der Luft.

General der Flieger Kesselring, der Befehlshaber der Luftflotte 1 im Norden, hat die Rangfolge der Angriffsschwerpunkte schon am Vorabend des 1. September durchbrochen. In einem Luftflottenbefehl unterstellt er dem Kommodore des Kampfgeschwaders 1 in Kolberg, Oberst Ulrich Kessler, zwei weitere

Stukagruppen und setzt dieses verstärkte ›Geschwader Kessler‹ gegen polnische Hafenanlagen, Kriegsschiffe und Küstenbatterien im Gebiet der Danziger Bucht, in Gdingen, Oxhöft und auf der Halbinsel Hela an.

Dichter Nebel am Morgen des 1. September verhindert zunächst diesen Angriffsschlag. Nur die I./KG 1 schafft den Absprung und greift um sechs Uhr früh den polnischen Marinefliegerhorst Putzig-Rahmel an.

Erst gegen Mittag lichtet sich der Nebel über Pommern und Ostpreußen, weichen die Wolkenfelder über Polen zurück. Am Nachmittag sind alle 20 Kampf- und Zerstörergruppen der Luftflotte 1 im Einsatz – als wollten sie das Versäumte nachholen.

Die I./KG 152 bombt Flakstellungen und Treibstofflager auf dem Flugplatz Thorn. Die II./KG 26 erzielt Brände und Volltreffer auf Gebäude und Gleisanlagen in Posen-Luwica. Die I./KG 53 greift Rollfeld und Hallen in Gnesen an. Die II./KG 3 – eine der wenigen Gruppen, die trotz dichten Nebels schon am Vormittag zum Feindflug gestartet war – trifft nun ein Munitionslager südlich Graudenz.

Die I./KG 1 fliegt am späteren Nachmittag erneut gegen Thorn, das KG 2 gegen Plozk, Lida und Biala-Podlaska. Und die rund 120 Stukas der 1. Fliegerdivision – zwei Gruppen des Stukageschwaders 2, die IV./Lehrgeschwader 1 und die Marine-Stukastaffel 4/186, die für den Flugzeugträger »Graf Zeppelin« vorgesehen ist – erfüllen ihren Sonderauftrag: Immer wieder stürzen sie sich auf die feindlichen Kriegshäfen an der Danziger Bucht.

Trotz dieser den ganzen nordpolnischen Raum überdeckenden Angriffe läßt die Luftflotte 1 ihr Hauptziel nicht aus den Augen: Warschau. Nach Görings Willen sollten alle Kampfverbände aus Nord und Süd am Nachmittag des ersten Angriffstages die Hauptstadt bombardieren. Stichwort ›Wasserkante‹. Wegen schlechten Wetters mußte der Ob. d.L. seinen Befehl schon am frühen Morgen widerrufen.

Doch Warschau ist nicht nur das politische und militärische Zentrum des Landes, nicht nur sein bedeutendster Verkehrsknotenpunkt. Die Hauptstadt beherbergt mit mehreren Zellen- und Motorenwerken auch das Zentrum der Flugzeugproduktion. Hier glaubt man zuschlagen zu müssen, wenn die polnische Luftwaffe entscheidend getroffen werden soll.

Den Auftakt machen am Vormittag die He 111 der II./Lehrgeschwader 1 aus Powunden im ostpreußischen Samland mit einem Angriff auf den Flugplatz Warschau-Okecie. Die Bodensicht ist miserabel, aber mehrere Bomben schlagen in die Hallen des staatlichen PZL-Werkes, in dem die polnischen Jäger und Bomber produziert werden.

Dann große Pause. Warten auf besseres Wetter. Von Stunde zu Stunde muß der Einsatz des KG 27 verschoben werden. Endlich, um 13.25 Uhr, gibt Berlin den Start frei. Das Geschwader hat einen weiten Weg vor sich. Es liegt noch in seinen niederdeutschen Heimathorsten Delmenhorst, Wunstorf und Hannover-

Langenhagen. Das Angriffsziel liegt 750 Kilometer entfernt! Oberst Behrendts KG 27 wird erst mit diesem Angriffsflug von der Luftflotte 2 ›Nord‹ an die Luftflotte 1 ›Ost‹ abgegeben.

Um 17.30 Uhr treffen die drei Gruppen mit ihren He 111 P über Warschau ein. Kein Aufatmen für die Hauptstadt: Erst vor wenigen Minuten hat das Lehrgeschwader 1 aus Ostpreußen erneut seine Bombenlast über den drei Warschauer Flugplätzen Okecie, Goclaw und Mokotow abgeworfen. Auch eine Stukagruppe ist zur Stelle, die I./StG 1 des Hauptmanns Werner Hozzel mit Punktzielangriffen gegen die Sender Babice und Lacy, um deren verschlüsselten Befehlsfunk zum Schweigen zu bringen.

In dieser Lage geschieht das lang erwartete: Endlich setzt sich die polnische Luftwaffe zur Wehr. Mitten über Warschau kommt es zum ersten Luftkampf des zweiten Weltkrieges: Zwei Staffeln mit rund 30 polnischen Jägern vom Typ PZL 11 C unter Führung des Gruppenkapitäns S. Pawlikowski, der mit seiner ›Verfolgungsbrigade‹ zur Luftverteidigung Warschaus eingesetzt ist, stehen gegen die Zerstörer Me 110 der I./LG 1, die den Begleitschutz für die deutschen Kampfverbände stellt. Die Gruppe wird von Hauptmann Schleif geführt, da der Kommandeur, Major Grabmann, bereits am Morgen bei einem Schußwechsel mit einer PZL 11 verwundet worden ist.

Hauptmann Schleif entdeckt die polnischen Jäger tief unten, wie sie sich in die Höhe schrauben. Im Schrägsturz geht er zum Angriff über, doch die Polen weichen geschickt aus.

Dagegen scheint es eine der Me erwischt zu haben. Lahm schleicht sie dahin, und sofort sitzt ihr ein Pole im Nacken. Aber das scheinbar sichere Opfer zieht seinen Verfolger auf die heranjagenden Kameraden zu.

Auf 80 Meter bekommt Hauptmann Schleif den Gegner voll ins Visier, jagt einen Feuerstoß aus allen Waffen, und die PZL stürzt ab.

Den Trick wiederholen sie noch viermal. Einer muß flügellahm spielen, und die anderen lauern auf ihre Chance. Die Folge: fünf Abschüsse binnen weniger Minuten. Dann machen die Polen nicht mehr mit. Und auch die Me müssen schleunigst auf Heimatkurs gehen.

Zwei Tage später, am 3. September, kommt es nochmals zu einem Luftkampf über Warschau. Wieder greifen rund 30 PZL 11 C an. Wieder gelingen der Zerstörergruppe des Lehrgeschwaders 1 fünf Abschüsse – bei nur einem eigenen Verlust. Die Gruppe wird mit insgesamt 28 bestätigten Abschüssen zum erfolgreichsten deutschen Jagdverband während des Polenfeldzuges.

Ab 18 Uhr am 1. September nimmt der Nebel im Kampfgebiet der Luftflotte 1 wieder so stark zu, daß keine weiteren Einsätze in Frage kommen. Im Gefechtsstand der Flotte, auf Henningsholm bei Stettin, ziehen General Kesselring und sein Stabschef, Oberst i. G. Speidel, Bilanz.

Trotz der Verzögerung durch das schlechte Wetter sind am ersten Kriegstag 30 Gruppeneinsätze geflogen worden. 17 davon gegen die Bodenorganisation der feindlichen Luftwaffe, gegen Flugplätze, Hallen und Fabriken. Außerdem acht Einsätze zur Unterstützung des Heeres, fünf gegen Marineziele.

Etwa 30 polnische Flugzeuge sind am Boden zerstört und insgesamt neun in der Luft abgeschossen worden. Dagegen steht der Verlust von 14 eigenen Maschinen – meist durch die ausgezeichnet schießende polnische Flak.

Dennoch, der eigentliche Kampf in der Luft hat am 1. September nicht stattgefunden. Die Polen sind ihm ausgewichen. In Kesselrings Abendmeldung heißt es: »Überlegenheit der Luftflotte 1 im gesamten Kampfraum«, aber: »Verbleib der feindlichen Luftwaffe zum großen Teil unbekannt.«

Diese Angabe deckt sich genau mit den Beobachtungen der Luftflotte 4 im Süden. Wie besorgt die Entwicklung beim Führungsstab der Luftwaffe in Berlin beurteilt wird, spricht deutlich aus den Weisungen für den zweiten Kriegstag. Darin heißt es, in mehrfach wiederholtem, teils verschärftem Wortlaut:

»Luftflotten 1 und 4 setzen am 2. 9. den Kampf gegen die feindliche Luftwaffe fort... Besonders die Plätze um Warschau, Deblin und Posen sind fortgesetzt zu überwachen... Der Oberbefehlshaber befiehlt, den Verbleib der polnischen Kampfflugzeuge festzustellen und hierzu ab Tagesanbruch ausreichende Aufklärung anzusetzen... Startbereite Kampfgruppen sind zurückzuhalten, um mit diesen festgestellte polnische Kampfkräfte kurzfristig angreifen zu können...«

Die deutsche Luftwaffe wartet auf den Gegner. Werden die polnischen Bomber kommen? Werden sie am zweiten Kriegstag zurückschlagen?

Das Geschwader hängt hoch am Himmel über Südpolen. Die Maschinen fliegen in geschlossener Formation Kurs Ost. Die Staffel- und Gruppenkeile sind so exakt ausgerichtet, als flögen sie Parade. Gleichmäßig dröhnen die Motoren der 88 Kampfflugzeuge. Unten auf dem Erdboden, 4000 Meter unter dem dahinziehenden Geschwader, läßt der tiefe, durchdringende Schall die Fensterscheiben leise klirren.

Oberst Martin Fiebig fliegt mit einer Kette der Stabsstaffel voraus. An diesem Vormittag des 2. September 1939 führt er sein Geschwader selber gegen die befohlenen Ziele. Es ist das Kampfgeschwader 4 ›General Wever‹, benannt nach dem 1936 tödlich abgestürzten ersten Generalstabschef der Luftwaffe.

Achtundachtzig He 111 ziehen unbehindert, unaufhaltsam nach Osten. Hunderte von Augenpaaren suchen den Himmel ab. Aber nirgends zeigt sich ein Gegner. Nur die begleitenden eigenen Zerstörer blinken ab und zu in der Sonne. Sie fliegen hoch über dem Kampfverband: eine Staffel Me 110 – mehr hat die 2. Fliegerdivision als Schutz nicht für nötig gehalten.

Das KG 4 ist gegen die Zielgruppe 1015/1018 rings um den Verkehrsknotenpunkt Deblin angesetzt. Deblin liegt 90 Kilometer südlich Warschau an der Weichsel und hat nicht weniger als drei Flugplätze, die sämtlich am ersten Angriffstag verschont geblieben sind.

Kurz nach zehn Uhr blinkt von unten das Band der Weichsel herauf. Die Gruppen trennen sich. Plötzlich setzt heftiges Flakfeuer ein. Die Polen schießen Sperre, aber sie schießen zu kurz. Die Sprengwölkchen liegen mehrere hundert Meter unter dem Bomberverband.

Dann fliegen die He 111 den Platz an. Die Bomben torkeln aus den Schächten, genau wie am Vortage über Krakau, genau wie über Kattowitz, Kielce, Radom und Lodz. Die Einschläge ziehen sich reihenweise über das Rollfeld: Dreckfontäne an Dreckfontäne und kleine gelbrote Feuerpilze, wenn Treffer in die Hallen schlagen.

Kurz nach dem Angriff der Bomber drückt ein Schwarm von vier Zerstörern im steilen Gleitflug nach unten. Sie haben am Platzrand einzelne Flugzeuge entdeckt, die von den Bomben verschont geblieben sind.

Leutnant Helmut Lent – Jahre später einer der erfolgreichsten deutschen Nachtjäger – hält mit seiner Me direkt auf eine der größeren Maschinen zu. Er erkennt die robuste Zelle, die langgestreckte, eckige Kabine wie bei den deutschen Stukas. In 100 Meter Entfernung jagt er einen Feuerstoß aus allen vier MG. Sekunden nur, und das polnische Flugzeug lodert auf wie eine Fackel. Lent reißt die Maschine hoch, zieht herum und stürzt sich auf das nächste Opfer. Als die Zerstörer nach wenigen Minuten wieder hochziehen und dem heimfliegenden Geschwader nacheilen, bleiben elf brennende polnische Flugzeugwracks am Boden zurück.

Die Flugplätze von Deblin erleiden am Morgen des 2. September das gleiche Schicksal wie zuvor Dutzende andere Einsatzhäfen des Gegners. Und die Angriffe gehen weiter. Schlag auf Schlag fällt gegen Polens Luftwaffe. Gegen ihre Bodenorganisation, wenn sie sich nicht am Himmel zum Kampf stellen will.

Den ganzen Tag über beobachten Aufklärer argwöhnisch die Flugplätze bis weit nach Ostpolen hinein. Und wo sie polnische Maschinen am Boden erkennen, werden Kampfgruppen zum Angriff angesetzt.

Im Laufe des Vormittags wächst die Spannung in den Stäben der 2. Fliegerdivision unter Generalleutnant Bruno Loerzer und der vorgesetzten Luftflotte 4 des Generals der Flieger Löhr. Von Stunde zu Stunde warten Stabschefs und Operationsoffiziere auf Nachrichten über den Gegner. Jagd- und Zerstörerstaffeln liegen in Sofortbereitschaft, um polnische Luftangriffe abzufangen. Sie warten vergebens. Die Polen lassen sich nicht blicken.

Spärlich tropfen ein paar Meldungen: Feindliche Jäger greifen hier und da die deutschen Kampfverbände an, höchstens in Zweierrotten oder Dreierketten. Ein einzelner Gefechtsaufklärer wagt sich über die Grenze und wirft bei Peiskretscham nördlich Gleiwitz ein paar Bomben – sämtlich Blindgänger. Gegen Mittag wird festgestellt, daß polnische Aufklärer über ihrem eigenen Land eine Art Vorpostenstreife fliegen und mit Funk das Herannahen deutscher Kampfverbände melden.

Jäger und Aufklärer, gewiß. Aber keine Bomber! Die Kampfstaffeln der polnischen Bomberbrigade mit ihren modernen zweimotorigen PZL-37-›Elch‹-Flugzeugen bleiben wie vom Erdboden verschluckt.

Die Spannung bei den deutschen Stäben ebbt wieder ab. Allmählich setzt sich die Meinung durch, die schließlich auch offiziell nach außen hin vertreten wird: Die polnische Luftwaffe muß schon bei den ersten heftigen Angriffsschlägen gegen ihre Fliegerhorste am Boden zerstört worden sein.

»Die in den Hallen und auf den Rollfeldern befindlichen Flugzeuge gingen in Flammen auf«, meldet der deutsche Wehrmachtbericht am 2. September 1939. »Es ist damit zu rechnen, daß die polnische Fliegertruppe in ihrem Bestand aufs schwerste getroffen ist. Die deutsche Luftwaffe hat die uneingeschränkte Luftherrschaft über dem gesamten polnischen Raum errungen...«

Der polnische Fliegermajor F. Kalinowski, 1939 Flugzeugführer in der von Oberst W. Heller geführten Bomberbrigade und im späteren Verlauf des Krieges Wing-Commander in der britischen Royal Air Force, kommt allerdings zu einem ganz anderen Ergebnis. Er berichtet über die ersten Kriegstage:

»Die deutsche Luftwaffe tat genau das, was wir erwartet hatten: Sie griff die Flughäfen an und versuchte, die polnischen Luftstreitkräfte am Boden zu vernichten. Rückblickend erscheint es naiv, wenn die Deutschen glaubten, die polnischen Einheiten würden während dieser ganzen Tage politischer Hochspannung und offensichtlicher deutscher Angriffsabsichten auf ihren Friedensfliegerhorsten verbleiben. Tatsächlich hatten wir schon am 31. August 1939 kein einziges einsatzbereites Frontflugzeug mehr dort stationiert: In den 48 Stunden zuvor waren wir alle auf Feldflugplätze verlegt worden. Folglich verfehlte der einleitende deutsche Angriffsschlag aus der Luft vollständig seinen Zweck...«

Kalinowski meint, die von deutschen Bomben und Bordwaffen in Hallen und auf Rollfeldern vernichteten Flugzeuge seien ohnehin veraltet und kampfuntauglich gewesen. Die rund 400 wirklich einsatzbereiten Frontflugzeuge aber – 160 Jäger, 86 Bomber und 150 Aufklärer und Heeresflugzeuge – hätten sich in den ersten acht Tagen des Krieges tapfer gegen die Übermacht zur Wehr gesetzt .

In der Tat: Als die 1. und 2. Staffel/Zerstörergeschwader 76 am Nachmittag des 2. September zur freien Jagd über Lodz kreisen, stoßen sie auf polnische Jäger. Ein heftiger Kurvenkampf entbrennt. Zwei PZL 11 C werden von Leutnant Lent und Oberleutnant Nagel abgeschossen, aber die Zerstörer verlieren selbst drei Me 110.

Auch an den folgenden Tagen hat die Jagdstaffel der polnischen ›Armee Lodz‹ Erfolg: Sie schießt mehrere deutsche Heeresaufklärer ab. Am 4. September aber findet sie ihren Meister. Eine von Oberleutnant von Roon geführte Staffel der I./ZG 2 stellte die Polen über Lodz zum Kampf. Den Me 109 D dieser Zerstörergruppe sind die veralteten PZL-Hochdecker nicht gewachsen. Elf Polen stürzen brennend ab oder müssen schwer beschädigt notlanden. Die Me zerstören auch einen der modernen ›Elch‹-Bomber in der Luft und drei weitere PZL 37 am Boden.

Nun, nachdem die erste Betäubung überwunden ist, macht sich die polnische Bomberbrigade bemerkbar. Mehrmals tauchen ihre Staffeln in unbewachten Augenblicken auf und fliegen Angriffe gegen die deutschen Panzerspitzen. Am Spätnachmittag des 2. September fordert das aus Ostpreußen gegen Graudenz vorgehende XXI. Armeekorps Luftangriffe gegen einen polnischen Feldflugplatz bei Strasburg an. Von dort startende feindliche Schlacht- und Bombenflieger belästigen dauernd die eigene Infanterie.

Einen Tag später haben die im Stoßzentrum der 10. Armee vorandrängende 1. und 4. Panzerdivision vor Radomsko schwere Verluste durch polnische Bombenangriffe und rufen nach Luftunterstützung. Doch dann läßt die Aktivität der polnischen Flieger von Tag zu Tag mehr nach. Zu schnell gewinnt der deutsche Vormarsch Raum. Zu hart sind die Schläge der Luftwaffe gegen alle Verkehrswege und Nachschublager.

»Der 8. September brachte den entscheidenden Wendepunkt«, berichtet der polnische Major Kalinowski. »Die Versorgungslage wurde hoffnungslos. Immer mehr Flugzeuge lagen unbrauchbar herum. Ersatzteile gab es nicht mehr. Nur einzelne Bomber konnten noch bis zum 16.9. Angriffe fliegen ... Am 17. erhielten die wenigen noch flugbereiten Maschinen den Befehl, sich nach Rumänien abzusetzen.«

So endet der Einsatz der polnischen Luftstreitkräfte zum Schutz ihres Landes am Anfang des zweiten Weltkrieges. Zu Beginn der zweiten Feldzugswoche existieren sie praktisch nicht mehr.

In einem vom General-Sikorski-Institut in London herausgegebenen mehrbändigen Werk über die Gründe des polnischen Zusammenbruchs kommt Oberst i. G. Litynski zu dem Schluß, die schlimmste Folge der anfänglichen deutschen Luftangriffe auf Flugplätze, Straßen und Bahnlinien sei der völlige Zusammenbruch des Nachrichtennetzes gewesen:

»Schon am zweiten Tag versagten Telefon und Fernschreiber. Meldungen und Befehle überschnitten sich. Wenn überhaupt, dann kamen sie in falscher Reihenfolge in die Hände des Empfängers. Der Wortlaut war oft völlig entstellt. Die militärische Führung war dadurch von vornherein praktisch ohnmächtig.«

Das war die entscheidende Wirkung der ersten deutschen Bombenangriffe. Und nicht die »Zerschlagung der Hallen und Rollfelder«.

Die Luftwaffe hat sehr schnell Gelegenheit, sich davon zu überzeugen. Denn der Angriff des Heeres rollt schon nach wenigen Tagen über die ersten gebombten Flugplätze hinweg. Die Berichte der Offizierkommission zum Studium der Bombenwirkung sind bemerkenswert nüchtern.

Die Flugzeughallen, so heißt es da, seien nur Bombenfänger. Die am Boden zerstörten Flugzeuge nur alte Schultypen. Die Bombentrichter könnten sehr schnell wieder zugeschüttet werden. Und die Angriffe auf die Flugzeugindustrie hätten mehr geschadet als genutzt. Denn nun wollten die Deutschen ja selbst dort produzieren.

Das alles bleibt natürlich streng geheim. Die Öffentlichkeit erfährt nichts davon. Sie hört nur von den rollenden Bombenangriffen, von dem einzigartigen Siegeszug der Luftwaffe und vor allem von der moralbrechenden Wirkung der Sturzkampfeinsätze.

2. Der Stuka wird geboren

Ohne die Panzer auf dem Erdboden und ohne die Stukas in der Luft wären die deutschen Blitzfeldzüge zu Beginn des zweiten Weltkrieges undenkbar. Immer wieder sind es die Sturzbomber vom Typ Ju 87 B, die dem Feind die schlimmsten Wunden schlagen.

Am Vormittag des 3. September stürzen sich elf Stukas auf den von Marineflak heftig verteidigten polnischen Kriegshafen Hela. Hauptmann Blattners Träger-Stukastaffel 4/186 pickt sich das modernste polnische Kriegsschiff heraus: den 2250 ts großen Minenleger »Gryf«. Ein Treffer im Achterschiff und mehrere Bomben dicht neben der Bordwand reißen die »Gryf« von der Pier los. Doch noch schwimmt sie.

Nachmittags kommen die Stukas wieder und stürzen sich mit heulenden Sirenen, ›Jericho-Trompeten‹ genannt, in den Höllentrichter der Flak. Eine Ju erwischt es: Die Unteroffiziere Czuprna und Meinhardt stürzen mit ihrer Maschine ab.

Aber die Kameraden zielen gut. Oberleutnant Rummel und Leutnant Lion setzen je einen Volltreffer vorn und mittschiffs in den 1540-ts-Zerstörer »Wichr«, der sofort sinkt. Auch auf der »Gryf« wird die Back zerfetzt. Munitionsstapel geraten in Brand. Schließlich geben die im Tiefangriff geworfenen Bomben der Küsten-Mehrzweckstaffel 3/706 unter Hauptmann Stein dem polnischen Minenleger den Rest: Brennend und mit schwerer Schlagseite sinkt er auf den seichten Grund.

Die Stukas öffnen aber auch den Panzern und der Infanterie den Weg zum raschen Gewinn des Feldzuges.

Woher kommen sie – diese Stukas?

Die Geschichte des deutschen Sturzkampfflugzeuges ist untrennbar mit dem Namen eines Mannes verbunden: Ernst Udet.

Udet – der mit 62 Luftsiegen hinter Manfred von Richthofen erfolgreichste Jagdflieger des ersten Weltkrieges.

Udet – den es auch in den Jahren völligen Flugverbots nicht am Boden hält. Der sich heimlich eine ›Mühle‹ zusammenbastelt. Der ständig auf der Hut sein muß, um nicht an die Alliierten verraten zu werden.

Udet – der sich dann, als er wieder frei atmen kann, dem Kunstflug verschreibt. Der bei seinen Flugtagen Zehntausende mit den dicht über dem Erdboden geflogenen waghalsigen Figuren begeistert.

Udet – der wohl ein dutzendmal abstürzt, um Haaresbreite mit dem Leben davonkommt und sich dennoch immer wieder hinter den Steuerknüppel setzt. Er kann es nicht lassen. Er ist besessen vom Fliegen.

Am 27. September 1933 ließ sich Ernst Udet auf dem Werksflugplatz der amerikanischen Curtiss-Wright-Flugzeugwerke in Buffalo eine damals sensationelle Maschine vorführen: den Curtiss-Hawk, den ›Falken‹. Udet hatte den robusten Doppeldecker zwei Jahre zuvor kennengelernt, als er, umjubelt wie überall, auf dem Flugtag in Cleveland (Ohio) seine tollkühnen Luftkunststücke gezeigt hatte. Dort war auch die ›Hawk‹ geflogen. Die Maschine stürzte wie ein Stein in der Fall-Linie, fing wenige hundert Meter über dem Erdboden ab und machte gleich wieder Höhe.

Udet war vom ersten Augenblick an begeistert. Das wäre eine Maschine für ihn! Damit könnte er seinem Programm eine sensationelle Nummer hinzufügen.

Nun, zwei Jahre später, strich er also in Buffalo prüfend um zwei dieser Wundervögel herum. Das Tollste: Ihm, dem ›Udlinger‹, wie ihn seine Freunde nannten, dem fliegenden Tausendsassa, sollten diese beiden Curtiss-Hawk gehören! Er konnte es noch nicht glauben. Er wartete immer darauf, daß die US-Behörden noch im letzten Augenblick die Ausfuhr verweigerten.

Denn zweifellos hatte die hier verwirklichte Sturzflugidee militärische Bedeutung. Die ›Hawk‹ konnte sich zum Beispiel aus großer Höhe auf ein Kriegsschiff stürzen und es mit einer einzigen Bombe treffen und versenken. Udet ahnte nicht, daß das US-Verteidigungsministerium von dieser Idee absolut nichts hielt und daß er nur deshalb die Ausfuhrgenehmigung bekam.

Außerdem war da noch die finanzielle Frage. Die beiden Maschinen kosteten zusammen ein kleines Vermögen: mehr als 30000 Dollar! Udet verdiente gut, aber er warf das Geld auch mit vollen Händen wieder hinaus. Woher sollte er eine so große Summe nehmen?

Da kam ihm der politische Umschwung in Deutschland zu Hilfe. Die Nationalsozialisten waren an die Macht gekommen. Hermann Göring, selber Jagdflieger des ersten Weltkrieges, wurde nach der Regierungsübernahme durch Hitler zum Reichskommissar für die Luftfahrt ernannt.

Göring wollte heimlich eine neue Luftwaffe aufbauen. Viele ehemalige Flieger hingen ihren mühsam erworbenen Zivilberuf an den Nagel und machten mit. Udet nicht. Udet wollte nichts als fliegen. Und Göring hatte vorläufig nur Posten in der Bürokratie zu vergeben.

Aber Göring ließ nicht locker. Als er von ›Udlingers Sturzflugphantasien‹ hörte, sah er eine Chance, den populären Flieger an den neuen Kurs zu binden:

»Kaufen Sie drüben zwei Curtiss-Hawk auf private Rechnung, Udet. Den Preis bezahlen wir.«

»Wir« hatte er gesagt. Udet glaubte es immer noch nicht. Er stand dem Curtiss-Wright-Verkaufsdirektor gegenüber und druckste herum. Der Amerikaner wunderte sich: »Aber Mr. Udet – das Geld ist doch schon auf unserer Bank deponiert...«

Göring hatte nur eine Bedingung gestellt: Die beiden Maschinen sollten zuerst in der seinem Technischen Amt unterstellten Erprobungsstelle Rechlin auf Herz und Nieren geprüft werden, ehe sie ganz in Udets Besitz übergingen.

Kaum waren die beiden ›Hawks‹ in Rechlin aus den Kisten geholt und montiert, da reiste schon die Kommission aus Berlin an. Udet selber führte im Dezember 1933 den Sturzflug vor. Viermal schraubte er sich hoch, fiel senkrecht wie ein Stein, fing mühsam ab, begann nochmals von vorn.

Udet war hinterher nicht fähig, aus dem Sitz zu klettern, so sehr hatten ihn die Stürze mitgenommen, so sehr hatte vor allem das Abfangen seine letzte Kraft gekostet. Er war einfach fertig.

Erhard Milch, Görings Staatssekretär, sah dem plötzlich so bleichen Fliegerhelden befremdet entgegen: Wenn nicht einmal Udet mit der Maschine klarkam – wer sollte sie dann beherrschen? Und wozu auch? Dieser Sturzflug war ein Wahnsinn, das hielt kein Material auf die Dauer aus. Und die Menschen erst recht nicht.

Das Urteil lautete: Ungeeignet für den Aufbau der deutschen Luftwaffe.

Udet erhielt die beiden ›Falken‹ schneller als erwartet zurück. Nun waren sie sein. Er flog und flog. Der Mensch gewöhnt sich an alles. Im Sommer 1934 beherrschte er den Sturzflug so, daß er die neue Nummer zum erstenmal in sein Kunstflugprogramm einbauen wollte.

Aber bei einem der letzten Übungsflüge in Tempelhof geschah es. Wie immer, beim Abfangen. Die ›Hawk‹ bäumte sich unter dem Steuerdruck auf. Das Leitwerk flatterte wie wild. Sie ließ sich nicht halten und trudelte rettungslos ab. Udet kam heraus. Sein Fallschirm öffnete sich gerade noch, ehe der schwere Körper auf den Boden schlug.

Wieder einmal landete Udet im Krankenhaus. Wieder hatte er unglaubliches Glück gehabt.

Doch die Sturzflugidee lebte nicht nur in Udet. Offiziere und Ingenieure des Technischen Amtes entwickelten sie weiter – damals noch gegen den erklärten Willen ihrer direkten Vorgesetzten.

Sie überlegten sich genau, welche Forderungen an die Industrie gestellt werden mußten, wenn schließlich doch ein Entwicklungsauftrag für einen Sturzbomber vergeben würde. Vor allem mußte die Maschine sehr robust gebaut werden, um der Zerreißprobe jedes neuen Sturzes standzuhalten. Sie sollte fast senkrecht angreifen können, aber Sturzflugbremsen hatten die Geschwindigkeit unter 600 km/st zu halten; das schien damals die für Mensch und Material erträgliche Grenze zu sein.

Größte Sorge bereitete die Motorenentwicklung. Die Leistung der 1935 verfügbaren Motoren lag bei etwa 600 PS, Stärkeres war nicht in Sicht. Das bedeutete: die Maschine würde beim An- und Abflug langsam und verwundbar sein. Daher die weitere Forderung: Platz für einen zweiten Mann zu schaffen, der mit einem MG nach hinten hinaus schießen konnte, denn von dort würden feindliche Jäger angreifen.

Während so die technischen Einzelheiten des offiziell ja noch verfemten Stukas Gestalt gewannen, erkannte der fähige erste Generalstabschef der Luftwaffe, Generalmajor Walther Wever, die taktischen Vorteile des Sturzangriffes.

Horizontalbomber konnten ihre Bomben aus großer Höhe immer nur auf Flächenziele werfen. Verläßliche Zielgeräte gab es nicht. Der Sturzbomber dagegen zielte mit der ganzen Maschine. Seine Treffgenauigkeit mußte viel größer sein! Wenige Stukas, so glaubte man, konnten mit wenigen Bomben ein besseres Ergebnis erzielen als ein ganzes Geschwader hoch fliegender Horizontalbomber. Das gab den Ausschlag. Sparsamkeit war bei der angespannten Rohstofflage erstes Gebot.

Einer der entschiedensten Gegner des Stukas war ausgerechnet der Chef der Entwicklungsabteilung im Technischen Amt, der damalige Major Wolfram Freiherr v. Richthofen, ein Vetter des berühmten Jagdfliegers. Richthofen hatte an der Technischen Hochschule Berlin zum Dr.-Ing. promoviert. Eigentlich wäre es seine Aufgabe gewesen, alle neuen Ideen zu fördern. Aber der Stuka weckte bei ihm tiefstes Mißtrauen. Seine Gründe: Viel zu langsam und schwerfällig. Zielgenauigkeit erst bei einem Sturz unter 1000 Meter. Und dann gute Nacht, Stuka: So tief würde die Flak sie reihenweise wie die Spatzen von den Dächern herunterschießen. Von feindlichen Jägern ganz zu schweigen!

Es spricht für das Technische Amt, daß der Stuka-Entwicklungsauftrag dennoch schon im Frühjahr 1935, also während der Amtszeit Richthofens, an die Industrie ging. Ja, es wurde sogar ein Wettbewerb ausgeschrieben. Arado, Blohm & Voss, Heinkel und Junkers sollten sich beteiligen.

Die Firma Junkers besaß dabei einen deutlichen Vorteil: Was die Luftwaffe da haben wollte, hatte Junkers-Chefingenieur Pohlmann bereits 1933 aufs Reißbrett geworfen. Die Ju 87 entsprach genau den militärisch-technischen Forderungen. Das erste Versuchsmuster konnte sofort gebaut werden.

Junkers stützte sich zudem auf langjährige Erfahrung: Schon Ende der zwanziger Jahre war in seinem schwedischen Zweigwerk in Malmö ein sturzfähiger Jagdzweisitzer, die K 47, gebaut worden. Diese Maschine erprobte die von der Luftwaffe geforderten Sturzflugbremsen. Sie erhielt sogar schon eine Abfangautomatik, die mit dem Höhenmesser gekoppelt war.

Wenige Wochen nach der Ausschreibung des RLM flog bereits die Ju 87 V-1 (Versuchsmuster 1). Die wuchtige Zelle mit tief angesetzten Knickflügeln, die lange, verglaste Kabine, das starre Fahrwerk mit ›Hosenbein‹-Verkleidung – eine Schönheit war sie nicht, die Ju 87. Sie wirkte robust und klotzig.

Die Flugerprobung führte bald zu immer steiler angesetzten Stürzen, obwohl die Sturzflugbremsen noch nicht montiert waren. An einem Herbsttag 1935 wurde die unsichtbare Grenze durchstoßen: Das Leitwerk riß beim Sturz ab, die Maschine rammte in den Boden. Unverdrossen ging die Erprobung mit den nächsten Versuchsmustern Ju 87 V-2 und V-3 weiter.

Im Januar 1936 gab Ernst Udet dem Drängen seiner alten Kriegskameraden nach. Er trat als Oberst in die Luftwaffe ein und wurde zunächst Inspekteur der Jagdflieger. Sein Hauptinteresse aber gehörte nach wie vor den Entwicklungsarbeiten am Sturzkampfflugzeug.

Mit seiner kleinen ›Siebel‹, einer Reisemaschine, flog er ruhelos von Werk zu Werk und trieb die Arbeiten voran. Zu Arado, wo als Sturzbomber der Ganzmetall-Doppeldecker Ar 81 entstand. Zu Blohm & Voss in Hamburg, deren Ha 137 nicht ganz der Ausschreibung entsprach: Es war ein Einsitzer und mehr ein Schlachtflugzeug als ein Stuka.

Die Entscheidung spitzte sich auf Heinkel und Junkers zu. Heinkel baute mit der He 118 ein sehr schnittiges Flugzeug, das aber noch seine Sturzfestigkeit zu beweisen hatte. Darin war Junkers seinen Konkurrenten mit der Ju 87 weit voraus.

Bei diesem Stand der Dinge begann ein für die deutsche Luftwaffe entscheidender Monat: der Juni 1936. Am 3. Juni stürzte der Chef des Generalstabes, Wever, mit einer von ihm selbst gesteuerten Heinkel-Blitz über Dresden tödlich ab.

Am 9. Juni richtete der Entwicklungschef im Technischen Amt seinen letzten Bannstrahl gegen den Stuka. In der geheimen Anweisung LC 2 Nr. 4017/36 verfügte er:

»Weiterentwicklung der Ju 87 wird eingestellt. Umkonstruktion auf 30-l-Motor und Trägerflugzeug unterbleibt. Nur Führungsflugzeug Ju 87 wird erstellt. – v. Richthofen.«

Einen Tag später, am 10. Juni, übernahm Ernst Udet als Nachfolger von General Wimmer das Technische Amt. Er hatte gezögert, als ihm Göring diesen Posten anbot. Schreibtischarbeit war ihm verhaßt. Aber als Amtschef konnte er endlich dem Stuka zum Durchbruch verhelfen. Deshalb griff Udet zu.

Richthofen zog die Konsequenzen. Er wurde Generalstabschef der deutschen ›Legion Condor‹ im spanischen Bürgerkrieg.

Die Stuka-Idee hatte gesiegt!

Die Frage, ob Heinkel oder Junkers den Großauftrag erhielt, wurde nach einem Vergleichsfliegen im Herbst 1936 entschieden. Die Ju 87 stürzte steil und fing sicher ab. Die He 118 war zwar erheblich schneller und wendiger, aber der Testpilot wagte nur den Schrägsturz. Mehr hielt die Maschine noch nicht aus.

Einige Monate später wollte es Udet selbst wissen. Er schlug alle Warnungen in den Wind, stellte die He 118 steil auf den Kopf – und stürzte ab. Wie so oft, kam er gerade noch mit dem Fallschirm heraus.

Die Entscheidung war gefallen. Das Sturzkampfflugzeug, der Stuka Ju 87, war geboren!

15. August 1939. Auf dem Fliegerhorst Cottbus stehen Stukas in Reih und Glied. Die Motoren sind angeworfen. Es ist die I./StG 76, genannt die ›Grazer Gruppe‹, weil ihr Friedensstandort in der schönen Steiermark lag. Im Rahmen der Kriegsvorbereitungen gegen Polen ist die Gruppe nach Schlesien vorgezogen und dem Fliegerführer z. b. V., Generalmajor v. Richthofen, unterstellt worden. Heute soll sie vor den Augen hoher Luftwaffengenerale einen Angriff auf den Truppenübungsplatz Neuhammer in der Saganer Heide fliegen. Im geschlossenen Gruppenverband. Abwurfmunition: Zementbomben mit Rauchsatz.

Der Kommandeur, Hauptmann Walter Sigel, hält Einsatzbesprechung mit den Flugzeugführern. Er befiehlt Angriffsformation und Reihenfolge beim Sturz.

Dann landet die Wettererkundungsstaffel und meldet: Im Zielgebiet Wolkenbank, zwei Drittel Bedeckung, Wolkenhöhe 2000 Meter, Wolkenuntergrenze bei 900 Meter, darunter gute Bodensicht.

Damit ist der Angriff klar: Sie werden in 4000 Meter anfliegen, im Sturz die Wolken durchstoßen und auf den letzten 300 bis 400 Metern vor dem Abfangen das Ziel ins Visier bekommen.

»Sonst noch Fragen? Gut, dann also Hals- und Beinbruch!«

Minuten später rollen die Stukas zum Start, heben kettenweise ab und formieren sich über dem Platz zum Gruppenkeil.

Wie alle Stukagruppen kurz vor Kriegsbeginn, so ist auch die I./StG 76 mit dem neuen Muster Ju 87 B ausgerüstet. Gegenüber der A, die nur mit einigen Ketten in Spanien eingesetzt war, besitzt die B vor allem den viel stärkeren Motor Jumo 211 Da, der mit 1150 PS fast doppelt soviel leistet wie sein Vorgänger. Bei einer Bombenzuladung von 500 Kilo und einer Marschgeschwindigkeit von gut 300 km/st hat die Ju 87 B nun eine Eindringtiefe (Aktionsradius) von etwas mehr als 200 Kilometer. Damit kann man zwar immer noch keine großen Sprünge machen. Aber zur Unterstützung des Heeres im Erdkampf wird es reichen. Und dafür sind die Stukas ja da.

Hoch über den Wolken nähert sich die I./StG 76 ihrem Ziel Neuhammer. Wenige Minuten vor 6 Uhr morgens am 15. August 1939 befiehlt Hauptmann Sigel Angriffsformation.

Er selbst wird mit der Führungskette – links sein Adjutant, Oberleutnant Eppen, rechts der technische Offizier, Oberleutnant Müller – zuerst stürzen.

Dann folgen die 2. und die 3. Staffel, und zum Schluß die 1. Staffel, die sich jetzt bei der Auflösung des Gruppenkeils nach hinten heraussetzt.

Niemand von der 1. Staffel – deren Kapitän der später zum General der Kampfflieger avancierte Oberleutnant Dieter Peltz ist – kann ahnen, daß diese taktische Verschiebung ihnen allen das Leben rettet.

Hundertmal haben sie es geübt: Der Kommandeur kippt ab zum Sturz.

Kette um Kette folgt. Sie jagen auf die Wolkenbank zu. Tauchen hinein. Stürzen weiter durch den milchweißen Dunst.

Zehn Sekunden, 15 Sekunden – eine Viertelminute nur, dann müssen sie durch sein.

Aber wie lang sind 15 Sekunden? Wer hat im Sturz ein Gefühl für Zeit? Wer schaut schon nach dem Höhenmesser, der ohnehin wild hin- und hertanzt? Wer denkt überhaupt etwas anderes als: Gleich wirst du durch die Wolken sein, und dann mußt du blitzschnell das Ziel auffassen...

Hauptmann Sigel tritt der Schweiß auf die Stirn. Immer weiter stürzt er durch die Wolken. Starrt verzweifelt nach vorn. Jetzt, in jedem Augenblick, muß er doch endlich Bodensicht haben!

Plötzlich färbt sich die weiße Waschküche vor ihm dunkel. In diesem Sekundenbruchteil weiß er es: Das da vorn, das Dunkle, ist schon die Erde.

Höchstens 100 Meter ist er noch hoch. Er stürzt in einem Nebelsack direkt ins Verderben. Und die ganze Gruppe ist hinter ihm!

Blitzschnell reißt Sigel den Steuerknüppel. Und schreit ins Mikrofon des Funkgeräts:

»Ziehen – ziehen – Bodennebel!«

Der Wald rast auf ihn zu. Da – eine Schneise. Die Ju taucht hinein. Bäumt sich auf. Und Sigel hat sie wieder in der Gewalt.

Buchstäblich zwei Meter über dem Erdboden fängt sich die Maschine und rast zwischen den Bäumen die Schneise entlang.

Sigel zieht vorsichtig hoch und schaut sich um. Links rasiert Eppens Ju die Bäume ab und bleibt hängen. Rechts geht Müller, der zweite Kettenhund, in Flammen auf. Der weitere Anblick bleibt dem Kommandeur erspart.

Die ganze 2. Staffel unter Oberleutnant Goldmann rammt mit neun Stukas in den Boden.

Von der 3. Staffel kommen ein paar Maschinen klar. Die anderen fangen zu krampfhaft ab, überziehen in den Looping und stürzen rückwärts in den Wald.

Leutnant Hans Stepp, Kettenführer in der zuletzt stürzenden 1. Staffel, ist ebenfalls schon abgekippt, als er im Sprechfunk die verzweifelte Stimme seines Kommandeurs hört:

»Ziehen – ziehen – Bodennebel!«

Stepp fängt sofort ab und stößt wieder über die Wolken. Suchend kreist die 1. Staffel am Himmel. Auf einmal bricht brauner Qualm aus der Wolkenbank und steigt nach oben...

Die Luftwaffe verliert auf einen Schlag dreizehn Stukas. 26 junge Flieger sind tot. Wolfram v. Richthofen, der Mann, der immer gegen die Stukas war und der sie nun im Kriege führen soll, ist Zeuge der Katastrophe.

Hitler starrt nach Erhalt der Nachricht zehn Minuten lang wortlos aus dem Fenster. Doch die Annahme, daß der abergläubische Mann wenigstens diese zehn Minuten lang in seiner Kriegsabsicht schwankend geworden sei, ist nicht zu beweisen.

Noch am gleichen Tage wird ein Kriegsgericht unter Vorsitz von General Hugo Sperrle einberufen. Ein Schuldspruch wird nicht gefällt. Der Bodennebel muß in der knappen Stunde zwischen Wettererkundung und Einsatzzeit aufgetreten sein. Der Kommandeur hat, als er die Gefahr erkannte, alles getan, um seine Männer zu warnen.

Die I./StG 76 wird durch Abgaben aus allen anderen Stukaverbänden sofort wieder aufgefüllt. Vom ersten Tage an greift sie in den Polenfeldzug ein. Sie stürzt auf Bunker, Straßenkreuzungen und Züge, bombt Bahnhöfe und Brücken.

Die Katastrophe von Neuhammer ist schnell vergessen.

Am Morgen des 2. September vereinbaren die Generale Reichenau und Richthofen, daß die Stukas vor allem Generalmajor Schmidts 1. Panzerdivision unterstützen sollen. Die 1. Pz. Div. stößt weit vor der Front des XVI. Armeekorps nördlich an dem hart verteidigten Tschenstochau vorbei auf die Warthe-Übergänge zu. Die Luftwaffe hat jede feindliche Gegenbewegung vor den eigenen Panzerspitzen anzugreifen. Sie soll auch die ungeschützte Südflanke der Division überwachen und notfalls decken.

40 Stukas von der I./StG 2 und der I./StG 76 zerstören mit haargenauem Punktzielangriff den Bahnhof Piotrkow, auf dem gerade polnische Truppen ausgeladen werden. Oberst Schwartzkopffs Stukageschwader 77 greift mehrmals feindliche Kolonnen im Raum Radomsko an. Auch das XI. und das XIV. A. K., die bei Dzialoszyn gegen die Warthe vorgehen, rufen über Funk nach Luftunterstützung gegen starken polnischen Widerstand.

Richthofens Aufklärungsstaffel, die 1. (F)/124, hängt befehlsgemäß ständig einen Gefechtsaufklärer Do 17 über die große Warthebrücke südlich Radomsko. Die Männer im ›fliegenden Bleistift‹ sollen nicht nur die Bewegungen der Polen überwachen, sondern Sprengungsvorbereitungen an der Brücke durch Tiefangriffe mit MG-Feuer und Splitterbomben verhindern; denn gegen diesen wichtigen Warthe-Übergang stößt die 1. Panzerdivision vor.

Am folgenden Vormittag, dem 3. September, stehen die 1. und die 4. Pz.Div., die am Vorabend zwei Brücken im Handstreich genommen haben, bereits nördlich der Warthe. Beide Divisionen gehen als Spitze des XVI. A.K., der übrigen Front weit voraus, über Radomsko gegen Kamiensk und Piotrkow vor.

Die beiden Sturzkampfgruppen in Oberst Baiers LG 2 greifen Dzialoszyn

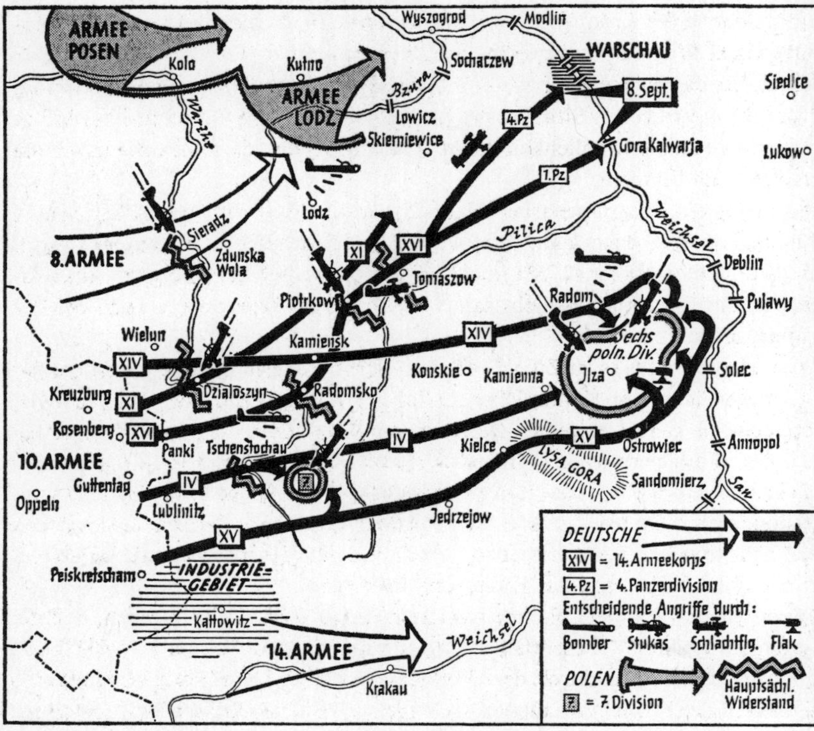

Acht Tage nach Beginn des Feldzuges gegen Polen standen deutsche Panzerspitzen in Warschau, wich das polnische Heer, der Auflösung nahe, überall auf die Weichsel zurück. Die Luftwaffe hatte großen Anteil am Erfolg. Sie brach polnischen Widerstand vor der deutschen Front durch starke Bomben-, Stuka- und Tiefangriffe. Die Karte zeigt den Ausschnitt der aus Schlesien heraus vorstoßenden 10. Armee, unterstützt von Verbänden der Luftflotte 4. Ihre Bomben lähmten vor allem auch das Verkehrs- und das Nachrichtennetz des Gegners.

an. Anschließend nimmt das XI. A.K. die Stadt ohne eigene Verluste gegen einen wie gelähmt wirkenden Feind.

Kaum haben sie diese Aufgabe vor dem Nordflügel der 10. Armee erfüllt, da werden Stukas und Schlachtflieger am Nachmittag nach Süden eingesetzt. Dort hat sich südöstlich Tschenstochau eine starke feindliche Kräftegruppe gebildet. Unter dem Eindruck der Luftangriffe streckt hier am Morgen des 4. September der erste größere Feindverband, die 7. polnische Division, die Waffen.

So geht es weiter. Stunde um Stunde. Tag um Tag. Vor der ganzen Front der 10. Armee. Zum ersten Male in der Geschichte greifen starke Luftstreitkräfte unmittelbar in die Erdoperationen ein. Freund und Feind sind von der durchschlagenden Wirkung dieser Luftangriffe überrascht.

Auch für das eigene Heer ist die Luftunterstützung noch so neu und fremd, daß es oft in kritischen Situationen gar keinen Gebrauch davon macht, daß es nicht einmal an die Möglichkeit denkt. Manchmal muß die Luftwaffe ihre Hilfe geradezu ›aufdrängen‹.

So kennt die Zusammenarbeit Heer–Luftwaffe ihre Probleme. Alles ist neu, ist niemals vorher dagewesen. Der ungestüme Vormarsch wirft weitere Fragen auf: Wo steht die Front? Wo noch der Feind, wo schon die eigene Angriffsspitze? Hätte Richthofen nicht seine Verbindungsoffiziere ganz vorn bei der Truppe, er erführe es nie.

Trotzdem kommt es zu Zwischenfällen. Bomben fallen in die eigenen Linien. Die Fliegertücher zur Kennzeichnung der Front werden von der Truppe meist nicht deutlich genug ausgelegt. In ihrem Bestreben, dem Feind alle Fluchtwege nach Osten zu sperren, zerbomben die Stukas am 8. September die Weichselbrücken bei Gora Kalwarja, und zwar buchstäblich vor der Nase der 1. Panzerdivision, deren Spitzen gerade am Westufer eintreffen. Wären die Brücken noch heil, so könnten die schnellen Verbände sofort einen Brückenkopf jenseits der Weichsel bilden und die Verfolgung fortsetzen.

Aber solche ›Pannen‹ bleiben Ausnahmen. Sie ändern nichts daran, daß die ›fliegende Artillerie‹ wesentlichen Anteil am raschen Vormarsch der Divisionen hat. Nicht nur durch den direkten Angriff auf feindliche Widerstandsgruppen in der Front. Vor allem zerschlagen die Stukas, Bomber und Zerstörer die Verbindungen im Rücken des Gegners.

Die Brücken, die Straßen, die Bahndämme. Und die besonders wichtigen Nachrichtenlinien.

Sie richten heillose Verwirrung an. Das Ergebnis: Der Gegner kommt gar nicht erst dazu, seinen Widerstand zu organisieren, einen eigenen Operationsplan zu entwickeln. Die unbedingt notwendigen Truppenverschiebungen hinter der Front geraten von Tag zu Tag mehr in ein ausweglose Fiasko.

Schon vom vierten Tage des Feldzuges an geht der deutsche Vormarsch, der sich anfangs noch gegen eine langsam weichende polnische Front gerichtet hatte, zum Durchbruch und zur ›überholenden Verfolgung‹ über. Der Gegner kann gar nicht so schnell zurückgehen, wie die Deutschen an ihm vorbeistoßen und ihn überflügeln.

Die Polen weichen in die Wälder beiderseits der Vormarschstraßen aus. Sie halten sich tagsüber versteckt, weil die deutsche Luftwaffe den Himmel beherrscht. Aber nachts marschieren sie querfeldein nach Osten, der Weichsel entgegen. Wenn ihnen auch jede einheitliche Führung fehlt, so wissen sie doch: Nur jenseits der Weichsel können wir noch entkommen. Nur dort kann eine neue Front errichtet werden.

Die Deutschen aber wissen: Nur diesseits der Weichsel können wir den

Gegner überflügeln, einkreisen und zur Waffenstreckung zwingen. Wir müssen ihm den Weg über den Strom verwehren. Wir müssen vor ihm dort sein.

So beginnt auf der ganzen Front der Wettlauf zur Weichsel.

3. Die Nacht von Ilza

Im Laufe des 7. September stellt die deutsche Luftaufklärung eine starke feindliche Kräftegruppe vor dem rechten Flügel der 10. Armee fest. Die Polen konzentrieren sich auf das Gebiet nordöstlich der Lysa Gora, eines bewaldeten Mittelgebirges, und südlich Radom. Ihr Schwerpunkt wird in den ausgedehnten Wäldern bei dem Städtchen Ilza vermutet. Ihre Marschrichtung zielt eindeutig nach Osten, auf die Weichsel-Übergänge zu.

General von Reichenau befiehlt daher für den 8. September folgende Umfassungsoperation: Das XIV. Armeekorps stößt über Radom hinaus gegen die Weichsel bei Deblin vor und bildet den nördlichen Riegel. Das IV. A.K. rückt langsam von Westen her nach und verhindert einen Ausbruch der Polen in rückwärtiger Richtung. Und das XV. A.K. vollendet die Einschließung durch einen raschen Stoß vom rechten Flügel aus in den Rücken des Gegners.

Am Morgen des 8. September setzt die 3. leichte Division unter Generalmajor Kuntzen die Kampfgruppe Ditfurth von Ostrowiec aus zur Erkundung auf Ilza und Radom an.

Die Gruppe, die nach dem Kommandeur des Kavallerie-Schützenregimets 9, Oberst von Ditfurth, benannt ist, besteht außer dem Regiment noch aus der 2. Kompanie/Panzerabteilung 67, der I. Abteilung/Artillerieregiment 80 und der I. Abteilung/Flakregiment 22 mit vier Flakbatterien.

Diese Luftwaffenverbände machten den Vormarsch in vorderster Heeresfront mit, damit jederzeit Flakabwehr gegen etwa angreifende polnische Flieger zur Stelle war. Beim turbulenten Vormarsch der letzten Tage hatte sich allerdings kein Pole am Himmel gezeigt. Die Meß- und Nachrichtenstaffeln der Flak waren auf den verstopften Straßen zurückgefallen. Nur die Batterien selbst hielten sich in der Vormarschspitze.

Gegen Luftziele aber waren sie jetzt, da ihnen die Kommandogeräte fehlten, kaum noch mit Erfolg einzusetzen. Dagegen sollten sie sich im Erdkampf bewähren. Infanterie und Artillerie wußten, welche Durchschlagskraft die Flakgeschosse mit ihrer rasanten Flugbahn besaßen. Vor allem, wenn sie im Direktbeschuß auf sichtbare Erdziele gerichtet werden konnten.

Gegen Mittag steht die Spitze der Kampfgruppe Ditfurth bei Pilatka, dem letzten Dorf etwa vier Kilometer vor Ilza. Dort geht es nicht mehr weiter. Ein schwerer Feuerüberfall aus dem Hügelgelände der ›Alten Schanze‹ vor Ilza zwingt die Kavallerieschützen in Deckung.

Gleichzeitig werden auf den von Süden und Norden nach Ilza hineinführenden Straßen feindliche Kolonnen mit starker Staubentwicklung entdeckt. Auch im Nordosten sind Truppenbewegungen zu erkennen. Die Wälder im Südwesten bleiben noch ruhig. Aber auch sie müssen voller Polen stecken.

Die feindliche Artillerie feuert wie wild. Sie beherrscht von der drei Kilometer westlich Ilza gelegenen Höhe 241 aus das ganze Kampffeld. Eine Schwadron, die 2./Kav. Sch. Rgt. 8, wird gegen die Höhe angesetzt, kommt aber nur ein paar hundert Meter weit.

Oberst von Ditfurth läßt seine Einheiten, so wie sie auf der Straße von Osten in Pilatka eintreffen, westlich des Ortes in Stellung gehen. Die Schützenketten arbeiten sich in dem hügeligen Gelände langsam gegen Ilza vor. Aber näher als einen Kilometer kommen sie nicht an die ›Alte Schanze‹ heran. Dort bleibt der Angriff im schweren Feuer liegen.

Um 13.20 Uhr trifft der Kommandeur der I./Flakregiment 22, Major Weißer, an der Spitze seiner Batterien in Pilatka ein. Weißer kann den Gefechtsstand von Oberst von Ditfurth nur sprungweise im feindlichen Gewehr- und MG-Feuer erreichen. Dort erhält er den Befehl, seine Batterien durch Pilatka hindurch vorzuziehen, südlich der Straße Pilatka–Ilza in Stellung zu gehen und der schwer kämpfenden Infanterie direkte Feuerunterstützung zu geben.

Als erste greifen sechs 2-cm-Geschütze der 5. Batterie unter Leutnant Seidenath in den Kampf ein. Drei weitere Geschütze folgen, während der IV. Zug als Abteilungsreserve zurückgehalten wird.

Seidenath richtet alle neun 2-cm-Rohre nach Süden. Denn dort soll jetzt der Angriff zur südlichen Umfassung von Ilza vorgetragen werden, weil der direkte Angriff nicht weiterkommt.

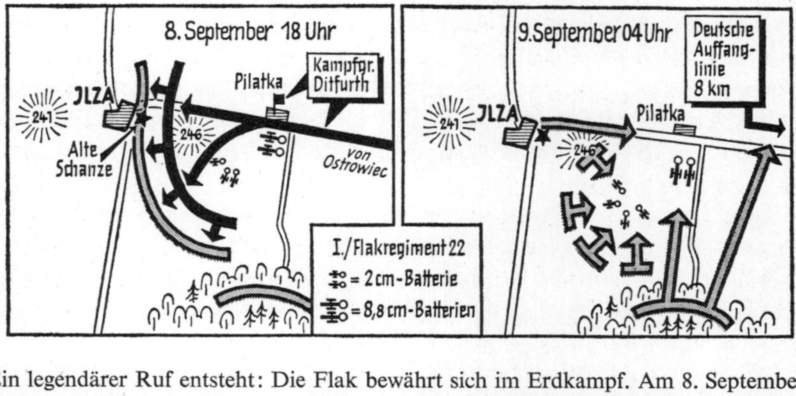

Ein legendärer Ruf entsteht: Die Flak bewährt sich im Erdkampf. Am 8. September gab die I./Flakrgt. 22 der Infanterie beim Angriff auf Ilza direkten Feuerschutz. In der folgenden Nacht wehrte sie in vorderster Front alle Angriffe ab und verhinderte im entscheidenden Augenblick einen polnischen Durchbruch zur Weichsel.

Inzwischen sind auch die 2. und die 3. Batterie der Flakabteilung mit ihren schweren 8,8-Geschützen etwas weiter östlich in Stellung gefahren. Die Bedingungen sind gar nicht günstig. Die 8,8 fahren neben den 10,5-cm-Feldhaubitzen der Artillerie auf. Sie stehen in einer Senke, durch das hügelige Gelände gegen Feindsicht geschützt. Das mag ideal für die Feldhaubitzen sein, denn sie schießen ja mit gekrümmter Flugbahn, nach den Angaben vorgeschobener Beobachter.

Die Flak aber muß mit gerader Flugbahn schießen. Mit direkter Sicht vom Geschütz zum Ziel. Doch eben das ist hier nicht möglich. Würde nur ein Geschütz auf eine Höhe mit direkter Feindsicht gefahren – ein Feuerhagel würde die Bedienung niedermähen, ehe sie zum ersten Schuß käme.

Deshalb müssen sich die 8,8-Batterien vorerst damit begnügen, weiter entfernte Ziele zu beschießen. Plötzlich schlagen ihre Granaten in eine polnische Kolonne auf einem Straßenstück nördlich Ilza, das zufällig von der 8,8 eingesehen wird. In den kaum zwei Kilometer vor der eigenen Stellung tobenden Infanteriekampf kann die 8,8 jedoch nicht eingreifen. Dazu sind ihre Deckungswinkel zu hoch.

Dort, in vorderster Front, stehen die 2-cm-Geschütze der 5. Batterie. Sie feuern nach Süden, werden aber selbst von Westen, von der ›Alten Schanze‹ her, unter flankierendes MG-Feuer genommen. Jede kleinste Bewegung bei den Geschützen wird von den polnischen Maschinengewehren mit einem Feuerhagel beantwortet.

Die Lage ist auf die Dauer unhaltbar. Der Batterieführer, Hauptmann Röhler, befiehlt daher, wenigstens den III. Zug aus der Feuerlinie der polnischen Granatwerfer und Pak zu ziehen. Das gelingt, die drei Geschütze nehmen eine neue, gestaffelte Stellung ein, die sich später beim Nachtgefecht als besonders günstig erweisen wird.

Um diese Zeit – es ist 18 Uhr – bleibt der erste von Artillerie, Panzern und Flammenwerfern unterstützte polnische Gegenangriff aus Süden im Feuer der deutschen Infanterie- und Fla-Geschütze liegen. Die Polen fühlen sich also so stark, daß sie schon bei Tageslicht angreifen. Was werden sie erst tun, wenn die Nacht hereingebrochen ist?

In der vordersten deutschen Front, nur 800 Meter von der ›Alten Schanze‹ entfernt, liegt die Höhe 246. Auf ihr hocken die deutschen Artilleriebeobachter. Im Laufe des Nachmittags haben sie eine ganze Reihe von MG- und Pak-Nestern lokalisiert, die aber von der eigenen Artillerie nicht unter Feuer genommen werden können und auch nicht im Bereich der 2-cm-Flak in ihrer jetzigen Stellung liegen. Und wieder heißt es:

»Ein Fla-Geschütz nach vorn, auf die Höhe 246!«

Das 3. Geschütz der 5. Batterie, Geschützführer Maurischat, wird von seinen Männern zunächst auf eine Kuppe hinaufgezogen, die direkt hinter der Höhe 246 liegt. Aber auch hier genügt das Schußfeld nicht. Daraufhin jagen die Kanoniere mit dem 16 Zentner schweren Geschütz den Hang hinab, um mit Schwung auf der Gegenseite hochzukommen. Es reicht nicht – auf halber Höhe bleiben sie stecken.

Da greifen alle Offiziere der B-Stelle von der Höhe 246 mit zu und wuchten das Geschütz weiter hinauf. Dicht unter der Kuppe halten sie an.

Sämtliche Werte für das erste Ziel werden im voraus eingestellt, das Magazin ist schußbereit. Richtkanonier Kniehase sieht sich sein Ziel durch das Scherenfernrohr auf der B-Stelle genau an und steigt in seinen Sitz. Und dann stehen alle sprungbereit.

In dem Augenblick, in dem drüben das gefährlichste polnische MG Gurtwechsel vornehmen muß, reißen Offiziere und Kanoniere das Geschütz nach vorn. Mit dem Richtkanonier im Sitz!

Binnen wenigen Sekunden steht die Zwozentimeter oben auf der Kuppe. Frei wie auf dem Präsentierteller.

Schon hat Kniehase sein Ziel aufgefaßt. Er jagt den ersten Feuerstoß hinüber. Und noch einen. 40 Schuß direkt ins Schwarze.

Im nächsten Moment wird Kniehase mit dem Geschütz wieder zurückgerissen, hinter den Hang. Um keine Sekunde zu früh. Denn schon peitscht zusammengefaßtes polnisches Feuer über die nun wieder leere Kuppe.

Achtmal fährt das Geschütz Maurischat in dieser Weise offen auf der Höhe 246 auf. Achtmal wird drüben beim Polen ein MG- oder Paknest im Direktbeschuß zum Schweigen gebracht.

Und jedesmal begleiten die Kavallerieschützen das Losbellen der 2-cm-Flak mit lautem Jubel. Seit Stunden kommen sie in dem welligen Gelände mit niedrigem Buschwerk keinen Meter vor oder zurück. Jetzt endlich schafft die Flak ihnen Luft.

Zuletzt nimmt Kanonier Kniehase einen hohen Wachtturm aufs Korn, der die ›Alte Schanze‹ überragt. Mehrere schwere MG haben von dem Turm herab ausgezeichnetes Schußfeld. Kniehase jagt in vier Feuerstößen 80 Sprenggranaten in die Schießscharten und auf die Plattform des Turmes.

Nun schweigen zwar die polnischen Maschinengewehre. Doch der Turm steht, die 2-cm-Granaten können ihm nichts anhaben. Der Feind wird neue MG-Trupps nach oben schicken.

Es ist schon nach 19 Uhr, und das Tageslicht beginnt zu schwinden. Plötzlich wenden sich Offiziere und Soldaten auf Höhe 246 überrascht nach hinten um. Da brummt doch seelenruhig im feindlichen Feuer eine deutsche Zugmaschine über den östlichen Hang auf die Höhe hinauf: eine schwere Zugmaschine mit einer 8,8-cm-Flak im Schlepp.

Major Weißer hat einem Geschütz der 3. Batterie Befehl gegeben, den Kampf der einsamen Zwozentimeter auf der Höhe durch seine wesentlich größere Feuerkraft zu unterstützen.

Und nun ist die 8,8 also da. Bis auf die oberste Kuppe der Höhe 246 wird sie geschleppt und dort abgeprotzt. Doch die Kuppe ist zu klein. Das schwere Geschütz schwankt hin und her. Wie wild arbeiten Offiziere und Mannschaften mit dem Spaten, um der 8,8 eine größere und feste Grundfläche zu schaffen.

Schließlich, es ist schon Dämmerung, jagt der erste Schuß aus dem Rohr. Am alten Wachtturm vorbei. Und die 8,8 steht wieder schief im Erdreich. Neues Horizontieren, neuer Schuß: Volltreffer im Turm!

Der dritte Schuß reißt drüben eine Seite des Mauerwerks fort. Nach einer Serie weiterer Treffer fliegen dort nur noch Staub und Trümmer durch die Luft.

Es ist höchste Zeit, denn nun bricht mit einemmal die Nacht herein.

Die Höhe 246 wird geräumt, die beiden Fla-Geschütze kehren zu ihren Batterien zurück. Noch glaubt Oberst von Ditfurth, seine Stellungen auch in der Nacht gegen die Polen halten zu können. Er hat keine Reserven mehr, alle Einheiten sind in vorderster Linie eingesetzt.

Da wirft schon der erste massierte polnische Angriff kurz nach 20 Uhr die deutsche Front zurück. Auf der Straße nach Ilza dringen Feindpanzer nach Pilatka vor. Oberst von Ditfurth verteidigt selbst seinen Gefechtsstand mit dem Gewehr in der Hand. Eine MG-Garbe mäht ihn nieder – der Kommandeur ist gefallen.

Überall, auf breiter Front, geht die deutsche Infanterie zurück. Die Schützen strömen einzeln und in Trupps durch die Flakstellung, zermürbt von dem stundenlangen schweren Feuer. Dennoch gelingt es den jungen Luftwaffenoffizieren, viele Landser zu sammeln und mit ihnen zwischen den Geschützen eine neue Verteidigungslinie aufzubauen. Und schon kommen die Polen. Die ersten stehen plötzlich mitten in der Stellung der 5. Batterie. Leutnant Seidenath zwingt die polnischen Soldaten mit vorgehaltener Pistole, bei den Geschützen mit anzufassen und sie in die neue Angriffsrichtung, nach Westen, herumzuwerfen.

Sofort bellen die Zwozentimeter los. Die Flak schießt aus allen Rohren gegen den anstürmenden Feind. Diesem Feuerschlag sind die Polen nicht gewachsen. Ihr Angriff bricht zusammen.

Die Flak hat ihre Stellung gehalten. Wie aber soll sie sich gegen die mit Sicherheit zu erwartenden weiteren Nachtangriffe zur Wehr setzen?

Schon um 19.30 Uhr hat Hauptmann Röhler die beim Troß liegende Scheinwerferstaffel der 5. Batterie nach vorn befohlen. Ihr Vormarsch trifft genau mit dem polnischen Angriff auf der Straße Ilza–Pilatka zusammen. Zwei Scheinwerfer werden beschädigt und in den allgemeinen Strudel des Rückmarsches gerissen. Doch die anderen beiden Werfer bleiben unversehrt. Ihre Bedienungsmannschaften boxen sich gegen den Strom weiter nach vorn und treffen tatsächlich in der vom Feind schon überflügelten Stellung der 5. Batterie ein.

Leutnant Seidenath kommen die beiden 60-cm-Scheinwerfer wie gerufen. Er läßt sie vorsichtig in flankierende Stellungen schieben, damit sie das Vorfeld der Batterie von verschiedenen Seiten her in helles Licht tauchen können.

Die Nacht ist stockfinster. Gegen 23.30 Uhr sind dicht vor der deutschen Stellung polnische Kommandoworte zu hören. Flüsternd wird Leutnant Seidenaths Befehl zur Feuerbereitschaft von Geschütz zu Geschütz weitergegeben.

Dann leuchtet der rechte Scheinwerfer auf. Geblendet ducken sich die Polen. Die Flak hämmert los. Nach drei Sekunden verlischt das Licht von rechts, aber dafür blendet der Scheinwerfer von links auf. So wechseln sie sich ab. Ändern ihre Stellung. Leuchten immer nur für wenige Sekunden. Ehe die Polen ihre MG auf die gleißenden Scheiben gerichtet haben, sind diese wieder verloschen.

Nach einem viertelstündigen Gefecht ist auch dieser Nachtangriff des Gegners abgeschlagen. Zwei weitere polnische Angriffe bleiben ebenso erfolglos.

Gegen 5.30 Uhr morgens erhält die 5. Batterie endlich den Befehl, sich vorsichtig vom Feind zu lösen und Anschluß an die deutsche Auffanglinie zu suchen, die sich acht Kilometer weiter zurück gebildet hat.

Inzwischen haben sich auch bei den beiden 8,8-cm-Batterien, der 2. und der 3./Flak 22, die Ereignisse überstürzt. Seit drei Uhr früh werden beide Batterien von überlegenen polnischen Kräften berannt. Der Feind kommt aus den Wäldern im Süden und will mit aller Kraft noch im Schutz der Dunkelheit den Durchbruch nach Nordosten, an die Weichsel, erzwingen.

Der schwerste Angriff findet um 4.10 Uhr statt. In dichten Scharen stürmen die Polen über die Hügel heran. Die Flak-Kanoniere verteidigen ihre Geschütze im Nahkampf, mit aufgepflanztem Bajonett. Ihr Kommandeur, Major Weißer, fällt. Ebenso der Chef der 3. Batterie, Hauptmann Jablonski, und zahlreiche weitere Offiziere und Männer.

Als schließlich der III. Zug der 5. Batterie mit seinen Zwozentimetern in die Flanke der Polen hineinschießt, bricht auch dieser Angriff blutig zusammen. Die Kanoniere springen aus den Deckungslöchern und greifen nun sogar selbst an. Sie treiben den Feind bis zu 800 Meter weit in seine Ausgangsstellung zurück.

Nach diesem Husarenritt ist die Gefahr jedoch nicht gebannt. Immer neue feindliche MG schießen sich auf die Flakstellung ein. Die Polen drängen wieder nach vorn. Oberleutnant Rückwardt, der jetzt als ältester Offizier das Kommando der I. Abteilung führt, hat seinen Adjutanten, Leutnant Haccius, schon zweimal zum Divisionsstab zurückgeschickt und um Unterstützung gebeten.

Wieder lebt der Infanteriekampf auf. Die Deutschen zählen besorgt die restliche Munition. In diesem Augenblick rollen von hinten über die Hügel vier deutsche Panzer heran und greifen feuernd in das Gefecht ein. Der Feind stockt – und wendet sich zur Flucht.

Diese vier Panzer der 2. Kompanie/Panzerabteilung 67 schlagen die Flak im letzten Augenblick aus ihrer heißumkämpften Stellung heraus. Unter ihrem Schutz protzen die Flak-Kanoniere ihre Geschütze auf. Nur drei 8,8-cm-Flak der 3. Batterie müssen mit ausgebauten Verschlüssen zurückbleiben, weil ihre Zugmaschinen zerstört sind.

Es ist schon heller Tag, als die Batterien in voller Fahrt über die nun vom

Feind benutzte Straße von Pilatka zurück nach Osten jagen. Von links und rechts aus dem Straßengraben prasselt Gewehrfeuer gegen die Fahrzeuge.

Zweimal läßt Oberleutnant Rückwardt die vorderste 8,8 abprotzen und gibt Feuerbefehl. Die 8,8 schießt den eigenen Fahrzeugen buchstäblich den Weg frei – und dann jagen sie mit Vollgas weiter.

Nach acht Kilometern rasender Fahrt erreichen die Fahrzeuge die deutsche Auffanglinie.

Das war die ›Nacht von Ilza‹ am 8./9. September 1939.

Dieses Gefecht, in dem der Durchbruch von Teilen der 16. polnischen Division zur Weichsel von Soldaten der Luftwaffe verhindert wird, begründet den später geradezu legendären Ruf der deutschen Flak im Erdkampf.

Bei Tagesanbruch müssen sich die Polen wieder in die Wälder zurückziehen. Außerdem ist der deutsche Umfassungsring nun geschlossen. Nach 9 Uhr setzt die 3. leichte Division einen neuen Panzerangriff an und säubert das Gebiet um Ilza.

Dann greift die Luftwaffe in die Kesselschlacht ein.

Mit Ausnahme der Schlachtgruppe stürzen sich sämtliche Verbände des Fliegerführers v. Richthofen auf die fünf bis sechs polnischen Divisionen, die südlich von Radom eingeschlossen sind. Sie fliegen tief über dem Schlachtfeld an, jagen über Straßen, Feldwege und Dörfer und suchen sich ihre Ziele.

»Unsere Panzer mit ihren weißen Kreuzen auf dem Rücken weisen uns überall den Weg«, berichtet ein Staffelkapitän aus Oberst Schwartzkopffs Stukageschwader 77. »Wo sie vorgehen, stoßen wir stets auf dichte Knäuel polnischer Truppen. Unsere 50-Kilo-Splitterbomben wirken verheerend auf die Ansammlungen. Dann geht es mit MG-Feuer im Tiefstflug über den Feind hinweg. Das Durcheinander auf der Erde ist unbeschreiblich.«

Über 150 Stukas, Jäger und Zerstörer setzt Richthofen an diesem 9. September immer wieder gegen die polnischen Divisionen im Kessel von Radom ein. Die Heerestruppen ziehen den Einschließungsring enger und enger. Am 13. September strecken die letzten polnischen Verbände im Waldgebiet von Ilza die Waffen.

Doch der Kessel von Radom ist nur noch nebensächlich. Der Brennpunkt der Ereignisse hat sich vor die polnische Hauptstadt verlagert. Die beiden Panzerdivisionen des XVI. A. K. haben den letzten feindlichen Sperriegel beiderseits Piotrkow bereits am 7. September durchbrochen.

Während die 1. Pz. Div. am 8. September auf die Weichsel bei Gora Kalwarja zustößt, gewinnt die 4. Pz. Div. nordöstlich Tomaszow eine große Straße mit dem Wegweiser:

»Nach Warschau – 125 Kilometer«.

Nun zahlt es sich aus, daß die Luftwaffe alle Bahnhöfe, Strecken und Züge gebombt hat. Die Polen können der deutschen Panzerspitze keine neuen Verstärkungen mehr entgegenwerfen.

In einem großen Raid, in der Luft begleitet von den Schlachtstaffeln der II./LG 2, dringt die 4. Pz. Div. am frühen Nachmittag des 8. September bis an den Stadtrand von Warschau vor. Um 17 Uhr befiehlt General von Reichenau, die ›offene Stadt‹ im Handstreich zu nehmen.

Am nächsten Morgen werden die Kampf- und Sturzkampfgruppen der Luftflotte 4 zum Angriff auf die militärischen Schlüsselpunkte der Stadt starten – falls Warschau verteidigt wird.

Die Luftwaffe steht zum Eingreifen bereit. Aber die Frage bleibt: Werden die Polen ihre blühende Hauptstadt zum Schlachtfeld machen?

4. Warschau — offene Stadt?

Dicht neben dem polnischen Gestüt Wolborz bei Tomaszow liegt auf einem leidlich ebenen Acker der neue Einsatzflugplatz der Schlachtgruppe, der II./LG 2. Die Nahkampfflieger, vor allem die Stukas, die Schlacht- und Jagdgruppen, mußten schon nach wenigen Kriegstagen auf polnische Feldflugplätze vorgezogen werden, um die ungestüm vorwärtsdrängende Infanterie weiterhin als ›fliegende Artillerie‹ unterstützen zu können.

Der Platz bei Wolborz wurde nach bewährter Methode ausgesucht: »Wenn wir mit einem Pkw mit 50 Sachen über den Acker fahren können, ohne daß es gewaltig rumst, dann ist der Platz auch für Start und Landung unserer Hs 123 geeignet.« Die Henschel ›Eins-zwei-drei‹ brauchte kaum 200 Meter Startbahn.

Am frühen Morgen des 9. September 1939 aber ist es ein Fieseler Storch, der allein in Richtung Warschau startet. Der Kommandeur der Schlachtgruppe, Major Spielvogel, hat es sich seit Tagen zur Gewohnheit gemacht, selber die Lage an der vordersten Front zu erkunden. Dann kann er seine Staffeln mit klaren Anweisungen in den Einsatz schicken. Heute, da die Panzer in Warschau eindringen sollen, ist diese Orientierung aus der Luft um so wichtiger.

Tief über der Straße streicht der ›Storch‹ dahin. Am Steuerknüppel sitzt Unteroffizier Szigorra. Major Spielvogel konzentriert sich ganz auf seine Beobachtungen. Voraus kommt jetzt das Häusermeer der polnischen Hauptstadt in Sicht. Und unter ihnen dehnt sich ein weites, von Bombentrichtern übersätes und von zerstörten Hallen umrandetes Feld: der Flugplatz Warschau-Okecie, der in den ersten Kriegstagen so oft Angriffsziel der deutschen Kampf- und Sturzkampfverbände gewesen ist.

Spielvogel sieht die deutsche Panzerspitze bereits jenseits des Platzes im Vorgehen auf die Stadtteile Mokotow und Ochota. Er läßt den ›Storch‹ über die Frontlinie hinweg feindwärts fliegen und sucht nach Zielen für seine ›Schlächter‹: nach getarnten Geschützstellungen, Widerstandsnestern, Barrikaden.

Plötzlich entdeckt er im Schutz des Bahndamms der Strecke Warschau–Radom eine leichte Flakbatterie. Im gleichen Augenblick nehmen die Polen den zum Greifen nahen ›Storch‹ schon unter Feuer. Geschoßsplitter und Gewehrkugeln prasseln in Zelle und Kabine. Unteroffizier Szigorra sackt mit einem Bauchschuß zusammen.

Spielvogel greift nach dem Steuerknüppel. Doch es will ihm nicht gelingen, den ›Storch‹ herumzureißen. Er kann nur noch zur Landung ansetzen. Hier auf der Straße direkt unter ihm, mitten im polnischen Verteidigungsring. Vielleicht 600 oder 700 Meter vor der deutschen Angriffsspitze.

Trotz des pausenlosen Beschusses stürzt der ›Storch‹ nicht ab, sondern setzt auf der Straße auf. Sofort ist Spielvogel heraus. Er läuft auf die andere Seite und zieht seinen schwerverwundeten Flugzeugführer aus der Maschine, die jeden Augenblick in Flammen aufgehen muß. Da sinkt auch er mit einem Kopfschuß zu Boden.

Wenig später werden die beiden Flieger von der vorgehenden Infanterie dicht neben ihrem ausgeglühten Flugzeugwrack gefunden. Major Spielvogel, ein wegen seiner väterlichen Eigenschaften von allen Untergebenen besonders verehrter Reserveoffizier, ist gefallen. Richthofen bestimmt den Kapitän der 4. Staffel, Hauptmann Otto Weiß, zum neuen Kommandeur der Schlachtgruppe.

Inzwischen rückt die 4. Panzerdivision befehlsgemäß in das Häusermeer der polnischen Hauptstadt vor. Generalmajor Reinhardt setzt seine schwachen Kräfte auf drei Straßen von Süden und Südwesten an: über die Vororte Mokotow, Ochota und Wola. Und wie am Abend zuvor schlägt den Deutschen auch jetzt rasendes Abwehrfeuer entgegen.

Die Polen sitzen in ausgebauten Abwehrstellungen und Widerstandsnestern. Sie haben Verstärkungen herangeführt und über Nacht Barrikaden errichtet. Sie denken gar nicht daran, Warschau kampflos preiszugeben.

Dennoch gewinnt der deutsche Angriff Raum. Die Panzer rollen voraus. In ihrem Schutz folgen die Sturmtruppen. Auf einmal heulen schwere Granaten heran und schlagen zu beiden Seiten der Vormarschstraßen ein.

Kein Zweifel: Die Polen schießen vom östlichen Weichselufer herüber. Ihre Batterien in der Vorstadt Praga legen selbst schweres Feuer auf die Westbezirke Warschaus, um den deutschen Angriff zu zerschlagen.

Also will der Gegner seine Hauptstadt auf Biegen und Brechen verteidigen. Auch wenn dabei in die eigenen Häuser hineingeschossen werden muß. Von einer ›offenen Stadt‹ kann keine Rede sein.

Das ist das Angriffszeichen für die Nahkampfflieger des Generals v. Richthofen. In Tschenstochau und Kruszyna, ihren vorgeschobenen Feldflugplätzen, rollen die Stukas zum Start. Gerade ist eine neue Gruppe, die III./StG 51, zu Oberst Schwartzkopffs Stukageschwader 77 gestoßen, so daß Richthofen jetzt fünf Gruppen mit rund 140 Sturzkampfbombern einsetzen kann.

140 Maschinen vom Typ Ju 87 B ziehen hoch am Himmel bei klarer Bodensicht auf Warschau zu.

Seit den von der Luftflotte 1 aus Ostpreußen und Pommern geflogenen Angriffen am 1. und 2. September, die sich gegen die Flugplätze, Flugzeugwerke und die Rundfunksender Warschaus richteten, wurden in der Zwischenzeit nur schwächere Kräfte eingesetzt. Die Bomben fielen auf Verschiebebahnhöfe und die im Bereich der Stadt liegenden Weichselbrücken – übrigens ohne nennenswerten Erfolg.

So fliegen die Stukas am Morgen des 9. September den ersten größeren Angriff auf das eigentliche Stadtgebiet Warschaus. Über dem deutlich heraufschimmernden Band des Flusses kippen sie aus der Rolle zum Sturzflug ab. Mit heulenden Sirenen stürzen sie sich auf ihre Ziele.

Unheimlich schnell wachsen die Brücken ins Visier hinein. Die Brücken dienen zur Orientierung, zur besseren Aufteilung des Angriffsraumes. Die Ziele liegen auf dem Ostufer der Weichsel. Es sind schwere Batteriestellungen – dieselben Batterien, mit denen der Gegner in die Weststadt hineinschießt. Trotz heftigen Flakfeuers werfen die Stukas ihre Bomben, fangen ab und ziehen wieder hoch.

Andere Stukagruppen greifen die Hauptstraßen und Bahnlinien an, die aus der Vorstadt Praga nach Osten hinausführen: als Riegel oder zumindest als Unterbrechung der fieberhaften polnischen Truppenbewegungen.

Drüben in der Weststadt versteift sich der Widerstand gegen den deutschen Angriff immer mehr. Schlachtflieger greifen in die Kämpfe ein. Mehrere Straßenbarrikaden müssen von den Infanteristen im Sturm genommen werden.

Gegen zehn Uhr stehen die Spitzen des Panzerregiments 35 und des Schützenregiments 12 dicht vor dem Warschauer Hauptbahnhof. Aber hier beißen sie sich fest. Hier kommen sie nicht mehr weiter. Außerdem haben sie jetzt im Straßengewirr kilometerlange, ungeschützte Flanken. Wenn der Gegner dort beherzt angreift, kann er die vorgestoßenen beiden Regimenter abschneiden. Deutlich sieht General Reinhardt diese Gefahr. Er befiehlt, den Kampf vorläufig abzubrechen. Die Regimenter ziehen sich wieder in die Außenbezirke zurück.

»Der Angriff in die Stadt mußte verlustreich eingestellt werden«, meldet Reinhardt an das XVI. Armeekorps. »Da Warschau von unerwartet starkem Gegner mit allen Waffen verteidigt wird, ist eine einzige Panzerdivision mit nur vier Infanteriebataillonen viel zu schwach für einen durchschlagenden Erfolg...«

Auch im Rücken des weit über die eigene Front hinaus vorgestoßenen XVI. Korps bahnte sich eine Entwicklung an, mit der niemand gerechnet hatte. Die Luftwaffe wurde ganz gegen Görings Willen gezwungen, wieder von Warschau abzulassen. Sie mußte den Divisionen der 8. Armee weit westlich der Hauptstadt in ihrer bedrohlichen Lage beispringen.

Was war geschehen?

Der ungestüme Vorstoß der 10. Armee (von Reichenau) gegen Warschau und die mittlere Weichsel hatte die sich nördlich anschließende, über Lodz vorgehende 8. Armee (Blaskowitz) ebenfalls zu höchsten Marschleistungen angetrieben. Die Armee sollte Anschluß halten, sollte die im Rücken der Angriffsspitze vor Warschau klaffende Lücke schließen. Und das so schnell wie möglich.

Aber die 8. Armee bestand anfangs nur aus vier Infanteriedivisionen. Und je stärker sie nach Osten drängte, desto weniger konnte sie ihre eigene Nordflanke schützen.

Die Gefahr war um so größer, als genau in der deutschen Angriffsrichtung etwas weiter nördlich eine ebenso starke polnische Kräftegruppe folgte. Sie hatte das gleiche Ziel: nach Osten, nach Warschau, über die Weichsel.

Den Kern dieser polnischen Streitkräfte bildete die ›Armee Posen‹. Sie war bisher kaum angegriffen worden, weil die deutsche Stoßrichtung im Norden und im Süden an ihr vorbeizielte. Die vier Divisionen und zwei Kavalleriebrigaden dieser polnischen Armee besaßen noch ihre volle Kampfkraft. Zu ihnen stießen außerdem Teile der polnischen ›Armee Pommerellen‹, die vor dem Angriff der deutschen 4. Armee auf Bromberg nach Süden ausweichen konnten.

Bereits am 3. September erkannte der polnische Armeebefehlshaber, General Kutrzeba, seine Chance: Angriff nach Süden, in die schwache Nordflanke der deutschen 8. Armee! Aber die polnische Heeresleitung verweigerte ihre Zustimmung. Sie befahl Kutrzeba, seine Divisionen geschlossen nach Osten zurückzuführen.

Die Polen marschierten bei Nacht und lagerten tagsüber in den Wäldern. Die deutschen Heeresaufklärer erspähten wohl ab und zu ein paar Kolonnen, sie erkannten aber nicht, daß hier eine ganze Armee auf dem besten Wege war, der deutschen Front in den Rücken zu fallen.

Am 8. und 9. September haben die Polen das Gebiet um Kutno erreicht. Sie stehen zwischen der Weichsel im Norden und dem Nebenfluß Bzura im Süden.

Auf der anderen Seite der Bzura sichert als links rückwärts gestaffelte Nachhut der deutschen 8. Armee die 30. Infanteriedivision unter Generalleutnant von Briesen. Die Division ist auf 40 Kilometer Länge auseinandergezogen – nichts als ein dünner Schleier.

General Kutrzeba läßt sich die Chance nicht ein zweites Mal entgehen. In der Nacht zum 10. September greift er über die Bzura hinweg nach Süden an. An mehreren Stellen wird die deutsche Linie auf Anhieb durchbrochen. Die 30. I. D. flutet zurück.

Diese erste und einzige große Angriffsoperation der Polen während des ganzen Feldzuges zwingt die Deutschen zu einschneidenden Maßnahmen:

Generaloberst Blaskowitz muß seine ganze auf Warschau und die Weichsel zuhastende 8. Armee herumwerfen, um die Feindeinbrüche im eigenen Rücken abzuriegeln.

Auch die am Stadtrand Warschaus stehenden Teile der 10. Armee lassen von der Hauptstadt ab und rücken mit verkehrter Front gegen die Bzura vor. Dieser Schachzug des ›Chefs‹ der 10. Armee, Generalmajor Friedrich Paulus – des späteren Oberbefehlshabers der Stalingradarmee –, läßt schon die Absicht erkennen, aus dem Rückschlag eine für die Polen vernichtende Kesselschlacht an der Bzura zu entwickeln.

Die Lage ist so ernst, daß die deutsche Heeresgruppe Süd zum ersten Male seit Kriegsbeginn von der Luftwaffe dringend »den Einsatz starker Fliegerkräfte am 11. September 1939 gegen den Raum um Kutno« fordert.

Vom Angriff auf Warschau – ob aus der Luft oder auf dem Erdboden – ist plötzlich nicht mehr die Rede.

Um so sonderbarer wirkt die Szene auf einem Feldflugplatz bei Konskie, nahe dem Hauptquartier der 10. Armee, wo am Vormittag des 11. September eine Ju 52 mit Hitler und seinem Stabe zur Frontbesichtigung landet. General von Reichenau tritt auf Hitler zu und meldet ihm feierlich, seine Armee sei bereits nach zehn Feldzugstagen in Warschau eingerückt.

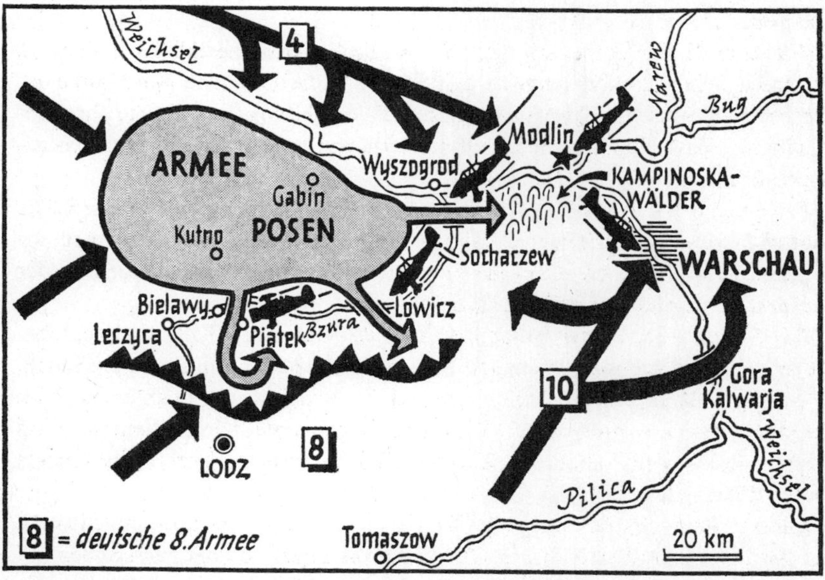

Kesselschlacht an der Bzura: Im Rücken der auf Warschau und die Weichsel vorstoßenden 8. und 10. Armee schuf die völlig intakt gebliebene polnische ›Armee Posen‹ eine Krisenlage, die jedoch durch den pausenlosen Einsatz der Luftwaffe gemeistert wurde. Der Gegner wurde an der Bzura eingekesselt. Nach neuntägiger Schlacht gingen 170000 Polen in die Gefangenschaft.

Der Fliegerführer v. Richthofen glaubt nicht richtig zu hören. Nichts über den Rückzug aus der Stadt! Nichts über die gefährliche Lage an der Bzura!

Richthofen sieht zu, daß er schnellstens auf seinen Gefechtsstand zurückkommt. Der Einsatz der Nahkampfgruppen ist jetzt wichtiger als je zuvor.

Von ihrem Acker neben dem Zuchtgestüt Wolborz startet die Schlachtgruppe II./LG 2. Hauptmann Weiß hat seinen Staffelkapitänen die Zielräume zugewiesen. Der Einsatzbefehl: Tiefangriffe auf feindliche Kolonnen bei Piatek und Bielawy südlich der Bzura. Der polnische Angriff muß mit allen Mitteln zum Stehen gebracht werden. Diesmal haben es die ›Schlächter‹ nicht schwer, den Gegner zu finden. Es ist eine ganze Armee. Eine Armee im Vorstoß nach Süden.

Die Flugzeugführer drücken ihre Maschinen zum Angriff. Nach zehn Tagen Kriegserfahrung wissen sie, was die Hauptwaffe des Doppeldeckers Hs 123 ist: nicht die zwei 50-Kilo-Bomben unter den Tragflächen. Auch nicht die beiden MG im oberen Motorenkranz. Sondern eine rein akustische Wirkung: der entsetzliche Krach des Propellers, von einer bestimmten Drehzahl an.

Ein kurzer Blick auf die Instrumente: Bei 1800 Touren ist der Punkt erreicht. Vor dem Motor bildet sich eine akustische Kopfwelle. Die Latte knattert plötzlich wie schweres MG-Feuer.

So rasen die ›Schlächter‹ in zehn Meter Höhe über den Feind hinweg und verbreiten Panik und Entsetzen. Menschen und Pferde stieben davon, Fahrzeuge krachen zu unentwirrbaren Knäueln zusammen. Kaum eine Kolonne, die von solchen Tiefangriffen nicht auseinandergetrieben wird!

Dabei können es die Schlachtflieger bei überhöhten Touren nicht einmal wagen zu schießen. Ihre beiden MG feuern durch den Propellerkreis – sie würden die eigene Latte zerfetzen.

Die Schlachtgruppe erzielt bei diesen Angriffen mit ihren alten, offenen Einsitzern Erfolge, die bei der geringen Zahl abgeworfener Bomben erstaunlich sind. Aber nicht nur die II./LG 2 wird am Bzura-Abschnitt eingesetzt. Von ihren neuen Feldflugplätzen bei Radom starten mehrere Stukagruppen zum Angriff auf Punktziele im Feindgebiet rings um Kutno. Brücken über die Bzura stürzen zusammen, Vormarschstraßen werden aufgerissen, Panzer- und Fahrzeugkolonnen zerschlagen.

Mehrere Kampfgeschwader, die in den letzten Tagen hauptsächlich Angriffe gegen Eisenbahn- und Industrieziele weit östlich der Weichsel geflogen haben, werden in die Schlacht an der Bzura geworfen: vor allem die 1. Fliegerdivision unter Generalleutnant Grauert, die zu Beginn des Polenfeldzuges im Rahmen der Luftflotte 1 von Pommern aus operierte. Nach Abschluß der Kämpfe in der Tucheler Heide verlegte sie nach Schlesien zur Luftflotte 4.

Und nun greifen das KG 1 (Generalmajor Kessler), das KG 26 (Oberst Siburg) und das KG 4 (Oberst Fiebig) mit rollenden Bombenangriffen in den Erdkampf ein.

Einem solchen Ansturm aus der Luft halten die Polen nicht lange stand. Nur zwei Tage dauert die Krise für die deutsche 8. Armee. Dann ist der Vorstoß südlich der Bzura aufgefangen.

Auf ausdrücklichen Wunsch der Heeresgruppe Süd wird auch ein Luftlanderegiment aus der OKW-Reserve mit Transport-Jus herangeflogen und nördlich Lodz in den Kampf geworfen. Damit setzt die Luftwaffe einen Teil jener Luftlandetruppen ein, die sie bisher unter strenger Geheimhaltung aufgebaut hatte.

Seit dem 1. September liegen die Fallschirm- und Luftlandetruppen der 7. Fliegerdivision unter Generalmajor Kurt Student im Liegnitzer Raum in Bereitschaft. Sie liegen buchstäblich ›auf dem Sprung‹ zu mehreren geplanten Einsätzen im Rücken des Gegners: zunächst bei Dirschau, dann gegen die Weichselbrücke bei Pulawy und schließlich, um einen Brückenkopf bei Jaroslaw am San zu bilden. Jedesmal wird der Befehl im letzten Augenblick widerrufen. Vor dem Pulawy-Einsatz können die Fallschirmjäger gerade noch aus den startbereiten Transportmaschinen herausgeholt werden.

Offenbar scheut sich die oberste Führung, ihre ›Geheimwaffe‹ schon jetzt preiszugeben. Um so unverständlicher erscheint der Beschluß, die einzige Luftlandetruppe der Division, das I.R. 16 unter Oberst Kreysing, an der Bzura-Front einzusetzen. General Student nennt diesen Befehl »den beginnenden Ausverkauf der 7. Fliegerdivision«.

Auch seine Fallschirmjäger werden nun abgerufen. Aber nur zum Schutz von Flugplätzen und Stabsquartieren in der polnischen Etappe. Student: »Die Fallschirmjäger-Ausbildung hätten wir uns sparen können.«

General Kutrzeba, der polnische Armeebefehlshaber, muß seine Divisionen schon in der Nacht zum 13. September über die Bzura zurücknehmen. Die Umgruppierung führt zu einem neuen Angriffsschwerpunkt. In den nächsten Tagen versuchen die Polen, den noch nicht festgefügten deutschen Einschließungsring nach Osten, in Richtung auf Warschau und Modlin, zu durchbrechen.

Wieder wogt die Schlacht hin und her. Und wieder greift die Luftwaffe von früh bis spät mit Hunderten von Flugzeugen in den Erdkampf ein. Den Höhepunkt bilden die unaufhörlichen Tiefangriffe am 16. und 17. September.

Selbst eine Zerstörergruppe aus Ostpreußen wird zum Einsatz an der Bzura befohlen. Es ist Major Grabmanns I./LG 1, dieselbe Gruppe, die zu Beginn des Feldzuges mit ihren zweimotorigen Me 110-Maschinen die meisten Luftkämpfe über Warschau ausgefochten hatte.

Ein schmaler Streifen wird den Zerstörern zugeteilt: von Wyszogrod, an der Einmündung der Bzura in die Weichsel, bis nach Gabin. Major Grabmann gibt jeder Staffel zehn Minuten, um den Streifen einmal auf und ab zu fliegen. Fünf Minuten hin, fünf zurück. In dieser kurzen Zeit soll die Munition verschossen werden. Bis keine Patrone mehr in den Gurten und kein Geschoß mehr in den Trommeln der 2-cm-Kanonen ist.

Zu suchen brauchen sie nicht. Überall, auf den Straßen, den Wegen, den Lichtungen und Feldern – überall drängen sich die Reste der polnischen Armee. Darauf müssen sie schießen. Auf alles, was sich unten bewegt.

Zurück auf dem Heimatflugplatz in Ostpreußen, geben die Staffelkapitäne dem Kommandeur ihre Meldung ab. Grabmann sieht sie schweigend an. Dann sagt er, was alle denken:

»Ein ehrlicher Luftkampf ist mir lieber.«

An diesem 16. und 17. September bomben Stukas und Schlachtflieger immer wieder die Truppenansammlungen beiderseits der Bzura und die zahlreichen Furten und Notbrücken über den Fluß.

Über die Wirkung berichtet General Kutrzeba: »Gegen zehn Uhr begann ein wuchtiger Luftangriff auf die Übergänge bei Witkowice – ein absoluter Rekord hinsichtlich der Zahl der Flugzeuge, der Heftigkeit ihres Angriffs und der akrobatischen Kühnheit der Piloten. Jede Bewegung, jede Ansammlung, alle Anmarschstraßen lagen unter dem zermalmenden Feuer aus der Luft. Die Hölle auf Erden hatte sich aufgetan. Die Brücken waren zerstört, die Furten verstopft, die auf die Überfahrt wartenden Kolonnen durch Bomben zerschlagen...«

Und an anderer Stelle: »Zu dritt – mein Stabschef, ein weiterer Offizier und ich – fanden wir außerhalb des Ortes Myszory unter einer Birkengruppe einigermaßen Deckung. Dort lagen wir, ohne uns rühren zu können, bis in die Mittagsstunden, in denen der Fliegerangriff aufhörte. Die Fortsetzung der Schlacht wäre nur ein Ausharren gewesen. Blieben wir an Ort und Stelle, so drohte uns allen das Grab durch die Luftwaffe.«

Am 18. und 19. September bricht der polnische Widerstand zusammen. Nur wenigen Divisionen und Gruppen von Versprengten gelingt es, dicht an der Weichsel entlang durch die Kampinoska-Wälder nach Modlin zu entweichen. Die Masse der eingekesselten polnischen Armee geht mit 170000 Mann in die Gefangenschaft.

Zum erstenmal hat die deutsche Luftwaffe entscheidend in die Erdschlacht eingegriffen.

Noch während die Schlacht an der Bzura tobt, trifft der Oberbefehlshaber der Luftwaffe in Berlin zwei für den weiteren Einsatz der Luftwaffe wichtige Entscheidungen:

Schon vom 12. September an, hauptsächlich aber eine Woche später, werden zahlreiche Kampf-, Sturzkampf-, Zerstörer- und Jagdgruppen aus Polen in die Heimat zurückverlegt.

Die unter dem Stichwort ›Wasserkante‹ laufenden Vorbereitungen für den Großangriff auf Warschau werden erneut aufgenommen.

Am 13. September muß auf einen telefonischen Befehl hin der Fliegerführer z. b. V. seine Verbände überstürzt gegen den Nordwestteil der Hauptstadt einsetzen. Zusammen mit den Stukas greifen auch Horizontalbomber an.

Richthofen grollt über die mangelnde Vorbereitung: »Nur 183 Flugzeuge kamen an den Feind... Der Wirrwarr über dem Ziel war groß. Kein Verband traf zur vorgesehenen Minute ein. Ein Flugzeug störte das andere beim Bombenwurf. Überall brannte und qualmte es, so daß nichts Genaues erkannt werden konnte.«

War das der erste ›Terrorangriff‹ des zweiten Weltkrieges?

Nach den vorliegenden Dokumenten muß diese Frage eindeutig verneint werden. In den täglichen Weisungen des Ob.d.L. wird der Befehl, nur militärische Ziele anzugreifen, mehrmals wiederholt. Und selbst diese Ziele »sind in dichtbesiedelten Stadtteilen auszusparen« (Weisung für den 2. September).

In dem von Göring unterzeichneten Befehl für den nächsten Großangriff auf Warschau am 17. September heißt es wörtlich: »Es sind in erster Linie zu zerstören: Versorgungseinrichtungen (Wasser-, Gas-, Kraftwerke), Kasernen und Munitionslager, das Woywodschaftsgebäude, Zitadelle, Kriegsministerium, das Generalinspektorat, die hauptsächlichsten Verkehrszentren und erkannte Batteriestellungen. Ziele siehe Bildskizze von Warschau.«

Diese Bildskizze, in der die militärischen Anlagen stark hervorgehoben sind, gehört zu den ausgezeichneten Zielunterlagen jeder Bomberbesatzung.

Hat sich die Luftwaffe an diese Befehle gehalten? Neben vielen anderen Zeugnissen gibt hierüber ein Bericht des französischen Luftattachés in Warschau, General Armengaud, Aufschluß. Am 14. September unterrichtet er seine Regierung in Paris: »Ich muß unterstreichen, daß die deutsche Luftwaffe nach den Kriegsgesetzen gehandelt hat. Sie hat nur militärische Ziele angegriffen. Wenn Zivilisten getötet oder verwundet worden sind, so nur, weil sie sich neben diesen militärischen Zielen aufhielten. Es ist wichtig, daß man dies in Frankreich und England erfährt, damit keine Repressalien unternommen werden, für die kein Anlaß besteht, und damit nicht von uns aus ein totaler Luftkrieg entfesselt wird.«

Seit dem Ende der Schlacht an der Bzura schließt sich der deutsche Belagerungsring um die benachbarten Festungen Warschau und Modlin immer enger. Der Heeresaufmarsch zum Angriff auf die Hauptstadt dauert bis zum Abend des 24. September. Schon acht Tage zuvor beginnen die deutschen Versuche, die Polen zur kampflosen Übergabe zu bewegen, »um nutzloses Blutvergießen und die Zerstörung der Stadt zu verhindern«.

Als der deutsche Parlamentär ohne Ergebnis zurückkommt, starten am Nachmittag des 16. September zwölf He 111 von der I./KG 4 zum Flug über Warschau. Akustisch unterstützt von Blitz und Donner eines schweren Gewitters werfen sie eine Million Flugblätter ab.

Die Bevölkerung wird aufgefordert, die Stadt binnen zwölf Stunden auf den

Straßen nach Osten zu verlassen – falls der polnische Militärbefehlshaber der Aufforderung, die Hauptstadt Warschau kampflos zu übergeben, nicht nachkommen sollte.

Am nächsten Morgen kündigen die Polen einen Parlamentär an, der über den Abzug der Zivilbevölkerung und des diplomatischen Korps verhandeln soll. Daraufhin wird der für den 17. September vorbereitete Großangriff beider Luftflotten abgeblasen – aber der polnische Unterhändler bleibt aus.

Es ist der gleiche Tag, an dem die sowjetische Armee in Ostpolen einrückt. Hitler drängt nun zur Eile. Am 3. Oktober wollen die Russen die vorher vereinbarte Demarkationslinie erreichen – also auch die Weichsel bei Warschau*. Bis dahin muß Polens Hauptstadt gefallen sein!

Viermal wird die Flugblattaktion wiederholt: am 18., 19., 22. und 24. September. Viermal wird die polnische Führung darauf aufmerksam gemacht, daß sie bei Fortsetzung des sinnlosen Widerstandes für die dabei eintretenden Verluste im Stadtgebiet von Warschau verantwortlich sei.

Aber die Polen reagieren nicht. Sie heben neue Stellungen aus. Ziehen Schützengräben durch die Straßen. Machen Häuserblocks zu Festungen. Weit mehr als 100000 Soldaten verbarrikadieren sich in Warschau für den erwarteten Straßenkampf.

Da erst schlägt die Luftwaffe zu. Ab 8 Uhr am Morgen des 25. September zeigt sich über Warschau ein groteskes Bild. Neben den Bombern und Stukas, die ihre vernichtende Last pausenlos über der Weststadt abladen, dröhnt auch eine Gruppe von dreißig Ju-52-Transportmaschinen über das Häusermeer. Vollbeladen mit Brandbomben, die von zwei Soldaten in Bündeln zur Seite hinausgeschaufelt werden.

Generalmajor v. Richthofen, von Göring mit der einheitlichen Angriffsführung der Luftwaffe gegen Warschau betraut, verfügt an diesem Tage zwar über acht Sturzkampfgruppen mit rund 240 Ju 87 B. Aber die Stukas können keine Brandbomben werfen. Und die hundert Do 17 des KG 77 reichen dafür ebenfalls nicht aus.

Statt des beantragten He 111-Geschwaders bekommt Richthofen schließlich nur diese Transportgruppe. Nun macht die polnische Flak Scheibenschießen auf die langsamen, alten Ju 52. Zwei Maschinen stürzen brennend ab.

Außerdem führt der nicht gerade perfekte ›Bombenwurf mittels Kartoffelschaufel‹ dazu, daß einzelne Brandbomben, vom scharfen Ostwind abgetrieben, in die Reihen der eigenen Infanterie fallen.

Der Stab der am westlichen Einschließungsring befehlsführenden 8. Armee

* Der am 23. August 1939 in Moskau abgeschlossene deutsch-sowjetische Nichtangriffspakt legte in einem Geheimabkommen über die Teilung Polens die Demarkationslinie entlang der Flüsse Narew, Weichsel und San fest. Im deutsch-sowjetischen Grenzvertrag vom 28. September 1939 wurde die Grenzlinie dann nach Osten an den Bug vorgerückt.

ist darüber so aufgebracht, daß er die sofortige Einstellung aller Luftangriffe fordert. Es ist dieselbe 8. Armee, die noch vor wenigen Tagen von der Luftwaffe aus ihrer Krisenlage an der Bzura herausgeboxt worden ist. Trotzdem lehnt sie jede Luftunterstützung ab. Die Bomben, so argumentiert Generaloberst Blaskowitz, verursachten nur Brand und Rauch und erschwerten der Heeresartillerie das Zielen und Einschießen.

Die Szene wird dramatisch, als Richthofen um 10 Uhr zum Gefechtsstand der 8. Armee in Grodzisk hinüberfliegt. Weder Blaskowitz, der Armeeführer, noch von Brauchitsch, der Oberbefehlshaber des Heeres, beachten seine Meldung. Kurz darauf trifft Hitler ein. Mit unbewegtem Gesicht hört er sich die völlig gegensätzlichen Vorträge der Generale an. Und sagt dann, zu Richthofen gewandt, nur ein Wort:

»Weitermachen!«

Schon am späten Vormittag steigt die Brandwolke über Warschau auf 3500 Meter Höhe und zieht langsam weichselaufwärts. Kampf- und Sturzkampfgruppen haben es von Stunde zu Stunde schwerer, ihre vorgeschriebenen Ziele zu finden.

Aber der Angriff geht weiter. Dieser Angriff, der nicht der Stadt, sondern der belagerten Festung Warschau gilt. Nicht den Wohnvierteln, sondern dem tiefgestaffelten Verteidigungssystem, das 100000 Soldaten in der Hauptstadt angelegt haben.

Seither ist immer wieder behauptet worden, die Luftwaffe habe Warschau mit 800 Bombern zerschlagen. Auch das stimmt nicht. Am 25. September kann der Fliegerführer von Richthofen wenig mehr als 400 Kampf-, Sturzkampf- und Schlachtflugzeuge einsetzen. Die anderen Verbände der operativen Luftwaffe sind von Göring schon längst in den Westen abgerufen worden.

Diese 400 Maschinen werfen in drei- und viermaligen Anflügen 560 Tonnen Sprengbomben und 72 Tonnen Brandbomben auf Warschau. Bei Einbruch der Nacht kündet glutroter Feuerschein weithin von der brennenden Hauptstadt an der Weichsel.

Warschau blutet aus tausend Wunden. Dennoch ist von deutscher Seite der ehrliche Versuch gemacht worden, Stadt und Menschen zu schonen. Eine gerechte Beurteilung des Geschehens kann diese Tatsache nicht einfach außer acht lassen.

Am Tage nach dem schweren Luftangriff bieten die Polen die Übergabe an, und am 27. September früh wird sie offiziell unterzeichnet.

An beiden Tagen stürzen sich die Stukas auf Modlin. Die letzte Bombe fällt um Mitternacht des 27. September. Dann leistet der Gegner auch hier keinen Widerstand mehr.

Blitz über Polen · Erfahrungen und Lehren

1. Der ›Blitzfeldzug‹ gegen Polen war kein Spaziergang, sondern ein harter Kampf gegen einen zähen Gegner. Gemessen an der nur vierwöchigen Feldzugsdauer hatte die deutsche Luftwaffe recht hohe Verluste: 734 Soldaten und 285 Flugzeuge, darunter allein 109 Bomber und Stukas (genaue Aufschlüsselung siehe Anhang 3).

2. Entgegen allen Behauptungen wurde die polnische Fliegertruppe nicht schon am ersten und zweiten Kriegstage am Boden zerstört. Vor allem die Bomberbrigade flog noch bis zum 16. September Tiefangriffe gegen deutsche Truppen. Die an Qualität und Zahl unterlegenen polnischen Flugzeuge konnten den deutschen Geschwadern die Luftherrschaft freilich nicht streitig machen.

3. Die deutsche Luftwaffe trug vor allem durch direkte und indirekte Heeresunterstützung entscheidend zum raschen Verlauf des Feldzuges bei. Die Zerstörung seiner Verkehrs- und Nachrichtenverbindungen lähmte den Gegner mehr als die Bombenangriffe auf Flugplätze und Fabriken, deren Wirkung überschätzt wurde.

4. Warschau war keine ›offene Stadt‹, sondern eine erbittert verteidigte Festung. Nach fünfmaliger vergeblicher Aufforderung zur Übergabe fand am 25. September 1939 der einzige schwere Luftangriff statt, der die Kapitulation der polnischen Hauptstadt herbeiführte.

5. Der Polenfeldzug galt für den kombinierten Einsatz Luftwaffe/Heer als ›Muster‹ weiterer Blitzfeldzüge. Seine Erfahrungen und Lehren besagten aber auch, daß die deutsche Luftwaffe nur für einen zeitlich begrenzten Krieg an einer Front *stark genug war.*

›Nasses Dreieck‹ Nordsee 2

5. Bomben auf die Flotte

Am Nachmittag des 4. September 1939 ist der Himmel über der Deutschen Bucht dicht verhangen. Ein steifer Nordwest treibt die Regenwolken tief über der Nordsee gegen die deutsche Küste.

In dem oft nur hundert Meter hohen Luftraum zwischen den Wellen und der Untergrenze der Wolken dröhnen schwere zweimotorige Flugzeuge ostwärts. Fünf Maschinen sind es, in dichtgeschlossener Formation. Und dann, in einigem Abstand, nochmals fünf. Die Kokarden an Rumpf und Tragflächen wirken verwaschen.

Es sind keine deutschen Maschinen, sondern englische: zehn Bristol Blenheim, die schnellsten Bomber der Royal Air Force. Am Tage nach der britischen Kriegserklärung fliegen sie ihren ersten Angriff.

»Dieses verdammte Wetter machte uns zu schaffen«, berichtet Flight Lieutenant K. C. Doran, der die vorausfliegenden fünf Blenheims der 110. Staffel führte. »Die Wolken standen wie eine Mauer, von der See bis auf 5500 Meter Höhe. Wir flogen tief über dem Wasser, manchmal nur fünfzehn Meter hoch. Das war die einzige Chance, unser Ziel zu finden.«

Das Ziel ist wertvoll genug. Am Vormittag hat ein Aufklärer mehrere deutsche Kriegsschiffe auf Schillig-Reede vor dem Marinestützpunkt Wilhelmshaven sowie bei Brunsbüttel auf der Unterelbe entdeckt. Seine sofort abgesetzte Funkmeldung kam in England nur verstümmelt an. Ungeduldig wurde auf die Heimkehr des Aufklärers gewartet.

Endlich, gegen Mittag, landete er auf dem Flugplatz in Wyton. Die mitgebrachten Fotos bestätigten seine Meldung: Die Schlachtkreuzer »Gneisenau« und »Scharnhorst« lagen auf der Elbe, das Panzerschiff »Admiral Scheer« neben

Kreuzern und Zerstörern auf Schillig-Reede. Das britische Bomberkommando beschloß, sofort anzugreifen. Aber so schnell war das nicht zu machen.

»Bei der Wetterlage über der Deutschen Bucht konnten wir nur im Tiefangriff zum Erfolg kommen«, berichtet Staffelführer Doran. »Unsere Blenheims aber waren mit Panzersprengbomben beladen, die nur dann genügend Durchschlagskraft hatten, wenn sie aus größerer Höhe abgeworfen wurden. Also statt dessen normale 500-lb-Bomben (227 kg) mit 11-Sekunden-Verzögerungszünder hinein! Es war schon das fünfte Mal, daß wir unsere Bombenladung wechselten – und der Krieg war erst 24 Stunden alt...«

Endlich sind die Maschinen fertig ausgerüstet. Nur die besten Piloten dürfen fliegen. Je fünf Blenheims von der 110. und der 107. Staffel starten von Wattisham ins Ungewisse. Von Wyton steigen ebenfalls fünf Maschinen auf. Doch diese fünf Blenheims verfranzen sich und kehren nach stundenlangem Irrflug unverrichteterdinge zurück.

Flight Lieutenant Doran jagt unterdessen an der Spitze seiner fünf Zweimotorigen nach Osten. Stur ändert er den Kurs, als die vorausberechnete Flugzeit bis zur Wendemarke abgelaufen ist.

»Dort«, vermerkt Doran lakonisch, »hätte eigentlich Helgoland liegen sollen.«

Zu sehen ist so gut wie nichts. Die Blenheims stoßen jetzt nach Süden, auf die deutsche Nordseeküste zu. Einmal tauchen schemenhaft Vorpostenboote auf dem Wasser auf und verschwinden sofort wieder im Dunst. Und dann plötzlich steht die Küste vor ihnen.

Doran greift zur Karte und vergleicht: rechts die Insel, dahinter Land, weiter nach links ein tiefer Einschnitt. Er muß dreimal hinsehen, ehe er es glaubt: Das ist die Jademündung! Sie fliegen genau auf Wilhelmshaven zu. Genau auf ihr Ziel!

»Ein unglaubliches Zusammentreffen von Glück und Erfahrung«, urteilt Doran. »Innerhalb weniger Minuten wurde nun auch das Wetter freundlicher. Die Wolkenuntergrenze hob sich auf etwa 160 Meter. Wir entdeckten vor uns ein großes Handelsschiff – nein: Es war die ›Admiral Scheer‹!«

Sofort teilt sich der britische Verband. Die ersten drei Blenheims schwenken zur Reihe ein. Mit kurzen Abständen, dicht hintereinander, fliegen sie das deutsche Kriegsschiff direkt an. Die vierte und fünfte Maschine scheren nach beiden Seiten aus und ziehen kurz in die Wolken hoch. Sie sollen sich von links und rechts auf die »Scheer« stürzen, um die Abwehr zu zersplittern. Die deutsche Schiffsflak darf gar nicht erst zur Besinnung kommen, welchen der fünf Angreifer sie zuerst unter Feuer nehmen soll.

So jedenfalls lautet der Plan, den sie sich in England ausgedacht haben. Blitzschnell, von allen Seiten, wollen sie über ihre Beute herfallen: Fünf Blenheims. In Masthöhe. Und binnen elf Sekunden. Denn auf elf Sekunden sind die Verzögerungszünder eingestellt. Elf Sekunden nach dem Einschlagen wird die erste

Bombe explodieren. Dann muß die letzte Blenheim schon über die »Scheer« hinweggeflogen sein, weil sie sonst selber in den Strudel der Explosionen gerissen werden könnte.

Der Plan mag gut sein – die Wirklichkeit fügt freilich ein paar kleine, entscheidende Änderungen ein.

»Admiral Scheer« liegt auf Schillig-Reede vor Anker. An Bord herrscht normaler Dienstbetrieb. Hoch oben auf dem Vormarsstand des Panzerschiffes steht der Flakeinsatzleiter. Gerade hat er zusammen mit einem Luftwaffenoffizier die Flugzeug-Erkennungstafeln durchgesehen.

Auf einmal ruft der Befehlsübermittler: »Meldung vom Backbord achteren Fla-MG, Herr Kaleu: drei Flugzeuge in 190 Grad.«

Der Kapitänleutnant fährt herum, schaut durch sein Glas nach achtern. Drei dunkle Punkte kommen rasch näher, direkt auf die »Scheer« zu.

Aber das dürfen sie doch gar nicht! Ärgerlich schüttelt der Kapitänleutnant den Kopf. Wie oft muß man diesen Luftwaffenleuten noch sagen, daß sie kein eigenes Kriegsschiff anfliegen sollen. Sonst wird die Schiffsflak nervös und holt noch einen herunter.

»Das sind keine von uns«, sagt plötzlich der Fliegeroffizier neben ihm, »Tommies – Bristol Blenheim!«

In der nächsten Sekunde gellen die Alarmklingeln durchs Schiff: Fritz – Fritz – Fritz: Fliegeralarm!

»Wir sahen die Wäsche auf dem Achterdeck der ›Scheer‹ flattern«, berichtet Staffelführer K. C. Doran. »Die Besatzung stand müßig herum. Doch auf einmal rannten sie wie aufgescheucht durcheinander. Wahrscheinlich hatten sie unsere feindliche Absicht erkannt.«

Ehe noch ein Schuß fallen kann, ist der erste Bomber heran. In Masthöhe, zum Greifen nah, röhrt er schräg über das Achterdeck. Zwei schwere Bomben krachen in das Schiff. Die eine bohrt sich fest, die andere hüpft auf dem Deck entlang und rollt über die Bordwand ins Wasser. Keine Explosionen!

Jetzt endlich bellt die Flak los und schießt wütend hinter der Blenheim her.

Und schon ist die zweite heran. Genau wie die erste. Eine Bombe klatscht wenige Meter von der Bordwand mit hoher Fontäne ins Wasser. Ein besonders gefährlicher Wurf: Wenn die Bombe Verzögerungszünder hat, wirkt sie wie eine Mine und kann dem Schiff tief unter der Wasserlinie die Seite aufreißen.

Inzwischen ist auf Schillig-Reede die Hölle los. Leuchtspurfäden ziehen sich kreuz und quer durch die Luft. Mehr als hundert Flakrohre – von den Schiffen und von den zahlreichen Batterien an Land – vereinen ihr Feuer auf jedes Flugzeug, das aus den Wolken herunterstößt.

Die dritte Blenheim kommt nicht mehr an die »Scheer« heran. Rund hundert Meter vor der Bordwand dreht sie hart ab – laut Dorans Bericht, »weil sie nicht innerhalb der bewußten elf Sekunden über dem Ziel sein konnte.« Ihre Bomben rauschen ins Wasser, ohne Schaden anzurichten.

Der vierten und fünften Maschine geht es ähnlich. Nur daß die eine, von Flaktreffern zersiebt, in Flammen aufgeht und dicht bei der Vogelinsel Mellum ins Meer stürzt.

Schlimmer trifft es die fünf Blenheims der 107. Staffel, die etwas später als Dorans 110. Staffel angreifen und folglich auf die volle Abwehrbereitschaft der Deutschen stoßen. Von ihnen kehrt nur eine Maschine zurück, die anderen werden abgeschossen. Eine Blenheim kracht noch im Absturz seitlich auf das Vorschiff des Kreuzers »Emden«, wo sie ein großes Loch reißt und die ersten Toten der deutschen Marine fordert.

Das ist das Ergebnis des überraschenden und zweifellos mit großem Schneid geflogenen Angriffs der Engländer. Und die Treffer auf »Admiral Scheer«? Die Bomben mit elf Sekunden Verzögerung?

Das ›Westentaschen-Schlachtschiff‹, wie die Engländer den Scheer-Typ nennen, hat Glück: Die Bomben explodieren nicht. Drei Treffer – drei Blindgänger!

Auch der gleichzeitige Angriff von vierzehn Vickers-Wellington-Bombern auf die vor Brunsbüttel liegenden größten deutschen Kriegsschiffe, die »Gneisenau« und die »Scharnhorst«, schlägt fehl. Der eiserne Ring der schweren Schiffsflak ist kaum zu durchbrechen. Ein britischer Bomber stürzt brennend ab. Ein anderer fällt einem deutschen Jäger zum Opfer.

Trotz des für einen Jagdeinsatz miserablen Wetters ist nämlich die II./JG 77 des Majors Harry von Bülow von Nordholz aus gestartet. Feldwebel Alfred Held stößt mit seiner Me 109 so überraschend auf eine Wellington hinab, daß der Brite die schützenden Wolken nicht mehr erreicht. Held erzielt den ersten Jagdabschuß eines britischen Bombers im zweiten Weltkrieg. Wenig später holt Feldwebel Troitsch von der gleichen Gruppe eine Blenheim herunter.

Für das britische Bomberkommando war das Fazit der Angriffe vom 4. September äußerst ernüchternd. Man hatte gehofft, der deutschen Flotte gleich zu Beginn des Krieges schwere Schläge versetzen zu können. Und nun war kaum etwas erreicht worden – bei empfindlichen eigenen Verlusten: Von den 24 Bombern kehrten sieben nicht zurück, und viele der anderen waren mehr oder weniger schwer beschädigt.

»Die Royal Air Force wollte die Richtigkeit ihrer Theorie von der tödlichen Wirkung der Bombenangriffe auf Kriegsschiffe beweisen«, schreibt der offizielle Historiker der britischen Admiralität, Captain Roskill. »Ihr Mißerfolg war ein harter Schlag für alle, die so zuversichtlich vorausgesagt hatten, angesichts der Bomber seien große Kriegsschiffe nur noch nutzloses Gerümpel.«

Auf deutscher Seite lagen die Dinge kaum anders. In diesen ersten Wochen und Monaten des Krieges gab es überhaupt eine Reihe auffallender Parallelen zwischen der Royal Air Force (RAF) und der deutschen Luftwaffe: Beide waren durch höchste Weisungen gebunden, den Luftkrieg gegeneinander sozusagen

›mit Glacéhandschuhen‹ zu führen. RAF und Luftwaffe war es streng untersagt:

Bomben auf Feindesland zu werfen. Es sollten keine Zivilpersonen zu Schaden kommen. Sie durften auch keine Handelsschiffe angreifen und durften ferner neutrales Gebiet nicht überfliegen.

Einziges erlaubtes Angriffsziel waren feindliche Kriegsschiffe in freier See oder auf der Reede.

Sobald diese Schiffe aber im Hafen lagen, in der Werft, im Dock oder an der Pier, mußten die Bomber vor dem Ziel umkehren.

Neben dem allgemeinen Wunsch, nicht die Schuld am Ausbruch eines uneingeschränkten Bombenkrieges auf sich zu laden, gab es auf deutscher Seite plausible Gründe für diese Zurückhaltung. Hitler glaubte, Großbritannien werde bald ›Vernunft annehmen‹ und friedensbereit sein. Eine solche Bereitschaft wäre durch deutsche Luftangriffe nur gestört worden. Außerdem mußte die Luftwaffe erst den Polenfeldzug hinter sich bringen, ehe sie sich gegen den Westen stark machen konnte*.

Der damaligen britischen Regierung ist von ihren Kritikern oft vorgeworfen worden, sie hätte diese deutsche Zweifrontenlage im September 1939 nicht ausgenutzt. Heftige Luftangriffe auf die norddeutschen Stützpunkte hätten Göring gewiß gezwungen, einen Großteil der Luftwaffe aus Polen abzuziehen, was den Polen eine fühlbare Erleichterung verschafft hätte.

»Die Trägheit und Schwäche unserer Politiker kamen der deutschen Luftwaffe wie gerufen«, urteilt der Londoner Luftkriegsexperte Derek Wood noch in einer 1961 veröffentlichten Studie.

Das Kriegskabinett unter Chamberlain aber hielt an seinem Entschluß fest: Keine Bomben auf Deutschland, falls die Deutschen umgekehrt nicht selber damit anfingen.

In der Geschichte der »Royal Air Force 1939–1945« findet sich dafür eine ganz nüchterne Erklärung: Das Bomberkommando besaß Ende September 1939 nur 33 Staffeln mit 480 Flugzeugen. Da die Engländer auf deutscher Seite das Dreifache vermuteten, »war es ratsam, die Gesetze der Humanität besonders zu beachten... Die Einsätze standen aber auch unter dem Zwang der Schonung und allmählichen Vergrößerung der Bomberstreitkräfte, bis wir eines Tages in der Lage wären ›die Handschuhe auszuziehen‹ – so lautete eine der damals beliebtesten Redewendungen im Luftministerium«.

Dem Generalleutnant Hans Ferdinand Geisler, der mit seinem Stab in das Hamburger Luftgaukommando an der Manteuffelstraße in Blankenese einge-

* In den ersten drei Kriegswochen verfügten die Luftflotten 2 und 3 im Westen über 28 Jagdstaffeln mit 336 Flugzeugen, fünf Zerstörergruppen mit 180 Maschinen und neun Kampfgruppen mit 280 mittleren Bombern. Das Schwergewicht lag also auf der Luftverteidigung.

zogen ist, sind im September 1939 ebenfalls die Hände gebunden. Geisler ist Kommandeur der neugebildeten 10. Fliegerdivision. Hauptaufgabe: der gegen England gerichtete Luftkrieg über See.

Doch abgesehen von der strikten Weisung Görings, nur ja keine Kampfhandlungen gegen England zu beginnen, wäre dies auch gar nicht möglich. Geisler hat zeitweise kaum einen Bomber zur Verfügung. Sein einziges Geschwader, das im Aufbau begriffene Kampfgeschwader 26, wird auch noch nach Polen abgezogen.

Mitte September liegt das ›Löwengeschwader‹ KG 26 wieder in den Einsatzhäfen an der Deutschen Bucht. Vorerst sind es nur zwei Gruppen mit etwa 60 He 111. Die meisten Flugzeugführer oder -kommandanten sind, ebenso wie ihr Kommodore, Oberst Hans Siburg, aus der Marine hervorgegangen.

Der Oberbefehlshaber der Kriegsmarine, Admiral Erich Raeder, hatte sich nur schweren Herzens entschlossen, seinen Marinefliegern den Übertritt zur Luftwaffe nahezulegen. In dem jahrelangen Streit zwischen Marine und Luftwaffe, wer den Luftkrieg über See zu führen habe, blieben Raeders Argumente auf der Strecke. Görings Grundsatz »Alles, was fliegt, gehört mir« setzte sich durch. Der ›Luftwaffe See‹, deren Einsatz der Marine unterstand, wurden lediglich einige Küstenfliegergruppen mit ›Arbeitsbienen‹ gelassen: zur Hauptsache Aufklärer und Bordflugzeuge.

Den operativen Luftkrieg über See aber wollte die Luftwaffe selber führen. Göring ging noch im November 1938 die Verpflichtung ein, bis 1942 – denn vorher brauchte laut ausdrücklicher Zusicherung Hitlers nicht mit einem Krieg gegen England gerechnet werden – dreizehn Kampfgeschwader auch für den Einsatz über See ausbilden zu lassen. So sollte einer Zersplitterung der Bomberflotte vorgebeugt werden. Angesichts dieser großartigen Ankündigung war die Wirklichkeit bei Kriegsbeginn – nur zwei Kampfgruppen des ›Löwengeschwaders‹ – reichlich ernüchternd.

Allerdings war der Luftflotte 2 ‹Nord› unter General der Flieger Hellmuth Felmy gleich in den ersten Septembertagen noch eine weitere Kampfgruppe zugeführt worden. Sie hieß damals ›Erprobungsgruppe 88‹ und flog als erste jene Maschine, von der sich die Luftwaffe das entscheidende technische Übergewicht erhoffte: den ›Wunderbomber‹ Junkers Ju 88.

Doch Felmy und sein Stabschef, Oberst i. G. Josef Kammhuber, hielten nichts davon, den noch in der technischen Erprobung und Flugausbildung steckenden Verband Hals über Kopf einzusetzen. Sie schickten die inzwischen in I./KG 30 umbenannte Gruppe von Jever nach Hagenow-Land und Greifswald, also nach Mecklenburg und Pommern, zurück.

Der Gruppenkommandeur, Hauptmann Helmut Pohle, berichtet: »Nur eine Bereitschaftskette unter Leutnant Walter Storp* verlegte nach Westerland auf

* 1944 wurde Storp Generalmajor und ›General der Kampfflieger‹.

Sylt. General Felmy erklärte, beim nächsten Auftauchen der englischen Flotte würde die Kette Arbeit bekommen. Meinen Vorschlag, dafür doch gleich die ganze Gruppe einzusetzen, lehnte er ab.«

Warnend wandte sich die Luftflotte 2 auch an das Oberkommando in Berlin. Man solle die neue Ju 88 nicht ›kleckerweise‹ einsetzen. Nicht mit unzureichenden Kräften. Man solle warten, bis mindestens ein volles Geschwader, mindestens hundert Flugzeuge angreifen könnten.

Göring und sein Generalstabschef Jeschonnek wollten davon nichts wissen. Der Tanz um die Frontreife der Ju 88 dauerte nun schon zu lange: 1937 wurde sie zunächst als unbewaffneter Schnellbomber erprobt, der allen Jägern davonfliegen sollte. Dann wurde doch eine Abwehrbewaffnung hineingebaut. Dann kam die Forderung, daß die 88 auch stürzen müsse wie der Stuka. Und immer neue Wünsche. Schwierigkeiten. Produktionsverzögerungen.

Görings Großauftrag für die angeblich serienreife Maschine datierte vom 3. September 1938. Damals schickte er dem Junkers-Generaldirektor Dr. Heinrich Koppenberg eine Generalvollmacht und schloß:

»Und nun schaffen Sie mir in kürzester Zeit eine gewaltige Bomberflotte der Ju 88!«

Seither ist über ein Jahr vergangen. Der Krieg ist da. Und die Truppe hat noch nicht einmal ein halbes Hundert Ju 88.

Der Ob. d. L. meint, nun sei genug herumgedoktert. Die Maschine soll sich endlich bewähren. Der ›Wunderbomber‹ braucht einen Erfolg, um sein Prestige zu festigen.

Am Spätnachmittag des 26. September geht bei Hauptmann Pohle, dem Kommandeur der I./KG 30 in Greifswald, das Telefon. Jeschonnek selbst ist am Apparat:

»Pohle – ich gratuliere! Ihre Bereitschaftskette in Westerland hat die ›Ark Royal‹ versenkt!«

Pohle kennt den Generalstabschef von langer Zusammenarbeit zu gut, um nicht den zweifelnden Unterton herauszuhören.

»Das glaube ich nicht«, sagt er.

»Ick ooch nich«, berlinert Jeschonnek, »aber der ›Eiserne‹ (Göring) glaubt es. Fliegen Sie sofort nach Westerland und stellen Sie fest, was stimmt und was nicht.«

Wer hat die Versenkung gemeldet? War es die 10. Fliegerdivision, die den Einsatz gegen den Flottenverband leitete? Was ist überhaupt geschehen?

Am Vormittag des 26. September hat die deutsche Marinegruppe West ihre Fernaufklärer weit über die Nordsee geschickt, denn für den nächsten Tag ist ein Zerstörervorstoß geplant. Gegen 10.45 Uhr grast eines der langgestreckten Do-18-Flugboote von der Küstenfliegerstaffel 2./106 aus Norderney das Seegebiet nördlich der großen Fischerbank ab.

Da stutzt der Beobachter. Durch ein Wolkenloch sieht er ein Kriegsschiff unter sich. Nein, nicht nur eines. Viele Schiffe!

Immer wieder kreist die Do 18 um das eine Wolkenloch. Flugzeugführer und Beobachter zählen fieberhaft die schweren Einheiten: vier Schlachtschiffe, ein Flugzeugträger, dazu Kreuzer und Zerstörer. Da unten fährt die berühmte britische ›Home Fleet‹.

Die präzise Funkmeldung der Do 18 elektrisiert die deutschen Stäbe an der Küste. Das ist endlich die lang erwartete Angriffsmöglichkeit. Im Rahmen der bestehenden Befehle praktisch die einzige Chance, den Gegner zu treffen.

Schon kurz nach 11 Uhr rasseln die Telefone in den Horsten der Kampfflieger auf Sylt: Einsatzbefehl. Planquadrat 4022. Fernaufklärer halten Fühlung am Feind. Angriff mit 500-Kilo-Bomben.

Der britische Verband besteht tatsächlich aus den Schlachtschiffen »Nelson« und »Rodney«, den Schlachtkreuzern »Hood« und »Renown«, dem Flugzeugträger »Ark Royal« und drei Kreuzern. Nicht weit davon steht das 2. Kreuzergeschwader mit vier weiteren Schiffen und sechs Zerstörern.

Angesichts dieser gewaltigen Streitmacht wirkt die Zahl der deutschen Angreifer sehr bescheiden. Um 12.50 Uhr starten neun He 111 vom ›Löwengeschwader‹, die 1. Staffel/KG 26 unter Hauptmann Vetter. Zehn Minuten später folgt noch die Bereitschaftskette des ›Adlergeschwaders‹ KG 30, jene vier Ju 88 des Leutnants Storp, die nun ihre Bewährungsprobe ablegen sollen.

Das ist alles, was die 10. Fliegerdivision zu dieser Stunde aufbieten kann – oder will. Da steht das Gros der britischen Heimatflotte in See, weitab von seinen Stützpunkten, beschattet von deutschen Aufklärern. Und die Luftwaffe ›nutzt‹ diese Angriffschance mit nur dreizehn Kampfflugzeugen.

Die vier Ju 88 jagen einzeln im Tiefflug unter den Wolken nach Nordwesten. So hoffen sie den Gegner am schnellsten zu finden, wenn sie die angegebene Position erreicht haben. Flugzeugführer der dritten Maschine ist der Gefreite Carl Francke, wegen seines gepflegten Bartes von den Kameraden ›Biber-Francke‹ genannt. Noch weiß er nicht, daß sein Name schon morgen in aller Munde sein wird.

Francke ist eigentlich Diplomingenieur und Flugzeugtechniker. Die 88 kennt er bis ins kleinste Detail, denn er hat in Rechlin ihre technische Erprobung geleitet. Außerdem ist Francke begeisterter Flieger. Schon auf dem Züricher Flugmeeting 1937 – als die ganze Fachwelt den Atem anhielt ob der unglaublich schnellen deutschen Flugzeuge – hatte er zusammen mit Udet eine auf Höchstleistung getrimmte Me 109 vorgeführt.

Kurz vor dem Kriege meldete sich Francke freiwillig als Flugzeugführer zur Erprobungsgruppe seines Freundes Pohle, um nicht für alle Zeiten in Rechlin festgehalten zu werden. So kommt es, daß er jetzt Gefreiter ist. Und daß er eine der ersten Ju 88 zum Angriff führen kann.

Die Regie funktioniert ausgezeichnet: Nach knapp zweistündiger Flugzeit kommen voraus die Schiffe in Sicht. Francke zieht die Ju durch die Wolken hoch bis auf 3000 Meter. Die Bedeckung beträgt etwa acht Zehntel. Nur ab und zu ist der Blick auf das Meer frei.

Aber plötzlich, in einem Wolkenloch, ist ein großes Schiff mit breit ausladendem Deck unter ihm – der Flugzeugträger!

Francke zögert keine Sekunde. Er kippt schon ab. Stürzt in steilem Winkel auf sein Ziel.

Die schießen ja gar nicht, denkt er. Der Angriff muß völlig überraschend kommen.

Wieder verdeckt eine Wolkenbank die Sicht. Als die Ju hindurch ist, liegt der Träger nicht mehr im Visier. Unmöglich, den Sturzflug zu korrigieren. Francke kennt die 88 zu gut. Er weiß genau, was er ihr im Sturz zutrauen kann. Und diesmal stürzt er zu weit seitlich.

Es hilft nichts: abfangen und noch mal von vorn. Nun ballert auch die Schiffsflak los. Das ist Pech. Er hätte seinen Angriff fast ohne Gegenwehr durchdrücken können, wenn er gleich richtig aufs Ziel abgekommen wäre.

Francke wartet acht Minuten. Dann stürzt er ein zweites Mal. Wieder auf den Flugzeugträger. Diesmal in einem Hagel von Flakgeschossen. Aber er liegt gut. Der Träger hängt im Visier wie die Spinne im Netz.

Jetzt! Ein Druck auf den Knopf, die Bomben fallen. Gleich darauf schaltet sich die Abfangautomatik ein.

Und während die Maschine noch hochzieht, während der Flugzeugführer sich darauf konzentriert, in Abwehrbewegungen aus dem Feuerbereich der Flak herauszukommen, beobachten Funker und Heckschütze den Träger unten auf See.

Plötzlich schreit Unteroffizier Bewermeyer: »Wasserfontäne hart neben dem Schiff!«

Auch Francke riskiert einen Blick nach unten. Die riesige Fontäne bricht neben der Bordwand zusammen. Und dann blitzt es auf dem Vorschiff auf.

Ein Treffer? Oder nur das Mündungsfeuer schwerer Flak? Aber wo wäre dann die zweite Bombe geblieben, die von der Abwurfautomatik kurz nach der ersten ausgelöst worden ist?

Der Abstand zum Träger ist schon zu groß, um weitere Einzelheiten beobachten zu können. Das ist auch nicht ihre Aufgabe. Sie sind froh, mit heiler Haut aus dem höllischen Flakfeuer heraus zu sein.

Die Meldung der Ju-88-Besatzung klingt gedämpft optimistisch: Sturzangriff mit zwei Bomben SC 500 auf Flugzeugträger: 1. Nahtreffer neben der Bordwand, 2. möglicher Treffer auf dem Vorschiff. Wirkung nicht beobachtet.

Kaum ist Francke zurück in Westerland, da geht der Tanz um ihn los. Nur Oberst Siburg, der Kommodore des Löwengeschwaders, ist skeptisch: »Haben Sie gesehen, daß er gesunken ist?«

»Nein, Herr Oberst.«

»Na, mein Lieber«, grinst Siburg, »dann haben Sie ihn auch nicht getroffen.«

Die alte Erfahrung der Marine, daß ein Aufblitzen und selbst Rauchschwaden auf dem feindlichen Schiff noch lange keinen Treffer der eigenen Artillerie beweisen, ist der Luftwaffe natürlich fremd.

Inzwischen glühen die Nachrichtendrähte bei der 10. Fliegerdivision. Voller Ungeduld will der Ob.d.L. in Berlin wissen, warum die Division noch keine Meldung über die Versenkung des britischen Flugzeugträgers gemacht habe.

»Weil von einer solchen Versenkung hier nichts bekannt ist«, läßt der Ia der Division, Major Martin Harlinghausen, antworten. Tatsächlich besitzt er ja auch nur Franckes vorsichtig abgefaßte Meldung über den Angriff, die er sofort nach Berlin weitergibt.

Doch das Unheil nimmt seinen Lauf. Ein Aufklärungsfächer wird angesetzt, um herauszufinden, was mit der »Ark Royal« geschehen ist. Endlich, gegen 17 Uhr, kommt die erste Meldung:

»Feindverband in Quadrat..., zwei Schlachtschiffe und Sicherung, hohe Fahrt, Kurs West.«

Der Flugzeugträger ist verschwunden!

In Berlin kommt niemand auf die naheliegende Idee, daß sich der Flottenverband geteilt haben könnte, und daß die »Ark Royal« eben bei jenem Teil mitfährt, den der Aufklärer nicht gesichtet hat. Ein neuer Befehl wird hinausgefunkt: »Auf Ölflecke achten!«

Wenig später ist auch der passende Ölfleck gefunden – wobei übersehen wird, daß es auf der Nordsee von Ölflecken wimmelt. Wer könnte noch daran zweifeln, daß die »Ark Royal« mit ihren sechzig Flugzeugen auf dem Meeresgrund liegt?

Göring, Milch und Jeschonnek fragen sich, ob es nicht ratsam sei, erst eine Verlautbarung von britischer Seite abzuwarten.

Aber die Propaganda hat sich der Sache schon bemächtigt: Die deutsche Luftwaffe versenkt den modernsten britischen Flugzeugträger. Mit einer einzigen Bombe! Das ist ein gefundenes Fressen.

Als Hauptmann Pohle, von Jeschonnek geschickt, spät abends in Westerland landet, vergißt der Gefreite Francke seine ganze militärische Erziehung.

»Mensch, Pohle«, sagt er aufgeregt zu seinem Kommandeur, »es ist nichts davon wahr. Hilf mir bloß aus dieser Schweinerei heraus!«

Doch Pohle kann den Lauf der Dinge nicht mehr aufhalten. Am nächsten Tag meldet der deutsche Wehrmachtbericht den Angriff auf die britische Flotte. Wörtlich heißt es dann: »Außer einem *Flugzeugträger, der zerstört worden ist*, wurden mehrere Treffer auf einem Schlachtschiff erzielt*. Unsere Flugzeuge erlitten keine Verluste.«

* Eine Bombe der I./KG 30 traf die »Hood«, prallte aber als Blindgänger ab. Alle von der 1./KG 26 auf das 2. britische Kreuzergeschwader geworfenen Bomben verfehlten ihr Ziel.

Auch Göring spielt nun mit. Er richtet einen persönlichen Glückwunsch an Francke, befördert den Gefreiten sofort zum Leutnant und verleiht ihm das EK I und II.

Da kontert die britische Admiralität. In einer trockenen Verlautbarung gibt sie bekannt, der von den Deutschen als versenkt gemeldete Träger »Ark Royal« sei unversehrt in seinen Stützpunkt eingelaufen. Für die Presse wird sogar ein Bild vom Einlaufen freigegeben.

Die deutsche Propaganda bezeichnet diesen ›Trick‹ als einen vergeblichen Versuch der Engländer, ihre schweren Verluste zu vertuschen. Selbst das OKW nimmt am 28. September »gegen englische Zweckmeldungen« Stellung und bekräftigt, daß der Träger durch eine 500-Kilo-Bombe *getroffen* worden sei. Die Vokabeln »zerstört«, »versenkt« oder »vernichtet« finden sich allerdings nicht mehr im OKW-Bericht – dafür um so häufiger in den Presseberichten.

Tatsächlich läuft die »Ark Royal« schon Anfang Oktober in den Südatlantik aus und beteiligt sich dort an der monatelangen Jagd auf das deutsche Kaperschiff »Admiral Graf Spee«. Erst als der britische Träger am 14. November 1941 nach einem Torpedotreffer des deutschen U-Boots »U 81« im Mittelmeer sinkt, werden die deutschen Berichte über den früheren ›Versenkungserfolg‹ stillschweigend geändert.

Im Oberkommando der Luftwaffe in Berlin muß man nicht so lange auf die Wahrheit warten. Am Tage nach dem Angriff weiß der Generalstab Bescheid.

Luftwaffe und Royal Air Force haben sich beide von ihren ersten Angriffen auf die Kriegsflotte des jeweiligen Gegners sehr viel mehr versprochen. Nach den Mißerfolgen tritt auf beiden Seiten eine gewisse Ernüchterung ein.

Göring grollt noch nach Monaten, als er Francke in der Luftwaffen-Erprobungsstelle Rechlin wiedertrifft:

»Sie schulden mir noch einen Flugzeugträger!«

Am 9. Oktober 1939 fällt die I./KG 30 auf ihrem Einsatzhorst bei Westerland/Sylt ein. Mißmutig klettert der Kommandeur, Hauptmann Pohle, aus seiner Ju 88. Wieder waren sie gegen die britische Flotte geflogen. Und wieder hatten sie nichts erreicht.

Pohle wird ans Telefon gerufen. Er soll Göring persönlich Bericht erstatten. »Wo wir hingeschickt wurden«, sagt Pohle trocken, »haben überhaupt keine Feindkräfte gestanden.«

Diesmal war es eine gemeinsame Aktion mit der Marine gewesen. Ein Flottenverband mit dem Schlachtkreuzer »Gneisenau«, dem Kreuzer »Köln« und neun Zerstörern war ausgelaufen, um die britische Home Fleet aus ihren Stützpunkten in die Nordsee zu locken. Dort sollte dann die Luftwaffe über die Engländer herfallen.

Der Stab des Generalleutnants Geisler, dessen Division soeben zum X. Fliegerkorps erhoben worden war, hatte gut vorgesorgt. So griffen diesmal nicht nur ein paar vereinzelte Kampfflugzeuge an: neben der I./KG 30 noch das gesamte Löwengeschwader KG 26 und zur Verstärkung zwei Gruppen des Lehrgeschwaders 1. Das KG 1 ›Hindenburg‹ lag »zur eventuellen Erledigung eines schwer beschädigten Gegners« in Reserve. Insgesamt setzten Geisler und sein Chef des Stabes, Major Harlinghausen, 127 He 111 und weitere 21 Ju 88 ein.

Dennoch wurde es wieder ein Schlag ins Wasser. Die meisten Staffeln fanden den Feind gar nicht. Mit dem letzten Tropfen Sprit kamen sie nach Hause. Andere, vor allem die I. Gruppe und die 4. Staffel des Löwengeschwaders, meldeten zehn Bombentreffer auf britischen Kreuzern, doch nicht einer dieser zehn Treffer konnte bestätigt werden.

Am nächsten Morgen ist große Konferenz im Ministersaal des RLM in Berlin. So kann das nicht weitergehen! Göring sagt aufgebracht:

»Ich habe mit Ihnen noch ein Wort zu reden, meine Herren. Ein sehr ernstes Wort. Da war diese Sache mit der ›Ark Royal‹...«

Er sieht sich herausfordernd um. Aber seine engsten Mitarbeiter schweigen: Staatssekretär Milch und Jeschonnek, der Generalstabschef. Udet, der Generalluftzeugmeister. Beppo Schmid, der Ic des Generalstabes. Coeler, der Führer der Seeluftstreitkräfte. Und viele andere.

Auch Hauptmann Pohle ist zu dieser Konferenz befohlen, der Kommandeur der einzigen verfügbaren Ju-88-Gruppe. Göring wendet sich direkt an ihn:

»Pohle, wir müssen nun einen Erfolg haben. Es sind nur ein paar englische Schiffe, die uns Schwierigkeiten machen. Die ›Repulse‹, die ›Renown‹, vielleicht noch die alte ›Hood‹. Und natürlich auch die Träger. Wenn die weg sind, beherrschen ›Scharnhorst‹ und ›Gneisenau‹ das Meer bis zum Atlantischen Ozean.«

Göring verspricht das Blaue vom Himmel herunter: »Ich sage Ihnen, jeder Mann, der an der Vernichtung dieser Schiffe mitwirkt, soll ein Häuschen bekommen und alles, was vom Halse heraushängt.«

Schließlich noch die recht vage ›taktische Anweisung‹: »Machen Sie es so, wie wir es mit den feindlichen Flugzeugen im ersten Weltkrieg gemacht haben – nicht wahr, Udet?«

Udet grinst. Er hatte 62 Luftsiege, Göring 22. ›Der Eiserne‹ gibt sich mal wieder von seiner großspurigen Seite.

Pohle rettet die Situation mit der Versicherung: »Herr Generalfeldmarschall, es gibt keine Besatzung, die nicht den Ehrgeiz hätte, so viele Flugzeuge auf einem Träger zu vernichten wie Herr General Udet im ersten Weltkrieg.«

Damit gibt sich Göring zufrieden. Pohle wird in Gnaden entlassen. Von nun an liegt seine Gruppe in Westerland in ständiger Bereitschaft, um den großen Schlag gegen die britische Flotte zu führen.

Die ersten wirklichen Erfolge erringen allerdings die U-Boote. Schon am 17. September hat »U 29« unter Kapitänleutnant Schuhart westlich Irland den britischen Flugzeugträger »Courageous« versenkt. In der Nacht zum 14. Oktober dringt Kapitänleutnant Prien mit »U 47« in den stark geschützten Flottenstützpunkt Scapa Flow ein – ein Husarenstück, das nur einen Teilerfolg einbringt; die in Scapa vermutete britische Home Fleet ist ausgelaufen. Prien findet nur das Schlachtschiff »Royal Oak« und bohrt es mit zwei Fächern von je drei Torpedos in den Grund.

Indirekt führt dieser U-Boot-Erfolg zwei Tage später auch zum Einsatz der Ju-88-Sturzbomber. Denn die deutsche Luftaufklärung überwacht nun pausenlos den Schiffsverkehr an der schottischen Ostküste.

Am 15. Oktober wird ein Schlachtkreuzer, wahrscheinlich die »Hood«, gesichtet, und am 16. früh melden die Aufklärer ergänzend, daß das Schiff in den Firth of Forth eingelaufen sei.

Um 9.30 Uhr gibt Jeschonnek telefonisch den Einsatzbefehl an Pohle in Westerland. Der Generalstabschef sagt:

»Ich habe Ihnen noch einen persönlichen Befehl des Führers zu übermitteln. Folgender Wortlaut: Falls beim Eintreffen des KG 30 über dem Firth of Forth die ›Hood‹ schon in die Marinewerft eingelaufen ist, darf nicht angegriffen werden!«

Pohle sagt, er habe verstanden, und Jeschonnek fügt eindringlich hinzu:

»Ich mache Sie dafür verantwortlich, daß jede Besatzung diesen Befehl kennt. Der Führer will nicht, daß auch nur ein Zivilist getötet wird!«

Da ist es wieder, das Bemühen, den Krieg in Grenzen zu halten: Weder Deutsche noch Engländer wollen die erste Bombe auf das Land des Gegners werfen. Angriffe auf Kriegsschiffe sind erlaubt, aber nur solange sie sich im freien Wasser befinden. Gegen dieselben Schiffe an der Pier, im Dock oder in der Werft besteht striktes Angriffsverbot. Militärische Zweckmäßigkeiten müssen sich politischen Erwägungen unterordnen. Noch hofft man in Berlin auf eine rasche Beilegung des Konflikts mit Großbritannien.

Am 16. Oktober, 11 Uhr, starten die Kampfstaffeln der I./KG 30 in Westerland. Gegen 12.15 Uhr haben sie den äußeren Firth of Forth erreicht und dringen weiter landeinwärts vor.

»Wir flogen in Ketten aufgelöst«, berichtet Pohle, »denn die 5. Abteilung (des Generalstabes der Luftwaffe) hatte gemeldet, daß in Schottland keine Spitfires lägen.«

Zum Leidwesen Pohles erweist sich diese Meldung sehr bald als falsch. Das britische Jägerkommando hat zwei Spitfire-Staffeln, die 602. und 603., auf den Flugplatz Turnhouse in der Nähe von Edinburgh gelegt. Und am Morgen des Angriffstages ist auch noch die 607. Staffel mit ihren Hurricanes auf dem Platz Drem am Südufer des Firth of Forth eingefallen.

Die Jäger sollen die deutschen Bomber, falls sie kommen, schon weit draußen vor der Küste abfangen. Eine Radarstation überwacht diesen Sektor, doch ausgerechnet am 16. Oktober, zur Lunchzeit, fällt der Strom für die Geräte aus.

Die Hurricanes und Spitfires werden erst alarmiert, als die Ju 88 schon in 4000 Meter Höhe über ihre Plätze hinwegdröhnen. Für die Abwehr gehen wertvolle Minuten verloren. Die deutschen Kampfstaffeln können sich in Ruhe ihre Ziele suchen.

Pohle fliegt seinem aufgelösten Verband voraus. Tief unter ihm liegt Edinburgh. Zum erstenmal in diesem Kriege fliegt eine deutsche Kampfgruppe über der britischen Insel. Voraus kommt die große Brücke in Sicht, die den inneren vom äußeren Firth of Forth trennt. Gleich dahinter, am Nordufer, liegt der Flottenstützpunkt Rosyth mit seiner Marinewerft.

In diesem Augenblick entdeckt Pohle das Schiff, das er vernichten soll: Deutlich unterscheidet sich der lange und doppelbreite Schiffsrumpf von den kleineren Kriegsschiffen. Das muß die »Hood« sein.

Aber das Schiff liegt nicht mehr im freien Wasser, sondern in der Werft. Genau: in der Schleuse zum Dock. Sie muß erst vor kurzem eingelaufen sein.

»Es war ein ganz sicheres Ziel«, berichtet Pohle, »aber wir durften diese Beute nicht angreifen...«

Trotzdem kippt er mit seiner Ju 88 ab zum Sturzangriff. Auf der Reede von Rosyth liegen mehrere Kreuzer und Zerstörer. Pohle sucht sich ein großes Schiff aus: die »Southampton«. Die Flak eröffnet ein wildes Sperrfeuer.

Nahkrepierer schütteln die Ju. Pohle stößt unbeirrt durch die Sprengwolken auf sein Ziel, in einem Sturzwinkel von fast 80 Grad.

Da geschieht es: Erst ein kurzer, harter Schlag, gefolgt von Krachen und Reißen. Plötzlich schneidet den Männern eisiger Luftzug ins Gesicht.

Das Dach der Ju-88-Kabine ist weggeflogen. Mitten im Sturz, bei einer Geschwindigkeit von mehr als 600 Stundenkilometer!

Pohle weiß nicht, ob er einen Flaktreffer erhalten hat oder ob die Überbeanspruchung der stürzenden Maschine schuld ist. Der gleiche Fehler hatte sich schon bei der Flugerprobung der Ju 88 in Rechlin eingestellt – ein weiterer Beweis dafür, daß die Maschine die Kinderkrankheiten noch nicht überwunden hatte, als sie an die Front geworfen wurde.

Pohle aber läßt sich nicht aus der Fassung bringen. Er stürzt weiter, die »Southampton« genau im Visier. In gut 1000 Meter Höhe löst er die 500-Kilo-Bombe aus: Gut abgekommen!

Tatsächlich schlägt die Bombe an Steuerbord mittschiffs in die Aufbauten des britischen 9100-ts-Kreuzers. Aber sie explodiert nicht. Als Blindgänger bohrt sie sich schräg durch drei Decks, bricht seitlich aus der Bordwand wieder hervor und versenkt schließlich die dort festgemachte kleine Admiralsbarkasse.

Die Besatzung der Ju 88 hat weder Zeit noch Gelegenheit, die Bombenwirkung zu beobachten. Denn kaum hat Pohle die Maschine abgefangen, da ruft sein Funker dicht hinter ihm: »Eine Kette Spitfires greift an!«

»Ich konnte keine Abwehrbewegung mehr machen«, berichtet Pohle. »Unser linker Motor war sogleich getroffen und qualmte. Ich drehte nach See zu ab und hoffte noch den deutschen Fischkutter ›Hörnum‹ zu erreichen, den die Marine während unseres Angriffs auf eine bestimmte Position vor der schottischen Küste legen wollte.«

Aber die Spitfires kommen wieder. Die Ju 88, der ›Wunderbomber‹, ist ihnen mit dem einen nach hinten gerichteten MG 15 fast wehrlos ausgeliefert.

Beim zweiten Anflug der Engländer prasseln die Geschosse in die Kabine. Funker und Heckschütze fallen. Pohle drückt die Maschine bei Port Seton, East Lothian, tief aufs Wasser hinunter. Die Spitfires setzen nach.

Nach dem dritten Angriff ist auch der Beobachter schwer verwundet. Und der rechte Motor bleibt ebenfalls stehen.

»Es war aus«, schildert Pohle diese dramatischen Minuten. »Ich erspähte einen Trawler mit Kurs nach Norden. Vielleicht konnte ich ihn im Tiefflug über die Wellenkämme noch erreichen. Dann verlor ich das Bewußtsein.«

Die Matrosen des Fischdampfers sind mit ihrem Beiboot nach wenigen Minuten zur Stelle. Sie ziehen Pohle als einzigen Überlebenden seiner Besatzung aus der sinkenden Maschine. Später übernimmt ein britischer Zerstörer den bewußtlosen deutschen Hauptmann. Erst nach fünf Tagen erwacht Pohle im Lazarett Port Edwards am Nordufer des Firth of Forth.

Außer dieser Maschine verliert die I./KG 30 noch eine weitere Ju 88. Der Erfolg des Angriffs: Die Kreuzer »Southampton« und »Edinburgh« und der Zerstörer »Mohawk« werden durch Bombentreffer leicht beschädigt.

Am nächsten Morgen, dem 17. Oktober, starten vier Maschinen der Gruppe unter ihrem neuen Kommandeur, Hauptmann Doench, erneut gegen England. Diesmal ist das Ziel noch weiter gesteckt: Scapa Flow.

Die vier Ju 88 dringen trotz massiver Flakabwehr zu den Ankerplätzen der Royal Navy vor. Doch außer dem alten Schul- und Depotschiff »Iron Duke«, dem durch Nahtreffer die Seite aufgerissen wird, finden sie das Nest leer.

Die britische Admiralität hat der Home Fleet befohlen, sich in den Clyde, die Zufahrt Glasgows an der Westküste Schottlands, zurückzuziehen. Dort liegen die schweren Schiffe weitab vom Schuß – sie brauchen allerdings nun eine Tagesreise länger, um in der Nordsee oder in den nördlichen Passagen zum Atlantik aufzukreuzen.

Die Royal Air Force bucht den Rückzug der Schlachtflotte als eine Folge der deutschen Angriffe. In ihrem Geschichtswerk heißt es:

»Durch zwei oder drei kühn geführte Schläge und bei einem eigenen Verlust von nur vier Flugzeugen hatten die deutsche Luftwaffe und die U-Boote gleichen Anteil an diesem erstaunlichen strategischen Erfolg.«

Und die britischen Bomber? Am 4. September, einen Tag nach Kriegsbeginn, war ihr überraschender Angriff auf deutsche Kriegsschiffe vor Wilhelmshaven abgewiesen worden. Werden sie wiederkommen?

6. Die Luftschlacht über der Deutschen Bucht

Montag, 18. Dezember 1939. Ein kalter, sonniger Wintertag. Über der deutschen Nordseeküste und den Ostfriesischen Inseln liegt eine leichte Dunstschicht. Schon in 800 bis 1000 Meter Höhe aber ist der Dunst wie abgeschnitten, der Himmel wolkenlos, die Sicht klar und weit bis zum Horizont.

»Bestes Jägerwetter«, sagt Oberstleutnant Carl Schumacher, der Kommodore des erst seit wenigen Wochen aufgestellten Jagdgeschwaders 1 in Jever/Ostfriesland.

»Die Tommies werden sich hüten, heute einzufliegen«, pflichtet Schumachers Adjutant, Oberleutnant Müller-Trimbusch, bei.

Da war es vor vier Tagen anders: ein Hundewetter, Regen- und Schneeböen und jagende Wolkenfetzen bis hinunter auf die See. Plötzlich wurden der Kreuzer »Nürnberg« und mehrere Zerstörer auf der Außenjade von zwölf Wellington-Bombern angefallen.

Die »Nürnberg« und die »Leipzig« waren erst am Tage zuvor in der Nordsee von dem britischen U-Boot »Salmon« torpediert worden. Sie konnten aber mit eigener Kraft zurücklaufen.

Nun sollte die RAF den angeschlagenen Schiffen den Todesstoß versetzen. Doch das wütende Flakfeuer verhinderte einen gezielten Bombenwurf. Und gleich darauf waren die Me 109 der Jagdgruppe von Bülow hinter den Briten her. Trotz der schützenden Wolkendecke mußten fünf Wellingtons brennend auf die See hinunter.

»Die meisten Flugzeugführer in Bülows Gruppe waren frühere Marineflieger«, so erklärt Geschwaderkommodore Schumacher den Erfolg. »Ein anderer Verband hätte sich bei dem Schweinewetter über See bestimmt verfranzt – und ganz bestimmt keine Abschüsse erzielt.«

Die Engländer hatten außerdem zugegeben, daß auf dem Rückflug ein sechster Bomber verlorengegangen war.

Das also war am 14. Dezember. Vier Tage danach ist nicht nur das Wetter besser geworden. Schumacher hat endlich die geforderte Verstärkung erhalten: Gestern ist die schon in Polen bewährte Zerstörergruppe I./ZG 76 von Bönninghardt nach Jever verlegt und dem JG 1 unterstellt worden.

Damit verfügt Oberstleutnant Schumacher nun über folgende Jagdverbände:

die Jagdgruppe II./JG 77, Major von Bülow, auf Wangerooge;

die Jagdgruppe III./JG 77, Hauptmann Seliger, in Nordholz bei Cuxhaven;

die Zerstörergruppe I./ZG 76, Hauptmann Reinecke, in Jever;

die Jagdgruppe 101 (umbenannte II./ZG 1), Major Reichardt, mit einer Staffel in Westerland/Sylt, zwei Staffeln in Neumünster;

und die Nachtjagdstaffel 10./JG 26, Oberleutnant Steinhoff, in Jever.

Alles in allem, wenn man nur die einsatzbereiten Flugzeuge rechnet, eine

Streitmacht von 80 bis 100 Jägern und Zerstörern, die Schumacher auf ein einziges Alarmzeichen hin binnen weniger Minuten starten lassen kann. Ob die Engländer mit einer so starken Abwehr rechnen?

Nun, heute werden sie nicht kommen. Die Engländer wären ja verrückt – bei einem solchen Himmel aus Samt und Seide, bei einem solchen Jägerwetter...

Das britische Bomberkommando hat seine Angriffstaktik aus den ersten Kriegstagen inzwischen revidieren müssen. Die Methode, erst auf eine Aufklärermeldung von der Sichtung deutscher Kriegsschiffe hin die Bomberstaffeln in England zu alarmieren, erweist sich als zu zeitraubend. Wenn die Angreifer endlich an Ort und Stelle eintreffen, sind die Schiffe meist verschwunden – oder in Häfen eingelaufen, wo sie nicht mehr angegriffen werden dürfen.

Als neue Taktik wird daher sehr bald die ›bewaffnete Aufklärung‹ geflogen: Gruppen von mindestens neun, meist zwölf zweimotorigen Bombern der Typen Blenheim, Wellington, Hampden und Whitley suchen über der Deutschen Bucht nach lohnenden Schiffszielen und führen die Bomben zum Angriff gleich mit sich.

Erfolg aber haben auch sie nicht. Am 29. September werden fünf Hampden beim Angriff auf Helgoland abgeschossen, den ganzen Oktober hindurch gelingt überhaupt nichts, der November ist nicht besser.

Am Nachmittag des 17. November meldet ein RAF-Aufklärer wiederum Kriegsschiffe auf Heimatkurs in der Deutschen Bucht. Das britische Bomberkommando setzt seine Kräfte aber gar nicht erst ein, weil sie nicht vor Einbruch der Dunkelheit am Feind sein können.

Diese »laue Unentschlossenheit« bringt den Ersten Lord der Admiralität, Winston Churchill, in Rage. Er entfesselt eine heftige Debatte im Kriegskabinett. Die britische Schiffahrt erleide steigende Verluste durch deutsche Minen und U-Boote. Und die deutsche Luftwaffe greife sogar die stark verteidigten Flottenstützpunkte Firth of Forth und Scapa Flow an.

»Warum«, fragt Churchill aufgebracht, »wagt sich die RAF nicht nach Wilhelmshaven?«

Das britische Bomberkommando erhält daraufhin die neue Weisung, die Deutschen auch innerhalb ihrer Luftverteidigungszone zwischen Helgoland und Wilhelmshaven anzugreifen. Erklärtes Ziel: »Die Vernichtung eines feindlichen Schlachtkreuzers oder Westentaschen-Schlachtschiffes.«

Wie hatte Göring am 10. Oktober in Berlin gewettert? »Wir müssen nun einen Erfolg haben!«

Fünf Wochen später fordert Churchill in London genau das gleiche. England sieht in den deutschen Kriegsschiffen die Hauptbedrohung seiner über See führenden Lebensadern.

Der erste englische Angriff unter der neuen Direktive findet am 3. Dezember 1939 gegen Helgoland statt. Ein paar Bomben fallen auf die Insel, die Kriegsschiffe auf der Reede werden jedoch nicht getroffen.

Dennoch bringt dieser Tag einen Lichtblick für das britische Bomberkommando: Die 24 eingesetzten Wellingtons kommen vollzählig wieder nach Hause. Sie hatten strikten Befehl, ihren Verband nicht aufzulösen und die Bomben aus 2500 Meter Höhe abzuwerfen. Die wenigen deutschen Jäger, die zur Stelle sind, erzielen keinen Abschuß. Heißt das nicht, daß die Me 109 gegen die geschlossene Bomberformation machtlos sind?

Seltsamerweise glauben die Engländer auch bei dem schon beschriebenen Luftkampf über der Außenjade am 14. Dezember nicht an einen Erfolg der deutschen Jagdgruppe. Ihre sechs Bomberverluste schreiben sie anderen Ursachen zu: dem schlechten Wetter, der Schiffsflak, dem Treibstoffverlust aus zerschossenen Tanks.

So kommt es auf der Insel zu einer übertrieben optimistischen Beurteilung der Chancen für den nächsten Angriff. Am 18. Dezember gegen Mittag sammeln sich die 9., 37. und 149. Bomberstaffel über King's Lynn zum Feindflug, trotz des wolkenlosen Himmels über der Deutschen Bucht. Trotz des Jägerwetters.

»Schulter an Schulter, wie einst Cromwells gepanzerte Ritter, beweist der dichtgeschlossene, unerschütterliche Bomberverband seine Kampfkraft und Moral auch gegen heftigste feindliche Angriffe«, heißt es in einer taktischen Analyse der Royal Air Force.

Es ist gegen 13.50 Uhr, als zwei deutsche Radarstationen zum ersten Male die anfliegenden Bomber orten: das Marine-Funkmeßgerät vom Typ ›Freya‹ auf Helgoland und die Luftwaffen-›Freya‹ im Versuchsstand des Nachrichtenleutnants Hermann Diehl in den Dünen von Wangerooge. Diehl stellt den Verband schon in 113 Kilometer Entfernung fest, also etwa 20 Flugminuten vor der Küste.

Genug Zeit, sollte man meinen, um die Abwehr zu alarmieren und die Jagdgruppen dem Feind schon über See entgegenzuwerfen. Tatsächlich dauert es genau diese 20 Minuten, bis die Radarmeldung zum Geschwaderkommodore durchgedrungen ist, und vor allem: bis sie im Stab des Jagdgeschwaders geglaubt wird.

Das liegt zum Teil an dem schlechten Nachrichtennetz zwischen Marine und Luftwaffe. Zu Beginn des Krieges hatten beide Wehrmachtteile so gut wie gar keine Verbindung miteinander. Schumacher hat sich in den Wochen, seit er Jagdfliegerführer ist, sofort um Anschluß an das Warnsystem der Marine bemüht. Aber bis eine Meldung von Helgoland durch die Nachrichtenzentrale in Wilhelmshaven geschleust und beim Jagdgeschwader in Jever angekommen ist, vergeht immer noch viel zuviel Zeit.

Leutnant Diehl dagegen hat einen direkten Draht von seinem ›Freya‹-Gerät auf Wangerooge nach Jever. Er hängt sich auch sofort ans Telefon. Aber seine Meldung findet keinen Glauben. Bei dem Wetter sollen die Tommies kommen?

Statt eines Alarms löst Diehl in Jever nur eine skeptische Antwort aus: »Sie orten wohl Möwen oder haben eine Störung im Gerät.«

Der Nachrichtenleutnant auf Wangerooge ist verzweifelt. Schließlich ruft er bei der auf Wangerooge liegenden II./JG 77 direkt an. Doch der Kommandeur, Major von Bülow, ist gerade in Jever beim Geschwader.

Inzwischen haben die britischen Bomber ihre gewohnte Wendemarke Helgoland in respektvollem Abstand umrundet und dringen nach Süden gegen den Jadebusen vor. Nach britischen Angaben bestand der Verband beim Start in England aus 24 Vickers Wellington, wovon zwei wegen Motorschadens umkehrten. Bleiben also 22, in vier dichtgeschlossenen Schwärmen.

Dagegen zählen die deutschen Marinebeobachter auf Helgoland genau 44 englische Maschinen. Bei hellichtem Tage, klarer Sicht und ohne eine Wolke am Himmel. Dieser Widerspruch ist bis auf den heutigen Tag ungeklärt.

Als erste deutsche Jäger sind, von Leutnant Diehl alarmiert, schließlich sechs Me 109 der Nachtjagdstaffel 10./JG 26 in der Luft. Oberleutnant Steinhoff führt seinen Schwarm. Er ist der einzige, der die Wellingtons noch auf dem Anflug angreifen kann, also bevor sie Wilhelmshaven erreichen.

Doch »Cromwells gepanzerte Ritter« lassen sich nicht zersprengen. Noch nicht! Dichtgeschlossen, Tragfläche an Tragfläche, dröhnen sie über die Jade und über Schillig-Reede hinweg. Sie fliegen Parade über Wilhelmshaven. In 4000 Meter Höhe. Nur Bomben werfen sie nicht.

Das schwere Flakfeuer schwillt zum Orkan an. Die Engländer machen kehrt, ziehen nochmals über den Kriegshafen hinweg – wieder keine Bombe! – und nehmen dann Kurs nach Norden und Nordwesten.

Jetzt erst, auf dem Rückflug, entwickelt sich die Luftschlacht über der Deutschen Bucht. Jagd- und Zerstörerschwärme fallen die Bomber an, wo immer sie auf sie stoßen, und verfolgen sie bis weit über die offene See hinaus.

Den wahrscheinlich ersten Abschuß der Schlacht erzielt Unteroffizier Heilmayr mit seiner Me 109. Die Uhr zeigt jetzt 14.30.

Gleich darauf ist auch Oberleutnant Steinhoff erfolgreich. Im zweiten Anflug aus seitlicher Überhöhung trifft er seinen Gegner voll aus Kanonen und MG. Die Wellington kippt über den Flügel ab und trudelt brennend in die See.

Immer noch jagen Staffeln im Alarmstart von ihren Plätzen hoch. Der Stabsschwarm der Zerstörergruppe ist gerade von einem Überwachungsflug entlang der Küste nach Jever zurückgekehrt. Die Flugzeugführer haben kaum Zeit, ihre Maschinen auftanken zu lassen. Von Jever aus können sie die Bomber deutlich beobachten. Erst in Richtung Wilhelmshaven, und dann schon im Abflug nach Nordwesten.

Leutnant Hellmut Lent fuhrwerkt nervös in seiner Me 110 herum. Sein Funker, Gefreiter Kubisch, springt auf den Rücksitz. Nun hockt noch Paul Mahle, der Waffenoberfeldwebel der 1./ZG 76, auf der Tragfläche, um eine Trommel 2-cm-Munition auszuwechseln.

Lent aber will die Tommies nicht verpassen. Er gibt Gas und rollt los. Mahle rutscht von der Fläche und muß sich zur Seite werfen, um nicht vom Leitwerk getroffen zu werden.

Die Me gewinnt schnell an Höhe. Lent kann die Luftkämpfe bei der meilenweit klaren Sicht genau verfolgen. Der Hauptverband der Briten steht jetzt nördlich Wangerooge. Deutsche Jäger schwirren um ihn herum. Das wird Bülows Gruppe sein, denkt Lent. Dann sieht er zwei Vickers Wellington, die sich seitlich über das Watt nach Westen davonstehlen. Wenige Minuten später ist Lent auf ihrer Höhe und greift an.

Die Vickers Wellington haben am äußersten Rumpfende einen sehr unangenehmen Heckturm mit zwei MG. Im Verbandsflug besitzen die Bomber daher beachtliche Feuerkraft nach hinten. Dagegen trifft ein Angriff von der Seite und aus der Überhöhung den wunden Punkt der Wellington: Dort ist ein toter Winkel, der von keinem der sechs MG des Bombers bestrichen werden kann.

Dort setzt Lent seinen ersten Angriff an. Er feuert, was aus den Läufen heraus will – der Gegner zeigt keine Wirkung. Lent läßt darauf alle Vorsicht außer acht, hängt sich auf gleicher Höhe hinter den Bomber und bringt den Heckschützen mit gezieltem Feuer zum Schweigen.

Nun hat er leichtes Spiel. Nach einem weiteren Feuerstoß dringt dichter schwarzer Qualm aus der Wellington. Der englische Pilot drückt nach unten – und setzt auf der Insel Borkum zur Landung an!

Sekunden später steht die englische Maschine in hellen Flammen. Als einziger Überlebender kann sich Leutnant P. A. Wimberley retten. Es ist 14.35 Uhr.

Lent aber jagt schon weiter. Er verfolgt den zweiten Bomber auf die See hinaus. In drei Meter Höhe huscht der Brite über die Wellen. Ein Feuerstoß, diesmal sofort von hinten, und in Lents Abschußbericht heißt es:

»Beide Motoren des Gegners begannen hell zu brennen. Das Flugzeug brach beim Aufschlag auf das Wasser auseinander und versank.« Zeit: 14.40 Uhr.

Nochmals fünf Minuten später holt Lent auf die gleiche Art noch eine dritte, schon vorher angeschossene Wellington herunter. Sie stürzt 25 Kilometer nordwestlich von Borkum ins Meer.

Im gleichen Seegebiet sind auch andere Zerstörer erfolgreich. Oberleutnant Gresens, sein Rottenflieger Unteroffizier Kalinowski und Leutnant Graeff, alle von der 2. Staffel/ZG 76, erzielen noch gegen 15 Uhr je einen Abschuß.

Am weitesten dringt Leutnant Uellenbeck mit seiner Me 110 vor. 50 Kilometer nördlich der holländischen Insel Ameland sitzt er zwei Wellingtons im Nacken, schießt die linke ab, wird aber selbst vom Heckschützen der rechten getroffen. Ein Geschoß verletzt Uellenbeck am Hals und trifft auch noch seinen Funker, Unteroffizier Dombrowski, am Unterarm. Dennoch bringen die beiden Verwundeten ihre Maschine mit Hilfe einer über Funk angefragten Kurspeilung sicher nach Jever zurück.

Daß die britischen Bomber sich zu wehren wissen, muß auch der Staffelkapitän der 2./ZG 76, Hauptmann Wolfgang Falck, erfahren. Zusammen mit seinem Schwarmflieger, Unteroffizier Fresia, trifft er 20 Kilometer südwestlich Helgoland in 3500 Meter Höhe auf eine geschlossene Formation rückfliegender Wellingtons. Der Luftkampf dauert von 14.35 bis 14.45 Uhr.

Fresia ist gleich zweimal erfolgreich, und auch Falcks Gegner stürzt brennend ab. Doch der Heckschütze der nächsten Wellington liegt mit seinem Feuer gut im Ziel.

»Der rechte Motor«, berichtet Falck, »blieb ruckartig stehen, das Benzin lief in Strömen aus der Fläche. Ein Wunder, daß die Maschine kein Feuer fing! Dagegen mußten Feldwebel Walz und ich einen Brand unserer eigenen Munition bekämpfen. Die ganze Kabine war voll Qualm.«

Falck bringt seine Me genau auf Südkurs, Richtung Heimat. Er hofft, ungeschoren bis Jever zu kommen. Da bleibt auch der zweite Motor stehen. Jetzt hilft nur eins: Im Gleitflug nach unten drücken und eine Notlandung auf Wangerooge versuchen!

Die restliche Munition wird herausgeschossen, das Benzin abgelassen, damit beim Aufprall nichts brennen oder explodieren kann. Schließlich pumpt Falck noch mit Preßluft das Fahrwerk heraus.

Rasend schnell kommt die Erde näher. Ein heftiger Stoß – die Me 110 hält ihn aus. Sie haben es geschafft, sie rollen auf der Landebahn! Kurz vor der Flugleitung bleibt die Maschine stehen.

Auch Oberleutnant Dietrich Robitzsch, der nur mit zwei Me 109 seiner Staffel, der 3./Jagdgruppe 101 aus Neumünster, rechtzeitig in die Luftschlacht eingreifen kann, erhält nach dem Abschuß seines Gegners von einer anderen Wellington Treffer in die Motorhaube. Glykol spritzt ihm auf die Frontscheibe, er kann nichts mehr sehen. Mit Mühe findet er den Anflug nach Neumünster. Kurz zuvor läuft sich sein Motor heiß und steht. Robitzsch muß sofort herunter. Er setzt die Me auf einem unmöglichen Gelände auf: zwischen den Schützengräben und Deckungslöchern eines Truppenübungsplatzes. Der rechte Reifen platzt, die Maschine kreiselt. Endlich bleibt sie liegen, und Robitzsch klettert heraus. Ihm ist nichts geschehen.

Die Luftschlacht dauert nicht länger als eine halbe Stunde. Nach 15 Uhr fliegen die Reste des schwer angeschlagenen britischen Bomberverbandes schon außerhalb der Jägerreichweite.

Geschwaderkommodore Schumacher landet als erster in Jever. Das Wrack der von ihm abgeschossenen Wellington ragt noch nach Tagen aus dem seichten Watt bei Spiekeroog.

Nach und nach treffen die Abschußmeldungen ein. Keine Staffel scheint leer ausgegangen zu sein. Auf einmal stutzt Schumacher: Was ist mit der III./JG 77 los? Überhaupt keine Erfolge?

Da bekennt der Adjutant Farbe. In der allgemeinen Aufregung des Alarms hatte der Geschwaderstab die Jagdgruppe des Hauptmanns Seliger in Nordholz schlichtweg vergessen. Als der Fehler acht Minuten später auffiel, war es schon zu spät. Die abfliegenden Bomber waren nicht mehr zu erreichen.

Beim Bericht vor der internationalen Presse in Berlin am nächsten Tage erwähnt Schumacher, er habe sogar Staffeln »in Reserve« halten können. So klingt das natürlich wesentlich besser – trifft allerdings auch auf Major Reichardts Jagdgruppe 101 zu.

Die erstaunlichste Meldung kommt aus Borkum. Dort kann der Befehlshaber des Luftgaus XI, Generalleutnant Wolff, zufällig selbst die Bruchlandung der von Leutnant Lent abgeschossenen Wellington beobachten. Wenig später kommt der General nach Jever und nimmt den Kommodore des JG 1 beiseite.

»Das Flugzeugwrack ist genau untersucht worden«, sagt Wolff. »Halten Sie sich fest, Schumacher, die Wellington hatte überhaupt keine Bomben an Bord!«

Dieses Detail der ersten größeren Luftschlacht der Kriegsgeschichte ist bis heute in mysteriöses Dunkel gehüllt. Fest steht nur, daß die Wellingtons keine Bomben geworfen haben. Weder auf Schillig-Reede noch auf Wilhelmshaven selbst. Die Erklärung der Engländer klingt einleuchtend:

»Wir trafen keine Kriegsschiffe im freien Wasser an und durften die Schiffe im Hafen nicht angreifen, um das Leben deutscher Zivilpersonen nicht zu gefährden.«

Die auf Borkum notgelandete Maschine aber hatte sich ihrer Bomben entweder vorher im Notwurf entledigt, oder sie hatte gar keine Bomben geladen. Auch die Aussagen der beiden Gefangenen, des Leutnants Wimberley und des Flieger-Sergeanten Herbert Russe, deuteten darauf hin, daß hier gar kein Angriff geplant gewesen war, sondern lediglich ein Navigationsflug in die Deutsche Bucht. Statt Bomben, so sagten die Gefangenen aus, hätten die Maschinen verstärkte Besatzungen an Bord gehabt, zur Einweisung neuer Piloten und Beobachter.

Wenn diese Version wirklich den Tatsachen entspricht, dann hätten die Engländer am 18. Dezember 1939 in der Luftschlacht über der Deutschen Bucht einen doppelt schweren Verlust erlitten. Denn Flugzeuge waren zu ersetzen, über feindlichem Gebiet abgeschossene Besatzungen aber blieben verloren.

Wie hoch sind nun tatsächlich die Verluste dieses 18. Dezember 1939 auf beiden Seiten? Das Jagdgeschwader Schumacher verliert in der heftigen Schlacht ganze zwei Maschinen – zwei Me 109.

Die eine wird von Oberleutnant Fuhrmann, einem waschechten Berliner, geflogen. Dreimal hatte er seinen Gegner schon von der Seite angegriffen – ohne Erfolg. Da vergißt Fuhrmann alle Vorsicht und alle Ratschläge.

Er greift nun genau von hinten an. Genau im Feuerbereich des britischen Heckschützen mit seinem Doppel-MG. Und da die Wellington nicht allein fliegt, sondern als linker Flügel eines geschlossenen Viererschwarmes, schlägt dem deutschen Jäger rasendes Abwehrfeuer entgegen.

Die Messerschmidt wird von Treffern durchsiebt. Der Motor qualmt schwarz. Fuhrmann selbst muß schwer verwundet sein. Dennoch gelingt es ihm, seine kopfüber nach unten stürzende Maschine noch einmal abzufangen. Dicht über der See bäumt sie sich auf und zieht eine breite weiße Gischtspur ins Wasser: eine perfekte Notwasserung, etwa zweihundert Meter vor der Insel Spiekeroog.

Vom Strand aus ist deutlich zu sehen, wie sich der Pilot mühsam aus seiner Kabine stemmt. Er kommt frei, ehe die Maschine versinkt.

Mit letzter Kraft schwimmt Fuhrmann auf die Insel zu. Trotz seiner Fliegerkombination, die das eisige Wasser aufsaugt und ihn bleischwer nach unten zieht. Doch ehe die Strandwachen ein Boot alarmieren können, hat die See den verzweifelten Kampf entschieden. Der abgestürzte Jagdflieger versinkt, kaum hundert Meter bevor er den rettenden Boden unter den Füßen hat.

Außer Oberleutnant Fuhrmann wird noch eine zweite Me 109, geflogen von einem jungen Leutnant aus Graz, über See abgeschossen und stürzt ins Meer.

In der Nacht zum 19. Dezember aber verkündet das britische Luftfahrtministerium in einer offiziellen Bekanntmachung:

»Eine Bomberformation der RAF flog gestern bewaffnete Aufklärung in der Helgoland-Bucht mit dem Ziel, in See angetroffene feindliche Kriegsschiffe anzugreifen. Die Bomber trafen auf starke Jagdstreitkräfte und schossen im Verlauf heftiger Kämpfe zwölf Messerschmitts ab, während sieben unserer Bomber bis zur Stunde überfällig sind.«

Man sieht: Nicht nur die Deutschen konnten sich irren. Und nicht nur die Deutschen sahen die Ereignisse oft durch die schönfärberische Brille der Propaganda.

Nach britischen Presseberichten sollten sechs der zwölf abgeschossenen deutschen Maschinen zweimotorige Zerstörer Me 110 gewesen sein, auf die Hitler und Göring so große Hoffnungen gesetzt hatten. Tatsächlich jedoch ging keine einzige Me 110 von der allein eingesetzten Zerstörergruppe I./ZG 76 verloren. Sie kamen alle zurück, wenn auch einige mit erheblichen Treffern.

Diese Treffer führte Oberstleutnant Schumacher im Gefechtsbericht des Jagdgeschwaders 1 auf die »geschlossene Formation und die ausgezeichneten Heckschützen der Wellington-Bomber« zurück. Andererseits »erleichterte gerade die starre Beibehaltung des Kurses und der Formation unsere Angriffe erheblich«.

Hauptmann Reinecke, der Kommandeur der I./ZG 76, bestätigte in seinem Gefechtsbericht:

»Die Me 110 ist in der Lage, diesen englischen Typ (Vickers Wellington) sehr leicht einzuholen und zu überholen, auch bei gedrücktem Flug, so daß sehr rasch sehr viele Angriffe von jeder Seite, auch von vorn seitwärts, erfolgen können.« Dieser Angriff von seitlich vorn, so berichtete Reinecke weiter, »kann sehr wirksam sein, wenn man die feindliche Maschine in die Garbe hineinfliegen läßt. Die Wellington brennt leicht und ist insgesamt sehr feuerempfindlich«.

Der Befehlshaber der für den Angriff der Wellingtons verantwortlichen 3. Bombergruppe, der britische Luft-Vizemarschall Baldwin, schrieb in einer kritischen Analyse:

»Bei vielen unserer Flugzeuge strömte der Treibstoff während und nach der Schlacht aus den zerschossenen Tanks... Es kann nicht genug betont werden, wie lebenswichtig es ist, alle Bomber mit selbstdichtenden Treibstofftanks auszurüsten.«

Baldwin gab auch zu, daß man niemals zuvor an die Möglichkeit eines Jägerangriffs von der Seite gedacht habe; die Wellingtons hätten sich daher gegen diese deutsche Angriffstaktik nicht verteidigen können.

Doch solche kritischen Berichte blieben natürlich geheim. Nach außen hin hielt die Royal Air Force die propagandistische Version aufrecht, das Bomberkommando habe einen großen Sieg gegen deutsche Jagdstreitkräfte errungen, und lediglich sieben eigene Flugzeuge seien nicht heimgekehrt.

Aber auch die Deutschen nannten höhere Abschußzahlen, die einer späteren Nachprüfung nicht standhielten.

Hauptmann Reinecke hatte für seine I./ZG 76 zunächst 15 von Zeugen bestätigte Abschüsse gemeldet. Major von Bülow, der selbst kurz nach dem Alarmstart mit Motorschaden hatte umkehren müssen, rechnete für seine Gruppe, die II./JG 77, vierzehn Abschüsse zusammen.

Mit den Erfolgen der Nachtjagdstaffel, der 10./JG 26, kam Oberstleutnant Schumacher auf 32, das Luftgaukommando XI in Hamburg auf 34 abgeschossene Wellington-Bomber. Diese Zahl wurde nach Berlin gemeldet.

In diesem Zusammenhang muß festgestellt werden, daß die deutschen Jagdflieger nicht nach Belieben unkontrollierte Abschüsse melden konnten. Es war vielmehr ein langer, bürokratischer Weg, bis ein Abschuß tatsächlich anerkannt wurde.

Zuerst hatte der erfolgreiche Jäger in seiner Abschußmeldung einen langen Katalog vorgeschriebener Fragen zu beantworten: Zeit, Ort und Höhe des Luftkampfes, Nationalität und Typ des abgeschossenen Flugzeugs. Gefechtsbericht über die Art der Vernichtung und schließlich die genaue Angabe, ob der Aufschlag des Gegners auf dem Erdboden oder auf See beobachtet worden war oder nicht.

Damit aber nicht genug: Luftkampf, Absturz und Aufschlag mußten ebenfalls von einem Zeugen beobachtet und schriftlich bestätigt werden.

Ein Beispiel: Um 14.45 Uhr, auf dem Höhepunkt der Luftschlacht vom 18. Dezember, griff eine Me 110 nördlich der Westspitze von Langeoog die hintere linke Maschine in einem Verband von sieben Wellingtons an. Flugzeugführer war Oberleutnant Gordon Gollob – später eines der bekannten deutschen ›Asse‹, der erste Jagdflieger der Welt, der 150 Abschüsse erzielte.

Gollob flog die Wellington von links rückwärts an. In seinem Gefechtsbericht heißt es:

»Die Garbe lag gut. Nach dem Angriff zog ich links hoch und konnte beobachten, wie die Wellington, aus dem Rumpfende stark rauchend, in einer Linkskurve nach unten verschwand...«

Bei dem strikten Befehl der Engländer, die geschlossene Bomberformation nicht zu verlassen, sah das sehr nach Absturz aus. Gollob richtete seine Aufmerksamkeit daher auf den nächsten Gegner und schrieb später auf die Frage nach dem Aufschlag der abgeschossenen Maschine:

»Nicht beobachtet, da eine brennende Maschine über See nur ins Wasser fallen kann und überdies noch viele andere abzuschießen waren...«

Dieser leichte Seitenhieb gegen das bürokratische Meldeverfahren wurde dem Oberleutnant Gollob heimgezahlt. Fünf Monate später kam seine Abschußmeldung mit dem lakonischen Vermerk »Nicht anerkannt« aus Berlin zurück.

Insgesamt erkannte das RLM sieben der vom Jagdgeschwader 1 am 18. Dezember 1939 gemeldeten 34 Abschüsse nachträglich nicht an, »weil ihre Gewißheit nicht zweifelsfrei zu erbringen war«.

Ferner muß nach allen Erfahrungen als sicher angenommen werden, daß nach der heftigen, in zahlreiche Einzelkämpfe aufgespaltenen Luftschlacht über der Deutschen Bucht mancher Abschuß guten Glaubens doppelt gemeldet worden ist. Diese Ansicht vertritt auch die deutsche ‹Gemeinschaft der Jagdflieger› in einer im April 1963 veröffentlichten Stellungnahme.

Die von den Engländern nach dem Kriege herausgegebenen Zahlen besagen: 22 Vickers Wellington sind zur bewaffneten Aufklärung in die Deutsche Bucht eingeflogen; zwölf wurden abgeschossen, drei weitere so schwer beschädigt, daß sie bei der Notlandung an der britischen Küste zu Bruch gingen.

Bei den beteiligten deutschen Jagdfliegern stoßen diese Zahlen auf Skepsis. Vor allem die Entdeckung, daß manche Wellingtons keine Bomben mitführten, nährt den Verdacht, daß es sich hier um einen weiteren, in den britischen Quellen verschwiegenen Bomberverband handeln müsse.

Doch wie dem auch sei: Eine Verlustquote von mehr als zwei Dritteln der eingesetzten Maschinen kam auf jeden Fall einer Katastrophe gleich. Es war der Todesstoß für die weitverbreitete Meinung: »Die Bomber kommen immer durch!«

Von nun an wußte man: Entweder mußten die Bomber in die Nacht ausweichen, oder man mußte ihnen starke Begleitjäger mitgeben. Diese Erkenntnisse haben den weiteren Verlauf des Luftkrieges entscheidend beeinflußt.

7. Unternehmen ›Weserübung‹

Am 6. April 1940 herrscht im Hamburger Hotel Esplanade Hochbetrieb. Wehrmachtwagen stauen sich vor der Auffahrt. Immer neue Luftwaffenoffiziere verschwinden in dem Hotelbau zwischen Dammtorbahnhof und Binnenalster. Hier hat das X. Fliegerkorps seit einigen Wochen sein Hauptquartier aufgeschlagen. Das Korps befehligt alle Luftwaffenverbände für den Fall ›Weserübung‹, die kurz bevorstehende Besetzung Dänemarks und Norwegens durch deutsche Truppen.

Diese Operation paßte ursprünglich nicht in die deutsche Strategie, die ganz auf den Angriff im Westen ausgerichtet war, falls sich der Konflikt nicht auf Polen begrenzen ließ. Am 2. September 1939 hatte Deutschland die Unverletzlichkeit Norwegens erklärt, sofern diese nicht durch eine dritte Macht gebrochen würde. Aber schon am 19. September begannen die Engländer mit der Planung, die deutsche Erzschiffahrt zu unterbinden, die von Narvik durch norwegische Hoheitsgewässer lief.

Am 6. Januar 1940 erklärten die Alliierten in Noten an Oslo und Stockholm, sie würden ohne Rücksicht auf die Neutralität vorgehen. Trotz der Proteste der skandinavischen Länder beschloß der Oberste Alliierte Kriegsrat am 5. Februar 1940, vier Divisionen in Narvik zu landen und die schwedischen Erzgruben von Gällivare zu besetzen.

Erst unter dem Eindruck dieser bedrohlichen Entwicklung bildete das Oberkommando der Wehrmacht den Sonderstab ›Weserübung‹, der seine Arbeit am 3. Februar aufnahm. Am 28. März schließlich gaben die Alliierten den Befehl, die norwegischen Gewässer am 5. April zu verminen und dann in Narvik, Drontheim, Bergen und Stavanger zu landen. Tatsächlich kamen ihnen die Deutschen nur um wenige Stunden zuvor.

Am 6. April also hat Generalleutnant Hans Ferdinand Geisler die ihm unterstellten Kommandeure nach Hamburg gerufen, um ihnen reinen Wein einzuschenken. Sie erhalten im Esplanade die von Major i. G. Christian bis in die letzten Einzelheiten ausgearbeiteten Einsatzbefehle für den ›Wesertag‹.

Zu dieser Stunde sind viele Transport-Geleitzüge der Marine schon unterwegs. Sie haben tagelange Anmarschwege zu ihren Zielhäfen vor sich. Auch die Kriegsschiffgruppen werden schon mit Truppen beladen und warten auf den Auslaufbefehl, damit sie in der Frühe des 9. April zur ›Weserzeit‹ überraschend vor den norwegischen Küstenplätzen erscheinen können.

Der Sprung nach Norwegen kann nur gelingen, wenn Kriegsmarine und Luftwaffe die Transportaufgabe lösen. Wenn sie schlagartig die wichtigsten Häfen und Flugplätze in Besitz nehmen, damit der Nachschub rollen kann.

Bei der Kommandeurbesprechung im Hotel Esplanade geht es um die Einzelheiten. Der eigens für dieses Unternehmen ernannte ›Lufttransportchef

Land‹, Oberstleutnant Freiherr von Gablenz, erläutert den Zeitplan, den seine Transportgruppen einhalten müssen, damit es auf den angeflogenen Plätzen keine Katastrophe gibt.

Immerhin verfügt Gablenz über elf Gruppen mit rund 500 Transportflugzeugen – zumeist mit der dreimotorigen Junkers Ju 52 ausgerüstet. Eine Gruppe fliegt die viermotorigen Großraumtransporter Ju 90 und Focke-Wulf FW 200. Diese Transportflotte soll von ihren norddeutschen Absprunghäfen aus lediglich vier dänische und norwegische Flugplätze anfliegen:

Aalborg-Ost und -West in Nordjütland, als wichtige Zwischenlandeplätze für Transporte und Kampfeinsätze nach Norwegen.

Oslo-Fornebu als Schlüsselpunkt zur Besetzung der Hauptstadt.

Stavanger-Sola an der Südwestküste Norwegens als Luftwaffenbasis gegen britische Angriffe von See.

Mit der ersten Welle sollen die Jus über den vier Plätzen – zum ersten Male in der Kriegsgeschichte – Fallschirmspringer absetzen. Vorgeschriebener Zeitpunkt, zum Beispiel für Oslo-Fornebu: »Weserzeit + 185 Minuten«.

Nach dem Sprung werden den Fallschirmjägern genau zwanzig Minuten Zeit bleiben, um den Platz zu nehmen und für die folgenden Landungen zu sichern. Denn um »Weserzeit + 205 Minuten« soll schon die zweite Transportgruppe, beladen mit einem normalen Infanteriebataillon, Fornebu anfliegen. Dafür muß die Landebahn klar sein. Und dann geht es Schlag auf Schlag.

Mit jeder neu einfallenden Staffel Ju 52 sollen andere Verbände landen: ein Vorkommando des Luftgaustabes, die Flughafen-Betriebskompanie, ein weiteres Bataillon, der Führungsstab des Generals von Falkenhorst, ein Nachrichtenzug, Pioniere, Infanterie – und dazwischen schon erste Versorgungsgüter, vor allem Flugbenzin, Pumpen und Schläuche.

Lediglich zwei Kompanien Fallschirmjäger, die 1. und 2./FJR 1 unter ihrem Bataillonskommandeur, Hauptmann Erich Walther, stehen für den Handstreich gegen Oslo-Fornebu zur Verfügung. Einziger Feuerschutz aus der Luft: ein Schwarm von vier Zerstörern – tatsächlich werden später acht Zerstörer eingesetzt – der 1. Staffel/ZG 76 unter Oberleutnant Hansen. Wenn Hansens Zerstörer über Fornebu ankommen, werden sie gerade noch für zwanzig Minuten Treibstoff haben, so daß sie dann selbst schleunigst auf dem Platz landen müssen. Wird das gut gehen?

Noch am 7. April, 36 Stunden vor der ›Weserzeit‹, müssen die Einsatzpläne des X. Fliegerkorps in einem wesentlichen Punkt geändert werden. Die zum Sprung auf Aalborg vorgesehenen Fallschirmjäger werden an anderer Stelle dringend gebraucht.

Hauptmann Walter Gericke, der Kompaniechef der 4./FJR 1, sitzt gerade zu Hause in Stendal beim Kaffee, als ihn ein Sonderkurier mit einer Condor-Maschine zum Kommandierenden General nach Hamburg holt.

Gericke meldet sich im Hotel Esplanade. Major i. G. Harlinghausen, der Chef des Stabes, führt ihn vor eine große Karte.

»Das hier«, sagt Harlinghausen und tippt mit dem Zeigefinger auf die rote Verbindungslinie zwischen den dänischen Inseln Seeland und Falster, »das hier ist die Storströmsbrücke. Dreieinhalb Kilometer lang. Über sie führt die einzige Landverbindung vom Fährhafen Gedser im Süden zur Hauptinsel Seeland und damit nach Kopenhagen.«

Gericke folgt dem Zeigefinger des Chefs.

»Wir müssen diese Brücke unversehrt in die Hand bekommen«, betont Harlinghausen. »Trauen Sie es sich zu, hier mit zwei Zügen Ihrer Kompanie abzuspringen und die Brücke offenzuhalten, bis unsere Infanterie von Gedser heran ist?«

Gericke überlegt nicht lange. Das ist endlich ein Einsatz, wie ihn sich die Fallschirmjäger schon lange wünschen.

»Jawohl, Herr Major!«

Wenig später ist Gericke wieder auf dem Rückflug nach Stendal und studiert die einzigen Unterlagen, die so schnell zu beschaffen waren: eine halbwegs zuverlässige Karte, einen Prospekt der benachbarten Stadt Vordingborg und eine Ansichtskarte der zwischen Falster und Seeland liegenden kleinen Insel Masnedö mit der Brücke im Hintergrund.

Am 8. April wird Gerickes Kompanie in den Einsatzhafen Uetersen vorgezogen. Die anderen drei Kompanien des I. Bataillons vom Fallschirmjägerregiment 1 stehen in Schleswig (für Oslo) und in Stade (für Stavanger) mit ihren Transportmaschinen bereit.

Endlich erhält die Transportflotte das Stichwort für den kommenden Tag: »Weser Nord und Süd 9 Meter Hochwasser.«

Zur festgelegten ›Weserzeit‹, um 5.30 Uhr, starten die zwölf Ju 52 der 8. Staffel/KG z. b. V. 1* mit Gerickes Männern als erste nach Dänemark. Dort ist das Wetter leidlich, während alle für Norwegen bestimmten Verbände wegen starker Nebelfelder über dem Skagerrak noch nicht wissen, ob und wann sie starten können.

Kurz nach sieben Uhr wird ein Zug von Gerickes Kompanie über Aalborg abgesetzt. Mehr Fallschirmjäger stehen zur Wegnahme der wichtigen beiden Flugplätze nicht zur Verfügung. Aber die Dänen leisten keinen Widerstand.

Die anderen Jus der 8. Staffel suchen sich ihren Weg über der Ostsee und steuern ihr Ziel direkt an. In den gleißenden Strahlen der eben aufgehenden Morgensonne kommt voraus die langgestreckte Storströmsbrücke in Sicht. Um 6.15 Uhr gibt Gericke das Signal zum Sprung. Binnen Sekunden leeren sich die Transportmaschinen. Die weißen Fallschirme pendeln auf das kleine Eiland

* Die Transportgeschwader führten die Bezeichnung »Kampfgeschwader zur besonderen Verwendung« (z. b. V.).

Masnedö hinunter. Kein Schuß fällt zur Abwehr. Keine Sirene heult Alarm. Das Land scheint noch friedlich zu schlafen.

Hauptmann Gericke landet nicht weit von dem Bahndamm, der zur Brücke führt. Als erstes bringt er Maschinengewehre auf dem Damm in Stellung. Nun kann er das dänische Küstenfort bestreichen. Kann seinen Männern Feuerschutz geben, die dort, kaum hundert Meter vor den Betonkuppeln des Forts, zu Dutzenden vom Himmel fallen.

Aber das Fort schweigt. Die Fallschirmjäger rappeln sich auf. Nehmen sich nicht die Zeit, ihre Waffenbehälter zu suchen. Nur die Pistole in der Faust, laufen sie auf die Befestigungen zu. Der Posten hebt erschreckt die Arme. Dann dringen sie in die Unterkünfte ein. Nach wenigen Minuten ist die ganze Besatzung entwaffnet.

Ein anderer Trupp hastet auf schnell requirierten Fahrrädern der Brücke zu. Auch dort ergibt sich die Wache ohne einen Schuß. Aber wie groß ist das Erstaunen der Fallschirmjäger, als ihnen auf der Storströmsbrücke bereits deutsche Infanteristen entgegenfahren! Es ist ein Voraustrupp des III. Bataillons/Infanterieregiment 305, das unter Oberst Buck mit der planmäßigen Fähre von Warnemünde nach Gedser übergesetzt und, ohne Widerstand zu finden, nach Norden vorgestoßen war.

MG-Schützen und Fallschirmjäger dringen gemeinsam in das Städtchen Vordingborg ein und besetzen auch die Verbindungsbrücke zwischen Masnedö und Seeland. Binnen einer Stunde ist der Auftrag erfüllt.

Der erste Fallschirmeinsatz der Kriegsgeschichte war zugleich der unblutigste. Doch das Geheimnis der neuen Truppe war nun gelüftet, und das Überraschungsmoment, das man sich für einen entscheidenden Angriff gewünscht hätte, wurde frühzeitig verspielt.

Gleichzeitig mit der so friedlich beginnenden Besetzung Dänemarks bahnt sich bei den nach Norwegen stürmenden Transportverbänden der Luftwaffe ein Fiasko an.

In den ersten Morgenstunden des 9. April läßt der Wetterbericht keine Hoffnung für nur halbwegs erträgliche Sichtverhältnisse über Oslo und Stavanger. Der Skagerrak, den beide Kurse überqueren müssen, ist restlos ›dicht‹. Der Nebel liegt fast auf der See auf und reicht bis über 600 Meter hinauf. Darüber ziehen sich noch mehrere Wolkenschichten hin.

Tiefflug ist also völlig ausgeschlossen. Und wenn die Verbände über den Wolken anfliegen: Wann sollen sie nach unten durchstoßen? Was wird geschehen, wenn sie im entscheidenden Augenblick keine Bodensicht bekommen? In dieser Waschküche, mitten zwischen den Felswänden norwegischer Berge!

Oberstleutnant Drewes fliegt an der Spitze seiner Transportgruppe, der II./KG z.b.V. 1. Er führt die erste Welle gegen Oslo-Fornebu. In seinen 29 Transportmaschinen Ju 52 hocken die Fallschirmjäger des Hauptmanns

Erich Walther, bereit zum Sprung. Aber je näher Drewes dem Oslofjord kommt, desto dicker wird das Wetter. Manchmal verschwimmen sogar seine Kettenflugzeuge im Nebel. Die Sicht beträgt kaum 20 Meter.

Drewes beißt die Zähne zusammen und hält durch. Er weiß, wie wichtig sein Auftrag für das Gelingen des ganzen Unternehmens ist. Plötzlich meldet einer der hinteren Kettenführer über UK-Sprechfunk:

»An Kommandeur: Zwei Flugzeuge fehlen!«

Die beiden Ju 52 sind in einer Nebelwand spurlos verschwunden. Das gibt den Ausschlag. Oberstleutnant Drewes kann den Weiterflug nicht mehr verantworten. Er gibt Befehl, auf Gegenkurs zu gehen. Über Funk geht folgende Meldung nach Hamburg:

»Kehre wegen Schlechtwetter um. Fliege Aalborg an.«

Im Hote Esplanade bestätigt die Meldung die schlimmsten Befürchtungen. Inzwischen weiß man hier, daß sich die Norweger nicht kampflos ergeben.

Es ist 8.20 Uhr. Seit drei Stunden steht die deutsche Kriegsschiffgruppe im Oslofjord im Gefecht mit den Küstenbatterien der Feste Oskarsborg, die die Dröbak-Enge beherrscht. Das Flaggschiff, der schwere Kreuzer »Blücher«, ist um 7.23 Uhr nach Granat- und Torpedotreffern gesunken. Völlig ungewiß ist noch, ob und wann die anderen Kreuzer die Enge durchbrechen und ihre eingeschifften Truppen in Oslo landen können.

Um so wichtiger wäre daher die Wegnahme des Flugplatzes Fornebu, damit wenigstens die Luftlandungen planmäßig stattfinden können. Doch die Fallschirmjäger sind auf dem Rückflug. Und die zweite Transportwelle fliegt, im befohlenen Abstand von 20 Minuten auf die erste Welle, ahnungslos in Richtung Oslo-Fornebu. An Bord: ein Bataillon Infanterie, das II./IR 324.

Für den Fall, daß die Fallschirmjäger – wie nun geschehen – nicht planmäßig abspringen könnten, hatte Generalleutnant Geisler einen strikten Befehl Görings erhalten: Sofort auch die Transportverbände der folgenden Wellen zurückrufen!

Erbittert versucht der Lufttransportchef, Freiherr von Gablenz, seinen Kommandierenden General davon abzubringen: »Ich lehne es ab, Herr General, den Rückkehrbefehl für meine Verbände zu geben. Die Landung kann auch auf dem nicht freigekämpften Platz erzwungen werden.«

Geisler: »Dann werden die Norweger unsere Jus zu Dutzenden zusammenschießen!«

»Die ersten gelandeten Besatzungen werden die feindliche Abwehr niederkämpfen«, erwidert von Gablenz hartnäckig. »Zumindest sollte dem Verband, der Fornebu zuerst erreicht, die Entscheidung überlassen werden, ob er die Landung wagen will oder nicht.«

Gablenz führt noch einen anderen Grund an: »Aalborg ist schon jetzt bis zum letzten ausgenutzt. Wenn wir nun noch die Osloer Verbände dorthin leiten, gibt es eine Katastrophe.«

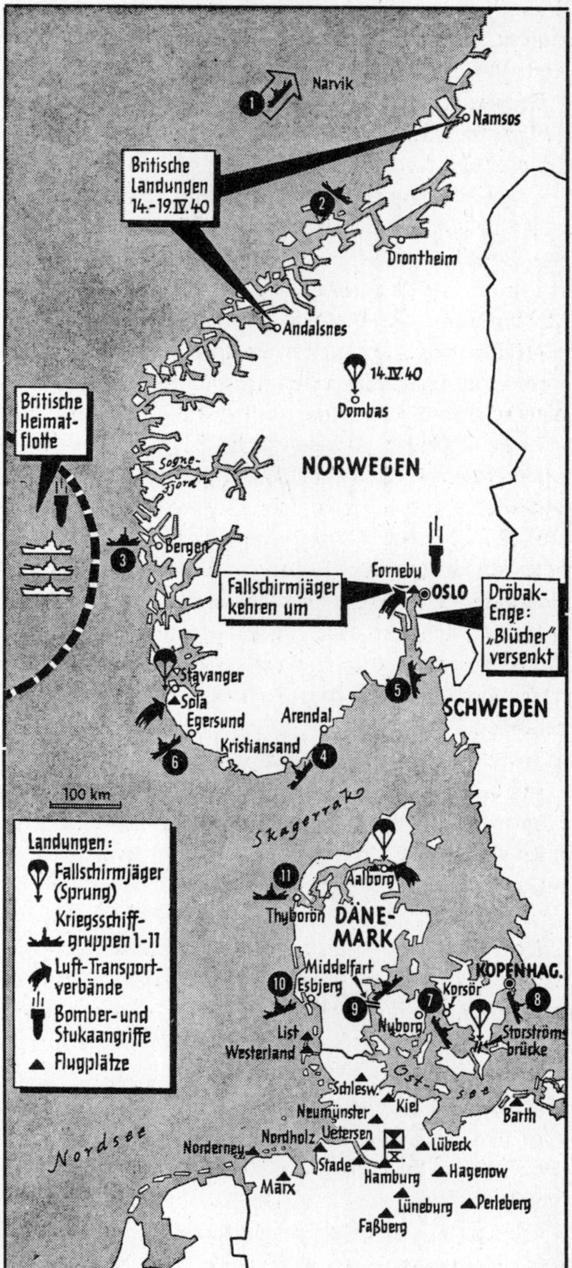

Das Unternehmen ›Weserübung‹ gegen Dänemark und Norwegen begann am 9. April 1940 mit der Besetzung der Häfen und Flugplätze. Unsere Karte zeigt den Einsatz der Kriegsschiffgruppen, Fallschirm- und Luftlandeverbände sowie die deutschen Flughäfen, von denen die Kampf- und Transportgruppen (siehe Anhang 5) starteten.

Aber er dringt nicht durch. Geisler läßt an die Osloer Transportgruppen den Befehl hinausfunken:

»An alle: Zurückkehren! X. Fliegerkorps.«

Doch nun geschieht etwas Außergewöhnliches. Etwas, das gar nicht zu dem weitverbreiteten Vorurteil passen will, daß der Soldat ein ›blinder Befehlsempfänger‹ sei.

Kommandeur der Transportgruppe (Kampfgruppe z.b.V. 103), die den Fallschirmjägern im Abstand von 20 Minuten folgt, ist Hauptmann Wagner. Er erhält zwar den Rückkehrbefehl, aber er führt ihn nicht aus.

Der Rückruf erscheint Wagner in diesem Augenblick, kurz vor dem Eintreffen über Fornebu, so widersinnig, daß er ihn für eine feindliche Finte hält. Vor allem die Unterschrift »X. Fliegerkorps« macht ihn stutzig. Seine Gruppe untersteht dem ›Transportchef Land‹ von Gablenz. Nur von dieser Stelle könnte er einen so schwerwiegenden Befehl erhalten.

Hauptmann Wagner fliegt also weiter. Seine Flugzeugführer besitzen die volle Eignung zum Blind- und Schlechtwetterflug. Die dichteste Nebelzone liegt vor der Küste. Jetzt, kurz vor Oslo, klart es auf, die Sicht wird besser. Warum sollen sie nicht in Fornebu landen?

Schon dröhnt die Führungskette der Jus über Fornebu. Wagner fliegt eine Runde und schaut hinunter.

Der Flugplatz ist recht klein und liegt zwischen Felsen eingebettet: am einen Ende der beiden Asphalt-Landebahnen steil ansteigendes Gelände, am anderen ein Abhang mit einem Wasserarm. Nicht gerade ideal, aber kein Problem für die ›alte Tante Ju‹.

Unten stehen zwei hell brennende Flugzeugwracks. Es ist also schon gekämpft worden. Und richtig: Da kurven ja auch eigene Zerstörer.

Wagner gibt seinem Flugzeugführer erleichtert das Zeichen zur Landung. In einer engen Flugkurve stößt die Ju hinunter und schwebt ein.

Plötzlich prasseln schwere Maschinengewehrgarben in den Rumpf des Flugzeuges. Hauptmann Wagner fällt als erster. Verwundete stöhnen auf. Der Pilot startet durch und zieht die Transportmaschine wieder hoch. Was nun?

Fassungslos verfolgt Oberleutnant Hansen, Staffelkapitän der 1./ZG 76, aus seiner Me 110 heraus diese für ihn rätselhafte Szene.

Seit einer halben Stunde schlägt sich seine Staffel mit dem Gegner herum. Zuerst um 8.38 Uhr der Angriff von neun norwegischen Jagdeinsitzern, Typ Gloster Gladiator, aus der Sonne. Dennoch kurvt Hansen, wie befohlen, um 8.45 Uhr über Fornebu, als Feuerschutz für die Fallschirmspringer. Zwei der acht Zerstörer bleiben schon nach dem kurzen, heftigen Luftkampf vermißt.

Die anderen sechs Me 110 erkunden den Platz, greifen Flak- und MG-Stellungen an. Sie schießen zwei Gladiators auf dem Rollfeld in Brand. Und sie warten und warten.

Aber die Fallschirmjäger kommen nicht! Es wird 8.50 Uhr. 9 Uhr. Drei rote

Warnlampen starren Hansen an. Die vierte muß jeden Augenblick aufleuchten. Dann sind die Treibstofftanks leer.

Nach der Berechnung hatten sie über Fornebu noch für 20 Minuten Sprit. In diesen 20 Minuten sollten die Fallschirmer den Platz nehmen. Und nun ist die Zeit um.

Da endlich, um 9.05 Uhr, fliegt die erste Kette Ju 52 an. Hansen atmet auf. Die Zerstörer kurven zur Seite, um im entscheidenden Augenblick die MG-Nester niederzuhalten. Sie warten auf die Fallschirmpilze...

Wie sollen sie wissen, daß dort oben schon die zweite Transportgruppe anfliegt? Daß in diesen Maschinen gar keine Fallschirmjäger sitzen?

Hansen ist völlig überrascht, als die erste Ju 52 plötzlich zur Landung ansetzt, nach heftigem Beschuß aber durchstartet und wieder davonfliegt.

Nun wird es ihm zu bunt. Drei seiner sechs Me-110-Maschinen fliegen nur noch mit einem Motor; die Kühler sind zerschossen. Außerdem fliegen sie mit dem letzten Tropfen Benzin.

Sie müssen hinunter!

Wenn sich niemand sonst für Oslo-Fornebu zuständig fühlt, dann werden eben sie, die Zerstörer der 1./ZG 76, den norwegischen Flugplatz in Besitz nehmen!

»Leutnant Lent«, befiehlt Hansen über Funk, »landen Sie! Wir geben Feuerschutz und kommen nach.«

Lents Me 110 zieht in einer Linkskurve herum und schwebt zur Landung ein. Aus der rechten Tragfläche dringt schwarzer Qualm. Der Motor ist zerschossen, die Latte steht. Bei den kurzen Asphalt-Landebahnen von Fornebu muß der Zerstörer dicht am Platzrand aufsetzen, um ausrollen zu können. Mit nur einem Motor ist dieses Manöver noch schwieriger.

Leutnant Lent fährt Fahrgestell und Landeklappen aus. Vor wenigen Minuten hat der ›Schützenkönig der Deutschen Bucht‹ im Kampf mit der Gloster Gladiator des norwegischen Unteroffiziers Per Schye seinen fünften Luftsieg errungen. Jetzt geht es für Lent und für seinen Funker, den Gefreiten Kubisch, um Leben und Tod.

100 Meter vor dem Platzrand sackt die Me zu tief durch. Lent muß Vollgas auf den linken Motor geben. Dadurch zieht die Maschine kräftig nach rechts. Er kann sie nur mühsam auf dem Anflugkurs halten.

Schon sieht Lent die Landebahn unter sich. Aber nun hat die Me zuviel Fahrt. Sie setzt zu spät auf, rollt zu schnell...

Oberleutnant Hansen und die anderen vier Zerstörerflieger lassen ihren Kameraden bei der Landung nicht aus den Augen. Quer zu seiner Landerichtung jagen sie über den Platz und halten die norwegischen MG nieder, die aus betonierten Stellungen heraus feuern.

Dennoch spritzen neben und hinter der landenden Me 110 die Einschläge auf.

Plötzlich sieht Hansen, wie gleichzeitig mit Leutnant Lent eine zweite Maschine in den Platz hineinlandet: eine Ju 52! Es ist, wie sich später herausstellt, die Nachrichten-Ju der nicht abgesprungenen Fallschirmjäger. Man wird sie noch gut brauchen können.

Im Augenblick aber droht eine Katastrophe: Die Ju 52 setzt auf der zweiten Asphaltbahn auf. Wenn sie am Schnittpunkt beider Landebahnen mit der Me 110 zusammenstößt, ist der Platz für alle weiteren Landungen blockiert.

Wütend starrt Hansen hinunter. Die ganze Zeit haben sie auf die Transporter gewartet. Und ausgerechnet jetzt, wo die Zerstörer mit leeren Benzintanks und zerschossenen Motoren selber landen müssen, kommen ihnen die Jus in die Quere. Doch die Me 110 ist mit ihrer hohen Landegeschwindigkeit an dem kritischen Punkt vorbei, ehe die langsame Ju ihn kreuzt. Diese Gefahr ist vorüber.

Dagegen bringt Leutnant Lent seine Maschine nicht zum Stehen. Sie rollt viel zu schnell. Hansen hofft noch, daß Lent durchstarten und wieder hochziehen wird. Aber am Ende der Rollbahn stürzt die Me kopfüber das abschüssige Gelände hinunter.

Weiter kann Hansen nicht beobachten. Er muß sich auf seine eigene Landung konzentrieren. Sein rechter Motor ist ebenfalls zerschossen. Weißer Dampf zischt und sprüht aus dem Überlaufrohr. Die Öltemperatur steigt beängstigend schnell. Wenn der Motor nur noch 60 Sekunden durchhält, hat Hansen es geschafft.

Wenige Meter hoch, passiert er den Platzrand. Reißt das Gas zurück. Nimmt den Steuerknüppel vorsichtig an den Bauch. Und hat schon Bodenberührung.

Dicht geht es an den beiden brennenden Gladiator-Jägern vorbei. Dann rollt die Me in das Schußfeld der norwegischen Maschinengewehre. Aber nichts geschieht – die MG schweigen.

Hansen sieht, wie eine andere, noch vor ihm gelandete Me 110 seiner Staffel die Asphaltbahn frei macht. Die leben also auch, denkt er staunend.

Vorsichtig tritt er auf die Bremse. Zehn Meter vor dem Abhang bleibt die Maschine stehen. Der Bordfunker hat die Hand schußbereit am MG. Doch das Feuer, das ihnen noch vor einer Minute entgegengeschlagen war, schweigt. Geben die Norweger den Widerstand auf?

Tatsächlich hat Hauptmann Erling Munthe Dahl, der Führer der norwegischen Jagdstaffel von Fornebu, unter dem Eindruck der Zerstörer-Tiefangriffe um 9 Uhr über Funksprechwelle befohlen:

»An alle Gladiators. Landen Sie irgendwo – nur nicht in Fornebu! Der Platz wird von den Deutschen angegriffen.«

Zwei Jäger waren schon vorher wieder gelandet; der eine mit Motorschaden, der andere, Unteroffizier Waaler, mit zahlreichen Treffern vom Luftkampf mit den deutschen Zerstörern. Gleich darauf wurden beide Gladiators bei einem Tiefangriff von Hansens Zerstörern in Brand geschossen. Das gleiche Schicksal will Hauptmann Dahl seinen anderen Jägern ersparen.

Fünf Gladiators landen daher nach dem Luftkampf auf zugefrorenen Seen im Norden und Westen Oslos. Vier Maschinen brechen ein oder müssen wegen Gefechtsschäden oder Benzinmangel aufgegeben werden. Letztlich überlebt also nur eine Gloster Gladiator den Kampf mit der 1./ZG 76.

Als die ersten deutschen Maschinen zur Landung in Fornebu einschweben, zieht sich Hauptmann Dahl mit seinem Bodenpersonal in die Festung Akershus zurück. Flak und Maschinengewehre feuern noch auf zwei deutsche Flugzeuge – dann schweigen auch sie. Oslo-Fornebu wird von den Norwegern nicht mehr verteidigt.

Oberleutnant Hansen springt aus seiner Maschine und winkt die nach ihm landenden Zerstörer ein. Er verteilt die fünf restlichen Me 110 seiner Staffel so am Nordwestrand des Platzes, daß die Funker mit ihren MG freies Schußfeld gegen einen Waldrand haben.

Auch Leutnant Lent meldet sich zur Stelle. Seine Me liegt mit abrasiertem Fahrwerk und 80 Prozent Bruch wenige Meter vor einem Haus jenseits des Flugplatzes. Wie durch ein Wunder sind Flugzeugführer und Funker unverletzt. Gefreiter Kubisch hat sogar sein Heck-MG ausgebaut und trägt es nun mit aufgesetzter Trommel zu seinen Staffelkameraden – zu der Handvoll Männer, die soeben den verteidigten Flugplatz Oslo-Fornebu aus der Luft genommen haben.

Es ist 9.17 Uhr. Erneut schwebt eine Kette Ju 52 zur Landung ein. Die Transportmaschinen rollen bis dicht vor den Felsen, auf dem norwegische leichte Flak in Stellung liegt. Noch vor einer knappen Viertelstunde ist der Kommandeur der KG z.b.V. 103, Hauptmann Wagner, bei seinem kühnen Anflug im Feuer dieser Geschütze gefallen.

Diesmal fällt kein Schuß. Die Infanteristen steigen nichtsahnend aus den Jus und vertreten sich die Beine. Hier ist ja alles friedlich. Sie stecken sich Zigaretten an.

Dem Oberleutnant Hansen stehen die Haare zu Berge. Er stürzt hinüber und weist die Feldgrauen ein, wo die norwegischen Flak- und MG-Stellungen liegen. Nun gehen sie wenigstens in Deckung und schicken Stoßtrupps vor, die bald mit Gefangenen zurückkehren. Die Norweger haben sich ergeben.

Inzwischen ist eine landende Ju 52 direkt zu den Zerstörern gerollt und wird dort mit lautem Jubel begrüßt: die Transportmaschine der Staffel!

Hauptmann Flakowski, der Blindfluglehrer der 1./ZG 76, hat die Maschine sicher durch die Schlechtwetterfront über dem Skagerrak geflogen. Er bringt willkommene Verstärkung: die sechs wichtigsten Warte des Bodenpersonals – und den Bauch der Ju voller Munition.

Über dem Oslofjord ist Flakowski mehrmals zurückfliegenden Ketten von Ju 52 begegnet, die ihm durch Anfliegen und Wackeln bedeuteten, ebenfalls umzukehren. Flakowski hat nur die Tür der Pilotenkanzel aufgestoßen und seinen Männern zugerufen:

»Pistolen klarhalten! In Oslo wird gekämpft.«

Und nun sind sie da. Paul Mahle, der Waffenwart, nimmt sich mit seinen

Kameraden sofort der böse gerupften Zerstörer an, um sie wieder fit zu machen. Hauptmann Flakowski erkundet mit einer zusammengewürfelten Schar Soldaten den ganzen Platz. Dann läßt er von den Norwegern die immer noch rauchenden Trümmer der beiden Gloster Gladiator aus der Landebahn räumen.

Plötzlich glaubt Oberleutnant Hansen zu träumen. Ein hellblauer amerikanischer Straßenkreuzer fährt auf das Rollfeld, und heraus steigt – ein deutscher Offizier in voller Uniform.

Es ist Hauptmann Spiller, der Luftwaffenattaché in Oslo. Hansen meldet ihm seine Staffel.

»Wo bleiben denn die Fallschirmjäger?« fragt Spiller. »Und das Bataillon Infanterie?«

Hansen weiß es nicht.

Der Handstreich gegen Oslo steht und fällt mit der Luftlandung in Fornebu, seit die Kriegsschiffgruppe mit der eingeschifften Infanterie vor der Dröbak-Enge liegengeblieben ist.

»Sie müssen sofort nach Hause melden, daß der Platz genommen ist«, befiehlt Spiller. »Sonst können wir hier auf die Transportgruppen warten, bis es zu spät ist.«

Darauf wird von der Nachrichten-Ju stolz ein Funkspruch hinausgetastet:

»Fornebu in eigener Hand. 1. Staffel/ZG 76.«

Der Spruch wird in Aalborg aufgenommen und für das X. Fliegerkorps in Hamburg wiederholt. Die Zerstörer hatte man schon abgeschrieben. Und nun kommt nicht nur ein Lebenszeichen, sondern eine Meldung, die kaum noch zu erhoffen war: Fornebu kann angeflogen werden!

Inzwischen ist die Marschfolge der Transportgruppen erheblich in Unordnung geraten:

Die 5. und 6. Staffel/KG z. b. V. 1, mit den Fallschirmjägern an Bord, mußten im dichten Nebel vor dem Oslofjord umkehren; dennoch landeten einige Ju 52, die in der ›Waschküche‹ den Anschluß verloren hatten, mit halbstündiger Verspätung in Fornebu.

Die den Fallschirmjägern im Abstand von 20 Minuten folgende Kampfgruppe z. b. V. 103 führte zwar den Rückrufbefehl des X. Fliegerkorps nicht aus; als aber der Gruppenkommandeur, Hauptmann Wagner, beim Einschweben im Feuer der Verteidiger von Fornebu fiel, drehten die meisten Transportmaschinen doch noch ab. Nur Hauptmann Ingenhoven, dem stellvertretenden Kommandeur, gelang es, die Landung in Fornebu mit wenigen Ju 52 zu erzwingen. Das waren die Maschinen, die fast gleichzeitig mit den Zerstörern der 1./ZG 76 landeten.

So kommt es, daß am Vormittag des ›Wesertages‹, des 9. April 1940, nur eine Handvoll deutscher Soldaten Oslo-Fornebu besetzt: Landser vom IR 324, Fallschirmjäger und die Besatzungen der wenigen gelandeten Flugzeuge.

Unter der Führung entschlossener Offiziere, vor allem der Hauptleute Flakowski und Ingenhoven, hebt diese bunt zusammengewürfelte Schar die MG-Nester der Norweger aus und sichert den Platz.

»Ungefähr drei Stunden später«, heißt es im Gefechtsbericht der 1./ZG 76, »landeten dann die Ju-52-Verbände mit dem Gros der Fallschirmjäger und Luftlandetruppen.«

Nun geht es Schlag auf Schlag. Immer neue Transportstaffeln fliegen an. Bald ist der Platz überfüllt. Manche Ju geht nach dem schwierigen Anflug bei der Landung zu Bruch und blockiert die Asphaltbahnen. Dennoch gelingt es im Laufe des Nachmittags, das ganze Infanterieregiment 324 heranzufliegen.

Am Abend ist Oslo ›planmäßig‹ in deutscher Hand – die erste Hauptstadt der Welt, die durch Luftlandetruppen genommen worden ist. Zwei Tage später drückt der Kommandierende General des X. Fliegerkorps, Generalleutnant Geisler, dem Oberleutnant Hansen in Oslo lange die Hand.

»Wenn Ihre Staffel nicht gewesen wäre«, sagt Geisler, »dann stünde vielleicht manches anders hier.«

Zur gleichen Stunde, als die Transporter im Anflug auf Oslo wegen des miserablen Wetters den Rückkehrbefehl erhalten, taucht weiter westlich über See auch eine andere Formation Ju 52 in die Regenwand hinein: die zwölf Maschinen der 7. Staffel/KG z. b. V. 1.

Unter Führung ihres Staffelkapitäns, Hauptmann Günter Capito, fliegen sie an der Spitze der Marschfolge zum Flugplatz Stavanger-Sola. An Bord die 3. Kompanie/Fallschirmjägerregiment 1 des Oberleutnants Freiherr von Brandis. Auftrag: Absetzen der Fallschirmjäger zum Sprung auf Sola.

Capitos Besatzungen sind zwar im Blindflug ausgebildet. Aber sie sind noch nie zusammen im Verband blindgeflogen. Und auch noch nie über See. Wenn in der dunklen Wand zwei Maschinen zusammenstoßen, gibt es keine Chance für die Besatzungen. Nicht einmal Schwimmwesten befinden sich an Bord.

»Die Wolkenwand hat die Staffel schon verschlungen«, berichtet Hauptmann Capito. »Trotz engster Formation kann ich von der Führungsmaschine gerade noch den Nebenmann schemenhaft erkennen.«

Die Entscheidung über Weiterflug oder Umkehr liegt nun allein beim Staffelkapitän. Und Capito befiehlt über Funk an seine Flugzeugführer:

»Auftrag durchführen!«

Er kann nur hoffen, daß das Wetter über der norwegischen Küste wieder aufklart. Bei dieser Sicht wäre ein Anflug zwischen den Bergen glatter Selbstmord. Aber Capito hat Glück.

»Nach einer halben Stunde wird es heller und heller, und plötzlich reißt die Wand auf. Wir sind durch. 900 Meter unter uns glitzert das Meer in der Sonne. Rechts voraus, in etwa 100 Kilometer Entfernung, zeigt sich bei klarer Sicht die Küste Norwegens.«

Capito blickt zurück und hält Ausschau nach seinen Jus. Eine nach der anderen stoßen sie an den verschiedensten Stellen aus der schwarzen Wand hervor. Es dauert eine halbe Stunde, bis sich die Staffel wieder gesammelt hat. Sie zählt noch elf Transportmaschinen. Die zwölfte Ju 52 bleibt verschwunden.

Später stellt sich heraus, daß der Flugzeugführer den Kurs nicht gehalten hat und in Dänemark gelandet ist. Also wenigstens kein Totalverlust wie bei der Oslo-Gruppe, bei der zwei Maschinen zusammengestoßen und ins Meer gestürzt sind.

Im Tiefflug dicht über den Wellen huschen die elf Transportflugzeuge weiter nach Norden. Die Schlechtwetterfront hat sie viel Zeit gekostet. Um 9.20 Uhr ist die Höhe von Stavanger erreicht. In einer scharfen Rechtskurve dreht die Staffel auf die Küste zu.

Nun geht alles sehr schnell. Das Überraschungsmoment muß gewahrt werden. In nur zehn Meter Höhe dröhnt der Verband durch ein Seitental. Dreht dann hart nach Norden. Springt über einen Höhenzug. Und schon liegt der Platz Stavanger-Sola vor ihnen.

Längst stehen die Fallschirmjäger sprungbereit in den Maschinen. Die Aufziehleinen der Schirme sind in das Drahtseil eingehakt, die breiten Luken der Jus geöffnet. Die Männer warten auf das Hupsignal, das Zeichen zum Sprung.

Hauptmann Capito zieht die Führungsmaschine auf 120 Meter hoch und nimmt gleich darauf das Gas zurück. Die Absprunghöhe ist erreicht.

»Das Absetzen«, berichtet er, »muß im Langsamflug erfolgen, damit die Fallschirmtruppe eng zusammenbleibt. Und in nur 120 Meter Höhe über einen abwehrbereiten Gegner zu fliegen, ist nicht gerade eine Lebensversicherung.«

Ein Druck auf die Hupe – die Männer springen. Es dauert nur Sekunden, bis die zwölf Soldaten aus jeder Maschine heraus sind. Die Waffenbehälter werden hinterhergeworfen. Und dann wieder Vollgas. Wieder auf den Boden gedrückt, in den toten Winkel der Flak. Die Transportflugzeuge haben ihren Auftrag erfüllt.

Mehr als hundert Fallschirme pendeln zur Erde nieder. Ehe Oberleutnant Brandis seine Männer gesammelt hat, schlägt ihnen heftiges MG-Feuer entgegen. Plötzlich jagen zwei deutsche Zerstörer über den Platz und greifen mit Bordwaffen in das Gefecht ein. Es sind die beiden einzigen Me 110 von Oberleutnant Gollobs 3. Staffel/ZG 76, die sich trotz des Wetters bis Stavanger ›durchgefragt‹ haben. Zwei weitere Zerstörer bleiben verschollen, der Rest der Staffel mußte umkehren.

Der norwegische Widerstand kommt vor allem aus zwei gut geschützten Bunkern am Platzrand. Die Fallschirmjäger werfen Handgranaten in die Schießscharten. Nach einer halben Stunde ist der Platz in ihrer Hand. Nun müssen noch die Drahthindernisse von der Landebahn geräumt werden. Dann ist auch Stavanger-Sola frei für die ersten hereinlandenden Transportstaffeln.

Die deutsche Führung hatte gehofft, daß die Norweger, ebenso wie die Dänen, keinen Widerstand gegen die deutschen Landungen leisten würden. Im Operationsbefehl des X. Fliegerkorps hieß es:

»Grundsätzlich wird angestrebt, der Unternehmung den Charakter einer friedlichen Besetzung zu geben.«

Die ohnehin nicht sehr zahlreichen Bomberverbände für das Unternehmen ›Weserübung‹ – zehn Kampf- und eine Stukagruppe – wurden daher entweder in Bereitschaft gehalten oder zu reinen Demonstrationsflügen eingesetzt.

So erhielt zum Beispiel eine Gruppe des Kampfgeschwaders 4 den Befehl, am ›Wesertag‹ um 6.30 Uhr Flugblätter über Kopenhagen abzuwerfen. Eine andere Gruppe, die III./KG 4, hatte mit kampfkräftigen Staffeln über Kristiansand, Egersund, Stavanger und Bergen zu demonstrieren, während dort die deutschen See- und Luftlandungen einsetzten.

Gleichzeitig flogen die He-111-Bomber der III./KG 26 über den Oslofjord ein, wurden dort aber von den Gladiator-Jägern des norwegischen Hauptmanns Dahl angegriffen. Auch die brennenden deutschen Kriegsschiffe in der Dröbak-Enge ließen keinen Zweifel darüber zu, daß sich die Norweger mit allen Mitteln zur Wehr setzten.

Daraufhin startete Hauptmann Hozzels Stukagruppe I./StG 1 mit 22 Ju 87 um 10.59 Uhr von Kiel-Holtenau zum Angriff gegen die Felsenfestungen Oskarsborg und Akershus. Die im Sturzflug geworfenen Bomben lagen im Ziel.

Andere Teilverbände des KG 4 und KG 26 griffen ebenso wie die Kampfgruppe 100 den Flugplatz Oslo-Kjeller, Flakstellungen am Holmenkollen und die Küstenbatterien auf den Inseln im Oslofjord an. Unter dem Eindruck dieser Bombardements konnten die meisten norwegischen Befestigungen von deutschen Landungstruppen bis zum Abend des 9. April genommen werden.

Im Laufe des Vormittags zeigte sich jedoch noch ein zweites Ziel für die Luftwaffe. Deutsche Aufklärer meldeten um 10.30 Uhr zahlreiche englische Schlachtschiffe und Kreuzer im Seegebiet von Bergen. Es war die britische Heimatflotte unter dem Kommando von Admiral Forbes.

Auf diese Gelegenheit hatte das X. Fliegerkorps gewartet und hierfür seine Seekampfgruppen in Reserve gehalten. Gegen Mittag starteten 41 He 111 vom ›Löwengeschwader‹ KG 26 und 47 Ju 88 vom ›Adlergeschwader‹ KG 30. Länger als drei Stunden griffen sie die Engländer fast pausenlos an.

Eine 500-Kilo-Bombe traf das Schlachtschiff »Rodney«, konnte aber den Gürtelpanzer nicht durchschlagen. Außerdem wurden im Verlauf der heftigen See-Luftschlacht die Kreuzer »Devonshire«, »Southampton« und »Glasgow« durch Bombentreffer beschädigt, der Zerstörer »Gurkha« westlich Stavanger versenkt.

In den folgenden Wochen, während des ganzen Norwegen-Unternehmens, liegen die britischen Kriegsschiffe und Transporter immer wieder im Bombenhagel der deutschen Luftstreitkräfte. Dies trifft besonders für die Zeit der englischen Gegenlandungen in Mittelnorwegen zu: Vom 14. bis 19. April werfen die Alliierten in Namsos und Andalsnes beiderseits Drontheims zwei britische Divisionen und dazu polnische und französische Truppen an Land.

Noch einmal kommt es zu einem Fallschirmjägereinsatz: Die 1. Kompanie/Fallschirmjägerregiment 1 unter Leutnant Herbert Schmidt wird am Abend des 14. April bei Dombas im Gudbrandsdal abgesetzt, um eine Vereinigung der von Oslo zurückgehenden Norweger mit den bei Andalsnes gelandeten Engländern zu verhindern. Doch die Kompanie kann wegen sehr schlechten Wetters nicht weiter aus der Luft versorgt werden. Nach zehn Tagen zähen Widerstandes gerät sie in Gefangenschaft.

Die Luftwaffe aber greift an: das britische Expeditionskorps, seine Nachschubhäfen, und immer wieder die Flotte.

Die deutsche Luftüberlegenheit im norwegischen Kampfgebiet kann auch nicht von britischen Staffeln ausgeglichen werden, die teils an der Grenze ihrer Reichweite von Nordschottland aus operieren, teils auf See von Flugzeugträgern starten. Schon nach zwei Wochen müssen sich die alliierten Landungstruppen in Andalsnes und Namsos wieder einschiffen. Die Luftwaffe hat entscheidenden Anteil an diesem schnellen Erfolg.

Im Kattegat und Skagerrak, dem Seegebiet zwischen Dänemark und Norwegen, treten dagegen empfindliche Verluste ein. Schon seit dem 8. April liegen hier zwölf britische U-Boote auf der Lauer. Die deutschen Schiffstransporte nach Südnorwegen haben keine Möglichkeit, den unsichtbaren Feind unter Wasser zu umgehen. Sie müssen das gefährdete Seegebiet passieren.

Bereits am 8. April wurden zwei deutsche Transporter versenkt. Am 9. mußte der Kreuzer »Karlsruhe« nach Torpedotreffern des britischen U-Bootes »Truant« aufgegeben werden. Am 11. April riß ein Torpedo der »Spearfish« dem aus Oslo heimkehrenden schweren Kreuzer »Lützow« Ruder und Schrauben ab. Zahlreiche weitere Transportschiffe wurden beschädigt oder versenkt.

Gegen Ende des Monats beginnen große britische U-Boote auch damit, Minen im Kattegat zu legen. U-Boot-Sicherung und U-Boot-Jagd werden zu einer lebenswichtigen Frage für den deutschen Nachschub nach Norwegen.

Mit diesem Auftrag ist auch Major Lessings Küstenfliegergruppe 706 nach Aalborg verlegt worden. Seit Wochen versehen die Besatzungen mit ihren Schwimmerflugzeugen – der Heinkel He 115 und der Arado Ar 196 – ihren eintönigen und aufreibenden Dienst:

Aufklärung, Geleitschutz, U-Boot-Suche in Quadrat...

Aber am 5. Mai 1940 wird alles anders. Es ist ein Sonntag. Noch vor Hellwerden starten zwei Arados zur Frühaufklärung. Leutnant Günther Mehrens und Leutnant Karl Schmidt, die beiden Flugzeugkommandanten, wollen schon bei eben beginnender Dämmerung ihr Suchgebiet durchforschen. Nachts tauchen die U-Boote auf; die Chance, sie beim ersten Licht des neuen Tages zu entdecken, ist besonders groß.

Gegen 2.30 Uhr fliegt die Arado des Leutnants Mehrens, kaum 50 Meter hoch, langsam über dem Kattegat. Sein Flugzeugführer steuert Nordkurs, nicht weit vor den schwedischen Hoheitsgewässern. Mehrens sucht die See ab.

Plötzlich taucht rechts voraus ein Schatten auf. Die Arado schwenkt schon darauf zu, geht noch tiefer. Kein Zweifel: Es ist ein U-Boot-Turm! Schief hängt er in der See. Der Bug des Bootes ragt aus dem Wasser, das Heck schneidet unter. Trotzdem ist Fahrt im Schiff. Nach Osten, auf Schweden zu.

Mehrens jagt dem Gegner eine Garbe aus seinen 2-cm-Kanonen vor den Turm und nimmt die Klapplaterne zur Hand: »K« blinkt er hinunter, das internationale Zeichen für »Stoppen Sie sofort!« Dann blinkt er noch »What ship?« hinterher.

Auf der Brücke des U-Bootes – es ist die britische »Seal« – befiehlt Kapitänleutnant Rupert P. Lonsdale seinem Signalmaat Waddington, mit unverständlichen Zeichen zu antworten.

Lonsdale will Zeit gewinnen. Die »Seal«, ein mit 1520 ts sehr großes Boot, hatte Minen im Kattegat gelegt, dann aber selbst eine Mine gestreift und war zunächst auf Grund gesunken. Nach bangen Stunden war es der Besatzung gelungen, nochmals aufzutauchen. Das Boot hat einen schweren Wassereinbruch und macht nur geringe Fahrt über das Heck. Der Kommandant sieht seine einzige Chance darin, die nahen schwedischen Gewässer zu erreichen.

Leutnant Mehrens durchschaut das Manöver: Dies kann nur ein Brite sein. Während der Flugzeugführer die Maschine auf 1000 Meter hochzieht, setzt er über Funk die U-Boot-Meldung ab.

Dann stürzt sich die Arado auf ihr Ziel, löst die erste 50-Kilo-Bombe und fängt ab. Sekunden später steigt eine Wasserfontäne aus der See – etwa 30 Meter neben dem U-Boot.

Mehrens wiederholt den Angriff, aber auch die zweite Bombe verfehlt das Ziel. Dann hämmert er mit seinen Bordwaffen auf Turm und Wasserlinie des Gegners.

Unten springt Lonsdale selbst an das Lewis-Doppel-MG auf der Plattform hinter dem Turm und erwidert das Feuer.

Wieder fällt eine Bombe neben das U-Boot. Die Arado unter Leutnant Schmidt ist herangekommen und setzt den Angriff fort. Die vierte und letzte Bombe ist endlich ein Nahtreffer. Die »Seal« rollt hin und her. Plötzlich funkt sie SOS.

In diesem Augenblick fällt auf dem U-Boot die Entscheidung. Das Wasser im Motorenraum ist so hoch gestiegen, daß auch der letzte Diesel aufhört zu laufen. Bewegungslos dümpelt das Boot in der See.

»Ich hatte die Verantwortung für 60 Mann«, begründet Kapitänleutnant

Lonsdale später seinen Entschluß zur Übergabe, »und die ›Seal‹ war ein totes Fahrzeug in hoffnungsloser Position...«

Er läßt sich ein weißes Tischtuch auf die Brücke reichen – und schwenkt es über dem Kopf.

Leutnant Schmidt traut seinen Augen kaum. Zwei Arados kapern ein ausgewachsenes U-Boot – so etwas hat es noch nie gegeben! Wenn das Boot nun doch wieder klarkommt und plötzlich taucht, wird ihnen kein Mensch diese phantastische Geschichte glauben. Also braucht er einen Beweis, am besten den Kommandanten selbst!

Schon geht die Arado auf See nieder, und Schmidt ruft hinüber: »Wer ist der Captain? – Springen Sie ins Wasser! – Schwimmen Sie zu mir an Bord!«

Lonsdale streift die Schuhe ab, hechtet von der Brücke und krault hinüber.

Schmidt steht auf den Schwimmern seiner Maschine und hilft dem Engländer aus dem Wasser. Dann schiebt er ihn auf den Beobachtersitz und klettert selbst hinterher.

Lonsdale protestiert: »Schwedisches Hoheitsgebiet...« Aber der Deutsche winkt energisch ab.

Die Arado startet schon wieder und nimmt direkten Kurs nach Aalborg. Schließlich kommt man nicht alle Tage von einem Aufklärungsflug mit einem britischen U-Boot-Kommandanten zurück.

Inzwischen hat sich Leutnant Mehrens auf See umgesehen und den Fischdampfer »Franken« herangeführt, der unter Kapitänleutnant Lang als U-Jäger im Kattegat fährt. Lang übernimmt die englische Besatzung, und es gelingt ihm sogar, die »Seal« nach Frederikshavn einzuschleppen.

Auf dem Gefechtsstand der Küstenfliegergruppe 706 in Aalborg aber kann ein Mann in noch triefender Hose frühmorgens um fünf Uhr die Glückwünsche der deutschen Fliegeroffiziere entgegennehmen. Die Erkennungsmarke hat es verraten: Kapitänleutnant Lonsdale wird an diesem 5. Mai 35 Jahre alt.

Es ist ein Geburtstag im doppelten Sinne: einer, den er wohl niemals vergessen wird.

›Nasses Dreieck Nordsee‹ · Erfahrungen und Lehren

1. Der Luftkrieg im Westen begann auf beiden Seiten mit äußerster Zurückhaltung. Weder die Luftwaffe noch die Royal Air Force durften im Herbst und Winter 1939 Bomben auf Feindesland werfen. Die Deutschen hofften auf ein Einlenken Großbritanniens, die Engländer fühlten sich noch nicht stark genug, um den Luftkrieg zu beginnen. Einzig erlaubtes Angriffsziel waren gegnerische Kriegsschiffe.

2. Die hochgeschraubten Erwartungen, Kampfflugzeuge und Sturzbomber könnten die Flotte des Gegners vom Meer vertreiben, erfüllten sich jedoch zu Anfang des Krieges nicht. Ungünstiges Wetter und mangelhafte Erfahrung der Bomberverbände im Fliegen über See sowie im Auffinden, Erkennen und Angreifen von Seestreitkräften waren die Ursachen. Die erzielten Erfolge wurden weit überschätzt.

3. Die erste große Luftschlacht des Krieges – am 18. Dezember 1939 über der Deutschen Bucht – bewies, daß unbegleitete Bomber gegen die Jagdwaffe des Gegners den kürzeren zogen. Das galt für beide Seiten und führte dazu, daß die Bomber ihre Angriffe in die Nacht verlegten, obwohl sie dort viel schlechter zielen konnten. Ein Großteil der Zerstörungen nichtmilitärischer Anlagen im späteren Verlauf des Krieges ist auf diese Tatsache zurückzuführen.

4. Der Sprung nach Norwegen am 9. April 1940 war ein für die deutsche Kriegführung außergewöhnliches Wagnis. Erfolg oder Mißerfolg hingen davon ab, ob es der Marine und der Luftwaffe gelang, die wichtigsten Küstenplätze und Flughäfen im Handstreich zu nehmen. Rund 500 Transportflugzeuge bildeten die erste große ›Luftbrücke‹ der Welt. Und erstmals ›fielen Soldaten vom Himmel‹. Das Geheimnis der deutschen Fallschirmtruppe war damit gelüftet.

Sturm im Westen

3

8. Handstreich auf Eben Emael

Es ist noch finstere Nacht, als der ersten Kette Ju 52 durch Leuchtzeichen der Start freigegeben wird. Motoren dröhnen auf. Die Jus setzen sich schwerfälliger als sonst in Bewegung. Zentnerlasten zerren an ihnen. Am Heck jeder Maschine spannt sich ein Schleppseil: Ein zweites Flugzeug hängt daran, ein Flugzeug ohne Motoren – ein Segler!

Jetzt wird er mit einem Ruck nach vorn gezogen und rumpelt über die Startbahn. Schneller und schneller. Schon hebt vorn die Ju vom Boden ab. Der Flugzeugführer in der hinteren Maschine zieht behutsam den Steuerknüppel.

Plötzlich hört das Rumpeln und Stoßen des Fahrwerks auf. Sie schweben! Sekunden später huschen die Lastensegler lautlos über Hecken und Zäune hinweg. Hinter den Jus gewinnen sie stetig an Höhe. Der schwierige Nachtstart im Schlepp ist gelungen.

Die Uhren zeigen 4.30 Uhr in der Frühe des 10. Mai 1940.

Von den beiden Flugplätzen am Stadtrand von Köln, dem rechtsrheinischen Ostheim und dem linksrheinischen Butzweilerhof, startet alle 30 Sekunden eine Kette von drei Ju 52 mit ihren Seglern im Schlepp. Binnen weniger Minuten befinden sich 41 Schleppzüge in der Luft. Sie steuern einen Punkt über dem südlichen Kölner Grüngürtel an, um sich dort in die für sie aufgebaute ›Leuchtfeuerstraße‹ in Richtung Aachen einzufädeln.

Die Würfel sind gefallen. Ein Unternehmen, das stets zu den kühnsten der Kriegsgeschichte zählen wird, hat begonnen: der Angriff auf das belgische Sperrfort Eben Emael und auf die drei nordwestlich davon über den tiefeingeschnittenen Albert-Kanal führenden Brücken von Canne, Vroenhoven und Veldwezelt. Die Wegnahme dieser Schlüsselpunkte des belgischen Verteidigungssystems nach Osten – durch einen überraschenden Handstreich aus der Luft.

In jedem der 41 Lastensegler sitzt ein Trupp Fallschirmjäger rittlings auf dem Mittelbalken. Es sind, je nach ihrer Aufgabe, acht bis zwölf Mann mit Waffen und Pioniersprengmitteln. Jeder einzelne Soldat weiß genau, was er am Ziel zu tun hat.

Seit November 1939, seit einem halben Jahr also, haben sie diesen Einsatz geübt. Zuerst in der Theorie, am Sandkasten und an Reliefmodellen.

Im Fliegerhorst Hildesheim wurde die ›Sturmabteilung Koch‹ gleich nach ihrer Aufstellung hermetisch von der Außenwelt abgeriegelt. Es gab weder Urlaub noch Ausgang. Die Post unterlag strengster Zensur. Gespräche mit Soldaten anderer Einheiten waren verboten.

»Ich weiß, daß ich mit dem Tode bestraft werde, wenn ich bewußt oder fahrlässig einem zweiten durch Wort, Schrift oder Bild von meiner Dienststelle und deren Aufgaben Kenntnis gebe.« Das hatte jeder einzelne Mann zu unterschreiben. Tatsächlich wurden während der Vorbereitungszeit zwei Soldaten wegen geringfügiger Vergehen zum Tode verurteilt, nach dem Gelingen des Unternehmens aber begnadigt.

Von der Überraschung und Ahnungslosigkeit des Gegners hing zweifellos der Erfolg des Handstreichs und damit das Leben aller beteiligten deutschen Fallschirmjäger ab. Die Geheimhaltung ging so weit, daß die Männer zwar jede Einzelheit der zu bekämpfenden Festungsgruppe im Schlaf kannten – ihren Namen aber erst erfuhren, als alles vorüber war.

Der Theorie folgten praktische Übungen, bei Tag und Nacht und in jedem Wetter. Das tschechische Bunkersystem am Altvater in den Sudeten diente um die Weihnachtszeit 1939 als Übungsobjekt.

»Wir bekamen großen Respekt vor dem, was vor uns lag«, berichtete Oberleutnant Rudolf Witzig, der Führer des Fallschirm-Pionierzuges, der allein gegen die Werkgruppe Eben Emael angesetzt wurde. »Aber mit der Zeit wuchs das Vertrauen in unsere Kraft, und wir waren bald überzeugt, daß sich der Angreifer draußen auf dem gepanzerten Werk sicherer fühlen darf als der Verteidiger drinnen.«

Draußen auf dem Werk... Wie aber sollten sie dorthin gelangen?

Das Sperrfort war Anfang der dreißiger Jahre zugleich mit dem Albert-Kanal gebaut worden. Es bildete den nördlichen Eckpfeiler der Festung Lüttich, lag aber nur fünf Kilometer südlich von Maastricht, knapp hinter der holländisch-belgischen Grenze am sogenannten Maastricht-Zipfel. Dort beherrschte es den tiefen Einschnitt des Albert-Kanals, dessen strategische Bedeutung unverkennbar war: Jeder Angreifer auf der direkten Linie Aachen–Maastricht–Brüssel mußte den Kanal überqueren. Sämtliche Brücken waren zur sofortigen Sprengung vorbereitet.

Die Werkgruppe selbst lag in ein Hügelplateau eingebettet. Ihre Nord-Süd-

Länge betrug 900, ihre Ost-West-Breite bis zu 700 Meter. Die einzelnen Bunker waren scheinbar wahllos in das fünfeckige Gelände verstreut (siehe Skizze neben Seite 112); doch in Wirklichkeit bildeten sie mit ihren Artillerie-Kasematten, ihren drehbaren Panzerkuppeln mit 7,5- und 12-cm-Geschützen, ihren Flak-, Pak- und schweren MG-Stellungen ein ausgeklügeltes Verteidigungssystem. Seine Teile waren durch insgesamt 4,5 Kilometer lange Stollen und Gänge tief unter der Erde miteinander verbunden.

An das Sperrfort heranzukommen, schien nahezu unmöglich: An der langen Nordostflanke fiel das Gelände fast senkrecht 40 Meter tief zum Albert-Kanal hin ab. Im Nordwesten war dem Festungsplateau ebenfalls ein gefluteter Stichkanal mit Steilhängen vorgelagert. Nach Süden bildeten breite Panzergräben und sieben Meter hohe Mauern die künstlichen Hindernisse.

Zusätzlich waren alle Flanken der Werkgruppe mit sogenannten ›Kanalstreichen‹ und ›Grabenstreichen‹ gesichert: Betonbunker mit Scheinwerfern, 6-cm-Pak und schwere MG. Jeden Versuch, über die Gräben an die Steilwände heranzukommen, verurteilten sie zum Scheitern.

Die Belgier hatten bei diesem modernsten Festungswerk an alles gedacht – nur an eines nicht: daß der Feind direkt vom Himmel fallen könnte, daß er aus der Luft mitten zwischen den Kasematten und Panzerkuppeln landen würde.

Doch dieser Feind ist schon unterwegs. Um 4.35 Uhr sind alle 41 Ju 52 glücklich in der Luft. Trotz finsterer Nacht, trotz der schwerbeladenen Lastensegler im Schlepp gelingt der Start reibungslos.

Hauptmann Koch hat seine Sturmabteilung nach den anzufliegenden Objekten in vier Gruppen aufgeteilt:

Sturmgruppe ›Granit‹ unter Oberleutnant Witzig. 85 Mann mit Handfeuerwaffen und 2,5 Tonnen Sprengmunition in elf LS (Lastenseglern). Ziel: Werkgruppe Eben Emael, Auftrag: Außer-Gefecht-Setzen der Außenwerke, dann Verteidigung bis zum Entsatz durch das Pionierbataillon 51 des Heeres.

Sturmgruppe ›Beton‹ unter Leutnant Schacht. 96 Mann und Stab der Sturmabteilung Koch in elf LS. Ziel: (Beton-)Hochbrücke Vroenhoven über den Albert-Kanal, Aufgabe: Sprengung der Brücke verhindern, Brückenköpfe bilden und sichern bis zum Eintreffen deutscher Heerestruppen.

Sturmgruppe ›Stahl‹ unter Oberleutnant Altmann. 92 Mann in neun LS. Ziel: Brücke Veldwezelt (Stahlkonstruktion) sechs Kilometer nordwestlich Eben Emael. Aufgabe: wie bei ›Beton‹.

Sturmgruppe ›Eisen‹ unter Leutnant Schächter. 90 Mann in zehn LS. Ziel: Brücke bei Canne über den Albert-Kanal. Auftrag: ebenfalls wie bei ›Beton‹.

Am Treffpunkt der aus Köln-Ostheim und Butzweilerhof gestarteten Maschinen geht zunächst alles gut. So wie die einzelnen Gruppen dort eintreffen, gehen sie auf Westkurs und folgen nun der Leuchtfeuerstraße. Dicht vor ihnen, an einer Straßenkreuzung bei Efferen, leuchtet deutlich sichtbar das erste Feuer.

Das zweite, ein Scheinwerfer, steht fünf Kilometer weiter bei Frechen. Bevor die Flugzeugführer ein Feuer überflogen haben, sehen sie schon das nächste, oft auch das übernächste.

Sie können also ihren Kurs trotz der Dunkelheit nicht verfehlen. Die Lichtzeichen führen sie genau an den vorbestimmten ›Ablaufpunkt‹ bei Aachen.

Auch die Ju mit dem elften LS der Sturmgruppe ›Granit‹ ist südlich Köln auf die Leuchtfeuerstraße eingeschwenkt.

Plötzlich sieht der Flugzeugführer rechts vor sich blaue Auspuffflämmchen. Auf gleicher Höhe jagt eine andere Maschine von der Seite auf ihn zu.

Da hilft nur noch eines: Die Ju andrücken, sie auf den Kopf stellen und dem sicheren Zusammenstoß durch Sturzflug entgehen. Aber da hängt ja noch der Lastensegler im Schlepp!

Unteroffizier Pilz, der Segelflieger, versucht fieberhaft, den starken Steuerdruck auszugleichen. Sekunden später klatscht ein Peitschenhieb gegen seine Kanzel: Das Schleppseil ist unter der ruckartigen Überbeanspruchung gerissen. Pilz fängt sein Flugzeug sicher ab.

Rasch verklingt der Motorenlärm der Schleppmaschinen. Auf einmal ist es unheimlich still.

Sieben Mann gleiten in ihrem LS nach Köln zurück. Unter ihnen ist ausgerechnet der Führer der Sturmgruppe Eben Emael, Oberleutnant Witzig. Pilz gelingt es noch, über den Rhein hinwegzukommen. Dann setzt sein Segler weich auf einer Wiese auf.

Was nun? Witzig gibt sofort Befehl an seine Männer, die Wiese als Rollfeld herzurichten: Zäune sollen niedergelegt, Hindernisse beseitigt werden.

»Ich selbst werde versuchen, eine Schleppmaschine zu organisieren.«

Witzig macht sich auf den Weg, hält auf der nächsten Straße ein Auto an und ist nach 20 Minuten wieder auf dem Flugplatz in Köln-Ostheim.

Aber dort steht keine Ju 52 mehr. Witzig muß erst telefonisch eine Ersatzmaschine aus Gütersloh anfordern. Das kostet Zeit. Er sieht auf die Uhr: 5.05 Uhr. In 20 Minuten soll seine Gruppe auf dem Festungsplateau landen...

Inzwischen dröhnen die Einsatzstaffeln der Ju 52 mit ihren Seglern im Schlepp im planmäßigen Steigflug nach Westen. Jede Einzelheit dieses Fluges ist vorausberechnet. Die Leuchtfeuerstraße bis zur Reichsgrenze ist 73 Kilometer lang. An ihrem Ende, dem Ablaufpunkt, muß eine Höhe von 2600 Meter erreicht sein. Das macht eine Steigflugzeit von 31 Minuten – wenn der Wind richtig berechnet worden ist.

Die Trupps in den Seglern der Sturmgruppe ›Granit‹ haben keine Ahnung davon, daß ihr Zugführer schon ausgefallen ist. Das ist in diesem Augenblick auch nicht so wichtig. Jeder Trupp hat ja seine ganz spezielle Aufgabe. Jeder Segelflieger weiß, an welchem Punkt des ausgedehnten Festungsplateaus er seinen LS zu Boden zu bringen hat. Hinter welchem Bunker, neben welcher Panzerkuppel – auf zehn oder zwanzig Meter genau.

Außerdem wäre es eine schlechte Planung, wenn nicht auch der Ausfall einzelner Lastensegler vorausgesehen worden wäre. Jeder Truppführer findet in seinem Einsatzbefehl die Anweisung, welche zusätzlichen Aufgaben er zu übernehmen hat, falls die Nachbartrupps links oder rechts von ihm keinen Erfolg haben – oder falls sie gar nicht erst landen könnten.

Der Ausfall von Oberleutnant Witzig kurz nach dem Start in Köln bleibt nicht das einzige Mißgeschick. Etwa zwanzig Minuten später passiert ein zweites: Der Schleppzug des Trupps 2 hat gerade das Leuchtfeuer bei Luchenberg passiert, als die Ju 52 mit den Tragflächen wackelt.

Unteroffizier Brendenbeck, der Flugzeugführer des Lastenseglers, glaubt, nicht richtig zu sehen: Auch die Positionslichter der Ju blinken kurz auf.

Das Zeichen zum Ausklinken!

Sekunden später ist die Schleppverbindung gelöst, der LS abgehängt. Ein dummes Mißverständnis: Sie befinden sich erst auf halbem Wege und kaum 1500 Meter hoch. Von hier aus würden sie im Gleitflug nicht einmal bis zur Grenze kommen.

Der LS setzt in der Nähe von Düren auf einem Feld auf. Die Fallschirmpioniere springen heraus, besorgen sich Autos und jagen durch die Dämmerung zur Grenze, wo die Heerestruppen gerade zum Angriff angetreten sind.

Nun fliegt die Sturmgruppe ›Granit‹ nur noch mit neun einsatzbereiten Lastenseglern weiter.

Schneller als erwartet kommt voraus der letzte Scheinwerfer der Leuchtfeuerstraße in Sicht. Er steht am Vetschauer Berg nordwestlich Aachen-Laurensberg und markiert den Ablaufpunkt. Hier sollen die Segler ausgeklinkt werden, sollen lautlos über den Maastricht-Zipfel hinweggleiten, um ihren Anflug nicht durch den Motorenlärm der Schleppmaschinen zu verraten.

Aber was jetzt? Sie sind zehn Minuten zu früh hier. Der Rückenwind ist stärker, als von den Meteorologen gemeldet, und hat kräftig mitgeschoben. Aus dem gleichen Grunde sind sie auch noch nicht hoch genug: nur 2000 bis 2200 Meter. 2600 Meter Höhe sollten es sein, damit die LS im Gleitwinkel 1:12 direkt ihre Ziele ansteuern können.

Leutnant Schacht, der Führer der Gruppe ›Beton‹, schreibt in seinem Gefechtsbericht:

»Aus unerklärlichen Gründen schleppte die Staffel die LS der Sturmgruppe weiter in holländisches Gebiet hinein. Erst zwischen der Reichsgrenze und Maastricht wurde ausgeklinkt.«

Zweifellos geschieht dies, um wenigstens annähernd die befohlene Gipfelhöhe zu erreichen. Letztlich also zur Sicherheit der Sturmtruppen in den Seglern. Aber gerade diese Sicherheit wird damit aufs Spiel gesetzt. Denn nun alarmieren die dröhnenden Junkers-Motoren die holländische und die belgische Abwehr.

Es ist erst kurz nach 5 Uhr früh, fast eine halbe Stunde vor dem von Hitler festgesetzten Angriffsbeginn im Westen. Acht bis zehn Minuten gehen auf das

Konto des Schiebewindes. Zwölf bis vierzehn Minuten dauert der Gleitanflug der Segler. Und fünf Minuten vor der allgemeinen Angriffszeit will Hauptmann Koch mit seinen großen stummen Vögeln mitten zwischen die Bunker an den Kanalbrücken und auf dem Sperrfort hineinfallen.

Fünf Minuten bevor irgendwo sonst ein Schuß fällt – um die Überraschung vollkommen zu machen. Die Überraschung aber droht nun völlig zu mißlingen.

Endlich werden die Lastensegler ausgeklinkt. Das Motorengeräusch der Jus verliert sich in der Ferne. Aber die holländische Flak paßt auf. Schon vor Maastricht werden die Segler beschossen. Wie spielerisch torkeln die roten Bällchen der leichten Flak auf sie zu. Die LS-Führer weichen aus. Sie kurven und manövrieren. Nun sind sie doch froh, daß sie genügend Höhe haben.

Keiner der Segler wird getroffen. Doch ihr Geheimnis scheint gelüftet. Ihr so lange und sorgsam gehütetes Geheimnis.

Schon 1932 hatte die damals auf der Wasserkuppe beheimatete Rhön-Rossitten-Gesellschaft ein Segelflugzeug mit großer Spannweite gebaut. Es sollte sich im Flugzeugschlepp starke Aufwindfelder suchen, sich in größere Höhen tragen lassen und dort meteorologische Messungen vornehmen.

Dieses fliegende Observatorium wurde bald nur noch das ›Obs‹ genannt. 1933 kam es mit dem neugegründeten Deutschen Forschungsinstitut für Segelflug (DFS) nach Darmstadt-Griesheim und diente dort unter anderem den ersten Schleppflug-Lehrgängen, die Peter Riedel, Will Hubert und Heini Dittmar leiteten.

Hanna Reitsch, später bekanntester weiblicher Flugkapitän der Welt, damals als Einfliegerin beim DFS, erprobte das ›Obs‹ zum erstenmal im Schlepp hinter einer Ju 52.

Noch 1933 bekam Ernst Udet Wind von der Sache und sah sich das ›Obs‹ in Darmstadt an. Er hatte sofort die Idee, daß sich dieser große Segler militärisch verwenden lassen müßte. Daß er Lasten an die vorderste Front schaffen könnte. Munition und Verpflegung zu einer eingeschlossenen Gruppe.

Vielleicht konnte der Segler sogar – als eine Art modernes Trojanisches Pferd – eigene Soldaten unbemerkt hinter die feindlichen Linien, also in den Rücken des ahnungslosen Gegners, bringen.

Udet war damals noch ›Zivilist‹, er gehörte nicht zur getarnten Luftwaffe. Aber er unterrichtete seinen Kriegskameraden Ritter von Greim über das ›Obs‹.

Bald darauf erhielt das Institut den Auftrag zum Bau eines militärischen Lastenseglers. Dipl.-Ing. Hans Jakobs konstruierte das Flugzeug unter der Bezeichnung DFS 230 – der im Kriege berühmt gewordene Sturm-Lastensegler war geboren.

1937 ging die DFS 230 bei der Gothaer Waggonfabrik in Serie: ein abgestrebter Schulterdecker, kastenförmiger Rumpf, leinwandbespannte Stahlrohrkonstruktion. Das Fahrgestell wurde nach dem Start abgeworfen, die Landung erfolgte auf einer starken Mittelkufe. Auch hier war Udets Anregung unverkennbar: Er hatte schon in den zwanziger Jahren waghalsige Gletscherlandungen auf Schneekufen in den Alpen gemacht.

Der Sturm-LS hatte ein Leergewicht von nur 900 Kilogramm. Bis zu 1000 Kilogramm konnten zugeladen werden. Das genügte gerade für eine Gruppe von zehn Mann mit ihren Waffen.

Schon im Herbst 1938 gab es im Rahmen der noch streng geheimen Luftlandetruppe des Generalmajors Student ein kleines Lastensegler-Kommando unter Führung des Leutnants Kieß. Übungen hatten bewiesen, daß ein LS-Einsatz gerade beim Handstreich auf ein gutverteidigtes Punktziel größere Chancen hatte als der Einsatz von Fallschirmjägern im Sprung.

Da war einmal das Überraschungsmoment: Die Transportmaschinen mit den Springern verrieten sich beim Zielanflug. Und dann der Sprung: Noch bei einer Mindestsprunghöhe von 90 Meter pendelten die Fallschirmjäger 15 Sekunden lang wehrlos in der Luft. Außerdem kam eine Gruppe, der es gelang, ihre Ju binnen sieben Sekunden im Sprung zu verlassen, trotzdem auf etwa 300 Meter auseinandergezogen unten an.

Die Fallschirmjäger mußten sich aus den Schirmen lösen, mußten sich sammeln und ihren gleichzeitig abgeworfenen Waffenbehälter suchen. So verging wertvolle Zeit.

Der Gegner konnte den ersten Schock überwinden und den Fallschirmjägern in ihrem schwächsten Moment die Initiative entreißen.

Ganz anders beim Lastensegler: Durch seinen unheimlichen, lautlosen Anflug war die Überraschung vollkommen. Die besten Segelflieger saßen am Steuer. Sie konnten ihren ›Vogel‹ auf 20 Meter genau auf ein Punktziel herunterbringen. Durch die breite Ladeluke an der Rumpfseite sprangen die Männer heraus. Sie waren geschlossen zur Stelle, waren sofort mit allen Waffen einsatzbereit.

Es gab nur eine Einschränkung: Die Segelflieger brauchten ›erstes Büchsenlicht‹ für die entscheidenden Minuten des Zielanflugs. Schließlich mußten sie ja das Gelände vor sich erkennen können, um genau den befohlenen Punkt anzusteuern.

An diesem Zeitzwang wäre beinahe das ganze Unternehmen Albert-Kanal und Eben Emael gescheitert. Denn das Oberkommando des Heeres wollte den Angriffsbeginn für den Westfeldzug auf 3 Uhr nachts legen.

Die Sturmabteilung Koch mußte dagegen die Forderung erheben, daß ihr eigener Angriff spätestens gleichzeitig, besser noch ein paar Minuten vor dem allgemeinen Losschlagen angesetzt würde. Und vor dem ersten Dämmerlicht war das nicht möglich.

Hitler griff selbst ein und verschob den Angriffszeitpunkt auf »Sonnenaufgang minus 30 Minuten«. Das war die in zahlreichen Übungsflügen ermittelte früheste Zeit, zu der die LS-Führer genug sehen konnten.

So hatte sich das gesamte deutsche Westheer nach einer Handvoll ›Abenteurer‹ zu richten, die da glaubten, eines der stärksten Sperrforts der Welt im Sturm aus der Luft erobern zu können.

Gegen 3.10 Uhr in der Nacht zum 10. Mai 1940 rasselt bei Major Jottrand, dem Kommandanten der Werkgruppe Eben Emael, das Feldtelefon. Die 7. belgische Infanteriedivision, die den Abschnitt am Albert-Kanal besetzt hält, befiehlt erhöhte Alarmstufe.

Jottrand läßt die kriegsstarke Besatzung in allen Werken aufziehen. 1200 Festungssoldaten halten Wache. Mißgelaunt starren die Beobachter aus ihren Panzerkuppeln in die Nacht, in der – zum wievielten Male? – die Deutschen kommen sollen.

Zwei Stunden lang bleibt alles ruhig. Dann aber, mit dem Dämmern des neuen Tages, dringt vom holländischen Maastricht der Lärm heftigen Flakfeuers herüber.

In der Stellung 29 am Südostrand von Eben Emael richten die belgischen Kanoniere ihre Fla-Waffen. Ob die deutschen Bomber im Anflug sind? Ob sie es auf die Werkgruppe abgesehen haben? Sosehr sie auch lauschen: Motorenlärm ist nicht zu hören.

Auf einmal schweben von Osten gespenstische Riesenvögel heran. Sie sind schon ganz tief, setzen offenbar zur Landung an: drei, sechs, neun Flugzeuge. Die Belgier in der Flakstellung kurbeln die Rohre herunter und jagen die ersten Feuerstöße hinaus.

Aber dann ist einer dieser Vögel schon über ihnen. Nein – mitten zwischen ihnen.

Unteroffizier Lange setzt seinen LS direkt in die feuernde Stellung hinein. Die linke Tragfläche säbelt ein MG um und schleift es ein paar Meter mit. Krachend bleibt der LS liegen.

Die Luke fliegt auf. Feldwebel Haug, der Truppführer 5, jagt einen Feuerstoß aus seiner Maschinenpistole. Handgranaten hageln in die Stellung. Gleich darauf heben die Belgier die Hände.

»Weiter«, ruft Haug, »Werk 23!«

Drei Mann seines Trupps arbeiten sich schon an das hundert Meter entfernte Werk mit seiner Panzerkuppel heran.

Binnen einer Minute sind alle neun Lastensegler an den vorbestimmten Stellen gelandet, trotz des MG-Feuers, das ihnen von allen Seiten entgegenschlägt. Überall springen die Trupps heraus und machen sich an die Arbeit.

Der LS des Trupps 4 stößt etwa hundert Meter vor Werk 19, einem Pak- und MG-Bunker mit Schießscharten nach Norden und Süden, hart auf den Boden. Feldwebel Wenzel sieht, daß die Scharten geschlossen sind. Er läuft schnurstracks auf den Bunker zu. Wirft eine Kiloladung durch die Periskopöffnung in die Panzerkuppel. Blindlings hämmern die belgischen MG los.

Wenzels Männer setzen ihre Geheimwaffe, eine 50-Kilo-Hohlladung, an die

Beobachtungskuppel des Werkes und zünden. Aber der Panzer von Werk 19 ist zu dick, die Sprengung schlägt nicht durch. Schmale Risse wie bei trockener Erde ziehen sich über die Kuppel.

Schließlich sprengen sich Wenzels Pioniere durch die Schießscharten einen Eingang in das Werk. Sämtliche Waffen sind zerstört, die Besatzung ist gefallen.

Achtzig Meter weiter nördlich werden die Trupps 6 und 7 der Unteroffiziere Harlos und Heinemann von einer Scheinanlage genarrt. Die Werke 15 und 16, nach den Luftbildern als besonders stark eingeschätzt, existieren gar nicht. Die ›Fünf-Meter-Panzerkuppeln‹ sind Attrappen aus dünnem Blech.

Dagegen ist im Süden des Festungsplateaus der Teufel los. Hier fehlen die Trupps, die im Norden keine Arbeit finden. Die Belgier setzen sich in der Anlage 25, einem alten Geräteschuppen mit Mannschaftsunterkünften, heftiger zur Wehr als in den gepanzerten Werken. Von dort aus nehmen sie die deutschen Trupps ringsum unter MG-Feuer.

Beim Sturm auf diesen Schuppen fällt Unteroffizier Unger, der Truppführer 8, der zuvor den 7,5-cm-Zwillingsturm von Werk 31 gesprengt hat.

Die Trupps 1 und 3 unter Feldwebel Niedermeier und Unteroffizier Arent setzen die sechs Geschütze der Artillerie-Kasematten 12 und 18 außer Gefecht.

Erst zehn Minuten sind seit der überraschenden Landung der Sturmgruppe ›Granit‹ auf dem Festungsgelände vergangen, und schon schweigen zehn Werke oder sind schwer angeschlagen.

Eben Emael hat den größten Teil seiner Artillerie verloren, aber gefallen ist das Sperrfort darum noch nicht. An die tiefer gelegenen Bunker der Randverteidigung, an die Kanal- und Grabenstreichen kommen die Fallschirmpioniere von oben nicht heran.

Die Belgier haben richtig beobachtet, daß nur etwa 70 Deutsche auf der Werkgruppe liegen. Kommandant Jottrand lenkt daher das Feuer benachbarter belgischer Batterien auf sein eigenes Fort.

Die Männer der deutschen Sturmgruppe müssen nun selber in den eroberten Bunkern Schutz suchen. Sie müssen zur Verteidigung übergehen, müssen sich halten, bis Heerestruppen herangekommen sind.

Um 8.30 Uhr geschieht etwas Unerwartetes: Ein weiterer Lastensegler schwebt herein. Er landet dicht neben Werk 19, in dem Feldwebel Wenzel den Zuggefechtsstand eingerichtet hat.

Oberleutnant Witzig springt aus dem LS. Die Ersatz-Ju hat seinen Lastensegler gekonnt aus der Wiese bei Köln herausgezogen. Nun kann Witzig die Führung seiner Sturmgruppe wieder übernehmen.

Zu tun bleibt noch genug. Planmäßig werfen mehrere He 111 Waffenbehälter mit Sprengmunition ab. Die Trupps gehen erneut gegen die Werke vor, die zu Anfang nicht ausreichend zerstört werden konnten. Kilo-Ladungen reißen die Geschützrohre auseinander.

Die Fallschirmpioniere dringen tief in die Werkgruppe ein und sprengen die

Verbindungsstollen. Andere versuchen, der beherrschenden ›Kanalstreiche‹ Nr. 17 durch Hängeladungen an der 40 Meter tiefen Steilwand beizukommen.

Stunde um Stunde verrinnt. Der Entsatz läßt auf sich warten. Witzig steht in Funksprechverbindung mit Hauptmann Koch im Brückenkopf Vroenhoven und mit Oberstleutnant Mikosch, der ihn mit seinem Pionierbataillon 51 herausschlagen soll.

Mikosch kommt nur langsam vorwärts. Die Brücken in Maastricht sind zerstört. Auch die Brücke über den Albert-Kanal bei Canne, die direkte Verbindung zwischen Maastricht und Eben Emael, ist im gleichen Augenblick unter der Sprengung zusammengeknickt, als die Lastensegler der Gruppe ›Eisen‹ zur Landung ansetzten.

Dagegen ist die Überrumpelung bei Vroenhoven und Veldwezelt gelungen. Beide Hochbrücken befinden sich unversehrt in der Hand der Fallschirmjäger. Den ganzen Tag über liegen die drei Brückenköpfe im schweren Feuer der Belgier. Aber sie halten – nicht zuletzt infolge des Feuerschutzes der schweren 8,8-cm-Batterien der Flakabteilung Aldinger und infolge der ständigen Angriffe der Schlachtflieger von der II. Gruppe des Lehrgeschwaders 2 und der Sturzkampfflieger vom Stukageschwader 2.

Im Laufe des Abends werden die Sturmgruppen von den anrückenden Heeresverbänden abgelöst. Nur die Gruppe ›Granit‹ auf Eben Emael muß noch die Nacht über aushalten. Am folgenden Morgen um sieben Uhr kämpft sich ein Pionierstoßtrupp zu ihnen durch und wird jubelnd begrüßt.

Gegen Mittag beginnt der Angriff gegen die restlichen Bunker der Werkgruppe. Um 13.15 Uhr wird der Gefechtslärm vor dem Eingangswerk 3 von einem hellen Trompetensignal übertönt.

Die Belgier schicken einen Parlamentär. Kommandant Jottrand bietet die Übergabe an.

Eben Emael ist gefallen.

1 200 belgische Soldaten kommen aus den unterirdischen Gängen der Festung ans Licht und geben sich gefangen. Zwanzig Belgier sind in den Außenwerken gefallen. Die Verluste der Sturmgruppe ›Granit‹: sechs Tote, zwanzig Verwundete.

Eines bleibt noch nachzutragen: Als die Ju 52 die Lastensegler der Sturmabteilung Koch ausgeklinkt hatten, flogen sie zurück über deutsches Gebiet und warfen an einem Sammelpunkt die Schleppseile ab. Dann nahmen sie erneut Kurs nach Westen.

Sie haben noch einen zweiten Auftrag. Hoch ziehen sie über das Kampffeld bei Eben Emael hinweg. Weit in das belgische Hinterland hinein. Erst 40 Kilometer westlich des Albert-Kanals gehen die Jus auf Sprunghöhe hinunter.

Und dann quillt es aus ihren Luken. Dichtauf springen sie. Also doch: Fallschirmjäger!

200 weiße Pilze segeln vom Himmel herunter. Gleich nach der Landung bricht heftiger Gefechtslärm auf. Wohl oder übel müssen sich die Belgier gegen den neuen Feind in ihrem Rücken wenden. Aber seltsam, die Deutschen greifen nicht an.

Als die Belgier schließlich das Gebiet durchkämmen, finden sie den Grund: Die ›Parachutists‹ hängen noch in ihren Fallschirmen. Es sind – Strohpuppen in deutscher Uniform und mit selbstzündenden Sprengsätzen, um Gefechtslärm vorzutäuschen. Ein Scheineinsatz, der gewiß zur Verwirrung des Gegners beigetragen hat.

9. Was geschah in Rotterdam?

Am 14. Mai 1940, um 15 Uhr, traf ein schwerer deutscher Luftangriff die holländische Hafenstadt Rotterdam. Sechzig He 111 warfen Sprengbomben auf ein genau abgezirkeltes Dreieck hinter den von den Holländern verteidigten Maasbrücken; doch die ausbrechenden Brände vernichteten einen großen Teil der Innenstadt. Der Angriff forderte 900 Tote. Er belastete den deutschen Namen in aller Welt.

Obwohl die Kriegsgeschichtsforschung zu anderen Ergebnissen gekommen ist, wird Rotterdam auch heute noch in vielen Veröffentlichungen mit dem Beginn des Bombenterrors im zweiten Weltkrieg gleichgesetzt.

Was aber ist wirklich geschehen? Worin liegt die Tragik Rotterdams? Man sollte in allen Einzelheiten kennen, wie es zu dem Luftangriff gekommen ist. Nur dann kann man sich ein unabhängiges Urteil bilden.

»Alarm – Alarm! Über Stadt und Hafen Rotterdam heulen die Sirenen. Durch den Dunst der ersten blassen Dämmerung des 10. Mai 1940 klingt das tiefe Dröhnen vieler Flugzeuge«, berichtet ein junger holländischer Offizier, der mit seinen Soldaten am Rande des Flughafens von Rotterdam in Stellung lag.

Sein Bericht ist einer Studie der deutschen Luftwaffe entnommen: »Tiefer ducken sich die Grenadiere des Regiments ›Königin‹ in die Gräben und Erdbunker um den Flugplatz Waalhaven. Seit 3.00 Uhr alarmiert, hocken sie müde und fröstelnd hinter den Maschinengewehren und Granatwerfern. Wie gut haben es doch die Kameraden der beiden Reservekompanien, die in den Notunterkünften der Flugzeughallen weiterschlafen können...«

Gleich darauf aber bricht der Sturm los. Das Pfeifen und Sausen ungezählter Bomben schneidet durch die Luft. Im Reihenwurf torkeln sie in die Gräben am Platzrand. Krachen in die Flakstellungen. Schwere Bomben schlagen auch in die großen Flugzeughallen, in denen der fürsorgliche holländische Platzkommandant seine Reserven trotz des Alarms ›noch weiterschlafen‹ ließ!

Die Folgen sind furchtbar: Unter den Trümmern der sofort brennenden und zusammenstürzenden Hallen werden zahlreiche Soldaten begraben. Der Verteidigung des wichtigen Flugplatzes Waalhaven ist das Rückgrat gebrochen.

Dieser haargenau gezielte Bombenangriff kommt von den 28 He 111 der II. Gruppe/Kampfgeschwader 4. Es ist der Auftakt zur deutschen Luftlandung in der ›Festung Holland‹, Hunderte von Kilometern im Rücken der gegnerischen Front.

Das KG 4 war von seinen Einsatzhäfen Delmenhorst, Faßberg und Gütersloh schon kurz nach 5 Uhr früh gestartet. Um 5.35 Uhr sollte es die holländische Grenze überfliegen. Oberst Martin Fiebig aber holt mit seinem Geschwader zu einem weiten Bogen über der Nordsee aus. Er will seine nahe der Küste gelegenen Ziele – Amsterdam-Schiphol, Ypenburg bei Den Haag, Rotterdam-Waalhaven und den Jägerplatz Bergen op Zoom – von See, also von der englischen Seite her, anfliegen.

Dennoch mißlingt die Überraschung. Die Holländer rechnen bereits seit dem 2. Mai mit einem deutschen Angriff. Heftiges Flakfeuer empfängt den Bomberverband über der Küste. Holländische Jäger kurven den He 111 entgegen. Die Maschine des Kommodore wird abgeschossen, Oberst Fiebig kann sich mit dem Fallschirm retten und gerät in Gefangenschaft. Seine Bomber aber führen den ersten Schlag gegen die Flugplätze des Gegners.

Kaum ist das Krachen der Bomben auf dem Platz Waalhaven verklungen, kaum schweigen die Abwehrwaffen, da schwillt schon wieder drohendes Motorengeräusch an.

Diesmal kommen die Deutschen von Osten. Diesmal sind es keine Bomber, sondern dreimotorige Transportmaschinen. Der junge Offizier vom Regiment ›Königin‹ schildert die nächsten Sekunden:

»Wie dahingezaubert stehen plötzlich weiße Flecken über dem Platz und in weiter Runde. Wattebausch neben Wattebausch. Jetzt sind es zwanzig, fünfzig – nein, schon über hundert! Immer noch tropfen sie aus den Flugzeugen, pendeln langsam zur Erde:

Parachutists – Fallschirmjäger!

Ein heiseres Kommando. Überall bellen die Maschinengewehre los. Auf die Fallschirme, auf die Flugzeuge – so viele Ziele, man weiß gar nicht, wohin man schießen soll...«

Es ist das III. Bataillon des Fallschirmjägerregiments 1 unter Hauptmann Karl-Lothar Schulz. Das Bataillon ist der 7. Fliegerdivision des Generalleutnants Kurt Student unmittelbar unterstellt und hat folgenden Einsatzbefehl:

»III./FJR 1 nimmt den Flugplatz Waalhaven nach Vorbereitung durch Kampfverbände im abgekürzten Verfahren (das heißt durch Sprung direkt in das Objekt) und sichert den Platz für die nachfolgenden Landungen der Luftlandetruppen.«

Auf die Minute pünktlich fliegt die Transportgruppe des Hauptmanns Zeidler,

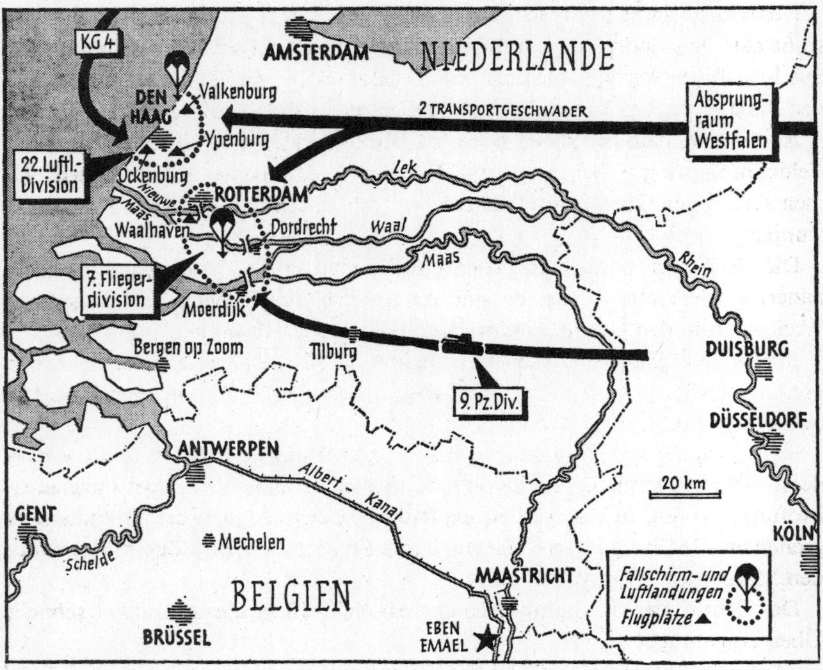

Der Angriff auf die ›Festung Holland‹ am 10. Mai 1940: Nach einem einleitenden Bombenschlag des KG 4 auf die holländischen Flugplätze setzten zwei Transportgeschwader Fallschirmjäger und Luftlandetruppen im Kampfraum zwischen Moerdijk und Rotterdam sowie bei Den Haag ab.

die III./Kampfgeschwader z. b. V. 1, mit den Fallschirmjägern den Süden von Rotterdam an. Der Platz Waalhaven zeigt Spuren des gerade beendeten Bombenangriffs. Die Rauchpilze der brennenden Hallen weisen den Flugzeugführern den Weg.

Dann springen die Jäger. 15 bis 20 Sekunden hängen sie schutzlos in der Luft. Doch das anfangs rasende Abwehrfeuer der Holländer verzettelt sich und wirkt unkonzentriert.

Den bittersten Verlust erleiden die Fallschirmjäger durch ein Versagen auf eigener Seite: Eine Ju 52 setzt ihre Gruppe so unglücklich ab, daß sie mitten in die Brandfackel der Hallen hineintreibt. Schon in halber Höhe fangen die seidenen Fallschirme Feuer – die Männer stürzen ab.

Die meisten Springer aber landen hart am Platzrand zu beiden Seiten Waalhavens und greifen sofort an. Die Holländer müssen das Feuer ihrer Waffen nach außen richten. Das ist von der deutschen Einsatzplanung beabsichtigt.

Denn nun folgt der dritte Schlag: In der allgemeinen Verwirrung des Gegners stößt eine Transportstaffel auf Waalhaven nieder und setzt zur Landung an. Die Maschinen werden von leichter Flak beschossen. Der Treibstoff strömt aus den durchlöcherten Tanks. Bei einer Ju brennen beide Motoren.

Aber sie landen. Sie rollen noch, da werden schon die Luken aufgestoßen. Feldgraue springen heraus, zwei Züge der 9. Kompanie des Infanterieregiments 16 unter Oberleutnant Schwiebert: das Vorkommando der Luftlandetruppen.

Die Holländer werden nun von beiden Seiten in die Zange genommen. Es dauert keine Viertelstunde, da sind die an Zahl überlegenen Verteidiger von Waalhaven in den Gräben überwältigt und werden entwaffnet.

Inzwischen fallen immer mehr Ju 52 auf dem Platz ein, knapp vorbei an den brennenden Flugzeugwracks. Dem Vorauskommando folgt mit wenigen Minuten Abstand das III. Bataillon/IR 16.

»Es ist so, wie wir es vorausgesehen hatten«, schreibt der Bataillonskommandeur, Oberstleutnant Dietrich von Choltitz. »Der Gefechtslärm ist ungeheuer. Motoren heulen, in den Hallen explodiert Munition. Schwere Granatwerfer greifen ein. MG rattern ihre Garben in die Flugzeuge. Kein Zögern – 'raus aus den Maschinen! Wir greifen an.«

Der Offizier der ›Königin‹-Grenadiere berichtet über die unglaublich schnelle Überrumpelung:

»Auf dem Flugplatz liegt jetzt das Feuer unserer schweren Granatwerfer und Artillerie aus dem Norden Rotterdams. Vielleicht gelingt es, unter diesem Feuerschutz die Reste des Regiments herauszuziehen und an der Straße zu sammeln. Aber was ist das? Die Deutschen schießen grüne Leuchtzeichen – sie kennen unser Signal zum Feuereinstellen für die schweren Waffen. Nun ist es aus! Der letzte Widerstand bricht zusammen. Die Überlebenden der tapferen ›Königin‹-Grenadiere heben resigniert die Arme und geben sich gefangen. Immer neue Flugzeuge setzen zur Landung an. Waalhaven gehört den Deutschen.«

Doch die Eroberung des einzigen Flugplatzes weit und breit ist nur der Anfang. Das eigentliche Ziel der deutschen Luftlandung bei Rotterdam sind die wichtigen Maasbrücken mitten in der Stadt. Sie sollen überraschend genommen und nach beiden Seiten gesichert werden.

Der Flugplatz Waalhaven liegt am Südwestrand der Stadt. Das gelandete III./IR 16 muß sich erst mehrere Kilometer weit durch das Straßengewirr im Süden Rotterdams an die Maas-Übergänge herankämpfen. Werden die Brücken dann nicht längst gesprengt sein?

Auch dafür wurde vorgesorgt. Am Vorabend des Angriffstages ist die 11. Kompanie/IR 16 unter Oberleutnant Schrader nach Bad Zwischenahn bei Oldenburg (Oldb) verlegt worden. Mitten in der Nacht ging es, zusammen mit einer Gruppe Pioniere von der 2./Pi 22, in die wartenden Wasserflugzeuge hinein.

Dann starteten sie vom Zwischenahner Meer, das kein Meer ist, sondern ein fast kreisrunder Binnensee, und nahmen Kurs nach Westen: Zwölf bis zur Grenze der Tragfähigkeit beladene He 59, veraltete Doppeldecker mit großen, verstrebten Schwimmern unter dem Kastenrumpf. Die Seeflieger benutzten diesen Typ noch als Aufklärer und als Seenotflugzeuge. Für Kampfeinsätze war die He 59 viel zu langsam.

Dennoch: Gegen 7 Uhr am 10. Mai 1940 dröhnen die zwölf Wasserflugzeuge in die Stadtmitte Rotterdams hinein. Sie folgen dem Flußlauf der Nieuwe Maas (Neue Maas). Sechs He 59 von Osten, sechs von Westen.

Im Tiefflug, wenige Meter über den Wellen, steuern sie ihr Ziel an und wassern zu beiden Seiten, dicht vor der großen Willems-Brücke. Dann fahren sie mit rauschenden Bugwellen auf das Nordufer zu.

Die Pioniere stoßen Floßsäcke aus den Luken. Soldaten springen hinein und paddeln mit hastigen Schlägen an Land. Sie klettern am Bollwerk hinauf. Gehen über die Oosterkade vor. Besetzen die Leeuwen- und die Jan-Kuiten-Brücke zwischen den alten Hafenbecken. Sie bringen ihre Maschinengewehre in Stellung. Laufen nach Süden über die lange Willems-Brücke und sichern sie und die benachbarte Eisenbahnbrücke.

Binnen weniger Minuten bilden die Pioniere und Infanteristen aus den zwölf Wasserflugzeugen einen kleinen Brückenkopf auf beiden Ufern der Maas.

Sofort setzen holländische Gegenangriffe ein. Die Stadt ist mit zahlreichen Truppen belegt.

Die Deutschen müssen hinter Brückenpfeilern und Mauervorsprüngen in Deckung gehen. Sie verschanzen sich in den Eckhäusern und schlagen die ersten Angriffe zurück. Aber sie zählen nur 120 Mann. Es ist nur eine Frage der Zeit, ob sie sich gegen die Übermacht halten können.

Plötzlich fährt am Koningshaven, am Südende der Maasbrücken, laut klingelnd ein Straßenbahnzug vor. Heraus springen – deutsche Fallschirmjäger!

Es ist der Zug des Oberleutnants Horst Kerfin von der 11. Kompanie/FJR 1. Diese Kampfgruppe von rund 50 Mann ist nicht wie ihre Kameraden über dem Flugplatz, sondern über den Stadionanlagen dicht südlich der Maas-Schleife abgesetzt worden. Mit dem angehaltenen Straßenbahnzug und mit requirierten Autos jagen sie durch den Stadtteil Feijenoord auf die Brücken zu.

Die Pioniere und Infanteristen atmen auf: Die erste Verstärkung ist eingetroffen. Der Zug Kerfin kann noch über die Maas in den nördlichen Brückenkopf vorgehen. Schon eine Stunde später ist das nicht mehr möglich. Die Holländer nehmen die Willems-Brücke aus ihren Uferstellungen und von einem Hochhaus herab unter so heftiges Feuer, daß jedes Passieren unmöglich wird.

Das III./IR 16 dringt zwar von Waalhaven in verlustreichen Straßenkämpfen zu den Maas-Übergängen vor. Es kann auch die kleinen Brücken über den Koningshaven und die vorgelagerte Maas-Insel, das Noorder Eiland, besetzen. Über den eigentlichen Strom aber, über die Willems-Brücke, gibt es fünf Tage und vier Nächte lang kein Hin und kein Zurück mehr.

Drüben am Nordufer liegt der auf 60 Mann zusammengeschmolzene Brükkenkopf und wehrt sich seiner Haut gegen alle holländischen Angriffe.

Das ist die Ausgangslage, die man zur Beurteilung des späteren deutschen Bombenangriffs auf Rotterdam kennen muß. Wie ist es überhaupt zu dem gewagten Luftlandeunternehmen in der ›Festung Holland‹ gekommen?

Schon am 27. Oktober 1939 wurde der Kommandeur der 7. Fliegerdivision, der damalige Generalmajor Kurt Student, zu einer Geheimbesprechung in die Reichskanzlei nach Berlin gerufen. Außer Hitler und Student wohnte dem Gespräch nur der Chef des Oberkommandos der Wehrmacht, Generaloberst Wilhelm Keitel, bei.

In Polen, sagte Hitler, habe er die Fallschirmtruppe absichtlich nicht eingesetzt, um das Geheimnis der neuen Waffe nicht unnötig preiszugeben. Nun aber, für die bevorstehende Westoffensive, habe er »nach langem Nachdenken, wie und wo die Luftlandetruppen die größte Überraschung erzielen könnten«, folgende Absichten:

Die 7. Fliegerdivision (vier Fallschirmbataillone) und die 22. Infanteriedivision (als Luftlandetruppe) nehmen das Gebiet von Gent in Ostflandern aus der Luft und besetzen die dortigen Befestigungen, das ›Réduit National‹ Belgiens, bis zum Eintreffen deutscher Heeresverbände.

Eine kleinere Sturmabteilung in Lastenseglern erobert das Sperrfort Eben Emael und die Brücken über den Albert-Kanal.

Trotz skeptischer Einstellung des Heeres zu den verwegenen Luftlandeplänen wurden beide Unternehmen bis in die Einzelheiten vorbereitet. Übrigens hielt man den Handstreich gegen Eben Emael für ungleich schwieriger – und so paradox es auch klingen mag: Gerade deshalb konnte er planmäßig ausgeführt werden. Student hatte nämlich die Vorbereitung Eben Emael unter eine so strikte Geheimhaltung gestellt, daß der beabsichtigte Angriff nicht einmal in die deutschen Operationspläne für die Westoffensive aufgenommen wurde.

Und ausgerechnet diese höchst geheimen Pläne – »GKdos Chefsache« – fielen den Belgiern durch das Fliegerpech zweier Luftwaffenoffiziere in die Hand.

Es war am 10. Januar 1940. Major Reinberger, der Verbindungsoffizier des ›Fliegerführers 220‹ bei der Luftflotte 2 in Münster, mußte zu einer Nachschubbesprechung für die geplanten Luftlandeunternehmen nach Köln. Der Flugplatzkommandant von Münster-Loddenheide, Major Erich Hönmanns, erbot sich, ihn mit einer Kuriermaschine hinzufliegen.

Reinberger war nicht ganz wohl bei dem Gedanken an den Flug bei nebligem Wetter. Aber schließlich stimmte er doch zu. Er trug eine gelbe Aktentasche mit Geheimdokumenten für die Kölner Besprechung bei sich. Darunter auch die 4. Ausfertigung des von der Luftflotte 2 verfaßten Operationsplanes für den Westfeldzug.

Zunächst ging alles gut. Hönmanns steuerte von Loddenheide aus Kurs Südwest. Aber die Sicht wurde von Minute zu Minute schlechter. Er überflog den Rhein, ohne es zu merken. Mit wachsender Unruhe suchte er nach einem Anhaltspunkt, um sich zu orientieren. Ein steifer Ostwind schob die Me 108 ›Taifun‹ vor sich her.

Endlich sah Hönmanns das schwarze Band eines Flusses unter sich. Aber das konnte nicht der Rhein sein, dafür war er viel zu schmal.

Die Tragflächen begannen zu vereisen. Dann setzte auf einmal der Motor aus.

Er mußte hinunter – Notlandung! Knapp kam Hönmanns an zwei Bäumen vorbei. Die Me rumpelte über einen Acker, blieb in einer Hecke stecken.

Mit zerschundenen Beinen kletterte Reinberger aus der zu Bruch gegangenen Maschine.

»Wo sind wir hier?«

Der Bauer, der als erster herbeilief, verstand die deutsche Frage nicht. Dann gab er auf französisch Auskunft: Sie waren bei Mechelen in Belgien notgelandet!

Reinberger wurde bleich. »Ich muß sofort die Papiere verbrennen«, keuchte er. »Haben Sie Streichhölzer?«

Nein, Hönmanns hatte auch keine. Beide Majore waren Nichtraucher. Der belgische Bauer half mit seiner Schachtel aus.

Reinberger kauerte sich in den Windschatten der Hecke, riß die Dokumente aus der Mappe und versuchte, sie anzustecken. Aber da kamen schon Gendarmen auf Fahrrädern heran und traten die Flammen aus.

Eine halbe Stunde später, bei der ersten Vernehmung in einem Bauernhaus, unternahm Reinberger noch einen verzweifelten Versuch: Er fegte die Papiere vom Tisch und steckte sie blitzschnell in den Ofen. Doch ein belgischer Hauptmann griff fluchend ins Feuer und zog sie wieder heraus.

So kam es, daß der deutsche Operationsplan, an den Rändern angekohlt, aber im wesentlichen deutlich lesbar, in die Hände der Westmächte fiel. Das war eine Sensation ersten Ranges!

Doch die Meinungen im alliierten Lager, ob die Dokumente echt seien oder ob es sich um eine von der deutschen Abwehr inszenierte Täuschungsaktion handelte, waren geteilt. Militärische Konsequenzen wurden aus dem aufschlußreichen Fund kaum gezogen.

Dafür ›rollten Köpfe‹ auf deutscher Seite. Hitler tobte, Göring tobte. General Felmy wurde seines Postens als Befehlshaber der Luftflotte 2 enthoben. Sein Stabschef, Oberst Kammhuber, mußte gehen; ebenso der Chef des IV. Fliegerkorps, Oberstleutnant i. G. Genth.

Der Operationsplan wurde von Grund auf umgestoßen. Von nun an galt der von General Manstein stammende ›Sichelschnittplan‹ mit Schwerpunkt beim Panzerdurchbruch in den Ardennen. Auch Holland wurde jetzt in die Operationen einbezogen.

Die Luftlandungen im ›Réduit National‹ bei Gent und – ein weiterer Plan Hitlers – an der befestigten Maas-Linie Namur–Dinant mußten aufgegeben werden. Die Belgier konnten ja alles Wissenswerte darüber in den erbeuteten Dokumenten nachlesen!

Nur das Unternehmen Eben Emael/Albert-Kanal, das dank doppelter Geheimhaltung nicht einmal im Operationsplan stand, konnte weiter vorbereitet werden.

Am 15. Januar 1940, fünf Tage nach dem Verlust der Dokumente, erhielt General Student von Göring bereits die neuen Befehle für seine Luftlandeverbände.

Nach dem ›Sichelschnittplan‹ konnte sich das deutsche Heer bei seinem Hauptstoß nach Nordfrankreich hinein keine Bedrohung seiner Nordflanke leisten. Die 18. Armee unter General der Artillerie von Küchler erhielt daher den Auftrag, Holland so schnell wie möglich zu besetzen.

Aber das Land war durch seine zahlreichen Wasserläufe geschützt und gut zu verteidigen. Nach Osten hin konnten Überschwemmungen entlang des Nord-Süd-Kanals das Vordringen eines Angreifers aufhalten.

Von Süden gab es nur einen einzigen Weg in die ›Festung Holland‹: die Brücken über die breiten Mündungsarme der Maas und des Rheins, die Brükken von Moerdijk, Dordrecht und Rotterdam. Wenn diese entscheidenden Übergänge in deutsche Hand fielen, bevor sie gesprengt werden konnten, und wenn es gelang, sie inmitten des Gegners zu halten, drei, vier oder fünf Tage lang, bis die 9. Panzerdivision herangekommen war – dann war Holland verloren.

Diesen Auftrag erhielt die verstärkte 7. Fliegerdivision des Generals Student, und so führte sie ihn am Morgen des 10. Mai 1940 aus:

Moerdijk: Nach einem haargenauen Stuka-Angriff gegen Brückenbunker und Flakstellungen sprang das II. Bataillon/FJR 1 unter Hauptmann Prager vor dem nördlichen und südlichen Brückenkopf zugleich ab. Die 1,2 Kilometer lange Straßen- und die 1,4 Kilometer lange Eisenbahnbrücke über das Hollandsch Diep fielen nach kurzem, hartem Kampf unversehrt in deutsche Hand.

Dordrecht: Wegen der engen Bebauung konnte hier nur eine Kompanie, die 3./FJR 1, abspringen und die Brücken über die Alte Maas stürmen. Der Kompanieführer, Oberleutnant von Brandis, fiel. Die Holländer eroberten die Eisenbahnbrücke im Gegenangriff zurück. Starke Teile des Fallschirmjägerregiments 1 unter Oberst Bräuer und das in Waalhaven gelandete I. Bataillon/IR 16 griffen in die dreitägigen schweren Kämpfe um Dordrecht ein.

Rotterdam: Der Flugplatz Waalhaven wurde, wie bereits berichtet, genommen. Das III./IR 16 (Oberstleutnant von Choltitz) und der 60-Mann-Brückenkopf am Nordufer hielten die Maasbrücken gegen alle holländischen Angriffe.

Soweit erfüllte das Luftlandeunternehmen gegen die ›Festung Holland‹ die kühnen Erwartungen. Die schwachen deutschen Kräfte standen zwar überall im harten Abwehrkampf, aber die Brücken waren gesichert. Die 9. Panzerdivision brauchte nur noch nach Norden vorzustoßen.

Doch Students Luftlandekorps hatte auch noch eine getrennt operierende Nordgruppe unter dem Befehl des Kommandeurs der 22. ID, Generalleutnant Graf Sponeck. Sie sollte auf den drei Flugplätzen Valkenburg, Ypenburg und Ockenburg rings um Den Haag landen, in die holländische Hauptstadt eindringen und das Königsschloß, die Regierung und das Kriegsministerium besetzen.

Die Holländer sind durch die in Dänemark und Norwegen zum ersten Male angewandte deutsche Luftlandetaktik gewarnt. Sie haben ihre Flughäfen stark gesichert und mit Hindernissen gespickt. Zudem sind die Plätze in der gleichmäßig flachen Landschaft schlecht zu finden. Viele Fallschirmjäger der ersten Welle werden falsch abgesetzt. Den dichtauf folgenden Transportstaffeln schlägt daher bei der Landung das volle Abwehrfeuer der Verteidiger entgegen.

In Valkenburg (westlich Leiden) springen die Soldaten des III. Bataillons/IR 47 unter Oberst Buhse aus den noch rollenden Maschinen heraus und greifen an. Zusammen mit zwei Zügen Fallschirmjäger der 6./FJR 2 müssen sie den Platz erst freikämpfen. Und dann stehen sie dennoch auf verlorenem Posten: Die schweren Ju 52 sind auf dem weichgrundigen Platz bis zu den Achsen eingesunken. Sie können nicht wieder starten. Die Holländer schießen sie in Brand. Die nächste Transportgruppe mit dem II. Bataillon findet keine Lücke zum Landen und muß umkehren.

Auf dem Platz Ypenburg (nördlich Delft) ist die Abwehr so stark, daß von den ersten dreizehn Ju 52 mit der 6. Komp./IR 65 an Bord nicht weniger als elf brennend herunterkommen. In Rauch und Flammen gehüllt, rasen sie in die versteckten Hindernisse und Spanischen Reiter auf der Landebahn und brechen auseinander. Die Überlebenden können sich nur kurze Zeit gegen feindliche Übermacht behaupten.

Den gleichen Platz steuert wenig später auch die 3. Staffel/Kampfgruppe z.b.V. 9 an, die um 6.06 Uhr in Lippspringe gestartet ist. Neben Feldwebel Aloys Mayer, der die zweite Maschine fliegt, sitzt Generalleutnant Graf Sponeck.

Nach Ypenburg, das sehen sie, können sie nicht hinunter. Also weiter nach Ockenburg. Aber auch dort das gleiche Bild: Der Platz ist übersät von zerstörten Maschinen. Die Ju des Divisionskommandeurs wird von Flaktreffern geschüttelt.

Überall irren Flugzeuge durch die Luft und suchen nach Landemöglichkeiten. Viele gehen auf die Autobahn Rotterdam–Den Haag nieder. Andere wagen die Landung in den Dünen am Meer und versinken im weichen Sand.

Feldwebel Mayer setzt seine Ju schließlich auf einen Acker und rollt zu einem Waldstück. General Graf Sponeck sammelt eine kleine Kampfgruppe um sich.

Am Abend des 10. Mai gelingt mit einem Tornisterfunkgerät eine schwache

Verbindung zur Luftflotte 2. Kesselring befiehlt Sponeck, den Angriff auf Den Haag aufzugeben und statt dessen gegen den Nordteil Rotterdams vorzurücken.

In der Nacht zum 13. Mai trifft die bunt zusammengewürfelte Kampfgruppe dort ein. Sie ist kaum noch 1000 Mann stark und hat sich in den letzten Tagen mit großen Teilen von drei holländischen Divisionen herumgeschlagen.

Sponeck igelt sich beim Vorort Overschie ein. Zu einem Angriff in die Stadt ist er viel zu schwach.

Das ist die Lage, als die Vorausabteilung von Generalmajor Hubickis 9. Panzerdivision am frühen Morgen des 13. Mai, von den Fallschirmjägern strahlend begrüßt, über die Moerdijkbrücke nach Norden rollt.

Dordrecht wird freigekämpft, und am Abend kommen die ersten Panzer südlich der Maasbrücken in Rotterdam an.

Dort hält nach wie vor das III./IR 16 den heißumkämpften Übergang. Die Holländer lenken schweres Artilleriefeuer auf die Willemsbrücke. Sie versuchen mit Flußkanonenbooten heranzukommen. Doch alle Angriffe scheitern.

Auf deutscher Seite sind die Verluste schwer. Oberstleutnant von Choltitz erhält den Befehl, seinen Brückenkopf auf dem Nordufer, jene 60 Infanteristen, Pioniere und Fallschirmjäger unter Oberleutnant Kerfin, zurückzuziehen. Aber er kann sie überhaupt nicht erreichen. Keine Maus kommt lebend über die Brücke, weder bei Tag noch bei Nacht.

Am 13. Mai um 16 Uhr schwenken zwei Zivilisten am Südende der Willemsbrücke große weiße Fahnen über den Köpfen. Das Feuer schweigt, sie gehen zögernd vorwärts. Es sind der Pfarrer des Noorder Eilandes, der von den Deutschen besetzten Maasinsel, und ein Kaufmann. Oberstleutnant von Choltitz hat sie gebeten, zum holländischen Stadtkommandanten zu gehen. Sie sollen ihm eindringlich klarmachen, daß nur seine Kapitulation Rotterdam vor schwerem Schaden bewahren kann.

Gegen Abend kommen die Abgesandten zurück. Sie zittern vor Furcht. Ihre eigenen Landsleute haben ihnen erklärt, sie würden das dichtbesiedelte Noorder Eiland heute Nacht mit schwerer Artillerie dem Erdboden gleichmachen. Dem deutschen Kommandanten läßt der holländische Oberst Scharroo bestellen, er möge Offiziere schicken, wenn er ihm Vorschläge zu machen habe. Mit Zivilisten verhandele er nicht.

Das Verhängnis nimmt seinen Lauf. Die Holländer besitzen mit Rotterdam zweifellos einen sehr wirksamen Sperriegel gegen das weitere deutsche Vordringen nach Norden. Militärisch gesehen haben sie keinen Grund, diese starke Position aufzugeben.

Die deutsche Führung dringt, ebenso verständlich, auf den raschen Fortgang der Operationen. Holland muß so schnell wie möglich ›bereinigt‹ werden, um Kräfte für den Hauptstoß durch Belgien nach Nordfrankreich frei zu machen.

Außerdem befürchtet die gegen Holland angreifende 18. Armee am 13. Mai, daß britische Landungen in der ›Festung Holland‹ bevorstehen.

Um 18.45 Uhr befiehlt General von Küchler daher, »den Widerstand in Rotterdam mit allen Mitteln zu brechen«.

Der Panzerangriff über die Willemsbrücke hinweg wird für den 14. Mai, 15.30 Uhr, festgesetzt. Kurz zuvor sollen ein Feuerüberfall der Artillerie und ein genau gezielter Bombenangriff auf ein begrenztes Gebiet jenseits der Brücken den Gegner in seiner Verteidigungskraft lähmen.

Inzwischen ist der deutsche Oberbefehl vor Rotterdam von Generalleutnant Student auf den Kommandierenden General des XXXIX. Panzerkorps, Rudolf Schmidt, übergegangen. Er hat Anweisung vom Armeeoberbefehlshaber von Küchler, »nichts unversucht zu lassen, um unnötiges Blutvergießen unter der holländischen Zivilbevölkerung zu vermeiden«.

Schmidt verfaßt daher am Abend des 13. Mai eine neue Kapitulationsaufforderung und läßt sie übersetzen. Er müsse, schreibt er dem Stadtkommandanten, alle notwendigen Mittel ergreifen, falls der Widerstand nicht unverzüglich aufgegeben werde, und fährt wörtlich fort:

»Dies kann die völlige Vernichtung der Stadt nach sich ziehen. Ich ersuche Sie als Mann von Verantwortungsgefühl, darauf hinzuwirken, daß diese schwere Schädigung der Stadt unterbleiben kann.«

Dann bricht der verhängnisvolle 14. Mai 1940 an. Von nun an zählt jede Stunde, jede Minute.

Um 10.40 Uhr überqueren die deutschen Parlamentäre, Hauptmann Hoerst und Oberleutnant Dr. Plutzar als Dolmetscher, die Willemsbrücke. Sie werden zuerst in einen Gefechtsstand gebracht. Müssen warten. Werden dann mit verbundenen Augen kreuz und quer durch die Stadt gefahren und landen schließlich in einem Kellergewölbe.

Dr. Plutzar: »Wir warteten lange und qualvoll, denn wir wußten, daß kostbare Zeit verrann.«

Endlich, um 12.10 Uhr, empfängt Oberst Scharroo die Deutschen, die ihn sofort darauf aufmerksam machen, daß er einen schweren Luftangriff nur noch durch umgehende Kapitulation verhindern könne.

Scharroo aber will das nicht allein entscheiden. Er wendet sich an seinen Oberbefehlshaber im Haag.

Dem deutschen Hauptmann sagt Scharroo zu, daß er um 14 Uhr einen Parlamentär schicken werde.

Kaum hört General Schmidt von diesem Angebot, dieser letzten Möglichkeit, da läßt er einen Funkspruch an die Luftflotte 2 absetzen:

»Angriff wegen Verhandlungen verschoben!«

Um 13.50 Uhr kommt der angekündigte holländische Parlamentär über die Willemsbrücke. Es ist Hauptmann Bakker, der Adjutant des Stadtkommandanten.

Auf der Maasinsel wird er von Oberstleutnant von Choltitz empfangen. Ein Melder fährt zu dem nur wenige hundert Meter südlich liegenden Korpsgefechtsstand des Kommandierenden Generals des XXXIX. A. K., Generalleutnant Schmidt.

Außer Schmidt erwarten dort auch Generalleutnant Student (Luftlandekorps) und Generalmajor Hubicki (9. Pz.-Div.) die Antwort des holländischen Stadtkommandanten auf die eindringliche deutsche Kapitulationsaufforderung vom Vormittag. Haben die Holländer den Ernst der Lage erkannt?

Choltitz, der zusammen mit Bakker ein paar Minuten an der Willemsbrücke wartet, bis das Korps benachrichtigt ist, weist nochmals beschwörend darauf hin, Rotterdam schwebe in großer Gefahr.

Aber der holländische Offizier sieht sich skeptisch um. Kein Schuß fällt. Nach tagelangem Kampf scheint plötzlich Waffenruhe zu herrschen. Von den deutschen Panzern, die angeblich bereitstehen, um über die Maasbrücken in die Innenstadt vorzustoßen, ist nichts zu sehen. Vielleicht werden sie nur vorgetäuscht? Vielleicht schlagen die Deutschen die beschwörenden Töne »zur Rettung Rotterdams« nur deshalb an, um die eigene Schwäche zu vertuschen?

Bestürzt muß Choltitz und müssen wenig später die deutschen Generale erkennen, daß der holländische Kommandant, Oberst Scharroo, überhaupt keine Notwendigkeit sieht, sofort zu kapitulieren.

Der Hauptteil der Stadt ist fest in seiner Hand. Seine Truppen sind den Deutschen südlich der Maas auch zahlenmäßig überlegen. Die im Norden Rotterdams ausharrenden Reste der 22. deutschen (Luftlande-)Division unter Graf Sponeck haben sich mit kleinen Kampfgruppen zu wenigen hundert Mann eingeigelt und sind zu keiner Angriffshandlung mehr fähig.

Warum also sollte Oberst Scharroo kapitulieren? Außerdem hat der holländische Oberbefehlshaber, General Winkelmann, dem Stadtkommandanten befohlen, die deutsche Kapitulationsaufforderung hinhaltend zu beantworten.

Hauptmann Bakker überbringt General Schmidt daher einen Brief, in dem der Kommandant von Rotterdam einen angeblichen Formfehler in dem deutschen Schreiben vom Vormittag feststellt und wörtlich fortfährt:

»Bevor einen derartigen Vorschlag (Kapitulation) in Überwägung nehmen zu können, muß dieser mich erreichen mit ihrem militärischen Rang, Ihren Namen und Ihre Unterzeichnung versehen. – Der Oberst-Kommandant der Truppen in Rotterdam, P. Scharroo.«

Es ist 14.15 Uhr, als General Schmidt diesen Brief überfliegt. Der holländische Parlamentär darf gar nicht wegen der Übergabe verhandeln. Er ist nur berechtigt, die deutschen Bedingungen entgegenzunehmen. Schmidt beginnt sofort ein neues Schreiben aufzusetzen.

Ebenfalls um 14.15 Uhr gelingt es dem Funktrupp des Luftlandekorps in Waalhaven, auf der oft unterbrochenen Welle zur 2. Fliegerdivision den Anhaltebefehl loszuwerden: »Angriff wegen Verhandlungen verschoben.«

In der gleichen Minute befindet sich das Kampfgeschwader 54 unter Oberst Lackner aber schon über dem deutsch-holländischen Grenzgebiet im Anflug auf Rotterdam. Vor drei Viertelstunden ist es in Delmenhorst, Hoya/Weser und Quakenbrück gestartet, um mit seinen hundert He 111 pünktlich zur befohlenen Angriffszeit um 15 Uhr über dem Ziel einzutreffen.

Am Vorabend war ein Verbindungsoffizier des Geschwaders zu General Student nach Rotterdam geflogen und hatte sich genaue Einsatzunterlagen geholt; vor allem eine Karte, auf der die feindlichen Widerstandszonen eingezeichnet sind. Ein Dreieck überdeckt diese Zonen jenseits der verteidigten Maasbrücken, und allein in dieses Dreieck darf das KG 54 Bomben werfen.

Jetzt, beim Anflug, hält Oberst Lackner in der Führungsmaschine die Karte auf den Knien. Auch seine Gruppenkommandeure und Staffelkapitäne haben Kopien erhalten.

Der Angriff dient einem rein militärischen Ziel. Die starke holländische Abwehr nördlich der beiden Maasbrücken (Straßen- und Eisenbahn) soll durch einen kurzen, wuchtigen Bombenschlag gelähmt werden, damit die deutschen Truppen über die Brücken hinüberkommen können. Jede Bomberbesatzung weiß auch, daß sich am Nordufer der Maas 60 Mann in einem kleinen Brückenkopf halten, die nicht von den eigenen Bomben getroffen werden dürfen.

Nur eines wissen die hundert Besatzungen nicht: daß zu dieser Stunde in Rotterdam die Kapitulationsverhandlungen in der Schwebe sind und daß der deutsche Heeresbefehlshaber den Angriff von sich aus zunächst einmal abgeblasen hat. Oberst Lackner weiß nur, daß er mit der Möglichkeit einer solchen Entwicklung zu rechnen hat.

»Unmittelbar vor dem Start«, berichtet Lackner selbst, »erhielt das Geschwader von der einsetzenden Befehlsstelle telefonisch die Nachricht, daß General Student gefunkt hätte, die Holländer seien zur Übergabe Rotterdams aufgefordert worden. Wir sollten beim Anflug auf eventuelle rote Leuchtzeichen auf der Maasinsel achten. Wurden sie gezeigt, so hatten wir den Befehl, nicht Rotterdam, sondern als Ersatzziele zwei englische Divisionen bei Antwerpen anzugreifen.«

Werden sie die roten Leuchtzeichen erkennen – im Dunst und Rauch über der seit fünf Tagen umkämpften Stadt?

Inzwischen bringt General Schmidt im Gefechtsstand an der Koninginbrücke eigenhändig Punkt für Punkt die Übergabebedingungen für einen ehrenvoll unterlegenen Gegner zu Papier. Er schließt mit der Forderung:

»Ich bin gezwungen, schnell zu handeln, und muß darauf dringen, binnen drei Stunden, das heißt bis 18 Uhr, Ihre Entscheidung in meinen Händen zu haben. Rotterdam-Süd, 14. 5. 1940, 14.55 Uhr. gez. Schmidt.«

Hauptmann Bakker nimmt das Schreiben entgegen und geht sofort zurück in die Stadt. Oberstleutnant von Choltitz begleitet ihn noch zur Willemsbrücke, über die der Holländer nach Norden hastet.

Es ist jetzt genau 15 Uhr – die ursprünglich für den Bombenangriff befohlene Zeit. »Die Spannung«, schreibt Choltitz, »wächst ins Ungeheure. Wird sich Rotterdam rechtzeitig ergeben?«

In diesem Augenblick schwillt von Süden her das Dröhnen ungezählter Motoren an. Die Kampfflugzeuge sind im Anflug! Die Landser auf der Maasinsel, dem Noorder Eiland, stecken die roten Leuchtpatronen in die Signalpistolen.

Choltitz: »Wir hier vorn können nur hoffen, daß die nötigen Befehle gegeben sind, daß die Verbindungen nicht versagt haben und die Führung die Ereignisse in der Hand hat.«

Doch die deutsche Führung hat in dieser Minute keinen Einfluß mehr auf den Lauf der Dinge. Seit einer halben Stunde, seit sie selbst den Funkspruch »Angriff verschoben« von General Schmidt erhalten hat, versucht die Luftflotte 2 vergeblich, das fliegende Geschwader mit einem Rückruf über Funk zu erreichen.

Auch das dem KG 54 für diesen Einsatz direkt vorgesetzte ›Fliegerkorps z. b. V.‹ unter Generalmajor Putzier beteiligt sich an dem Wettlauf im Äther. Kaum hat der Chef des Stabes, Oberst i. G. Bassenge, in Bremen die entscheidende Nachricht aus Rotterdam erhalten, da stürzt er selbst in den Funkraum und läßt in fieberhafter Eile das vereinbarte Stichwort hinaustasten:

»Ausweichziel!«

Aber nur die Leitstelle des Geschwaders hat die gleiche Frequenz wie der Kampfverband in der Luft geschaltet. Der Haltbefehl muß also vom General z. b. V. an den Einsatzhafen des KG 54 gegeben werden. Das kostet viel Zeit.

In Münster springt der Ia der Luftflotte 2, Oberstleutnant i. G. Rieckhoff, in eine Me 109 und jagt nach Rotterdam. Er will versuchen, das Geschwader kurz vor dem Bombenwurf buchstäblich ›abzufangen‹.

Auch diese Versuche, das KG 54 noch abzudrehen, kommen zu spät. Das Geschwader befindet sich schon im direkten Zielanflug. Die Funker der He 111 haben die Schleppantennen eingezogen. Die Empfangsbereitschaft ist dadurch erheblich herabgesetzt. Sie müssen sich nun auf den Angriff konzentrieren.

Bleibt also nur eine letzte, hauchdünne Chance für die Stadt: die roten Leuchtkugeln!

Kurz vor dem Ziel teilt sich das Kampfgeschwader befehlsgemäß in zwei Kolonnen. Die linke Kolonne unter Führung des Kommandeurs der I./KG 54, Oberstleutnant Otto Höhne, fliegt das Angriffsdreieck von Südwesten an. Der Kommodore, Oberst Lackner, hält selbst an der Spitze der rechten Kolonne auf das Ziel zu.

»Es war wolkenloser Himmel«, berichtet Lackner, »aber außergewöhnlich dunstig. Die Sicht war so schlecht, daß ich mit meiner Angriffskolonne auf 750 Meter herunterging, um ganz sicher zu sein, daß nur das angegebene Ziel, und nicht etwa der Leutnant (Kerfin) mit seinen 60 Mann oder die Brücken getroffen würden.«

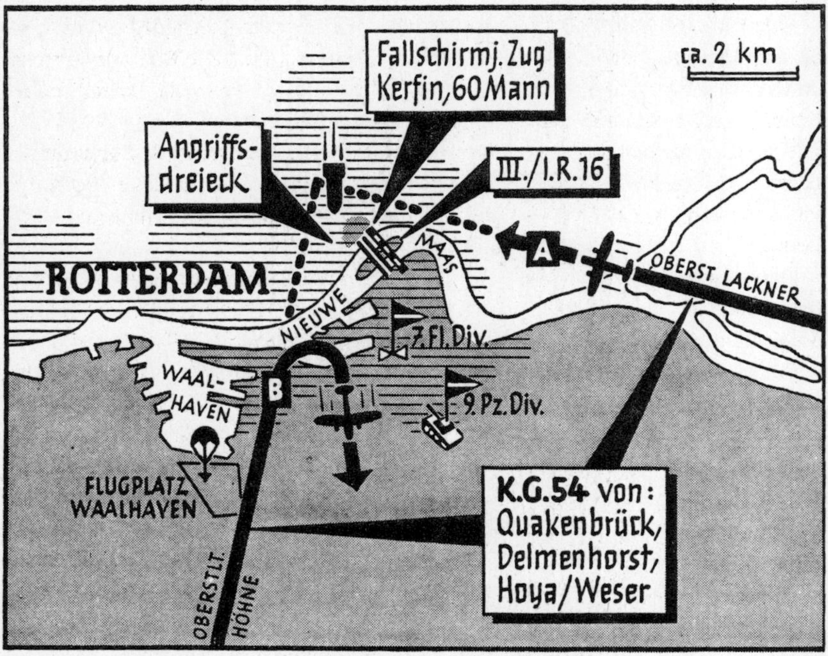

Rotterdam, 14. Mai 1940, 15 Uhr: Die beiden Angriffskolonnen (A und B) des KG 54 fliegen die Stadt an. A wirft seine Bomben in das Zielgebiet, B erkennt die roten Leuchtkugeln und dreht ab. Von Deutschen besetztes Gebiet ist auf der Karte gerastert.

Um 15.05 Uhr zieht Lackners rechte Kolonne über die Maas hinweg und erreicht den Stadtrand. Flakfeuer bricht los. Die Bomber fliegen in einer idealen Höhe als Zielscheibe für die mittlere Flak. Und sie halten schnurgerade ihren Kurs.

Von oben sind alle Augen auf den Flußlauf gerichtet. Die Neue Maas beschreibt mitten in Rotterdam eine Schleife nach Norden. Dicht westlich des Scheitelpunktes spannt sich das wichtige Brückenpaar über den Strom. Im Dunst und im Rauch von den Bränden der seit Tagen umkämpften Stadt taucht das gerade Band dieser Brücken, tauchen auch die Umrisse der dazwischenliegenden Maasinsel aus dem Stadtbild auf.

Aber so angestrengt die Flugzeugführer und Beobachter auch nach unten starren – rote Leuchtzeichen sind nirgendwo zu entdecken. Nur die roten Bällchen der holländischen Flak tanzen den Flugzeugen reihenweise entgegen.

Rotterdam hat nur noch eine Frist von wenigen Sekunden. Sekunden, in denen Choltitz' Männer auf der Maasinsel die Leuchtkugeln zu Dutzenden in die Luft jagen.

»Mein Gott, das gibt eine Katastrophe!« ruft General Schmidt, der mit Student auf dem runden Platz an der Stieltjes Straat steht, als die Bomber langsam und offenbar suchend über sie hinwegziehen. Beide Generale greifen selber Leuchtpistolen und schießen rot, senkrecht in die Luft.

Von oben ist nichts zu sehen. Der Dunst und die Rauchschwaden brennender Häuser, der dichte schwarze Qualm des von Artillerie in Brand geschossenen Passagierdampfers »Straatendam« – das alles verschluckt die Signale vom Erdboden.

Dann ist es schon zu spät. Die rechte Angriffskolonne des KG 54 dröhnt über das Ziel hinweg. 50- und 250-Kilo-Bomben torkeln aus den Schächten. Sie schlagen genau in das Angriffsdreieck, in den Kern der Altstadt.

Gleich darauf ist auch die linke Kolonne heran, an der Spitze Oberstleutnant Höhne mit seiner Führungskette.

»Ich habe«, berichtet der Kommandeur, »später keinen den Begleitumständen nach so dramatischen Angriff mehr geflogen! Mit meinem Beobachter, der vor mir am Bombenzielgerät lag, und dem Funker, der hinter meinem Rücken saß, hatte ich bestimmte Zeichen ausgemacht für den Fall, daß nicht geworfen werden durfte.«

Aus Höhnes Anflugrichtung ist das Ziel gut zu erkennen. Im Sprechfunk sagt der Beobachter regelmäßig die Meßzahlen an. Höhne starrt auf die Maasinsel. Er konzentriert sich ganz auf das ›rote Leuchtfeuer‹, das er erwartet. Aber auch er sieht nichts.

Plötzlich meldet der Beobachter: »Ich muß jetzt werfen, sonst kommen wir aus dem Ziel.«

Höhne gibt den Wurfbefehl.

Da stockt ihm der Atem. Ganz schwach, für Sekunden nur, sieht er »zwei kümmerliche Leuchtpatronen hochsteigen statt des erwarteten Leuchtfeuers«.

Höhne dreht sich um, schreit dem Funker das Stichwort zu:

»Abdrehen!«

Für die eigene Maschine ist es schon zu spät. Die Abwurfautomatik läuft, die Bomben fallen. Auch die beiden ›Kettenhunde‹, die der führenden He 111 dichtauf folgen, werfen sofort ab.

Aber der kurze Abstand, den die 1. Staffel hält, genügt: Bevor die Bombenschützen den Hebel herumlegen, dröhnt ihnen das Stoppsignal des Funkers in den Ohren. Sie zögern. Drehen sich fragend um. Sehen wieder hinunter auf die Stadt.

Überall blitzen die Einschläge auf. Sprengwolken breiten sich über die Häuser. Rauchsäulen steigen in den Himmel. Die Führungskette vor ihnen hat doch geworfen! Und sie selbst – sie sollen plötzlich nicht?

Nein, sie dürfen nicht mehr. Sie drehen ab. Oberstleutnant Höhne führt seine Gruppe nach Südwesten und läßt die Bomben auf das Ausweichziel werfen.

So kommt es, daß von den hundert He 111 des KG 54 nur 57 ihre Bombenlast über Rotterdam abwerfen. 43 Bomber der linken Kolonne können buchstäblich in letzter Sekunde abgedreht werden.

Spätere Befragungen haben ergeben, daß außer Oberstleutnant Höhne niemand die roten Leuchtkugeln gesehen hat, die ununterbrochen von der Maasinsel abgeschossen wurden.

Aus den angreifenden 57 Flugzeugen fallen 158 Bomben zu 250 Kilo und 1150 Bomben zu 50 Kilo auf die Stadt. Insgesamt also 97 Tonnen, und zwar, dem militärischen Auftrag entsprechend, ausschließlich Sprengbomben*.

Trotzdem ist der Kern von Rotterdam durch Brand zerstört worden. Wie war das möglich? Sprengbomben – zumal von der in Rotterdam geworfenen geringen Größe – können Häuser zerstören, Straßen aufreißen, Dächer abdecken, Mauern zum Einsturz bringen. Und zweifellos waren die Schäden an den getroffenen Gebäuden der Innenstadt schwer.

Sprengbomben können auch ›Entstehungsbrände‹ verursachen. In dem Welthafen Rotterdam, einem Hauptumschlagplatz für die Rohprodukte der Öl- und Margarineerzeugung, griffen solche Brandherde durch auslaufende Fette und Öle rasch um sich. Der Wind trieb die Flammen in die Stadt, wo sie an den alten Fachwerkhäusern reiche Nahrung fanden. Dennoch: Müßte eine halbwegs leistungsfähige Luftschutzfeuerwehr nicht in der Lage sein, die Entstehungsbrände einzudämmen?

Am Tage nach dem Angriff rückt eine Abteilung des deutschen Feuerlöschpolizeiregiments 1 mit modernsten Löschwagen in Rotterdam ein. Zu retten ist nicht mehr viel. Die Feuersbrunst hat sich schon ausgetobt.

Oberst Hans Rumpf, der Regimentskommandeur, forscht nach den Ursachen der Katastrophe. Sein aus der Sicht des Feuerlöschspezialisten geschriebener Erfahrungsbericht erhellt ein ganz neues Detail der Tragödie Rotterdams:

»Diese Welthafenstadt mit fast einer Million Einwohner hatte aller Entwicklung zum Trotz an dem längst überholten Prinzip einer Bürgerfeuerwehr festgehalten. Das Rückgrat des öffentlichen Brandschutzes bildete wie vor hundert Jahren die zweirädrige, durch Handdruck betriebene ›Schlangenspritze‹ – etwa in der gleichen Art, wie sie der Maler Jan van der Heyden 1672 erfunden hatte. Daneben gab es noch einige wenige Kraftfahrspritzen, die bei Bedarf ohne Personal an die Brandstellen gefahren wurden, und ein paar auf Bugsierbooten eingebaute Druckpumpen – das war alles.«

Rumpf kommt zu dem Ergebnis, daß eine so rückständige Feuerlösch-Organisation Stadt und Hafen bei einem Luftangriff gar nicht zu schützen vermochte.

Von holländischer Seite wird dem entgegengehalten, daß die vorhandenen Spritzen zur Bekämpfung üblicher Brände durchaus ausgereicht hätten. Mit der

* Zum Vergleich: Bei den Vernichtungsangriffen auf Hamburg vom 24. bis 30. Juli 1943 (drei Nachtangriffe) warf die britische RAF 7196 Tonnen ab, davon allein 4300 Tonnen Brandbomben jeder Größe.

Möglichkeit eines so schweren Bombenschlages gegen seine Innenstadt aber hatte Rotterdam niemals gerechnet.

Mußte es denn damit rechnen? Lief nicht alles Kriegsrecht darauf hinaus, daß die Zivilbevölkerung nicht angegriffen werden dürfe?

Im zweiten Weltkrieg gab es jedoch kein eigenes Luftkriegsrecht. Diese Unterlassung der Staatsmänner sollte sich noch bitter rächen. Als wichtigste Bestimmung zum Schutz von Städten im Kampfgebiet war dagegen der Artikel 25 der Haager Landkriegsordnung von 1907 (HLKO) anwendbar:

»Es ist untersagt, unverteidigte Städte, Dörfer, Wohnstätten oder Gebäude, mit welchen Mitteln es auch sei, anzugreifen oder zu beschießen.«

Rotterdam wurde jedoch mit allen Mitteln verteidigt; der Schutz des Artikels 25 entfiel also. Durch die Aufforderung zur Kapitulation – da sonst ein schwerer Luftangriff unvermeidlich sei – wurde auch Artikel 26 HLKO eingehalten, demzufolge die Verteidiger »vor Beginn der Beschießung benachrichtigt werden« sollen.

Schließlich ist noch der Verdacht geäußert worden, der Bombenangriff sei von Hitler oder Göring absichtlich befohlen worden, um bei allen Gegnern Angst und Schrecken vor der deutschen Kriegsmaschine hervorzurufen. Demgegenüber beweisen die nüchternen Dokumente, daß der Angriff nur einem begrenzten taktischen und operativen Ziel diente: nämlich den Schlüsselpunkt für die Besetzung Hollands zu nehmen und die eigenen Soldaten im Norden und Süden der Stadt aus ihrer zum Teil verzweifelten Lage zu befreien.

So liegt die eigentliche Tragik Rotterdams darin, daß der Angriff stattfand, als bereits um die Übergabe der Stadt verhandelt wurde. Daß es trotz aller erwiesenen Versuche nicht gelang, alle Bomber des KG 54 in letzter Sekunde abzudrehen, ist von deutscher Seite tief und ehrlich bedauert worden.

Um 17 Uhr, knapp zwei Stunden nach dem Luftangriff, kommt der holländische Stadtkommandant, Oberst Scharroo, selber über die Willemsbrücke auf die Maasinsel und bietet die Kapitulation an. Er ist ein gebrochener Mann.

General Schmidt drückt dem Holländer sein außerordentliches Bedauern darüber aus, daß der Bombenangriff noch stattgefunden habe. Eine Stunde später ist die Übergabe vollzogen.

Die Überlebenden der deutschen Luftlandetruppen, die fünf Tage und vier Nächte lang hier vorn an der Maas ihre Stellung gehalten haben, kommen aus Häusern, Kellern und Gräben hervor.

»Ein junger Fallschirmjäger«, berichtet Oberstleutnant von Choltitz, »erhält die Fahne, die seine Kameraden auf dem vordersten Haus ausgebreitet hatten, um sich den Bombern kenntlich zu machen. Wie versunken schreitet er dahin, hinter ihm die Kämpfer vom Brückenkopf. Viele fehlen. Die anderen sind schmutzig und abgerissen, zum Teil ohne Waffen, nur mit Handgranaten in den Taschen. So ziehen wir um 19 Uhr in die brennende Stadt ein...«

Dann rollen die Panzerverbände durch die Straßen nach Norden, um dort die Reste der 22. Luftlandedivision zu entsetzen. Hier und da flackert noch Infanteriefeuer auf. Die Holländer haben Befehl, sich mit ihren Waffen zu bestimmten Sammelstellen zu begeben. Ein durchfahrender Verband der SS-Leibstandarte ›Adolf Hitler‹ sieht sich plötzlich einer solchen ›bewaffneten Feindgruppe‹ gegenüber und eröffnet das Feuer.

Auf die ersten MG-Garben hin stürzt General Student im Gebäude der Kommandantur ans Fenster, um Einhalt zu gebieten. Im selben Augenblick bricht er mit einem Kopfschuß blutüberströmt zusammen. Drei Stunden nach Eintritt der Waffenruhe und angesichts des schwer erkämpften Erfolges seines Luftlandekorps wird Student von dieser verirrten Kugel schwer verwundet!

Fast auf die Minute genau, da dies in Rotterdam geschieht, um 20.30 Uhr am 14. Mai, bietet der holländische Oberbefehlshaber, General Winkelman, über den Rundfunk die Gesamtkapitulation seiner Streitkräfte an. Nach nur fünf Tagen gibt Holland den Kampf auf – ein unerwarteter Erfolg für die deutsche Kriegführung, an dem die Luftlandeverbände zweifellos erheblichen Anteil haben.

Dieser Erfolg muß mit hohen Verlusten erkauft werden. Außer den Toten wiegt wohl am schwersten der Ausfall der Transportverbände: Zwei Drittel der eingesetzten 430 Ju 52 kehren aus Holland nicht zurück oder sind so schwer beschädigt, daß sie als Totalverluste gelten müssen. Das Transportgeschwader KG z. b. V. 2 verliert beim Landeversuch im Raum Den Haag sogar fast 90 Prozent seiner Maschinen.

Abgeschossen, geborsten und verbrannt liegen sie zu Dutzenden auf den heißumkämpften Landeplätzen in Holland. Die Einbuße ist um so schmerzlicher, als diese Maschinen zum größten Teil aus den Flugzeugführerschulen der Luftwaffe herausgezogen worden sind und von dem Lehrpersonal geflogen werden mußten, das eigentlich den Nachwuchs ausbilden sollte.

»Mit ihrer Vernichtung«, so urteilt der damalige Oberst i. G. Bassenge, »ist auch die Substanz, aus der sich die Kampfverbände der Luftwaffe ergänzen sollten, sehr, sehr merklich geschmälert worden. Die Folgen sind nicht ausgeblieben.«

10. Durchbruch bei Sedan

Neun Kampfflugzeuge jagen tief über das Land. Sie fliegen im Staffelverband, eng aufgeschlossen, Tragfläche an Tragfläche. Aus den Feldern unter ihnen steigt der Dunst des frühen Morgens. Die Sicht ist schlecht, die Flugzeugführer müssen höllisch aufpassen. Sie springen über Wälder, Hügel und Kuppen und tauchen wieder in ein Tal, das in ihre Angriffsrichtung, nach Westen, weist.

Die Bomber zeigen von der Seite her die schmale, langgestreckte Silhouette des ›fliegenden Bleistifts‹, der Do 17 Z. In der ersten Morgendämmerung sind sie von Aschaffenburg gestartet. Ihre Ziele liegen auf französischem Boden. Es ist die 4. Staffel der von Oberstleutnant Paul Weitkus geführten II. Gruppe/KG 2. Man schreibt den 11. Mai 1940. Das ganze Geschwader greift an diesem zweiten Tag des deutschen Westfeldzuges die Flugplätze der Alliierten in Nordfrankreich an.

Im Sprechfunk meldet sich der Staffelkapitän, Oberleutnant Reimers: »Aufpassen«, ruft er, »Maginot-Linie!«

Deshalb ist Tiefflug befohlen: Sie sollen die französische Festungsfront blitzartig überqueren, ehe die Luftabwehr sie fassen kann. Die Überraschung gelingt. Ein paar MG-Garben rattern ihnen nach, aber die Do 17 sind schon hinter der nächsten Hügelkette verschwunden.

Dann fliegen sie über die Maas hinweg und erreichen die Aisne, deren Lauf sie nach Westen folgen. Nun ist es nicht mehr weit.

Der kleine Flugplatz Vaux bei Sissonne-La Malmaison gehört zu dem guten Dutzend halbkreisförmig um Reims gelegener Einsatzhäfen der ›Advanced Air Striking Force‹, der nach Frankreich vorgeworfenen britischen Luftstreitkräfte. An diesem Morgen herrscht in Vaux fieberhafte Tätigkeit. Neben anderen Maschinen wird hier gerade die 114. Bomberstaffel startklar gemacht. Die Flugzeuge sind gewartet und betankt, die Bomben sind eingehängt.

Die 114. Staffel fliegt die Bristol-Blenheim. Das ist der modernste Mittelstreckenbomber, den die Alliierten zur Zeit in die Schlacht werfen können. Eigentlich sind die Bomberstaffeln auf diese Stützpunkte vorgezogen worden, um von hier aus den Luftkrieg gegen Deutschland zu beginnen. Aber dazu kommen sie nicht.

Seit gestern, seit dem Beginn der deutschen Offensive, hagelt es Hilferufe von der Front. Wohl oder übel muß Luftmarschall Sir Arthur Barratt, Befehlshaber der britischen Luftstreitkräfte in Frankreich, seine Bomberstaffeln überall in die Bresche werfen, wo sich ein deutscher Panzerdurchbruch abzeichnet. Heute bei Lüttich, Maastricht und am Albert-Kanal, morgen bei Dinant, Charleville und Sedan.

Die 114. Staffel in Vaux wartet auf ihren Einsatzbefehl, als das Unheil über sie hereinbricht. Plötzlich sind die fremden Zweimotorigen über dem Platz. Sie fliegen in Kirchturmhöhe.

Kein Alarm, keine Vorwarnung.

Zuerst denkt niemand, daß es der Feind sein könnte. Dann aber fallen die Bomben aus den Schächten, schlagen mitten zwischen die bereitstehenden Blenheims. Zu spät erkennen die Engländer die deutschen Balkenkreuze unter den Tragflächen der Angreifer.

Oberleutnant Reimers, ein erfahrener Blindfluglehrer, hat seine Staffel haargenau an den Platz herangeführt. Die 4./KG 2 fliegt gerade so hoch, daß die

Flugzeuge nicht von den eigenen Bombensplittern gefährdet werden können. Daß die Blenheims wie zur Parade auf dem Flugfeld stehen, ist ein Zufall, mit dem niemand rechnen konnte.

Die 50-Kilo-Bomben der neun Do 17 können das Ziel kaum verfehlen. Exakt, wie mit dem Lineal gezogen, laufen die Einschläge auf die Feindbomber zu. Sekunden später sind die Maschinen in Rauch und Flammen gehüllt. Immer wieder zucken die Blitze der hochgehenden englischen Bomben durch den Feuerschein. Die Do 17 drehen eine Platzrunde, greifen von neuem an.

In einer der letzten Maschinen langt der Funker, Oberfeldwebel Werner Borner, zur 8-mm-Schmalfilmkamera, die er immer bei sich führt. Feindliche Jäger lassen sich nicht blicken, Borners MG hat Pause. Also kann er den eigenen Angriff filmen. Sein Flugzeugführer, Oberleutnant Bornschein, dreht noch eine Extra-Platzrunde ›für die Wochenschau‹.

Sie zählen 30 brennende Maschinen.

»Die 114. Staffel wurde« – so heißt es in der Geschichte der Royal Air Force – »buchstäblich am Boden zerstört, bevor sie überhaupt eingesetzt werden konnte.«

Wenige Tage später führt Generalleutnant Bruno Loerzer den Filmstreifen der 4./KG 2 im Führerhauptquartier vor – als anschaulichen Beweis für die Zielgenauigkeit und Trefferwirkung deutscher Bombenangriffe auf die Flugplätze des Gegners.

In Holland, Belgien und Nordfrankreich gab es in diesen ersten Tagen des Westfeldzuges kaum ein alliiertes Flugfeld, auf das nicht die Bomben hinabregneten. Genau wie in Polen, hatte es sich die Luftwaffe zum Ziel gesetzt, zuerst die Luftherrschaft zu erringen. Dazu gehörten nicht nur starke Jagdverbände. Wenn es den Bombern gelang, die feindlichen Einsatzhäfen zu zerschlagen, war den britischen und französischen Luftstreitkräften der Boden für ein wirkungsvolles Eingreifen in die Schlacht entzogen.

Insgesamt verfügten die Luftflotten 2 (General der Flieger Albert Kesselring) und 3 (General der Flieger Hugo Sperrle) am 10. Mai 1940 im Westen über folgende einsatzbereite Frontflugzeuge:

1120 Kampfflugzeuge (Do 17, He 111, Ju 88);
342 Stukas (Ju 87);
42 Schlachtflugzeuge (Hs 123);
1016 Jäger (Me 109);
248 Zerstörer (Me 110);
ferner Aufklärer und Transportmaschinen.

Sechs Fliegerkorps teilten sich in diese Verbände: das I. (General der Flieger Ulrich Grauert) und das IV. (General der Flieger Alfred Keller) griffen im belgisch-holländischen Raum an, das II. (Generalleutnant Bruno Loerzer) und das V. (Generalleutnant Robert Ritter von Greim) operierten vor dem Südflügel der deutschen Front gegen Nordostfrankreich. Unter ihrem Befehl standen die meisten der 14 Kampfgeschwader. Hinzu kam das Fliegerkorps z. b. V. 2 (Generalmajor Richard Putzier) zur Unterstützung der Luftlandungen in Holland.

Das Nahkampfkorps dagegen, das VIII. unter Generalleutnant Wolfram Freiherr von Richthofen, verfügte über zwei volle Stukageschwader, ferner über Schlachtflieger und Jäger. Zuerst wurde es an der Festungsfront beiderseits Lüttich und tief nach Belgien hinein eingesetzt, verlegte aber dann in den Durchbruchsraum bei Sedan und unterstützte den Vorstoß der Panzerdivisionen zur Kanalküste und hinauf bis nach Dünkirchen.

Dünkirchen! Dort sollten die Angreifer aus der Luft zum ersten Male die Grenzen ihrer Leistungsfähigkeit spüren. Doch noch ahnte niemand, daß der Name dieser kleinen flandrischen Hafenstadt später einmal den ersten empfindlichen Rückschlag der Luftwaffe bezeichnen würde.

Zuvor allerdings schien nichts die deutschen Geschwader aufhalten zu können. Selbst wenn man von den fliegenden Verbänden eine Einsatzreserve abzog, wenn man in Rechnung stellte, daß erfahrungsgemäß immer ein Teil der Maschinen nicht startklar war, es flogen doch noch rund 1000 Bomber und Stukas gegen den Feind, und ebenso viele deutsche Jäger und Zerstörer erwarteten seinen Angriff.

Diesem überlegenen Ansturm der Deutschen aus der Luft hatten die Alliierten auf dem Festland trotz aller Tapferkeit nichts Gleichwertiges entgegenzusetzen.

Pfingstsonntag, der 12. Mai. Dritter Tag der deutschen Westoffensive – und einer der heißesten in der Geschichte des Jagdgeschwaders 27. Der Kommodore, Oberstleutnant Max Ibel, ist mit seinen drei Gruppen – der I./JG 27, I./JG 1 und I./JG 21 – im Brennpunkt des Durchbruchs zwischen Maastricht und Lüttich eingesetzt. Nach den voraufgegangenen Kämpfen verfügt sein Geschwader am dritten Morgen noch über 85 einsatzklare Me 109 E. Die Warte haben die ganze Nacht fieberhaft gearbeitet, haben geflickt, ausgetauscht, repariert, um diese 85 ›Mühlen‹ in Mönchengladbach und Gymnich bei Köln wieder klarzumachen*.

Den Anfang macht Hauptmann Joachim Schlichting mit zwei Staffeln seiner I./JG 1. Beim ersten Tageslicht sind sie in der Luft. Aufgabe: Schutz der Brücken über die Maas und den Albert-Kanal. Schutz der Vormarschstraßen der deutschen 6. Armee. Freie Jagd auf jeden Feind, der sich in diesem Luftraum zeigt.

Zweifellos haben die Engländer erkannt, wie wichtig diese am 10. Mai aus der Luft eroberten Brücken für den deutschen Vorstoß sind. Zweifellos werden sie wiederkommen, werden alles versuchen, um die Flußübergänge nun ihrerseits aus der Luft zu zerschlagen.

Es ist Punkt 6 Uhr früh, als Oberleutnant Walter Adolph, der Führer der

* Sollstärke eines Jagdgeschwaders mit drei Gruppen: 124 Flugzeuge.

2. Staffel, die dunklen Punkte am hellen Osthimmel entdeckt. Er sieht scharf hin. Nein, es ist keine Täuschung. Drei, sechs, neun Punkte. Mindestens neun. Und groß sind sie – keine Jäger. Adolph ruft seine Staffel im Funksprech:

»Feindverband über Maastricht. Tiiief. Ich greife an!«

Er liegt schon in der Rolle und schwingt ab. Sein Rottenflieger folgt dichtauf. Deutlich sind jetzt die zweimotorigen Bomber zu erkennen. Sie kommen schnell näher. Blauweißrote Kokarden – es sind Engländer, Typ Bristol-Blenheim. 100 Meter hinter dem letzten Engländer taucht Adolph hinab, zieht wieder hoch und nimmt seinen Gegner von schräg unten an. Merken die denn gar nichts? Die Bomber fliegen stur ihren Kurs.

Näher und näher kommt Adolph heran. Groß wie ein Scheunentor steht die Blenheim in seinem Visier. Er zögert noch, will ganz sicher gehen, schaut kurz nach links, wo die Me von Feldwebel Blazytko dem nächsten Bomber im Nacken sitzt.

Dann drückt der deutsche Staffelkapitän auf die Knöpfe, löst seine MG und Kanonen gleichzeitig aus. Kaum 80 Meter ist die Blenheim entfernt. Adolph sieht noch, wie seine Treffer mit kleinen hellen Flämmchen in Rumpf und Tragflächen schlagen. Er muß schleunigst wegkurven, um nicht selbst in sein Opfer hineinzurasen. Aus der Kurve heraus sieht er, daß der linke Motor der Blenheim brennt. Die ganze Fläche knickt plötzlich ab. Der Bomber scheint in der Luft stehenzubleiben. Er bäumt sich auf, stürzt kopfüber in die Tiefe.

Oberleutnant Adolph stößt schon auf den nächsten Gegner hinab. Binnen fünf Minuten schießt er drei Blenheims ab. Drei weitere kommen auf das Konto von Oberleutnant Braune, Leutnant Örtel und Feldwebel Blazytko.

Damit nicht genug. Die drei restlichen Bomber werden noch im Abflug bei Lüttich von der 3. Staffel/JG 27 gestellt. Oberleutnant Gerhard Homuth und Leutnant Borchert sehen die 7. und 8. Blenheim nach ihren Feuerstößen brennend unten aufschlagen.

Von den neun Maschinen der 139. britischen Bomberstaffel, die den Engpaß der deutschen Offensive zwischen Maastricht und Tongeren angreifen sollten, kehrt nur eine einzige zurück. Dennoch stecken die Engländer nicht auf.

Ihre nächsten Staffeln greifen unter Jagdschutz von Hurricanes an. Ein tollkühner Tiefangriff von fünf Battle-Bombern mit Freiwilligen-Besatzungen gegen die Albert-Kanal-Brücken bricht im Feuer der Flak zusammen; alle fünf Battles zerschellen am Boden.

Im Laufe des Vormittags werden sämtliche Staffeln des JG 27 in den Kampf geworfen. Oft liegt zwischen zwei Einsätzen nur eine Pause von 45 Minuten. Kaum gelandet, stürzen die Jäger schon zur Befehlsausgabe für den nächsten Start. Die Warte machen sich über die Flugzeuge her: Tanken, neue Munition, Ausbessern kleiner Schäden. Aber es bleibt nicht aus, daß die Zahl der einsatzklaren Messerschmitts ständig sinkt.

Gegen elf Uhr wirft auch der Ia und ›Einsatzbearbeiter‹ im Geschwaderstab,

Hauptmann Adolf Galland, den Papierkram hin und startet zusammen mit Leutnant Gustav Rödel zum Feindflug. Im Westen von Lüttich sehen sie tausend Meter unter sich acht Hurricanes. Die deutsche Rotte stößt hinab, greift an. Es sind Belgier, mit einem älteren Muster des britischen Jägers.

»Fast taten sie mir leid«, berichtet Galland. Er schießt früher als nötig, als wollte er seinen Gegner warnen, ihm eine Chance geben. Erschrocken kippt der Belgier ab – gerade in eine Garbe von Rödel hinein. Dann setzt Galland noch einmal nach, und die Hurricane montiert ab.

So erzielt einer der später erfolgreichsten Jagdflieger der Welt seinen ersten Abschuß. Galland: »Ich hatte Glück. Es war kinderleicht.« Er bezwingt noch zwei Hurricanes, und Rödel erringt einen weiteren Luftsieg.

Am Nachmittag zeigen sich keine alliierten Staffeln mehr am Himmel – weder Bomber noch Jäger. Das JG 27 hat den Luftraum freigekämpft. Nun begleitet es die Stukageschwader 2 und 77 bei ihren Angriffen auf die Panzerkolonnen des Gegners.

Es ist schon fast dunkel, als die letzte Me 109 auf den Platz zurückkehrt. Die Bilanz des heißen Tages: Das Geschwader hatte 340 Starts, jedes Flugzeug ist also mindestens vier- bis fünfmal eingesetzt worden. Bei vier eigenen Verlusten hat das JG 27 mit Sicherheit 28 Abschüsse erzielt. Ähnlich lauten auch die Ergebnisse von anderen Frontabschnitten.

Im RAF-Hauptquartier in Chauny an der Oise wirken die Meldungen der englischen Staffeln wie Keulenschläge. Seit drei Tagen greifen die Deutschen erst an, und schon haben die britischen Luftstreitkräfte auf dem Festland die Hälfte ihrer 200 Bomber verloren.

Am Pfingstsonntagabend trifft in Chauny ein dringendes Telegramm des Luft-Generalstabes aus London ein:

»So kann es nicht weitergehen«, heißt es darin. »Wenn wir unsere Kräfte im Frühstadium der Schlacht derart verausgaben, werden wir nichts mehr einzusetzen haben, sobald es wirklich kritisch wird.«

Dieser kritische Punkt ist schnell erreicht. Am 13. Mai gönnt Luftmarschall Barratt seinen angeschlagenen Staffeln eine Ruhepause. Und während der französische Generalstab wie gebannt den deutschen Panzervorstoß bei Lüttich verfolgt – überzeugt, daß dort das Schwergewicht der Offensive liege –, schlägt die Luftwaffe mit allen Kampf- und Sturzkampfflugzeugen des II. und VIII. Fliegerkorps an ganz anderer Stelle zu: bei Sedan.

Der Hauptstoß der deutschen Westoffensive wird an einer Stelle geführt, an der ihn die Franzosen am wenigsten erwarten: durch Luxemburg und Südostbelgien, also mitten durch die waldigen, unwegsamen Ardennen. Hier greift die Panzergruppe von Kleist mit dem XIX. (Guderian) und dem XXXXI. Armeekorps (Reinhardt) an. Schon am Abend des Pfingstsonntags, 12. Mai, erreichen ihre Spitzen die Maas im Abschnitt Charleville–Sedan.

Als Fortsetzung der Maginot-Linie nach Norden bildet der Fluß mit den zahlreichen Bunkern am Ufer, mit Artillerie- und Feldstellungen ein stark verteidigtes Hindernis für die deutschen Panzer. Die Luftwaffe soll diesen Widerstand brechen. Sie soll den Feind durch ständige Angriffe so lange niederhalten, bis den Pionieren der Brückenschlag über die Maas gelungen ist. Angriffsverfahren und Zeitplan sind in langen Gesprächen zwischen den Generalen Loerzer und Guderian genau festgelegt worden. Plötzlich aber soll alles ganz anders gemacht werden.

Am Pfingstsonntag fliegt Guderian nachmittags mit einem Fieseler-Storch zum Befehlsempfang bei der Panzergruppe von Kleist. Der Beginn des Angriffs über die Maas wird für den 13. Mai, 16 Uhr, festgesetzt.

Aber dann traut Guderian seinen Ohren nicht: Zuerst, erklärt General von Kleist, werde die Luftwaffe mit allen Kräften einen zusammengefaßten Großangriff auf die feindlichen Stellungen fliegen. Das Weitere sei dann Sache der Panzerdivisionen. So jedenfalls hat es von Kleist mit dem Befehlshaber der Luftflotte 3, General Sperrle, vereinbart.

Guderian erhebt Einspruch. Er weist auf seine minuziösen Absprachen mit dem II. Fliegerkops hin. Auf die monatelange Zusammenarbeit Heer–Luftwaffe in dieser Frage. Auf die Kriegsspiele, deren Ergebnisse gerade nicht den einmaligen, großen Angriffsschlag der Bomber, sondern eine zwar schwächere, aber ununterbrochene Bedrohung des Gegners aus der Luft als bessere Lösung forderten.

General von Kleist bedauert. Die Entscheidung ist auf höherer Ebene gefallen. Guderian fliegt zurück, um eine Hoffnung ärmer.

Am nächsten Nachmittag stehen seine drei Panzerdivisionen, die 1., 2. und 10., zum Angriff auf engem Raum bei Sedan bereit. Die Franzosen schießen Sperrfeuer. Guderian wartet auf einer vorgeschobenen Beobachtungsstelle voller Spannung auf den Luftangriff. Von seinem Erfolg wird viel, wenn nicht alles abhängen.

Punkt 16 Uhr heult es vom Himmel herunter: die ersten Stukas. Der Gegner entfesselt ein gewaltiges Abwehrfeuer. Aber unbeirrt stürzen sich die Ju 87 auf ihr Ziel, auf das westliche Maas-Ufer.

Bomben krachen in die Artilleriestellungen. Ein Bunker birst unter dem Volltreffer einer 500-Kilo-Bombe. Dreckfontänen spritzen in die Luft. Das feindliche Feuer wird merklich schwächer.

Plötzlich sind die Flugzeuge verschwunden. Guderian wundert sich: War das etwa der ›zusammengefaßte Großangriff‹? Das war doch höchstens eine Gruppe Stukas!

Tatsächlich: Kurz darauf fliegt ein zweiter Verband über dem Maas-Tal an. Diesmal Horizontalbomber. Do 17 vom Kampfgeschwader 2. Reihenweise fallen ihre Bomben in die Uferstellungen. Dann wieder Pause. Und wieder eine neue Gruppe.

»Mein Erstaunen war unbeschreiblich«, berichtet Guderian, »weil sie mit wenigen Staffeln unter Jagdschutz zum Angriff ansetzten, und zwar in der Art, wie es mit Loerzer besprochen und festgelegt war. Hatte sich General von Kleist doch noch eines anderen besonnen? Gleichviel, die Flieger taten, was nach meiner Ansicht das für unseren Angriff Vorteilhafteste war. Ich atmete auf.«

Am Abend steht das Schützenregiment 1 bereits jenseits der Maas. Der Brückenschlag in Sedan ist gelungen. Fünf Kilometer westlich, bei Donchéry, erkämpfen sich Teile der 2. Panzerdivision mit Pontons und Schlauchbooten den Übergang über den Fluß. Ständige Luftangriffe halten die feindliche Artillerie nieder und verhindern den Anmarsch von Reserven.

Das II. Fliegerkorps bringt 310 Kampfflugzeuge und 200 Stukas über den Feind. Zusätzlich greift auch das weiter nördlich beim VIII. Fliegerkorps eingesetzte Stukageschwader 77 unter dem bereits in Polen bewährten ›Stuka-Vater‹ Oberst Günter Schwartzkopff in die rollenden Angriffe bei Sedan ein.

Nachts ruft Guderian bei Loerzer an und bedankt sich herzlich für die entscheidende Hilfe aus der Luft.

»Und warum«, will der Panzergeneral wissen, »sind die Angriffe nun doch so geflogen worden, wie wir es vereinbart hatten?«

Loerzer zögert einen Augenblick. Dann sagt er gut gelaunt: »Der Befehl von der Luftflotte 3, der alles umwarf, kam – na, sagen wir: zu spät. Er hätte bei den Geschwadern nur Verwirrung hervorgerufen. Deshalb habe ich ihn gar nicht erst weitergegeben...«

Der 14. Mai dämmert über dem Schlachtfeld an der Maas herauf. An diesem Tage werfen die Alliierten auf dringende Bitte des französischen Oberkommandos alle verfügbaren Luftstreitkräfte in den Trichter von Sedan.

Im Kriegstagebuch des II. Fliegerkorps wird der 14. Mai »Tag der Jagdflieger« genannt. Zum ersten Male im Westfeldzug treffen Hunderte von deutschen und alliierten Jägern und Bombern aufeinander. Die Luftschlacht dauert vom späten Vormittag bis in den Abend.

Hier sind es zahlreiche Gruppen der Jagdgeschwader 2, 53, 77 und des Zerstörergeschwaders 76, die vom ›Jafü 3‹ (Jagdfliegerführer der Luftflotte 3), Oberst Gerd v. Massow, pausenlos in die Schlacht geworfen werden.

Besonders erfolgreich ist die von Hauptmann Lothar Jan v. Janson geführte I. Gruppe des ›Pik-As‹-Geschwaders, des JG 53. Ihr allein gelingen an diesem 14. Mai im Raum von Sedan 39 Abschüsse. Oberleutnant Hans-Karl Mayer erzielt fünf Luftsiege, und Leutnant Hans Ohly steht ihm mit drei Erfolgen kaum nach. Auch die II./JG 53 unter Hauptmann Günther Freiherr v. Maltzahn schlägt sich mit den französischen Morane-Jägern herum und stürzt sich auf die Bomber.

An der Spitze der Abschußliste der III./JG 53 erscheint ein Name, den bald darauf jedes Kind in Deutschland kennt: Hauptmann Werner Mölders.

In der Luftschlacht über Sedan bezwingt Mölders eine Hurricane – sein

Erster Wart kann wieder einen Balken für diesen zehnten Abschuß an das Leitwerk der Messerschmitt malen.

Bis zum 5. Juni kommen zu den zehn noch fünfzehn Balken hinzu. Dann erwischt es auch den bis dahin erfolgreichsten deutschen Jagdflieger: In einer wilden Kurbelei mit Morane-Jägern wird Mölders abgeschossen und gerät in französische Gefangenschaft. Sein Geschwader, das von Major Hans-Jürgen v. Cramon-Taubadel geführte JG 53, schießt im Laufe des Frankreichfeldzuges insgesamt 179 Gegner im Luftkampf ab.

Für das JG 2 ›Richthofen‹ unter seinem Kommodore, Oberstleutnant Harry v. Bülow, erzielt Oberfeldwebel Werner Machold den ersten Luftsieg des turbulenten 14. Mai. Außer der I./JG 2, Hauptmann Roth, und der III./JG 2, Major Dr. Erich Mix, ist auch die I./JG 77 unter Hauptmann Johannes Janke an den Luftkämpfen über dem Maas-Tal beteiligt.

Abends am 14. Mai rechnet der Jafü 3 die Meldungen zusammen. Den ganzen Tag über hat er 814 deutsche Jäger an den Feind gebracht. Die Trümmer von 89 abgeschossenen alliierten Jägern und Bombern liegen im Umkreis von Sedan verstreut.

Der 14. Mai wird aber auch zum Tag der deutschen Flak. Die Abteilungen des verstärkten Flakregiments 102 unter Oberstleutnant Walter v. Hippel rücken mit den Spitzen des Panzerkorps Guderian vor. Am Vortage hat die 8,8-cm-Flak Bunker und MG-Nester im Direktbeschuß vernichtet. Die Batterien setzen mit als erste über die Maas und gehen dicht bei den nachts errichteten Pontonbrücken in Stellung.

Dort stehen sie den ganzen Tag über im Bombenhagel der todesmutig angreifenden französischen Kampfflugzeuge von den Typen ›Amiot‹, ›Bloch‹ und ›Potez‹ sowie der britischen ›Battle‹- und ›Blenheim‹-Maschinen. Die Flak erzielt, ebenso wie die Jäger, Abschuß auf Abschuß: Nach dem Kriegstagebuch des Flakregiments 102 von früh bis spät nicht weniger als 112 Engländer und Franzosen, die meisten im Tiefflug! Die I. Abteilung/Flakregiment 18 bei Floing und beiderseits der Kriegsbrücken Sedan, die I./Flak 36 im gleichen Gebiet, die II./Flak 38 rings um Donchéry und die leichten Flakabteilungen 71, 83, 91 und 92, die an allen Maasübergängen postiert sind, haben gleichen Anteil an diesem Erfolg.

Am Abend des 14. Mai, des ›Tages von Sedan‹, ist der verzweifelte Versuch der alliierten Luftstreitkräfte, den deutschen Durchbruch zu verhindern, gescheitert. Die französische Bomberwaffe liegt vernichtet am Boden. Sogar von den eingesetzten britischen Bomberstaffeln kehren 60 Prozent nicht zurück.

»Niemals erlitt die Royal Air Force eine höhere Verlustrate als bei diesem selbstmörderischen Einsatz«, heißt es in der Geschichte der RAF.

Früh am 15. Mai wird der britische Premierminister Churchill, der eben erst sein Amt angetreten hat, von seinem französischen Kollegen Reynaud aus dem Bett geklingelt.

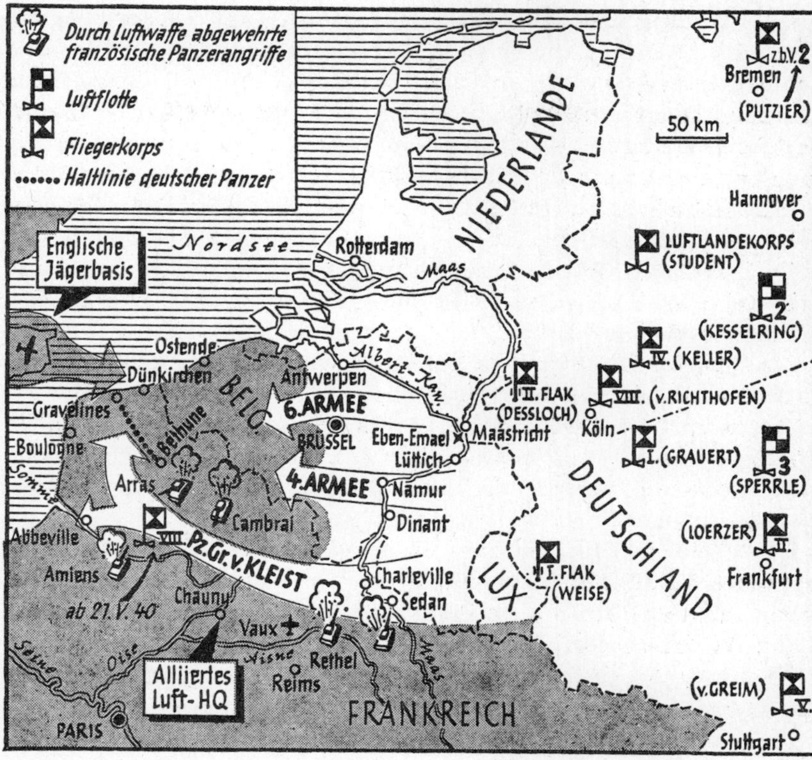

Die Luftwaffe beim Westfeldzug: Nach dem ›Sichelschnittplan‹ machte das Heer nicht, wie vom Gegner erwartet, den rechten, sondern den linken Flügel stark. Die Panzergruppe v. Kleist stieß binnen elf Tagen zur Kanalküste vor. Kampf- und Sturzkampfflugzeuge schlugen die Bresche durch die französisch-belgische Festungsfront an der Maas. Sie stoppten auch die Panzervorstöße der Alliierten in die langen, ungeschützten Flanken des ›Sichelschnitts‹. Nur Dünkirchen konnte nicht aus der Luft abgeriegelt werden; dafür war die Luftwaffe zu schwach und die englische Jägerbasis zu nah.

»Wir sind geschlagen«, sagt Reynaud mit versagender Stimme. »Wir haben die Schlacht bei Sedan verloren!«

Churchill will die Hiobsbotschaft nicht glauben. »Das«, sagt er, »kann doch unmöglich so schnell gekommen sein?«

Eine Woche später stehen Guderians Panzer bereits am Kanal.

Am Morgen des 22. Mai 1940 fliegt der Chef des Stabes des VIII. Fliegerkorps, Oberstleutnant Hans Seidemann, mit seinem Fieseler-Storch nach Cambrai. Dort liegen die beiden am weitesten vorgeschobenen Gruppen der Nahkampfflieger: die Schlachtgruppe II./LG 2 des Hauptmanns Otto Weiß, nach wie vor die einzige ihrer Art in der deutschen Luftwaffe, die immer noch mit der alten Henschel Hs 123 ausgerüstet ist; und eine Jagdgruppe, die I./JG 21 unter Hauptmann Werner Ultsch.

Die Jäger sind den Schlachtfliegern zum ›persönlichen Schutz‹ zugeteilt, weil die langsamen Doppeldecker feindliche Jäger wie Magnete auf sich ziehen.

Seidemann, Weiss und Ultsch stehen auf dem Flugplatz und besprechen die nächsten Einsätze. Die Lage ist ungemütlich: Die Panzer sind längst durch, die Infanterie ist noch nicht da. In Arras, 35 Kilometer nordwestlich, halten die Engländer. Die britisch-französischen Armeen im Norden sehen ihre Chance im Durchbruch nach Süden. Dort, bei Amiens, hat die Luftaufklärung ebenfalls starke feindliche Panzerverbände festgestellt, die den durchgestoßenen deutschen Panzerdivisionen in den Rücken fallen können. Die Krise ist da. Das Gelingen des kühnen ›Sichelschnitts‹ steht auf des Messers Schneide.

»Wir werden die Stukagruppen gegen die Feindpanzer bei Amiens einsetzen«, sagt Seidemann zum Kommandeur der Schlachtgruppe. »Vielleicht werden auch Sie noch Angriffe auf die Panzer fliegen müssen, Weiß.«

Da nähert sich plötzlich flatterndes Motorengeräusch. Die Offiziere starren der Maschine entgegen. Es ist eine He 46, ein Heeresaufklärer. Sie hängt stark über den rechten Flügel. Das Leitwerk ist zerschossen. Will sie hier landen? Nein, der Beobachter beugt sich heraus und wirft über dem Gefechtsstand eine Rauchpatrone mit einer Meldung ab. Die mit Bleistift hingekritzelte Notiz lautet:

»Etwa 40 Feindpanzer und 150 Lkw mit aufgesessener Infanterie von Norden im Vorstoß auf Cambrai.«

Oberstleutnant Seidemann will es nicht glauben. »Das muß doch ein eigener Verband sein!« ruft er.

Wenn es aber doch der Feind ist? Dann schweben sie in höchster Gefahr, überrumpelt zu werden. Und nicht nur sie. Durch Cambrai führt die Hauptnachschubstraße für die vorgestoßenen deutschen Korps. Cambrai hat außer der Flak zum Schutz des Flugplatzes keinerlei Erdverteidigung.

Hauptmann Weiß gibt einen Befehl und läuft zu seiner Maschine. Vier Henschel rumpeln über den Platz, der Stabsschwarm startet zur Gefechtsaufklärung. Sie sind kaum zwei Minuten in der Luft, da sehen sie schon die Panzer vor sich. Kein Zweifel: Es sind Franzosen, sechs Kilometer vor Cambrai!

»In Rudeln von vier bis sechs Panzern stellten sie sich südlich des Kanals de la Sensée zum Angriff bereit«, berichtet Hauptmann Weiß später, »während nördlich des Kanals eine lange Lastwagenkolonne nachrückte.«

Sofort greift der Stabsschwarm mit Bomben und Bordwaffen an. Aber allein sind sie machtlos. Weiß wendet und jagt zum Platz zurück. Schon von unterwegs befiehlt er seine Flugzeugführer über Funk zur Einsatzbesprechung. Dann stoßen sie auf den ungleichen Feind hinab. Immer wieder. Eine Staffel nach der anderen. Die ›Schlächter‹ legen den Panzern ihre 50-Kilo-Bomben direkt ›vor die Füße‹. Wenn sie Glück haben, zerreißt es wenigstens die Ketten. Die Jäger halten mit ihren 2-cm-Kanonen dazwischen. Bald steht über die Hälfte der feindlichen Lastwagen in Flammen. Die Infanterie ist ausgeschwärmt und wartet, noch unschlüssig, auf den Ausgang des ungewöhnlichen Kampfes.

Wer wird siegen – Flugzeuge oder Panzer?

Fünf, sechs Stahlkolosse werden in Brand geschossen. Ein gutes Dutzend bleibt bewegungsunfähig liegen. Aber die restlichen Panzer rollen weiter auf Cambrai vor.

Nichts scheint sie mehr aufzuhalten.

Da krachen plötzlich aus nur 150 Meter Entfernung die trockenen Schüsse von 8,8-cm-Flak. Zwei schwere Batterien der I./Flakregiment 33 sind am Stadtrand in Stellung gegangen und haben auf ihre Chance gewartet. Binnen weniger Minuten sind fünf Hotchkis-Panzer abgeschossen. Die anderen drehen ab.

Am Nachmittag ist die bedrohliche Lage bei Cambrai bereinigt. Die herbeigerufenen Stukas können sich auf andere Durchbruchsverbände des Feindes bei Arras stürzen.

Schlachtflieger, Jäger und die Flak haben gemeinsam den gefährlichen Flankenstoß aus Norden abgefangen. So schlägt die Luftwaffe den Panzerdivisionen den Weg frei und schützt zugleich die langen offenen Flanken des deutschen Durchbruchs zum Kanal, bis die Infanterie in Gewaltmärschen nachgerückt ist. Beide Aufgaben sind typisch für diese Phase des Krieges. Zwei, drei Tage später sehen die alliierten Armeen nur noch eine Chance, aus dem großen Sack in Flandern zu entkommen: Dünkirchen.

11. Das ›Wunder‹ von Dünkirchen

Am 24. Mai meldet die von Süden und Westen auf Dünkirchen vorstoßende Panzergruppe v. Kleist zum erstenmal »feindliche Luftüberlegenheit«. Am Abend des 26. Mai heißt es im Kriegstagebuch von Guderians XIX. Armeekorps sogar:

»Sehr starke Aktivität feindlicher Jäger. Unser eigener Jagdschutz fehlt völlig. Einsatz der Luftwaffe gegen feindliche Seetransporte bleibt unwirksam.«

Was ist geschehen? Die Schlacht in Nordfrankreich nähert sich ihrem Höhepunkt. Sie nähert sich Dünkirchen. Die Entfernungen von den meisten Einsatzhäfen der Luftwaffe werden immer größer. Die Stukagruppen des VIII. Fliegerkorps starten jetzt von Feldflugplätzen östlich St.-Quentin. Aber auch von dort sind die Flugwege schon wieder zu lang. Die Kanalküste, Boulogne, Calais und Dünkirchen liegen an der Grenze der Stuka-Reichweite.

Richthofen treibt seine Verbände weiter nach vorn. Am 24. Mai soll wenigstens eine Jagdgruppe, die I./JG 27, auf den gerade von den Engländern geräumten Flugplatz St-Omer vorverlegen, um dicht hinter der Front zu sein. Der Stabsschwarm setzt zur Landung an.

»Plötzlich sah ich«, berichtet der Kommodore des JG 27, Oberstleutnant Ibel, »daß das Rollfeld zwischen deutschen und englischen Batterien lag, die sich ein Feuergefecht lieferten...«

Mit dem letzten Tropfen Sprit landet die Gruppe weiter südlich, bei St-Pol. Trotz des großen Risikos durch die offene Südflanke des deutschen Panzervorstoßes werden sogar einige Staffeln des Stukageschwaders 2 in den kaum freigekämpften Raum vorgezogen.

Aber nun klappt es mit dem Nachschub nicht. Die Lkw-Kolonnen bleiben stecken. Und die Transport-Ju können nicht genug Flugbenzin, Bomben und Munition für die Stukas heranschleppen. An ein Vorziehen der zweimotorigen Bomber auf Flugplätze direkt hinter der Front ist überhaupt nicht zu denken.

So sieht es bei der deutschen Luftwaffe aus, als sie in die Schlacht von Dünkirchen geworfen wird! Dennoch greifen die Verbände an. Ihre Einsatzstärken sind im Laufe des zweiwöchigen, gnadenlosen Feldzuges zusammengeschmolzen. Manche Kampfgruppe bringt statt 30 nur noch 14 oder 16 Flugzeuge in die Luft. Aber sie greifen an. Bomben schlagen in die Kais und Schuppen des Hafens. Am 26. Mai gegen Mittag gehen die großen Öltanks am Westrand der Stadt in Flammen auf. Stukas zerstören mit gezieltem Bombenwurf die Schleusen zum Innenhafen. Treffer zerreißen die Gleisanlagen des Verschiebebahnhofs. Schiffe brennen. Ein Frachter sinkt langsam auf den Grund des von Einschlägen zerwühlten Hafenbeckens.

In diesen Tagen bricht die Hölle über Dünkirchen herein. Die Engländer haben beschlossen, ihre Armee vom Festland auf die Insel hinüberzuretten. Und es gibt keinen anderen Weg: Sie müssen durch Dünkirchen hindurch. Für dieses Ziel setzen sie alles ein – selbst die bisher sorgsam gehütete Jagdwaffe, selbst ihr modernstes Jagdflugzeug, die Spitfire Mark II A, deren Leistungen denen der Me 109 E gleichwertig sind. Zudem haben sie einen erheblichen Vorteil auf ihrer Seite: Dünkirchen und das ganze Kampfgebiet liegen bequem in der Reichweite der britischen Jäger, die von ihren Heimatflugplätzen auf der Insel aus operieren können.

So gehen auch die deutschen Flieger durch die Hölle von Dünkirchen. Ihr eigener Oberbefehlshaber hat sie ihnen bereitet.

Am 23. Mai steht Görings Sonderzug, den er als rollendes Hauptquartier benutzt, bei Polch in der Eifel. Die neuesten Meldungen treffen ein. In Flandern zeichnet sich der große Sack ab, in dem die Alliierten stecken. Die vordersten deutschen Panzer bei Gravelines stehen um 50 Kilometer näher bei Dünkirchen als die Engländer, die noch bei Lille und Arras kämpfen. In wenigen Tagen wird auch das Loch zum Meer geschlossen sein.

Und die Luftwaffe? Soll sie leer ausgehen bei diesem großen Sieg? Göring schlägt mit der Faust auf den runden Eichentisch: »Stellen Sie mir sofort eine Verbindung zum Führer her!«

Nach einer Minute ist Hitler in seinem benachbarten Hauptquartier, dem ›Felsennest‹, am Telefon.

»Mein Führer«, sagt Göring, »überlassen Sie die Zerschlagung des bei Dünkirchen eingekesselten Feindes mir und meiner Luftwaffe!«

Hitler ist nur zu gern bereit, den Vorschlag anzunehmen, weil er die Panzerverbände für den weiteren Feldzug gegen Frankreich schonen will. Am 24. Mai mittags wird der Haltbefehl ausgegeben, der die deutschen Panzer dicht vor Dünkirchen an der Linie Gravelines–St-Omer–Béthune für zweieinhalb Tage festnagelt. Göring verlangt genügend Raum für die Angriffe der Luftwaffe.

»Der nimmt den Mund mal wieder reichlich voll«, sagt General Jodl, der Chef des Wehrmachtführungsamtes, sarkastisch.

Auch General Kesselring, Befehlshaber der Luftflotte 2, erhebt Einspruch: »Diese Aufgabe ist mit meinen ausgepumpten Kräften gar nicht lösbar.«

Aber Göring bleibt dabei: »Das schafft meine Luftwaffe allein!«

Die Stabskette des Stukageschwaders 2 hält auf die Küste zu. Der Kommodore, Major Oskar Dinort, schaut hinunter. Die Sonne scheint, aber ein dunstiger Schleier liegt über dem Land. Immerhin, die Kanalküste blinkt verschwommen herauf, das französische Ufer der berühmten Seestraße zwischen Calais und Dover.

Calais selbst liegt linker Hand, unverkennbar durch den schwarzbraunen Rauchpilz, der über der brennenden Stadt lagert. Dort steht die 10. Panzerdivision im Straßen- und Häuserkampf. Die Alliierten haben sich im Stadtkern, in der Zitadelle und am Hafen festgebissen. Sie werden durch Schiffsartillerie unterstützt. General Guderians XIX. Armeekorps hat Stuka-Unterstützung angefordert, um die lästigen Zerstörer vor der Küste zum Schweigen zu bringen.

Das ist Dinorts Auftrag: Angriff auf britische Kriegsschiffe vor Calais. Zwei Gruppen seines Geschwaders sind im Anflug, die I. unter Hauptmann Hubert Hitschhold und Hauptmann Hein Brückers III./StG 2. Man schreibt den 25. Mai 1940.

Die pausenlosen Einsätze der letzten 14 Tage haben die Gruppen zusammengeschweißt. Die Bewährungsprobe liegt längst hinter ihnen. Dennoch spürt Dinort den prickelnden Reiz des Neuen, Unbekannten: Es geht zum erstenmal gegen Schiffe, gegen winzige Punktziele, die sich auch noch bewegen und Haken schlagen können. Was tut man dagegen? Wie greift man sie an? Es gibt nur wenige Flugzeugführer im Stukageschwader 2, die so etwas jemals geübt haben.

Dinort kneift die Augen zusammen. Das diffuse Licht blendet. Die See liegt unter ihm wie eine endlose Mattglasscheibe. Da, auf einmal sind ein paar Staubkörner auf der Scheibe.

Schiffe! Eine ganze Menge, aber winzig klein. Und die sollen sie treffen?

»Gruppenweise Angriff auf Schiffsziele«, befiehlt Dinort. »Freie Zielwahl.«

Seine beiden ›Kettenhunde‹, die Oberleutnante Ulitz und Lau, schwenken zur ›Reihe rechts‹ hinter die Ju 87 des Kommodore ein. Sie drosseln die Motoren und drücken die Maschinen etwas hinab. Bei so kleinen Zielen müssen sie so tief wie möglich stürzen und brauchen den Sturz nicht schon in 4000 Meter Höhe anzusetzen.

Dann legt Dinort die Ju aus einer Linkskurve in die Rolle und kippt ab. Er hat sich ein etwas größeres Schiff ausgesucht. Aber das Ziel wandert aus dem Visier, es verschwindet unter der Motorhaube der Ju. Dinort geht zum ›Treppensturz‹ über: Er stürzt, verliert das Ziel, fängt ab, orientiert sich neu, stürzt wieder. Er kommt wie über die Stufen einer Treppe zum Meer hinab.

Schließlich der entscheidende Zielsturz. Nun ist das Schiff kein ›Staubkorn‹ mehr. Deutlich liegt der lange, schlanke Rumpf eines Zerstörers unter ihm. Rasch kommt er näher, wächst ins Visier hinein.

Plötzlich aber dreht der Zerstörer an und schiebt den Bug nach links. Dinort sieht deutlich die weißschäumende Hecksee hinter dem Schiff, wo die Schrauben das Wasser peitschen. Er versucht mitzudrehen. Immer schneller kurvt das Schiff herum. 180 Grad schon – ein Halbkreis. Die Ju kann nicht mehr folgen. Mit entgegengesetztem Kurs rutscht der Zerstörer unter dem Stuka durch.

Dinort muß abfangen, hochziehen und das Ganze noch einmal von vorn versuchen.

Den gut 40 Stukas der beiden Gruppen geht es nicht besser: Die meisten Bomben rauschen ins Meer, doch die eindrucksvollen Wasserfontänen nützen nichts. Getroffen werden nur ein Wachtboot und ein Transportschiff, dem zwei Bomben in das Vorschiff schlagen. Weitere Wirkung wird nicht beobachtet.

Eine Stukastaffel nach der anderen drückt nach dem Abfangen tief auf die See hinunter und sammelt zum Abflug nach Süden. In diesen Sekunden direkt nach dem Sturzangriff sind die Stukas besonders verwundbar. Durch das Abfangen sinkt die Geschwindigkeit rapide. Die Jus scheinen in der Luft stehenzubleiben. Und die Flugzeugführer haben alle Hände voll zu tun:

Sie müssen die Sturzflugbremsen wieder einfahren, müssen die im Sturz geschlossene Kühlerjalousie öffnen, den Zünderschaltkasten für die Bomben abstellen, die Trimmung für Höhenruder und Propeller ändern.

Außerdem sollen alle in derselben Richtung aus dem Bereich der feindlichen Flak herausstoßen. Sie sollen ihren Vordermann im Auge behalten, sollen dicht aufschließen, damit die Gruppe wieder stärkere Abwehrkraft gegen Angriffe von hinten bekommt.

Das alles beansprucht die volle Aufmerksamkeit der Flugzeugführer. Die feindlichen Jäger wissen das. Jetzt ist der günstigste Zeitpunkt zum Angriff. Jetzt haben sie die Chance, die Deutschen überraschend zu packen.

»Englische Jäger von hinten!«

Der Warnruf im Funksprech läßt Major Dinort herumfahren. Hoch über sich sieht er blitzende, kreisende Punkte. Die eigenen Jäger liegen im Luftkampf mit dem Feind. Aber es gelingt immer einigen Spitfires, sich aus der Kurbelei zu lösen und Jagd auf die lohnendere Beute zu machen: die Stukas.

Dinort nimmt sofort das Gas zurück und läßt die Ju leicht über die rechte Tragfläche wegschmieren. Entkommen kann er dem mehr als doppelt so schnellen Jäger nicht. Es gibt andere Mittel, um ihm den Angriff unmöglich zu machen. Dieses leichte Rutschen zum Beispiel. Die Spitfire, die schon im Zielanflug ist, kann einer solchen Bewegung nicht folgen – gerade wegen ihrer hohen Geschwindigkeit.

Die Ju 87 wandert aus dem Visier des Engländers heraus. Sein Feuerstoß aus den acht MG verpufft ins Leere. Dinort hat mit seinem Verfolger etwas Ähnliches gemacht wie kurz zuvor die britischen Schiffe beim Angriff der Stukas:

Ausweichen, Gegenkurven, kein festes Ziel bieten!

Sekunden später fegt die Spitfire seitlich über die Ju hinweg und zieht hoch. Die Stukaflieger sehen, wie sie dort von einer Me 109 in Empfang genommen wird.

»Die sind wir los«, sagt Dinort befriedigt.

Der Kampf in der Luft wird von Tag zu Tag härter. Gestern sind mehrere Stukas von ihren Einsätzen über der Kanalküste nicht zurückgekehrt. Spitfires haben ihnen aufgelauert. Spitfires, die jetzt von ihren Heimatplätzen in England aus operieren können.

Von dort haben sie einen wesentlich kürzeren Anflugweg nach Calais und Dünkirchen als die meisten deutschen Verbände, die ihre Einsatzhäfen gar nicht so schnell nach vorn verlegen können, wie das Heer vorstößt.

Auch die beiden Gruppen vom Stukageschwader 2 müssen sich nun schleunigst auf den Heimweg machen. Der Flug zu den Einsatzhäfen bei Guise östlich St.-Quentin ist noch weit. Calais liegt fast an der Grenze ihrer Reichweite.

An diesem 25. Mai – einen Tag also, nachdem Hitler die Panzerverbände angehalten und der Luftwaffe die »Zerschlagung des Feindes« überlassen hat – greifen auch die anderen Geschwader des Nahkampf-Fliegerkorps v. Richthofen keineswegs Dünkirchen an.

Das Kampfgeschwader 77 und das Stukageschwader 1 stoppen starke französische Panzerangriffe in der langen deutschen Südflanke bei Amiens. Graf Schönborns Stukageschwader 77 muß sogar gegen feindliche Batterien eingesetzt werden, die den deutschen Nachschub-Flugplatz St.-Quentin unter Beschuß nehmen.

Es brennt an beiden Flanken des deutschen Durchbruchkeils zur Kanalküste. Von Dünkirchen ist gar nicht die Rede.

Am Morgen des 25. Mai ist Boulogne von der 2. Panzerdivision genommen worden, nachdem sich zwei britische Gardebataillone noch im Feuerhagel der zum Hafen vorgestoßenen deutschen Panzer eingeschifft haben und über See entkommen sind. Vollbeladen mit Soldaten ist der französische Zerstörer »Chacal« im Bombenhagel der Stukas dicht vor der Pier gesunken.

Für den folgenden Tag, den 26. Mai, vereinbaren die Generale Guderian und Richthofen einen zusammengefaßten Stukaschlag gegen Zitadelle und Hafen Calais.

Auch in Calais stehen britische Truppenteile. Aber Churchill verbietet, sie abzuholen. »Um der Sache der Solidarität der Alliierten willen« müssen diese Engländer die Hafenstadt »bis zum bitteren Ende« mit verteidigen. Gegen 8.40 Uhr am 26. Mai holt sich das zuerst angreifende StG 77 seinen Jagdschutz selbst auf den Plätzen um St-Pol ab.

»Wir saßen schon angeschnallt in den Maschinen, als die Stukas bombenschwer über unserem Feldflugplatz kreuzten«, berichtet Oberleutnant Erbo Graf v. Kageneck von der I./JG 1.

Nach den bösen Erfahrungen mit den Spitfires will das Korps diesmal kein Risiko eingehen. Das JG 27 soll mit allen Gruppen engen Begleitschutz für die Stukas fliegen.

Graf Kageneck: »Schnell waren wir in der Luft, sammelten in einer Kurve zur Gefechtsformation und hatten die Stukas bald eingeholt. In dicken Haufen, die Jäger leicht nach beiden Seiten pendelnd, näherten wir uns dem Ziel. Der Kurs war auch ohne Kompaß nicht zu verfehlen: Eine dichte schwarze Rauchsäule zeigte den Weg nach Calais.«

Plötzlich sind die britischen Jäger zur Stelle. Aber sie zögern. Sie haben die Messerschmitts entdeckt, die dicht über dem Stukaverband fliegen.

»Uns juckte es in den Fingern«, berichtet Graf Kageneck weiter, »aber wir mußten am Verband klebenbleiben. Es konnten Lockvögel sein. Wenn wir uns auf eine Kurbelei einließen, fielen vielleicht andere Spitfires über die Stukas her.«

Dann glauben die Engländer, eine Lücke im deutschen Jagdschutz zu sehen, und drücken nach unten. Sofort ziehen die Messerschmitts hoch, kurven dem Feind entgegen, schwingen ab und setzen sich dahinter.

Feuerschein blitzt an einer Spitfire auf. Schon zieht sie eine Rauchfahne hinter sich her und geht kopfüber in die Tiefe. Ein einsamer Fallschirm pendelt achteraus.

»Viktor, Viktor«, bestätigt der Führer der 7. Staffel, Hauptmann Wilhelm Balthasar über Funksprech den Abschuß.

Inzwischen sind die Stukas über Calais. In dichten Trauben stürzen sie auf die erbittert verteidigte Zitadelle hinab. Es regnet Bomben. Das in der zweiten Welle nachfolgende StG 2 kann seine Ziele kaum noch erkennen. Schwarze, graue und braune Qualm- und Staubwolken behindern die Sicht. Sie bedecken die Zitadelle, verhüllen den Hafen. Dennoch werfen die Stukas nochmals ihre Bombenlast in den brodelnden Hexenkessel.

Der schwere Angriff erstreckt sich über eine Stunde, von 9 bis 10 Uhr. Die Artillerie trommelt noch länger. Gegen Mittag tritt die 10. Panzerdivision erneut zum Sturm an, und um 16.45 Uhr kapitulieren die Verteidiger von Calais. Es sind noch 20000 Mann, darunter drei- bis viertausend Engländer, die nun in die Gefangenschaft wandern. Drüben auf der britischen Insel will man es nicht glauben und wirft noch am folgenden Tag Nachschub und Verpflegung über der brennenden Stadt ab.

So fällt Calais: im engen Zusammenwirken zwischen der Luftwaffe und den Heeresverbänden.

So könnte auch Dünkirchen fallen – der letzte größere Hafen, der dem noch tief in Flandern kämpfenden britischen Expeditionskorps zum Rückzug bleibt.

Nur zwanzig Kilometer trennen die deutsche Panzerspitze von Dünkirchen. Aber die Panzer müssen stehenbleiben. Schon zwei Tage lang. Sie sollen sich schonen. Denn Dünkirchen ›schafft‹ die Luftwaffe ja allein.

Tatsächlich fliegt die Luftwaffe auch heute, am 26. Mai, nur mit geringen Teilkräften des I. und IV. Fliegerkorps gegen die Stadt und den Hafen. Das VIII. Fliegerkorps greift mit seinen drei Stukageschwadern, seinem Kampfgeschwader und seinen Schlacht- und Jagdgruppen an vielen Stellen in den Erdkampf ein: in Calais, bei Lille, bei Amiens.

Nur gegen Dünkirchen fliegt es nicht.

Schon am 25. Mai, dem ersten Tag des ›Haltbefehls‹, fliegt Richthofen mit seinem Storch zum Gefechtsstand der Panzergruppe von Kleist, um die weiteren gemeinsamen Maßnahmen zu besprechen. Zufällig sind dort auch der Oberbefehlshaber der 4. Armee, Generaloberst von Kluge, und die Kommandierenden Generale der angehaltenen Korps – Guderian und Reinhardt – zugegen.

Über die Reaktion auf das Halt für die Panzertruppe, kurz vor dem greifbar nahen Erfolg, berichtet Guderian: »Wir waren sprachlos.«

»Nun, Richthofen«, meint der OB der 4. Armee sarkastisch, »haben Sie Dünkirchen bereits aus der Luft genommen?«

»Ich habe es überhaupt noch nicht angegriffen, Herr Generaloberst«, antwortet Richthofen. »Meine Stukas liegen zu weit hinten, der Anflug ist zu lang. Dadurch kann ich sie höchstens zweimal am Tag einsetzen und bekomme keinen Schwerpunkt zustande.«

»Und wie sieht es bei den anderen Fliegerkorps aus?«

»Die liegen noch weiter zurück, die meisten auf Plätzen im Reich und in Holland. Das ist selbst für die He-111- und Ju-88-Verbände reichlich weit.«

Kluge schüttelt den Kopf: »Und wir dürfen nicht über den Aa-Kanal, um der Luftwaffe nicht ins Gehege zu kommen. Deshalb ist die ganze Panzerwaffe lahmgelegt. Was jetzt geschieht, sind doch nur Nadelstiche.«

»Es ist sicher«, pflichtet General Reinhardt bei, »daß der Gegner die ihm noch verbliebene Landbrücke nach Dünkirchen benutzen wird, um starke Teile seiner Armee aus unserer Umfassung zu lösen und einzuschiffen. Das kann nur durch energischen Angriff unterbunden werden.«

Noch ist es Zeit. Aber der 4. Armee sind durch den mehrmals wiederholten Haltbefehl die Hände gebunden. Der Oberbefehlshaber des Heeres, Generaloberst von Brauchitsch, und sein Generalstabschef Halder dringen mit ihrer gegenteiligen Auffassung bei Hitler nicht durch.

Selbst der draufgängerische Generalmajor v. Richthofen schätzt die Chancen seiner Stukas unter den gegebenen Umständen nicht gerade hoch ein. Kaum in seinen Gefechtsstand im Kindererholungsheim Proisy zurückgekehrt, läßt er sich eine direkte Telefonverbindung mit dem Generalstabschef der Luftwaffe, Jeschonnek, herstellen.

»Wenn die Panzer nicht sofort wieder antreten«, sagt Richthofen, »werden uns die Engländer entwischen. Niemand kann im Ernst glauben, daß wir sie allein aus der Luft anhalten können.«

»Doch«, sagt Jeschonnek trocken zu seinem Freund Richthofen, »der Eiserne glaubt es.«

›Der Eiserne‹ – das ist Göring. Und Jeschonnek fügt etwas Merkwürdiges hinzu: »Außerdem will der Führer den Briten eine blamable Niederlage ersparen.«

Richthofen glaubt nicht richtig zu hören.

»Aber dazwischenhauen sollen wir trotzdem?« will er wissen.

»Ja, natürlich. Mit allen zur Verfügung stehenden Kräften.«

Das reimt sich nicht zusammen. Das Gerücht von der absichtlichen Schonung der Engländer ist nichts als eine Legende. Denn die Luftwaffe schlägt zu. Mit aller Kraft, deren sie fähig ist. Und trotz der Skepsis seiner Generale glaubt Göring, daß er binnen weniger Tage einen großen Sieg an seine Fahnen heften kann.

Am Nachmittag des 26. Mai 1940, zur selben Zeit, da die Verteidiger von Calais kapitulieren, überstürzen sich plötzlich die Ereignisse:

In einigen Abschnitten der Flandernfront verlassen die Engländer ihre Stellungen und beginnen offensichtlich den Rückzug zur Kanalküste.

Hitler und von Rundstedt heben den Haltbefehl auf. Nach zweieinhalbtägiger Pause dürfen die Panzerdivisionen am nächsten Morgen wieder antreten.

Endlich erklärt auch die Luftwaffe Dünkirchen zum Hauptangriffsziel. Am 27. sollen erstmals beide Luftflotten Stadt und Hafen aufs schwerste bombardieren.

Um 18.57 Uhr erteilt die britische Admiralität den lakonischen Befehl, mit der Operation ›Dynamo‹, der Rettung der englischen Armee vom Festland, zu beginnen.

Eine ganze Flotte meist kleinster Schiffe setzt sich über den Kanal in Bewegung. Zerstörer und Torpedoboote, Fischdampfer, sogar Schlepper mit Lastkähnen und eine unübersehbare Zahl privater Jachten und Motorboote.

Doch die Aussichten sind düster. Vizeadmiral Bertram Ramsay, der die

Operation von Dover aus leitet, rechnet nur mit einer Frist von zwei Tagen, bis die Deutschen Dünkirchen ausgeschaltet haben. Bis dahin hofft er mit seiner ›Mückenflotte‹ bestenfalls 45000 Mann aus dem Hexenkessel herausholen zu können.

Der 27. Mai bricht an, der erste Tag der Evakuierung. Er scheint alle Hoffnungen der Engländer zunichte zu machen.

Die deutschen Luftangriffe übertreffen die schlimmsten Befürchtungen. Schon vor dem Morgengrauen sind einzelne Gruppen der Kampfgeschwader 1 und 4 über dem Ziel. Die He 111 öffnen ihre Bombenschächte. Überall blitzt der Feuerschein der Einschläge durch das nächtliche Dunkel. Aber das ist nur der Anfang.

Der Strom der Bomber reißt nicht ab. Das KG 54 greift an. Neue Brände lodern im Hafen auf. Vor der langen Ostmole bricht ein französischer 8000-Tonner, der Frachtdampfer »Aden«, unter schweren Bombentreffern auseinander.

Bis 7.11 Uhr dauert diese Ouvertüre der aus Westdeutschland und Holland anfliegenden Kampfverbände der Luftflotte 2.

Dann kommen die Stukas. Das Seegebiet vor Dünkirchen wimmelt jetzt von Schiffen aller Art. Die Flugzeugführer suchen sich die größeren Ziele heraus, kippen ab, stürzen. Erst 500 Meter über dem Ziel drücken sie den Auslöseknopf. Mit der Zünderschaltung ›mV‹ (mit Verzögerung) heulen die 250- und 500-Kilo-Bomben hinab.

Wieder gibt es durch die Wendigkeit der angegriffenen Fahrzeuge zahlreiche Fehlwürfe; doch die Treffer genügen, um mehrere Schiffe, darunter den französischen Truppentransporter »Côte d'Azur«, in den Grund zu bohren.

Auch Stadt und Hafen erhalten keine Pause zum Aufatmen. Dort greifen jetzt, nach langem Anflug aus dem Rhein-Main-Gebiet, die Do-17-Gruppen der Kampfgeschwader 2 und 3 in die Schlacht ein. Auch ihnen weisen die riesigen schwarzen Qualmpilze der brennenden Öltanks den Weg. Die Stadt selbst ist unter den Rauchschwaden der Brände, den Staubwolken der zusammenstürzenden Gebäude kaum noch zu erkennen. Und wieder fallen Hunderte von Bomben hinab in das Inferno.

Mittags beginnen die britischen Truppen das Stadt- und Hafengebiet zu räumen. Admiral Ramsay wird gemeldet, es sei unmöglich, über diese von Bomben zerrissenen Hafenkais an Bord der Schiffe zu gehen. Man müsse die Einschiffung an den offenen Strand zwischen Dünkirchen und La Panne verlegen. Dort gibt es weder Landebrücken noch Verladeeinrichtungen. Dort können keine hohen Verschiffungszahlen erreicht werden.

Bis zum Abend dieses ersten Tages der Operation ›Dynamo‹ werden ganze 7669 Mann gerettet.

Siebentausend von mehr als dreihunderttausend. Das ist so gut wie nichts.

»Wir hatten erwartet«, schreibt Admiral Ramsay, »daß sich die schwierige

Evakuierung unter dem vollen Schutz der Royal Air Force abspielen würde. Statt dessen waren die Schiffe vor der Küste stundenlang dem mörderischen Bombenhagel und Bordwaffenbeschuß der feindlichen Luftwaffe ausgesetzt.«

Jeder britische Soldat, der durch die Hölle dieser Stadt hindurch muß und glücklich drüben in England landet, stellt die gleiche Frage:

»Wo bleiben unsere Jäger?«

Aber sie tun der RAF unrecht. Die deutschen Bomber wissen sehr gut, wo die britischen Jäger zu finden sind: über Dünkirchen. Sie sitzen ihnen nur allzuoft im Nacken.

Vier Ketten Do 17 von der III./KG 3 haben ihre Bomben gerade auf die Öllager westlich des Hafens Dünkirchen abgeladen, als sie überraschend von einer Staffel Spitfires angegriffen werden. Deutscher Jagdschutz ist nicht zur Stelle. Die Bordfunker setzen sich mit ihren MG 15 verzweifelt zur Wehr. Doch bei dem blitzschnellen Angriff, bei der überlegenen Bewaffnung der Spitfires kann der Ausgang des Kampfes nicht zweifelhaft sein: Sechs von den zwölf Do 17 stürzen brennend ab oder müssen, von Geschossen zersiebt, zu Boden.

»Mit wahrhaft verbissener Wut stürzten sich die feindlichen Jäger auf unseren geschlossen fliegenden Kampfverband«, berichtet auch Major Werner Kreipe von der III./KG 2 über den Angriff seiner Gruppe gegen Dünkirchen. Nun bewährt sich ihr enger Verbandsflug, Tragfläche an Tragfläche; die Bordschützen helfen sich gegenseitig bei der Abwehr der Jagdangriffe. Dennoch häufen sich die Meldungen von den hinten fliegenden Maschinen:

»Schwere Treffer – muß ausscheren – versuche Notlandung.«

Das Kriegstagebuch des II. Fliegerkorps nennt den 27. Mai einen »schweren Tag«:

»Mit 64 Vermißten, sieben Verwundeten und dem Totalausfall von 23 Flugzeugen übertreffen die Verluste heute die Gesamtverluste der letzten zehn Tage.«

Auch bei den anderen Fliegerkorps reißt der Großeinsatz gegen Dünkirchen ähnliche Lücken. Die von England aus in den Kampf geworfenen 200 Spitfires und Hurricanes haben also durchaus ihre Spuren hinterlassen, wenn sie auch das Bombardement auf die Einschiffung nicht verhindern konnten.

Hält die Luftwaffe das durch? Kann sie auch an den nächsten Tagen mit der gleichen Ausdauer und Wirkung angreifen?

Am 28. Mai wird das Wetter von Stunde zu Stunde schlechter. Zwar fliegen einzelne Kampfgruppen erneut gegen die Kanalküste, doch sie greifen Ostende und Nieuport an – auf Dünkirchen fallen kaum Bomben. Die tiefhängenden Wolken vermischen sich mit dem Qualm und Rauch zu einem dichten, undurchdringlichen Schleier, der die Stadt gegen Fliegersicht schützt.

Admiral Ramsay und seine Helfer atmen auf. Entgegen dem gestern gewonnenen Eindruck ist auch der Hafen noch nicht völlig von Bomben umgepflügt. Vor allem an der langen Ostmole können die Schiffe anlegen. Das schafft viel mehr als der mühsame Abtransport vom Strand. An diesem Tage fahren schon 17804 Mann hinüber nach England.

Als der 29. Mai heraufdämmert, regnet es in Strömen. Im Tagebuch des Generals v. Richthofen heißt es:

»Alle vorgesetzten Stellen schreien heute, das VIII. Fliegerkorps solle wieder die Schiffe und Boote bei Dünkirchen angreifen, auf denen die englischen Divisionen ihr nacktes Leben retten. Wir haben jedoch nur 100 Meter Wolkenhöhe, und ist der Kommandierende General der Auffassung, daß bei der starken Flakabwehr unsere eigenen Verluste größer sein werden als unsere Erfolge beim Gegner.«

Seit 36 Stunden fällt keine Bombe auf Dünkirchen. Und der Strom von Schiffen zum Hafen wächst.

Erst am 29. mittags reißt die Regenwand auf, ab 14 Uhr wird das Wetter gut. Nun scheint die Luftwaffe das Versäumte mit doppelter Kraft nachholen zu wollen. Drei Stukageschwader stürzen sich auf die Evakuierungsflotte. Schwere Bomben schlagen mitten in die Verladung hinein. Ein Schiff nach dem anderen geht in Flammen auf. Erneut wird der Hafen als »blockiert und unbenutzbar« gemeldet.

Ab 15.32 Uhr greifen auch die Verbände der Luftflotte 2 wieder an, darunter das KG 30 aus Holland und das von Düsseldorf startende Lehrgeschwader 1; beide fliegen das zweimotorige Sturzkampfflugzeug Ju 88, den ›Wunderbomber‹ der Luftwaffe.

Die britische Marine verliert an diesem Nachmittag drei Zerstörer, sieben weitere werden durch Bomben schwer beschädigt. Die Admiralität hält diese Verluste für untragbar und zieht ihre modernen Zerstörer von Dünkirchen zurück. Noch schwerer wiegt, daß die Stukas hintereinander fünf große Fährschiffe versenken, die besonders viele Menschen transportieren können: die »Queen of the Channel«, »Lorina«, »Fenella«, »King Orry« und »Normannia«.

Wenige Stunden schwerer Luftangriffe bringen die Operation ›Dynamo‹ in höchste Gefahr. Trotz allem aber werden am 29. Mai 47310 Mann glücklich abtransportiert.

Der 30. Mai sieht wieder das Wetter im Bunde mit den Engländern. Nebel und Regen fesseln die Luftwaffe an den Boden. Auch das Heer kommt gegen die erbitterte Verteidigung des Brückenkopfes nicht so recht voran. Nun rächt sich der Haltbefehl für die Panzer, die vor sechs Tagen noch gegen schwachen Widerstand in den Rücken des Feindes stoßen und den Sack bei Dünkirchen hätten schließen können. An diesem Tage steigt die Transportzahl auf 53823 Mann, davon 14874 Franzosen.

Auch der 31. Mai beginnt mit Nebel, klart aber dann auf, so daß wenigstens am Nachmittag einige Kampfgruppen eingesetzt werden. Die Stukageschwader hingegen können den ganzen Tag nicht starten. 68014 Alliierte erreichen die Insel.

Erst der folgende Morgen, der 1. Juni, zieht mit strahlendem Sonnenschein herauf. Noch einmal wirft die Luftwaffe alles in die Schlacht, was sie zusammenraffen kann.

Zahlreiche Staffeln Spitfires und Hurricanes wollen die Bomber abfangen; doch sie werden von den Me 109 des Jagdgeschwaders 51 (Oberst Theo Osterkamp) und den Me 110 des Zerstörergeschwaders 26 (Oberstleutnant Joachim Huth) in erbitterte Luftkämpfe verstrickt.

So können sich die Stukas einmal mehr auf die Schiffsziele stürzen. Vier mit Truppen vollbeladene Zerstörer versinken im Meer, dazu zehn Schiffe der Evakuierungsflotte. Zahlreiche weitere werden von Bomben getroffen.

Obwohl auch an diesem Tage wieder 64429 Soldaten gerettet werden, muß Admiral Ramsay unter dem verheerenden Eindruck der Luftangriffe beschließen, seine Flotte nur noch nachts nach Dünkirchen hinüberzuschicken.

Als die deutschen Aufklärer am Morgen des 2. Juni das Seegebiet vor Dünkirchen absuchen, sind die Schiffe verschwunden. Die Kampfgruppen werden auf Landziele abgedreht. Die Luftwaffe schaut nun nach Süden, nach Frankreich hinein. Schon am nächsten Tage findet ein Großangriff gegen Paris statt.

Alles in allem hat die Luftwaffe also nur an zweieinhalb Tagen wirklich schwere Angriffe gegen Dünkirchen gerichtet: am 27. Mai, am Nachmittag des 29. Mai und am 1. Juni.

Die Operation ›Dynamo‹ aber erstreckt sich über ganze neun Tage. Noch im Morgengrauen des 4. Juni stürmen zum letztenmal Soldaten auf die wartenden Schiffe. Insgesamt werden 338226 Mann gerettet – ein für den Fortgang des Krieges entscheidender Erfolg, mit dem niemand gerechnet hatte.

Als Dünkirchen dann endlich am 4. Juni gefallen ist, notiert General Halder, der Generalstabschef des Heeres, in sein Tagebuch: »Stadt und Küste in unserer Hand. Franzosen und Engländer sind weg!«

Tatsächlich aber bleiben 35000–40000 Franzosen zurück und gehen in die Gefangenschaft. Durch ihren tapferen Widerstand konnte die ›Operation Dynamo‹ so lange ausgedehnt und konnten so viele ihrer Kameraden – die Engländer fast vollzählig – abtransportiert werden.

Deutsche Infanteristen kämmen den von Trümmern übersäten Strand ab. Da stolpert ihnen winkend ein abgerissener Flieger entgegen: Oberleutnant v. Oelhaven, Staffelkapitän der 6./LG 1. Seine Ju 88 war von Spitfires abgeschossen worden. Er selbst sollte als Gefangener nachts über einen der Lastwagen-Behelfsstege an Bord eines britischen Schiffes gehen.

Oelhaven sah die günstige Gelegenheit, sprang ins Wasser und klammerte sich zwischen den Lkw unter dem Steg fest. 36 Stunden hielt er dort aus. 36 Stunden in Ebbe und Flut – bis endlich die Deutschen kamen. Für ihn persönlich war Dünkirchen zweifellos eine gewonnene Schlacht.

12. Karussell am Kanal

Die zweite Phase des Westfeldzuges, die am 5. Juni 1940 beginnt und nach nicht einmal drei Wochen mit dem Waffenstillstand zwischen Frankreich, Italien und Deutschland endet, sieht die Luftwaffe nach dem ›Muster Polenfeldzug‹ hauptsächlich in der Unterstützung des vorwärtsstürmenden Heeres. Der nächste Gegner heißt England. Freilich: Wird England nicht lieber ›vernünftig‹ sein und Frieden schließen, bevor der Kampf neu entbrennt, um sich dann ausschließlich gegen die Insel zu richten?

Am 10. Juli 1940 liegt über Südostengland und über der Straße von Dover in etwa 2000 Meter Höhe eine aufgerissene Wolkendecke, aus der manchmal kurze, heftige Schauer niederprasseln. Vom Nordatlantik nähert sich ein Tief. Im übrigen England regnet es Bindfäden. Die Wetterlage ist typisch für den allzu feuchten Juli, dem nach der Siebenschläferregel prompt ein verregneter Sommer folgt.

Die deutschen Jagdflieger, die sich mit ihren Gruppen nach und nach auf den Einsatzhäfen hinter der französischen Kanalküste einfinden, schlagen sich mißmutig die Arme warm. Der Dreck von den aufgeweichten Plätzen klebt ihnen an den Stiefeln, die Rollfelder sind grundlos vom ewigen Regen. Wie sollen sie bei solchen Bedingungen die britischen Jäger zum Kampf stellen? Oder geht es doch nicht gegen England?

Niemand weiß es. Seit dem Ende des Frankreichfeldzuges ist nicht mehr viel los. Die Luftwaffe zögert, wartet ab. Die höhere Führung hofft auf ein Einlenken Englands. Die meisten Kampf- und Jagdgeschwader liegen in Ruhe.

Doch es gibt Ausnahmen. An diesem 10. Juli melden Aufklärer um die Mittagszeit einen großen britischen Küstengeleitzug auf der Höhe von Folkestone mit Kurs auf Dover. Im Gefechtsstand des deutschen ›Kanalkampfführers‹, Oberst Johannes Fink, der sich am Kap Gris Nez westlich Calais in einem ausrangierten Omnibus, gleich hinter dem Denkmal zur Erinnerung an die Landung der Engländer 1914 eingerichtet hat, läuten die Telefone.

Eine Kampfgruppe Do 17 wird alarmiert. Eine Jagdgruppe Me 109 zum Begleitschutz befohlen. Eine Zerstörergruppe Me 110 gegen das gleiche Ziel eingesetzt. Finks Auftrag lautet, »den Kanal für die feindliche Schiffahrt zu sperren«. Der gemeldete Geleitzug wird es schwer haben.

Gegen 1.30 p. m. englischer Zeit entdecken die Radarbeobachter mehrerer Stationen der ›Chain Home‹ (Heimatverteidigungskette) auf ihren Bildschirmen eine verdächtige Ansammlung von Flugzeugen im Luftraum über Calais. Die Radarortung täuscht nicht: In dieser Minute – nach deutscher Zeit ist es 14.30 Uhr – trifft sich über Calais die aus dem Raum Arras anfliegende II. Gruppe des Kampfgeschwaders 2 unter Major Adolf Fuchs mit der soeben von ihrem

Platz St-Omer gestarteten III. Gruppe des Jagdgeschwaders 51 unter Hauptmann Hannes Trautloft.

Eine Jagdstaffel übernimmt den direkten Begleitschutz der Do 17. Mit den anderen beiden Staffeln geht Trautloft 1000 bis 2000 Meter höher, um eine bessere Angriffsposition gegenüber feindlichen Jägern zu besitzen, die sich – wenn sie kommen – auf die langsameren Kampfflugzeuge stürzen werden.

Es sind rund zwanzig Do 17 Z und zwanzig Me 109 E, die nun in starker Höhenstaffelung über den Kanal hinweg schnurstracks auf die englische Küste zufliegen. Nach wenigen Minuten erkennen sie den Geleitzug, auf den es die Bomber abgesehen haben. Aus anderer Richtung fliegt noch eine weitere Gruppe an: 30 Zerstörer Me 110 C vom ZG 26 des Oberstleutnants Huth.

Insgesamt tummeln sich nun, wenn auch auf einen breiten und hohen Luftraum verteilt, 70 deutsche Bomber, Zerstörer und Jäger dicht vor der englischen Küste. Werden die Engländer diese Herausforderung annehmen?

Die routinemäßige Luftsicherung des britischen Geleitzuges besteht zunächst nur aus sechs Hurricanes von der 32. Staffel aus Biggin Hill. Nach britischen Berichten haben die sechs auch noch das Pech, kurz vor dem entscheidenden Augenblick durch eine Regenwolke getrennt zu werden. Als sie, zunächst nur zu dritt, wieder aus der Wolke hervorstoßen, sehen sie plötzlich »Wellen feindlicher Bomber von Frankreich her näherkommen«.

»Die Hurricanes stürzen sich auf sie«, heißt es in einem dieser Berichte, »drei gegen einhundert.«

Auch in der 1953 erschienenen Geschichte der Royal Air Force heißt es über die Luftkämpfe im Juli 1940: »Immer und immer wieder fand sich eine Handvoll Spitfires und Hurricanes im verwegenen Kampf mit Verbänden von hundert oder noch mehr deutschen Flugzeugen.«

Entgegen solchen Berichten ist es eine Tatsache, daß in jener Zeit nur ein einziges Jagdgeschwader, nämlich das JG 51 unter Führung von Oberst Theo Osterkamp, an der Straße von Dover gegen England im Kampf steht. Die Einsatzzahlen der drei Gruppen – I./51 Hauptmann Brustellin, II./51 Hauptmann Matthes, III./51 Hauptmann Trautloft – sinken durch das schlechte Wetter und als Folge der Gefechte über dem Kanal stark ab; am 12. Juli muß dem Geschwader eine vierte Gruppe, die III./JG 3 unter Hauptmann Kienitz, unterstellt werden. So hat Osterkamp wenigstens wieder 60 bis 70 einsatzbereite Me 109. Mit voller Absicht dürfen nur so wenige Maschinen fliegen, um die Jäger nicht schon vor Beginn des Großangriffs auf England abzunutzen.

Das JG 26, in dem Hauptmann Galland die III. Gruppe führt, greift ebenso wie das JG 52 erst in der letzten Juli-Woche in den Kanalkampf ein.

Doch zurück zum 10. Juli, der deshalb so interessant ist, weil er auf britischer Seite als Beginn der Luftschlacht um England bezeichnet wird.

Die Do 17 der III./KG 2 sind im Anflug auf den Küstengeleitzug, als Hauptmann Trautloft plötzlich den sehr hoch fliegenden britischen Jagdschutz entdeckt: erst drei, dann alle sechs Flugzeuge. Aber sie stürzen sich keineswegs auf die Deutschen. Sie halten ihre Höhe und warten auf eine Chance, an den zwanzig deutschen Jägern vorbei- und an die tiefer fliegenden Bomber heranzukommen. Damit nötigen sie dem Gegner mehr Respekt ab, als wenn sie sich blind oder ›heldenhaft‹ ins Verderben stürzten.

Trautloft muß ständig auf der Hut sein. Er kann es nicht wagen, von sich aus die sechs Hurricanes anzugreifen. Ein Luftkampf oder gar eine Verfolgung des Gegners würde ihn sofort viele Kilometer weit von den Do 17 abziehen, die er zu schützen und heil wieder nach Hause zu bringen hat.

Vielleicht ist gerade das die Absicht der Briten: die Me 109 weglocken, ihnen eine leichte Beute vorgaukeln, damit sich andere Staffeln ungehindert auf die deutsche Kampfgruppe stürzen können.

Wenige Minuten dauert es nur, dann sind die Do 17 durch die Sprengwolken der Schiffsflak hindurch, laden ihre Bomben über dem Konvoi ab und drücken tief auf die See hinunter zum Heimflug. In diesen wenigen Minuten ändert sich die Lage völlig.

Durch die Radarortung rechtzeitig gewarnt, schickt das britische Jägerkommando vier weitere Staffeln in den Kampf: die 56., die an diesem Tage von Manston startet, und die 111. aus Croydon, beide mit Hurricanes; ferner die 64. und 74. Staffel aus Kenley und Hornchurch, beide mit Spitfires.

»Plötzlich hängt der Himmel voller britischer Jäger«, schreibt Trautloft am Abend in sein Tagebuch, »heute geht es hart auf hart!«

Nun stehen 32 britische gegen 20 deutsche Jagdeinsitzer, und von einer Zurückhaltung oder einem Abwarten der Engländer kann jetzt keine Rede mehr sein.

Gerechterweise muß im gegenseitigen Kräfteverhältnis noch die deutsche Zerstörergruppe erwähnt werden. Doch als die Spitfires und Hurricanes von allen Seiten heranjagen, gehen die dreißig Me 110 zur Verteidigung über: Sie bilden einen Abwehrkreis. Mit dem einen 7,9-mm-MG, das aus dem B-Stand Schußfeld nach rückwärts hat, können sie sich gegen die von hinten angreifenden schnellen Jäger kaum wehren.

Deshalb traben sie wie Zirkuspferde in der Arena des Luftkampfes herum. Dreißig Zerstörer – einer hinter dem andern. Dabei schützt immer die nachfolgende Maschine mit ihrer im Rumpfbug zusammengeballten Feuerkraft – vier MG und zwei 2-cm-Kanonen – die schwache Rückseite des Vordermanns. Theoretisch eine verblüffende Lösung und auch in der Praxis recht wirkungsvoll.

Nur: Der Verband kommt kaum vom Fleck. Und die Zerstörer, die doch als Langstreckenjäger die Bomber begleiten sollen, schützen im Abwehrkreis niemand als sich selbst. Für den Luftkampf fallen sie aus.

Folglich hat die Gruppe Trautloft die Hauptlast des Kampfes zu tragen, der sich sofort in zahlreiche Einzelgefechte auflöst. Im Funksprech wird es lebendig:

»Spitfire von hinten!«

»Horrido, ich greife an!«

»Viktor, Viktor – Abschuß!«

Mehrere Hurricanes stellen sich in 5000 Meter Höhe auf den Kopf und jagen in atemberaubendem Sturzflug mehrere tausend Meter in die Tiefe. Stürzen sie ab? Wollen sie sich nur ihren Verfolgern entziehen? Oder gilt ihr gekonnter Durchbruch den tief über See abfliegenden deutschen Kampfflugzeugen?

Oberleutnant Walter Oesau, der Führer der 7. Staffel und schon jetzt einer der erfolgreichsten deutschen Jäger, sitzt einem solchen Ausreißer im Nacken. Entkommen kann der Brite nicht, denn die Me 109 ist gerade im steilen Wegdrücken erheblich schneller als die Hurricane.

Oesau hat bereits zwei Gegner nach seinen Feuerstößen schwarz qualmend ins Meer stürzen sehen. Dieser hier soll sein dritter Abschuß am gleichen Nachmittag werden. Plötzlich sieht Oesau, wie der Brite in seinem unheimlichen Sturz genau in eine deutsche Zweimotorige hineinrast. Der Feuerschein einer Explosion flammt auf, und dann trudeln beide Maschinen brennend ab. War es eine Me 110 oder eine Do 17?

Oesau kann es nicht mehr erkennen, als er an den Wracks vorbeistößt, abfängt und nach neuen Gegnern Ausschau hält.

Auch Hauptmann Trautloft sieht im Laufe des heißen Luftkampfes mehrere Flugzeuge mit dichten Rauchfahnen abstürzen, ohne zu wissen, ob es Freund oder Feind getroffen hat. Nur einmal meldet eine dem Gruppenkommandeur wohlbekannte Stimme hastig im Funksprech:

»Bin angeschossen, muß notlanden!«

Trautloft befiehlt sofort, dem Kameraden Schutz nach hinten zu geben, damit er unbelästigt bis zur Küste kommt – falls er es überhaupt noch schafft.

Es ist Oberfeldwebel Dau, Rottenführer in Oesaus Staffel. Nach dem Abschuß einer Spitfire sieht er eine Hurricane einkurven und auf gleicher Höhe genau von vorn auf sich zukommen. Auch Dau weicht keinen Millimeter. Beide drücken gleichzeitig auf die Knöpfe ihrer MG. Sie schießen aus allen Rohren und jagen schließlich haarscharf untereinander durch.

»Der Geschoßhagel des Deutschen lag etwas zu tief«, berichtet der britische Pilot, A. G. Page von der 56. Staffel, »aber ich hatte ihn wohl getroffen.«

Tatsächlich spürt Dau in den Sekunden des mörderischen Duells ein paar heftige Schläge: Treffer in Motor und Kühler! Aus der Tragfläche fetzt ein Stück heraus. Sofort läuft der Motor unregelmäßig. Eine weiße Rauchfahne vom verdampfenden Kühlwasser zieht hinter der Me her. Dau berichtet:

»Die Kühltemperatur stieg schnell auf 120 Grad. Die ganze Kabine stank nach verbranntem Kabel. Aber ich segelte noch gerade mit stehendem Motor über den Strand. Und dann 'runter, Bauchlandung, dicht bei Boulogne. Ich komme noch aus der Kiste 'raus, als sie schon in Brand steht. Sekunden später fliegen Munition und Benzin in die Luft.«

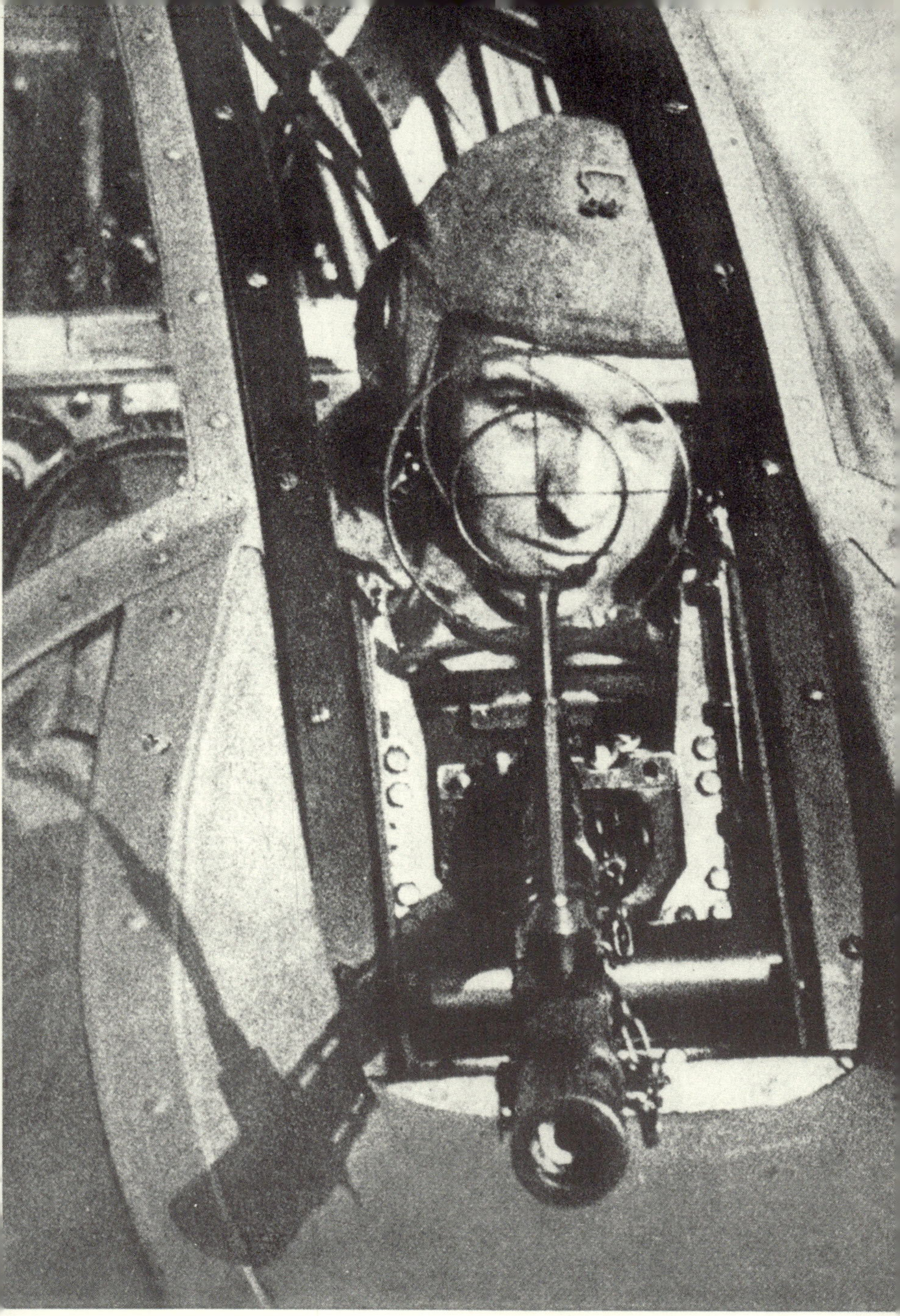

Der Fliegerschütze stellte mit seinem einen MG 15 den Schutz nach hinten dar. Der Stuka war langsam und besonders nach dem Abfangen aus dem Sturz verwundbar.

Ernst Udet (hier im Gespräch mit Professor Willy Messerschmitt), als Chef des Technischen Amtes und später als Generalluftzeugmeister für die Rüstung der Luftwaffe verantwortlich, brachte die Idee des Sturzangriffs mit der Curtiss ›Hawk‹ (unten links) aus Amerika mit. Er entschied sich auch für den Bau der Ju 87 (unten rechts beim Bombenwurf im Sturz).

Beim ›Unternehmen Weserübung‹, der Besetzung Dänemarks und Norwegens, gab die Luftwaffe das Geheimnis ihrer Fallschirmtruppe preis. Zum ersten Male nahmen Fallschirmjäger Brücken und Flugplätze im Rücken des Gegners. – Der Großeinsatz von 500 Transportflugzeugen (unten Ju 52 in Oslo-Fornebu) machte den gewagten Sprung nach Norwegen erst möglich.

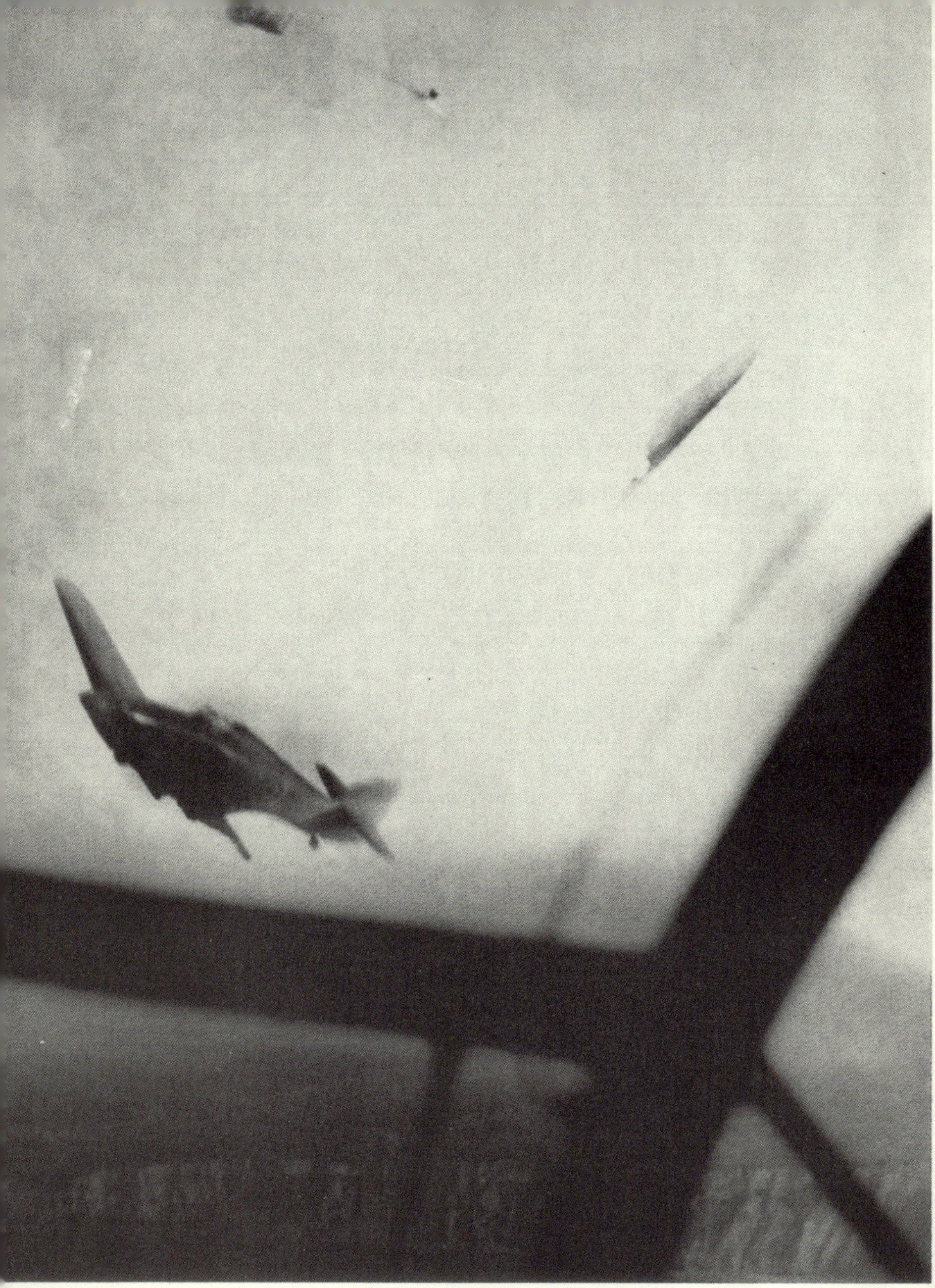

Britischer Jagdangriff auf einen deutschen Bomber über dem Kanal, dicht vor den Kreidefelsen der britischen Küste. Die Hurricane verliert die linke Tragfläche, der Pilot rettet sich mit dem Fallschirm.

Die Messerschmitt-Jagdeinsitzer Me 109 (rechts), damals allen Gegnern voraus, und die zweimotorigen Me-110-Zerstörer (unten) errangen unter dem Befehl des Oberstleutnants Schumacher (oben) am 18. Dezember 1939 einen beachtlichen Abwehrerfolg in der ›Luftschlacht über der Deutschen Bucht‹ gegen die britischen ›Wellingtons‹ (nächste Seite).

Dünkirchen: Nur an zweieinhalb Tagen konnte die Luftwaffe die Evakuierung der alliierten Truppen erfolgreich stören. Der überfüllte französische Zerstörer »Bourrasque« (oben) sinkt nach heftigen deutschen Angriffen am 30. Mai 1940 vor Nieuport.

Unten: Zwei Messerschmitt Me 110 von der ›Haifischgruppe‹ der II./ZG 76 im Tiefflug über der schwergeprüften Stadt Dünkirchen.

Die He 111 mit geöffneten Bombenschächten und mit einem versuchsweise beim KG 54 eingeführten Netzabweiser gegen Fesselballons. Vom 7. September 1940 an nahm die Luftwaffe den Zielwechsel auf London vor. Unten die Docks in der Themseschleife.

Generalleutnant Kurt Student (oben) führte das XI. Fliegerkorps. Zu den Fallschirmjägern, die über Kreta absprangen, gehörte der ehemalige Boxweltmeister Max Schmeling (rechts). Unten ein Originalfoto des Flugplatzes Malemes bei der im feindlichen Feuer erzwungenen Luftlandung am 21. Mai 1941, 16 Uhr.

Auf die gleiche Art geht noch eine zweite Me 109 der Gruppe Trautloft verloren, die bei Calais bruchlandet. Auch hier kommt der Flugzeugführer, Feldwebel Küll, mit einem blauen Auge davon.

Die Bilanz des Luftkampfes vom 10. Juli ist positiv für die Deutschen: Sechs Gegner werden als abgeschossen gemeldet. Dagegen verliert die III./JG 51 zwei Me 109, und alle Flugzeugführer sind heil und gesund zurück.

So geht es Tag für Tag weiter. Ein Bruchteil der deutschen Luftwaffe führt, sozusagen auf eigene Faust, Krieg gegen England, mit eng begrenzten Zielen. Oberst Fink darf mit seinen wenigen Verbänden – dem KG 2, zwei Stukagruppen, ferner dem ZG 26 und dem JG 51 – nur die Kanalschiffahrt angreifen.

Gegen Ende Juli fliegt Oberst Osterkamp mit allen Gruppen des JG 51 mehrmals in großer Höhe über Südostengland Parade. Aber Luftmarschall Sir Hugh Dowding, der Oberbefehlshaber des britischen Jägerkommandos, denkt gar nicht daran, die Herausforderung anzunehmen. Er ist für jeden Tag und für jede Woche dankbar, die ihm nach den schweren Einbußen in Nordfrankreich und bei Dünkirchen bleiben, um eine neue schlagkräftige Jagdwaffe aufzubauen. Denn eines ist ihm klar: Die Deutschen werden kommen. Sie werden England angreifen – je später, desto besser. Dann wird er ihnen seine Jagdstaffeln entgegenwerfen, nicht jetzt, wo sie nur Nadelstiche austeilen.

»Warum läßt er uns nicht 'ran?« murren die britischen Jagdflieger. Dowding kann warten. Osterkamps Jagdgeschwader tut ihm nichts, es sei denn, der britische Luftmarschall würde den Kampf annehmen.

Immer wieder melden die deutschen Abhörstellen des britischen Funksprechverkehrs, daß die Jagdstaffeln der Royal Air Force (RAF) von ihren Leitstellen den Befehl erhalten, sofort abzudrehen, wenn nur deutsche Jagdmaschinen im Anflug sind.

»Bandits fliegen 15000 Fuß über North Foreland themseaufwärts«, werden die britischen Jäger über Funk gewarnt, und dann heißt es: »Abdrehen, kein Kampf!«

Dowding weigert sich sogar, Jagdschutz für die Küstengeleitzüge zu stellen, weil die Marine das nach seiner Ansicht selbst besorgen soll. Als aber am 4. Juli zwei Gruppen des Stukageschwaders 2, von Cherbourg startend, den nur von Schiffsflak geschützten Atlantik-Konvoi O.A. 178 dicht vor Portland erfolgreich angreifen, vier Schiffe mit 15856 BRT (darunter das 5582 BRT große Hilfsflakschiff »Foyle Bank«) versenken und neun weitere Schiffe mit 40236 BRT zum Teil schwer beschädigen, da befiehlt Churchill selbst, ab sofort alle Geleitzüge von einem Jägerschwarm begleiten zu lassen.

Seither entzünden sich an den Geleitzügen Jagdkämpfe über dem Kanal, weil die britischen Jägerleitoffiziere ihren ›wachhabenden‹ Schwärmen über See sofort weitere Jagdstaffeln zu Hilfe schicken, sobald ein deutscher Verband anfliegt. Dennoch sind dies nur Randgefechte.

Historiker nennen den Juli die ›Kontaktphase‹ des Luftkrieges gegen England. Die Schlacht hat noch nicht begonnen. Die wenigen eingesetzten deutschen Gruppen fragen sich oft, was eigentlich gespielt wird: Sollen sie England allein niederringen, während neun Zehntel der Luftwaffe in Ruhe liegen?

Die Frage, warum die Luftwaffe den britischen Schock von Dünkirchen nicht ausnutzte oder warum sie nicht wenigstens drei Wochen später, als auch Frankreich am Boden lag, sofort mit aller Kraft England angriff, wird rückschauend damit beantwortet, daß die Verbände nach dem kräftezehrenden Blitzfeldzug dringend der Ruhe bedurften. Daß sie aufgefrischt und auf die neuen Feldflugplätze vorgezogen werden mußten. Daß der Nachschub erst einmal zu organisieren und das ganze Räderwerk einzuspielen war, ehe die Luftwaffe den schweren Angriff gegen England mit Aussicht auf Erfolg eröffnen konnte.

Die Kommandeure der Kampf- und Jagdgruppen waren allerdings über die Wartezeit anderer Meinung: »Wir lagen ziemlich untätig herum und verstanden nicht, warum es nicht endlich losging.«

Die Gründe für das deutsche Zögern, das England die bitter benötigte Pause von zwei Monaten schenkte, eine Zeit, in der seine Abwehrkraft von Tag zu Tag wuchs – die Gründe dafür liegen denn auch viel tiefer.

Die Luftwaffe war für den bevorstehenden Kampf nicht ausreichend gerüstet. Diese Frontstellung gegen England durfte es – nach dem erklärten Willen des ›Führers und Obersten Befehlshabers‹ – eigentlich gar nicht geben.

»Ein Krieg gegen England ist völlig ausgeschlossen!« hatte Hitler Göring noch im Sommer 1938 versichert. Fest davon überzeugt, fuhr Göring auf seinen Landsitz Karinhall zu einer entscheidenden Sitzung mit den führenden Offizieren der Luftwaffe: mit dem Staatssekretär Erhard Milch, dem Generalstabschef Hans Jeschonnek und dem Chef des Technischen Amtes, Ernst Udet.

In diesem Augenblick ging hier in Karinhall die Luftschlacht um England verloren, obwohl oder gerade weil niemand mit ihr rechnen zu müssen glaubte. Denn es wurde beschlossen, daß alle deutschen Flugzeugwerke, die Bomber produzieren konnten, in Zukunft ausschließlich die sturzfähige Ju 88 zu bauen hätten. Wie konnte diese Entscheidung eine solche Tragweite haben?

Die Ju 88 versprach die bisher gebauten Bombertypen Do 17 und He 111 in ihren Leistungen zu übertreffen. Aber sie blieb dennoch ein mittleres Kampfflugzeug mit recht begrenzter Reichweite. Sie konnte mit ihren zwei Motoren gar nichts anderes sein. Das genügte gegen die Tschechoslowakei oder Polen. Das mochte auch, einschließlich Frankreich, gegen andere europäische Nachbarn reichen, mit denen allenfalls ein Konflikt möglich schien. Gegen England aber reichte es nicht.

Der fähige erste Generalstabschef der Luftwaffe, Generalmajor Walther Wever, hatte die Entwicklung klarer vorausgesehen und schon Ende 1934 neben dem mittleren Bomber das viermotorige ›Großkampfflugzeug für Fernaufgaben‹ gefordert. Er dachte dabei zwar an Rußland, aber auch England konnte man nur mit solchen ›strategischen Bomberverbänden‹ wirkungsvoll bekämpfen, deren Aktionsradius weit in den Atlantik hinausreichte, damit auch die Zufuhr über See aus der Luft angegriffen werden konnte.

Damals hatte Wever Entwicklungsaufträge für Dornier und Junkers durchgedrückt. Bereits Anfang 1936 flogen fünf Versuchsmuster der beiden viermotorigen Do 19 und Ju 89. »Der Generalstab«, hieß es damals, »setzt große Hoffnungen in diese Entwicklung.« Nur die Motoren mit ihren rund 600 PS waren für die großen Flugzeuge zu schwach. Aber das ließ sich mit der Zeit beheben. Die Viermots versprachen ein guter Wurf zu werden.

Dann geschah das Unglück. Am 3. Juni 1936 stürzte Wever über Dresden tödlich ab. Und mit ihm wurde auch die Idee des Fernbombers zu Grabe getragen. Noch im gleichen Jahr 1936 sprach man im Generalstab der Luftwaffe plötzlich von dem »Fehlschlag der Großkampfflugzeuge«:

»Die Industrie war offenbar nicht in der Lage, Großflugzeuge in einem solchen Tempo durchzuziehen, daß sie in der geforderten Zeit mit brauchbaren Leistungen bei der Truppe erschienen.«

Das konnte die Industrie der ganzen Welt nicht. Auch die ›fliegenden Festungen‹, die ab 1943 über dem Reichsgebiet erschienen, waren in England und Amerika schon seit 1935 entwickelt worden.

Aber in Deutschland mußte alles schneller gehen. Rasch eine Luftwaffe. Aus dem Boden gestampft. Bomber über Bomber, ein Geschwader nach dem anderen, damit nach außen hin aufgetrumpft werden kann.

Das ging nur mit leichten oder mittleren Kampfflugzeugen. Da konnten bald große Stückzahlen vom Band laufen. Und hatten sie sich nicht bewährt – in Polen, Norwegen, Holland, Belgien und Frankreich?

Nun aber, im Sommer 1940, steht die Luftwaffe an der Schwelle Englands. Und plötzlich klafft die ›Bomberlücke‹ auf.

»Verdammte Kiste«, gesteht Udet, der heftigste Verfechter des kleinen Stuka gegenüber dem schweren Horizontalbomber, »dieser Krieg mit England – daran habe ich wirklich nicht geglaubt.«

Vom Spiel mit der Technik bis zum Rausch der Geschwindigkeit führt kein weiter Weg. Mitte der dreißiger Jahre schossen in Deutschland die Flugzeughallen aus dem Boden wie Pilze nach einem warmen Regen. Werke wie Dornier, Heinkel und Junkers, wie Messerschmitt, Focke-Wulf und manche andere lagen in harter Konkurrenz miteinander.

Die Luftwaffe forderte... die Luftwaffe bestellte... die Luftwaffe zahlte. Immer neue Entwürfe verließen die Konstruktionsbüros. Die Flugzeuge wurden rassiger, schneller. Wo die Motorenentwicklung nicht Schritt hielt, mußte die immer feiner durchgebildete aerodynamische Form der Zellen zusätzliche Geschwindigkeit schaffen. Es war nur natürlich, daß die Erbauer nach internationalen Rekorden strebten, um die Leistung zu beweisen.

Am 19. März 1939, einem Sonntagmorgen, herrscht auf dem Flugplatz der Junkers-Werke in Dessau Hochbetrieb. Testpilot Ernst Seibert und Flugingenieur Kurt Heintz stehen wartend vor ihrem ›Rekordvogel‹, der Ju 88 V-5 (Versuchsmuster 5).

In Fachkreisen wird viel gemunkelt von dem neuen ›Schnellbomber‹, der bei Junkers in Serie gegangen sein soll. Da die Luftwaffe in diesen Aufbaujahren immer stärker scheinen will, als sie tatsächlich ist, da nach Udets Worten »Klappern zum Handwerk gehört« und der Bluff mit den Bombern schon erstaunliche politische Erfolge gezeitigt hat, ist das RLM in Berlin sehr daran interessiert, die Gerüchte um die Ju 88 durch einen international überprüften Rekordflug zu erhärten.

Ein schon einige Monate zurückliegender Versuch war gescheitert. Bald nach dem Start in Dessau wurde das Wetter schlecht. Über Süddeutschland hing eine dichte Wolkendecke. Flugkapitän Limberger am Steuer der Ju 88 kam nicht weit. Über Fürth streikte der linke Motor, Limberger mußte auf dem Zivilflughafen notlanden. Plötzlich kam ihm eine Verkehrsmaschine in die Quere. Er riß die Ju noch einmal hoch, setzte dadurch erst in der Platzmitte auf und raste mit hoher Landegeschwindigkeit gegen eine Halle. So endete der erste Rekordversuch der Ju 88. Flugzeugführer und Begleiter waren tot.

Diesmal, am 19. März, haben Seibert und Heintz die Aufgabe übernommen. Seit einer Stunde fliegt ein Wetterflugzeug die Strecke ab und funkt ständig seine Beobachtungen nach Dessau. Schließlich: »Alles einwandfrei, raten dringend zum Start.« Wenig später überfliegt Seibert die Startmarke. Die Jagd nach dem Rekord beginnt.

Angespannt beobachten Pilot und Flugingenieur die Instrumente, verfolgen den Kurs, vergleichen die Karte. Kein Kilometer darf verschenkt werden. »Bei dem Wetter müßt ihr in einer Stunde an der Zugspitze sein«, hatte Chefpilot Zimmermann sie verabschiedet.

Sie schaffen es in 56 Minuten. Als sie schließlich wieder in Dessau landen, haben sie unter den strengen Augen der Fédération Aéronautique Internationale den Geschwindigkeitsrekord für einen Flug über 1000 Kilometer mit zwei Tonnen Nutzlast auf 517,004 km/st hinaufgeschraubt. Die gleiche Maschine holt ein Vierteljahr später auch den 2000-Kilometer-Rekord nach Deutschland.

Rekorde sind sehr schön – wenn man den Blick für die Wirklichkeit behält. Der Generalstab der Luftwaffe hatte die Idee des Schnellbombers, der feindlichen Jägern durch seine Geschwindigkeit überlegen sein sollte, schon 1937 wieder aufgegeben, weil sie nur ein Traum war.

Die zunächst waffenlose Ju 88 erhielt – ebenso wie die Do 17 – erst ein einsames MG 15 nach hinten, den ›Achtungspinsel‹. Dann wurden immer mehr MG eingebaut. Statt der vorgesehenen drei mußten sich vier Mann Besatzung in die enge Kanzel zwängen. Und schließlich kam das neue Evangelium der Luftwaffe hinzu: die Sturzflugfähigkeit.

Dadurch mußte der ganze Aufbau der Maschine verstärkt werden. Sie wurde robuster und natürlich langsamer. Zur Zeit des Rekordfluges hatte die Ju 88 V-5 des Flugkapitäns Seibert mit dem Prototyp des Ju-88-Sturzbombers, der nun in die Serie ging, nicht viel mehr als den Namen gemeinsam.

Doch auch in diese neue Ju 88 setzt die Luftwaffenführung übertriebene Erwartungen. Udet ist voller Optimismus. »Wir brauchen die teuren Großbomber nicht mehr«, sagt er in einem Gespräch mit Professor Heinkel, der gerade die viermotorige He 177 in der Entwicklung hat. »Diese Riesenvögel fressen viel zuviel Material. Die zweimotorigen Stukas fliegen weit genug und treffen viel genauer. Und wir können zwei oder drei Ju 88 bauen statt einer Viermotorigen. Das ist das Entscheidende: Wir können die Bomberzahlen bauen, die der Führer verlangt!«

Die Reichweite der Ju 88 soll ans Wunderbare grenzen – eine Einschätzung, die sich sehr bald als trügerisch erweist. Bei der Lagebesprechung nach dem 1938er Sommermanöver der Luftflotte 2 wird ein Vortrag über die Eigenschaften der gerade in Rechlin erprobten Junkers Ju 88 gehalten:

»Sie besitzt 430 km/st Reisegeschwindigkeit, eine Eindringtiefe von 1800 Kilometer und kann 90 Prozent Treffer im 50-Meter-Kreis erzielen.«

Ob dieser phantastischen Zahlen erhebt sich unter den Kommandeuren der Do-17- und He-111-Kampfgruppen ein ungläubiges Raunen.

Da springt Generalstabschef Jeschonnek ans Rednerpult und klopft zu jedem Wort erregt mit dem Knöchel auf das Holz:

»Diese Werte sind einwandfrei in Rechlin erflogen! Sie können sich absolut darauf verlassen!«

So absolut wie auf das Wort Hitlers, daß ein Krieg gegen England völlig ausgeschlossen sei?

Es mag verwunderlich klingen, ist aber Tatsache: Die deutsche Luftwaffe ist nicht gegen England gerüstet. Sie besitzt keine Bomber, die einen solchen Luftkrieg mit Aussicht auf Erfolg führen könnten. Ihre Kampfflugzeuge sind langsam, verwundbar und zu leicht. Der schwere Bomber fehlt.

Wie aber sieht es bei den Jägern aus? Fliegt die Luftwaffe nicht die schnellsten Maschinen der Welt?

Man schreibt den 5. Juni 1938, Pfingstmontag. Um 10 Uhr kurvt eine rote Siebel-Reisemaschine über dem Heinkel-Werk in Warnemünde an der Ostsee und setzt zur Landung an.

Das ist Ernst Udet. Sein Flugzeug ist in der ganzen Luftwaffe bekannt wie ein bunter Hund.

Der Generalmajor hat seinen Berliner Schreibtisch mit dem ganzen ›scheußlichen Papierkram‹ wieder einmal fluchtartig verlassen. Auch als verantwortlicher Amtschef für die gesamte Flugzeugtechnik und -entwicklung der Luftwaffe fühlt sich Udet hinter dem Steuer am wohlsten. Kein neues Flugzeugmuster, das er nicht persönlich fliegen und erproben möchte! Seine Sonntagsbesuche bei der Industrie sind bekannt. Aber heute treibt ihn die pure Neugier.

»Was macht euer neuer Vogel?« will er gleich von Professor Heinkel wissen.

Der Industrielle tut gelassen: »Was soll er schon machen? In wenigen Tagen fliegt er Rekord.«

Der Stachel sitzt. Der »neue Vogel« ist die He 100. Ein einsitziges Jagdflugzeug, das Heinkel nur zum Trotz entwickelt hat, um zu beweisen, daß er doch die schnelleren und besseren Jäger bauen kann.

Das Technische Amt des RLM hatte nämlich im Frühjahr 1936 nach zahlreichen Vergleichsflügen die von Messerschmitt entwickelte Bf 109* als Standardjäger für die Luftwaffe ausgewählt und die damals konkurrierende He 112 abgelehnt.

Das mochte zum Teil daran liegen, daß der Heinkel-Jäger noch nicht ganz fertig war. Bei den ersten Starts mußten die Erprobungsingenieure der Luftwaffe das Fahrgestell der He-112-Maschine noch mit der Hand hydraulisch ein- und auspumpen.

Beide Maschinen waren im Grunde revolutionär; bisher hatte es keine Jagdeinsitzer als freitragende Tiefdecker mit einziehbarem Fahrgestell gegeben. Diese Flugzeuge sollten ihren Gegnern nicht mehr durch besseres Kurven, sondern durch höhere Geschwindigkeit überlegen sein – eine Entwicklung, die alte Jagdflieger aus dem ersten Weltkrieg zunächst mit Mißtrauen erfüllte.

Die Flugleistungen der He 112 und der Me 109 unterschieden sich nur geringfügig, zumal beide mit dem gleichen Motor flogen. Die Messerschmitt hatte den schlankeren Rumpf und flog horizontal etwas schneller, die robustere, aber aerodynamisch besonders gut geformte Heinkel stieg dafür etwas besser.

Den Ausschlag für die Me 109 gaben die erstaunlichen Kunstflugeigenschaften dieser Maschine, die vor allem Udet begeisterten. Messerschmitt-Chefpilot Dr. Hermann Wurster ließ die Me bei der Vorführung wie auf einer himmelhohen Wendeltreppe 21mal rechts herum und 17mal links herum drehen, ohne daß sie in das gefährliche Flachtrudeln geraten wäre. Oder er stellte die Maschine in 7500 Meter Höhe auf den Kopf, stürzte senkrecht hinab und fing sie doch sicher vor dem Erdboden ab.

Diese Me 109 war trudelsicher und sturzflugfest, dazu erstaunlich wendig und leicht steuerbar. Außerdem konnte sie auch leichter gebaut werden als die He 112; sie benötigte weniger Arbeitsstunden und Material. Hinter Udet stand immer der Zwang, hohe Produktionszahlen zu erreichen.

So war die Entscheidung für die Me 109 gefallen. Ernst Heinkel aber gab

* Bf = Bayerische Flugzeugwerke, Augsburg, die 1938 in Messerschmitt AG umbenannt wurden. Der Einfachheit halber werden hier auch die früher entwickelten Bf-Typen als Me 109, Me 110 usw. bezeichnet.

sich nicht geschlagen. Immer war es sein Ziel gewesen, das schnellste Flugzeug zu bauen. Er würde es ›denen da oben‹ schon zeigen.

Nun also, am Pfingstmontag 1938, ist es soweit. Prüfend streicht Udet um die He 100 herum. Die Zelle ist noch glatter, noch windschlüpfiger geworden als bei der He 112. Das Flugzeug hat einen Daimler-Benz-DB-601-Motor mit immerhin rund 1100 PS. Vor zweieinhalb Jahren lagen die Motorleistungen noch bei 600 PS, und die ersten deutschen Jäger mußten mit britischen Rolls-Royce-Motoren fliegen. Der neue Motor bedeutet also einen erheblichen Schritt nach vorn.

Das Erstaunlichste an der He 100: Der große Motorkühler an der Rumpfunterseite ist völlig verschwunden. Bei Heinkel hat man ausgerechnet, daß die Maschine ohne den hemmenden Luftwiderstand des Kühlers bis zu 80 km/st Geschwindigkeit gewinnen kann. Gekühlt wird durch ein neuentwickeltes Verdampfungssystem.

Voraussetzung dafür ist, daß der DB 601 große Hitze ausstrahlt und auch verträgt. Dadurch verdampft ein Teil des Kühlwassers. Der Dampf wird in die Tragflächen geleitet, kühlt dort ab und schlägt sich als Wasser nieder, das erneut dem Motor zugepumpt wird. Wer also mit der Hand bewundernd über die Tragflächen einer soeben gelandeten He 100 streicht, verbrennt sich meist die Finger: Die Tragflächen sind glühend heiß.

Udet hat seine Prüfung beendet, dreht sich plötzlich um und blinzelt zu Heinkel hinüber:

»Könnte ich den Vogel nicht fliegen?«

Die Umstehenden halten den Atem an. Aber der Flugzeug-Professor erkennt die Chance. Die He 100 wird seit Wochen für einen Rekordflug vorbereitet. Alles ist fertig. Wenn nun anstelle eines unbekannten Testpiloten Udet selber die Rekordmaschine steuerte? Das könnte nicht ohne Eindruck auf die Politik des Technischen Amtes bleiben – der Heinkel-Jäger käme wieder ins Gespräch! Heinkel zögert kaum. Selbstverständlich soll Udet fliegen, wenn er es möchte. Der Testpilot muß zurücktreten.

Der Rekordversuch soll noch am gleichen Pfingstmontagnachmittag gestartet werden. Das Wetter wird von Stunde zu Stunde besser. Die vereidigten Zeugen und Zeitnehmer der Internationalen Aeronautischen Gesellschaft werden zusammengetrommelt.

Schon am 11. November 1937 hatte Hermann Wurster den Rekord für Landflugzeuge mit 610,95 km/st nach Deutschland geholt. Natürlich mit einer Me 109, und im übrigen mit dem gleichen Motor DB 601, der jetzt auch in der He 100 steckt.

Heinkel hat sich für seinen Versuch aus dem Strauß angreifbarer Rekorde denjenigen über die 100-Kilometer-Strecke ausgesucht. Er wird mit 554 km/st von dem Italiener Niclot auf einer zweimotorigen Breda 88 gehalten.

Gegen 16 Uhr rollt Udet zum Start. Die vielen guten Ratschläge tut er, wie üblich, mit einer Handbewegung ab. Zuerst will er einen Probeflug über die Meßstrecke machen. Die Startlinie liegt am Strand des Ostseebades Müritz, die Wendemarke über dem Flugplatz Wustrow. Das sind genau 50 Kilometer, die hin und zurück durchflogen werden müssen.

Udet ist schon auf und davon. Die Maschine fliegt sich wunderbar, ganz leicht. Man merkt gar nicht, wie schnell sie ist.

Plötzlich stehen schwarze Sprengwölkchen vor ihm am Himmel. Aha, das ist die Flak von Wustrow, die mit Manöverkartuschen den Wendepunkt markiert. Udet zwingt das Flugzeug in eine enge Kurve und jagt die Strecke zurück. Noch sind keine zehn Minuten vergangen, als er die Start- und Ziellinie passiert und gleich darauf landet.

Die Zeitnehmer rechnen fieberhaft: 634,32 km/st – der alte Rekord ist um 80 Stundenkilometer überboten worden!

Heinkel freut sich besonders darüber, daß sein Flugzeug mit dem gleichen Motor noch ein wenig schneller gewesen ist als die Me 109. Was wird Udet dazu sagen?

Udet sagt gar nichts, er brummt nur vor sich hin.

Heinkel bohrt weiter: »Jetzt werde ich den absoluten Weltrekord angreifen!«

»Hm«, macht Udet.

Eine unbehagliche Situation: Der Chef des Technischen Amtes weiß, daß Messerschmitt dasselbe Ziel verfolgt. Aber er sagt es nicht. Die Luftwaffe hat sich nun einmal für die Me 109 als einzigen Jäger entschieden. Daran ist nicht mehr zu rütteln. Die Messerschmitt soll vor den Augen der Öffentlichkeit ihren Ruf als bestes und schnellstes Jagdflugzeug der Welt festigen. Und nun kommt Heinkel mit seiner He 100 in die Quere, dieser Heinkel mit seinem Ehrgeiz, unbedingt das schnellste Flugzeug zu bauen!

Udets sportliche Fairneß läßt den Dingen ihren Lauf, obwohl er fühlt, daß sich die Luftwaffe einen solchen Konkurrenzkampf zweier führender Flugzeugwerke eigentlich nicht leisten kann.

So kommt es, daß beide Werke mit erheblichem Aufwand und völlig unabhängig voneinander dem höchsten Ziel zustreben: dem Weltrekord. Nach den Regeln der Fédération Aéronautique Internationale (F.A.I.) darf nur die absolute Geschwindigkeitsbestleistung eines beliebigen Flugzeugs Weltrekord genannt werden.

Die Bedingungen sind von der F.A.I. genau vorgeschrieben: Eine fest ausgeflaggte Strecke von drei Kilometer Länge muß viermal durchflogen werden, je zweimal in jeder Richtung. Jeder Durchgang wird auf Hundertstelsekunden genau vermessen. Der Durchschnitt der vier Messungen ergibt die Geschwindigkeit des Flugzeugs.

Die Flughöhe auf der Meßstrecke darf 75 Meter nicht übersteigen. Der Pilot hat also gar keine Möglichkeit, die Geschwindigkeit durch Andrücken zu steigern, weil er dadurch sofort in gefährliche Bodennähe käme. Vereidigte Zeugen auf dem Erdboden und in der Luft behalten das Rekordflugzeug im Auge und überprüfen, ob alle Bedingungen eingehalten werden. Schließlich wird ein Rekordversuch nur als geglückt anerkannt, wenn der bestehende Weltrekord um mindestens acht Stundenkilometer überboten wird.

Seit 1933 waren die Italiener die ›absolut schnellsten Männer der Welt‹. Die Leistung Francesco Agellos, der 1934 mit seinem Wasserrennflugzeug Macchi C 72 phantastische 709,209 km/st erreicht hatte, war nach Meinung der Fachwelt kaum noch zu überbieten. Die deutschen Konstrukteure, die damals froh sein mußten, wenn sie Motoren mit 600 PS Leistung bekamen, erkannten den Vorsprung des Auslandes gerade auf diesem Gebiet neidlos an: Die beiden hintereinander liegenden Motoren der Macchi C 72 leisteten mehr als 3000 PS.

Bessere Aussichten voranzukommen, bot das Gebiet der Aerodynamik. Die überzüchteten italienischen Rekordmaschinen waren tatsächlich noch Wasserflugzeuge mit plumpen Schwimmern von hohem Luftwiderstand. Einziehbare Fahrgestelle waren ebenso unbekannt wie etwa Landeklappen und sonstige Möglichkeiten, um die Landegeschwindigkeit des Flugzeugs stark herabzusetzen. Die Maschinen, die 600 oder sogar 700 ›Sachen‹ machten, mußten daher auch mit einer fast so hohen Geschwindigkeit zu Boden gebracht werden. Und das ging auf dem Wasser besser als an Land, wo kein Flugplatz dafür groß genug war.

Das Aufsehen, das die Me-109- und He-100-Bestleistungen 1937/38 in der Welt erregten, war denn auch hauptsächlich auf die Tatsache zurückzuführen, daß hier keine speziellen Rekordjäger, sondern normale Landflugzeuge mit serienmäßigen Motoren über die 600-Stundenkilometer-Grenze gekommen waren.

Nun aber geht es mit der aerodynamischen Formung der Flugzeugzelle allein nicht mehr weiter. Messerschmitt und Heinkel sind sich bei ihrem Kopf-an-Kopf-Rennen um den Weltrekord darüber klar. Nur gesteigerte Motorleistung kann die noch fehlenden 100 Stundenkilometer bringen, die nötig sind, um Francesco Agello zu entthronen.

Wieder wird beiden auf die gleiche Weise geholfen. Daimler-Benz liefert an beide Werke einen ›frisierten‹ DB-601-Motor, der statt der serienmäßigen 1100 PS für kurze Zeit 1600 bis 1800 PS leisten kann. Freilich: Nach einer Stunde Laufzeit ist der Motor hin – aber so lange dauert der Rekordversuch ja gar nicht.

Im August 1938 trifft der Motor bei Heinkel in Rostock-Marienehe ein. Die Monteure bewachen ihn mit Argusaugen. Niemand darf ihm zu nahe kommen. Tatsächlich muß die Rekordzelle, die He 100 V-3, ihre Probeflüge mit einem normalen Serienmotor absolvieren. Der Höchstleistungsmotor darf vor dem Start zum Rekordflug nicht einmal Probe laufen.

Anfang September 1938 sind endlich alle Vorbereitungen getroffen. Das Wetter ist gut. Die Zeugen und Zeitnehmer belagern mit ihren elektrischen Meßgeräten die Drei-Kilometer-Strecke am Strand von Warnemünde.

Heinkels Chefpilot, Flugkapitän Gerhard Nitschke, zwängt sich auf den engen Sitz. Er strahlt vor Zuversicht, obwohl er gerade erst von den Verletzungen eines Absturzes bei einem anderen Testflug genesen ist.

Der Start wird freigegeben. Die Maschine hebt gut ab. Wenige Minuten später ist alles zu Ende.

Was in diesen Minuten geschieht, wirft Heinkel bei seinem Angriff auf den Weltrekord um sechs Monate zurück: Gleich nach dem Start will Nitschke das Fahrgestell einziehen. Aber es funktioniert nicht. Nur ein Bein verschwindet in der Tragfläche, das andere klemmt und stakst hervor.

Nitschke versucht es mit allen nur denkbaren Tricks. Er dreht eine Platzrunde nach der anderen – vergebens. Der Rekordversuch ist geplatzt, denn mit einem herausragenden Fahrwerksbein ist die Sache aussichtslos.

Doch es kommt schlimmer: Als Nitschke schließlich wohl oder übel zur Landung ansetzen will, läßt sich das eingezogene Fahrwerksbein nicht wieder ausfahren. Das alles darf natürlich gar nicht sein. Erst recht nicht bei einer Rekordzelle, die doch bis zur letzten Schraube überprüft sein müßte.

Auf einem Bein jedenfalls kann die schnelle He 100 unmöglich zu Boden gebracht werden. Der Pilot zieht mehrmals tief über den Platz hinweg, um den Untenstehenden seine Lage klarzumachen. Aber die wissen es längst. Heinkel selbst versucht Nitschke anzuzeigen, er solle an seine eigene Rettung denken.

Endlich zieht der Flugkapitän die Maschine steil hoch, schiebt die Kabinenhaube zurück und springt. Er berührt das Seitenleitwerk, aber dann öffnet sich der Fallschirm. Das Flugzeug zerschellt auf einem Acker. Die Rekordzelle, der sorgsam gehütete Motor, die monatelangen Vorarbeiten – alles ist zerstört, alles war vergebens.

Dieser durch eine Nebensächlichkeit verursachte Fehlschlag der He 100 V-3 rückt die Arbeiten des Konkurrenzwerkes wieder in den Vordergrund. Professor Willy Messerschmitt hat plötzlich die Chance, den Geschwindigkeitsweltrekord als erster anzugreifen. Aber auch er wird von zahlreichen Schwierigkeiten aufgehalten.

Messerschmitt konstruiert für die Rekordversuche von Anfang an ein neues Flugzeug, die Me 209. Die Zelle ist kleiner, gedrungener, glatter und nicht so eckig wie der Standardjäger Me 109. Die kaum hervorschauende Kabine für den Flugzeugführer liegt im hinteren Drittel des Rumpfes.

Sorgen bereitet die Motorkühlung. Der Kühler alter Art kommt wegen seines Luftwiderstandes nicht in Frage. Auch Messerschmitt leitet daher das verdampfte Kühlwasser in die Flügel ab, hat aber Schwierigkeiten mit der Rückführung in den Motorkreislauf.

Schließlich läßt er den Dampf einfach entweichen und führt dem Motor immer neues Kühlwasser zu. Der Verbrauch ist gewaltig. Die Me 209 muß

450 Liter Wasser mitschleppen, und auch das reicht nur für eine gute halbe Stunde Flug. Schon daran ist zu erkennen, daß es sich hier um eine reine Rekordmaschine mit kürzester Flugdauer handelt.

Die Me 209 V-1 macht ihren ersten Flug unter Dr. Wurster etwa zur gleichen Zeit, als die He 100 bei ihrem Rekordversuch in Rostock abstürzt. Bei Messerschmitt in Augsburg werden noch zwei weitere Versuchsmuster fertig, aber die Erprobungen ziehen sich in die Länge.

Es wird Winter, und das Jahr 1939 bricht an. Auf einmal hat Heinkel wieder Oberwasser. Inzwischen sind vier Versuchsmuster der He 100 an die Luftwaffen-Erprobungsstelle Rechlin abgegeben worden, denn es handelt sich ja um ein Jagdflugzeug, das man gern in Serie bauen möchte. Erst die He 100 V-8 wird wieder für einen Rekordflug vorgesehen*.

Im März 1939 ist es soweit. Die Zelle ist eingeflogen, ein neuer frisierter DB 601-Motor ebenfalls zur Stelle. Diesmal wird der erst 23jährige Testpilot Hans Dieterle fliegen. Heinkel hat eine neue Meßstrecke in der Nähe seines Werkes Oranienburg bei Berlin gewählt, weil das Wetter dort beständiger ist als an der unruhigen Ostseeküste.

Am 30. März, 17.23 Uhr, startet Dieterle zum entscheidenden Flug. Diesmal läßt sich das Fahrwerk glatt einziehen. Dieterle fliegt die Wendekreise weit aus, um nicht über die zulässige Flughöhe hinausgetragen zu werden.

Viermal jagt die Heinkel, wirklich wie der Blitz, über die Meßstrecke. Schon dreizehn Minuten nach dem Start ist die Maschine wieder am Boden. Dieterle klettert heraus und schlägt vor Freude ein paar Purzelbäume. Er ist überzeugt, daß er den Weltrekord geschafft hat.

Dann beginnt die Nervenprobe. Das große Warten.

Die Zeitnehmer rechnen, vergleichen, rechnen nochmals, Stunde um Stunde. Mitten in der Nacht verkünden sie das Ergebnis:

746,606 Stundenkilometer!

Damit ist der fünf Jahre alte Weltrekord, sind die 709 km/st des Italieners Agello deutlich überboten. Zum erstenmal ist ein Deutscher schnellster Mann der Welt.

Der Erfolg muß sofort für die Propaganda herhalten. In der offiziellen Meldung aus Berlin wird am 31. März die Version verbreitet, »ein Heinkel-Jagdflugzeug He 112 U« haben den absoluten Geschwindigkeitsrekord errungen. Die Täuschung, daß es sich dabei um einen neuen Serienjäger der deutschen Luftwaffe handele, wird später noch vertieft. Das RLM kauft nämlich zwölf von Heinkel auf eigene Faust gebaute He 100 an, läßt sie mit den verschiedensten Staffelzeichen bemalen und gibt sie als »He 113« für die Pressefotografen frei.

* Die Weltrekordmaschine He 100 V-8 ist heute im Deutschen Museum in München aufgestellt.

In der Luftschlacht um England aber zählen nicht die vorgetäuschten, sondern die tatsächlich vorhandenen Jagdflugzeuge.

In Wirklichkeit ändert auch der Rekordflug nichts an der Ablehnung der He 100 durch das Technische Amt der Luftwaffe. Hier baut man weiter allein auf den Erfolg der Me 109. Um so dringender wünscht das RLM daher, Messerschmitt solle den Heinkel-Weltrekord noch überbieten.

Nur fünf Tage später, am 4. April 1939, machen die Augsburger Ernst. Doch auch sie haben zunächst Pech. Testpilot Fritz Wendel muß mit der zum Rekordflug vorgesehenen Me 209 V-2 notlanden, die Maschine geht zu Bruch.

Unverdrossen arbeiten die Männer um Messerschmitt weiter. Sie haben noch zwei Versuchsmuster der gleichen Maschine. Nun wird die Me 209 V-1 wieder herangezogen. Die Motorenleute holen aus dem DB 601 ARJ nochmals eine höhere Leistung heraus: für wenige Sekunden Dauer 2300 PS! Wenn der Motor das auf der Teststrecke auch nur annähernd schafft, muß die Me 209 noch schneller sein als die Weltrekordmaschine von Heinkel.

Tage vergehen mit dem Warten auf günstigeres Flugwetter. Mehrmals wird der Start im letzten Augenblick verschoben. Am 26. April endlich gelingt es: Fritz Wendel holt alles aus der Maschine heraus, und als er nach einer Viertelstunde wieder landet, hat er den absoluten Weltrekord mit 755,138 km/st (gegen 746,606 km/st von Heinkel) ganz knapp für Messerschmitt erobert.

Praktisch ist Fritz Wendel mit der Me 209 um nicht ganz zwei Zehntelsekunden schneller über die Drei-Kilometer-Meßstrecke gejagt als sein Rivale Hans Dieterle mit der He 100.

Die Sensation ist perfekt: Innerhalb von vier Wochen holen sich zwei völlig verschiedene deutsche Flugzeuge den Rekord der Rekorde, der jahrelang als unangreifbar gegolten hat.

Wieder wendet die Luftwaffen-Propaganda den schon erprobten Trick an, die Welt das Fürchten zu lehren: Der Rekordflug wird offiziell einer ›Me 109 R‹ zugeschrieben, einem Flugzeug, das es in Wirklichkeit gar nicht gibt. So soll der Eindruck erweckt werden, eine Spezialausführung des deutschen Standardjägers Me 109 habe diesen eindrucksvollen Erfolg errungen. Mithin werden auch die bei der Truppe geflogenen Serienmaschinen nicht viel langsamer sein.

Das ist ungeheuerlich! Denn damit wäre die Messerschmitt um rund 200 Stundenkilometer schneller als die besten Jagdflugzeuge anderer Länder. Damit wäre sie im Luftkampf fast unangreifbar!

Kein Wort davon, daß die Rekordmaschine allein für diesen Zweck konstruiert wurde. Daß sie die Spitzenleistung nur ganz kurze Zeit bringen kann. Daß das Kühlwasser nur für eine halbe Stunde reicht und die Lebensdauer des Motors kaum 60 Minuten überschreitet.

Für Heinkel und seine Mitarbeiter ist die knappe Überbietung ihres eigenen Rekordes ein harter Schlag, obwohl man von den Vorbereitungen bei Messerschmitt wissen mußte; denn die für den Rekordflug erforderlichen Meßgeräte der Physikalisch-Technischen Reichsanstalt wurden mehrmals zwischen Messerschmitt und Heinkel hin- und hergeschickt. Aber dann setzt sich der ›schwäbische Dickkopf‹ wieder durch. Das Rechnen und Überlegen beginnt von neuem. Bald ist Heinkel überzeugt, daß seine Maschine den Rekord der Me 209 erneut überbieten kann – wenn die Meßstrecke nicht in der norddeutschen Tiefebene, sondern, 500 Meter höher, in Bayern abgesteckt wird. Dort muß in der geringeren Luftdichte der Luftwiderstand schwächer und die Maschine daher noch etwas schneller sein.

Doch nun spielt die Luftwaffe nicht mehr mit. Kaum hört man in Berlin von den neuen Vorbereitungen bei Heinkel, da schickt der Chefingenieur des Technischen Amtes, Lucht, eine kühle Absage und Warnung nach Rostock:

»An der Wiederholung des Rekordfluges besteht kein Interesse... Eine geringfügige Überbietung des in deutschem Besitz befindlichen Weltrekordes würde nicht den Aufwand lohnen. Ich ersuche Sie, keine Arbeiten in dieser Richtung anlaufen zu lassen.«

Udet wird im persönlichen Gespräch noch deutlicher.

»Herrgott«, sagt er zu Heinkel, »die Me 109 ist nun mal unser Standardjäger. Da geht es doch nicht, daß ein anderer Jäger noch schneller ist!«

Die gesamte deutsche Jägerproduktion steht jetzt also ›auf einem Bein‹. Zweifellos ist die Me 109 ein hervorragendes Jagdflugzeug. Und zweifellos ist es ein Vorteil, wenn an der Front ein einheitlicher, bewährter Flugzeugtyp geflogen werden kann. Aber gilt das auch für eine längere Kriegsdauer?

Das Technische Amt in Berlin weiß, daß die He 100 mit dem gleichen Serientriebwerk für Dauerleistung gut 50 Stundenkilometer schneller ist als die Me 109, daß sie ein stärkeres Fahrwerk hat und unempfindlicher gegen Beschuß ist. Aber es meint auf diese Vorteile verzichten zu können:

»Die Jäger machen uns keine Sorgen.«

Heinkel glaubt an einen Spuk, als ihm im Oktober 1939 eine Kommission sowjetischer Offiziere und Ingenieure avisiert wird – zur Prüfung und zum eventuellen Ankauf der He 100! Auf seine Rückfrage in Berlin wird ihm versichert, dieser Besuch sei in Ordnung. Die Maschine sei vom RLM zum Verkauf an die neuen Freunde im Osten freigegeben.

Die Russen, unter ihnen der später als Stalin-Preisträger und Konstrukteur der ›Jak‹-Jäger bekannt gewordene Alexandr Jakowlew, sind von den Flugeigenschaften der Heinkel begeistert. Sie kaufen alle Versuchsmuster, deren sie habhaft werden können. Drei weitere He 100, dazu eine ganze Serie He 112, werden von der Kaiserlich Japanischen Luftwaffe erworben und treten ihre Reise in den Fernen Osten auf Blockadebrechern an.

Was niemand wahrhaben wollte, ist inzwischen Wirklichkeit geworden: der Krieg mit England. Trotzdem wird der schnellste deutsche Jäger an die Sowjetunion verkauft. »Denn«, so argumentiert das Technische Amt der Luftwaffe, »den Krieg gewinnen wir auch mit der langsameren Me 109.«

Für Polen, Norwegen und den Westfeldzug scheint das zu stimmen. Dann aber kommen die Engländer. Und sie kommen mit der Spitfire. Die deutschen Jagdstaffeln haben zum erstenmal einen gleichwertigen Gegner. Diese Spitfire steigt fast ebenso gut, ist sogar wendiger und nur im Wegdrücken um ein geringes langsamer als das deutsche Jagdflugzeug Me 109. Hier am Kanal erhalten die Messerschmitt-Jäger erst ihre richtige Feuertaufe.

Am 16. Juli 1940 verfügt die III. Gruppe des Jagdgeschwaders 51 unter Hauptmann Trautloft – eine der wenigen Jagdgruppen, die sich schon in der Vorbereitungszeit der Luftschlacht gegen England täglich mit britischen Jägern herumschlagen – noch über ganze 15 startbereite Me 109. Die Sollstärke beträgt 40 Flugzeuge. Die anderen sind nicht etwa abgeschossen. Aber sie haben starke Beschußschäden, oder Fahrwerkbrüche, oder Motorpannen. Die Me verbraucht sich schnell im Einsatz.

Drei Tage später, am 19. Juli, greifen Trautlofts Jäger über Dover eine ahnungslos in dichtgeschlossener Formation hochziehende britische Jagdstaffel aus der Sonne heraus an.

»Drei, sechs, neun, zwölf Defiants«, zählt Trautloft. Defiant – das ist ein neuer englischer Jägertyp, der keine starr nach vorn feuernden Waffen, sondern ein Vierlings-MG in einem drehbaren Turm hinter der Pilotenkanze[1] besitzt.

Die Defiants sind, im Gegensatz zu der ebenbürtigen Spitfire, die von den Engländern vorerst noch sehr sparsam eingesetzt wird, kein schwerer Gegner für die Messerschmitts. Schon nach dem ersten überraschenden Anflug stürzen fünf der schwerfälligen britischen Flugzeuge brennend in die See. Insgesamt zählen die Deutschen bei diesem Luftkampf elf Abschüsse. Nach britischen Quellen betragen die Totalverluste sechs Defiants. Jedenfalls ist die 141. Staffel aufgerieben und muß von der Kanalfront zurückgezogen werden.

Wieder kommen alle deutschen Jagdflieger heil zurück, aber mehrere Maschinen haben starke Beschußschäden. Am nächsten Morgen kann Hauptmann Trautloft nur noch elf startklare Flugzeuge melden. So schlecht war der Stand noch nie.

In diesen Tagen bereitet der soeben zum Reichsmarschall beförderte Oberbefehlshaber der Luftwaffe in Kommandeurbesprechungen bei den Luftflotten 2 und 3 die Schlacht gegen England vor. Der Rahmen dieser Zusammenkünfte ist großartig, und großartig sind auch Görings Worte: »Das Jagdgeschwader 51, das seit Wochen allein am Kanal ist, hat schon über 150 Abschüsse – das genügt vollkommen als Schwächung des Gegners! Rechnen Sie mal aus, was wir allein an Bombern über England an den Himmel hängen können... da kommen die paar englischen Jäger überhaupt nicht zum Tragen.«

Von den bisherigen Erfolgen geblendet, unterschätzt der Oberbefehlshaber der Luftwaffe den Gegner. Doch der Kampf wird hart, und er dauert länger, als selbst die Pessimisten es befürchten.

Sturm im Westen · Erfahrungen und Lehren

1. Schon die ersten Tage des Westfeldzuges bewiesen, daß Befestigungen herkömmlicher Art zusammengefaßten Luft- und Erdangriffen nicht standhielten. Die Luftwaffe bereitete die Wegnahme eines Festungswerkes vor, Panzer und Infanterie vollendeten sie. So wurde, schneller als erwartet, auch der Übergang über die stark verteidigte Maas-Linie erzwungen.

2. Kühne Einzelunternehmen – wie die Luftlandung der Fallschirmpioniere auf dem Sperrfort Eben Emael und an den Brücken über den Albert-Kanal – führten zu vorübergehender Lähmung des Gegners, mußten aber stets im Zusammenhang mit rasch vorstoßenden Heerestruppen stehen. Die luftgelandeten Verbände waren ohne schwere Waffen zu schwach, um den Anfangserfolg zu sichern.

3. Dies gilt ebenso für die Fallschirm- und Luftlandungen in Holland, denen nach Preisgabe des Geheimnisses dieser Truppe beim Angriff auf Norwegen auch das wichtige Überraschungsmoment fehlte. Die Verteidiger konnten sich auf die neue Angriffsart einstellen, was zu dem Fehlschlag der Luftlandungen im Raum Den Haag führte. Die Verluste von Hunderten von Transportmaschinen, die vorwiegend von den Flugzeugführerschulen der Luftwaffe gestellt worden waren, wirkten sich sehr nachteilig auf die Nachwuchsschulung aus.

4. Die Luftwaffe schlug den in Frankreich vorstoßenden Panzerkorps nicht nur den Weg frei, sondern überwachte auch deren lange, ungeschützte Flanken. Obwohl im Kampf gegen Panzer unerfahren, konnten Schlachtflieger- und Stukaverbände mehrmals gefährliche Flankenstöße gegnerischer Panzer im Angriff aus der Luft entscheidend schwächen.

5. Die bei Dünkirchen gestellte Aufgabe, den Abtransport der Engländer und Franzosen über See zu verhindern, überforderte die Luftwaffe. Wesentliche Voraussetzungen für einen Erfolg fehlten: Gutes Flugwetter, frontnahe Einsatzhäfen, Schwerpunktbildung. Im Laufe der neuntägigen Evakuierung, der ›Operation Dynamo‹, konnte die Luftwaffe nur an zweieinhalb Tagen mit stärkeren Kräften angreifen. Kampfflieger und Stukas hatten zum ersten Male Verluste durch die von ihrer nahen Heimatbasis aus operierenden britischen Jäger.

6. Der weitere Feldzug in Frankreich stellte die Luftwaffe nicht mehr vor schwierige Aufgaben. Dennoch brauchten ihre Verbände anschließend Ruhe und Auffrischung. Nur unzureichende Kräfte hätten sich sofort zum Angriff gegen England wenden können. Vor allem mußte die Bodenorganisation in Nordfrankreich aufgebaut werden. Die Royal Air Force nutzte die entstehende Pause zur Stärkung ihrer Abwehr. Beide Seiten bereiteten sich auf die kommende Schlacht vor.

Die Luftschlacht um England 4

13. ›Adlertag‹

Montag, 12. August 1940: Dicht über See fliegt ein gemischter deutscher Jagdverband westwärts. Die Sicht über der Straße von Dover ist klar, das Wetter hat sich seit gestern gebessert.

Hauptmann Walter Rubensdörffer sieht die englische Steilküste deutlich aus der See aufsteigen. Etwa Mitte des Kanals spricht er ins Mikrofon:

»Achtung für 3. Staffel: Entlassen zum Sonderauftrag. Gute Jagd.«

Der Staffelkapitän, Oberleutnant Otto Hintze, gibt ›verstanden‹ und meldet sich ab. Mit seinen acht Me 109 hält er weiter Kurs auf Dover, während Rubensdörffer mit den zwölf Me 110 der 1. und 2. Staffel in einer Linkskurve abbiegt und parallel zur britischen Küste nach Südwesten fliegt.

Jäger und Zerstörer – und doch sind die Maschinen nicht nur Jagdflugzeuge: Außen unter den Rümpfen hängen 250- und 500-Kilo-Bomben.

Rubensdörffer führt die Erprobungsgruppe 210, die einzige ihrer Art in der deutschen Luftwaffe. Seit einem Monat kämpft die Gruppe unter dem Befehl des Kanalkampfführers, Oberst Fink, gegen die britische Schiffahrt. In dieser Zeit hat sie bewiesen, was die Luftwaffenführung wissen wollte: Man kann auch mit Jagdflugzeugen Bomben ans Ziel tragen. Und angreifen. Und treffen.

Gestern erst ist die Gruppe gegen den britischen Küstengeleitzug ›Booty‹ eingesetzt worden. Es war gegen 13 Uhr, 15 Seemeilen südöstlich Harwich. 24 Messerschmitts tauchten in das Flakfeuer der Schiffe hinunter. Das sind ja nur Jäger, dachten die Engländer, die tun uns nicht viel. Ganz tief stürzten die deutschen Maschinen. Und dann fielen die Bomben. Volltreffer in Decks und Aufbauten! Zwei große Schiffe blieben schwer beschädigt liegen.

Beim Abflug jagten die Spitfires der 74. Staffel den Deutschen nach, die sie auf ›vierzig Me 110‹ schätzten. Rubensdörffer ging mit den Zerstörern sofort in den Abwehrkreis, während seine Me 109 den Kampf gegen die Engländer aufnahmen. Denn nun, da sie die schwere Bombenlast abgeworfen hatten, waren sie wieder echte Jäger.

Alle Flugzeuge der Erprobungsgruppe besaßen die gleiche Zahl starrer MG und Kanonen wie die normalen Jäger und Zerstörer. Damit konnten sie sich zweifellos besser ihrer Haut wehren als die schweren Kampfflugzeuge mit ihren oft nur drei kümmerlichen Abwehrwaffen.

Wenn die Sache so lief, wie man es sich vorgestellt hatte, dann konnten diese Jagdbomber im Falle eines feindlichen Angriffs ihren eigenen Jagdschutz bilden. Das war schon den Versuch wert.

Heute, am 12. August, fliegt die Gruppe zum ersten Male nicht gegen Schiffe oder Hafenanlagen. Angriffsziel sind die geheimnisvollen Funkmasten, die sich – vom französischen Kanalufer durchs Fernglas deutlich zu erkennen – an vielen Stellen der britischen Küste emporrecken.

Auf deutscher Seite weiß man inzwischen durch systematisches Abhören des feindlichen Funkverkehrs, daß die britischen Jäger von Leitstellen aus über UKW-Sprechwellen ferngeführt werden. Außerdem weiß man, daß diese Jägerleitstellen ihre Informationen über anfliegende deutsche Verbände durch ein neuartiges Funkortungssystem erhalten, dessen nach außen sichtbare ›Fühler‹ eben jene riesigen Antennenmasten an der Küste sind.

Für General Wolfgang Martini, den Chef des Nachrichtenverbindungswesens der Luftwaffe, war das eine böse Überraschung. Er hatte gehofft, seinen Gegnern bei der militärischen Anwendung der Rückstrahltechnik weit voraus zu sein. Im Sommer 1940 besaß Deutschland zwei Typen von Funkmeßgeräten:

Der erste war die fahrbare ›Freya‹, die ihre Impulse auf der Wellenlänge von 2,40 Meter ausstrahlte und von der Küste aus zur Ortung von See- und Luftzielen diente. Bei Wissant westlich Calais stand ein solches Freya-Gerät. Es erfaßte die britischen Küstengeleitzüge, die dann von den Verbänden des Kanalkampfführers und von deutschen Schnellbooten angegriffen wurden.

Der zweite deutsche Typ war der ›Würzburg‹, dessen Serienfertigung allerdings gerade erst anlief. Die ersten Geräte waren bei der Flak im Ruhrgebiet eingesetzt. Sie arbeiteten auf der sehr kurzen Wellenlänge von 53 Zentimeter, wodurch ihre Sendeimpulse scharf gebündelt werden konnten. Das wiederum führte zu verblüffenden Meßergebnissen: Das Würzburg-Gerät gab Richtung, Seite und Höhe eines Ziels so genau an, daß eine Flakbatterie in Essen-Frintrop schon im Mai 1940 mit Hilfe dieses magischen Auges einen britischen Bomber abschießen konnte, der sich, durch eine dichte Wolkendecke geschützt, völlig sicher gefühlt hatte.

Technisch gesehen war das, was die sofort nach der Eroberung der französischen Kanalküste eingesetzten Horch- und Peiltrupps des Generals Martini drüben auf der englischen Insel entdeckten, daher nichts Neues. Die feindlichen

Stationen arbeiteten auf der recht langen 12-Meter-Welle. Ihre Meßergebnisse konnten nicht allzu genau sein. Britische Berichte bestätigen, daß die Radarbeobachter anfangs vor allem die Zahl der angreifenden deutschen Flugzeuge manchmal bis zu 300 Prozent falsch gemeldet haben.

Von diesen technischen Mängeln abgesehen: Das Erschreckende für General Martini war der deutliche organisatorische Vorsprung des Gegners. Das Erschreckende war, daß die Engländer schon die ganze Ost- und Südostküste der Insel mit den Sende- und Empfangsanlagen der ›Chain Home‹, der Heimatverteidigungskette, gespickt hatten. Daß sie die Meldungen dieser Stationen offenbar in zentralen Leitstellen auswerteten. Und daß sie ihre Jagdstaffeln nach dem so gewonnenen Luftlagebild äußerst rationell einsetzen konnten.

Eine solche Organisation gab es auf deutscher Seite nicht. Die DeTe-Geräte* – so lautete damals die deutsche Tarnbezeichnung – waren zwar da, doch irgendein entscheidender Einfluß auf den Kriegsverlauf wurde ihnen nicht zuerkannt.

Nun plötzlich mußte die Luftwaffenführung umlernen. Das für einen Angreifer stets wichtige Überraschungsmoment war ausgeschaltet, wenn der Feind die deutschen Bomberverbände beim Anflug, ja schon beim Sammeln über Frankreich mit seinen Radaraugen verfolgen konnte. Wenn die Luftwaffe nicht mit einem erheblichen taktischen Nachteil in die Schlacht gegen die Royal Air Force ziehen wollte, mußten zuerst die Sendeanlagen an der Küste vernichtet werden. Am 3. August 1940 tickten die Fernschreiber bei den Luftflotten 2 und 3 eine von General Jeschonnek unterzeichnete Weisung hinaus:

»Erkannte englische DeTe-Geräte sind durch besondere Kräfte mit der ersten Welle anzugreifen, um sie frühzeitig auszuschalten.«

Mit der ersten Welle! Das heißt, daß der Angriff auf die Funkanlagen an der Küste zugleich das Signal zum Beginn der Luftschlacht um England ist.

Hauptmann Rubensdörffer schaut auf die Uhr. Nach deutscher Zeit ist es wenige Minuten vor elf. Mit seinen zwölf Zerstörern kurvt er wieder nach Nordwesten, auf die Feindküste zu. Die Staffeln teilen sich. Jede hat ihr Ziel.

Die 1. Staffel unter Oberleutnant Martin Lutz erkennt etwas landeinwärts von Eastbourne die Antennenmasten der Station Pevensey. Sechs Messerschmitts ziehen hoch. Die beiden mächtigen 500-Kilo-Bomben im Außengehänge zerren an den Maschinen, behindern den Steigflug. Diese Jagdflugzeuge schleppen also die doppelte Bombenlast eines Stukas vom Typ Ju 87!

Endlich sind sie hoch genug. Sie kippen ab und jagen im Gleitflug auf das Ziel zu. Oberleutnant Lutz wirft erst ab, als das Gitterwerk des ersten der vier Antennenmasten sein ganzes Revi (Reflexvisier) ausfüllt.

* DeTe = Dezimeter-Telegraphie. In England: R. D. F. = Radio Direction Finding (Richtungsbestimmung durch Radiowellen). Die heute bekannte Bezeichnung ›Radar‹ wurde ebenso wie der deutsche Ausdruck ›Funkmeß‹ erst Mitte des Krieges gebräuchlich.

Wie eine Sturmbö fegen die Zerstörer über die Radarstation hinweg. Acht 500-Kilo-Bomben liegen im Ziel. Eine schlägt als Volltreffer in ein langgestrecktes Gebäude. Eine andere zerfetzt das elektrische Hauptkabel. Der Sendeimpuls sackt in sich zusammen. Pevensey schweigt.

Fünf Flugminuten weiter östlich fällt Oberleutnant Rössiger mit der 2. Staffel über die Station von Rye bei Hastings her. Er meldet zehn Treffer von 500- und 250-Kilo-Bomben in der Anlage. Englische Berichte besagen, zwar seien alle Baracken zerstört worden, die Sende- und Empfangsanlage und der Wachraum seien jedoch unversehrt geblieben.

Oberleutnant Hintzes 3. Staffel greift unterdessen die Antennenanlagen von Dover an. Drei Bomben schlagen dicht neben den Masten ein, Splitter hageln in die Verstrebungen. Zwei Masten schwanken, aber sie bleiben stehen.

Es ist überall das gleiche: Als sich die Angreifer im Abflug umdrehen, künden Dreckfontänen und schwarzer Qualm von ihrer Maßarbeit. Nur die Masten schauen oben aus den Rauchwolken heraus. Das war schon in Polen so, beim Angriff auf die Rundfunksender. Man kann noch so genau zielen – die Masten fallen nicht.

Drei Stunden nach dem Angriff nimmt die Station Rye mit einem Notaggregat den Sendebetrieb wieder auf. Die anderen Stationen folgen im Laufe des Nachmittags. Die britische Radarkette ist wieder geschlossen – mit einer Ausnahme:

Von 11.30 Uhr an greifen drei Gruppen der Kampfgeschwader 51 und 54 mit zusammen 63 Bombern vom Typ Ju 88 die Hafenanlagen von Portsmouth an. Auf der Höhe der Isle of Wight dreht jedoch eine Gruppe mit 15 Maschinen ab und stürzt sich auf die Radarstation bei Ventnor. Die Anlagen werden so schwer beschädigt, daß sich ihr Aufbau nicht mehr lohnt. Erst nach elftägiger ununterbrochener Arbeit kann eine andere Station auf Wight in Betrieb genommen werden, um die entstandene Lücke zu schließen.

Daß die deutschen Funkhorchtrupps nichts von dieser Lücke merken, liegt an einer List der Engländer. Sie täuschen mit einem anderen Sender die Betriebsbereitschaft der zerstörten Anlage vor, obwohl sie gar kein Echo empfangen und auswerten können. Die Deutschen aber hören die Sendeimpulse und müssen annehmen, die Schäden seien behoben.

Enttäuschung breitet sich aus. Die ›Augen‹ des britischen Flugmeldesystems können offenbar nicht länger als für wenige Stunden geblendet werden. Dagegen versprechen die gleichzeitig am 12. August begonnenen Angriffe auf die vorgeschobenen Flugplätze der britischen Jagdabwehr in der Grafschaft Kent größeren Erfolg.

Schon um 9.30 Uhr fliegt Major Gutzmanns I./KG 2 mit ihren Do 17 unter starkem Jagdschutz gegen den Einsatzhafen Lympne. Schauer von 50-Kilo-Bomben prasseln hinunter, pflügen das Rollfeld um und schlagen in die Hallen.

Dann kommt ein Zwischenspiel: Wie so oft in den Wochen zuvor, als die Luftwaffe fast ausschließlich die britische Kanalschiffahrt angriff, stürzen sich kurz nach Mittag 22 Stukas auf einen Geleitzug in der Themsemündung nördlich Margate. Es ist die IV./LG 1 unter Hauptmann von Brauchitsch, einem Sohn des Generalfeldmarschalls und Oberbefehlshabers des Heeres. Die Stukas melden Volltreffer auf zwei kleineren Trampdampfern.

Kaum sind sie abgeflogen, als um 13.30 Uhr der am weitesten vorgeschobene britische Jägerplatz Manston zum erstenmal schwer angegriffen wird. Es ist wieder die Erprobungsgruppe 210 des Hauptmanns Rubensdörffer. Nun zahlt sich ihr eigener Vormittagsangriff für die 20 bombentragenden Messerschmitts aus: Die Radarstationen sind noch blind, die Überraschung gelingt. Manston wird erst in letzter Minute vor den anfliegenden Deutschen gewarnt.

Unten auf dem Flugplatz springen die Piloten der 65. Staffel in ihre Spitfires. Zwölf britische Maschinen rollen zum Start. Die erste Kette gibt gerade Vollgas und jagt los.

In diesem Augenblick sind die Messerschmitts über ihnen.

»Die Jäger standen in Reih und Glied auf dem Platz«, berichtet Oberleutnant Lutz, »unsere Bomben fielen mitten dazwischen.«

Unter den gerade startenden Engländern ist auch Flight Commander Quill, der seit 1936 als Testpilot der Vickers-Werke die Spitfire eingeflogen und sich jetzt freiwillig in eine Frontstaffel gemeldet hat. Der Commander hört, wie plötzlich dumpfes Krachen den Motorenlärm seiner eigenen Maschine übertönt. Er duckt sich, wendet den Kopf und sieht hinter sich eine Flugzeughalle in die Luft fliegen.

Quill jagt seine Maschine über das Rollfeld. Rechts und links von ihm schlagen die Bomben ein. Eine Spitfire verschwindet in einer Detonationswolke – und stößt wieder daraus hervor, als wäre nichts gewesen. Endlich hört das Rumpeln des Fahrwerks auf. Quill hat es geschafft, er fliegt. Es kommt ihm wie ein Wunder vor, daß der Start aus diesem Inferno gelungen ist.

Auch andere einzelne Spitfires stoßen steil aus dem dichten schwarzen Qualm hervor, der sich über Manston ausbreitet. Von oben sieht es so aus, als ob der Flugplatz völlig vernichtet wäre.

Diesen Eindruck haben auch die deutschen Angreifer. Nach der Rückkehr auf ihren Absprungplatz Calais-Marck meldet die Erprobungsgruppe 210:

»Zwölf SC 500 (Minenbomben 500 Kilo) und vier Flam C 250 (Flammenbomben, 250 Kilo) Volltreffer in Hallen und Unterkünfte. Vier SC 500 auf Rollfeld in startende Jagdgruppe. Dabei vier Hurricanes und fünf weitere Flugzeuge am Boden vernichtet...«

Nach britischen Berichten sind die meisten Spitfires der 65. Staffel wunderbarerweise heil aus diesem Angriff herausgekommen. Manston aber ist schwer getroffen. Die englischen Jägerleitoffiziere weisen ihre im Luftkampf befindlichen Piloten an, zur Landung weiter zurückliegende Plätze anzufliegen.

er Aufmarsch zur Luftschlacht um England: Am ›Adlertag‹, dem 13. August 1940, standen drei ıtsche Luftflotten mit zusammen 949 Kampfflugzeugen und 336 Stukas zum Angriff bereit (Aufhlüsselung im Anhang 6). Unsere Karte zeigt, wie die Geschwader und einzeln eingesetzten Gruppen f den von Norwegen bis Westfrankreich ausgedehnten Absprungraum verteilt waren. 734 einsatzreite Jäger lagen wegen ihrer geringen Reichweite dicht am Kanal, dahinter 268 Zerstörer. Die einzeichnete Reichweite der Me-109-Jäger begrenzte zugleich auch die Tagesangriffe der Kampfverınde auf den südostenglischen Raum, weil die Bomber ohne Begleitschutz verloren gewesen wären. ıf britischer Seite standen mehr als 700 Jäger zur Verteidigung ihres Heimatlandes bereit. Außerdem saß die Royal Air Force zu dieser Zeit 471 Bomber, die jedoch nur nachts und in kleineren Verbänden ›rangriffe gegen Deutschland flogen.

Als nächster der vorgeschobenen Einsatzhäfen des Fighter Command ist Hawkinge an der Reihe. Und dann nochmals Lympne, das schon am Morgen angegriffen worden war. Beide Plätze erleiden ähnlich schwere Schäden wie Manston. Arbeitskommandos mühen sich die ganze Nacht, um die Bombenkrater zuzuwerfen und das Rollfeld wiederherzurichten.

Die Engländer wissen nun, daß das Geplänkel im Küstengebiet beendet und die Stunde der Schlacht gekommen ist. Dennoch bildet der 12. August nur den Auftakt. Die Luftflotten 2 und 3 setzen im Laufe des Tages unter starkem Jagdschutz rund dreihundert Bomber und Stukas ein. Das ist nicht einmal ein Drittel ihrer Gesamtstärke.

Der eigentliche Angriffsbeginn ist von Göring mit dem Stichwort ›Adlertag 13. August‹ auf den folgenden Morgen festgesetzt worden. Um 7.30 Uhr sollen beide Luftflotten mit ihren ersten Wellen die britische Küste überfliegen.

Fast zweitausend deutsche Flugzeuge stehen bereit, um die erste strategische Luftkriegsoperation der Geschichte, die Luftschlacht um England, zu eröffnen. Niemand weiß, ob es möglich ist, ein großes Land, ein zum Kampf entschlossenes Volk, allein durch schwere Luftangriffe entscheidend zu schlagen. Aber genau das ist das Ziel der deutschen Luftwaffe. Kann dieses gewaltige Angriffsunternehmen gelingen? Schon die Vorgeschichte der Luftschlacht um England steckt voller Dramatik.

Am 30. Juni 1940, eine Woche nach dem Ende des Frankreichfeldzuges, hatte Göring eine ›Allgemeine Weisung für den Kampf der Luftwaffe gegen England‹ herausgegeben. Darin hieß es, daß »der Einsatz der Luftflotten ... in schärfster Form in Übereinstimmung zu bringen« sei; und daß »nach Durchführung des Aufmarsches der Verbände... eine planmäßige Bekämpfung« gegen die Zielgruppen einsetzen solle.

Vor allem sollte der Kampf gegen die englische Luftwaffe und ihre Bodenorganisation sowie gegen die Luftwaffenindustrie geführt werden. Doch die Marine verlangte, auch die Royal Navy, die englischen Einfuhrhäfen und die Versorgungsschiffahrt seien aus der Luft anzugreifen. Und Göring war zuversichtlich, mit der Luftwaffe beide Aufgaben gleichzeitig lösen zu können.

Über den Schwerpunkt äußerte sich der Luftwaffengeneralstab: »Solange die feindliche Luftwaffe nicht zerschlagen ist, ist oberster Grundsatz der Luftkriegführung, die feindlichen Fliegerverbände bei jeder sich bietenden Gelegenheit, bei Tag und bei Nacht, in der Luft und am Boden, anzugreifen – ohne Rücksicht auf anderweitige Aufträge.«

Das Ziel war also klar. Aber ein Plan, wie es im einzelnen zu erreichen sei, fehlte.

Immerhin tat Göring am 11. Juli 1940 mit einer neuen Weisung den ersten konkreten Schritt: Er gab den Angriff auf die britischen Kanalgeleitzüge frei. Der damit verbundene Versuch, britische Jäger hervorzulocken und sie mit eigenen Jagdgeschwadern zum Kampf zu stellen, mißlang jedoch. Zwar schützten die Engländer ihre Schiffskonvois, aber sie hatten zugleich strikte Befehle, dem gefährlichen Kampf Jäger gegen Jäger auszuweichen.

Entscheidend für das Zögern der Luftwaffe, den Luftkrieg gegen England zu beginnen, waren aber die Vorstellungen der deutschen politischen Führung. Nach dem unerwartet schnellen Sieg über Frankreich glaubte sie, dem nun allein stehenden England genügend Beweise der militärischen Stärke Deutschlands geliefert zu haben, um das Inselreich friedensbereit zu machen.

Am 19. Juli wurde vor dem Deutschen Reichstag in der Berliner Krolloper der Sieg im Westen gefeiert. Es hagelte Beförderungen für die vollzählig erschienenen Spitzen der Wehrmacht. Göring sonnte sich im Glanz seiner weißen Phantasieuniform als Reichsmarschall, und die Luftwaffe erhielt auch zwei Generalfeldmarschälle: Kesselring und Sperrle.

Kesselring schrieb nach dem Kriege: »Ich bin noch heute der festen Überzeugung, daß wir alle nach dem Westfeldzug keine Feldmarschälle geworden wären, wenn Hitler nicht an die Wahrscheinlichkeit des Friedens gedacht hätte.«

In seiner Reichstagsrede richtete Hitler »noch einmal einen Appell an die Vernunft in England«, und es besteht heute kein Zweifel mehr daran, daß ein Ausgleich mit England Hitlers weiteren Absichten am besten gedient hätte. Er sagte:

»Ich sehe keinen Grund, der zur Fortsetzung dieses Kampfes zwingen könnte. Ich bedaure die Opfer, die er fordern wird...« Und weiter: »Die Fortführung dieses Kampfes wird mit der vollständigen Zertrümmerung eines der beiden Kämpfenden enden. Mister Churchill mag glauben, daß dies Deutschland ist. Ich weiß, es wird England sein.«

Drei Tage später antwortete der britische Außenminister Lord Halifax über den Rundfunk, es sei kein Wort in der Rede Hitlers zu finden gewesen, daß der Friede auf Gerechtigkeit beruhen solle. »Seine einzigen Argumente waren Drohungen... In Großbritannien herrscht ein Geist unerbittlicher Entschlossenheit. Wir werden nicht aufhören zu kämpfen...«

Spätestens an diesem Tage zerbrach die deutsche Illusion von einem möglichen Einlenken der Engländer. Die Luftwaffe mußte sich nun ernsthaft Gedanken machen, wie sie den Kampf gegen das britische Inselreich führen wollte. Denn ein festumrissener Plan bestand noch immer nicht.

Am 21. Juli rief Göring seine Luftflottenchefs zu sich und beauftragte sie, ihre Absichten für den Einsatz auszuarbeiten. Befehlsgemäß gaben die Feldmarschälle Kesselring und Sperrle den Auftrag an die unterstellten Fliegerkorps weiter. Überall in den Generalstäben begann nun ein eifriges Pläneschmieden. Über die Niederringung der Royal Air Force als erstes und wichtigstes Ziel gab es zwar keinen Zweifel; über das Wie gingen die Meinungen jedoch auseinander.

Dessenungeachtet folgten Schlag auf Schlag die Führungsentschlüsse:

Schon am 16. Juli, drei Tage vor seiner Reichstagsrede, hatte Hitler in der Weisung Nr. 16 befohlen, »eine Landungsoperation gegen England vorzubereiten und, wenn nötig, durchzuführen« (Unternehmen ›Seelöwe‹).

Am 31. Juli jedoch eröffnete Hitler dem Oberbefehlshaber des Heeres, von Brauchitsch, und seinem Generalstabschef Halder in einer Besprechung auf dem Obersalzberg, er wolle Rußland angreifen, »je schneller, um so besser, am liebsten noch in diesem Jahr. Ist Rußland zerschlagen, dann ist Englands letzte Hoffnung dahin.« Auch Göring und der Generalstabschef der Luftwaffe, Jeschonnek, erfuhren schon im Juli von dieser Kehrtwendung Hitlers. Trotzdem:

Am 1. August gab die Führerweisung Nr. 17 den verschärften Luft- und Seekrieg gegen England ab 5. August frei. Hitler wollte die Wirkung der Luftangriffe abwarten, um dann »in acht bis zehn Tagen« zu entscheiden, ob die Landung in England Mitte September (dem von der Marine genannten frühesten Termin) stattfinden sollte oder nicht.

So waren die Weichen gestellt: Nach außen galt weiterhin England als nächster Gegner, aber in Wirklichkeit richteten sich die Gedanken der höchsten deutschen Führung schon auf den Angriff gegen Osten. Hitler schloß zwar nicht aus, daß England noch vorher fallen könne, aber es gibt keine Beweise für die Annahme, er sei davon überzeugt gewesen.

Am 2. August erläßt Göring den endgültigen Befehl für den ›Adlertag‹. Erstes Ziel der gemeinsam angreifenden Luftflotten 2 und 3 sollen die britischen Jäger sein: die Spitfires und Hurricanes in der Luft, ihre Flugplätze, die Radaraugen an der Küste und die ganze Bodenorganisation in Südengland.

Am zweiten Tag sollen die Angriffe auf die Flugplätze im Londoner Raum ausgedehnt und am dritten Tag mit aller Kraft fortgesetzt werden. So hofft man, die Royal Air Force mit wenigen schweren Schlägen entscheidend zu schwächen, um die Luftüberlegenheit zu erringen – als Voraussetzung für die weiteren Operationen.

Alles ist beschlossen, nur der Zeitpunkt nicht. Um das ›Programm‹ planmäßig durchzuführen, braucht die Luftwaffe an drei Tagen hintereinander bestes Angriffswetter. Anfang August können die Meteorologen eine solche Voraussage wagen. Aber die Luftflotten benötigen noch etwa sechs Tage zur Vorbereitung des großen Schlages.

Dann stehen die Geschwader bereit – aber nun ist das Wetter plötzlich wieder schlecht. Am 10. August muß der ›Adlertag‹ verschoben werden, am 11. August ebenfalls. Endlich kündet ein Azorenhoch ein paar Schönwettertage an. Göring setzt daraufhin den Termin auf den 13. August, 7.30 Uhr, fest. An den beiden Vortagen ist es tätsächlich schön. Die Angriffstätigkeit lebt auf. Geleitzüge, Häfen, Radargeräte und die erwähnten drei Flugplätze werden schwer bombardiert.

In der Nacht zum 13. August jedoch verzieht sich das Azorenhoch wieder. Der ›Adlertag‹ dämmert mit grau verhangenem Himmel herauf. Mit Nebel auf den meisten Startplätzen und mit einer dichten Wolkenbank über dem Kanal.

Göring bleibt nichts anderes übrig, als den Angriff erneut abzublasen und auf den Nachmittag zu verschieben. Bevor der Befehl über die Luftflotten zu den Geschwadern durchdringt, sind einige Verbände schon gestartet. Statt des so sorgfältig vorbereiteten großen Schlages zersplittert sich der ›Adlerangriff‹ nun in wenige durch schlechtes Wetter behinderte Einzelaktionen.

Neugierig schaut der Kommodore des KG 2, Oberst Johannes Fink, durch die Frontscheibe seiner Do 17. Es ist 7.30 Uhr am ›Adlertag‹. Die Zeit für den Angriffsbeginn. Am Treffpunkt für den Begleitschutz schüttelt Fink den Kopf. Vor ihm fliegen ein paar deutsche Zerstörer. Merkwürdig, wie die herumturnen: Sie halten auf Fink zu. Stellen sich auf den Kopf. Fangen nach steilem Sturzflug ab, ziehen hoch und beginnen das Spiel von neuem. Was soll das?

Fink hat nicht lange Zeit, sich darüber den Kopf zu zerbrechen. Er fliegt gegen England. Hinter ihm die II. und die III. Gruppe unter Oberstleutnant Weitkus und Major Fuchs. Angriffsziel ist der Flugplatz Eastchurch am Südufer der Themsemündung.

Geschlossen stößt der Do-17-Verband durch die Wolkendecke und fliegt, kaum 500 Meter hoch über englischem Boden, dicht an der Wolkenuntergrenze weiter. Jäger sind nicht zu sehen – weder eigene noch englische. Die 55 deutschen Bomber haben Glück: Die britischen Radarbeobachter sprechen sie als ›nur wenige Flugzeuge‹ an. Der Jägerleitoffizier von Hornchurch schickt deshalb nur eine Spitfire-Staffel, die 74., in die Luft, um die Wenigen aufzuspüren.

Inzwischen ist Finks Verband schon über Eastchurch. Staffelweise dröhnen die Do 17 über den Platz, bomben Startbahn, Flugzeuge, Hallen und Magazine. Die Engländer zählen hinterher mehr als 50 Bombenkrater. Fünf Blenheim-Bomber werden am Boden zerstört.

Erst als Fink mit seinen Maschinen bereits auf dem Rückflug ist, stürzen sich die von allen Seiten herbeigerufenen Spitfires und Hurricanes auf die Deutschen. Fink sucht den Himmel ab, der eigene Jagdschutz ist nirgends zu entdecken. Die Bomber müssen sich selber ihrer Haut wehren. Es wäre ein Massaker, wenn sie nicht die Wolkendecke hätten, in deren Schutz sie sich den entschlossenen Angriffen der englischen Jäger meist entziehen können.

Dennoch verliert das KG 2 auf diesem Flug vier seiner besten Besatzungen. Kaum zurück, stürmt Fink zum Telefon und verlangt voller Zorn Aufklärung über »diese verdammte Schweinerei mit den Jägern«.

Zu seiner Verblüffung muß der Geschwaderkommodore erfahren, daß er allein den lang erwarteten ›Adlerangriff‹ der deutschen Luftwaffe gegen Großbritannien eröffnet hat. Görings Haltbefehl hatte Finks Geschwader nicht mehr erreicht. Und die Zerstörer hatten die Bomber durch die Turnerei vor ihrer Nase zur Umkehr bewegen wollen. Aber das hatte niemand verstanden.

Der Nachmittag des ›Adlertages‹ beginnt ebensowenig verheißungsvoll. Göring hat den Angriff nun auf 14 Uhr festgesetzt. Aber das Wetter ist eher noch schlechter geworden.

Als erster Verband startet eine Zerstörergruppe, die V.(Z)/LG 1, von ihrem Einsatzhafen bei Caen. Es sind 23 zweimotorige Me 110. Der Kommandeur, Hauptmann Liensberger, soll mit seiner Gruppe zur englischen Südküste im Raum von Portland vorstoßen und hat dort freie Jagd.

Trotz des Ausfalls der am Vortage schwer bombardierten Radarstation Ventnor auf der Isle of Wight wird der deutsche Verband schon in dem Augenblick gemeldet, als er die französische Küste bei Cherbourg überfliegt. Andere Stationen haben ihn geortet. Sogar die Stärke wird von den Radar-Beobachtern richtig geschätzt:

»Etwa 20 Flugzeuge oder mehr«.

Nur eines können die geheimnisvollen Augen der britischen Heimatverteidigung nicht feststellen: den Flugzeugtyp. Luftmarschall Sir Hugh Dowding, dem als Oberbefehlshaber des Fighter Command alle britischen Jäger unterstehen, hat befohlen, dem Kampf gegen deutsche Jagdstreitkräfte möglichst auszuweichen und alle Abwehrkraft auf die gefährlichen Bomber zu konzentrieren. Wüßten die Jägerleitoffiziere auf den englischen Flughäfen, daß hier nur Messerschmitt-Zerstörer im Anflug sind, so würden sie keinen Finger zur Abwehr rühren.

Aber sie wissen es nicht. Daher geben sie für drei Spitfire- und Hurricane-Staffeln in Exeter, Warmwell und Tangmere Alarm und führen sie den Deutschen über der Küste entgegen.

Damit entsprechen die Engländer genau der Absicht des deutschen Vorstoßes: Die Zerstörer sollen britische Jagdstaffeln zum Luftkampf verlocken. Wenn dann im richtigen zeitlichen Abstand deutsche Kampfverbände folgen, haben zumindest diese feindlichen Jäger die Grenze ihrer Flugdauer erreicht. Sie können die deutschen Bomber nicht mehr angreifen, sondern müssen landen, müssen neuen Treibstoff und neue Munition fassen. Und wenn die Jäger gerade unten stehen, ist auch der richtige Zeitpunkt zum Bombenangriff auf die Flugplätze gekommen.

Soweit der deutsche Plan.

Man weiß, daß viele taktische Vorteile die britischen Jäger begünstigen: der Kampf über dem eigenen Land, die kürzeren Anflugwege, die folglich viel längeren Einsatzzeiten im Kampfgebiet, die bessere Flugmelde- und Jägerleitorganisation, und schließlich auch das Wetter. Die deutsche Führung muß sich daher taktische Schachzüge einfallen lassen, um diese Vorteile wenigstens zum Teil auszugleichen. Auch der Einsatz der Zerstörergruppe zur freien Jagd bei Portland ist ein solcher Schachzug. Aber er kommt die Zerstörer teuer zu stehen.

Liensberger ist gerade über der britischen Küste, da hört er von einer seiner letzten Maschinen den Alarmruf:

»Spitfire von hinten!«

Dieser Ruf elektrisiert die deutschen Besatzungen. Plötzlich sind sie hellwach. Sie wissen, daß ihre etwas schwerfälligen zweimotorigen Messerschmitts den britischen Jägern fliegerisch unterlegen sind. Aber sie kennen auch die gewaltige Feuerkraft ihrer eigenen, starr nach vorn feuernden Waffen: vier Maschinengewehre und zwei Kanonen, wenn sie gleichzeitig die Auslöseknöpfe drücken!

Liensberger befiehlt deshalb sofort, den Abwehrkreis zu bilden: Ein Zerstörer muß dem anderen Rückendeckung geben, nur ›den letzten beißen die Hunde‹.

Der Gruppenkommandeur kurvt selbst als erster ein. Bevor er herum ist, sind die höher fliegenden englischen Angreifer mit ihrem großen Fahrtüberschuß schon von hinten auf die Schlußlichter der Gruppe herabgestoßen.

Eine Me 110 weicht in einer Rechtskurve aus und hat Glück: Der Feuerstoß geht links vorbei, die Spitfire stößt ins Leere. Ein anderer Zerstörer versucht, im Sturzflug zu entkommen. Aber dafür hat er noch zuwenig Fahrt, der Gegner bleibt ihm im Nacken und schießt aus allen Rohren. Acht Maschinengewehre sind gleichmäßig in die Tragflächen der Spitfires verteilt. Sie schießen wie mit einer Schrotflinte. Ein paar Treffer sind immer dabei.

Endlich ist der Abwehrkreis der Zerstörer geschlossen. Nun können sie sich besser wehren. Zwei Maschinen sind schon vorher verlorengegangen. Und die Briten greifen weiter an.

Heftig feuernd durchbrechen sie im Sturzflug den Kreis. Die horizontal fliegenden Zerstörer haben immer nur für Sekundenbruchteile ein Ziel vor den Rohren. Dennoch treffen sie. Zwei, drei englische Jäger ziehen Rauchfahnen hinter sich her. Doch unter ihnen liegt britischer Boden. Sie können hinunter und eine Bruchlandung wagen, wenn die Maschine beschädigt ist. Sie können zur Not auch abspringen, ohne dabei in Gefangenschaft zu geraten.

Die Deutschen hingegen haben noch einen weiten Weg vor sich, zurück über den Kanal nach Frankreich. Das sind 160 Kilometer Wasser, eine bitterlange Strecke, wenn das Leitwerk zerschossen oder ein Motor ausgefallen ist, wenn die Maschine über einen Flügel hängt und ständig an Höhe verliert.

Als Liensbergers Zerstörergruppe schließlich von diesem harten Einsatz zurück ist, fehlen fünf Maschinen mit ihren Besatzungen, und andere zählen Dutzende von Einschüssen. Die 23 Messerschmitts mußten sich gegen 40 Spitfires und Hurricanes zur Wehr setzen.

Zwei Tage später hat dieser Einsatz ein Nachspiel. Die Luftflottenchefs Kesselring und Sperrle werden am 15. August nach Karinhall befohlen, um den Unmut ihres Oberbefehlshabers über den bisherigen schleppenden Verlauf der Luftschlacht entgegenzunehmen.

»Und dann ist da der Fall der allein losgeschickten Zerstörergruppe«, sagt Göring. »Wie oft habe ich schon mündlich und schriftlich befohlen, daß die Zerstörerverbände nur einzusetzen sind, wenn es aus Reichweitengründen erforderlich ist!«

Das heißt also: Wenn die Flugdauer der einmotorigen Me 109 nicht ausreicht, um einem Bomberverband bis zu seinem Ziel Begleitschutz zu geben, dann sollen die Zerstörer den letzten Teil des Zielanfluges decken.

Niemand ist wohl bei diesem Gedanken. Schon der Westfeldzug und vor allem die Juli-Kämpfe über dem Kanal haben gezeigt, daß die zweimotorigen Me 110 den viel leichteren, wendigeren Jägern im Luftkampf meist nicht gewachsen sind. Die von Göring als seine Elitejäger, seine ›Eisenseiten‹ gepriesenen Zerstörer brauchen selber Jagdschutz. Die Zerstörergruppe Hauptmann Liensbergers aber ist ganz allein auf sich gestellt nach England hinübergeflogen.

»Die Notwendigkeit klarer Befehle«, grollt Göring, »ist noch nicht erkannt worden, oder sie wird nicht beherrscht. So viele Zerstörer haben wir nicht. Wir müssen mit ihnen wirtschaftlich arbeiten.«

Der Groll des Oberbefehlshabers der Luftwaffe ist nicht unberechtigt. Denn auch der taktische Zweck des Zerstörervorstoßes zur freien Jagd über Portland wird verfehlt. Drei britische Jagdstaffeln hatte Hauptmann Liensbergers Gruppe auf sich gezogen. Nun hätten Kampfverbände in die entstandene Lücke stoßen müssen. Aber die deutschen Kampfflugzeuge kommen erst drei Stunden später. Sie kommen erst, nachdem die britischen Jäger in aller Ruhe landen, volltanken und Munition laden konnten. Erst als die Engländer mit allen Staffeln zu neuer Abwehr bereitstehen. Das ist schlechte Führung auf deutscher Seite, ganz schlechte Führung!

Es wird schließlich 17 Uhr, ehe das Stukageschwader 77 unter Major Graf Schönborn über den Kanal anfliegt. Die von Oberstleutnant Ibels Jagdgeschwader 27 begleiteten 52 Ju 87 sollen Flugplätze im Raum Portland angreifen. Doch sie finden ihre Ziele nicht. Die dichte Wolkendecke hängt keine tausend Meter über dem Erdboden. Ein Sturzangriff ist nahezu unmöglich.

»Der Angriff geht schief«, schreibt General von Richthofen in sein Tagebuch, »die Verbände kommen wegen Nebels mit den Bomben wieder zurück. Die Wettererkundung war falsch, der Angriff von ›oben‹ befohlen. So kann man hier nicht einsetzen! Gottlob kommen die englischen Jäger zu spät.«

Tatsächlich führen die britischen Jägerleitoffiziere rund 70 Jagdflugzeuge aus verschiedenen Richtungen gegen den deutschen Verband. Und während sich die Messerschmitts noch mit den Hurricanes herumschlagen, gelingt es den 15 Spitfires der 609. Staffel, im steilen Sturzflug auf die Stukas herabzustoßen und fünf von ihnen abzuschießen.

Die langsamen Ju 87 sind einem solchen Angriff nicht gewachsen. Das ist die zweite bittere Erfahrung des ›Adlertages‹, der doch die Überlegenheit der deutschen Luftwaffe über den britischen Gegner beweisen soll. Dieser 13. August scheint ein wahrer Unglückstag zu werden.

Auch das Lehrgeschwader 1 unter Oberst Bülowius, das als zweite Welle hinter den Stukas die englische Südküste anfliegt, stößt auf gutgeführte und hartnäckig angreifende britische Jäger. Die schnellen, zweimotorigen Ju-88-

Verbände können die Wolken geschickt zu ihrem eigenen Schutz ausnutzen. Ihre Ziele, die Flugplätze der Royal Air Force, erkennen freilich auch sie nicht.

So greift Hauptmann Kern mit der I./LG 1 als Ausweichziel die Hafenanlagen von Southampton an. Die sind besser zu finden. Nur sechs Ju 88 stoßen bis zu dem wichtigen Jägerflugplatz Middle Wallop vor. Dort liegt ein Sektoren-Leitstand des Fighter Command, von dem vier Jagdstaffeln geführt werden. Doch sechs Bomber genügen nicht gegen einen großen Flugplatz. Sie melden Treffer »in Zeltlagern und Schuppen am Platzrand« – Middle Wallop wird nur leicht beschädigt.

Der zehn Kilometer entfernte, weniger wichtige Flugplatz Andover dagegen erhält schwere Treffer. Hier greifen zwölf Ju 88 an. Wirkungsvoller wäre es umgekehrt gewesen, denn in Andover liegen keine Jäger. Aber das schlechte Wetter macht den deutschen Besatzungen einen Strich durch die Rechnung. Sie sind froh, überhaupt etwas zu finden.

Zur gleichen Zeit ist auch weiter östlich, in der Grafschaft Kent, wieder der Teufel los. General Loerzers II. Fliegerkorps setzt seine beiden Stukagruppen, und dazu eine dritte, die es vom VIII. Fliegerkorps ausgeliehen hat, zum Angriff auf britische Flugplätze an.

Hier, an der Straße von Dover, wird die Gefahr von den Engländern zu gering eingeschätzt. Das an der Spitze fliegende, von dem Olympiasieger im Fünfkampf, Major Gotthardt Handrick, geführte Jagdgeschwader 26 fegt den Angriffsraum frei. Ein paar schwächere englische Angriffe werden abgewiesen.

86 Stukas Ju 87 stoßen völlig unbehindert vor. Um 18.15 Uhr erscheinen sie über ihrem Ziel, dem Flugplatz Detling bei Maidstone, und greifen an. Wenig später liegt Detling in Trümmern. Das Rollfeld ist von Bombentrichtern übersät. Die Flugzeughallen brennen. Schwarzer Qualm steigt breit und hoch in den Himmel. Ein Volltreffer hat die Operationszentrale zerstört, der Platzkommandant ist gefallen. Beim Abflug zählen die Deutschen auf dem stark belegten Platz etwa 20 zerstörte oder brennende Flugzeuge.

Nur: Auch Detling gehört nicht zum britischen Fighter Command. Detling ist ein Flugplatz des Küstenkommandos, dem die Seeflieger und -aufklärer unterstehen. Der nördlich der Themsemündung gelegene Jagdfliegerplatz Rochford aber bleibt unter tiefhängenden Wolken verborgen. Die darauf angesetzte Stukagruppe findet ihn nicht und muß umkehren, ohne ihre Bomben geworfen zu haben.

Am Abend wird die Bilanz des ›Adlertages‹ gezogen. Trotz des schlechten Wetters und trotz des verschleppten Angriffsbeginns sind schließlich doch noch 485 Bomber und Stukas sowie rund tausend Jäger und Zerstörer gegen England geflogen. Sie glauben, neun Flugplätze des Gegners angegriffen zu haben, davon »fünf mit so gutem Erfolg, daß sie praktisch als ausgefallen betrachtet werden können«.

Die Feldmarschälle Kesselring und Sperrle sind mit diesem Erfolg zufrieden, obwohl er mit dem Verlust von 34 eigenen Flugzeugen erkauft worden ist. Freilich: Der ›große Schlag‹ war das noch nicht. Die Chefs der beiden deutschen Luftflotten müssen weiter auf gutes Wetter warten, um endlich alle Verbände an einem Tag in den Kampf werfen zu können.

Drüben, auf der anderen Seite des Kanals, wird das Ergebnis des 13. August ebenfalls als Erfolg gewertet. Die Engländer frohlocken: Zwar sind drei Flugplätze schwer getroffen worden, Eastchurch am Morgen, Andover und Detling am Nachmittag. Aber keiner davon ist ein Jägerplatz! Keiner dieser Angriffe hat der Bodenorganisation des Fighter Command Schaden zugefügt – dieser Organisation, von deren Bereitschaft jetzt das Schicksal des Landes abhängt.

Fast hat es den Anschein, als wüßten die Deutschen nicht, welche Plätze die feindliche Jagdwaffe benutzt. Und das, obwohl der Ic des Generalstabes der Luftwaffe, Oberstleutnant Josef Schmid, schon seit über einem Jahr alle erreichbaren Feindunterlagen der britischen Insel beschafft und bearbeitet hat. Obwohl Zielbeschreibungen, Originalbildpläne und ein Flugplatzatlas Großbritanniens in allen Führungsstäben bis hinunter zum Geschwader und zur Gruppe, die gegen England fliegen, vorhanden sind. Und obwohl der erstaunlich rege Funksprechverkehr der britischen Jägerführung auf deutscher Seite Wort für Wort mitgehört und auch eingepeilt wird. Die Decknamen, wie etwa ›Charly three‹ für den Flugplatz Manston, sind längst entschlüsselt worden.

Also wissen sie doch, wo sie die britischen Jäger und ihre Bodenorganisation treffen können. Sie zu zerstören, ist das erste und wichtigste Ziel der Luftschlacht. Statt dessen werden ganz andere Flugplätze angegriffen. Und die deutschen Führungsstäbe nähren die gefährliche Illusion, der Gegner sei bereits stark angeschlagen.

Tatsächlich läßt der ›Adlertag‹ das Fighter Command aufatmen. Nach den schweren Angriffen des 12. August gegen Lympne, Manston und Hawkinge bringt der 13. August einen Lichtblick. Nur dreizehn Spitfires und Hurricanes stürzen nach Luftkämpfen mit deutschen Jägern brennend ab. Dieser Verlust ist zu ersetzen. Wenn es nicht schlimmer kommt, hat England nichts zu fürchten.

14. Der schwarze Donnerstag

Der 14. August, an dem der Schwerpunkt wieder auf der »Schädigung der feindlichen Jagdwaffe und Bodenorganisation« liegen soll, läßt mit seinem miserablen Wetter gar keine geschlossenen Angriffe in Gruppen- oder gar Geschwaderstärke zu.

Nur der vorgeschobene Jägerplatz Manston bekommt wieder Besuch von 16 Messerschmitt-Zerstörern der Erprobungsgruppe 210, die mit ihren Bomben überraschend durch die Wolken stoßen. Erneut gehen vier Hallen in Flammen auf. Sonst fliegen nur einzelne Bomber Störangriffe gegen Südengland, um die feindliche Abwehr in Atem zu halten.

Am folgenden Morgen deutet zunächst nichts darauf hin, daß sich dieser Donnerstag, der 15. August, wesentlich vom Vortage unterscheiden wird. Offenbar rechnet die deutsche Luftwaffenführung nicht mit der Möglichkeit eines Großeinsatzes. Sonst wären die Luftflottenchefs und Kommandierenden Generale der Fliegerkorps wohl kaum an diesem Morgen zu einer Besprechung mit ihrem Oberbefehlshaber nach Karinhall gerufen worden. Doch schon am frühen Vormittag bessert sich das Wetter. Der graue Himmel wird plötzlich hell, die Wolken reißen auf.

Erstaunt und fast ungläubig blinzelt der auf dem Gefechtsstand des II. Fliegerkorps in Bonningues, südlich Calais, zurückgebliebene Chef des Stabes, Oberst Paul Deichmann, in die Sonne. Dann macht er auf dem Absatz kehrt und eilt ins Lagezimmer zurück. Wenig später gehen die ersten Einsatzbefehle für die unterstellten Verbände hinaus. Der grundsätzliche Angriffsbefehl für den ›Adlertag‹ ist nach wie vor in Kraft.

Anschließend fährt Deichmann zum vorgeschobenen Gefechtsstand der Luftflotte 2 hinüber, der sich in einem unterirdischen Bunker der Höhe 104 bei Cap Blanc Nez befindet und Kesselrings ›Heiliger Berg‹ genannt wird.

Dort trifft Deichmann aber nur den Ia, Oberstleutnant Rieckhoff, an; denn Feldmarschall Kesselring und sein Stabschef sind ja bei Göring in der Schorfheide. Rieckhoff hat aus Berlin gerade den Befehl erhalten, wegen schlechten Wetters keine Angriffe zu fliegen.

»Zu spät«, sagt Deichmann gut gelaunt, »die sind schon gestartet!«

Beide Offiziere steigen aus dem Bunker auf den Beobachtungsstand hinauf. Über ihren Köpfen ziehen die Verbände nach Nordwesten. Entsetzt will Rieckhoff zum Telefon greifen, um beim Führungsstab des Ob. d. L. anzufragen, ob er die Stukas zurückrufen solle. Doch Deichmann hält ihm die Hand fest, bis die Angreifer die englische Küste erreicht haben und das Flakfeuer von Dover sichtbar wird. Resigniert meldet Rieckhoff nach Berlin: »Nun kann ich es ja sagen: Sie greifen doch an!«

Es ist 12 Uhr. Seit zwanzig Minuten fliegen die beiden Stukagruppen des II. Fliegerkorps – die II./StG 1 des Hauptmanns Keil und die IV(St)/LG 1 unter Hauptmann von Brauchitsch – gegen England. Sie holen sich ihren Jagdschutz bei Calais ab und greifen erneut die Flugplätze Lympne und Hawkinge an. Lympne wird so schwer getroffen, daß es für zwei Tage ausfällt.

Niemand weiß, daß mit diesem Angriff um die Mittagszeit einer der schwersten Kampftage der ganzen Luftschlacht um England eingeleitet wird. Ein Kampftag, der nach den vorangegangenen Enttäuschungen kaum erwartet wurde. Ein Großeinsatz, der vor allem dem Zufall einer plötzlichen Wetterbesserung zuzuschreiben ist.

Dennoch setzt die Luftwaffe an diesem 15. August zwischen Mittag und Mitternacht mindestens 1786 Flugzeuge gegen England ein. Nach einer anderen Zusammenstellung, die von der 8. (kriegswissenschaftlichen) Abteilung der Luftwaffe stammt, waren es sogar 801 Bomber und Stukas, 1149 Jagd- und Zerstörer-Einsätze und nochmals 169 Flugzeuge von der Luftflotte 5 in Norwegen.

Insgesamt also mehr als 2000 an einem einzigen Nachmittag!

Nach dem Stukaangriff dicht an der Straße von Dover wechselt die Szene weit nach Norden. Dort stoßen gegen 13.30 Uhr die beiden Kampfgeschwader der Luftflotte 5, das KG 26 aus Stavanger in Norwegen und das KG 30 aus Aalborg in Dänemark, quer über die Nordsee gegen Mittelengland zwischen der Tyne- und der Humber-Mündung vor. Erst am Vorabend hat der Luftwaffen-Führungsstab den gewagten Einsatz dieser Verbände freigegeben.

Die Entfernung zwischen den Einsatzhäfen und den Zielen der Bomber beträgt 650 bis 750 Kilometer. Sie müssen hin und zurück. Und sie brauchen für Start und Landung, für Navigationsfehler und den Angriff am Ziel eine ›taktische Reserve‹ von 20 Prozent der Flugstrecke. Zusammengerechnet ergibt das eine Flugstrecke von 1800 Kilometer, die für diesen Einsatz gefordert werden muß.

Eines steht fest: Die Me 109 würde schon ausgeflogen sein und ins Wasser fallen, bevor sie die britische Küste erreicht hat. Die Bomber, die He 111 des ›Löwen-‹ und die Ju 88 des ›Adlergeschwaders‹, können also nicht von einmotorigen Jägern begleitet werden. Darin liegt ihr großes Risiko.

Andererseits hofft die Luftwaffe, das britische Jägerkommando durch die starken Angriffe im Süden so weit zu binden, daß nur schwächere Jagdstaffeln einem plötzlichen Flankenstoß gegen Mittelengland begegnen können. Doch Luftmarschall Dowding hat vorgebeugt. Nördlich an die im Brennpunkt des Kampfes in Südostengland stehende 11. Fighter Group schließen sich bis hinauf nach Schottland die 12. und die 13. Group an, deren Jagdstaffeln die Luftschlacht bisher nur von fern als Zuschauer verfolgt haben.

Nun kommt auch ihre Stunde.

Um 13.45 Uhr hält die erste deutsche Angriffswelle mit 63 He 111 der I. und III./KG 26 Kurs auf die englische Küste nördlich Newcastle. Der Verband fliegt 4500 Meter hoch. 200 Meter tiefer liegt eine aufgerissene Wolkenbank von etwa 6/10 Bedeckung. 40 Kilometer trennen die Heinkel-Bomber noch von der Küste. Plötzlich wird es im Funksprech lebendig. Die Meldungen überstürzen sich:

»Spitfire von links!«

»Jagdangriff aus der Sonne!«

»Werde von Spitfire beschossen!«

In diesem kritischen Augenblick wird der Bomberverband von 21 Zerstörern der in Stavanger-Forus liegenden I./ZG 76 begleitet. Es ist dieselbe Gruppe, die in der Deutschen Bucht am 18. Dezember 1939 die meisten Wellington-

Bomber abgeschossen hat und die beim Sprung nach Norwegen als erste auf den noch verteidigten Plätzen Oslo-Fornebu und Stavanger-Sola landete.

Ihre heutige Aufgabe aber ist fast unlösbar. Ein paar hundert Meter über dem Bomberverband fliegt der Stabsschwarm der Zerstörergruppe mit dem Kommandeur, Hauptmann Restemeyer, an der Spitze. Als zweiter Mann in seiner Me 110 sitzt heute nicht der Bordfunker, sondern der Chef der Funkhorchkompanie des X. Fliegerkorps, Hauptmann Hartwich. Rings um ihn sind Horchempfänger eingebaut. Hartwich will die feindlichen Jägersprechwellen abhören. Er will in seinem fliegenden Lagezimmer die Abwehrmaßnahmen der Engländer beobachten, um daraus Schlüsse für das taktische Verhalten des eigenen Angriffsverbandes, für Kursänderungen, Flughöhe und andere Maßnahmen, zu ziehen.

Das beweist, daß die Deutschen durchaus mit starker britischer Jagdabwehr rechnen. Doch Hartwich kann seine Beobachtungen nicht mehr verwerten. Eine der ersten angreifenden Spitfires stürzt sich aus der Sonne auf die Me 110 ›Dora‹ des Kommandeurs. Ehe Hauptmann Restemeyer mit einer Kehrtkurve den Kampf aufnehmen kann, fetzen schon die Geschosse in seine Maschine. Plötzlich geht ein Schlag durch die Messerschmitt, der sie in der Luft förmlich zerreißt.

Der Zusatztank muß getroffen worden sein.

Dieser plumpe ›Dackelbauch‹ unter dem Rumpf faßt tausend Liter Benzin. Nach dem Flug über die Nordsee ist er leer, kann aber infolge einer Fehlkonstruktion nicht abgeworfen werden. Und innen bilden sich hochexplosive Benzindämpfe. Der ›Dackelbauch‹ hat schon manche Besatzung auf den langen Einsatzflügen zwischen Drontheim und Narvik das Leben gekostet. Er wird nun auch Hauptmann Restemeyer und Hauptmann Hartwich zum Verhängnis. Brennend trudelt die Maschine des Gruppenkommandeurs in die See.

Den Abschuß erzielen Spitfires der 72. Staffel aus Acklington. Der Staffelführer, Flight Lieutenant Graham, traut seinen Augen kaum, als er den deutschen Verband zum ersten Male etwa tausend Meter unter sich entdeckt:

»Das sind ja mehr als hundert!«

In ihrer Aufregung zählen die Engländer allein 35 Messerschmitt-Zerstörer – obwohl es tatsächlich nur 21 sind. Die Aufregung ist verständlich: Radar hatte den anfliegenden Feind schon vor 40 Minuten erfaßt. Die britischen Beobachter an den Bildschirmen schätzten die Stärke des deutschen Verbandes aber zuerst nur auf »etwa 20« Maschinen. Später verbesserten sie ihre Schätzung auf »mehr als 30« und gaben eine südlichere Anflugrichtung bekannt.

Die Engländer halten dies bis heute für eine Fehlleistung des damals noch in den Kinderschuhen steckenden Radars. Tatsächlich trifft die Ortung recht genau zu: Der zuerst gemeldete Verband ist nämlich gar nicht das KG 26. Er besteht vielmehr aus etwa zwanzig Seeflugzeugen, die das X. Fliegerkorps zu einem Scheinangriff in Richtung Firth of Forth angesetzt hat, um die britische Abwehr zu verwirren und in die falsche Richtung zu locken.

Die Ziele des KG 26 liegen viel weiter südlich. Es sind die britischen Bomber-Flugplätze Dishforth und Linton-upon-Ouse. Aber das deutsche Kampfgeschwader macht einen schweren Navigationsfehler: Es stößt 120 Kilometer zu weit nördlich gegen die britische Küste vor und gerät dadurch fast in die Anflugrichtung des Scheinangriffs.

»Durch diesen Fehler«, berichtet der damalige Ic des X. Fliegerkorps, Hauptmann Arno Kleyenstüber, »geschah das Gegenteil dessen, was wir mit dem Scheinflug beabsichtigt hatten: Die englische Jagdabwehr wurde rechtzeitig alarmiert und geradezu herbeigeholt.«

Fünfzehn Minuten lang greifen die 72. und etwas später die 79. Staffel, beide mit Spitfires, die Deutschen von allen Seiten an.

Unteroffizier Richter, der als ›Schlußlicht‹ der Zerstörer fliegt, erhält einen Kopf-Streifschuß und verliert die Besinnung. Seine Me stürzt steil nach unten.

Aus, denkt der Bordfunker, Unteroffizier Geishecker. Er stemmt sich heraus und springt mit dem Fallschirm ab. Aber Richter kommt wieder zu sich. Er fängt die Maschine unter den Wolken ab und fliegt sie, trotz der blutenden Kopfwunde, über die Nordsee zurück nach Hause. Bei Esbjerg setzt er sie mit einer Bruchlandung auf den Boden. Geishecker aber bleibt vermißt.

Oberleutnant Uellenbeck geht unterdessen mit den restlichen fünf Maschinen seiner 2. Staffel in die Kehrtkurve und nimmt den Kampf auf. Er selbst trifft eine Spitfire voll und sieht sie mit langer Rauchfahne in die Wolken stürzen.

Doch es sind zu viele Gegner. Uellenbeck befiehlt ›Abwehrkreis‹. Das ist die einzig mögliche Rettung. Dabei wird Uellenbeck selber von hinten angegriffen. Sein Rottenflieger, Oberfeldwebel Schuhmacher, vertreibt jedoch die Spitfire mit gutgezielten Schüssen. Auch Leutnant Woltersdorf bekommt zwei Spitfires vor die Rohre, die sofort Trefferwirkung zeigen.

Weiter vorn hält die 3. Staffel der Zerstörer unter Oberleutnant Gollob, obwohl heftig angegriffen, unbeirrt Anschluß an die III. Gruppe des KG 26. Nach wenigen Minuten sind von den acht Me 110 der Staffel nur noch vier übrig. Einer der Fehlenden, Oberfeldwebel Linke, berichtet später, wie er sich unbemerkt hinter eine Spitfire setzen konnte, die ihrerseits gerade eine He 111 der 8. Staffel in Brand schoß.

»Dadurch konnte ich bis auf 50 Meter herankommen«, heißt es in Linkes Abschußmeldung, »und sie von der Seite wirkungsvoll beschießen. Die Spitfire bäumte sich auf und stürzte in Spiralen senkrecht nach unten.«

Sekunden später muß Linke selbst zwei feindliche Angriffe abwehren. Nach Treffern in die Tragfläche qualmt sein linker Motor und bleibt stehen.

»Ich drückte senkrecht nach unten in die Wolken hinein weg. Die beiden Engländer hinter mir her. Beim Abfangen kam ich in 800 bis 1000 Meter aus den Wolken heraus, nachdem ich vorher meinen Kurs geändert hatte. Beim Flug an der unteren Wolkengrenze beobachtete ich, wie zwei Spitfires ungefähr um 13.58 Uhr auf das Wasser aufschlugen.«

Linke fliegt dann mit seinem einen Motor glücklich nach Hause und landet zwei Stunden später in Jever.

Um 13.58 Uhr sieht Oberleutnant Gollob eine von ihm beschossene Spitfire wie einen Stein nach unten fallen, und auch Unteroffizier Zickler kommt aus günstiger Position zum Schuß auf einen Gegner, der in die Wolken ›abschmiert‹. Auf die Beobachtung des Oberfeldwebels Linke hin werden beide Feindmaschinen als abgeschossen gemeldet.

Insgesamt verliert die I./ZG 76 bei dem heißen Luftkampf mit einem fliegerisch überlegenen Gegner sechs Zerstörer und meldet ihrerseits den Abschuß von elf Spitfires. Dieser Erfolg ist sicher zu hoch gegriffen, obwohl er von zahlreichen Luftkampfzeugen – auch aus den He-111-Kampfbesatzungen – schriftlich bestätigt wird. Doch unter den Kämpfenden lag die dichte Wolkendecke, die ein ›abstürzendes‹ Flugzeug weiteren Blicken entzog. Und wenn, wie geschildert, sogar zwei angeschossene Me 110 die weite Strecke zurück über die Nordsee heimgekommen sind, dann werden sicher auch die meisten Spitfires, selbst mit Trefferschäden, den nahen Heimatplatz erreicht haben.

Offensichtlich jedoch ist dieser Luftkampf keineswegs eine so einseitige ›Hasenjagd‹ gewesen, wie er bisher von englischer Seite geschildert wurde. Angeblich sollen die Spitfires keinen Verlust erlitten und nicht einen Treffer erhalten haben.

Inzwischen fliegt das KG 26 über der britischen Küste suchend nach Süden, weil es sich beim Anflug ›verfranzt‹ hat. Es wird wiederholt von britischen Jägern hart attackiert, so daß die Bomben schließlich weit verstreut auf die Küste und die Hafenanlagen zwischen Newcastle und Sunderland fallen. Sein eigentliches Ziel jedoch, die beiden Flugplätze, findet das ›Löwengeschwader‹ nicht.

Erfolgreicher operiert das KG 30, dessen drei Ju-88-Gruppen ohne jeden Begleitschutz fliegen. Bei Flamborough Head stoßen sie über die Küste, nutzen die Wolken als Schutz gegen Jagdangriffe und stürzen sich wenig später auf ihr Ziel, den Flugplatz Driffield der 4. Bomber Group.

Vier Hallen und mehrere andere Gebäude werden zerstört. Am Boden gehen zwölf zweimotorige Whitley-Bomber in Flammen auf. Britische Jäger können den Angriff nicht verhindern, obwohl sie sechs der insgesamt fünfzig Sturzbomber abschießen.

So endet der Flankenstoß aus Norwegen – der erste und letzte, den die Luftflotte 5 in solcher Stärke führt.

Der nächste Schlag fällt wieder im Süden. Kaum sind die Gruppen des Löwen- und des Adlergeschwaders nach ihrem Angriff im Norden über See abgeflogen, da schlagen die britischen Radarbeobachter am Nachmittag des 15. August 1940 aufs neue Alarm. An den Sichtgeräten können sie genau verfolgen, wie sich über Belgien und Nordfrankreich weitere deutsche Verbände zum Angriff sammeln. Die Meldungen jagen sich:

»60 oder mehr bei Ostende.«

»120 oder mehr aus Richtung Calais.«

Zwischen 14.50 Uhr und 15.06 Uhr starten von Antwerpen-Deurne und St-Trond in Belgien alle drei Do-17-Gruppen des Kampfgeschwaders 3 zum Angriff auf britische Flughäfen und Flugzeugwerke südlich der Themse. Der Kommodore, Oberst von Chamier-Glisczinski, fliegt mit der Geschwader-Führungskette an der Spitze der II. Gruppe unter Hauptmann Pilger. Ihr Ziel ist Rochester auf dem direkten Anflugweg nach London.

Zuerst müssen die Do 17 einen ›Ablaufpunkt‹ an der französischen Küste genau zur vereinbarten Zeit überfliegen. Das ist ihre Lebensversicherung: Denn nun starten die zugeteilten Jäger, deren Geschwader wegen der geringen Reichweite der Me 109 im Pas de Calais dicht hinter der Küste zusammengeballt sind. Über dem Kanal holen sie die Kampfflugzeuge ein. Die meisten Me 109 hängen sich ein paar tausend Meter über ihre Schützlinge.

Dort sind die Jäger ›frei‹, sie können sich bewegen, können die Flugeigenschaften und die überlegene Geschwindigkeit der Messerschmitt ausspielen. Dort haben sie auch den taktischen Vorteil der größeren Höhe, aus der sie sich auf jeden weiter unten angreifenden Gegner stürzen können.

»Darüber bestand bei uns kein Zweifel«, berichtet Adolf Galland, einer der erfolgreichsten deutschen Jagdflieger, »die Royal Air Force war ein sehr ernst zu nehmender Gegner.«

Am Nachmittag des 15. August ist auch Major Galland mit seiner Jagdgruppe, der III./JG 26, zum erweiterten Begleitschutz der Bomber und zur freien Jagd über Südostengland eingesetzt. Ihm selbst gelingen an diesem Tage nicht weniger als drei Abschüsse; seine Gruppe meldet zusammen 18 Luftsiege in vier verschiedenen Einsätzen.

Außer dem JG 26 (Major Handrick) sind an der Kanalenge nun auch mehrere Gruppen der Jagdgeschwader 51 (Major Mölders), 52 (Major Trübenbach) und 54 (Major Mettig) in der Luft. In freier Jagd oder ›angebunden‹ an eine der Kampfgruppen, fliegen sie fast gleichzeitig an vielen Stellen die britische Küste an.

Die zahlreichen verschiedenen Ortungen verwirren das Radarbild der Engländer über die Anflüge. Zwar starten elf britische Jagdstaffeln mit insgesamt rund 130 Spitfires und Hurricanes, aber sie werden in der Luft von ihren Leitoffizieren hin- und hergejagt. Und da sie nur staffelweise und nicht in größeren Verbänden auftreten, stoßen sie auch überall auf überlegene deutsche Jäger.

Die 17. Staffel zum Beispiel fliegt mit ihren Hurricanes Sperre über der Themse-Mündung, als sie plötzlich dringend zu ihrem eigenen Stützpunkt, Martlesham Heath nördlich von Harwich, zurückgerufen wird. Schon von weitem sehen die Piloten die schwarze Rauchsäule. Zu spät kreisen sie über dem schwer getroffenen Platz: Die Deutschen sind schon abgeflogen.

Unbemerkt und ohne jede Gegenwehr war die Zerstörergruppe 210 mit 24

Jagdbombern bis Martlesham vorgedrungen und hatte ihre Bomben über dem Jägerflugplatz abgeladen. Das Rollfeld ist von Trichtern übersät, zwei Hallen brennen, Werkstätten, Versorgungs- und Nachrichtenleitungen sind zerstört. Aus der Luft bietet der Platz das Bild eines rauchenden Trümmerhaufens. Aber aus der Luft sieht immer alles viel schlimmer aus. Immerhin erstrecken sich die notwendigsten Aufräumungsarbeiten und Reparaturen noch über den ganzen folgenden Tag, ehe der Platz Martlesham Heath wieder einsatzbereit ist.

Inzwischen stößt das KG 3 über der Grafschaft Kent nach Westen vor. Unter starkem Jagdschutz und daher unbehelligt. Hauptmann Rathmanns III. Gruppe greift erneut den Küstenflugplatz Eastchurch an.

Wenig später ist Rochester an der Reihe. Dreißig Do 17 – von der II./KG 3 und der Führungskette des Geschwaders unter Oberst von Chamier – donnern über den Platz hinweg. Rochester ist zwar kein Stützpunkt britischer Jäger, aber der Angriff trifft dennoch ins Schwarze. Die Bombenreihen wühlen sich nicht nur quer über das Rollfeld, sie schlagen nicht nur in die Hallen oder zwischen die abgestellten Flugzeuge. Ganze Schauer von 50-Kilo-Splitterbomben prasseln auch in die Flugzeugwerke am Nordrand des Platzes. Die letzten Do 17 werfen noch acht Flammen- und Zeitzünder-Bomben in die Werkhallen.

»Flugmotorenwerk durch Bombenreihen getroffen. Starke Brand- und Rauchentwicklung...«, heißt es hinterher im Einsatzbericht der Gruppe. Offenbar ahnen die Kampfflieger nicht, daß sie den Short-Werken, einer erst im Vorjahr aus dem Boden gestampften modernen Flugzeugfabrik, schweren Schaden zugefügt haben.

Bei Short werden gerade die ersten viermotorigen Bomber vom Typ ›Stirling‹ gebaut, die Jahre später den strategischen Luftkrieg gegen Deutschland eröffnen werden. Der genau gezielte Angriff der II./KG 3 trifft vor allem das Fertigteillager, das völlig niederbrennt. Die Produktion der schweren Viermotorigen wird um Monate verzögert.

Doch in England haben jetzt nicht die Bomber, sondern die Jäger höchsten Vorrang. Und nur, wenn sie die Jäger entscheidend schwächt, kann die deutsche Luftwaffe diese Schlacht gewinnen.

Nach dem Abflug des KG 3 tritt für die englischen Verteidiger eine Pause ein. Fast zwei Stunden lang wird nirgendwo an der langen Luftfront ein neuer deutscher Verband gemeldet – ein Beweis mehr für die mangelnde Abstimmung zwischen den Luftflotten 2 und 3 beim Einsatz ihrer Geschwader.

Bisher hat Kesselring über die Straße von Dover hinweg angegriffen. Jetzt ist Sperrle am Zuge; seine Verbände fliegen, 200 Kilometer weiter westlich, gegen die englische Südküste.

Den Schwerpunkt der Angriffe bestimmen die Deutschen. Sie können sprunghaft wechseln, können einmal hier, und dann gleich an ganz anderer Stelle zuschlagen. Aber sie verspielen diesen taktischen Vorteil. Sie halten den Gegner nicht ständig in Atem, sondern lassen ihm Zeit zwischen den Angriffen. Zeit, um die gerade ausgeflogenen Staffeln wieder zu betanken und die leergeschossenen Waffen mit neuer Munition zu versorgen.

Als die Ju 88 des Lehrgeschwaders 1 um 16.45 Uhr in Orléans starten; als eine Viertelstunde später die beiden Stukagruppen I./StG 1 (Hauptmann Hozzel) und II./StG 2 (Hauptmann Eneccerus) von Lannion in der Bretagne aus losfliegen; als sich die ›Kämpfer‹ über der Küste mit ihrem Begleitschutz vom Zerstörergeschwader 2 (Oberstleutnant Vollbracht) und den Jagdgeschwadern 27 (Oberstleutnant Ibel) und 53 (Major von Cramon-Taubadel) treffen; und als schließlich gegen 18 Uhr diese ganze ›Mahalla‹ (große Streitmacht) von weit mehr als 200 Flugzeugen in mehreren Kolonnen über den Kanal nordwärts vorstößt und vom britischen Radar gemeldet wird – da können die Chefs der 10. und 11. ›Fighter Group‹, die Vizemarschälle Brand und Park, in Ruhe ihre Gegenmaßnahmen treffen.

Noch vor einer Stunde hat die große Bereitschaftstafel in Parks unterirdischem Hauptquartier in Uxbridge angezeigt, daß nach den voraufgegangenen Kämpfen viele Spitfires und Hurricanes vorübergehend an den Boden gefesselt waren. Jetzt aber leuchtet bei fast allen Staffeln wieder das Feld ›Einsatzbereit‹ auf. So kommt es, daß die Engländer den von Süden angreifenden deutschen Verbänden der Luftflotte 3 schließlich vierzehn Staffeln mit rund 170 Jägern entgegenwerfen – die größte Zahl, die Englands Jagdabwehr bisher gleichzeitig aufgeboten hat.

Die deutschen Besatzungen bekommen diese entschlossene Abwehr ihrer Gegner bitter zu spüren.

Hauptmann Jochen Helbig, Staffelkapitän der 4./LG 1, sieht gerade die englische Küste vor sich, als es losgeht. Die letzten Ju-88-Maschinen der Staffel melden fast gleichzeitig:

»Jagdangriff von hinten!«

Es sind Spitfires. Sie feuern aus allen Rohren und stoßen von oben durch den deutschen Verband. Unwahrscheinlich, wie groß ihr Fahrtüberschuß ist! Unten fangen sie ab, ziehen an der Seite hoch und werden gleich wieder in Schußposition sein.

Helbig sieht sich nach deutschen Jägern um. Aber die kurven ein paar tausend Meter höher. Sie liegen selbst im Luftkampf. Von ihnen ist keine Hilfe zu erwarten.

Also durchhalten. Stur geradeaus. Und eng zusammenschließen, damit die Heckschützen sich gegenseitig helfen können.

Dann sind die ›Spits‹ wieder heran. Sie nehmen die hintersten Bomber in die Zange. Da bleibt keine Wahl: Die Ju 88 müssen einkurven. Der Verband wird gesprengt.

Nun machen die Engländer Jagd auf die einzeln fliegenden Ju 88. Es ist ein ungleicher Kampf. Der deutsche ›Wunderbomber‹, der einmal schnell genug sein sollte, um feindlichen Jägern einfach davonzufliegen, ist der Spitfire um fast 200 Stundenkilometer unterlegen. Und gegen die acht Maschinengewehre in den Flächen des britischen Jägers kann sich die Ju 88 nur mit dem einen MG des Heckschützen zur Wehr setzen.

Dennoch ist es dieses MG, das Hauptmann Helbig und seine Besatzung rettet. Dieses MG – und der Bordfunker, der es bedient. Oberfeldwebel Schlund meldet ganz ruhig jeden neuen Anflug eines Gegners:

»Spitfire von rechts hinten, 400 Meter... 300... 250...«

Eiserne Nerven hat dieser Mann im Angesicht des Todes. Er zögert noch. Der Gegner soll sich sicher fühlen. Er soll näher herankommen, bevor er auf die Knöpfe drückt, um den scheinbar stur weiter geradeaus fliegenden deutschen Bomber voll zu treffen. Denn nur wenn er nah genug ist, kann die Ju 88 ihn durch Gegenkurven ausmanövrieren. Es ist vielleicht die einzige Chance.

Endlich rattert Schlunds MG los. Er hat das Gespür, dem Gegner um die entscheidende Sekunde zuvorzukommen.

Helbig hat nur darauf gewartet. Im gleichen Augenblick reißt er die Maschine nach rechts, zwingt sie in eine enge Kurve. Die Spitfire kann nicht folgen. Sie hat zuviel Fahrt und stößt ganz dicht neben der kurvenden Ju 88 ins Leere. Schlund bringt ihr sogar ein paar Treffer mit dem MG bei. Der Jäger qualmt – und ist im Nu aus dem Blickfeld entschwunden.

So wird Helbigs Maschine gerettet. Es ist die ›L1 + AM‹, eine Ju 88, die später Berühmtheit erlangt: Trotz harter Einsätze im Mittelmeerraum erreicht sei mehr als 1000 Flugstunden und beweist damit einmalige Ausdauer und Haltbarkeit.

Helbig: »Die 88 war schon ein Schlager. Ein großartiges Flugzeug, wenn man es richtig in der Hand hatte.«

Am späten Nachmittag des 15. August 1940 aber verliert Helbig über der englischen Küste fast seine ganze Staffel. Außer ihm und der seinen kehrt nur noch eine Besatzung zurück. Die anderen fünf werden von den in großer Zahl angreifenden britischen Jägern abgeschossen. Von den fünfzehn gestarteten Kampfflugzeugen der I./LG 1, zu der auch Helbigs Staffel gehörte, erreichen nur drei das Angriffsziel: den Marineflughafen Worthy Down nordöstlich Southampton. Die meisten anderen lösen die Bomben im Notwurf.

Eines zeigt dieser 15. August sehr deutlich: die Abhängigkeit der Bomber von den Jägern. Unter starkem eigenem Jagdschutz stoßen sie vor und haben Erfolg. Bei heftigen feindlichen Jagdangriffen aber halten sie nicht durch. Sie sind zu leicht, zu beschußempfindlich und haben zuwenig Abwehrkraft. Die Bombenangriffe zersplittern, ihre Wirkung verpufft. Der Ruf nach dem nahen Begleitschutz eigener Jäger wird immer stärker.

Die etwas früher angreifende I./LG 1 unter Hauptmann Kern hat mehr Glück. Zwölf Ju 88 tauchen so überraschend über dem Jägerplatz Middle Wallop auf, daß sie um ein Haar zwei britische Staffeln am Boden erwischen. Die letzten Spitfires der 609. Staffel, unter ihnen Squadron Leader Darley, starten erst, als die Bomben schon hinter ihnen in die Hallen schlagen. Dies ist in drei Tagen der dritte Angriff auf die Sektoren-Leitstation Middle Wallop.

Nach ihrer Rückkehr berichtet die I./LG 1 irrtümlich, sie hätte den Platz Andover angegriffen. Offensichtlich wissen die Deutschen immer noch nicht, daß Middle Wallop ein viel wichtigeres Ziel ist.

Ein weiterer Zielirrtum hat beinahe verhängnisvolle Folgen; denn die Schlacht des 15. August ist noch nicht zu Ende. Kaum sind die deutschen Verbände im Süden abgeflogen, als wieder neue Einheiten über der Straße von Dover gemeldet werden. Diesmal sind die Angriffe besser aufeinander abgestimmt. Nach den heißen Luftkämpfen im Süden sind gerade mehrere Jagdstaffeln der 11. Fighter Group zur Landung gezwungen. Ein Großangriff der Luftflotte 2 würde jetzt auf eine geschwächte britische Jagdabwehr treffen: Aber es sind kaum hundert Flugzeuge, die von Osten nochmals gegen die Grafschaft Kent vorstoßen: nur zwei Kampfgruppen und ein paar Dutzend Jäger.

Um 19.35 Uhr überfliegen die Jagdbomber von Hauptmann Rubensdörffers Erprobungsgruppe 210 – eine der aktivsten Gruppen in dieser Phase der Luftschlacht – die britische Küste bei Dungeness. Wenig später kommt ihr Jagdschutz, gestellt vom JG 52, außer Sicht. Die fünfzehn Me 110 und acht Me 109, alle mit Bomben schwer beladen, halten trotzdem weiter Kurs. Zum erstenmal soll der wichtige Sektoren-Flugplatz Kenley im Süden Londons angegriffen werden. Der andere Kampfverband, eine Do-17-Gruppe, hat die benachbarte Sektorenstation Biggin Hill zum Ziel.

Die Bomben treffen genau – nur nicht in Kenley und Biggin Hill.

Nach dem Absplittern des Jagdschutzes beschließt Rubensdörffer, zur Täuschung des Gegners eine große Schleife zu fliegen und Kenley von Norden anzugreifen. Unversehens befindet sich die Gruppe schon über den südlichen Wohnvorstädten Londons, kehrt um und geht auf Anflugkurs.

Auf einmal, schneller als erwartet, liegt der Flugplatz vor ihnen. Die Me 110 drücken im Gleitflug hinab und greifen an. Plötzlich sind Hurricanes über ihnen, aber sie kommen nicht heran, die schweren Messerschmitts sind im Sturz tatsächlich schneller.

Dann fallen die Bomben. Sie krachen in die Hallen, zerstören nicht weniger als 40 Schulflugzeuge. Und sie schlagen dicht dahinter in zwei getarnte Flugzeug- und Motorenwerke. Sie richten auch in einer Fabrik für Flugzeug-Funkgeräte am Platzrand schweren Schaden an.

Aber all das geschieht nicht in Kenley. Es geschieht auf dem Londoner Flugplatz Croydon – Rubensdörffer hat sich im Ziel geirrt!

London darf auf ausdrücklichen Befehl Hitlers nicht angegriffen werden – noch nicht. Auf allen deutschen Einsatzkarten ist das ausgedehnte Gebiet der Hauptstadt als Sperrzone eingezeichnet. Göring verlangt wütend ein Kriegsgerichtsverfahren gegen die Schuldigen, als er von dem Angriff auf Croydon erfährt. Wen aber trifft die Schuld?

Gleich nach dem Bombenwurf sitzen die Hurricanes der 111. Staffel den deutschen Angreifern im Nacken. Squadron Leader Thompson braucht nur auf die Knöpfe zu drücken, als die letzte Me 110 von unten genau in sein Schußfeld hineinzieht. Ganze Stücke reißen aus der getroffenen Tragfläche und aus dem linken Motor. Der deutsche Flugzeugführer bringt die Messerschmitt noch auf den Boden, die Besatzung wird gefangengenommen.

Die anderen Zerstörer schrauben sich im Abwehrkreis höher und warten auf eine günstige Gelegenheit, um zu entkommen. Einen Augenblick zögern die Hurricanes, weil plötzlich auch Me 109 auftauchen; die Zerstörer scheinen unter Jagdschutz zu stehen. In Wirklichkeit ist es die 3. Staffel der Erprobungsgruppe, die wie üblich als letzte angreift. Auch ihre Bomben liegen im Ziel Croydon. Binnen einer Sekunde müssen sich die Flugzeugführer umstellen: vom Bombenwurf auf den Luftkampf. Denn die Hurricanes greifen an. Jetzt schon mit zwei Staffeln, der 111. aus Croydon und der 32. aus Biggin Hill.

Angesichts dieser Übermacht bildet Oberleutnant Hintze mit seinen Me-109-Jabos ebenfalls einen Abwehrkreis und versucht Anschluß an den Kreis der Zerstörer zu finden. Inzwischen sieht Gruppenkommandeur Rubensdörffer eine Chance, sich vom Gegner zu lösen.

»Mit ihm«, heißt es im Gefechtsbericht der Gruppe, »gingen die vier Maschinen des Stabes in starkem Gleitflug Richtung Heimat ab und konnten bald von den anderen Maschinen wegen des Dunstes nicht mehr gesehen werden.«

Hauptmann Walter Rubensdörffer, der Kommandeur der Erprobungsgruppe, kehrt von diesem Flug nicht zurück. Der Jägerleitoffizier von Kenley setzt eine heimkehrende Spitfire-Staffel, die 66., auf die Spur der abfliegenden Deutschen. Die ›Spits‹ erwischen sie noch über englischem Boden. Der Kampf ist nur kurz.

Insgesamt verliert die Gruppe an diesem ›schwarzen Donnerstag‹ sechs Me 110 und eine Me 109. Die Folge: Auch sie kann ihre Jabo-Angriffe nicht mehr ohne ›reinrassigen‹ Jagdschutz wagen.

Statt Kenley wird also Croydon, und statt Biggin Hill das näher zur Küste gelegene West Malling angegriffen. Beide Plätze erleiden schwere Schäden. Und mit den letzten Jagdkämpfen um die heimfliegenden deutschen Verbände endet der 15. August, endet dieser dritte Tag, den viele den heißesten der Luftschlacht um England nennen.

Wie groß sind die Erfolge, wie schwer die Verluste? Fieberhaft rechnen die Engländer die Erfolgsmeldungen ihrer Jagdpiloten zusammen und veröffentlichen schließlich erstaunliche Zahlen: 182 deutsche Flugzeuge sollen mit Sicherheit und weitere 53 wahrscheinlich abgeschossen sein.

Die deutschen Kriegstagebücher weisen dagegen für den 15. August einen Verlust von 55 Maschinen im Kampf über England aus – meist Kampfflugzeuge und Zerstörer –, und dieser Verlust wiegt schwer genug.

Umgekehrt hegt auch die deutsche Führung übertriebene Vorstellungen über die eigenen Erfolge gegen die britische Jagdwaffe: 111 sichere und vierzehn fragliche Abschüsse werden gemeldet. Dagegen steht die amtliche britische Verlustzahl von nur 34 Jägern.

Doch diese Zahl täuscht. Die Engländer rechnen nur eine total vernichtete, auf dem Boden aufgeschlagene oder im Meer versunkene Maschine als ›Verlust‹. Wenn ein Pilot seine zerschossene Spitfire oder Hurricane noch mit einer Bruchlandung auf den Boden setzt und wichtige Teile brauchbar bleiben, gilt die Maschine als ›reparierbar‹ und erscheint nicht in den Verlustlisten.

Der erfolgreiche deutsche Jäger aber bucht einen Abschuß. Objektiv gesehen, fällt die britische Maschine ja auch zunächst einmal für die Kampfhandlungen aus, bis sie nach einigen Tagen oder Wochen von einem Reparaturbetrieb auf der Insel ›wie neu‹ wiederhergestellt wird.

Tatsächlich hat Luftmarschall Dowding in jenen Augustwochen schwere Sorgen. Das Fighter Command verliert in den erbitterten Luftkämpfen mehr Jäger, als die Industrie ersetzen kann – obwohl die Industrie schon seit Monaten auf vollen Touren läuft.

Am 14. Mai 1940 hatte der frischgebackene Premierminister Churchill den Zeitungskönig Lord Beaverbrook zum Minister für die Flugzeugproduktion ernannt. Beaverbrook wirbelte in der Militärbürokratie viel Staub auf. Mit den gleichen Methoden, mit denen er sein Presse-Imperium aufgebaut hatte, trieb er auch die Produktionszahlen in die Höhe. Sie stiegen sprunghaft. Gegen den Widerstand vieler Luftmarschälle gab Beaverbrook den Jägern absoluten Vorrang.

»Kein anderer in England hätte das geschafft«, schrieb Dowding nach dem Kriege über Lord Beaverbrook.

440 bis 490 Jagdflugzeuge monatlich – das war die Zahl, die seit Juni 1940 erreicht wurde und die auch unter den deutschen Luftangriffen kaum absank.

Dagegen lieferte Messerschmitt in Deutschland nur folgende Stückzahlen des derzeit einzigen deutschen Jägers, der Me 109, aus: im Juni 164, im Juli 220, im August 173 und im September 218.

So also sah es wirklich mit der an Zahl angeblich so hoch überlegenen deutschen Luftwaffe aus! In den entscheidenden Monaten der Schlacht erhielt sie nicht halb so viele neue Jagdflugzeuge wie ihr Gegner, die Royal Air Force. Wie sollte da das Ziel »Ausschaltung der feindlichen Jagdwaffe« erreicht werden?

In den nächsten Tagen sieht es fast so aus, als könnte es gelingen. Am 16. August wird der am Vorabend versehentlich angegriffene Flugplatz West Malling von den Do 17 der III./KG 76 erneut schwer getroffen und fällt für vier Tage aus. Am Nachmittag verwüsten die Bomben einer Ju-87-Gruppe des Stukageschwaders 2 und einer Ju-88-Gruppe des KG 51 den wichtigen Jäger-Leitflughafen Tangmere an der Südküste. Vierzehn Flugzeuge werden zerstört oder schwer beschädigt, darunter sieben Hurricanes und sechs Blenheim-Bomber.

Churchill, der offenbar nicht so recht an die vom Fighter Command gemeldeten hohen Abschußzahlen glauben will, warnt in einem Brief an den Chef des Luftstabes:

»Während unsere Blicke auf die Ergebnisse der Luftkämpfe über unserem Lande gerichtet sind, dürfen wir die ernsten Verluste nicht übersehen. Sieben schwere Bomber gingen in der vorigen Nacht verloren, und nun wurden noch 21 Flugzeuge auf dem Boden zerstört, die meisten davon in Tangmere – insgesamt also 28. Diese 28 zuzüglich unserer 22 verlorenen Jäger ergeben für diesen Tag (16. August) einen Verlust von 50 – und das läßt die deutschen Verluste von 75 in einem wesentlich anderen Licht erscheinen...«

75 Abschüsse melden also die englischen Piloten, während die deutschen Verbände in Wirklichkeit 38 Maschinen verlieren.

Wieder ist das Wetter im Bunde mit den Engländern. Allein im Bereich der Luftflotte 2 entgehen so wichtige Jägerflugplätze wie Debden, Duxford, North Weald und Hornchurch einem ähnlichen Schicksal wie Tangmere, weil die darauf angesetzten Kampfgruppen – die II./KG 76, II./KG 1, III./KG 53 und I./KG 2 – wegen der dichten Wolkendecke ihre Ziele nicht finden.

Am 18. August, einem Sonntag, entbrennt der Kampf aufs neue. Generalmajor Fröhlichs KG 76 fliegt kombinierte Hoch- und Tiefangriffe gegen die Sektorenstationen Kenley und Biggin Hill. Außer den üblichen Bombenkratern im Rollfeld, außer brennenden Hallen und zerstörten Gebäuden fällt in Kenley zum ersten Male auch der Operationsraum der Jägerleitoffiziere aus.

Hier geht es an den Lebensnerv der britischen Jagdabwehr. Doch auf deutscher Seite hält man es für selbstverständlich, daß solche wichtigen Kommandostellen unter der Erde eingebunkert sind. Niemand ahnt, daß sie fast ungeschützt mitten auf den Flugplätzen liegen. Die Leitstellen werden daher nicht systematisch angegriffen. Es handelt sich nur um Zufallstreffer.

Am 18. August schlägt auch die Stunde für die deutschen Sturzkampfflugzeuge. Das VIII. Fliegerkorps setzt an diesem Nachmittag vier Ju-87-Gruppen gegen die Flugplätze Gosport, Thorney Island, Ford und die Radarstation Poling an der englischen Südküste ein. Spitfires der 152. und Hurricanes der 43. Staffel fangen die langsamen Stukas ab, noch ehe sie sich zum Rückflug gesammelt haben. Die britischen Jäger setzen ihnen schwer zu. »Eine Stukagruppe«, schreibt General v. Richthofen in sein Tagebuch, »wird richtig gefleddert.«

Es ist die I./StG 77. Von ihren 28 Flugzeugen kehren zwölf nicht zurück. Sechs weitere sind so zerschossen, daß sie nur mit Mühe französischen Boden erreichen. Der Gruppenkommandeur, Hauptmann Meisel, fällt bei diesem Feindflug. Zusammen mit den Einbußen der anderen Gruppen verliert die Stukawaffe allein an diesem 18. August rund 30 abgeschossene oder schwerbeschädigte Ju 87. Dieser Preis ist zu hoch. Die Stukas müssen aus der Schlacht gezogen werden.

Am folgenden Tage, Punkt 12 Uhr, sind die Kommandierenden Generale der Fliegerkorps und die Kommodore der gegen England fliegenden Geschwader erneut nach Karinhall befohlen. Göring macht kein Hehl aus seiner Unzufriedenheit mit dem bisherigen Verlauf der Luftschlacht, die doch in drei Tagen entschieden sein sollte. Fehler seien gemacht worden, die zu unnötigen Verlusten geführt hätten. Die Einsätze müßten viel besser vorbereitet werden.

»Wir müssen unsere Kampfkraft erhalten«, sagt der Oberbefehlshaber der Luftwaffe, »wir müssen unsere Verbände schonen!«

Die Kampfflieger verlangen daraufhin einen besser funktionierenden Begleitschutz. Vorausfliegende Jäger sollen die Einflugzone des Kampfverbandes freikämpfen. Andere Jäger über, neben und unter den Bombern mitfliegen. Wieder andere mit den Ju-88-Verbänden aufs Ziel stürzen, um sie auch nach dem Bombenwurf zu schützen.

Die Jagdflieger sehen sich stirnrunzelnd an. Woher sollen sie so viele Jäger nehmen? Die Zahl der einsatzbereiten Maschinen sinkt, der Ersatz hält nicht Schritt. Sie brauchten vier oder fünf Me 109 pro Kampfflugzeug, um alle Forderungen zu erfüllen. Dann bliebe nichts für die freie Jagd – die einzige Chance, den Gegner im Luftkampf zu schlagen.

Das Hauptziel, »die feindliche Jagdwaffe so zu schwächen, daß unsere Kampfverbände freie Hand bekommen«, bleibt bestehen. Doch welcher Weg führt zu diesem Ziel?

General v. Richthofen notiert als Fazit der Besprechung bei Göring in sein Tagebuch: »Es muß energisch anders an England ’rangegangen werden.«

Energisch – gewiß.

Und ›anders‹ natürlich.

Aber wie?

15. Offensive gegen die Jäger

Eine der ersten Maßnahmen der Luftwaffen-Führung ist personeller Art. Die älteren Kommodore der Jagdgeschwader werden fast gleichzeitig abgelöst. Jüngere Gruppenkommandeure, die sich bisher durch hohe Abschußzahlen als Jagdflieger hervorgetan haben, treten an ihre Stelle. Göring will erreichen, daß sich die Kommodore an der Spitze ihrer Geschwader in den Luftkampf stürzen und ihren Männern dadurch ›ein leuchtendes Beispiel‹ geben. Der Wert der Maßnahme bleibt umstritten. Denn ein Geschwader ist mit seinen auch jetzt noch 60 bis 80 einsatzbereiten Jagdflugzeugen ein so großer Verband, daß es nicht nur eines ›Vorkämpfers‹ oder ›Abschießers‹, sondern erfahrener Führung bedarf, um es in voller Breite zur Wirkung zu bringen.

Dennoch bewähren sich die jungen Jagdflieger, die sich so plötzlich vor große

Verantwortung gestellt sehen. Ihr Beispiel reißt mit. Der Wettstreit zwischen den Geschwadern um die höheren Abschußerfolge beginnt. Major Mölders übernimmt das JG 51 von Generalmajor Osterkamp, Major Galland das JG 26 von Oberst Handrick, Hauptmann Lützow das JG 3 von Oberstleutnant Vick, Major Trübenbach das JG 52 von Oberstleutnant v. Merhart und Hauptmann Trautloft das JG 54 von Major Mettig. Diese Ablösungen erfolgen bereits zu Beginn der Großoffensive gegen die britischen Jäger Ende August. Später folgen dann noch das JG 2, das von Oberstleutnant v. Bülow an Major Schellmann, und das JG 53, das von Major v. Cramon-Taubadel an seinen erfolgreichsten Gruppenkommandeur, Major v. Maltzahn, abgegeben wird.

Der Kampf gegen das Fighter Command und seine Bodenorganisation wird von Tag zu Tag heftiger. Am Morgen des 31. August stürzt sich eine deutsche Jagdstaffel nach der anderen auf die Ballonsperre von Dover. Mehr als 50 Fesselballons sinken, in Rauch und Flammen gehüllt, zu Boden. Das weit nach England und Nordfrankreich hinein sichtbare Signal leitet einen der entscheidendsten Tage der Luftschlacht um England ein.

Am 31. August wird der Höhepunkt jener Bombenangriffe erreicht, die seit einer Woche immer und immer wieder die Einsatzplätze der britischen Jäger treffen. Diese Plätze liegen wie ein Schutzschild im Halbkreis dicht vor London: Kenley, Redhill, Biggin Hill, West Malling, Detling und Gravesend im Südosten; Hornchurch, Rochford, North Weald und Debden im Nordosten der britischen Hauptstadt (Karte auf Seite 183).

Gewöhnlich greifen nur einzelne Kampfgruppen mit durchschnittlich 15 bis 20 Bombern an. Aber sie werden nun von ganzen Jagdgeschwadern begleitet, also etwa dreimal so vielen Jägern wie Bombern. Sie dringen geschlossen zu ihren Zielen durch. Und sie kommen mehrmals am Tage wieder.

Vormittags wird zunächst Debden angegriffen, die nördlichste Sektorenstation der 11. Fighter Group, die mit ihren 22 Jagdstaffeln ganz Südost-England und den Großraum London, das ›größte Ziel der Welt‹, zu verteidigen hat.

Reihenweise schlagen die Bomben auch in das Rollfeld von Eastchurch. Und Detling, das schon viele schwere Schläge eingesteckt hat, wird diesmal von einer tief über den Platz streichenden Jagdgruppe, der I./JG 52 unter Hauptmann von Eschwege, mit MG- und Kanonenfeuer bestrichen.

Die wirkungsvollsten Angriffe folgen nachmittags. Oberst Finks KG 2 stößt in zwei Kolonnen vor. Das Ziel der rechten Kolonne ist der Sektorenflugplatz Hornchurch, auf dem vier Spitfire-Staffeln, also rund 70 britische Jäger, beheimatet sind. Drei Staffeln befinden sich schon irgendwo im Luftkampf, aber die vierte, die 54. Staffel, steht noch als Reserve auf der Startbahn, als plötzlich die aufgeregte Stimme des Jägerleitoffiziers aus dem Lautsprecher dröhnt:

»Starten! Sofort starten!«

Das recht komplizierte Melde- und Befehlssystem des Jägerkommandos – mit seinen Radaraugen an der Küste, den Beobachtungsposten im ganzen Lande, den zahlreichen Nachrichtenwegen und Auswertetischen, die oft überlastet sind, wenn viele Meldungen gleichzeitig kommen – dieses ganze System führt zwangsläufig dazu, daß immer wieder einzelne deutsche Verbände unentdeckt bleiben.

Am Nachmittag des 31. August ist die Do-17-Gruppe des KG 2 schon im direkten Anflug auf Hornchurch, als unten auf dem Platz endlich Alarm gegeben wird. Bei einigen Spitfires springen noch dazu die Motoren nicht an. Doch den meisten Piloten gelingt es, mit einem Blitzstart Sekunden vor dem deutschen Angriff von dem bedrohten Platz hochzuziehen. Nur die Kette des Flight Lieutenants Al Deere schafft es nicht mehr.

Aufgescheucht rumpeln die drei Spitfires über den Platz. Sie behindern sich gegenseitig. Deere selbst muß fluchend das Gas wegnehmen, weil er sonst einen Kameraden gerammt hätte, der ihm in die Quere kommt. In diesem Augenblick donnern die Do 17 über Hornchurch hinweg. Und die Bombenreihen laufen rasend schnell auf die startenden britischen Jäger zu. Was dann geschieht, verschlägt jedermann den Atem:

Al Deere hebt – trotz der krachenden Einschläge ringsum – vom Boden ab. Er fliegt! Er ist ein paar Meter hoch, als er von einer heftigen Detonationswelle erst hochgestoßen und dann zu Boden geschleudert wird.

Die Spitfire dreht dabei eine halbe Rolle, und irgendwie fliegt sie immer noch weiter, auf dem Rücken und höchstens einen Meter über der Erde. Aufgewirbelte Erdklumpen trommeln gegen die Frontscheibe und spritzen Al Deere, der ja mit dem Kopf nach unten hängt, ins Gesicht.

Dann ein schrilles Kreischen, wie von einer Stahlsäge: Die Spitfire schrammt hundert Meter weit über den Boden, erst mit dem Leitwerk, dann scheinbar – so glauben die Augenzeugen – mit der ganzen Zelle. Nach einer letzten wirbelnden Drehung bleibt sie liegen – und brennt nicht einmal!

Dennoch: Wer könnte einen solchen Absturz heil überstehen?

Nicht weit von Kettenführer Deere ist die zweite Spitfire mit abgebrochenen Tragflächen zu Boden gekracht. Pilot Officer Edsell kommt mit verstauchten Beinen davon. Er stemmt sich aus seiner Kabine und kriecht zu Deeres Wrack hinüber. Edsell traut seinen Augen kaum; denn Deere ist weder tot noch schwer verwundet. Er kann sich nur nicht allein aus seiner Lage befreien. Mit vereinten Kräften stoßen sie das Kabinendach auf. Benommen, aber nur leicht verletzt, wanken sie auf den braunen Qualm zu, der über den Flugplatzgebäuden von Hornchurch liegt.

Auch der dritte Spitfire-Pilot, Sergeant Davies, dessen Maschine weit außerhalb des Platzes in ein Feld geschleudert worden ist, kommt zu Fuß zurück. Auch er ist unverletzt.

Die Zähigkeit, mit der die drei britischen Jagdflieger nicht nur diesen plötzlichen Schlag aushielten, sondern gleich am nächsten Tag in Reservemaschinen kletterten und weiterkämpften, ist bezeichnend dafür, wie das ganze Jägerkommando den Ansturm der deutschen Luftwaffe schließlich überstand. Wichtig war, daß die Piloten überlebten. Die Flugzeugverluste konnten durch eine gesteigerte Produktion in den Fabriken ersetzt werden.

Schwerer noch als Hornchurch wird der Sektorenflugplatz Biggin Hill getroffen. Biggin Hill liegt direkt in der Anflugschneise nach London. Erst am Vortage hat es drei Angriffe über sich ergehen lassen müssen, obwohl jedesmal britische Jagdstaffeln zum Objektschutz in der Luft waren. Den schlimmsten Schaden richteten acht Do 17 der auf Tiefangriffe spezialisierten III./KG 76 an. Sie stießen themseaufwärts an Biggin Hill vorbei, täuschten dadurch die Abwehr, schwenkten dann plötzlich nach Süden und fielen über den Platz her.

500-Kilo-Bomben schlugen in Hallen, Werkstätten und Unterkünfte. Bei der Royal Air Force gab es mehr als 60 Tote und Verwundete – ein Volltreffer hatte einen Schutzraum zerstört. Gas, Wasser und Strom fielen mit einem Schlage aus. Biggin Hill war von der Außenwelt abgeschnitten.

Heute, am Nachmittag des 31. August, fliegt die linke Angriffskolonne des KG 2 den Platz von neuem an. Viele Gebäude, die bisher verschont geblieben sind, stürzen unter der Gewalt der Detonationen zusammen. Feuer bricht aus. Vor allem aber wird die Operationszentrale getroffen. Hier arbeiten die Jägerleitoffiziere, die mit jeder der drei von Biggin Hill aus geführten Jagdstaffeln in Funkverbindung stehen. Außerdem drängen sich in dem engen Raum die Nachrichtenhelferinnen an den Telefonen und an der Lagekarte.

Das dumpfe Dröhnen der deutschen Bomber, die über den Platz hinwegziehen, erstickt auch in der Leitstelle alle anderen Geräusche. Plötzlich das Pfeifen fallender Bomben. Und Einschläge, die rasch näher kommen. Sekunden später ein ohrenbetäubender Krach. Das ganze Gebäude schwankt, die Wände scheinen zu stürzen. Sofort liegt der Raum im Dunkel. Durch die Türen dringt Rauch. Betäubt tasten sich Offiziere und Mädchen aus der Jägerleitstelle ins Freie. Die Bombe ist wenige Meter neben ihrem eigenen Raum in das Zimmer des Nachrichtenoffiziers geschlagen.

Wieder fallen die Telefon- und Fernschreibverbindungen aus, die nach dem letzten Angriff mühsam geflickt worden waren. Als sich der Platzkommandant der benachbarten Sektorenstation Kenley bei Biggin Hill nach der Lage erkundigen will, bekommt er keinen Anschluß. Er bittet einen Gefechtsstand in Bromley um die Vermittlung. Aber auch von dort sind alle Nachrichtenleitungen zu dem schwer angeschlagenen Flugplatz tot. Schließlich wird ein Kurier losgeschickt, um in Biggin Hill nach dem Rechten zu sehen und die Frequenzen der beiden nun führerlos gewordenen Jagdstaffeln von Biggin Hill nach Kenley herüberzuholen.

»Der Flugplatz«, berichtet er, »glich einem Schlachthaus.«

Die Jägerleitstelle muß in ein Ladengeschäft des Ortes verlegt werden. Der Flugbetrieb wird mühsam für eine der drei Jagdstaffeln aufrechterhalten.

Zur selben Stunde, da die Bomben auf ihren Stützpunkt fallen, sind die Spitfires der 72. und die Hurricanes der 79. Staffel weiter südlich zu Sperrflügen eingesetzt. Beide kommen aus dem ›ruhigen Norden‹, sie sind neu in Biggin Hill; die 72. Staffel ist erst am Morgen des 31. August dort eingetroffen, um eine fast aufgeriebene und daher aus dem Kampf gezogene andere Staffel abzulösen.

Daß eine britische Jagdstaffel von den ständigen Einsätzen abgekämpft ist, daß die Zahl ihrer Piloten sinkt und die Männer ›mit den Nerven herunter‹ sind, tritt nun immer häufiger ein. Ende August halten nur noch wenige der ursprünglichen Staffeln im Schwerpunkt der Abwehrschlacht rund um London aus. Die meisten, mit denen Vizemarschall Park am 13. August dem ›Adlerangriff‹ begegnet ist, müssen ihren Platz mit frischen, ausgeruhten Staffeln aus dem Norden Englands tauschen.

So gesehen, macht sich die etwas sonderbare Taktik des Fighter Command, mehr als 20 Jagdstaffeln zum Schutz des außer am 15. August von deutschen Bombern bei Tage gar nicht angegriffenen Nordens zurückzulassen, doch noch bezahlt. Dort oben liegen die abgekämpften Staffeln in Ruhe. Sie bilden ihre Nachwuchspiloten aus und sammeln neue Kräfte.

Die Abnutzung während des schweren Kampfes macht sich auch bei der deutschen Jagdwaffe bemerkbar. Bis zu fünf Einsätze werden an einem Tage geflogen. Und immer geht es weit nach England hinein. Immer mit Hängen und Würgen zurück, in der ewigen Sorge, ob die ›Mühle‹ mit dem letzten Tropfen Sprit noch gerade nach Hause kommen wird.

»Es gab nur wenige unter uns«, berichtet Oberleutnant von Hahn von der I./JG 3, »die noch nicht mit zerschossener Maschine oder stehender Latte im Kanal notwassern mußten.«

Leutnant Hellmuth Ostermann von der III./JG 54 schreibt: »Jetzt machte sich auch die Abspannung als Folge der Englandeinsätze bemerkbar. Zum erstenmal kam es vor, daß man unter den Flugzeugführern von der Aussicht auf Ablösung in ein ruhigeres Kriegsgebiet sprach.«

Ostermann ist einer der jungen Jagdflieger, die in den Luftkämpfen mit den britischen Jägern eine harte Schule durchmachen. In diesen Tagen um die Monatswende August/September 1940 fliegt er mit dem JG 54 Begleitschutz für die angreifenden Kampfgruppen oder freie Jagd vom Kanal bis nach London.

»Ich war wieder von der Staffel geplatzt«, berichtet Ostermann, »doch die ganze Gruppe kurbelte herum, man sah kaum eine zusammenhängende Rotte. Die Spitfires zeigten sich als sehr wendige Maschinen. Sie flogen regelrechten Kunstflug, machten Loopings und Rollen, schossen aus der hochgezogenen Rolle und setzten uns mächtig in Erstaunen. Es wurde sehr viel geschossen, aber wenig getroffen. Ich war jetzt, im Gegensatz zu meinen Luftkämpfen in

Frankreich, sehr ruhig, schoß gar nicht, sondern versuchte immer wieder, in Stellung zu kommen. Dabei paßte ich scharf nach hinten auf...«

Ein paarmal mißlingt das Manöver. Bevor Ostermann auf Schußentfernung heran ist, kurvt sein Gegner weg. Dann sieht er unter sich einen Kameraden mit einer Spitfire im Nacken.

»Sofort riß ich die Kiste herum und drückte nach. Jetzt saß ich etwa 200 Meter hinter dem Tommy. Ruhe! Noch nicht schießen! Die Entfernung war viel zu weit. Ich hatte die ›Pulle‹ ganz drin und kam langsam näher. Jetzt war ich auf 100 Meter. Die Flächen der Spitfire füllten den Kreis meines Reflexvisiers aus. Plötzlich fing der Tommy an zu schießen, und die Me vor ihm machte einen Abschwung. Ich hatte ebenfalls auf die Knöpfe gedrückt, vorher aber ruhig gezielt. In ganz leichter Linkskurve beschoß ich die Spitfire. Sie zeigte sofort eine Flamme und stürzte mit langer, grauer Fahne dicht vor der Küste senkrecht ins Meer...«

Das ist Ostermanns erster Abschuß – der erste von insgesamt 102 Luftsiegen dieses Jagdfliegers, bevor er 1942 in Rußland fiel.

Von seinem Gefechtsstand in Wissant an der französischen Kanalküste führt Generalmajor Theo Osterkamp in diesen Tagen als ›Jagdfliegerführer 1 und 2‹ alles, was die deutsche Jagdwaffe in den Kampf werfen kann.

Denn nach dem letzten Tagesangriff der südlicher gelegenen Luftflotte 3, den das ›Greifengeschwader‹, das KG 55, mit 48 He 111 und der Stabsstaffel am Nachmittag des 26. August unter starkem Jagdschutz gegen den Kriegshafen Portsmouth geflogen hat, sind die Jäger umgruppiert worden: Von nun an werden auch die drei Jagdgeschwader, die bisher von Cherbourg aus gegen die englische Südküste flogen, nur noch an der Kanalenge bei Dover–Calais eingesetzt.

Damit hat sich die Auffassung des Kommandierenden Generals des II. Fliegerkorps, Bruno Loerzer, durchgesetzt: Die Luftwaffe kann sich eine Zersplitterung der Jagdstreitkräfte nicht leisten. Der Schwerpunkt liegt in Südostengland, er liegt im Gebiet um London. Dort müssen die deutschen Kampfverbände doppelt und dreifach von Jägern geschützt werden. Feldmarschall Sperrles Luftflotte 3 weicht ab sofort in den Nachtangriff aus, bei dem die Bomber zwar keinen Begleitschutz brauchen, aber auch viel weniger treffen.

Am 31. August fliegen die deutschen Jäger nicht weniger als 1301 Me-109- und Me-110-Einsätze, um ganze 150 Bomber bei den geschilderten Angriffen auf Hornchurch, Biggin Hill und andere Flugplätze zu schützen.

Auch das britische Jägerkommando kommt an diesem Tage auf 978 Einsätze. Doch es gelingt den Spitfires und Hurricanes nur noch selten, zu den deutschen Bombern durchzustoßen und sie von ihren Zielen abzudrängen. Der deutsche Jagdschutz ist überall. Immer wieder finden sie sich im Kampf mit den angreifenden Messerschmitts. 39 Engländer stürzen brennend ab und zerschellen am

Boden. Das ist der höchste Tagesverlust, der von der Royal Air Force offiziell zugegeben wird.

Die Luftwaffe büßt an diesem Tage über England 32 Flugzeuge ein. Die Schlacht ist auf dem Höhepunkt angelangt. So oder so muß nun eine Entscheidung fallen.

Dennoch kann sich Luftmarschall Dowding, der Oberbefehlshaber des Fighter Command, nicht dazu entschließen, das deutsche Übergewicht im Luftraum um London durch einen Gegenzug auszugleichen. Er brauchte der schwer kämpfenden 11. Fighter Group des Vizemarschalls Park nur die immer noch in Mittel- und Nordengland in Ruhe liegenden Staffeln zuzuführen. Aber er tut es nicht. Er hält den Zeitpunkt offenbar noch nicht für gekommen, um die letzten Reserven in die Schlacht zu werfen.

Schon jetzt sind die Verluste erschreckend hoch. Nach offiziellen Angaben büßen die Engländer im Laufe des August 390 Spitfires und Hurricanes ein, 197 weitere werden ernstlich beschädigt.

Die vergleichbaren Gesamtverluste der deutschen Me 109 – also nicht nur über England, sondern auch über den besetzten Ländern und dem Reichsgebiet – betragen für den August 231 total verlorene und 80 beschädigte Jagdflugzeuge (nach Aufstellungen des Generalquartiermeisters der Luftwaffe).

Im Durchschnitt gehen also immer zwei britische Jäger für einen deutschen verloren. Beide Seiten glauben zwar, daß die eigenen Erfolge und die Verluste des Gegners wesentlich größer sind. Aber auch die skeptischen Töne fehlen nicht. In einem am 1. September 1940 gehaltenen Lagevortrag über den bisherigen Verlauf der Luftschlacht berichtet der Leiter der Gruppe Luftwaffe beim Oberkommando der Wehrmacht, Major i. G. Freiherr von Falkenstein:

»Beim Kampf um die Luftüberlegenheit verlor die RAF seit dem 8. August 1115 Jagd- und 92 Kampfflugzeuge, die deutsche Luftwaffe 252 Jagd- und 215 Kampfflugzeuge. Eine größere Zahl der von uns als abgeschossen gemeldeten englischen Flugzeuge kann aber sicherlich sehr schnell wieder instand gesetzt werden.«

Die Schlußfolgerung des Generalstabes der Luftwaffe trifft ebenfalls recht genau zu. Falkenstein sagt: »Die englische Jagdabwehr ist stark angeschlagen. Werden die deutschen Angriffe auf die englischen Jäger im Laufe des September bei günstiger Wetterlage fortgesetzt, so ist anzunehmen, daß die gegnerische Jagdabwehr so geschwächt wird, daß unsere Luftangriffe auf Produktionsstätten und Hafenanlagen erheblich gesteigert werden können.«

Noch hält der Riegel, den die britischen Jäger dem weiteren Vordringen der deutschen Bomber vorgeschoben haben. Aber es sieht so aus, als müsse er bald brechen. Die Angriffe gegen die Jagdflugplätze vor London rollen weiter. Und die Luftkämpfe über der britischen Hauptstadt toben Tag für Tag.

»Anfang September«, berichtet Luftmarschall Dowding, »wurden unsere Ausfälle so groß, daß die frischen Staffeln rascher abgekämpft waren, als eine der Ruhestaffeln wieder bereit gewesen wäre, ihren Platz einzunehmen. Es gab nicht genügend Jagdpiloten, um die Ausfälle in den kämpfenden Einheiten zu ersetzen.«

Tatsächlich bereiten nicht die steigenden Flugzeugverluste, sondern der Ausfall erfahrener Jagdflieger den Engländern die größten Sorgen. Und das, obwohl kein Pilot, der noch mit dem Fallschirm ›aussteigen‹ kann, verloren ist – ganz im Gegensatz zu den Deutschen, die über Feindesland abspringen müssen.

Churchill berichtet, in den vierzehn Tagen vom 24. August bis 6. September 1940 – also im Laufe der deutschen Hauptoffensive gegen die Jägerplätze – seien 103 britische Jagdpiloten gefallen und 128 schwer verwundet worden, während gleichzeitig doppelt so viele Flugzeuge, nämlich 466 Spitfires und Hurricanes, zerstört oder ernsthaft beschädigt wurden.

Churchill: »Fast ein Viertel der insgesamt etwa tausend ausgebildeten Piloten ging verloren.«

Das britische Jägerkommando versucht, die nun drohende Krise mit taktischen Maßnahmen abzuwenden. Die Staffeln sollen nur noch paarweise angreifen, also mit mindestens zwanzig Jägern zugleich.

Vizemarschall Park kann von den Nachbargruppen Verstärkung anfordern, wenn es hart auf hart geht. Endlich werden auch die meisten einsatzbereiten Piloten an die Frontstaffeln der 11. Fighter Group abgegeben, die sogenannten ›Ruhestaffeln‹ behalten nur noch höchstens fünf Flugzeugführer. Selbst die Marineflieger, das Bomber- und das Küstenkommando geben Piloten an die schwer ringende Jagdwaffe ab.

Anfang September mehren sich bei den deutschen Englandfliegern die Stimmen, daß zum ersten Mal ein Nachlassen der heftigen britischen Jagdabwehr zu spüren sei.

»Geringe Jagdabwehr, die vom Begleitschutz gut abgehalten wurde«, heißt es zum Beispiel im Bericht der II./KG 1 ›Hindenburg‹, die am 1. September die Tilbury-Docks an der Themse angreift. Die achtzehn He 111 werden dabei von drei Jagdgeschwadern, den JG 52, 53 und 54, gedeckt!

»Drüben ist kaum noch etwas los«, meldet am 2. September auch der Kommodore des Zerstörergeschwaders 76, Major Walter Grabmann, seinem Jagdfliegerführer Osterkamp nach der Rückkehr vom Begleitschutz für das KG 53 nach Eastchurch. Sogar die zweimotorigen Me 110 können sich also wieder am Himmel über England behaupten.

Nach hartem Kampf scheint das erste und wichtigste Ziel der Luftwaffe, die Niederringung der britischen Jäger, zum Greifen nahe.

16. Zielwechsel auf London

In diesem Augenblick – genau: am 7. September 1940 – nimmt die gesamte Luftwaffe auf höchsten Befehl einen Zielwechsel vor:

Nun greift sie London an!

Dieser Wechsel wird von den Engländern, an der Spitze von Churchill, als größter Fehler der Deutschen und als die Rettung der britischen Jagdwaffe angesehen – weil sie sich von den schweren Schlägen gegen ihre Flugplätze nun wieder erholen konnte.

Welche Überlegungen haben die deutsche Luftwaffenführung bewogen, die neue Angriffsphase, den Kampf gegen das größte Ziel der Welt, zu beginnen? Es gibt zwei ganz verschiedene Gründe dafür: einen rein militärischen und einen politischen.

Am 3. September 1940 trifft Göring mit den Chefs seiner Luftflotten, den Feldmarschällen Kesselring und Sperrle, im Haag zusammen. Göring drängt darauf, die bisherige Angriffstaktik gegen England aufzugeben und von nun an Großangriffe auf die wichtigsten Ziele in London zu fliegen. Die Frage ist nur, ob das ohne allzu großes Risiko für die Bomber möglich ist. Ob die britischen Jäger nun genügend geschwächt sind?

Sperrle verneint die Frage. Kesselring sagt ja.

Sperrle will weiter die Flugplätze angreifen. Kesselring gibt zu bedenken, daß es die Engländer gar nicht nötig haben, auf den bombardierten Plätzen auszuhalten. Sie können sich auf Plätze hinter London zurückziehen, die außerhalb der deutschen Jägerreichweite liegen und daher – wegen des sonst fehlenden Jagdschutzes – auch von deutschen Bombern nicht angegriffen werden können. Es ist nur erstaunlich, daß die Engländer das nicht schon längst getan haben, um sich weitere Verluste zu ersparen. Psychologische Gründe wie ›das Aushalten in vorderster Front, um der Bevölkerung ein Beispiel zu geben‹, müssen maßgebend dafür sein. Aber die Deutschen rechnen damit, daß sich ihre Gegner sehr bald auf die auch einsatztaktisch günstiger gelegenen Plätze hinter London zurückziehen werden.

»Nein«, sagt Kesselring, »wir haben keine Möglichkeit, die englischen Jäger am Boden zu vernichten. Wir müssen sie zwingen, sich uns mit ihren letzten Reserven an Spitfires und Hurricanes in der Luft zum Kampf zu stellen.«

Deshalb also nimmt die Luftwaffe den Zielwechsel vor. Die Bedeutung von London – so hieß es vor Beginn des ›Adlerangriffs‹ im Operationsvorschlag des II. Fliegerkorps – sei so groß, daß England seine letzten Jäger heranholen müsse, um die Stadt zu schützen.

Hitler aber hatte, aus politischen Gründen, den ganzen August über jeden Angriff auf die britische Hauptstadt verboten.

Es ist daher nur ein bedauerlicher Zielirrtum auf Grund schlechter Navigation einiger Kampfbesatzungen, der eine ganze Kettenreaktion auslöst: In der Nacht vom 24. zum 25. August fallen einzelne Bomben, die das Flugzeugwerk in Rochester und die Öltanks von Thameshaven treffen sollen, weit verstreut auf das Stadtgebiet von London.

Der Ia des KG 1, Major Josef Knobel, erinnert sich genau an das Fernschreiben Görings, das früh am nächsten Morgen bei allen nachts eingesetzten Verbänden ankommt:

»Es ist unverzüglich zu melden, welche Besatzungen Bomben in den Sperraum London geworfen haben. Der Ob. d. L. behält sich vor, die betreffenden Kommandanten selbst zu bestrafen und zur Infanterie zu versetzen.«

Doch es ist geschehen. Churchill verlangt von dem widerstrebenden britischen Bomberkommando, das sich von einer solchen Aktion militärisch gar nichts verspricht, einen sofortigen Gegenangriff auf Berlin. In der folgenden Nacht vom 25. auf den 26. August machen sich 81 britische Zweimotorige auf die 1000 Kilometer weite Reise. 29 wollen nach eigener Meldung die Hauptstadt erreicht haben. Nach deutschen Beobachtungen sind es keine zehn, die ihre Bomben, behindert durch starke Bewölkung, wahllos abwerfen. Militärischer Schaden entsteht nicht.

Aber die Engländer kommen wieder, viermal innerhalb von zehn Tagen. Und wenn die deutschen Bomben auf London noch entgegen bestehenden Befehlen fielen, so verfolgt die britische Führung zweifellos die feste Absicht, Berlin zu treffen.

Unter dem Eindruck dieser Angriffe ändert Hitler seine Haltung. Am 4. September fällt das böse Wort des Enttäuschten: »Wenn sie unsere Städte angreifen, dann werden wir ihre Städte ausradieren«.

68 Bombenflugzeuge, ausgewählte Staffeln der Kampfgeschwader 2, 3, 26 und 53, fliegen vom 5. September, 21 Uhr, bis zum folgenden Morgen die ersten gezielten Nachtangriffe auf die Docks und Hafenanlagen von London. Sie werfen 60 Tonnen Bomben ab. Der letzte Verband meldet fünf große Flächenbrände und viele kleine Brandherde.

Am Nachmittag des 7. September 1940 steht Göring zusammen mit Kesselring und Loerzer bei Kap Blanc Nez an der Kanalküste und läßt die deutschen Kampf- und Jagdgeschwader über sich hinwegdonnern. Er habe, so sagt er den Rundfunkreportern, »persönlich die Führung der Luftwaffe im Kampf gegen England übernommen«.

Diesmal sind es 625 Kampfflugzeuge, die am späten Nachmittag, am Abend und die ganze Nacht hindurch gegen London fliegen. Die noch bei Tageslicht angreifenden Geschwader des I. und II. Fliegerkorps werden von 648 Jägern und Zerstörern begleitet. Sie fliegen stark höhengestaffelt, zwischen 4500 und 6500 Meter, in mehreren Wellen und dichtgeschlossenen Verbänden .

Die britischen Jagdstaffeln, die ganz auf die Abwehr der erwarteten neuen Angriffe auf ihre Flugplätze eingestellt sind, lassen die Gasse nach London frei. Zu überraschend kommt die neue Angriffsrichtung der Deutschen.

Zum ersten Male wirft die Luftwaffe an diesem ›Premierentag‹ mehr als hundert 1800-Kilo-Bomben. Sie fallen auf die Londoner Docks. Den bei Dunkelheit anfliegenden Geschwadern der Luftflotte 3 weisen hellodernde Brände den Weg zum Ziel.

So beginnt die Schlacht um London. Die Schlacht mit dem Ziel, die letzten Reserven der britischen Jäger zum Kampf zu zwingen, bevor das mit Sicherheit zu erwartende schlechte Herbstwetter beginnt und die Operationen beeinträchtigt. Eine Woche nach Beginn des Großangriffs auf London fällt bereits die Entscheidung.

Sie fliegen in 4000 Meter Höhe. Knapp über den Wolken. Der Kurs führt nach Westen, auf London zu. Ihr Ziel: die Docks in der großen, U-förmigen Themseschleife im Osten der Riesenstadt.

Dieses Ziel ist normalerweise kaum zu verfehlen. Schon gar nicht am helllichten Tage – wenn die Sicht klar ist. Aber je weiter sie nach England vorstoßen, desto dichter werden die Wolkenfelder. Selten nur reißt die Decke auf und gibt den Blick auf das Land tief unten frei.

Horst Zander, Bordfunker einer Do 17, beobachtet den Luftraum nach hinten und nach beiden Seiten. Links und rechts von der eigenen Maschine fliegen die Kameraden der 6. Staffel des Kampfgeschwaders 3. Daneben die anderen Staffeln der II. Gruppe. Davor und dahinter, etwas höher als sie selbst, weitere Gruppen. Das ganze Geschwader im geschlossenen Verband. Und nicht nur das KG 3 mit seinen fünfzig Do 17. Auf anderen Kursen nähern sich weitere Kampfgeschwader dem gleichen Ziel: London. Hoch oben, über den Kampfflugzeugen, turnen die Jäger.

Fehlen nur noch die Tommies, denkt Zander. Er sieht auf die Uhr. Es ist eine Stunde nach Mittag. Am Sonntag, dem 15. September 1940.

In diesem Augenblick beginnt die Schlacht. Seit einer Stunde verfolgen die Engländer mit ihren Radaraugen, was sich jenseits des Kanals zusammenbraut. Das Sammeln der deutschen Verbände über Nordfrankreich, das Treffen der Bomber mit den Jägern und schließlich ihren gemeinsamen Anflug.

Vizemarschall Keith Park, der Befehlshaber der 11. Fighter Group, hat genügend Zeit, seine 24 Jagdstaffeln in Alarmbereitschaft zu legen. In den letzten Tagen waren die deutschen Bomber auf Grund von Mißverständnissen in der britischen Jagdabwehr oft unbehelligt bis London vorgestoßen. Heute aber sollen sie schon über der Grafschaft Kent angegriffen und abgefangen werden. Die Engländer starten keine Minute zu spät.

Auf der Höhe von Canterbury hat das KG 3 seine erste Feindberührung. Im Kopfhörer der Eigenverständigung hört Horst Zander plötzlich die Stimme des

Beobachters und Kommandanten der Do 17, Oberleutnant Laube: »Feindliche Jäger von vorn!«

Es sind Spitfires der 72. und 92. Staffel. Park setzt sie jetzt paarweise ein, um ihnen größere Durchschlagskraft zu geben. Die britischen Staffelführer warten nicht, bis sie eine günstige Angriffsstellung über dem deutschen Geschwader erreicht haben. Sie jagen auf gleicher Höhe von vorn in den Bomberverband hinein. Dutzende von Spitfires in breiter Front. Und sie schießen Dauerfeuer aus allen Rohren. Wenige Sekunden nach Beginn des Kampfes stoßen die Engländer dicht über und unter den Deutschen durch den ganzen Verband.

»Ringsum prasselt MG-Feuer«, berichtet Bordfunker Zander, »und zweimal kracht es dicht neben uns. Zwei britische Jäger müssen mit zwei Do 17 unserer Gruppe zusammengestoßen sein. Die brennenden Flugzeuge trudeln ab. Unter uns treiben ein paar Fallschirme. Wir sehen uns an und halten den Daumen hoch. Diesmal hat es uns nicht erwischt. Wir kommen heil aus dem Durcheinander heraus.«

Das KG 3 schließt die Lücken, die der erste Jagdangriff gerissen hat. Die Kampfflugzeuge drängen sich noch enger zusammen. Sie folgen unbeirrt ihrem Kurs. Sie fliegen gegen London.

Fünf Minuten später gibt Vizemarschall Park auch für die letzten sechs Jagdstaffeln, die er bisher in Reserve gehalten hat, den Startbefehl. Außerdem schickt die nördlich an das Kampfgebiet angrenzende 12. Group fünf weitere Staffeln zur Verstärkung nach Süden. Diese Staffeln fliegen in dicht geschlossenem Verband und greifen direkt über London an. Heimkehrende deutsche Besatzungen melden resigniert:

»Über dem Ziel traten feindliche Jäger in größeren Verbänden bis zu 80 Flugzeugen auf...«

Das hatte es an den Vortagen nicht gegeben. Spitfires und Hurricanes waren nur noch vereinzelt an die deutschen Kampfverbände herangekommen. London war fast ausschließlich von der allerdings starken und gut schießenden Flak geschützt worden. Die Annahme schien berechtigt, daß die britische Jagdwaffe endlich geschlagen am Boden läge.

Um so größer ist am 15. September die Enttäuschung, als sich wieder Hunderte von Jägern auf die anfliegenden deutschen Bomber stürzen. Kurz nach 13.30 Uhr, im Höhepunkt der Abwehrschlacht, befinden sich rund 300 Spitfires und Hurricanes gleichzeitig in der Luft. Über ganz Südostengland, von der Kanalküste bis London, toben zahlreiche Luftkämpfe. Heute kommt kein deutscher Kampfverband unbehelligt ans Ziel.

Zu dieser Stunde hat Vizemarschall Park im unterirdischen Befehlsbunker in Uxbridge hohen Besuch: Premierminister Churchill ist von seinem nahe gelegenen Landsitz Chequers herübergekommen, um die Führung der Schlacht an ihrem Schlüsselpunkt mitzuerleben. Schweigend verfolgt er von seinem ›Theaterplatz‹ auf der Empore, was sich unter ihm in der erregenden Atmosphäre des großen Raumes tut. Der Kartentisch zeigt die ständig wechselnde Lage. Nach den Informationen des Flugmeldedienstes schieben Nachrichtenhelferinnen die bunten Marken auf der Karte flink hin und her. Das sind die deutschen Angreifer. Immer näher rücken sie an London heran.

An der gegenüberliegenden Wand zeigt eine große Leuchttafel den Bereitschaftsgrad aller englischen Jagdstaffeln an: ob sie auf Abruf starten können oder schon eingesetzt sind, ob sie im Luftkampf liegen oder leergeschossen und ausgeflogen zur Landung ansetzen müssen.

Nach kurzer Zeit sind alle Jagdstaffeln gestartet und in die zahlreichen Luftkämpfe verwickelt. Dennoch schieben sich weitere deutsche Bomberverbände auf die Hauptstadt zu. Der kritische Augenblick ist gekommen: Wenn die Deutschen jetzt mit einer neuen Welle nachstoßen, treffen sie auf keine Abwehr mehr. Churchill, der bisher geschwiegen hat, wendet sich an Vizemarschall Park:

»Welche Reserven haben Sie noch?« fragt er rauh.

»Nichts mehr«, sagt Park, »keine einzige Staffel.«

Tatsächlich erreichen an diesem Sonntagnachmittag 148 deutsche Kampfflugzeuge das Zielgebiet London; aber die zweite Welle stößt nicht in die entstandene Lücke. Sie folgt erst nach zwei Stunden, weil die bis zur letzten Maschine in den Kampf geworfenen Jäger vorher keinen neuen Begleitschutz stellen können. So stehen auch die britischen Jäger aufs neue zur Abwehr der zweiten Welle bereit.

Außerdem erzielen die Bomben bei weitem nicht die geschlossene Wirkung wie beim ersten großen Tagesangriff am 7. September. Diesmal fallen sie weit verstreut auf London, weil die starke Bewölkung genaues Zielen verhindert. Noch auf dem Rückflug hängen sich die britischen Jäger an die deutschen Verbände und verfolgen sie bis weit über die englische Küste hinaus.

Kurz nach dem Bombenwurf, bei der Kehrtkurve über London, wird die Do 17 des Oberleutnants Laube in einen weiteren Luftkampf verwickelt.

»Unsere Gruppe«, berichtet Bordfunker Zander, »ist gesprengt. Jede Besatzung sucht ihr Heil darin, im gedrückten Gleitflug so schnell wie möglich über See zu entkommen.«

Plötzlich trifft die Do 17 ein harter Schlag. Feuerschein blitzt auf, und schwarzer Qualm wälzt sich durch die Kabine. Ein eiskalter Luftstrom dringt vorn durch die zerschossene Kanzel.

Zander: »In der Kanzel ist alles voll Blut. Unser Flugzeugführer ist getroffen. Über Bordsprech höre ich seine leisen Worte: ›Heinz Laube, flieg du nach Hause!‹ Inzwischen sind wir über der Nordsee und können die beiden in Ruhe umsetzen. Der Mechaniker legt dem Schwerverwundeten einen Notverband an. Und unser Beobachter fliegt die zerschossene Kiste wie ein alter Hase, nachdem wir trotz Verbots Peilungen von Antwerpen-Deurne angefordert haben. Zwanzig Minuten später setzt Oberleutnant Laube mit seinem B-2-Flugzeugführerschein unsere Do 17 Z zwar mit einer Hopplahopp-Kavallerielandung, aber dennoch glücklich auf das Rollfeld.«

So oder ähnlich kommen viele nach Hause: mit stehenden Motoren oder zerschossenem Fahrwerk. Rumpf und Tragflächen von Treffern durchlöchert. Und viele mit toten oder verwundeten Kameraden an Bord.

Nach diesem 15. September ist die deutsche Luftwaffe um zwei bittere Erfahrungen reicher:

Erstens: Die britische Jagdabwehr ist keineswegs niedergekämpft, sondern sie scheint stärker zu sein als je zuvor.

Zweitens: Der so heftig geforderte enge Begleitschutz eigener Jäger für die Kampfverbände hat sich nur teilweise bewährt. Angebunden an die langsamen Kampfflugzeuge, können die Messerschmitts ihre überlegenen Flugeigenschaften nicht nutzen und haben dadurch einen um so schwereren Stand gegen die Spitfires und Hurricanes.

»Wir hingen rottenweise am Kampfverband«, berichtet Leutnant Hellmuth Ostermann von der III./JG 54, »und das war ein verdammt dummes Gefühl. Von unten sahen wir die Tommies mit ihren blanken, blauen Bäuchen. Meist warteten sie ab, bis unsere Kämpfer in der Kehrtkurve waren. Dann kamen sie steil herunter, fingen kurz ab, schossen und stürzten sofort weiter nach unten. Wir konnten nichts anderes tun, als kurz Störfeuer zu geben und gleichzeitig aufzupassen, daß sie uns nicht von hinten anknabberten. Oft zog man wie ein Irrer am Steuerknüppel, bis die Me in den Querrudern wackelte, aber man kam dann doch nicht schnell genug herum und mußte zusehen, wie sie der einen oder anderen Kampfmaschine schwere Treffer beibrachten...«

Die Luftwaffe ist unentrinnbar in einem Teufelskreis gefangen. Nach wie vor ist es ihr erstes und wichtigstes Ziel, die feindliche Jagdwaffe entscheidend zu schlagen. Aber die Engländer meiden den Kampf mit reinen Me-109-Verbänden. Sie haben viel mehr Interesse daran, die Bomber anzugreifen. Die Bomber sind langsam und verwundbar und müssen daher gegen diese Angriffe doppelt und dreifach geschützt werden. Im engen Begleitschutz für die Kampfverbände werden aber auch die Messerschmitts zu langsam und unbeweglich, um noch große Erfolge im Luftkampf erzielen zu können. Und niemand sieht einen Ausweg aus dieser Zwangslage.

Beide Angriffswellen, die am 15. September zwischen 12.50 Uhr und 16 Uhr gegen London fliegen, werden über der Insel in heftige Luftkämpfe verwickelt. Schließlich glauben die Engländer, 185 deutsche Flugzeuge abgeschossen zu haben. Churchill nennt den 15. September den letzten, großen und entscheidenden Tag der Luftschlacht, und seither wird er in England als ›Battle of Britain-Day‹ gefeiert.

Auf deutscher Seite gibt man die Schlacht jedoch keineswegs verloren, wenn auch die schweren Verluste erneut zu einer Änderung der Taktik zwingen. Tatsächlich kehren an diesem Tage 56 über England eingesetzte Maschinen nicht zurück, darunter allein 24 Do 17 und zehn He 111. Weitere Dutzende von Flugzeugen weisen schwere Beschußschäden auf, die nicht von heute auf morgen behoben werden können.

So fällt letztlich rund ein Viertel aller eingesetzten Kampfflugzeuge aus. Dieser Verlust ist viel zu hoch. Wenn es so weitergeht, wird die Luftwaffe über England verbluten.

Am 16. September sind die Chefs der Luftflotten und Kommandierenden Generale der Fliegerkorps erneut beim Oberbefehlshaber. Göring ist rot vor Ärger. Statt für Abhilfe zu sorgen, sucht er nach Schuldigen. Vor allem eine Meinung hat sich in ihm festgefressen: »Die Jäger haben versagt!«

Generalmajor Osterkamp, Jagdfliegerführer im Westen, setzt sich zur Wehr. Ist es Schuld der Jäger, wenn sie in der wesensfremden Aufgabe des Begleitschutzes verbraucht werden? Ist es ihre Schuld, wenn die Verluste kaum zur Hälfte ersetzt werden? Aber Osterkamp zwingt sich zu einer sachlichen Entgegnung:

»Die Engländer wenden eine neue Taktik an. Sie fassen starke Jagdverbände zusammen und greifen geschlossen an, mit dem ausdrücklichen Befehl, sich auf unsere Kampfflugzeuge zu stürzen, wie wir aus Horcherergebnissen wissen. Durch diese neue Taktik wurden wir gestern überrascht.«

»Das kann uns doch nur recht sein«, poltert Göring. »Wenn sie in Massen ankommen, können wir sie auch in Massen abschießen!«

Mit solchen Argumenten ist keine nützliche Erörterung der Lage möglich. In erschreckendem Maße hat der Oberbefehlshaber der Luftwaffe den Kontakt zur Front verloren. Er lebt in seinen Illusionen. Und die Männer, deren schwerer, unermüdlicher Kampf an Englands Himmel über jeden Tadel erhaben ist – diese Männer überhäuft er mit Vorwürfen.

Was soll nun geschehen? Wieder einmal sind es die Vorschläge der mittleren Truppenführung, die der Wirklichkeit am nächsten kommen:

Bei gutem Wetter werden die Tagesangriffe mit kleineren Kampfverbänden (bis zu Gruppenstärke) unter sehr starkem Jagdschutz fortgesetzt.

Störangriffe mit Einzelflugzeugen und Jagdbombern gegen London und wichtige Industrieziele müssen bei jedem Wetter geflogen werden, um den Gegner pausenlos in Atem zu halten.

Das Hauptgewicht des Luftkrieges gegen England verlagert sich auf die Nacht.

Damit beginnt die letzte Phase der Schlacht, die sich praktisch über den ganzen Herbst und Winter bis zum Frühjahr 1941 hinzieht. Und es beginnt auch der ständige Kampf zwischen dem Ob. d. L. in Berlin und den Luftwaffen-Befehlshabern im Westen, der Kampf um die Schwerpunktbildung und die Zielwahl, um möglichst große Erfolge bei geringsten eigenen Verlusten.

»Der Reichsmarschall«, berichtet Oberst Koller aus dem Stabe der Luftflotte 3, »war immer bitterböse, weil wir England noch nicht geschlagen hatten.«

Doch bald sehen es auch die größten Optimisten: Bei ständig schlechter werdendem Wetter kann trotz einzelner Erfolge nicht mehr mit einer schlachtentscheidenden Wirkung der Luftangriffe gerechnet werden.

Schon beim Anflug von ihren Einsatzhäfen in Belgien und Nordfrankreich müssen die deutschen Kampfverbände oft mehrere Wolkenbänke durchstoßen. Viele ihrer im Blindflug ausgebildeten alten Besatzungen sind über England gefallen oder in Gefangenschaft geraten. Und den jungen Fliegern, die ihren Platz einnehmen, fehlt die Erfahrung.

Jetzt rächt es sich bitter, daß Hunderte von Ju-52-Transportflugzeugen bei den verwegenen Luftlandeeinsätzen in Norwegen und Holland geopfert worden sind. Denn viele dieser Ju sind von den Blindflugschulen der Luftwaffe gestellt worden. Zusammen mit den Lehrbesatzungen. Die meisten kamen nicht zurück. Ersatz traf nur schleppend ein. Die Ausbildung junger Flieger mußte darunter leiden. Auf dem Höhepunkt der Erfolge schien das nicht so wichtig zu sein. Aber jetzt rächt es sich.

Meist reißen die Verbände in den Wolken auseinander. Hinterher dauert es geraume Zeit, bis die letzten wieder Anschluß gefunden haben. Andere Gruppenkommandeure umfliegen die Wolkenbänke, weil sie das Durchstoßen nicht wagen können. Dann kommen sie zu spät zum Treffpunkt mit den Jägern. Oder sie kommen mit einem ›Bandwurm‹ – einem kilometerlang auseinandergezogenen Verband, der gegen feindliche Angriffe kaum zu schützen ist.

Da das Wetter von Westen her beeinflußt wird, trifft die Vorhersage über England oft nicht zu. Plötzlich schließen sich Wolkenfelder zu einer dichten Decke über London und verhindern einen gezielten Angriff. Oder sie trennen den Kampfverband von seinem Jagdschutz. Die Jäger müssen dann umkehren, denn sie können nicht blind fliegen. Sie werden auch nicht vom Boden aus geführt wie ihre Gegner. Und der Sprit reicht nur knapp bis London und zurück.

An einem der letzten Tage im September 1940 bahnt sich aus einer solchen Lage eine Katastrophe an. Auf dem Flug nach London schiebt sich eine gewaltige Wolkenbank hinter die angreifende Kampfgruppe. Befehlsgemäß müßte der Kommandeur daraufhin den Auftrag abbrechen und umkehren. Aber er ist jung. Er kommt frisch aus der Heimat und sieht keine besondere Gefahr darin, weiterzufliegen. Auf dem Rückweg hat er die Absicht, die Wolkenbank weit ausholend zu umfliegen.

Als nächstes entläßt der Kommandeur über Funk seinen Begleitschutz. Die geringe Flugdauer der Me 109 wird für den Umweg nicht ausreichen. Doch der Kommandeur der Jagdgruppe will die Bomber nicht allein lassen. Er will sie nicht den Spitfires ans Messer liefern. So bleiben die Me-109-Jäger ebenfalls beim Verband.

»In der 90. Minute«, berichtet Leutnant Ostermann, einer der beteiligten Jagdflieger, »bekamen wir einen kurzen Luftkampf. Die rote Lampe begann schon zu leuchten (das bedeutet: Der Treibstoff geht zu Ende), aber unten sahen wir in einem Wolkenloch die britische Küste. Wir drückten nach kurzem Abwehrkampf durch die Wolken – die Kampfmaschinen blieben oben. Eigentlich mußten wir bei Dover sein. Ich wollte den bekannten Kurs zurückfliegen.«

Aber das erweist sich als folgenschwerer Irrtum. Durch den Umweg des Kampfverbandes sind auch die Jäger weit nach Westen abgedrängt worden.

Ostermann: »Die Staffeln waren geplatzt, aber viele einzelne Flugzeuge schlichen im Sparflug an der Wolkenuntergrenze entlang. Es war sehr ungemütlich, fast ohne Sprit über dem Wasser zu hängen. Die Minuten dehnten sich zu Stunden. Noch immer war kein Land zu sehen. Mir wurde klar, daß wir die Küste weit westlich von Dover überflogen hatten. Hier ist der Kanal verdammt breit. Einer nach dem anderen mußte auf dem Wasser notlanden: eine Schaumspur, hinterher eine gelbe Schwimmweste, ein grüner Fleck... Minuten noch, dann würde auch ich in den Bach fallen. Endlich sah ich weit voraus einen hellen Streifen – war es Land oder nur ein Sonnenfleck auf dem Wasser? Aber dann erkannten wir doch die Küste, und einer von uns machte im Funksprech den Scherz: ›Vor uns Norwegen!‹ Dieses Wort löste die Spannung, es war wohl den meisten aus der Seele gesprochen.«

Zwei Stunden sind seit dem Start vergangen, und das ist selbst bei Sparflug eine außergewöhnliche Flugdauer für die Messerschmitt. Sieben Jäger müssen notwassern, weitere fünf machen mit stehender Latte eine Bauchlandung auf dem Strand bei Abbeville. Ohne sein Dazutun erringt der Gegner auf diese Weise einen großen Erfolg.

Ende September rücken vom Atlantik neue Schlechtwetterfronten mit starken Nordwest-Winden, geschlossener Wolkendecke und Regenschauern heran. Die Tagesangriffe deutscher Kampfverbände erliegen fast ganz. Aber die Luftwaffe hält noch eine Überraschung bereit.

Bereits am 20. September fliegt zum ersten Male ein Verband von 22 Messerschmitt 109 gegen London, der seltsamerweise keine Bomber schützt, sondern selbst von zahlreichen anderen Jägern gedeckt wird. Von Calais bis zur englischen Küste steigen die Me 109 auf 8000 Meter Höhe. Dann drücken sie rasch auf London zu.

Die britischen Jägerleitoffiziere rufen ihre gestarteten Alarmstaffeln zurück. Ohne Bomber sind die Deutschen uninteressant.

So kommen die Messerschmitts unbehelligt bis über die britische Hauptstadt. Sie stürzen auf 4000 Meter, fangen ab und sind schon auf dem Rückflug, als unten in der City und auf dem Bahngelände westlich des Themse-Bogens die Bomben einschlagen. Zweiundzwanzigmal blitzt es auf. 22 Bomben, jede 250 Kilo schwer, finden ihr Ziel.

Auf den britischen Jägersprechwellen, die auf deutscher Seite mitgehört werden, jagen sich die Befehle und Gegenbefehle. Verwirrung herrscht: Die Jäger werfen Bomben!

Kaum sind die Messerschmitts zurück, da befiehlt Feldmarschall Kesselring unter dem Eindruck des ersten Erfolges einen neuen Einsatz des Jabo-Verbandes. Es ist die Schlachtgruppe, die II./LG 2, unter Hauptmann Otto Weiß. In Polen und Frankreich hatte sie noch die alte Henschel 123 geflogen. Nach dem Westfeldzug kam dann im Heimathorst Braunschweig-Waggum die Umschulung auf die Me 109 E und in Böblingen die Ausrüstung zum Jagdbomber.

An den Abwurfrosten unterhalb des Rumpfes kann die Me eine Bombe bis zur Größe von 500 Kilo tragen. Natürlich verliert die Maschine dadurch alle guten Eigenschaften eines Jägers. Sie wird steif statt wendig und lahm in Geschwindigkeit und Steigflug. Doch die deutsche Führung klammert sich an den durch Überraschung erzielten Anfangserfolg. Die Jagdflieger wollen es nicht glauben: Außer der II./LG 2 und der als Jagdbomber bewährten Erprobungsgruppe 210 wird nicht weniger als ein Drittel aller noch vorhandenen Messerschmitt-Jäger zum Bombenschleppen umgerüstet!

Der Gegner stellt sich rasch auf die neue Angriffsart ein. Gewiß wird er nun auch zum Kampf gezwungen, wenn ›nur‹ Messerschmitts einfliegen. Aber den schwerfälligen Jagdbombern sind selbst die Hurricanes weit überlegen. Die deutsche Jagdwaffe erleidet neue schwere Verluste.

»Wir Jagdflieger sahen dieser Vergewaltigung unserer Maschinen erbittert zu«, heißt es in einem Nachkriegsbericht. »Wir mußten den Lückenbüßer und Sündenbock spielen.«

Mit wechselndem Erfolg dauern die Angriffe der Jabos, die offiziell ›leichte Kampfflugzeuge‹ und in der Truppe ironisch ›leichte Kesselringe‹ genannt werden, den ganzen Oktober über an. Schließlich rechnet Jagdfliegerführer Osterkamp dem Generalstabschef der Luftwaffe, Jeschonnek, wütend vor, wie lange es noch dauern werde, bis die Jagdwaffe ›durch diese sinnlosen Einsätze‹ völlig am Boden liege. Das hilft. Im November werden nur noch einige Jaboangriffe geflogen, und Anfang Dezember werden sie ganz eingestellt.

Aber die Kritik an der Führung verstummt nicht mehr. Zur Krise in der Luftschlacht um England tritt eine ernste Vertrauenskrise in der deutschen Luftwaffe selbst. Noch ist kein Vierteljahr vergangen seit jenem ›Adlertag‹, an dem die Schlacht mit großen Hoffnungen und Versprechungen begann.

Inzwischen wird London Nacht für Nacht von starken deutschen Kampfverbänden angegriffen. Selten sind weniger als 100 und manchmal bis zu 300 Bomber in einer Nacht über der Stadt. Die Dunkelheit schützt die Angreifer und beschert ihnen eine Art ›Luftherrschaft‹, die sie bei Tage nicht erringen konnten. Die Wirkung solcher Luftangriffe auf den Widerstandswillen der Bevölkerung wird weit überschätzt. London kapituliert ebensowenig wie Jahre später die deutschen Städte unter dem Ansturm der alliierten Bomberströme.

Mitte November nimmt die Luftwaffe einen letzten Zielwechsel vor. Wichtige englische Industrie- und Hafenstädte rücken in den Mittelpunkt der Angriffe.

Ziel ist die Zerstörung des feindlichen Wirtschaftspotentials, der Versorgung und Kraftquellen. Doch während die Riesenstadt London nicht zu verfehlen ist, da sich die Kampfbeobachter vor allem an dem glitzernden Band der Themse orientieren können, taucht nun das Problem der Zielfindung auf.

Am Abend des 14. November 1940 starten von Vannes in Westfrankreich zwei Staffeln der Kampfgruppe 100 zum Feindflug. Die He 111 H-3 sind mit x-Geräten ausgerüstet, einem Funkführungsverfahren, das der Hochfrequenzwissenschaftler Dr. Plendl in Rechlin bereits 1934 entwickelt hat.

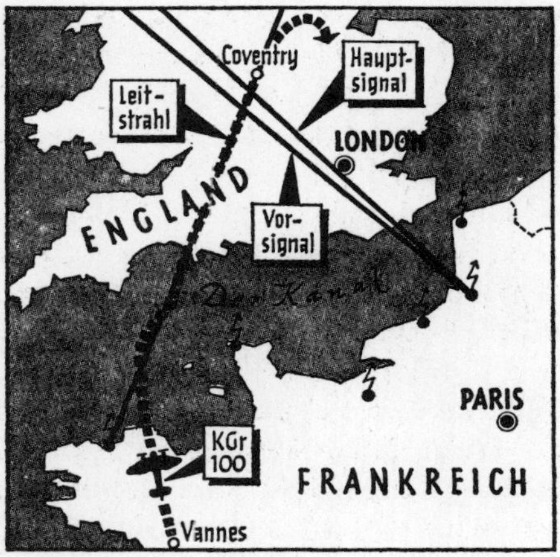

Hochfrequenzwaffe bei Nacht: Scharfgebündelte Leitstrahlen führten die Kampfgruppe 100 und die III./KG 28 genau über das Ziel, andere Sender gaben die Signale zum Bombenwurf. Das x-Verfahren wurde erst 1941 wirksam gestört.

Die Kampfflugzeuge ›reiten‹ auf einem Leitstrahl, der von einem ›Knickebein‹-Sender an der französischen Küste genau auf das Ziel gerichtet ist – genau auf Coventry. Der Flugzeugführer korrigiert seinen Kurs nach den Signalen eines Funkempfängers. Punkte oder Striche im Kopfhörer zeigen ihm an, daß er vom Leitstrahl abweicht, ein Dauerton kennzeichnet den richtigen Kurs.

Am zweiten Empfänger des x-Geräts wartet der Bordfunker auf das ›Vorsignal‹: einen quer zum Leitstrahl gelegten weiteren Funkstrahl. Wenn das Signal ertönt, sind sie noch etwa 20 Kilometer vom Ziel entfernt. Der Funker drückt die Taste der x-Uhr, ein Zeiger beginnt zu laufen.

Die nächsten zehn Kilometer dienen als Meßstrecke, um die wahre Geschwindigkeit der Heinkel über den Grund festzustellen. Denn nach zehn Kilometern hört und sieht der Funker einen dritten Strahl, das ›Hauptsignal‹. Wieder drückt er die Taste der x-Uhr. Der erste Zeiger bleibt stehen, ein zweiter setzt sich in Bewegung.

Der Flugzeugführer muß nun Geschwindigkeit, Höhe und Kurs genau beibehalten. Dann geht alles automatisch. Sobald der zweite Zeiger auf der x-Uhr den ersten erreicht, schließt sich ein Kontakt – die Bomben fallen.

In dieser Sekunde fliegt die He 111 mitten über Coventry. Unten flackern die ersten Brände auf. Die Kampfgruppe 100 hat das Ziel markiert. Die nachfolgenden Geschwader können es nicht mehr verfehlen.

Sämtliche Kampfverbände, die die Luftflotten 2 und 3 noch aufbieten können, starten in dieser Nacht gegen Coventry – ›ein wichtiges Zentrum der feindlichen Rüstungsindustrie‹, wie es in den Angriffsbefehlen heißt. 449 Kampfflugzeuge werfen rund 500 Tonnen Spreng- und 30 Tonnen Brandbomben auf die schwergeprüfte Stadt.

»Das sonst bei Volltreffern übliche Indianergeheul an Bord bleibt uns in der Kehle stecken«, schreibt einer der vielen Flugzeugführer. »Schweigend starrt die Besatzung auf das Flammenmeer hinunter. Ist das hier ein rein militärisches Ziel?«

Coventry wird zu einem weiteren Fanal für die Schrecken des Bombenkrieges, die sich noch in ungeahntem Maße steigern sollten.

Natürlich bleibt das seit Beginn der Nachtangriffe angewandte deutsche Funkführungsverfahren dem Gegner nicht verborgen. Churchill hört zum ersten Male am 26. September davon und verlangt sofortige Gegenmaßnahmen. An General Ismay schreibt er: »Falls diese Tatsachen zutreffen, stellen sie eine tödliche Gefahr ersten Ranges dar.«

Sie treffen zu. Erst im Frühjahr 1941 gelingt es den Engländern, das deutsche x-Leitverfahren wirksam zu stören. So können sie zum Beispiel den Leitstrahl ablenken und die Bomber in eine falsche Richtung locken. Auf deutscher Seite muß man auf ein neues Funkführungsverfahren, den y-Leitstrahl, übergehen. Noch spielt die Hochfrequenzwaffe nicht die entscheidende Rolle wie im späteren Verlauf des Krieges, als die britischen ›Pfadfinder‹-Verbände nach dem Vorbild der deutschen Kampfgruppe 100 aus dem Jahre 1940 aufgestellt werden.

Anfang November 1940 greifen die totgesagten Stukas wieder bei Tage die britische Kanalschiffahrt an. Es sind rund 20 Ju 87 von der III./StG 1 unter Hauptmann Helmut Mahlke. Nicht weniger als zwei Jagdgeschwader schützen die eine Stukagruppe! Am 1., 8. und 11. November erzielen die Stukas im ›Treppensturz‹ noch einmal zahlreiche Treffer auf drei großen Geleitzügen in der äußeren Themsemündung. Schon drei Tage später verliert dieselbe Gruppe ein Viertel ihrer Maschinen in Luftkämpfen mit überlegenen Spitfire-Verbänden, als der eigene Jagdschutz nicht zur Stelle ist.

Herbst- und Winterstürme über See bringen schließlich die Angriffe der Luftwaffe auf die britische Schiffahrt fast ganz zum Erliegen. Nur das IX. Fliegerkorps, das am 16. Oktober 1940 aus der 9. Fliegerdivision entstanden ist, und hier besonders das KG 4 ›General Wever‹, wirft weiterhin bei jedem Wetter Minen unter die englische Küste, in die Hafeneinfahrten und auf die Geleitzugwege.

Auch die Luftschlacht gegen die britische Insel stirbt langsam dahin. Sie stirbt an Erschöpfung. An den Wetterunbilden, den aufgeweichten, grundlosen Flugplätzen in Frankreich, von denen die Kampfverbände kaum noch vollbeladen starten können.

Die Einsatzzahlen sprechen eine beredte Sprache: Im August 1940, dem Monat des ›Adlertages‹ und der heißen Kämpfe um die Luftherrschaft über der Insel, flogen 4779 deutsche Flugzeuge gegen England. Sie warfen insgesamt 4636 Tonnen Spreng- und Brandbomben ab.

Im September, als bei Tag und Nacht die Angriffe gegen London brandeten, waren es bereits 7260 Einsätze, bei denen 6615 Tonnen Sprengbomben, aber nur 428 Tonnen Brandbomben auf England fielen. Außerdem warf die 9. Fliegerdivision 669 Luftminen in die Flußmündungen und Häfen.

Der Höhepunkt wurde im Oktober, zur Zeit der Jaboangriffe auf London und der auf zahlreiche Industriestädte ausgedehnten Nachtangriffe, mit 9911 Einsätzen erreicht. Der Anteil der abgeworfenen Sprengbomben (8790 Tonnen) übertraf bei weitem den der Brandbomben (323 Tonnen). Wieder fielen 610 Luftminen vor die Küsten Großbritanniens.

Ab November zwang das Wetter zu einem Nachlassen der Offensive. Größere Nachtangriffe gab es in der Regel nur noch in Vollmondperioden. Obwohl Göring erneut London zum Schwerpunkt der Angriffe befahl, fanden ab Mitte des Monats auch Großangriffe gegen die Industriestädte Coventry, Liverpool und Manchester und gegen die Häfen Plymouth, Southampton und Liverpool-Birkenhead statt. Insgesamt fielen im November 6205 Tonnen Spreng- und 305 Tonnen Brandbomben auf England. 1215 Luftminen wurden geworfen.

Danach sanken die Einsatzzahlen rapide weiter ab. Im Dezember warfen 3844 Flugzeuge 4323 Tonnen Bomben ab, im Januar 1941 waren es noch 2465 Flugzeuge (2424 Tonnen), und im Februar wurde mit nur 1401 Einsätzen (1127 Tonnen Bomben) der Tiefpunkt erreicht.

Im Frühjahr 1941 lebte die Angriffstätigkeit gegen England zwar wieder auf; doch nun diente sie vornehmlich der Täuschung. Die Kehrtwendung der deutschen Wehrmacht und ihr Aufmarsch nach Osten sollten solange wie möglich verschleiert werden. Die Geschwader, die noch im April und Anfang Mai im Westen blieben, verdoppelten daher ihre Anstrengungen. Die Zahl der Einsätze stieg im März noch einmal auf 4364, im April sogar auf 5448. Die schwersten Angriffe, die London während des ganzen Krieges erlebte, fielen in diese Zeit. In der Nacht vom 16. zum 17. April 1941 waren 681 Flugzeuge über der Stadt, in der Nacht vom 19. zum 20. April 712 Bomber. Auch die ersten zehn Tage des Mai brachten nochmals Großangriffe auf Liverpool-Birkenhead, Glasgow-Clydeside und erneut auf London.

»Der weitverbreitete Eindruck einer bevorstehenden Invasion in England muß noch verstärkt werden«, hieß es in einer Anweisung des Oberkommandos der Wehrmacht.

Tatsächlich war das Unternehmen ›Seelöwe‹, die beabsichtigte Landung in England, längst für unbestimmte Zeit verschoben worden. Die Luftherrschaft über der englischen Südostküste, eine der Voraussetzungen für das Wagnis der Landung, wurde zu keiner Zeit erreicht: nicht in drei Tagen, wie Göring geschätzt hatte, und auch nicht in den vier Wochen bis zum 15. September, den Hitler als ersten Zeitpunkt für die Invasion genannt hatte.

Freilich verfolgte die Luftwaffe mit ihren oft wechselnden Angriffsschwerpunkten gar nicht das Hauptziel, der Landung des Heeres den Weg zu bereiten. Der Ehrgeiz war viel größer. Hier sollte die revolutionäre Lehre des italienischen Luftkriegstheoretikers Douhet, überlegen geführte strategische Luftangriffe würden in Zukunft allein kriegsentscheidend sein, zum erstenmal bewiesen werden. Göring wollte es nicht wahrhaben, daß der deutschen Luftwaffe die wichtigsten Voraussetzungen dafür fehlten.

Schon am 12. Oktober 1940 hatte Hitler das Unternehmen ›Seelöwe‹ abgeblasen. Die Verschiebung auf das Frühjahr 1941, scheinbar des Wetters wegen, war in Wirklichkeit nur vorgetäuscht worden, ›als politisches und militärisches Druckmittel gegen England‹.

Hitler hatte sich längst in die Idee verrannt, zuerst »Rußland in einem schnellen Feldzug niederwerfen« zu müssen. Dann, mit freiem Rücken, könne Deutschland seine ganze Kraft nach Westen richten. Luftwaffe und Kriegsmarine würden die Priorität in der Rüstung erhalten, und über kurz oder lang würde ihnen dann auch der Sieg über England zufallen.

Am 21. Mai 1941 übernahm der Chef der Luftflotte 3, Generalfeldmarschall Hugo Sperrle, allein das Kommando im Westen. Von den 44 Kampfgruppen, die fast zehn Monate lang gegen England geflogen waren, blieben nur vier zurück. Die andern verlegten, sofern sie nicht auf dem Balkan gebunden waren, zur Auffrischung in die Heimat und wandten sich dann nach Osten.

Der Feldzug gegen Rußland sollte die Luftschlacht um England nur für einige Zeit unterbrechen. Der Mehrfrontenkrieg begann.

Die Luftschlacht um England · Erfahrungen und Lehren

1. Der Versuch, England im Sommer und Herbst 1940 allein durch den Angriff aus der Luft ›friedensbereit zu machen‹, gelang nicht. Die Hauptgründe für diesen militärisch folgenschweren Fehlschlag waren: Hitler hatte noch 1938 versichert, ein Krieg gegen England sei ausgeschlossen. Die Luftwaffe war daher nicht für einen solchen Fall gerüstet. Vor allem fehlte ihr ein viermotoriger, schwerer Bomber. Seine Entwicklung war 1936 zugunsten der Sturzkampfflugzeuge eingestellt worden. Die deutschen Kampfflugzeuge Do 17, He 111 und Ju 88 waren demgegenüber zu leicht und beschußempfindlich, ihre Abwehrwaffen zu schwach, die Reichweite zu gering, und die Bombenzuladung reichte nicht aus.

2. Die deutsche Jagdwaffe verfügte zu Beginn der Schlacht nur über rund 700 einsatzbereite Jäger Me 109. Sie war also schon zahlenmäßig ihrer Doppelaufgabe – freie Jagd gegen britische Jäger und Begleitschutz für die Kampfverbände – nicht gewachsen. Die geringe Reichweite der Me 109 (bis London) begrenzte bei Tage auch das Operationsgebiet der Kampfflugzeuge auf Südostengland. Ohne Jagdschutz waren die Bomber verloren. Die Me-110-Zerstörer konnten die Bomber kaum schützen; denn die zweimotorigen Zerstörer waren den britischen Jägern unterlegen. Einmotorige Langstreckenjäger besaß die Luftwaffe nicht.

3. Eine lückenlose Radarkette warnte die Verteidiger vor jedem Angriff. Überraschungsschläge waren deshalb so gut wie ausgeschlossen. Es gelang nicht, die vom Boden aus klug geführte englische Jagdwaffe entscheidend zu schlagen und die Luftherrschaft zu erringen.

4. Entgegen deutscher Annahme sank die Zahl der britischen Jagdflugzeuge (ebenfalls rund 700) trotz hoher Verluste während der Schlacht kaum ab. England produzierte in den entscheidenden Monaten mehr als doppelt soviel Jäger wie Deutschland.

5. Die wegen ihrer Zielgenauigkeit allein erfolgversprechenden Tagesangriffe deutscher Kampfverbände auf kriegswichtige Ziele mußten eingestellt werden, weil das schlechte Herbstwetter sie nicht mehr erlaubte und die Verluste untragbar wurden.

6. Göring und die oberste Luftwaffenführung wechselten sprunghaft die Ziele. Die Kräfte wurden dadurch zersplittert, Schwerpunkte nicht ausdauernd genug angegriffen.

7. Die Wirkung von Bombenangriffen, besonders bei Nacht, wurde allgemein weit überschätzt. Selbst schwere Schläge wie gegen London oder Coventry konnten den Widerstandswillen der betroffenen Bevölkerung nicht brechen. Sie bewirkten viel-

mehr das Gegenteil – eine Tatsache, die Jahre später bei den noch weit stärkeren britischen Angriffen auf Deutschland erneut zutage trat.

8. Deutschland besaß weder genügend U-Boote noch geeignete Bomber mit einer Reichweite, um die lebensnotwendige britische Zufuhr durch Angriffe auf Geleitzüge in See und gegen die großen Häfen entscheidend zu treffen, wie es der ›Führerweisung Nr. 9‹ vom 29. November 1939 zufolge vorgesehen war.

9. Hitlers Entschluß, Rußland anzugreifen, fiel bereits im Juli 1940, also vor Beginn der Luftschlacht um England. *Der Kampf im Westen hatte bereits von diesem Zeitpunkt an keinen Vorrang mehr in den Plänen der obersten deutschen Führung. Trotz der Schwere des England-Einsatzes stand die Luftwaffen-Rüstung daher nicht auf der höchsten Dringlichkeitsstufe. Die Luftschlacht wurde im Frühjahr 1941 endgültig abgebrochen, als sich die Luftwaffe zusammen mit dem überwiegenden Teil der Wehrmacht nach Osten wenden mußte.*

Kampfraum Mittelmeer 1941 **5**

17. Blutiges Kreta

Die Weichen für den Kriegsverlauf vom Frühjahr 1941 an wurden in Deutschland schon im Herbst 1940 gestellt. Im Mai des kommenden Jahres, gleich bei Beginn der günstigen Witterung, sollte der Angriff auf Sowjetrußland beginnen.

Doch Hitler unterschätzte den Ehrgeiz seines italienischen Mitstreiters Mussolini. Die deutschen Maßnahmen auf dem Balkan, vor allem die Entsendung einer ›Militärmission‹ nach Rumänien, um das Land gegen russische Ambitionen zu schützen und zugleich als deutsches Aufmarschgebiet gegen Osten zu nutzen, verärgerten den italienischen Staatschef schwer.

»Hitler stellt mich immer vor vollendete Tatsachen«, wetterte er am 12. Oktober gegenüber seinem Außenminister, Graf Ciano. »Diesmal werde ich es ihm mit gleicher Münze heimzahlen: Er wird erst aus den Zeitungen erfahren, daß ich in Griechenland einmarschiert bin!«

Am 28. Oktober 1940 begann Mussolini sein griechisches Abenteuer. Schon einen Tag später besetzten die Engländer Kreta – die Schlüsselposition im östlichen Mittelmeer.

Hitler war von dieser Entwicklung wie vor den Kopf geschlagen. Am 20. November schrieb er an Mussolini und machte ihm – »mit dem heißen Herzen eines Freundes« – schwere Vorwürfe. Er fürchtete die Bedrohung seiner Südflanke von den Stützpunkten aus, die den Engländern in Griechenland in den Schoß fallen mußten. Er fürchtete vor allem um die für Deutschland unersetzlichen Erdölfelder von Ploesti in Rumänien, die nun im Bereich britischer Bomber lagen.

»Über die Folgen«, schrieb er, »wage ich kaum nachzudenken...«

Hitler klagte, er hätte den ›Duce‹ zuvor bitten wollen, »diese Aktion nicht zu unternehmen ohne eine vorhergehende, blitzartige Besetzung Kretas, und ich wollte Ihnen zu diesem Zweck auch praktische Vorschläge mitbringen – für den Einsatz einer deutschen Fallschirmjägerdivision und einer weiteren Luftlandedivision«.

Schon im November 1940 tauchte also der Gedanke auf, Kreta womöglich im Sprung aus der Luft zu erobern. Aber erst ein halbes Jahr später war es soweit. Denn der italienische Angriff war festgefahren, kaum daß er begonnen hatte. Britische Truppen und Luftstreitkräfte hatten im März 1941 auch auf dem griechischen Festland Fuß gefaßt. Doch der am 6. April begonnene deutsche Angriff auf Jugoslawien und Griechenland überrollte die beiden Balkanländer binnen weniger Wochen. Bis Anfang Mai erreichten die deutschen Soldaten überall die griechische Küste an der Ägäis und am Mittelmeer.

Nur Kreta lag noch vor ihnen.

Kreta, das sich wie ein mächtiger Riegel vor die griechische Inselwelt schiebt und sie vom freien Mittelmeer trennt.

Kreta, 250 Kilometer lang und rund 30 Kilometer breit, das Inselbollwerk, auf das sich die Engländer vom griechischen Festland zurückgezogen hatten, und das sie nun unter allen Umständen zu halten entschlossen waren.

15. April 1941: Der Balkanfeldzug ist im vollen Gange. Die Stukas und anderen Nahkampfverbände des VIII. Fliegerkorps unter General der Flieger Freiherr v. Richthofen schlagen, wie einst in Polen und in Frankreich, Breschen in die Verteidigungslinien des Gegners.

An diesem Tage meldet sich der Chef der Luftflotte 4, General der Flieger Alexander Löhr, beim Oberbefehlshaber der Luftwaffe in den Südostraum ab. Göring hat sein Hauptquartier auf dem Semmering in Österreich aufgeschlagen. Der Reichsmarschall horcht auf, als der Luftflottenchef den Vorschlag macht, den Balkanfeldzug mit einer Großaktion abzuschließen: dem Einsatz der Fallschirm- und Luftlandetruppen des XI. Fliegerkorps zur Wegnahme Kretas.

Fünf Tage später, am 20. April, ist Generalleutnant Kurt Student, der Schöpfer der Fallschirmtruppe, selbst bei Göring und trägt ihm seinen Kreta-Plan vor. Student, der in Rotterdam schwer verwundet worden war, hat gleich nach seiner Genesung das neugebildete XI. Fliegerkorps übernommen, in dem alle Luftlandetruppen, einschließlich der Transportverbände, zusammengefaßt sind.

Göring schickt Generalleutnant Student und Generalstabschef Jeschonnek ins Führerhauptquartier nach Mönichkirchen hinüber. Es ist der 21. April, der Tag, an dem die Griechen bereits vor der 12. Armee des Feldmarschalls List kapitulieren. Hitler erwähnt mit keinem Wort, daß er selbst im vergangenen Herbst eine Luftlandung auf Kreta erwogen hat.

Die Lage hat sich geändert. Die Zeit drängt. Schon der Balkanfeldzug bedingt eine Verschiebung des Angriffsbeginns gegen Rußland um vier Wochen, von Mai auf Juni. Außerdem zersplittert jeder weitere ›Nebenkriegsschauplatz‹ die deutschen Kräfte. In Nordafrika geht es nicht ohne deutsche Hilfe. Von Sizilien aus muß das X. Fliegerkorps die Italiener beim Kampf gegen die britische Mittelmeerflotte und gegen Malta unterstützen.

Der Chef des OKW, Feldmarschall Keitel, und der Wehrmachtführungsstab empfehlen ohnehin, die Fallschirmjäger besser zur Eroberung Maltas einzusetzen. Dieser britische Inselstützpunkt im Mittelmeer sei wichtiger und gefährlicher als Kreta. Hitler aber gibt Kreta den Vorzug. Er denkt an den ›krönenden Abschluß‹ des Balkanfeldzuges. Er denkt auch an das Sprungbrett gegen Nordafrika, den Suezkanal und das ganze östliche Mittelmeer, das der Luftwaffe mit Kreta in die Hand fiele.

Er stellt nur zwei Bedingungen:

Die Kräfte des XI. Fliegerkorps – eine Fallschirm- und eine Luftlandedivision – müssen für die Operation ausreichen.

Trotz der kurzen Vorbereitungszeit hat die Luftlandung schon Mitte Mai zu beginnen.

General Student überlegt nicht lange. Er ist überzeugt, daß seine Verbände es schaffen werden; und Hitler stimmt zu. Vier Tage dauert es noch, bis auch Mussolini einverstanden ist. Am 25. April schließlich befiehlt Hitler mit Weisung Nr. 28 das Unternehmen ›Merkur‹, die Besetzung der Insel Kreta.

Alarm für die Fallschirmregimenter! Sie liegen in ihren Heimatstandorten. 20 Tage haben sie nur Zeit, um den größten Luftlandeangriff der Geschichte vorzubereiten. Werden sie es schaffen?

Schwierigkeiten über Schwierigkeiten: Da ist die Transportfrage. Allein im Fallschirmjäger-Sturmregiment, Kommandeur Generalmajor Eugen Meindl, fehlen 220 Lastkraftwagen. Also Eisenbahntransport. Nach mehrtägiger Bahnfahrt geht es von Arad und Craiova in Rumänien auf der Straße weiter nach Süden. Entfernung bis zum Absprungraum bei Athen: noch 1600 Kilometer.

Der ›Fliegende Holländer‹, wie der Deckname für die endlose Marschkolonne des XI. Fliegerkorps mit ihren 4000 Fahrzeugen lautet, gerät in den mazedonischen Bergen für volle drei Tage ins Stocken. Die aus Griechenland zurückmarschierende 2. Panzerdivision hat Vorrang auf den engen Pässen bei Verria und Kosani. Hitler hatte ausdrücklich befohlen, daß der Aufmarsch für das ›Unternehmen Barbarossa‹ (Rußland) nicht durch die Transporte für ›Merkur‹ (Kreta) verzögert werden dürfte.

Der Mangel an Transportraum hält auch die 22. (Luftlande-)Division, die schon in Holland zusammen mit der Fallschirmtruppe eingesetzt worden war, in Rumänien fest. Das Heer erklärt sich außerstande, die Division nach Süden zu schaffen. Statt dessen unterstellt das OKW General Student die bereits in Griechenland liegende 5. Gebirgsdivision des Generalleutnants Ringel: eine Elitetruppe, die gerade erst die Metaxas-Linie durchbrochen hat; eine Luftlandung mitten im feindlichen Abwehrring aber ist ihr fremd.

Am 14. Mai treffen endlich die letzten Fallschirmjäger auf den Absprungplätzen bei Athen ein: die 1. und 2. Kompanie des Sturmregiments, die beim Bahntransport aus Deutschland kurzerhand vergessen worden waren. Sie mußten sich von Hildesheim bis Athen auf der Straße durchschlagen.

Bei den Lufttransportverbänden geht es ebenfalls um jeden Tag und um jede Stunde. Zehn ›Kampfgruppen z. b. V.‹ mit rund 500 Ju 52 stehen dem Fliegerführer des XI. Korps, Generalmajor Gerhard Conrad, für den Einsatz ›Merkur‹ zur Verfügung. Doch die meisten dieser Transportgruppen haben im Balkanfeldzug Tag für Tag Munition und Nachschub herangeschleppt. Flugzeuge und Motoren müssen dringend überholt werden.

Am 1. Mai fliegt die gesamte Transportflotte nach Norden. Dutzende von Flugzeugwerften – von Braunschweig, Fürstenwalde und Cottbus über Prag und Brünn bis nach Aspern und Zwölfaxing bei Wien – lassen alle anderen Arbeiten stehen und widmen sich nur den ›guten alten Tanten‹ der Luftwaffe – den Ju 52. Bis zum 15. Mai fallen genau 493 Transportflugzeuge, grundüberholt und viele mit neuen Motoren, auf den Feldflugplätzen bei Athen ein. Eine organisatorische und technische Meisterleistung ist vollbracht worden.

Ein weiteres Problem sind die Einsatzhäfen. Die wenigen mit betonierter Startbahn, wie Eleusis bei Athen, sind von den Kampfverbänden des VIII. Fliegerkorps belegt. Übrig bleiben nur kleine, verwahrloste Sandplätze.

»Nein: Sandwüsten!« berichtet der Kommodore des Kampfgeschwaders z. b. V. 2, Oberst Rüdiger von Heyking, voller Erbitterung. »Schwerbeladene Flugzeuge sackten bis zur Achse in den Pulversand ein.«

Heyking hat das Pech, mit den drei Gruppen 60, 101 und 102, also mit rund 150 Ju 52, in Topolia zu liegen; auf einem Platz, den ein übereifriger Heeresoffizier nach der Besetzung umpflügen ließ – »um ihn ebener zu gestalten«.

Die Folge ist eine unvorstellbare Staubwolke bei jedem Start und jeder Landung. Eine Staubwolke, die bis zu 1000 Meter senkrecht in den Himmel steigt und die Sonne verdunkelt. Oberst von Heyking stellt bei einer Einsatzübung fest, daß es 17 Minuten dauert, bis man nach dem Start einer Staffel wieder die Hand vor Augen sehen und einer zweiten Staffel den Start freigeben kann.

Auf dem benachbarten Platz Tanagra, auf dem Oberst Buchholz mit den Kampfgruppen z. b. V. 40 und 105 und der I. Gruppe des Luftlandegeschwaders 1 liegt, ist es kaum besser. Die restlichen vier Transportgruppen liegen ebenfalls auf Sandplätzen: Dadion, Megara und Korinth.

Der größte Engpaß aber ist der Treibstoff. Dreimal hintereinander sollen die 493 Jus nach Kreta fliegen, um die wichtigsten Kampftruppen hinüberzuschaffen. Für diese drei Wellen brauchen sie rund drei Millionen Liter Sprit.

Drei Millionen, die in Piräus, dem Hafen von Athen, aus Tankschiffen in 200-Liter-Fässer umgefüllt und mit LKW zu den entlegenen Flugplätzen gefahren werden müssen. Denn eine wie immer geartete Bodenorganisation gibt es auf diesen Plätzen nicht.

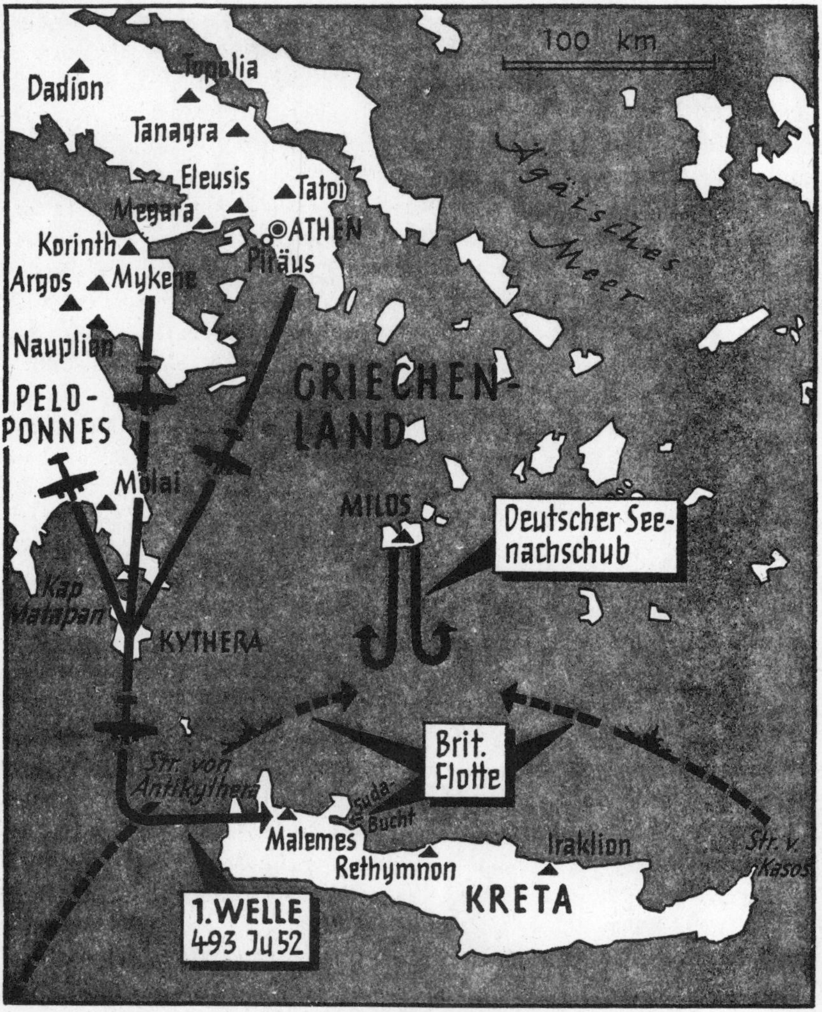

20. Mai 1941, 7.15 Uhr: Die erste Welle fliegt mit 493 Transportmaschinen von ihren Sand- und Staubplätzen in Griechenland die Insel Kreta von Westen an. Nachts beherrschen die Kampfgruppen der britischen Mittelmeerflotte das Seegebiet nördlich Kreta und verhindern den deutschen Nachschub über See. Sieg oder Niederlage auf Kreta hängen also ganz von der Luftbrücke ab, die wiederum nur geschlagen werden kann, wenn die Fallschirmjäger einen der drei Flugplätze der Insel, Malemes, Rethymnon oder Iraklion, in ihren Besitz bringen.

Bis zum 17. Mai trifft nicht ein einziges Faß ein. Der Tanker, der mit Flugbetriebsstoff aus Italien unterwegs ist, liegt fest: Er kann den Kanal von Korinth nicht passieren.

Dort bei Korinth hatten Fallschirmpioniere und zwei Bataillone des Fallschirmjägerregiments 2 unter Oberst Alfred Sturm am 26. April in einem kühnen Handstreich aus der Luft die Brücke über den Kanal unversehrt genommen. Plötzlich aber war eine britische Flakgranate in die schon ausgebaute Sprengladung geschlagen. Die Explosion hatte die Brücke doch noch in die Tiefe gerissen. Und nun versperren Brückenteile dem Tanker die Durchfahrt! Oberstleutnant Seibt, der Quartiermeister des XI. Fliegerkorps, läßt Taucher aus Kiel heranfliegen, die schließlich am 17. Mai die Fahrrinne freilegen können. In fieberhafter Eile beginnt am nächsten Tag in Piräus das zeitraubende Umfüllen des Treibstoffs in die Fässer.

Der schon einmal auf den 18. Mai verlegte Angriffstermin muß notgedrungen nochmals zwei Tage verschoben werden. Um Mitternacht zum 20. Mai, fünf Stunden vor dem befohlenen Start, haben einzelne Ju-52-Staffeln immer noch keinen Treibstoff. Selbst Fallschirmjäger, die eigentlich schlafen sollten, fassen mit zu und rollen Benzinfässer zu den Maschinen. Jede Ju muß mühsam mit Handpumpen betankt werden.

In dieser Nacht fahren Wasserwagen über die Flugfelder und versuchen vergebens, dem Staub durch Sprengen beizukommen. Der Wind springt um 180 Grad. Die Startrichtungen müssen geändert, die Verbände im Dunkeln völlig neu eingewiesen werden.

Endlich, um 4.30 Uhr, donnern die ersten vollbeladenen Staffeln über die Sandbahn und verschwinden in der Nacht. Die Plätze ersticken im Staub. Es dauert länger als eine Stunde, bis sich die Gruppen über den Flugplätzen gesammelt haben und geschlossen nach Süden abfliegen können.

Die erste Welle der Fallschirmjäger ist auf dem Wege nach Kreta. Das I. Bataillon des Sturmregiments in 53 Lastenseglern – wie am Albert-Kanal und bei Eben Emael.

Alle anderen, rund 5000 Mann, werden springen. Aus 120 Meter Höhe, an langsam segelnden Fallschirmen, mitten in den abwehrbereiten Feind.

Vor dem Nachmittag können die Fallschirmjäger nicht mit Verstärkungen rechnen. Die Transportflieger wissen in diesem Augenblick nicht einmal, ob sie nach der Rückkehr auf ihre Flugplätze genügend Treibstoff vorfinden werden, um auch die zweite Welle nach Kreta zu fliegen.

20. Mai 1941, 7.05 Uhr: Seit einer Stunde dauert das Bombardement nun schon an. Immer neue Staffeln der Luftwaffe stürzen sich auf ein und denselben Punkt im Westen Kretas: auf das Dorf Malemes, seinen kleinen Flugplatz am Meer und die Höhe 107, die das Vorfeld beherrscht.

Zuerst waren es Bomber: Do 17 vom KG 2 und He 111 von der II./KG 26.

Dann das Stukageschwader 2 im heulenden Sturzangriff. Und jetzt springen Ketten des Jagdgeschwaders 77 und des Zerstörergeschwaders 26 über die Berge, jagen im Tiefflug den Strand entlang und schießen mit ihren Bordwaffen auf die erkannten Flak- und Infanteriestellungen.

Harte Burschen haben sich hier verschanzt, Neuseeländer vom 22. Bataillon der 5. Brigade. Auch die anderen Bataillone liegen dicht hinter Malemes – zusammen genau 11859 Mann unter Brigadegeneral Puttick. Die Neuseeländer kennen die Absichten der Deutschen bis in die Einzelheiten. Sie wissen, daß eine Landung aus der Luft geplant ist. Daß Malemes eines der drei Hauptangriffsziele ist. Und daß der Tag der Schlacht unmittelbar bevorsteht.

Nie zuvor hat der britische Geheimdienst so umfassende Kenntnis von einem deutschen Angriffsplan erhalten wie von der Invasion Kretas. Die Verteidiger lassen sich nicht überraschen. Tief ducken sie sich in ihre Stellungen.

Dann ebbt der schwere Luftangriff ab. Plötzlich ist Stille, unterbrochen von einem seltsam friedlichen Sausen und Krachen – als würden Bäume gefällt und splitterte Holz.

Mächtige, plumpe Vögel fallen vom Himmel. Lautlos gleiten sie heran, schlagen berstend auf den Boden. Immer mehr schweben ein, tauchen westlich der Höhe 107 in das Tal des Tavronitis und rumpeln über die Talsohle.

In einer engen, steilen Kurve gleitet einer der Lastensegler zur Erde hinab. Fast stürzt er sich ins Ziel. Krachend schlägt er auf den Boden, federt noch einmal ab und holpert dann über den felsigen Grund.

Die zehn Männer im Bauch des Seglers werden von der Wucht des Aufpralls nach vorn geschleudert. Nochmals ein heftiger Stoß. Die ganze Rumpfseite reißt auf. Dann liegen sie still. Durch die Öffnung weht Staub herein. Draußen, zum Greifen nahe, dehnt sich verkrüppeltes Buschwerk.

Mit einem Satz hechtet der erste Mann ins Freie. Die anderen rappeln sich auf und springen hinterher. Die Uhr zeigt 7.15 Uhr. In diesem Augenblick ist Major Walter Koch mit dem Bataillonsstab des I. Luftlande-Sturmregiments neben der Höhe 107 bei Malemes gelandet.

Andere Lastensegler sausen über ihre Köpfe hinweg. Die meisten fliegen zu hoch. Seit dem Ausklinken über See vor sieben Minuten müssen die Flugzeugführer gegen die tiefstehende Sonne steuern. Die Insel verschwimmt im Morgendunst vor ihren Augen. Rauchschleier von dem soeben beendeten Bombardement der Stukas erschweren zusätzlich die Sicht. Die Flugzeugführer können ihre Ziele erst im letzten Augenblick erkennen. Diese Ziele, die sie doch auf den Meter genau ansteuern sollen!

Plötzlich liegt der Flugplatz Malemes schon unter ihnen. Daneben der Ansteuerungspunkt, das Flußbett des Tavronitis. Aber sie sind 100 oder gar 200 Meter zu hoch. Rücksichtslos drücken sie die Segler in einen steilen Gleitflug. Sie müssen einkurven, um nicht zu weit nach Süden getragen zu werden. Der eine kurvt früher, der andere später. Der geschlossene Zielanflug will nicht gelingen. Weit verstreut setzen die Lastensegler auf oder zerschellen auf dem felsigen Grund.

Major Koch schaut sich überrascht um. Das Gelände ist viel hügeliger, als er angenommen hatte. Auf den Luftbildern war das nicht zu erkennen. Die Segler verschwinden hinter den Kuppen, sie landen in verschiedenen Mulden. Die einzelnen Trupps der Fallschirmjäger haben keine Sichtverbindung miteinander. Jetzt müßten sie sich sammeln, um gemeinsam stark zu sein. Doch der Gegner hält sie mit wohlgezieltem Feuer nieder. Jeder ist auf sich allein angewiesen.

Dennoch stürmt eine Handvoll Männer mit dem Bataillonsstab die Zeltlager der Neuseeländer beiderseits der Höhe 107. Ringsum liegen die Trichter der Stuka-Bomben. Nach dem deutschen Angriffsplan soll der Gegner »in den Zeltlagern überrascht und sein Eingreifen gegen die Luftlandung verhindert werden«. Doch von Überraschung keine Spur: Die Lager sind verlassen. Dann also weiter zur Höhe, dem Hauptziel der Angreifer. Von dort oben wird der Flugplatz Malemes beherrscht.

Augenblicke später geraten die Fallschirmjäger in einen Feuerüberfall aus nächster Nähe. Major Koch wird mit einem Kopfschuß niedergestreckt. Offiziere und Männer fallen oder werden schwer verwundet. Die anderen krallen sich in den Boden. Hier geht es keinen Schritt mehr weiter. Die ganze terrassenartig ansteigende Höhe ist von gut getarnten Stellungen und Schützennestern übersät. Nichts davon hatte die Luftaufklärung entdeckt, gar nichts. Der Angriff bleibt im schweren feindlichen Feuer liegen.

Mehr Erfolg hat zunächst die 3. Kompanie des Sturmregiments. Ihre Lastensegler landen mitten in dem steinigen, ausgetrockneten Flußbett. Binnen Sekunden werden die englischen Flak-Stellungen beiderseits der Tavronitis-Mündung von allen Seiten unter Feuer genommen. Der Kompaniechef, Oberleutnant von Plessen, dringt mit seinen Männern in die westliche Stellung ein, andere Trupps stürmen die Geschütze im Osten. Die überlebenden Neuseeländer heben die Hände. Die Flak am Westrand des Flugplatzes Malemes ist überrumpelt.

Gleich darauf dröhnen Transportstaffeln über dem Küstenstreifen heran. Dutzende von Ju 52, im gedrosselten Flug und höchstens 120 Meter hoch. Sie bieten scheunentorgroße Ziele. Aber die Flak schweigt. Nach der Rückkehr herrscht bei den Transportgruppen Jubel über die geringen Verluste der ersten Welle. Der Dank gebührt den Sturmgruppen, die die Flak des Gegners so schnell in ihre Hand gebracht haben.

Inzwischen geht die 3. Kompanie gegen den Flugplatz selbst vor. Hier versteift sich der feindliche Widerstand. Die Fallschirmjäger werden in Deckung gezwungen. Oberleutnant von Plessen versucht, die Verbindung mit Major Koch aufzunehmen. Da streckt ihn eine MG-Garbe nieder. Der Kompaniechef ist gefallen. Der Angriff läuft sich fest.

Doch immer neue Fallschirmjäger hechten reihenweise aus den Transport-

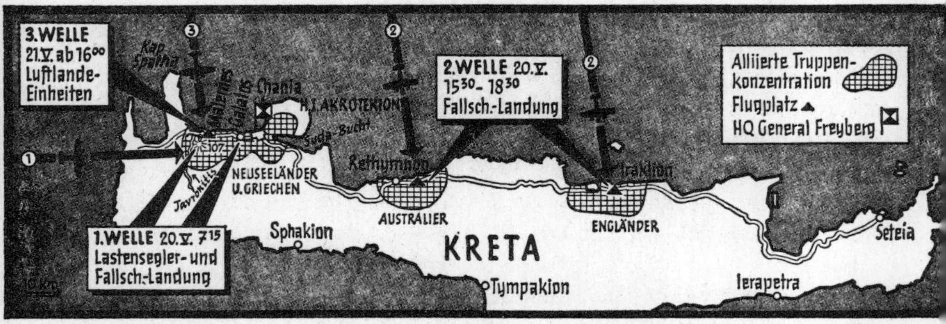

Blutiges Kreta: Die Lastensegler und Fallschirmjäger der ersten und zweiten Welle landete mitten in einem vorgewarnten und abwehrbereiten Gegner und erlitten schwere Verluste. An d Höhe 107 fiel die Entscheidung. Am Nachmittag des zweiten Tages konnten zum ersten Male Tran portmaschinen mit Gebirgsjägern im feindlichen Artilleriefeuer auf dem Flugplatz Malemes lande

maschinen. Binnen weniger Minuten segeln Hunderte von Fallschirmen westlich und östlich Malemes zu Boden. Hier springt das Sturmregiment unter Generalmajor Meindl, dessen 3. und 4. Kompanie 15 Minuten zuvor mit Lastenseglern gelandet waren. Der Angriff des Regiments gilt dem Flugplatz Malemes: Nur wenn einer der drei Flugplätze Kretas in deutsche Hand fällt, können die Transportverbände Verstärkungen landen – Verstärkungen, die die Fallschirmjäger spätestens am zweiten Tage der Schlacht bitter nötig haben werden.

Das alles wissen auch die Verteidiger Kretas. Generalmajor Sir Bernard Freyberg, neuseeländischer Haudegen und seit dem Rückzug aus Griechenland alliierter Oberbefehlshaber auf Kreta, hat seine rund 42000 Soldaten – Engländer, Griechen, Australier und Neuseeländer – zum größten Teil in die befestigten Höhenstellungen rings um die Flugplätze Malemes, Rethymnon und Iraklion gelegt. Gerade bei Malemes üben die Neuseeländer schon seit Wochen die Abwehr von Luftlandungen. Seit dem Handstreich der Fallschirmjäger auf die Brücke von Korinth am 26. April und seit den fieberhaften Vorbereitungen auf den griechischen Flugplätzen, die dem britischen Geheimdienst mit allen Einzelheiten gemeldet worden sind, gibt es im alliierten Nahost-Hauptquartier General Wavells keinen Zweifel mehr: Der nächste Angriff des deutschen Luftlandekorps gilt Kreta.

Die schweren Bomber- und Stuka-Angriffe der letzten Tage und vor allem das Bombardement bis wenige Minuten vor Beginn der Luftlandung kosten zwar Verluste und halten die Verteidiger nieder. Doch die meisten Stellungen bleiben verschont, weil sie aus der Luft gar nicht erkannt werden. Die Kraft der Neuseeländer ist ungebrochen. Die deutschen Fallschirmjäger bekommen es bitter zu spüren.

Um 7.20 Uhr springt das III. Bataillon des Sturmregiments unter Major Scherber östlich Malemes ab. Die Männer sollen nach dem Sammeln aus dieser Richtung gegen den Ort und den Flugplatz vorrücken. Die 53 Transport-Ju der Kampfgruppe z. b. V. 172 steuern etwas weiter landeinwärts, damit die Soldaten, die eigentlich am Strand abgesetzt werden sollen, vom Wind nicht auf die See hinausgetrieben werden. Dadurch geraten sie in das Höhengelände, das angeblich feindfrei sein soll. Aber auch diese Höhen sind gespickt mit Stellungen, besetzt von einem Feind, der nur auf diesen Augenblick gewartet hat.

Die Folgen sind furchtbar. Schon in der Luft, beim wehrlosen Pendeln am Schirm, werden viele Fallschirmjäger tödlich getroffen. Andere bleiben in den Bäumen hängen oder schlagen unglücklich auf die Felsen. Die Überlebenden können sich nicht rühren. Rasendes Abwehrfeuer fegt über sie hinweg. An ihre Waffenbehälter, die mit Fallschirmen abgeworfen werden, kommen sie nicht heran. Die meisten Behälter fallen dem Feind als willkommene Beute in die Hände.

Binnen einer Stunde sind alle Offiziere des III. Bataillons gefallen oder schwer verwundet. Nur einzelne Trupps, meist von beherzten Unteroffizieren geführt, halten sich an günstigen Geländestellen. Sie kauern dort den ganzen Tag, in sengender Hitze mit den gleichen schweren Kampfanzügen, die sie auch bei Eis und Schnee in Narvik getragen haben. Aber sie halten aus. Ohne Wasser, und jeder nur mit einer Handvoll Munition. Sie halten aus und hoffen auf die Nacht.

In dieser Nacht zum 21. Mai schlägt sich zum Beispiel der Oberjäger Jellinek mit den Resten seiner 9. Kompanie mitten durch die feindlichen Linien nach Westen zum Tal des Tavronitis durch. Andere Gruppen halten zwei und drei Tage lang aus, bis sie befreit werden.

»Die Masse des III. Bataillons«, heißt es im Gefechtsbericht des Sturmregiments, »wurde nach tapferer Gegenwehr vernichtet. Von 600 Fallschirmschützen fanden fast 400 mit ihrem Kommandeur, Major Scherber, den Tod.«

Damit ist die östliche Umfassung von Malemes gescheitert. Der wichtige Flugplatz kann nur noch im Angriff von Westen erobert werden. Dort, westlich des Tavronitis, springen das II. und das IV. Bataillon zusammen mit dem Regimentsstab ab. Sie haben mehr Glück; denn die auch hier vorbereiteten Stellungen des Gegners sind nicht besetzt. Vielleicht haben die überraschend eingefallenen Lastensegler die Neuseeländer daran gehindert.

Um 7.30 Uhr gleiten nochmals neun Segler in das Talbett hinab und landen dicht bei der Brücke, die im Zuge der einzigen Ost-West-Küstenstraße den Tavronitis überspannt. Die meisten Segler bersten unter der Gewalt des Aufpralls. Dennoch springen Männer heraus und stürmen gegen die Brücke vor. Maschinengewehre hämmern von den feindbesetzten Hängen herab. Major Braun, der Führer des Trupps, fällt. Aber die anderen sind schon an der Brücke und reißen die Sprengladungen heraus. Der Übergang ist gesichert.

Von hier aus weist Generalmajor Meindl seine von Westen heranschließenden Verbände ein. Hauptmann Walter Gericke geht mit einer rasch zusammengestellten Kampfgruppe nach Osten gegen den Flugplatz vor. Immer wieder peitschen Maschinengewehrgarben von der Höhe 107 über die Talsohle. Nur im Sprung geht es vorwärts.

Irgendwo an den Seitenhängen der Höhe müssen die Männer der Sturmgruppe Koch liegen, die mit den Lastenseglern zuerst gelandet sind. Aber wo?

General Meindl richtet sich aus seiner Deckung auf und hält ein Tuchzeichen in die Höhe. Er hofft auf Antwort aus der Gegend des Zeltlagers, in dem er Major Koch vermutet. Statt Koch meldet sich der Feind: Meindls Hand wird von einem neuseeländischen Scharfschützen getroffen. Gleich darauf bricht der General unter einer MG-Garbe schwer verwundet zusammen. Dennoch behält er die Führung: Die Gruppe Gericke soll frontal, die Gruppe des Majors Stentzler mit Teilen des II. Bataillons umfassend von Süden her gegen das entscheidend wichtige Rollfeld vorgehen.

Meter um Meter gewinnen die Deutschen Raum. Die Verluste sind schwer. Am Westrand des Flugplatzes von Malemes bleiben sie liegen, das Ziel dicht vor Augen. Es geht einfach nicht mehr weiter, der Feind ist zu stark.

Außer der ›Gruppe West‹ um Malemes setzen die Transportverbände mit der ersten Welle früh am 20. Mai auch die ›Gruppe Mitte‹ bei der kretischen Verwaltungshauptstadt Chania ab. Die Führung soll der Kommandeur der 7. Fliegerdivision, Generalleutnant Wilhelm Süßmann, übernehmen. Der General kommt nicht einmal bis Kreta: 20 Minuten nach dem Start in Eleusis bei Athen werden die fünf von Ju 52 geschleppten Lastensegler mit dem Divisionsstab von einer He 111 überholt. Die Kampfmaschine passiert sehr dicht, Luftwirbel erfassen den Segler, das Schleppseil reißt.

Das leichte Segelflugzeug, das seit dem Einsatz bei Korinth schutzlos in der dörrenden Hitze gestanden hat, bäumt sich auf, seine Flächen halten dem Druck nicht stand und montieren ab. Der Rumpf wirbelt nach unten und zerschellt beim Aufschlag auf die Felseninsel Ägina, nicht weit von Athen. So findet der Kommandeur der Fallschirmdivision mit seinem engsten Stab den Tod, noch ehe das Unternehmen Kreta begonnen hat.

Auch bei Chania werden zwei Kompanien des Sturmregiments vorab mit Lastenseglern eingesetzt, um erkannte Flak-Stellungen des Gegners im Handstreich zu nehmen. Die 2. Kompanie unter Hauptmann Gustav Altmann gerät schon beim Anflug auf ihr Ziel, die Halbinsel Akroterion, in schwerstes Feuer aus allen Kalibern. Drei, vier Segler stürzen ab, die anderen landen weit verstreut. Ihre Kampfkraft zersplittert, der Auftrag kann nicht erfüllt werden.

Oberleutnant Alfred Genz fällt mit fünf Lastenseglern dicht hinter der Batterie im Süden der Inselhauptstadt Chania ein. 50 Fallschirmjäger von der 1. Kompanie des Sturmregiments zwingen 180 Briten im erbitterten Nahkampf nieder und stürmen die Geschütze. Doch dann reicht die Kraft nicht mehr, um die nur wenige hundert Meter entfernte Funkstation des alliierten Oberkommandos ebenfalls zu nehmen.

Oberleutnant Rudolf Toschka, mit drei Lastenseglern mitten in Chania gelandet, schlägt sich zur Flakstellung durch. Dort igeln sich die Deutschen ein. Über ein Tornisterfunkgerät halten sie Verbindung mit dem nur etwa drei Kilometer westlich von ihnen abgesprungenen Fallschirmjägerregiment 3. Stunde um Stunde hoffen sie auf Entsatz.

Das I. Bataillon/FJR 3 unter Hauptmann Friedrich-August von der Heydte kämpft sich bis auf tausend Meter an die Eingeschlossenen heran. Dann aber muß es zurückgenommen werden. Die Gegenwehr ist übermächtig. Die Neuseeländer sitzen in der Riegelstellung von Galatos und weisen alle deutschen Angriffe in Richtung auf die Hauptstadt blutig ab. Britische Panzer rollen vor.

Bald wird das kampfstarke I./FJR 3 in die Verteidigung gedrängt. Schwere Verluste werfen auch das II. Bataillon unter Major Derpa nieder. Und die Kompanien von Major Ludwig Heilmanns III. Bataillon werden völlig zersprengt und nahezu aufgerieben. In dieser Lage funkt der Kommandeur des Fallschirmjägerregiments 3, Oberst Richard Heidrich, an die Gruppe Genz in Chania:

»Versuchen Sie, sich bei Nacht zu uns durchzuschlagen.«

Von einer Eroberung der Hauptstadt und der nahe gelegenen Suda-Bucht kann keine Rede sein.

Von all dem weiß der Stab des XI. Fliegerkorps, der in Athen vergeblich auf Nachricht wartet, nichts. Nichts von dem mißlungenen Versuch, Malemes in die Hand zu bekommen. Nichts von dem Fehlschlag bei Chania. General Student muß annehmen, daß die Operation ›Merkur‹ wie vorgesehen läuft. Die einzigen Meldungen kommen von den heimkehrenden Transportgruppen. Und diese Meldungen über die erste Angriffswelle lauten günstig:

»Fallschirmjäger planmäßig abgesetzt!«

Die Verlustquote der Ju-52-Verbände ist gering: Nur sieben von den eingesetzten 493 Transportflugzeugen der ersten Welle kommen nicht zurück. Viele aber müssen nach Rückkehr vom Feindflug bis zu zwei Stunden über ihren Sandplätzen in Griechenland kreisen. Einzeln tauchen die Maschinen auf gut Glück in die undurchdringliche Staubwolke hinab. Jede Landung ist ein Spiel mit dem Tode. Immer wieder stoßen ausrollende Jus zusammen und blockieren die Landebahn. Hier sind die Ausfälle stärker als im feindlichen Feuer über Kreta.

Athen sendet pausenlos Rufzeichen für die mit den Regimentern auf Kreta gelandeten Funkstellen. Die Insel schweigt. Trotzdem startet gegen Mittag in Athen ein Flugplatzkommando für Malemes. Major Snowatzki soll dort die Organisation in die Hand nehmen. Suchend kreist die Ju 52 über dem schmalen

Platz. Am Westrand entdeckt Snowatzki eine Hakenkreuzflagge, die als Kennzeichen der vordersten deutschen Linie ausgelegt ist.

Der Major glaubt, Malemes sei genommen, und setzt zur Landung an. Beim Ausrollen konzentriert der Feind sein Feuer auf die Ju. Sofort wendet der Flugzeugführer und gibt Vollgas. Es gelingt ihm, die Maschine wieder aus dem Platz herauszuziehen. Mit zahlreichen Einschüssen in der Maschine kehrt Snowatzki nach Athen zurück. Durch ihn erfährt General Student endlich, wie es in Malemes wirklich steht.

Fast gleichzeitig dringt eine schwache Funkmeldung der Gruppe Mitte durch, daß der Angriff auf Chania nach schweren Verlusten eingestellt sei. Es dauert noch bis 16.15 Uhr, ehe sich auch der Stab des Sturmregiments aus Malemes meldet. Dort waren die mit Lastenseglern angeflogenen 200- und 80-Watt-Sender bei der Bruchlandung im Tavronitis-Bett zerstört worden. Mühsam hatte der Nachrichtenoffizier, Oberleutnant Göttsche, aus einzelnen unversehrten Teilen ein neues Funkgerät zusammengebastelt.

Die beim XI. Fliegerkorps herrschende Freude über die endlich zustande gekommene Funkverbindung währt nicht lange. Der erste Funkspruch besagt, daß Generalmajor Meindl schwer verwundet ist, und der zweite lautet:

»Feindliche Panzer greifen von Malemes her über den Flugplatz und das Flußbett rollend an.«

Der Höhepunkt der Krise scheint erreicht. Und doch kommt es noch schlimmer.

Der Angriffsplan sieht vor, daß mit der zweiten Welle am Nachmittag des 20. Mai Stadt und Flugplatz Rethymnon (Fallschirmjägerregiment 2, Oberst Alfred Sturm) und Iraklion (FJR 1, Oberst Bruno Bräuer) genommen werden. Nun zögert General Student. Nach den ungünstigen Meldungen von der ersten Welle im Westen der Insel möchte er lieber Verstärkungen dorthin werfen. Aber es ist schon zu spät. Ein so plötzlicher Zielwechsel müßte katastrophale Folgen haben.

Die Verwirrung auf den griechischen Plätzen ist ohnehin groß genug. Der Start der zweiten Welle ist für 13 Uhr befohlen. Die meisten Transportgruppen liegen noch fest. Der undurchdringliche Staub und die sengende Hitze, die vielen Brüche und das mühsame Betanken der Jus aus Fässern verschlingen viel Zeit. Oberst von Heyking, der Kommodore des Transportgeschwaders in Topolia, sieht die Katastrophe kommen. Er versucht, einen zweistündigen Aufschub für den Start der zweiten Welle zu erhalten, dringt aber nicht durch. Die Telefonleitungen sind gestört. Der überforderte Stab des Fliegerkorps schafft es nicht mehr, die Startzeiten der Verbände übereinstimmend neu zu regeln.

So kommt es, daß Bomber, Stukas und Zerstörer zur ursprünglich festgesetzten Zeit bei Rethymnon und Iraklion angreifen, während viele Transportgruppen noch nicht einmal in Griechenland gestartet sind. So kommt es auch, daß die Transportfolge durcheinandergerät, daß Staffeln und sogar Ketten einzeln fliegen, daß die Fallschirmjäger zersplittert und ohne Zusammenhang abgesetzt werden. Die Absicht, unmittelbar im Anschluß an die Bombenwürfe abzuspringen, läßt sich nicht verwirklichen.

»Wieder fliegen wir dicht über dem Meeresspiegel nach Süden«, berichtet Major Reinhard Wenning, der mit seiner Z. b. V.-Gruppe 105 als einer der wenigen zeitgerecht gestartet ist. »Eigentlich müßten uns jetzt die ersten, nach dem Zeitplan vor uns liegenden Maschinen auf dem Rückflug begegnen. Aber nichts ist zu sehen.«

Wennings Transportgruppe fliegt Iraklion an und geht auf Parallelkurs zur Küste. Der Absetzoffizier, Hauptmann Wendorff, steckt die gelbe Flagge aus dem Kabinendach: das Zeichen zum Sprung. In allen Maschinen schlagen die Hupen an. Ruck, ruck, ruck – springen die Jäger.

»Das von uns abgesetzte Bataillon«, berichtet Major Wenning, »müßte als Reserve hinter anderen, vorher herangeführten Einheiten liegen. Aber am Boden ist nichts von anderen Fallschirmeinheiten zu erkennen. Unsere Männer sind allein. Heftiges Abwehrfeuer schlägt ihnen entgegen.«

Erst auf dem Rückflug begegnen der Kampfgruppe z. b. V. 105 über der Ägäis weitere Ju-52-Verbände, die noch nach Kreta wollen. Die letzten liegen dreieinhalb Stunden hinter den ersten. Die ›zweite Welle‹ ist völlig auseinandergerissen.

Schwerste Verluste der Fallschirmjäger sind die Folge. Dicht westlich des Flugplatzes Iraklion fahren britische Panzer feuernd in die niederschwebenden Deutschen hinein. Innerhalb 20 Minuten werden drei Kompanien des II. Bataillons/FJR 1 unter Hauptmann Dunz völlig aufgerieben.

Weder Iraklion noch Rethymnon fallen. Die beiden Flugplätze bleiben in britischer Hand. Generalmajor Freyberg, der alliierte Oberbefehlshaber, hätte Grund zu triumphieren. Sein Bericht aber ist voller Besorgnis:

»Heute war ein schwerer Tag. Wir sind hart bedrängt worden. Bis jetzt, glaube ich, haben wir noch die Flugplätze und Seehäfen im Besitz. Aber wir können sie nur mit knapper Not halten. Es wäre unrecht von mir, ein optimistisches Bild zu entwerfen...«

Freyberg ahnt sicher nicht, wie sehr seine Befürchtungen berechtigt sind.

Noch am Abend des 20. Mai erringen die deutschen Fallschirmjäger trotz aller Verluste einen ersten, entscheidenden Erfolg: Zwei Stoßtrupps des Sturmregiments, der eine von Oberleutnant Horst Trebes, der andere vom Regimentsarzt, Oberstabsarzt Dr. Heinrich Neumann, geführt, dringen nochmals gegen die Malemes beherrschende Höhe 107 vor. Mit Pistolen und Handgranaten kämpfen sie sich bis zur Spitze hinauf.

Dr. Neumann: »Zu unserem Glück unternahmen die Neuseeländer keinen Gegenstoß; wegen Munitionsmangels hätten wir uns nur noch mit Steinen und Kappmessern wehren können.«

Tatsächlich verpaßt General Freyberg in dieser Nacht seine Chance, die Lage bei Malemes wieder an sich zu reißen. Am nächsten Morgen ist es zu spät. Denn Stukas, Jäger und Zerstörer des VIII. Fliegerkorps beherrschen den Luftraum über Kreta. Ihre Tiefangriffe halten die Neuseeländer nieder. Die wichtige Höhe 107 bleibt in deutscher Hand.

Am nächsten Morgen, dem 21. Mai, schwebt erneut eine Kette Ju 52 unter Führung von Leutnant Horst Herold westlich Malemes zur Landung ein. An Bord befindet sich das ›Sonderkommando Hauptmann Kleye‹ mit Munitionsnachschub für das Sturmregiment, das sich in den schweren Kämpfen völlig verausgabt hat.

Der Flugplatz wird von feindlichem Artilleriefeuer bestrichen. Die Jus müssen am Strand landen. Am Steuer des Führungsflugzeuges sitzt Feldwebel Grünert. Er schaut hinunter: Der Strand ist übersät mit Felsbrocken. Plötzlich sieht er eine Lücke. Grünert stößt hinab, setzt hart auf, der Sand bremst mit. Dicht vor den Felsen bleibt die Maschine stehen. Die Ladung kann geborgen werden, die Munition ist da, ohne die der Angriff auf Malemes zum Scheitern verurteilt wäre.

General Student ist entschlossen, alle Verstärkungen nach Malemes zu werfen. Noch heute müssen die Luftlandungen der Gebirgsjäger beginnen – koste es, was es wolle.

Gegen 16 Uhr geht die erste Staffel im feindlichen Feuer auf der schmalen Landebahn nieder. Artillerietreffer schlagen neben und zwischen den Maschinen ein. Eine Ju brennt sofort. Andere knicken mit Fahrwerksbrüchen ein. Aber es schweben immer mehr Transportmaschinen ein. Sie landen und rollen und speien Gebirgsjäger aus. Bis zum Abend des 21. Mai schafft das Transportgeschwader Buchholz das gesamte Gebirgsjägerregiment 100 von Oberst Utz heran. Frische Kräfte fassen auf Kreta Fuß. Schon bei der Landung erhalten sie zwischen berstenden Granaten auf dem Flugplatz ihre Feuertaufe.

»Malemes war das Tor zur Hölle«, berichtet Generalleutnant Ringel, der Kommandeur der 5. Gebirgsdivision.

Von drei Transportflugzeugen bleibt eines getroffen, brennend oder mit gebrochenen Tragflächen liegen. Major Snowatzki läßt die Trümmer mit einem britischen Beutepanzer aus der einzigen Start- und Landebahn räumen. Bald gleicht der Platzrand einem riesigen Flugzeugfriedhof. 80 Jus liegen dort. Die Transportflotte schrumpft zusammen, doch die Gruppen fliegen weiter.

Was General Freyberg nicht für möglich gehalten hatte, geschieht: Die Luftlandungen geben den Ausschlag. Noch ist Kreta nicht erobert, doch das Blatt wendet sich zugunsten der Deutschen.

18. Stukas gegen Englands Flotte

Blutrot taucht im Osten die Sonne aus den Fluten des Ägäischen Meeres. Der 22. Mai 1941 verspricht ein heißer Tag zu werden. Auf den Feldflugplätzen des Peloponnes, in Argos, Mykene und Molai, werden Hunderte von Motoren angeworfen. Stukas, Jäger und Zerstörer rollen zum Start. Selten haben deutsche Flieger mit größerer Ungeduld und Spannung auf diesen Augenblick gewartet.

»Seit heute früh 5 Uhr überstürzen sich die Meldungen von englischen Kreuzern und Zerstörern im Seegebiet nördlich und westlich von Kreta«, heißt es im Tagebuch des VIII. Fliegerkorps, dessen Kommandierender General, v. Richthofen, die Luftoperationen in der Schlacht um Kreta führt.

Schon am Vortage hatten deutsche Aufklärungsflugzeuge die Bewegungen der britischen Mittelmeerflotte im Auge behalten. Die Flotte des Admirals Sir Andrew Cunningham kreuzte außer Sichtweite westlich von Kreta. Angesichts der deutschen Luftüberlegenheit konnte sie es nicht wagen, mit ihren schweren Geschützen in den Kampf auf der Insel einzugreifen. Für die deutschen Kampfverbände war die Luftunterstützung der hart bedrängten Fallschirmjäger auf Kreta zunächst wichtiger. Nur einzelne Stukagruppen flogen gegen die britische Flotte und versenkten einen Zerstörer.

In der Nacht zum 22. Mai änderte sich das Bild vollkommen. Nun befahl Admiral Cunningham zwei starke Kampfgruppen von je sieben Kreuzern und Zerstörern vor die Nordküste Kretas. Dort lagen sie auf der Lauer und verhinderten jeden deutschen Versuch, die auf Kreta dringend erwarteten schweren Waffen mit Schiffen auf die Insel zu bringen (vergleiche die Karte auf Seite 234).

In einem Punkt waren die englische und die deutsche oberste Führung nämlich einer Meinung: Sie hielten es für ausgeschlossen, daß Kreta, das stark verteidigte Inselbollwerk, allein durch Luftlandetruppen erobert werden könne. Am zweiten, spätestens am dritten Tage mußte der Seenachschub folgen, wenn die Fallschirmjäger nicht in eine hoffnungslose Lage geraten sollten. Aber die deutsche Nachschubflotte bestand nur aus kleinen Küstenschiffen und Motorseglern; etwas anderes war in den griechischen Häfen nicht aufzutreiben gewesen.

In der Nacht zum 22. Mai näherte sich die 1. Motorseglerstaffel unter Oberleutnant zur See Oesterlin ihrem Ziel, einer Landestelle westlich Malemes. Am Tage zuvor war die deutsche ›Mückenflotte‹ zunächst losgeschickt, dann auf halbem Wege zurückgerufen und schließlich doch wieder in Richtung auf Kreta in Marsch gesetzt worden. Dieses Hin und Her kostete die rund 20 vollbeladenen Schiffchen sechs Stunden – eine Verzögerung, die sich bitter rächen sollte. Denn nun liefen die Motorsegler den Engländern direkt in die Arme.

Kurz vor Mitternacht eröffneten die britischen Kreuzer und Zerstörer auf einen Schlag das Feuer. Zwei deutsche Segler brannten sofort. Ein kleiner

Dampfer mit Munition für die Fallschirmtruppe brach nach einer gewaltigen Stichflamme auseinander. Die anderen deutschen Boote suchten ihr Heil in der Flucht.

Zweieinhalb Stunden dauerte das einseitig geführte Gefecht. Dann brach Konteradmiral Glennie die Verfolgung ab und führte seine ›Kampfgruppe D‹ durch die Straße von Kythera nach Südwesten. Das Führerschiff »Dido« und die beiden anderen britischen Kreuzer, »Orion« und »Ajax« hatten gut zwei Drittel ihrer Flakmunition verschossen. Glennie fühlte sich daher nicht in der Lage, den mit Sicherheit vom frühen Morgen an zu erwartenden Stukaangriffen standzuhalten. Die deutsche Nachschubflotte schien ohnehin vollständig vernichtet. Die Engländer schätzten, daß etwa 4000 Soldaten mit ihren Schiffen untergegangen seien.

Im ersten Morgenlicht aber finden sich zehn versprengte Motorsegler wieder vor der Insel Milos ein. Die anderen sind gesunken. Überall auf See klammern sich Schiffbrüchige an Wrackteilen fest. Nach einer Seenotrettungsaktion, die sich über den ganzen Tag erstreckt, bleiben schließlich 297 Mann vermißt. Die britische Flotte hat ihr Ziel erreicht: den deutschen Seenachschub für Kreta zu verhindern.

Das ist die Lage am 22. Mai früh morgens; in dem Augenblick, da die fliegenden Verbände wieder in die Schlacht eingreifen können. Oberstleutnant Oskar Dinort, der Kommodore des Stukageschwaders 2 ›Immelmann‹, gibt vor seinem Gefechtswagen auf dem Flugplatz Molai die Einsatzbefehle aus. Die Aufklärer melden Schiffe über Schiffe. Die britische Flotte, so heißt es, sei gar nicht zu verfehlen.

Um 5.30 Uhr starten die Stukagruppen Hitschold und Sigel, sammeln über dem Platz und ziehen nach Südosten davon.

Zu dieser Stunde stehen an Stelle der inzwischen abgedampften ›Kampfgruppe D‹ die britischen Kreuzer »Gloucester« und »Fiji« mit den Zerstörern »Greyhound« und »Griffin« 25 Meilen vor der Nordküste Kretas. Sie bekommen als erste den Zorn der Stukas zu spüren.

Aus 4000 Meter Höhe stürzen die Ju 87 in das konzentrierte Feuer der Schiffsflak hinab.

Mit höchster Fahrt und ständigen Hartruderlagen, die zu wilden Zickzackkursen führen, versuchen die Schiffe die Bomben auszumanövrieren. Ringsum kocht die See. Turmhohe Fontänen brechen aus dem Meer hervor. Oft sind die Einschläge so nah, daß die Kreuzer durch eine Wand von niederprasselndem Wasser stoßen.

Treffer von leichten 50-Kilo-Bomben schlagen in die Aufbauten der »Gloucester«. Die Splitterwirkung ist beträchtlich, doch die Bomben dringen nicht in die Tiefe. Auch die »Fiji« wird nur leicht beschädigt. Alle schweren Bomben verfehlen, oft nur um wenige Meter, das Ziel.

Nach eineinhalb Stunden ununterbrochener Angriffe lassen die Stukas von den Schiffen ab. Sie müssen auf ihre Plätze zurück, müssen neuen Treibstoff und neue Bomben fassen.

Die Engländer nutzen die Atempause, um zu ihrer Hauptflotte zu stoßen, die etwa 30 Seemeilen westlich Kreta kreuzt. Mit den vereinigten Kampfgruppen A, B und D sind dort nun nicht weniger als zwei Schlachtschiffe, die »Warspite« und »Valiant«, fünf Kreuzer und zwölf Zerstörer versammelt. Konteradmiral Rawlings, der Befehlshaber dieses mächtigen Flottenverbandes, rechnet sich aus, daß das Flakfeuer von 19 Kriegsschiffen die Stukas abschrecken oder doch zumindest am gezielten Bombenwurf hindern werde.

Doch der Luftwaffe bleibt nicht verborgen, daß außer der Hauptflotte noch ein weiterer britischer Verband wesentlich näher steht: die ›Kampfgruppe C‹ unter Konteradmiral King. Dieser operiert mit seinen vier Kreuzern und drei Zerstörern befehlsgemäß nach Tagesanbruch des 22. Mai im Seegebiet nördlich von Kreta. Es ist ein Vorstoß in die Höhle des Löwen am hellichten Tage – also bei günstigen Angriffsbedingungen für die Luftwaffe.

Nachts wird die See von der britischen Mittelmeerflotte beherrscht, die alles daransetzt, die deutschen ›Nußschalen‹ in den Grund zu bohren und keine schweren Waffen nach Kreta durchzulassen. Am Tage aber kommen die deutschen Sturzkampfflugzeuge. Dennoch stößt Admiral Kings Verband 25 Seemeilen südlich Milos auf die zweite deutsche Motorseglerstaffel, die bei Morgengrauen in Richtung Kreta ausgelaufen war. Er zwingt die Nachschubschiffe zur Umkehr. Um ein Haar hätte sich das Massaker der vergangenen Nacht wiederholt. Buchstäblich in letzter Minute erscheint die Rettung am Himmel: eine deutsche Ju-88-Gruppe.

Es ist 8.30 Uhr, als Hauptmann Cuno Hoffmann mit seiner aus Eleusis bei Athen gestarteten I./LG 1 den feindlichen Flottenverband über See anfliegt. Wenige Minuten später bietet sich den deutschen Besatzungen ein faszinierendes Bild. Tief unter sich sieht Leutnant Gerd Stamp, Kommandant einer Ju 88 der 2. Staffel, die deutsche ›Mückenflotte‹ nach Norden ausreißen.

Einige Seemeilen südlich davon dampfen die Briten auf: vier Kreuzer und zwei Zerstörer. Doch zwischen sie und ihre scheinbar sichere Beute hat sich todesmutig ein kleines italienisches Torpedoboot geschoben, die »Sagittario«. Schwarz qualmend, mit höchster Fahrt und wilden Zickzackkursen legt sie einen Rauchschleier vor ihre Schützlinge und zieht selbst das Feuer der Kreuzer »Perth« und »Naiad« auf sich. Höchste Zeit für die I./LG 1, hier einzugreifen!

Hauptmann Hoffmann gibt das Zeichen zum Angriff. Die ersten Ju 88 gehen in den Schrägsturz über und tauchen in das infernalische Feuer der Schiffsflak hinab. Gleich darauf steigen zwei Fontänen neben der Bordwand der »Naiad« aus der See. Mit einem Ruck bleibt der Kreuzer liegen.

Obwohl der britische Admiral den deutschen Geleitzug dicht vor den Rohren hat, entschließt er sich zur Umkehr, weil er fürchtet, mit jedem weiteren Vordringen nach Norden die eigenen Schiffe aufs Spiel zu setzen.

Die Luftwaffe läßt nun nicht mehr locker. Dreieinhalb Stunden lang verfolgen ihre Kampfverbände die mit äußerster Kraft nach Südwesten ablaufende feindliche Kreuzergruppe. Die Ju 88 der I./LG 1 und die Do 17 des Kampfgeschwaders 2 lösen sich gegenseitig ab. Dreieinhalb Stunden lang regnet es Bomben. Schwere Nahtreffer setzen zwei Geschütztürme des Kreuzers »Naiad« außer Gefecht. Die Bordwand wird aufgerissen, das Wasser überflutet mehrere Abteilungen. Doch die Schotten halten dicht und retten das Schiff vor dem Untergang. Die »Naiad« schleppt sich mit halber Kraft weiter.

Auf dem Flakkreuzer »Carlisle« fällt der Kommandant, Captain Hampton, nach einem Volltreffer in die Brückenaufbauten. Auch die »Carlisle« hält jedoch weiter Schritt, und die Kreuzer »Calcutta« und »Perth« weichen geschickt allen schweren Bomben der deutschen Flugzeuge aus.

Konteradmiral King sieht mit größter Sorge, wie die Bestände an Flakmunition schwinden. Schon am Vortag waren seine Schiffe südlich Kreta vier Stunden lang aus der Luft angegriffen worden: Der Zerstörer »Juno« war nach einem schweren Bombenvolltreffer innerhalb von zwei Minuten gesunken. Zwar empfängt King nun einen Durchhaltefunkspruch Admiral Cunninghams, doch er sieht sich nicht in der Lage, erneut zu wenden und in die Höhle des Löwen hineinzudampfen. Im Gegenteil, er muß selbst um Hilfe rufen. Er bittet Konteradmiral Rawlings, ihm mit der Hauptflotte durch die Straße von Kythera entgegenzukommen – als Schutz für seine angeschlagenen Kreuzer.

Kurz nach Mittag sichten sich die beiden Flottenverbände. Zehn Minuten später erhält das Schlachtschiff »Warspite«, auf dem Admiral Rawlings seine Flagge gesetzt hat, einen schweren Bombentreffer. Außerdem greift Oberleutnant Wolf-Dietrich Huy von der III./JG 77 mit einem Schwarm Me-109-Jabos die »Warspite« direkt von vorn an. Auch ihre Bomben schlagen ein. Die 10- und 15-cm-Geschütze auf der Steuerbordseite des Schlachtschiffes werden vernichtet. Trotz aller Angriffe aber ist die Flotte bisher noch glimpflich davongekommen. Doch die Munitionslage wird von Stunde zu Stunde schlechter.

»Mittlerweile sind die Stukas wieder startbereit und werden auf den Feindverband in der Enge von Kythera angesetzt«, heißt es im Tagebuch des VIII. Fliegerkorps. »Jäger mit und ohne Bomben, Zerstörer, Stukas und Kampfflugzeuge fliegen pausenlos rollende Angriffe.«

General der Flieger v. Richthofen verfügt am 22. Mai über folgende Verbände:

das Kampfgeschwader 2, Oberst Rieckhoff, mit drei Gruppen Do 17, Flugplatz Tatoi;

zwei Ju-88-Gruppen, die I. und II./LG 1, Hauptmann Hoffmann und Hauptmann Kollewe, sowie die II./KG 26 mit He 111 in Eleusis bei Athen;

das Stukageschwader 2, Oberstleutnant Dinort, mit zwei Gruppen Ju 87 in Mykene und Molai und einer Gruppe unter Hauptmann Brücker auf der Insel Scarpanto (Karpathos) zwischen Kreta und Rhodos;

das Zerstörergeschwader 26, mit zwei Gruppen Me 110, Hauptmann von Rettberg, in Argos; und

das Jagdgeschwader 77, Major Woldenga, mit drei Gruppen Me 109 (darunter die I./LG 2, Hauptmann Ihlefeld), ebenfalls in Molai auf dem Peloponnes.

Auf dem Höhepunkt der See-Luftschlacht am Nachmittag des 22. Mai fliegen diese Verbände jedoch kaum noch in geschlossenen Gruppen. Sobald die heimkehrenden Flugzeuge Treibstoff getankt und neue Bomben geladen haben, starten sie in einzelnen Rotten oder Ketten wieder zum Angriff. Nun wird es sich zeigen, ob sich eine starke Flotte ohne eigenen Jagdschutz in einem Seegebiet behaupten kann, über dem der Gegner den Luftraum beherrscht.

Gegen 13 Uhr, eine halbe Stunde nach den schweren Treffern auf dem Schlachtschiff »Warspite«, wird der Zerstörer »Greyhound« von zwei Stukabomben in den Grund gebohrt. Die »Greyhound« sollte einen bei der Insel Antikythera gesichteten Motorsegler versenken und mußte daher aus dem Flottenverband ausscheren. Das wurde ihr zum Verhängnis.

Konteradmiral King befiehlt darauf die Zerstörer »Kandahar« und »Kingston« an die Untergangsstelle, um Überlebende zu bergen, und die Kreuzer »Gloucester« und »Fiji« zur Deckung der Zerstörer gegen Luftangriffe. Gerade diese beiden Kreuzer haben seit dem Morgengrauen immer wieder im Mittelpunkt der Angriffe gestanden und verfügen kaum noch über Munition. Als der Admiral davon erfährt und die Schiffe zurückruft, ist es schon zu spät.

Mehrere Ketten Ju 87 und Ju 88 sehen ihre Chance und stürzen sich auf die einzeln fahrenden Kreuzer. Die »Gloucester« wird sofort getroffen. Brände lodern zwischen den Schornsteinen auf und breiten sich rasch über das ganze Deck aus. Ohne eigene Fahrt, in schwarze Qualmwolken gehüllt, treibt der Kreuzer langsam im Kreise und sinkt nach einer Explosion im Schiffsinnern gegen 16 Uhr.

Wieder hat Konteradmiral King eine schwere Entscheidung zu treffen: Er überläßt die Besatzung der »Gloucester« ihrem Schicksal. Im Gefechtsbericht heißt es: »Die Rückführung der Schlachtflotte zur Unterstützung der ›Gloucester‹ hätte lediglich bedeutet, noch mehr Schiffe aufs Spiel zu setzen.«

Die Deutschen retten bis zum nächsten Tage mehr als 500 britische Seeleute, zum Teil unter Einsatz ihrer eigenen Seenotflugzeuge.

Auch die »Fiji« muß mit ihren beiden Zerstörern von der Untergangsstelle ablaufen, weil sie dort zur Zielscheibe heftiger neuer Angriffe wird. Der Kreuzer findet keinen Anschluß mehr an die Hauptflotte und folgt auf eigenem Kurs nach Alexandria.

Plötzlich, um 17.45 Uhr, stößt ein einzelnes Flugzeug auf das Schiff zu. Es ist eine Me 109 von der I./LG 2. Ein Jäger mit einer 250-Kilo-Bombe unter dem Rumpf. 50 Kilometer südlich Kreta fliegt die Messerschmitt an der Grenze ihrer Reichweite. Der Flugzeugführer will schon umkehren, als er durch die leichte Wolkendecke den Kreuzer erkennt.

Der Angriff kommt völlig überraschend. Zwanzigmal hat die »Fiji« an diesem Tage im Bombenhagel gelegen, hat alle Hoch- und Sturzangriffe überstanden. Und jetzt ist es nur eine einzelne Me 109, die den alles entscheidenden letzten Angriff fliegt.

Wie der Blitz stößt der Jäger hinab. Die Bombe fällt dicht neben das Schiff und detoniert wie eine Mine unter Wasser. Die Bordwand der »Fiji« wird aufgerissen. Gleich darauf brechen die Maschinen zusammen. Das Schiff bleibt mit starker Schlagseite liegen.

Die Me 109 ruft über Funk einen weiteren Jäger herbei. Der Kreuzer wehrt sich nur noch mit schwachem Flakfeuer, als nach einer halben Stunde der zweite Angriff erfolgt. Ein Volltreffer in den Kesselraum A besiegelt das Schicksal des Schiffes. Um 19.15 Uhr kentert die »Fiji« und sinkt.

Bei Einbruch der Dunkelheit streifen erneut fünf moderne Zerstörer an der Nordküste Kretas entlang. Der britische Oberbefehlshaber hat sie zur Verstärkung aus Malta herbeigerufen. »Kelly« und »Kashmir« beschießen den Flugplatz Malemes und setzen zwei Segler in Brand. Doch der Tag graut, ehe die britischen Zerstörer aus dem Wirkungsbereich der Luftwaffe abgelaufen sind. 24 Stukas der I./StG 2 unter Hauptmann Hitschold verfolgen sie und versenken beide Schiffe mit Volltreffern.

Es ist 7 Uhr am Morgen des 23. Mai 1941. Die britische Mittelmeerflotte kehrt stark gezeichnet nach Alexandria zurück. Die erste See-Luftschlacht vor Kreta ist beendet.

»Das Ergebnis«, schreibt General v. Richthofen in sein Tagebuch, »ist gar nicht zu übersehen. Ich habe das sichere Gefühl eines großen und entscheidenden Erfolges. Sechs Kreuzer und drei Zerstörer sind bestimmt gesunken. Ungezählte Treffer wurden darüber hinaus erzielt, auch auf den Schlachtschiffen. Wir haben endlich bewiesen, daß sich eine Flotte im Bereich der Luftwaffe auf See nicht halten kann, wenn das Wetter zu fliegen erlaubt.«

Die tatsächlichen Verluste der britischen Mittelmeerflotte zwischen dem 21. und 23. Mai früh: Zwei Kreuzer und vier Zerstörer wurden versenkt, zwei Schlachtschiffe und weitere drei Kreuzer wurden beschädigt – nicht gerechnet die Gefechtsschäden durch die zahlreichen Nahtreffer .

»Das Ausmaß der Luftangriffe«, funkt Admiral Cunningham nach London, »macht es der Flotte nicht länger möglich, bei Tage in der Ägäis oder in der Nachbarschaft Kretas zu operieren.«

Dennoch fordern die Stabschefs in London, die Flotte müsse jedes Risiko eingehen, um den deutschen Seenachschub nach Kreta, auch bei Tage, zu verhindern. Cunningham aber bleibt dabei: Er könne die Seeherrschaft im östlichen Mittelmeer nicht aufrechterhalten, wenn seine Flotte weitere solche

Schläge erhalte. »Unsere leichten Seestreitkräfte«, funkt er, »nähern sich der völligen Erschöpfung.«

Inzwischen ist es den Ju-52-Transportgeschwadern des XI. Fliegerkorps gelungen, die verstärkte 5. Gebirgsdivision unter Generalleutnant Ringel nach Kreta hinüberzufliegen. Englische Truppenverstärkungen, die nachts von Kriegsschiffen und Transportern herangeschafft werden, geraten in heftige Luftangriffe auf die Suda-Bucht und das Gebiet von Chania.

Am 27. Mai landet die deutsche Marine zum ersten Male zwei Panzer auf Kreta, die sie auf abenteuerliche Weise in einer offenen Schute über die Ägäis herangeschleppt hat.

Gleichzeitig meldet General Freyberg, der alliierte Oberbefehlshaber auf Kreta: »Meine Truppen sind an der Grenze des menschlich Erträglichen angelangt. Unsere Lage hier ist aussichtslos.« Seine Truppe könne »solchen Bombenangriffen, wie wir sie sieben Tage lang ertragen haben«, nicht länger die Stirn bieten.

Obwohl Churchill noch einmal telegrafiert: »Sieg in Kreta ist an diesem Wendepunkt des Krieges unbedingt erforderlich!«, antwortet General Wavell am gleichen 27. Mai: »Ich fürchte, wir müssen zugeben, daß Kreta nicht länger zu halten ist...« In der darauffolgenden Nacht beginnt die Evakuierung der britischen Truppen, die am 1. Juni abgeschlossen wird.

So erringt die deutsche Fallschirmtruppe zusammen mit den luftgelandeten Gebirgsjägern und unterstützt von den pausenlos angreifenden Bombern, Jägern und Zerstörern des VIII. Fliegerkorps den Sieg auf Kreta. Die zehntägige, mörderische Schlacht kostet schwerste Verluste. Allein die Fallschirmjäger zählen bei einem Einsatz von rund 13000 Mann 5140 Gefallene, Vermißte und Verwundete.

Der Sprung mitten in den abwehrbereiten Feind hat die größten Opfer gefordert. Kreta wird zu einem Pyrrhussieg für die Fallschirmtruppe, die im weiteren Verlauf des Krieges fast nur noch im Erdeinsatz verwendet wird.

Bei der Evakuierung Kretas wird die britische Mittelmeerflotte noch einmal zum Ziel schwerer deutscher Bombenangriffe. Das Stukageschwader 2 springt jetzt von Scarpanto ab, um die Straße von Kasos im Osten Kretas zu sperren. Mehrere der mit eingeschifften Truppen überfüllten Kreuzer und Zerstörer werden schwer beschädigt oder versenkt.

Schon am 26. Mai erreicht Admiral Cunningham eine neue Hiobsbotschaft: Sein einziger Flugzeugträger, die »Formidable«, liegt im Bombenhagel von 25 Stukas.

Am späten Vormittag stößt die zur Unterstützung Rommels in Nordafrika eingesetzte II./StG 2 bei der Suche nach Truppentransportern im Mittelmeer durch Zufall auf die vorher gar nicht gemeldete britische Schlachtflotte. Der Flugzeugträger, mit seinem breiten Deck unverkennbar, dreht sofort in den

Wind und startet seine eigenen Jäger. Doch der Stukakommandeur, Major Walter Enneccerus, kippt schon ab zum Angriff. Hinter ihm stürzen die Staffeln der Oberleutnante Jakob, Hamester und Eycr auf das gleiche Ziel.

Die »Formidable« wird in Höhe des Geschützturmes X auf dem Flugdeck getroffen. Andere Bomben reißen ihr zwischen Schott 17 und 24 die Steuerbordseite auf. Angeschlagen schleppt sich der Träger nach Alexandria.

Viereinhalb Monate zuvor hatte die gleiche Stukagruppe bereits das Schwesterschiff der »Formidable«, die »Illustrious«, im Seegebiet westlich Malta schwer getroffen. Die II./StG 2 unter Major Enneccerus und die I./StG 1 unter Hauptmann Werner Hozzel waren gerade erst nach Trapani auf Sizilien verlegt worden, als sie am 10. Januar 1941 den Einsatzbefehl erhielten: Ein Nachschubkonvoi, von Osten und Westen durch zahlreiche britische Seestreitkräfte gedeckt, lief auf die Inselfestung Malta zu. Die Stukas setzten alles auf eine Karte: Aus 4000 Meter stürzten sie durch die Feuerglocke der Schiffsflak bis auf 700 Meter und brachten der »Illustrious« sechs Treffer bei. Dennoch sank der Flugzeugträger nicht, mußte aber später in den Vereinigten Staaten repariert werden; das dauerte Monate.

Am folgenden Tage, dem 11. Januar, setzte die von einer He 111 als ›Pfadfinder‹ geführte II./StG 2 der nach Osten abdampfenden britischen Flotte nach. An der Grenze ihrer Reichweite, fast 400 Kilometer östlich Sizilien, griffen die Stukas aus der Sonne heraus an und versenkten den Kreuzer »Southampton« durch einen Volltreffer in den Maschinenraum.

Dies waren die ersten Einsätze des X. Fliegerkorps, das auf Grund einer Vereinbarung Hitlers mit Mussolini nach Sizilien vorgezogen wurde, um den wankend gewordenen Italienern den Rücken zu stärken. General der Flieger Hans Ferdinand Geisler bezog mit seinem Stab das Hotel Domenico in Taormina. Seine Verbände erwarteten zahlreiche Aufgaben:

Sperrung der Meerenge zwischen Sizilien und Tunis für den britischen Schiffsverkehr;

Luftoffensive gegen Malta;

Luftunterstützung der Italiener in Nordafrika und Sicherung der später einsetzenden Seetransporte des deutschen Afrikakorps nach Tripolis;

Angriff auf den Nachschubverkehr für die britische Wavell-Armee durch den Suez-Kanal.

Die letzte Aufgabe schien besonders dringend, um den Angriff der Engländer in der Cyrenaika zu stören. Aber diese Aufgabe war für das X. Fliegerkorps zugleich auch am schwersten zu lösen. Zum Absprung gegen den Suez-Kanal eignete sich am besten die Insel Rhodos. Dort gab es allerdings keinen Sprit, und er war auch nicht so schnell hinzuschaffen. Treibstoff in Hülle und Fülle lag dagegen in Bengasi, das von den Italienern bereits geräumt wurde. In wenigen Tagen würden die Engländer dort einrücken.

Kurz entschlossen verlegte die II./KG 26 unter Major Bertram von Comiso auf Sizilien nach Bengasi. Von den vierzehn He 111 fielen drei durch einen Zusammenstoß bei der Landung aus. Drei weitere flogen als Kampfaufklärer gegen den Suez-Kanal voraus. So blieben der Gruppe nur noch acht Maschinen.

Am Nachmittag des 17. Januar 1941 trifft in Bengasi die ersehnte Aufklärermeldung ein: Vor Suez ist ein Geleitzug gesichtet, der von Süden in den Kanal einläuft. Einzeln, mit halbstündigen Abständen, starten die Kampfflugzeuge in die Nacht hinaus. Ein Husarenstück beginnt. Vier He 111 sollen den Kanal von Norden nach Süden, die anderen vier in umgekehrter Richtung absuchen. Vereinbart ist ferner, daß jeder über dem rechten Kanalufer fliegt, damit sich die Flugzeuge nicht gegenseitig stören.

1100 Kilometer trennen den Einsatzhafen Bengasi vom Suez-Kanal. Das Ziel liegt also außerhalb der Reichweite der He 111. Nur im Sparflug, bei günstigster Motorendrehzahl und Propellereinstellung, haben die Besatzungen die Chance, ihren Auftrag auszuführen und wieder nach Hause zu kommen.

Auf Grund dieser Schwierigkeiten hat der Chef des Stabes des X. Fliegerkorps, Major i. G. Martin Harlinghausen, selbst die Führung des Angriffs übernommen. Die Wetteraussichten scheinen günstig. Der Meteorologe des Korps, Dr. Hermann, sagt zwar für den Rückflug einen Gegenwind von 60 km/st voraus, doch die Besatzungen hoffen dieses Handikap durch einen Flug in der günstigsten Volldruckhöhe von 4000 Meter ausgleichen zu können.

Nach vierstündigem Flug erreicht die He 111 mit Major Harlinghausen und seinem Flugzeugführer, Hauptmann Robert Kowalewski, Suez und kurvt nach Norden. Sie fliegen am Kanal entlang, umrunden den Großen Bittersee, tasten sich am Kanalufer weiter vorwärts. Aber sie finden nichts. Keine Schiffe. Der Konvoi ist wie von der Nacht verschluckt.

Die anderen Besatzungen greifen daraufhin Ausweichziele an. Harlinghausen will noch nicht aufgeben. Über Port Said angekommen, müßte er an den Rückflug denken. Aber er kehrt noch einmal um. Er fliegt erneut am Suez-Kanal entlang, diesmal nach Süden.

Nichts, wieder nichts. Eine Bombenreihe geht auf die Fähre von Ismailia nieder. Dann kommt wieder der Große Bittersee. Und plötzlich sehen sie die Schiffe: Weit verstreut liegen sie im See vor Anker. Nachts fährt der Konvoi nicht!

Die He 111 greift einen Dampfer an. Die Bomben treffen nicht. Die beabsichtigte Sperrung der Fahrrinne wäre ohnehin nicht gelungen. Das Unternehmen ist fehlgeschlagen.

Der Rückflug quer über die Wüste hinweg wird zur Nervenprobe. In 4000 Meter Höhe muß die He 111 wider Erwarten gegen einen Sturm von mindestens 120 km/st ankämpfen. An Bord der Maschine ist das aber nicht zu merken. In stockfinsterer Nacht fehlt jeder Anhaltspunkt, um die wahre Geschwindigkeit über Grund festzustellen. Harlinghausen rechnet damit, in viereinhalb Stunden zurück zu sein. Die Zeit vergeht, nichts ist zu sehen. Fünf Stunden ... fünfeinhalb – nichts. Mit dem letzten Tropfen Sprit setzt Flugzeugführer Kowalewski die 111 mit einer Bauchlandung in die Wüste. Das Gelände ist bretteben, er hätte sogar eine normale Landung mit ausgebrachtem Fahrwerk wagen können.

Nach kurzer Beratung stecken die vier Besatzungsmitglieder der He 111 ihr Flugzeugwrack in Brand und machen sich auf den Marsch, immer nach Nordwesten. Bengasi kann ja nicht weit sein. Tatsächlich sind es 280 Kilometer.

Am nächsten Morgen wird das brennende Wrack gefunden. Die Besatzung ist verschwunden. Erst in der vierten Nacht hat ein Suchflugzeug Erfolg und landet neben den Erschöpften. Ihr Retter ist der Oberleutnant Werner Kaupisch, dessen He 111 als einzige heil vom Suez-Kanal nach Bengasi zurückgekehrt ist. Kaupisch hatte den Windsprung in größerer Höhe bemerkt und war tief über der Küste heimgeflogen. Alle anderen Kampfflugzeuge hatten in der Wüste notlanden müssen. Drei Besatzungen gerieten in britische Gefangenschaft.

Kampfraum Mittelmeer 1941 . Erfahrungen und Lehren

1. Der Angriff Italiens auf Griechenland schlug fehl, und die Engländer erhielten eine starke Position in Südosteuropa. Die wichtigen rumänischen Ölfelder und darüber hinaus die deutsche Südflanke des beabsichtigten Angriffs nach Osten wurden bedroht. Im Balkanfeldzug gelang es zwar, diese Gefahr zu beseitigen, doch das ›Unternehmen Barbarossa‹, der Rußlandfeldzug verzögerte sich dadurch um einen, vielleicht entscheidenden Monat.

2. Die Eroberung Kretas, als krönender Abschluß des Balkanfeldzuges gedacht, mußte mit schwersten, blutigen Verlusten der eingesetzten Fallschirmjäger erkauft werden. Dieser ›Pyrrhussieg‹ führte dazu, daß die im Laufe des Krieges auf mehrere Divisionen verstärkte Fallschirmtruppe nie wieder zu einer großen Luftlandeaktion eingesetzt wurde.

3. Die Verluste traten hauptsächlich durch den ›Sprung mitten in den abwehrbereiten Feind‹ ein. Die Fallschirmjäger konnten, wenn sie auf dem Erdboden angekommen waren, meist nicht an ihre Waffenbehälter heran. Sie wurden aufgerieben. Besser erging es den Truppenteilen, die im feindfreien Gebiet abgesetzt wurden. Sie konnten sich sammeln und geschlossen angreifen.

4. Ein starkes Handicap war die Staubentwicklung auf den griechischen Startplätzen der Transportgruppen. Sie verhinderte einen geschlossenen Einsatz der zweiten Welle der Fallschirmjäger. Die Führung des XI. Fliegerkorps blieb bis zum Nachmittag des Angriffstages in Unkenntnis über die verzweifelte Lage der ersten Welle gelandeter Fallschirmjäger. Ein Versuch, die zweite Welle im letzten Augenblick umzulenken und ebenfalls im Kampfraum der ersten Welle abzusetzen, schlug fehl.

5. Kreta wurde erobert, weil es mit letztem Einsatz gelang, den Flugplatz Malemes zu nehmen. Noch im feindlichen Feuer landeten dort vom Nachmittag des zweiten Angriffstages an die Transportgruppen mit Gebirgsjägern. Sie brachten den Fallschirmjägern die notwendige Verstärkung, um den Angriff auf der Insel voranzutragen.

6. Die Beherrschung des Seegebietes rund um Kreta durch die starke britische Mittelmeerflotte und die Beherrschung des Luftraumes darüber durch das deutsche VIII. Fliegerkorps führten zur ersten See-Luftschlacht der Geschichte. Sie wurde nach mehrtägiger Dauer eindeutig zugunsten der Luftwaffe entschieden. Die britische Flotte mußte sich nach schweren Verlusten zurückziehen. Damit war auch das Schicksal Kretas besiegelt.

Zum Schutz der Heimat 6

19. Die Kammhuber-Linie

Mit Beginn der deutschen Westoffensive am 10. Mai 1940 setzten auch die Nachtangriffe des britischen Bomberkommandos gegen deutsche Städte ein. Nun mußte die Luftwaffe in aller Eile nachholen, was sie bisher versäumt oder zumindest vernachlässigt hatte: das Dach über Deutschland zu bauen.

Die Geburtsstunde der Nachtjagd fiel mit den Vorbereitungen für die Luftschlacht um England zusammen. Viele Flugzeugführer betrachteten daher ihre Versetzung zu der neuen, rein defensiven Waffe als Strafe. Sie verstanden nicht, daß man im Augenblick des Angriffs und des vermeintlichen Sieges auch an die Abwehr und den Schutz der Heimat denken mußte. Zwei Jahre später, als die britischen und amerikanischen Bomberströme zu fließen begannen, verstanden sie es.

Die Nachtjagd erlebte einen atemberaubenden Aufstieg: von den ersten tastenden Versuchen über die ›helle‹ zur ›dunklen‹ Nachtjagd; von der ›Kammhuber-Linie‹, wie sie von Freund und Feind genannt wurde, und vom radargelenkten ›Himmelbett‹ zur freien, ungebundenen Verfolgungsnachtjagd; und von zwei schwachen Nachtjagdgruppen zu sechs Geschwadern mit rund 700 für die Nachtjagd ausgerüsteten Maschinen, zeitweilig sechs Scheinwerferregimentern und rund 1500 Funkmeßstellungen an allen Fronten, bis hinunter nach Sizilien und Afrika. Doch aller Anfang ist schwer...

Die Nacht zum 20. Juli 1940 ist klar und mondhell. Wolken sind kaum am Himmel. Das Land und die Städte am Niederrhein, im Ruhrgebiet und in Westfalen liegen wie angestrahlt da. Wie auf dem Präsentierteller für die von Westen einfliegenden britischen Bomber.

Die gute Sicht müßte auch den deutschen Nachtjägern zum Erfolg verhelfen. Doch das ist blasse Theorie. In Wirklichkeit sehen sie nichts. So geht es schon seit Wochen: Einflüge werden gemeldet, Nachtjäger starten in das gefährdete Gebiet, aber sie haben keine Feindberührung. Sie finden den Gegner nicht.

Gegen Mitternacht startet vom Flugplatz Gütersloh eine weitere Me 110 der dort stationierten ersten deutschen Nachtjagdgruppe. Der Flugzeugführer, Oberleutnant Werner Streib, zieht die Maschine in geradem Steigflug bis über 4000 Meter Höhe hinauf und steuert seinen Einsatzraum an.

Von neuem beginnt das entnervende Suchen. Stunde um Stunde starren Streib und sein Bordfunker, Unteroffizier Lingen, in die Nacht hinaus. Streib öffnet die Seitenfenster, um besser sehen zu können. Eiskalte Luft dringt in die Kabine, die Männer kümmern sich nicht darum. Mit angespannten Sinnen warten sie auf die Sekunde, die ihnen bisher versagt geblieben ist.

Nur ein glücklicher Zufall kann einen feindlichen Bomber in den äußerst geringen Sichtkreis des Nachtjägers führen. Im nächsten Augenblick wird er wieder im Dunkel verschwinden, wenn der Jäger nicht sofort reagiert. Noch gibt es keine Funkmeßortung und keine Jägerleitoffiziere am Boden, die den Jäger an den Feind heranführen könnten. Die Nachtjagd steckt in den Kinderschuhen, und viele sagen, sie sei ein totgeborenes Kind. Es ist ein offenes Geheimnis, daß die meisten Piloten lieber Tagjäger oder Zerstörer geblieben wären. Die Chancen, am nächtlichen Himmel zu Erfolgen zu kommen, stehen schlecht.

Gegen 2 Uhr früh am 20. Juli 1940 aber kommt die eine, entscheidende Sekunde für den Oberleutnant Streib: Plötzlich sieht er vor sich den Schatten eines Flugzeugs. Etwa 300 Meter entfernt, vorn rechts, und etwas tiefer als er selbst. Bordfunker Lingen entdeckt die fremde Maschine nach einigem Suchen ebenfalls und platzt heraus:

»Das ist eine eigene Me!«

Auch Streib traut dem glücklichen Zufall nicht. Vorsichtig drückt er näher heran. Er muß ganz sicher sein, einen Gegner vor sich zu haben, ehe er angreift. Der einzige ›Erfolg‹ der Nachtjagd bisher war der Abschuß des Feldwebels Thier durch eine andere Me 110. Der tragische Tod ihres Kameraden hat die Verbitterung der Nachtjäger erst recht gesteigert.

Unbemerkt schiebt sich der Verfolger immer näher an das fremde Flugzeug. Es hat zwei Motoren, und sein Schattenbild gleicht dem einer Messerschmitt. Nur ruhig Blut, denkt Streib, und schließt zum ›Verbandsflug‹ dicht neben seinem Vordermann auf. Die fremde Besatzung merkt offenbar immer noch nichts.

Jetzt jagen beide Maschinen mit wenigen Metern Zwischenraum Fläche an Fläche durch die Nacht. Den Deutschen fällt es wie Schuppen von den Augen: Im Mondlicht blinkt der gläserne Turm des Heckschützen. Und die mannshohe Kokarde steht deutlich sichtbar am Rumpf des britischen Bombers!

»So nahe und so genau habe ich noch keinen Gegner gesehen«, berichtet

Oberleutnant Streib. »Mit einer blitzschnellen 90-Grad-Kurve verschwinde ich nach rechts. So einfach will ich es dem feindlichen Heckschützen denn doch nicht machen, mir aus nächster Nähe seine Maschinengewehrgarben um die Ohren zu schießen.«

Es ist ein Bomber vom Typ Whitley, der genau wie die Me 110 ein doppeltes Seitenleitwerk hat. Daher die Täuschung. Die beiden Deutschen lassen den Gegner nun keine Sekunde mehr aus den Augen. In sicherer Entfernung kurvt Streib wieder ein und fliegt erneut von seitlich hinten an.

Die Engländer, die den Nachtjäger beim erstenmal für einen der Ihren gehalten haben müssen, sind nun ebenfalls gewarnt. Schon auf 250 Meter Entfernung eröffnet der britische Heckschütze das Feuer.

Streib wartet noch, zielt dann ganz ruhig und jagt zwei kurze Feuerstöße aus seinen Kanonen und MG. Dann zieht er zur Seite weg und beobachtet den Gegner.

Streib: »Sein rechter Motor brennt leicht. Zwei Punkte lösen sich von der Maschine, Fallschirme blähen sich auf und verschwinden in der Nacht. Der Bomber geht auf Gegenkurs, er versucht zu entkommen. Aber die Rauchfahne aus seinem Motor ist auch bei Nacht gut zu sehen. Ich greife also ein zweites Mal an und nehme den linken Motor und die linke Fläche aufs Korn. Diesmal erhalte ich kein Abwehrfeuer und gehe auf nächste Entfernung heran. Ein Druck auf die Knöpfe, ein Feuerstoß – noch einer! Motor und Fläche brennen sofort lichterloh. Ich drehe hart hinter dem brennenden Flugzeug ab...«

Drei Minuten hält die Whitley noch ihren Kurs und sackt nur langsam tiefer. Dann kippt sie plötzlich über die Fläche ab und stürzt zur Erde. Ein heller Aufschlagbrand und dazwischen das Aufblitzen detonierender Bomben zeigen dem Nachtjäger oben am Himmel das Ende des Gegners. Bordfunker Lingen gibt seine Erfolgsmeldung an die Bodenstelle durch. Die deutsche Nachtjagd hat ihren ersten Abschuß erzielt.

Mit diesem Erfolg ist der Bann gebrochen. Die übergroße Skepsis der Flugzeugführer, ob man am nächtlichen Himmel überhaupt einen Gegner sehen und auch treffen könne, schwindet. Bereits zwei Tage später, am 22. Juli, erzielt Oberleutnant Streib seinen zweiten Abschuß. Als nächste Nachtjäger sind Oberleutnant Walter Ehle und Feldwebel Paul Gildner erfolgreich.

Streib ist Kapitän der 2., Ehle Kapitän der 3. Staffel in der von Hauptmann Günther Radusch geführten I. Gruppe/Nachtjagdgeschwader 1. Noch ist alles improvisiert. Die Staffeln führen ein Nomadenleben. Sie ziehen von Flugplatz zu Flugplatz. Niemand nimmt sie so recht ernst. In einer Zeit, in der die ganze Luftwaffe auf Angriff und schnellen Sieg eingestellt ist, gelten die rein defensiven Nachtjäger als fünftes Rad am Wagen.

Meist werden sie dorthin gerufen, wo in der vergangenen Nacht britische Bomben gefallen sind. Ihrem taktischen Einsatz mangelt es an Erfahrung, Organisation und Methode. Das Grundproblem, wie der Nachtjäger an den feindlichen Bomber herangeführt werden kann, bis er ihn selber sieht, bleibt vorläufig ungelöst.

Die Einflugschneisen und -richtungen der englischen Bomber sind zwar bekannt und werden Nacht für Nacht von den Flugwachkommandos gemeldet. Aber die Angriffsziele, etwa die großen Städte des Ruhrgebiets, vor denen man die Angreifer am ehesten zum Kampf stellen könnte, sind für die Nachtjäger tabu; dort herrscht die Flak, und niemand möchte auf ihren ›Feuerzauber‹ verzichten, um auf den fraglichen Abwehrerfolg der Nachtjäger zu vertrauen.

So bleibt den Unverzagten nichts übrig, als auf gut Glück auf den Anflugwegen des Feindes zu jagen. Im August 1940 erhöht Oberleutnant Streib seine Abschußzahl auf vier, und im September erzielt auch der Kapitän der neuaufgestellten 1. Staffel, Oberleutnant Griese, seinen ersten Nachtluftsieg. Inzwischen startet die Gruppe von Vechta in Oldenburg, um die Angriffe der Royal Air Force auf Norddeutschland abzuwehren.

Dort kommt es zu dem Ereignis, das der Nachtjagd endlich zum Durchbruch und zu allgemeiner Anerkennung verhilft: In der Nacht zum 1. Oktober 1940 schießt Oberleutnant Streib binnen 40 Minuten drei Wellington-Bomber in Brand. Zwei weitere werden von Oberleutnant Griese und Feldwebel Kollak abgeschossen. Und schließlich muß noch eine deutsche Ju 88, die sich auf dem Heimflug von England in den Nachtjagdraum verirrt, brennend zu Boden: Solche Irrtümer im Erkennen von Freund und Feind kommen immer wieder vor.

Nach dieser ›Nacht von Vechta‹ erhält Streib das Ritterkreuz, wird zum Hauptmann befördert und übernimmt als Gruppenkommandeur die I./NJG 1, die Keimzelle der deutschen Nachtjagd. Der Erfolg, trotz unzulänglicher Mittel errungen, gibt mächtigen Auftrieb. Bisher waren die Männer nur auf ihre Flugerfahrung und ihre trotz aller Rückschläge unverzagte Ausdauer angewiesen. Nun sollen sie endlich die technischen Hilfs- und Führungsmittel erhalten, auf die sie dringend angewiesen sind. Es wird höchste Zeit – obwohl die nächtlichen Einflüge der RAF nur tastende Vorboten der gewaltigen Bomberoffensive sind, die in den kommenden Jahren gegen Deutschland anbranden wird.

Der Vorwurf gegen die Luftwaffenführung, sie hätte nicht an den Schutz der Heimat gegen Nachtangriffe gedacht, ist freilich unberechtigt. Denn gerade der Glaube an die Überlegenheit der eigenen Luftwaffe bei Tage legte ja den Gedanken nahe, die feindliche Bomberflotte werde im Dunkel der Nacht operieren.

So gab es schon zu Friedenszeiten im Rahmen des Lehrgeschwaders in Greifswald eine Me-109-Staffel, die zusammen mit Scheinwerfereinheiten ›helle Nachtjagd‹ übte: Flugzeuge, die vom Lichtkegel erfaßt und eine Weile festgehalten wurden, griff man wie am Tage mit optischer Sicht an. Das Verfahren hatte nur bei klarer Sicht und fast wolkenlosem Himmel Aussicht auf Erfolg. Dennoch wurde es zunächst auch im Kriege angewandt, weil die britischen Bomber ebenfalls gutes Wetter brauchten, um ihre Ziele zu finden.

1939 stellten mehrere Jagdgeschwader eine 10. Staffel als sogenannte Nachtjagdstaffel auf. Die 10./JG 26 unter Oberleutnant Steinhoff wurde durch die Luftschlacht über der Deutschen Bucht am 18. Dezember 1939 bekannt. Damals schoß sie drei Wellington-Bomber ab – allerdings am hellen Tage.

Im Februar 1940 stellte Major Blumensaat in Jever die IV./JG 2 auf, die mehrere solcher Nachtjagdstaffeln zusammenfaßte. Nach zahlreichen vergeblichen Einsätzen gelang hier bereits im Frühjahr ein erster Erfolg: Oberfeldwebel Förster, von Stade gestartet, traf im hellen Mondlicht bei Helgoland mit seiner Me 109 auf einen britischen Bomber und schoß ihn ab. Die ›Berührung‹ war ein glücklicher Zufall, der Erfolg wiederholte sich nicht. Die Me 109, ein reiner Tagjäger, eignete sich kaum für den Einsatz bei Nacht, weil sie nicht blindflugfähig war. Viele Maschinen gingen schon beim Start oder bei der Landung im Dunkeln verloren, und wenn ein Scheinwerferstrahl die enge Kabine traf, war der Flugzeugführer für Minuten geblendet.

Die Zerstörer vom Typ Me 110 hatten demgegenüber erhebliche Vorteile für den Einsatz bei Nacht. Vor allem konnten sie blindgeflogen werden*; der zweite Mann an Bord, der Funker, kümmerte sich um die Navigation.

Im April 1940 lag eine Zerstörergruppe, die I./ZG 1 unter Hauptmann Wolfgang Falck, nach ihrer Teilnahme an der Besetzung Dänemarks auf dem Flugplatz Aalborg und wurde dort Nacht für Nacht von britischen Bombern angegriffen. Falck paßte es gar nicht, hier tatenlos zuzusehen. Die späte Angriffszeit – meist dämmerte es bald nach Abflug der Briten – brachte ihn auf die Idee, die Bomber zu verfolgen und sie beim ersten Tageslicht zu fassen.

Von nun an lagen die besten, im Blindflug ausgebildeten Besatzungen Nacht für Nacht in Bereitschaft: der Kommandeur selbst, ferner Streib, Ehle, Lutz, Viktor Mölders, ein Bruder des bekannten Jagdfliegers, und Thier.

Hauptmann Falck hatte auch schon an eine Funkmeßführung seiner ›Dämmerungsjäger‹ gedacht. An der Küste war eine ›Freya‹, eines der ersten deutschen Funkmeßgeräte (Radar), im Einsatz. Luftnachrichten-Leutnant Werner Bode setzte nun die Zerstörer auf die Fährte der über See abfliegenden Engländer. Obwohl die ›Freya‹ nur Richtung und Entfernung, nicht aber die Höhe ortete, ›berührten‹ mehrere Verfolger die britischen Bomber, verloren sie aber gleich wieder im Dunst über See. Feldwebel Thier schoß auf eine Hampden, doch sein Ziel verschwand wie ein Spuk am dunklen Horizont im Westen.

Die I./ZG 1 wurde dann ab Mai 1940 im Westfeldzug eingesetzt. Der Erfahrungsbericht ihres Kommandeurs über die ›Dämmerungsjagd‹ bestimmte jedoch ihr weiteres Schicksal.

* Vom Blindflug spricht man, wenn der Pilot in der Luft keine Sicht hat und sich infolgedessen durch den Vergleich mit Erdbild und Horizont nicht mehr über Standort und Fluglage orientieren kann. Die fehlenden Sichteindrücke müssen dann durch Instrumente und durch Funkhilfsmittel ersetzt werden.

Am 26. Juni 1940, wenige Tage nach dem Waffenstillstand mit Frankreich, wird Falck nach Wassenaar bei Den Haag befohlen. Im Gästehaus des Generals Christiansen trifft er auf die Prominenz der Luftwaffe: Göring, Udet, Loerzer und zahlreiche andere Generale.

In einem langen Monolog bezeichnet Göring die Nachtangriffe britischer Bomber als ›Achillesferse der Luftwaffe‹. Gewiß denkt er dabei auch an sein persönliches Prestige; denn er hat ja sein Wort verpfändet, er wolle Meier heißen, wenn feindliche Bomber jemals über Berlin erschienen. Schließlich wendet sich der Oberbefehlshaber an den verdutzten Hauptmann Falck und ernennt ihn wie bei einem Ritterschlag zum Kommodore des ersten deutschen Nachtjagdgeschwaders.

Mit großen Gesten allein kann allerdings nicht mitten im Kriege eine nahezu völlig neue Waffengattung aus dem Boden gestampft werden. Als kaum vier Wochen später, am 19. Juli 1940, bereits die erste Nachtjagddivision auf dem Papier steht, kann sich der neue Kommandeur, der gerade aus französischer Gefangenschaft heimgekehrte Oberst Josef Kammhuber, vorerst nur auf die ohnehin viel zu schwachen Kräfte des Geschwaders Falck stützen:

die I./NJG 1, Hauptmann Radusch, gebildet aus zwei Staffeln der ehemaligen I./ZG 1, und

die III./NJG 1, Major Blumensaat, die aus der IV./JG 2 hervorgegangen ist und gerade erst von der Me 109 auf die zweimotorige Me 110 umgeschult wird.

Außerdem wird aus drei Ju-88- und Do-17-Staffeln eine sogenannte Fernnachtjagdgruppe unter Hauptmann Heyse zusammengestellt. Kammhuber, ein großer Organisator (von 1956 bis 1962 baute er als Inspekteur die Luftwaffe der Bundeswehr auf), nennt sie I./NJG 2 und demonstriert damit nach außen, daß sich bereits ein zweites Geschwader in Aufstellung befinde .

Wie aber soll die Nachtjagd geführt werden? Vor allem: Wie sollen die Jäger ihr Hauptproblem lösen, den feindlichen Bomber am dunklen Himmel zu finden?

Kammhuber, am 16. Oktober 1940 zum Generalmajor befördert und zugleich zum ›General der Nachtjagd‹ ernannt, beschließt zwei völlig verschiedene Einsatzarten:

die defensive Nah-Nachtjagd in gebundenen Räumen an der deutschen Westgrenze und

die offensive Fern-Nachtjagd gegen die Einsatzhäfen der britischen Bomber in England.

Mit Energie und geistiger Beweglichkeit macht sich Kammhuber zunächst an den Aufbau der nahen Nachtjagd: Wenn die Jäger blind sind, folgert er, dann müssen wir ihnen den Gegner eben sichtbar machen. Und zwar durch Scheinwerfer, genau wie bei der Flak. Dabei muß die Nachtjagdzone der Flakzone vorgelagert werden, damit sich die beiden Abwehrwaffen nicht gegenseitig in die Quere kommen. Und für beide Zonen werden Scheinwerfer gebraucht – Hunderte, Tausende von Werfern.

Oberstleutnant Fichters Scheinwerferregiment 1 ist das erste, das auf enge Zusammenarbeit mit den Messerschmitts der I./NJG 1 angesetzt wird. Fichter baut seine Werfer und Horchgeräte westlich Münster in einem ›Riegel‹ auf, weil die meisten Einflüge über dieses Gebiet kommen. Die Engländer versuchen daraufhin, die ihnen unangenehme helle Zone an beiden Enden zu umfliegen, aber auch Kammhuber schiebt seine Scheinwerfer weiter nach Norden und Süden vor. Bald ist das ganze Ruhrgebiet von diesem etwa 35 Kilometer breiten Scheinwerfergürtel gegen Westen abgeschirmt.

Die Nachtjäger werden auf bestimmte Räume innerhalb der hellen Zone verteilt. Dort fliegen sie, während die Scheinwerfer noch nicht eingeschaltet sind, ein Kennfeuer an und warten auf den Gegner. Plötzlich leuchten am Westrand des Riegels ein paar Scheinwerfer auf und tasten nach dem ›erhorchten‹ Bomber. Meist läßt sich das feindliche Flugzeug nur kurze Zeit in der Scheinwerferspinne fangen. Dann fliegt es wieder im schützenden Dunkel des nächtlichen Himmels, ehe der Nachtjäger heran ist.

Die Engländer drücken mit hoher Fahrt durch die helle Zone. Aber selbst wenn sie minutenlang in gleißendes Licht getaucht, wenn sie von einem Werfer zum nächsten weitergereicht werden, ist es kein Kinderspiel für den Jäger. Denn er liegt fast immer auf Gegenkurs. Er muß einkurven. Muß versuchen, hinter den Gegner zu kommen. Dabei darf er nicht selbst in einen Scheinwerferkegel geraten, weil er sonst geblendet wird.

Alles läßt sich lernen, aber in der ›hellen Nachtjagd‹ haben nur erfahrene Flugzeugführer Erfolg. Zwei Drittel aller Abschüsse werden 1940/41 noch von Fernnachtjägern über England erzielt. Mancher junge Flugzeugführer verzweifelt wegen ständiger Mißerfolge an seinem eigenen Können.

»Ich bitte um meine Ablösung von der Nachtjagd, Herr Major.«

»Warum denn?«

»Ich sehe einfach nichts.«

Der Kommodore des NJG 1 hat diesen Wunsch nun schon oft gehört. Heute aber, an einem kalten Dezembertag 1940, ist es Oberleutnant Helmut Lent, der die Bitte um Versetzung ausspricht. Lent – noch vor einem Jahr war er mit drei Abschüssen ›Schützenkönig‹ der ersten Luftschlacht über der Deutschen Bucht! Und heute?

»Versuchen Sie's noch mal«, redet ihm Major Falck gut zu, »in einem Monat sprechen wir uns wieder.«

Lent versucht es immer wieder, und plötzlich wendet sich das Blatt: Mit 102 Nachtabschüssen wird er später neben Major Schnaufer zum erfolgreichsten deutschen Nachtjäger, bevor er bei einem Flugunfall im Oktober 1944 fällt.

Mitte 1941 lassen die steigenden Erfolge der hellen Nachtjagd aufhorchen. Am 3. Juni um 2.40 Uhr erzielt Feldwebel Kalinowski mit seinem Bordfunker, Unteroffizier Zwickl, den ersten Nachtjagdabschuß über Berlin: eine Short Stirling. Und am 28. Juni schießt Oberleutnant Eckardt, Adjutant der zu dieser Zeit in Stade liegenden II./NJG 1, im Scheinwerferlicht mitten über dem angegriffenen Hamburg gleich vier britische Bomber hintereinander ab.

Bis Ende 1941 dehnt General Kammhuber seinen Scheinwerfer-Riegel von der Nordseeküste bis in den Raum von Metz aus. Sechs Scheinwerferregimenter stehen nun schon in diesem Riegel, und noch ist der Aufbau nicht abgeschlossen. Doch die Tage der ›hellen Nachtjagd‹ sind gezählt. Hitler selbst reißt im Frühjahr 1942 die mühsam errichtete Verteidigungslinie wieder ein, indem er die Grundlage dafür entzieht. Er befiehlt:

»Alle Scheinwerfer bis auf ein Lehr- und Versuchsregiment sind sofort an die Flak abzugeben.«

Damit gibt Hitler dem Drängen seiner Gauleiter nach, die immer wieder fordern, die Scheinwerfer direkt bei den gefährdeten Städten aufzustellen, statt sie in einem geschlossenen Riegel an der Westgrenze des Reiches einzusetzen. Die Nachtjagd wird durch diese Entscheidung scheinbar an den Beginn ihrer Entwicklung zurückgeworfen. Doch das Dunkel der Nacht ist nicht mehr so undurchdringlich, wie es noch zu Anfang des Krieges war.

Schon im Frühsommer 1940 läßt sich Generalluftzeugmeister Ernst Udet in Berlin-Schönefeld eine aus zwei ›Würzburg A‹-Geräten improvisierte Jägerleitstellung vorführen. ›Würzburg‹ ist ein neues Funkmeßgerät, das neben der Richtung und Entfernung auch die Höhe eines Luftziels genau angibt. Nun ortet der erste ›Würzburg‹ den Jäger mit Udet am Steuer, und der zweite den Bomber, der von Major Falck geflogen wird.

Unten am Boden trägt der Chef der ›Würzburg‹-Entwicklung, Dipl.-Ing. Pederzani, die Angaben beider Geräte in eine Karte ein und gibt Udet über Funksprech den Bezugskurs zu seinem Gegner hinauf. Der General führt nur diese Anweisungen aus – sonst rührt er keinen Finger. Dennoch endet fast jeder neue Ansatz mit einer ›Berührung‹ des Bombers.

»Das geht«, sagt Udet nach der Landung vergnügt zu Falck, »das ist die Zukunft der Nachtjagd!«

Für General Kammhuber bleibt dieses Verfahren vorläufig Zukunftsmusik. Er muß noch lange, noch fast ein Jahr auf die Geräte für die ›dunkle‹ oder ›gebundene‹ Nachtjagd warten.

Von da ab ist die Besatzung oben am nächtlichen Himmel nicht mehr allein verantwortlich für Erfolg oder Mißerfolg. Sie hat einen neuen Kameraden bekommen, den Jägerleitoffizier, der jede Bewegung ihrer Maschine auf dem Bildschirm miterlebt. Mit seinem zweiten Radarauge verfolgt er den feindlichen Bomber, der ahnungslos in den Nachtjagdraum eingedrungen ist.

»Himmelbett-Verfahren« sagen die Männer der Luftwaffe. Damit hat die gebundene Nachtjagd ein für allemal ihren Namen.

Vom Sommer 1941 ab legt General Kammhuber zusätzlich zu seinem Scheinwerferriegel ein ganzes Netz von ›Himmelbett‹-Jagdräumen aus. Die Ausdehnung der Kreise richtet sich nach der Reichweite der Funkmeßgeräte: Der ›Würzburg‹ faßt bei etwa 35 Kilometer Entfernung auf, der ab 1942 frontreife ›Würzburg-Riese‹ – mit einem gewaltigen runden Antennenspiegel von 7,50 Meter Durchmesser – schon bei 60 bis 70 Kilometer.

Eine ›Himmelbett‹-Stellung verfügt über folgende Geräte:

eine ›Freya‹ zur Übersicht (Reichweite bis zu 150 Kilometer) und zur Einweisung der präziseren ›Würzburg‹-Geräte;

einen ›Würzburg‹ zur Ortung des Bombers;

einen ›Würzburg‹ zur Führung des Jägers;

einen ›Seeburg‹-Auswertetisch, auf dessen Glasplatte grüne und rote Punkte zur Kursdarstellung der Gegner am nächtlichen Himmel projiziert werden.

Mit diesem ganzen technischen und personellen Aufwand aber kann nur ein einziger Nachtjäger in seinen Raum geführt werden!

»Antreten auf Kurs 260 Grad«, spricht Oberleutnant Werner Schulze, der Leitoffizier der Stellung ›Tiger‹ an der nordholländischen Küste bei Leeuwarden, ruhig ins Mikrofon, »Kuriere fliegen auf Gegenkurs ein, Höhe 4000, Entfernung 33 Kilometer.«

Kuriere – das ist der Feind.

Die Jagdmaschine wird von Oberleutnant Ludwig Becker, dem Staffelkapitän der 6./NJG 2, geflogen. Becker und sein Bordfunker, Feldwebel Staub, sind alte Hasen der Nachtjagd. Schon am 16. Oktober 1940, als noch niemand an den Erfolg einer Fernführung vom Boden aus glauben wollte, haben sie nach den Angaben einer ›Freya‹ mit AN-Peilung einen Bomber gefunden und den ersten Abschuß in der dunklen Nachtjagd erzielt.

»In 30 Sekunden Rolf, 180 Grad«, sagt jetzt wieder die Stimme des Leitoffiziers; er kündigt damit eine Kehrtkurve nach rechts an. ›Rolf‹ ist das Deckwort für rechts, ›Lisa‹ für links.

»Jetzt! Bitte Vollgas!«

Der rote und der grüne Punkt auf der Glasplatte rutschen dicht aneinander vorbei.

Becker zwingt seine Ju 88 in eine enge Rechtskurve. Damit setzt er sich hinter den Bomber – wenn die Angaben von unten stimmen. Seine Augen durchbohren die Nacht.

Jetzt müßte die Maschine eine eigene Funkmeßnase haben!

Auf einmal blinken, kaum 100 Meter voraus, verräterische Auspuffflammen auf. Tatsächlich, da ist der Gegner.

»Pauke – Pauke«, gibt der Jäger nach unten: Ich greife an! Sekunden später hämmern Kanonen und Maschinengewehre durch die Nacht.

20. Fernnachtjäger über England

Hochbetrieb herrscht auch in Gilze-Rijen, dem zwischen Tilburg und Breda gelegenen holländischen Flugplatz. Hier ist die einzige deutsche Fernnachtjagdgruppe, die I./NJG 2 unter Hauptmann Hülshoff, zu Hause. Am späten Abend des 25. Juni 1941 bereitet sich ein halbes Dutzend Besatzungen auf den Einsatz vor.

Der Gruppengefechtsstand steht in ständiger Sprechverbindung mit dem Funkhorchdienst des Hauptmanns Kuhlmann. Dort sitzen tüchtige Funker an den Peilempfängern. Sie haben die Wellen eingeschaltet, auf denen die feindlichen Bomber funken, und nun warten sie. Sie warten und horchen. Plötzlich wird es auf einer der Wellen lebendig: ein vielstimmiges Pfeifen und Zwitschern. In diesem Augenblick haben die Bordfunker der britischen Bomber drüben auf der Insel ihre Geräte eingeschaltet und stimmen sie ab. Das kann nur eines bedeuten: Vorbereitung zum Start. Die deutschen Funkhorcher diesseits des Kanals wissen Bescheid. Hauptmann Kuhlmann meldet das Ergebnis sofort an die Gruppe weiter:

»In Hemswell werden etwa 16, in Waddington etwa 24 Bomber starten.« Beide Flugplätze gehören zur 5. Bomber Group des Vizeluftmarschalls Harris. Dort werden hauptsächlich zweimotorige Hampdens geflogen.

»Start von etwa 14 Wellingtons in Newmarket«, meldet Kuhlmann weiter. Dieser Verband gehört zur 3. Bomber Group unter Vizemarschall Baldwin.

So genau wissen die deutschen Nachtjäger über die Vorbereitungen ihrer Gegner Bescheid – noch ehe die Engländer überhaupt zum Flug gegen Deutschland gestartet sind! Hauptmann Hülshoff unterrichtet die bereits gestarteten Nachtjäger der ersten Welle über die feindlichen Einsatzflughäfen. Vielleicht gelingt es ihnen, rechtzeitig über einem der Plätze zu kreisen und mit ihren Kanonen und MG den Start der britischen Bomber zu stören.

Eine zweite Welle wird dem Gegner auf seinen gewohnten Anflugwegen über der Nordsee entgegengeschickt. Die dritte Welle startet erst Stunden später, um sich den heimfliegenden britischen Bombern anzuhängen und sie wiederum über ihren eigenen Plätzen anzugreifen, wenn sie sich schon sicher fühlen.

Das ist das harte Brot der Fernnachtjagd: Sie sind immer drüben, über England. Immer in der Höhle des Löwen. Und oftmals werden sie selber von britischen Nachtjägern gejagt, die sich auf ihre Spur gesetzt haben.

Dennoch erhofft sich Generalmajor Kammhuber von der Fernnachtjagd den entscheidenden Erfolg. Die Lage der britischen Bomberplätze ist bekannt. Es kommt darauf an, die eigenen Nachtjäger im richtigen Augenblick drüben zu haben: beim Start, oder noch besser bei der Landung des Gegners, wenn die Flugplatzbeleuchtung notgedrungen eingeschaltet ist.

Dann mischen sich die deutschen Do 17 und Ju 88 in den Kreis der auf

Landeerlaubnis wartenden Blenheims, Whitleys oder Wellingtons. Immer wieder schaltet Oberleutnant Jung, der Staffelkapitän der 2./NJG 2, zusammen mit seinen Gegnern die Positionslichter ein. Er kurvt mit dem Feind, setzt sich schließlich dicht hinter eine landende Maschine und schießt sie beim Einschweben ab.

Andere Nachtjäger – wie der Oberleutnant Semrau, die Leutnante Hahn, Böhme und Völker, die Oberfeldwebel Beier, Herrmann und Köster – stoßen auf die beleuchteten Plätze hinab und werfen ihre 50-Kilo-Splitterbomben mitten zwischen die soeben gelandeten Bomber. Zwar sind die Schäden meist nicht schwer, doch die Verwirrung ist groß. Und die britische Flakabwehr kann nicht einmal das Feuer auf die deutschen Angreifer eröffnen, da sie sonst ihre eigenen Flugzeuge abschösse.

Hauptmann Hülshoff hat das Angriffsgebiet in drei Nachtjagdräume aufgeteilt: East Anglia, Lincolnshire und Yorkshire. Dort kennen die Fernnachtjäger bald jeden Flugplatz des britischen Bomberkommandos. Die Gruppe verfügt selten über mehr als zwanzig einsatzbereite Maschinen. Nacht für Nacht sind die Besatzungen mit ihren Flugzeugen am Feind.

Am Abend des 25. Juni 1941 ist auch Oberleutnant Paul Bohn von der 2. Staffel am Start. Allein in den letzten vierzehn Tagen hat Bohn drei Nachtabschüsse über England erzielt. Er ist voller Zuversicht. Schnell verschwindet die Ju 88 C-6 im Dunkel, Kurs Nordwest.

Diese speziell für die Nachtjagd entwickelte Version der Ju 88 unterscheidet sich von den gleichnamigen Bombertypen durch den geschlossenen, nicht verglasten Rumpfbug und durch die starke Feuerkraft nach vorn: drei 20-mm-Kanonen und drei MG 17, starr eingebaut in Rumpfbug und Bodenwanne. Statt der vier Mann Besatzung im Ju-88-Bomber sitzen im Nachtjäger nur drei: Flugzeugführer, Bordmechaniker und -funker. Neben Oberleutnant Bohn die beiden Unteroffiziere Walter Lindner und Hans Engmann.

Nach einer knappen Stunde Flugzeit blitzt es unter ihnen auf. Das ist die englische Flak. Scheinwerfer tasten den Himmel ab. Die deutschen Nachtjäger stören sich nicht daran. Im Gegenteil, sie wissen jetzt, daß sie die englische Küste überfliegen. Sie nehmen die feindliche Abwehr als willkommene Navigationshilfe, als Ablaufpunkt für ihren weiteren Flug.

Mit Kurs 320 Grad fliegt ›Sepp‹ Bohn über englischem Boden weiter. Plötzlich sieht er links voraus, nur ein paar hundert Meter entfernt, einen Schatten, der ungewöhnlich schnell näher kommt. Es muß ein Flugzeug sein, das seinen eigenen Kurs kreuzt.

Gleich darauf erkennt Bohn, daß es ein feindlicher Bomber ist, eine Whitley.

Er kurvt mit der Ju 88 sofort ein. Die Whitley huscht vorbei. Aber Bohn hat sie noch nicht aus der Sicht verloren, er kann sich auf seine Nachtaugen verlassen.

Langsam schiebt er sich von seitlich hinten an den Feind heran. Immer näher. 80 Meter trennen die Gegner noch. Dann ist Bohn in Angriffsposition.

Maschinengewehre und Kanonen hämmern gleichzeitig los. Die Glimmspurfäden (Leuchtspur ist nachts zu hell) fressen sich in den Rumpf des Gegners. Die Whitley brennt sofort, ist aber noch nicht entscheidend getroffen. Sie könnte noch notlanden. Oberleutnant Bohn wechselt auf die andere Seite hinüber und fliegt einen neuen Angriff. Diesmal zielt er auf die rechte Tragfläche. Wieder leuchten die Aufschläge genau im Ziel.

In diesem Augenblick splittert die Kanzel der Ju 88: Treffer vom Vierlings-MG des britischen Heckschützen! Sekunden vor dem eigenen Absturz setzt sich der Gegner noch mit gutgezieltem Feuer zur Wehr.

Gleich darauf bricht die rechte Tragfläche der Whitley ab. Der Bomber stürzt als lodernde Fackel in die Tiefe.

»Abschuß!« schreit Funker Engmann. Dann wird er selbst aus dem Sitz geworfen und durch die Kabine geschleudert; denn auch die Ju 88 rast kopfüber nach unten. Ihre Waffen rattern mit Dauerfeuer weiter – irgendwohin in die pechschwarze Nacht.

Unteroffizier Lindner ist der erste, der einen klaren Gedanken fassen kann. Er erkennt die tödliche Gefahr: Sein Flugzeugführer liegt bewußtlos über dem Steuerknüppel und drückt die Maschine nach unten. Mit letzter Kraft zieht Lindner den leblosen Körper zur Seite, greift in die Steuerung und führt fast automatisch die Handgriffe aus, die er an der Seite Bohns Dutzende Male beobachtet hat: die Handgriffe zum Abfangen der Maschine aus dem Sturz. Mit bockigen Bewegungen richtet sich die Ju wieder auf. Sie ist keine 1000 Meter mehr hoch – im dichten Nebel über See.

»Lindner ist zu keiner selbständigen Leistung fähig«, hatten die Psychologen den Unteroffizier nach einem Test zurückgewiesen, als er Flugzeugführer werden wollte. Nun aber beweist er, daß er im Augenblick höchster Gefahr blitzschnell und richtig zu handeln versteht. Er rettet seinem Kameraden Engmann und sich selbst das Leben. Nur seinem Flugzeugführer kann er nicht mehr helfen. Oberleutnant Bohn ist tot, durch einen Kopfschuß gefallen.

Die Ju steigt wieder, und bald ist sie auf 4000 Meter Höhe. Engmann meldet mit einem Funkspruch nach Hause, was geschehen ist. »Wir versuchen, im Einsatzhafen zu landen.«

In Gilze-Rijen läßt Hauptmann Hülshoff einen Scheinwerfer als Anflugmarke senkrecht in die Luft richten. Aber der Strahl wird von Dunstschleiern verschluckt. Lindner verliert die Orientierung, als er mit der Ju 88 in den Dunst hinabstößt. Dreimal meint er, die holländische Küste zu überfliegen, kehrt wieder um, versucht es von neuem. Immer wieder ruft Engmann die Bodenstelle, bekommt aber keine Verbindung.

Schließlich wissen die beiden Unteroffiziere nicht mehr weiter. Nun bleibt nur noch eines: Fallschirmabsprung. Aber sie wollen ihren toten Staffelkapitän nicht allein in der Maschine lassen. Gemeinsam fieren sie Sepp Bohn durch die Bodenklappe hinab. Lindner zieht den Fallschirmgriff, und dann sinkt der

Tote in die Nacht. Einige Tage später wird er von französischen Bauern gefunden und geborgen.

Lindner und Engmann landen mit ihren Fallschirmen glücklich bei Charleville. Die Ju 88 aber fliegt mit eingeschalteter Kurssteuerung noch durch halb Europa, überquert sogar die Alpen und kommt mit dem letzten Sprit bis Norditalien; dort erst stürzt sie ab.

Der Kampf am nächtlichen Himmel über England wird von Monat zu Monat härter. Dennoch liegt im Angriff auf die britischen Nachtflugplätze die beste, vielleicht die einzige Chance, dem Bomberkommando der Royal Air Force ernsthaften Schaden zuzufügen.

»Wenn ich ein Wespennest ausräuchern will«, sagt Kammhuber, »greife ich nicht die einzeln umherschwirrenden Insekten an, sondern die Schlupflöcher, wenn die Wespen noch drin sind.«

Der General versucht alles, um die Fernnachtjagd weiter auszubauen. Auf sein Drängen hin hatte Göring zwar am 10. Dezember 1940 die Erweiterung der einen Fernnachtjagdgruppe auf drei volle Geschwader zugesagt. Generalstabschef Jeschonnek aber bemerkte sarkastisch:

»Wenn das so weitergeht, verschwindet die ganze Luftwaffe in der Nachtjagd!«

Und Jeschonnek setzt sich durch. Es bleibt bei den 20 bis 30 einsatzbereiten Maschinen – angesichts der ständig wachsenden Bedrohung durch britische Bomberverbände eine verschwindend geringe Zahl.

Die Luftwaffe hat stets offensiv gedacht. Bisher ist kein eigenes Nachtjagdflugzeug entwickelt worden. Es erstaunt daher nicht, daß bei dem Tauziehen um einen Anteil an der Produktion der Ju 88 die ›defensive Nachtjagd‹ schlecht abschneidet. Doch es kommt noch schlimmer.

Am 12. Oktober 1941 kehrt ein weiteres As der Fernnachtjagd, der 22jährige Leutnant Hans Hahn, vom Flug über England nicht zurück. Die Stimmung in Gilze-Rijen ist gedrückt.

An diesem Tage muß General Kammhuber dem Kommandeur der I./NJG 2 mitteilen, daß die Fernnachtjagd ab sofort völlig eingestellt wird. Hitler selbst hat es so befohlen. Er führt reine Propaganda-Argumente an: Das deutsche Volk wolle den Terrorbomber direkt neben den von seinen Bomben zerstörten Häusern herunterfallen sehen; Abschüsse im fernen England nützten da gar nichts. Außerdem wird die Gruppe im Mittelmeer gebraucht, sie soll nach Sizilien verlegen. Alle Einwände fruchten nichts. Statt sie zu verstärken, wird General Kammhuber diese aussichtsreiche Waffe aus der Hand geschlagen.

In einer Studie der deutschen Luftwaffe heißt es darüber: »Angesichts der komplizierten und luftempfindlichen Start- und Landemanöver der RAF für ihre sich ständig verstärkende Nachtoffensive lagen in einer stark ausgebauten Fernnachtjagd außergewöhnliche Möglichkeiten. Daß die deutsche Luftwaffe sie nicht nutzte, muß als einer ihrer folgenschwersten Fehler gewertet werden.«

Eine offizielle britische Stimme urteilt in dem vom Luftfahrtministerium herausgegebenen Buch ›The Rise and Fall of the German Air Force‹: »Die Tatsache, daß die RAF von Ende 1941 bis 1945 von unberührten Stützpunkten aus operieren konnte, trug entscheidend zur endgültigen Niederringung Deutschlands bei.«

Mit um so größerem Eifer macht sich General Kammhuber an den weiteren Ausbau der Nachtjagdzonen entlang der deutschen Westgrenze. Hierfür hat ihm Hitler selbst nach einem Vortrag im Führerhauptquartier am 21. Juli 1941 grünes Licht gegeben. Die Nachtjagddivision wird am 1. August zum XII. Fliegerkorps erhoben – Kammhuber avanciert zum Kommandierenden General und erhält besondere Vollmachten. Nur so ist es ihm möglich, mitten im Kriege eine neue scharfe Waffe zu schmieden. Nur so kann er sich vor allem die zahlreichen Funk- und Funkmeßgeräte beschaffen, die Augen der Nachtjagd, ohne die eine Führung des einzelnen Jägers vom Boden aus unmöglich wäre.

Kammhubers Gefechtsstand in einem alten Schloß in Zeist bei Utrecht liegt genau in der Haupteinflugschneise der britischen Bomber. Von hier aus dehnt er seine ›Himmelbett‹-Stellungen nach und nach über ganz Nord- und Westholland aus. Kreis fügt sich an Kreis. Jeder hat einen Durchmesser von etwa 65 Kilometer, entsprechend der Reichweite der ›Würzburg‹-Radargeräte, mit denen die Jägerleitoffiziere Freund und Feind orten. Viele dieser ›Himmelbetten‹ überlappen sich gegenseitig. Kammhuber staffelt sie auch in die Tiefe. Er will

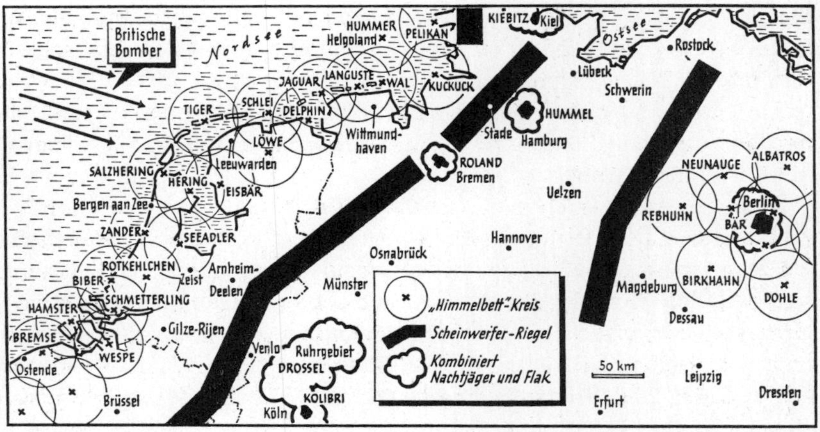

Die ›Kammhuber-Linie‹ wurde zunächst aus einem etwa 35 Kilometer breiten Scheinwerferriegel für die ›helle Nachtjagd‹ errichtet. Dann kam ein dichtes Netz von ›Himmelbett‹-Kreisen für die ›dunkle Nachtjagd‹ hinzu, die Führung einzelner Maschinen durch Jägerleitoffiziere vom Boden aus. Allein die Stellung ›Tiger‹ (auf der holländischen Insel Terschelling) hatte 150 Abschußbeteiligungen.

die Nachtjagdzone so breit wie möglich machen. Er will nacheinander mehrere Nachtjäger auf die durchstoßenden Bomber ansetzen können. Der große Nachteil liegt darin, daß in jedem Kreis immer nur ein Jäger an den Gegner herangeführt werden kann.

Freilich fliegen auch die Engländer im Winter 1941/42 nur einzeln und weit auseinandergezogen nach Deutschland ein, weil sie den geschlossenen Verbandsflug bei Nacht noch nicht beherrschen. Diese Einzelflugtaktik kommt dem ›Himmelbett‹-Verfahren entgegen. Die Erfolge der Nachtjäger mehren sich. Die Decknamen zahlreicher Jägerleitstellungen, von ›Jaguar‹, ›Delphin‹, ›Löwe‹, ›Tiger‹, ›Salzhering‹ und ›Eisbär‹ im Norden bis zu ›Zander‹, ›Seeadler‹, ›Gorilla‹, ›Biber‹, ›Rotkehlchen‹ und ›Schmetterling‹ weiter im Süden, werden bekannt wegen ihrer zahlreichen Abschußbeteiligungen.

Weit häufiger sind allerdings die Fälle, in denen der Jägerleitoffizier am Boden auf seinem Radarbild eine ›Berührung‹ der beiden Lichtpunkte (Jäger und Bomber) herbeiführt, der Flugzeugführer oben am Himmel aber nichts vom Gegner entdecken kann. Oft sind die Höhenangaben ungenau. Oder der Abstand ist noch zu groß. Ein dunkles Loch klafft vor dem Jäger, er stößt ins Leere, obwohl sein Ziel greifbar nahe sein muß. Ehe der Leitoffizier den Nachtjäger zum zweiten Male an den Gegner heranführen kann, ist der Bomber meist aus dem Kreis heraus, das ›Würzburg‹-Gerät verliert die Ortung, und der Jäger muß unverrichteterdinge umkehren, weil er vom Nachbarkreis nicht übernommen werden kann.

Diese ganzen Schwierigkeiten gäbe es nicht, wenn der Nachtjäger eigene Radaraugen hätte, wenn er das ›schwarze Loch‹, diese letzten paar hundert oder tausend Meter zu seinem Gegner selber überbrücken könnte.

In der Nacht zum 9. August 1941 starten Oberleutnant Ludwig Becker und sein Bordfunker, Feldwebel Josef Staub, von Leeuwarden im holländischen Friesland aus zum Einsatz. Ihre Me 110 hat einen seltsamen ›Drahtverhau‹ vor dem Rumpfbug: die Antennen-Dipole des ersten deutschen Bordfunkmeßgeräts, das den Namen ›Lichtenstein B/C‹ trägt.

Ludwig Becker gehört zu den Flugzeugführern, die anfangs am nächtlichen Himmel überhaupt nichts gesehen haben. Aber er ist jung und ehrgeizig, er gibt nicht auf. Sein Ingenieurstudium an einer Technischen Hochschule läßt ihn frühzeitig erkennen, daß nur die radargelenkte Nachtjagd zum dauerhaften Erfolg führen kann. Becker ist der erste, der sich schon im Herbst 1940 von den Kursangaben des Oberleutnants Hermann Diehl, Jägerleitoffizier am ›Freya‹-Funkmeßgerät, an die Bomber heranführen läßt und so am 16. Oktober 1940 seinen ersten Abschuß erzielt. Jetzt ist er auch der erste, der die eigenen Radaraugen der Nachtjagdmaschinen im Einsatz erprobt.

Das Sichtgerät des ›Lichtenstein‹, eine Braunsche Röhre, wie sie heute jedes Fernsehgerät hat, ist vor dem Sitz des Bordfunkers eingebaut. Feldwebel Staub durchfährt es wie ein Schlag, als er auf einmal den hellerleuchteten Zielzacken auf der Mattscheibe deutlich vor Augen hat. Das muß der Bomber sein, auf den ihre Messerschmitt gerade nach den Angaben des Jägerleitoffiziers, Leutnant Jauck, eingekurvt ist.

»Kurier mit Lichtenstein aufgefaßt, Entfernung 2000 Meter«, meldet Staub. Dann weist er Becker ein. Der Flugzeugführer muß sich nun blind auf die Richtungs- und Entfernungsangaben seines Bordfunkers verlassen. Die Technik setzt der Romantik des Fliegens ein Ende. Mehr denn je bildet die Besatzung ein Team, ist jeder auf den anderen angewiesen.

Der britische Bomber windet sich in Schlangenlinien durch den gefährdeten Raum, als ahnte er, daß er verfolgt wird. Zweimal verliert der Nachtjäger sein Ziel, weil die Antenne des ›Lichtenstein‹-Gerätes nur einen nach vorn gerichteten, schmalen Auffaßwinkel von etwa 25 Grad hat. Becker kurvt auf gut Glück in die Richtung, in der sie den Bomber verloren haben. Zweimal gelingt ein neuer Kontakt.

Dann plötzlich sitzen sie direkt hinter dem Bomber. Ein langer Feuerstoß fetzt in seine Flanken. Dieser Abschuß früh am 9. August 1941 beweist, daß der Nachtjäger nicht mehr blind ist. Er hat seine eigenen Augen erhalten. Das ›schwarze Loch‹ ist überwunden.

Nach dem Stand der deutschen Funkmeßtechnik hätte es indes schon ein ganzes Jahr früher zu diesem entscheidenden Vorteil für die Nachtjagd kommen müssen. Bereits im Juli 1939 wurde ein von Telefunken entwickeltes erstes Bordfunkmeßgerät in einer Ju 52 erprobt, dem Technischen Amt der Luftwaffe vorgeführt – und prompt abgelehnt. Ohne Auftrag hatten die Ingenieure den kleinen Zauberkasten aus eigener Initiative zunächst als Höhenmesser konstruiert. Doch ›so etwas‹ war damals nicht gefragt. Die Pläne wurden erst wieder aus der Schublade geholt, als das Technische Amt im Frühjahr 1940 die Entwicklung eines Bordsuchgerätes für Nachtjäger forderte. Der vorhandene Höhenmesser brauchte, bildlich gesprochen, nur ›herumgekippt‹ zu werden: Statt nach unten war der Suchstrahl vom Flugzeug aus nach vorn zu richten. Das gelang schnell, aber nun gab es Schwierigkeiten mit den Antennen.

»Wir wagten es wegen des vermutlichen Luftwiderstands und des damit verbundenen Geschwindigkeitsverlustes zunächst nicht, größere Antennengebilde vor der Kanzel anzubringen«, berichtet der mit der Entwicklung beauftragte Diplomingenieur Muth. Der ›Drahtverhau‹ außen vor der Maschine wurde von der Luftwaffe abgelehnt.

Monate vergingen mit fruchtlosen Versuchen, die Antenne nach innen zu legen. Durch die Kanzel strahlte sie nicht genug Energie nach außen.

»Ich bitte Sie«, sagte der Hochfrequenzwissenschaftler Dr. Wilhelm Runge, einer der Väter der deutschen Radarentwicklung, zu Professor Willy Messerschmitt: »Der Nachtjäger besteht aus einem Auge und einer Kanone. Wenn er nichts sieht, kann er gleich zu Hause bleiben. Also muß doch dem Auge der notwendige Platz gegeben werden!«

Doch erst die immer dringendere Forderung der Nachtjäger nach diesem eigenen Auge bricht den Widerstand. Kammhuber kann sich auf eine Vollmacht Hitlers stützen und verlangt nun kategorisch das Bordsuchgerät. Natürlich kommt die Antenne doch vor die Kanzel. Ein ganzes Jahr ist vertan. Die Nachtjagd hätte schon vom Herbst 1940 an ›sehend‹ sein können.

Mit dem ›Lichtenstein‹ an Bord schnellen die Abschußerfolge in die Höhe. An der Spitze liegt lange Zeit der Kommandeur der jetzt von Venlo aus startenden I./NJG 1, Hauptmann Werner Streib. In Leeuwarden geht der Stern des Oberleutnants Helmut ›Bubi‹ Lent auf – des Offiziers, der monatelang nichts gesehen und verzweifelt um seine Ablösung gebeten hatte. In seiner Staffel, der 6./NJG 1, fliegt auch Oberfeldwebel Paul Gildner, der nach zwölf Luftsiegen als erster Unteroffizier der deutschen Nachtjagd das Ritterkreuz erhält.

Neue Namen tauchen auf. Oberleutnant Egmont Prinz zur Lippe-Weißenfeld baut in Bergen aan Zee ein Dunkelnachtjagd-Kommando auf und erzielt mit seinen Besatzungen Leutnant Fellerer, Oberfeldwebel Rasper und Unteroffizier Röll bis zum Herbst 1941 bereits 25 Abschüsse. Oberleutnant zur Lippe ist es auch, der seiner Me 110 bei einer gewagten Angriffsübung eine Fläche abrasiert und mit seinem Funker, Unteroffizier Rennette, unweit der Küste ins Meer abstürzt. Nach der glücklichen Rettung schickt General Kammhuber ein Fernschreiben: »Wer hat Ihnen Badeerlaubnis erteilt?«

Als Helmut Lent am 1. November 1941 eine neue Nachtjagdgruppe, die II./NJG 2, aufstellt, werden die Oberleutnante Schoenert – ein ehemaliger Flugkapitän und Testpilot des Weser-Flugzeugbaus in Bremen –, Prinz zur Lippe und Becker seine Staffelkapitäne.

Becker bleibt weiterhin der große Techniker der deutschen Nachtjagd. Tag für Tag sitzt er stundenlang mit seinen jungen Besatzungen beisammen und schildert ihnen seine eigenen Angriffe mit allen Einzelheiten. Er will, daß sie aus seinen Erfahrungen lernen, daß sie nicht alle seine Fehler wiederholen.

Als günstigste Ausgangslage empfiehlt Becker dem jungen Nachtjäger, sich direkt unter den feindlichen Bomber zu hängen und im Hochziehen zu schießen. Der Bomber fliegt dann nämlich in ganzer Länge durch die Geschoßgarbe. Becker bringt es dabei zu solcher Vollkommenheit, daß er bei seinen 32 letzten Nachtluftsiegen kein einziges Mal selber beschossen wird.

Nach 44 Abschüssen kehren Hauptmann Becker und sein Funker, Feldwebel Staub, vom Feindflug nicht zurück. Sie, die Techniker der Nacht, fallen bei ihrem ersten Tageseinsatz gegen amerikanische ›fliegende Festungen‹ über der Deutschen Bucht!

Inzwischen fügt General Kammhuber Glied um Glied an seine Abwehrkette. Sein Ziel ist eine von Südnorwegen bis zum Mittelmeer durchgehende Nachtjagdfront. Sein Ziel ist es, ganz Deutschland mit dem Netz der Nachtjagdstellungen zu überziehen. Die Organisation wächst ins Riesenhafte. Mehrere Stellungen bilden einen Nachtjagdraum, mehrere Räume eine Division. Für die

Divisionen werden in Döberitz bei Berlin, Stade, Arnheim-Deelen, Metz und Schleißheim bei München mächtige Gefechtsbunker gebaut, von Galland ›Gefechts-Opernhäuser‹ und von der Truppe ›Kammhuber-Lichtspiele‹ genannt.

So weit das Netz auch ausgedehnt wird – das System bleibt, das System der gebundenen Nachtjagd: Der einzelne Jäger kann nur in dem engbegrenzten Raum seines eigenen Kreises angreifen. Eine Verfolgung über die Grenzen des ›Himmelbetts‹ hinaus gibt es nicht.

Das mag gut gehen, solange die Bomber einzeln einfliegen. Was aber soll geschehen, wenn sie in Massen kommen? Wenn sie in geschlossenen Verbänden wenige ›Himmelbett‹-Kreise durchstoßen – was dann?

Doch während die Nachtjagd das Reich im Westen verteidigt, während General Kammhuber versucht, das Schutzdach über Deutschland zu bauen, sind alle Blicke gebannt nach Osten gerichtet: Dort hat am 22. Juni 1941, 3.15 Uhr, das ›Unternehmen Barbarossa‹, der Angriff gegen Sowjetrußland, begonnen.

Zum Schutz der Heimat · Erfahrungen und Lehren

1. Anfangs brauchten sowohl die britischen Nachtbomber als auch die deutschen Nachtjäger die gleichen Wetterbedingungen – möglichst wolkenlose, helle und klare Nächte –, um ihre entgegengesetzten Aufgaben erfüllen zu können. Erfolge in der Nachtjagd hingen von der Verbesserung der optischen Sichtverhältnisse ab, die Errichtung des Scheinwerferriegels war daher ein logischer Schritt. Der steile Aufschwung der Radar-(Funkmeß-)Entwicklung ließ jedoch erkennen, daß die Bomber wie die Jäger sehr bald im Dunkeln ihre Ziele finden würden. Ein Vorsprung auf dem Gebiet der Hochfrequenzwaffen konnte entscheidende Bedeutung erlangen.

2. Besonders aussichtsreich war 1941 die deutsche Fernnachtjagd, die die britischen Bomber bereits auf und über ihren Heimatflugplätzen bekämpfte. Die Kräfte – eine einzige Nachtjagdgruppe – reichten jedoch für diese Aufgabe nicht aus. Der Abzug der Gruppe zum Mittelmeer-Kriegsschauplatz bewies, wie wenig ernst die deutsche Führung das Problem der Heimatverteidigung nahm.

3. Die tatkräftig aufgebaute ›Kammhuber-Linie‹ konnte sich mit ihrer in den ›Himmelbett‹-Kreisen gebundenen Nachtjagd nur so lange bewähren, wie die feindlichen Flugzeuge einzeln in breiter Front ins Reichsgebiet einflogen. Tausend-Bomber-Angriffen, wie sie ab Ende Mai 1942 einsetzten, konnte mit der gebundenen Nachtjagd, auch bei großzügigem Ausbau der Bodenorganisation, nicht mehr wirksam begegnet werden.

Unternehmen Barbarossa 7

21. Jagd auf die sowjetische Luftwaffe

Mit peinlicher Überraschung und voller Vorahnung kommenden Unheils reagierten viele höhere Befehlshaber der Luftwaffe im Herbst 1940 auf die ersten geheimen Hinweise, der ›Führer‹ sei entschlossen, Sowjetrußland anzugreifen.

»Unmöglich!«, polterte General der Flieger Alfred Keller, der die Luftflotte 1 gegen Leningrad führen sollte. »Wir haben doch ein Bündnis mit den Russen!«

Göring wies ihn zurecht: »Um die Politik haben Sie sich nicht zu kümmern – das überlassen Sie dem Führer!« Indes versuchte der Oberbefehlshaber der Luftwaffe selbst mehrmals, Hitler von seinem Plan abzubringen – vergebens.

Mit dem ›Unternehmen Barbarossa‹, dem Angriff auf die Sowjetunion am 22. Juni 1941, begann ein Mehrfrontenkrieg, dem die Luftwaffe, nach den warnenden Worten ihres Generalquartiermeisters, General v. Seidel, niemals gewachsen sein konnte. So unglaublich der Siegeszug der deutschen Waffen auch an der Riesenfront im Osten wieder anmutete – von diesem 22. Juni an nahm das militärische Verhängnis seinen Lauf.

Der Höhenmesser am Armaturenbrett der He 111 schwankt und klettert weiter. Die Maschine steigt: 5000 Meter, 5500 ... Die Besatzung hat Sauerstoffmasken angelegt. Immer noch zieht der Flugzeugführer am Steuerknüppel. Sein Befehl lautet, die Grenze in Gipfelhöhe zu überfliegen – die Grenze nach Sowjetrußland.

In wenigen Minuten ist es 3.00 Uhr früh, am Sonntag, dem 22. Juni 1941. Das Land tief unten scheint zu schlafen. Aber der Schein trügt. Eine Viertelstunde noch, dann wird ein gewaltiger Feuerschlag den Krieg im Osten eröffnen. An einer 1600 Kilometer langen Front wird der Sturm auf Rußland beginnen.

Um 3.15 Uhr – keine Sekunde früher. Deshalb fliegen die wenigen schon vorher gestarteten Kampfflugzeuge in Gipfelhöhe. Deshalb führt ihr Kurs über möglichst unbesiedelte Sumpf- und Waldgebiete hinweg. Sie dürfen den Gegner nicht mißtrauisch machen, dürfen auf keinen Fall den Angriffsbeginn verraten.

Nur zwanzig bis dreißig erfahrene und im Blindflug absolut sichere Besatzungen der Kampfgeschwader 2, 3 und 53 erfüllen diesen schwierigen Auftrag: unerkannt einzufliegen und auf die Minute genau um 3.15 Uhr die im Rücken der russischen Mittelfront liegenden Jägerflugplätze anzugreifen. Immer drei Bomber gegen einen Platz – in einem blitzartigen Überfall aus der Luft.

Der Himmel ist um diese Zeit noch dunkel. Nur im Osten zeigt sich ein Schimmer des beginnenden Tages. Die deutschen Bomber greifen an. Aus großer Höhe stoßen sie auf die feindlichen Plätze hinab und dröhnen darüber hinweg. Hunderte kleiner Splitterbomben purzeln aus den Schächten, hageln auf die Mannschaftszelte und zwischen die friedensmäßig aufgestellten russischen Jagdflugzeuge.

Natürlich können diese Überfälle die Plätze nicht vernichtend treffen. Sie sollen nur Verwirrung stiften, sollen den Start des Feindes verzögern und die Lücke füllen, die notgedrungen zwischen dem Angriffsbeginn des Heeres und dem frühest möglichen Einsatz geschlossener Luftwaffenverbände liegt.

Um den Zeitpunkt selber hatte es ein langes, heftiges Tauziehen zwischen den Generalstäben des Heeres und der Luftwaffe gegeben. Die Armeen auf dem Erdboden wollten in der Frühdämmerung antreten. Davon war taktisch die größte Überraschung des Gegners zu erwarten. Gleichzeitig sollte aber auch verhindert werden, daß die starken sowjetischen Luftstreitkräfte in den Kampf eingriffen. Das konnte nur gelingen, wenn sie noch am Boden vernichtend getroffen wurden. Hier wie dort, am Boden und in der Luft, galt die Überraschung als wichtigste Voraussetzung für den Erfolg.

Generalfeldmarschall Albert Kesselring, Befehlshaber der Luftflotte 2 im Mittelabschnitt der Ostfront, sah es so: »Meine Geschwader brauchen Tageslicht, um zu sammeln und geschlossen anzugreifen. Wenn das Heer schon im Dunkeln antritt, werden wir erst eine Stunde später über den feindlichen Flugplätzen sein. Dann ist der Vogel ausgeflogen.«

Generalfeldmarschall Fedor von Bock, Oberbefehlshaber der Heeresgruppe Mitte, entgegnete: »In dem gleichen Augenblick, in dem die Luftwaffe über die Grenze hinwegdonnert, ist der Gegner gewarnt. Dann nützt uns die Überraschung nichts mehr.«

Noch im Westfeldzug, ein Jahr zuvor, hatte sich das Heer den Wünschen der Luftwaffe beugen müssen: Die gegen das Sperrfort Eben Emael am Albert-Kanal eingesetzten Lastensegler brauchten ›Büchsenlicht‹ – also durften auch die Divisionen nicht vorher losschlagen.

Hier aber, zu Beginn des Unternehmens ›Barbarossa‹, stand zuviel auf dem Spiel. Diesmal mußte sich die Luftwaffe fügen. Das II. Fliegerkorps des Generals Bruno Loerzer machte darauf den Kompromißvorschlag, wenigstens einzelne, ausgewählte Besatzungen unbemerkt in großer Höhe hinüberfliegen zu lassen, damit sie zur X-Zeit 3.15 Uhr angreifen konnten.

Die Überraschung gelingt vollkommen. Nach den Einzelflugzeugen starten die geschlossenen Verbände. Im ersten Tageslicht sind sie über der Front. Nirgends zeigt sich ein feindlicher Jäger. Die sowjetischen Luftstreitkräfte, an Zahl mindestens doppelt so stark wie die deutschen Angreifer, verharren wie gelähmt am Boden.

Aus der sowjetischen Kriegsgeschichtsschreibung wissen wir heute, daß Stalin die Kriegsräte und Befehlshaber der westlichen Militärgrenzbezirke der Roten Armee in der Nacht um 1.30 Uhr vor dem dicht bevorstehenden deutschen Angriff gewarnt hat. Wörtlich hieß es in der Direktive aus Moskau:

»Am 22. Juni 1941, vor Morgengrauen, sind alle Luftstreitkräfte unter sorgfältiger Tarnung auf den Feldflugplätzen zu verteilen. Alle Einheiten sind in Gefechtsbereitschaft zu versetzen...«

Stalins Weisung blieb im umständlichen russischen Nachrichtennetz hängen. Die Ereignisse waren schneller. Der deutsche Überraschungsschlag traf die meisten sowjetischen Fliegerregimenter auf den frontnahen Plätzen urplötzlich, wie ein böser Traum.

»Es war in der Nacht zum Sonntag, viele Soldaten hatten Urlaub«, sagte der später gefangengenommene Kommandeur der 23. Fliegerdivision, Oberst Wanjuschkin, aus. »Unsere Plätze lagen viel zu nah an der Grenze. Die Deutschen kannten die Belegung genau. Außerdem befanden sich viele Fliegerregimenter gerade in der Umrüstung auf neue Flugzeugmuster, und diese Umrüstung fand auch noch auf den Frontflugplätzen statt. Auf Grund der sprichwörtlichen russischen Nachlässigkeit standen alte und neue Flugzeugtypen in langen Reihen ungetarnt auf den Rollfeldern herum...«

Heulend stürzen sich nun, im ersten Morgenlicht des 22. Juni, die Stukas auf diese wohlfeilen Ziele. Kampfgruppen fliegen die weiter rückwärts liegenden Plätze an. Zerstörer und Schlachtflieger jagen staffelweise im Tiefflug heran.

Vier deutsche Luftflotten stehen an der riesigen Front – vom Nordkap bis zum Schwarzen Meer – im Einsatz. Sie haben an diesem Tage einen Bestand von 1945 Flugzeugen, von denen jedoch nur knapp zwei Drittel, nämlich 1280 Maschinen, einsatzbereit sind: rund 510 Kampfflugzeuge, 290 Stukas, 440 Jäger und 40 Zerstörer; hinzu kommen noch etwa 120 Fernaufklärer*.

Die Stärke der sowjetischen Luftwaffe wird auf mindestens das Doppelte geschätzt.

Das Ziel der deutschen Luftwaffe heißt genau wie 1939 im Polen- und 1940 im Westfeldzug: Zuerst die Luftherrschaft! Dann Unterstützung des Heeres. Es ist

* Siehe Anhang 11: Gliederung und Stärke der Luftwaffe beim Angriff auf Rußland am 22. Juni 1941.

das Rezept des ›Blitzkrieges‹, das nun auch in den endlosen Weiten Rußlands zum Erfolg führen soll. Anfangs sieht es fast so aus, als könnte es gelingen. Denn der Überfall auf die sowjetischen Flugplätze hat verheerende Wirkung.

Ganze Schauer von 2-Kilo-Splitterbomben hageln zwischen die abgestellten Flugzeuge. Ohne Gegner in der Luft, beteiligen sich sogar die Jäger mit ihren starren Kanonen und MG an dem Scheibenschießen.

»Wir trauten unseren Augen kaum«, berichtet Hauptmann Hans von Hahn, Kommandeur der beim V. Fliegerkorps vor Lemberg eingesetzten I./JG 3, »die ganzen Rollfelder dick voller Aufklärer, Bomber und Jäger, wie zur Parade in langen, ausgerichteten Reihen. Welch eine Massierung von Flugplätzen und Maschinen hatten die Russen an unserer Grenze!«

Hunderte und aber Hunderte sowjetischer Kriegsflugzeuge gehen in Flammen auf. Im Angriffsgebiet des II. Fliegerkorps, am Bug bei Brest-Litowsk, versucht nur eine sowjetische Jagdstaffel einen Alarmstart. Die Bomben fallen zwischen die rollenden Maschinen. Später findet man am Platzrand die ausgeglühten Flugzeugwracks.

Trotz erdrückender Überlegenheit hat die deutsche Luftwaffe schon bei diesen ersten Angriffsschlägen Verluste: durch die russische Flak und – durch eigene Bomben.

Schuld sind die kugelrunden ›Teufelseier‹, die bisher geheimgehaltenen, zum ersten Male in großen Mengen abgeworfenen Splitterbomben vom Typ SD 2. Die nur zwei Kilo schweren Kugeln mit kleinen Bremsflügeln sind eigentlich für den Einsatz von Schlachtfliegern gegen lebende Ziele entwickelt worden. Beim Aufschlag oder bei einem einstellbaren Luftsprengpunkt einige Meter über der Erde spritzen 50 kleine und 250 winzige Splitter bis zu zwölf Meter weit auseinander. Gegen abgestellte Flugzeuge wirken sie nur bei direkten Treffern – dann aber wie ein mittleres Flakgeschoß. Und direkte Treffer sind bei den in Schauern abgeworfenen SD 2 immer dabei.

Aber die ›Teufelseier‹ sind unberechenbar. Oft verklemmen sie sich in den eigens für sie konstruierten Schüttkästen der Kampfflugzeuge. Die Zünder sind dann schon scharf, und die Bombe detoniert bei der kleinsten Erschütterung – im eigenen Flugzeug! Das reißt ein Loch wie ein Flakvolltreffer.

Auch die Jäger verwünschen die SD 2. Alle Me 109 des JG 27 sind unter dem Rumpf mit Abwurfrosten für 96 Splitterbomben ausgerüstet. Durch den Luftdruck beim Flug klemmen oft die ersten Bombenreihen, ohne daß es der Flugzeugführer merkt. Sie können nicht abgeworfen werden. Aber dann, beim Drosseln der Maschine, beim Einschweben zur Landung auf dem eigenen Platz – dann fallen sie nacheinander heraus. Viele Splitterbomben lösen sich erst beim Ausrollen und explodieren dicht hinter der Maschine. Oder sie bleiben als heimtückische Zeitzünder liegen. Die Waffenwarte müssen immer wieder das Rollfeld absuchen und die kleinen Bomben vorsichtig zur Seite tragen – wie Seifenblasen, die jeden Augenblick platzen können.

Generalingenieur Marquardt, Leiter der Bombenentwicklung im Technischen Amt der Luftwaffe, urteilt über die ›Teufelseier‹: »Trotz des Erfolges in den ersten Tagen des Rußlandfeldzuges ist die SD 2 eine Eintagsfliege geblieben. Die sowjetische Flak war gegen Tiefangreifer sehr wirkungsvoll und zwang unsere Flugzeuge bald in größere Höhen. Damit war die SD 2 hinfällig, Abwurfbehälter gab es für diese Bomben nicht.«

Zeitweise muß eine andere Splitterbombe, die zehn Kilo schwere SD 10, aus dem Einsatz gezogen werden, die in Bündeln zu vier Stück auch aus hochfliegenden Bombern abgeworfen werden kann. Denn am 22. Juni reißt es mehrere Kampfflugzeuge in der Luft förmlich auseinander. Entsetzt sehen sich die Männer in den anderen Maschinen um:

Keine Spur von sowjetischen Jägern!

Nirgends die Sprengwolken feindlicher Flak!

Dennoch zucken einzelne Ju 88 und Do 17 plötzlich zusammen, montieren ab, trudeln brennend zu Boden. Die Unfälle ereignen sich immer auf dem Rückflug, oft erst bei der Landung. Über die Ursache gibt es keinen Zweifel. Einzelne SD 10 klemmen nach dem Abwurf in den Bombenschächten mit scharfer Zündung. Und bei der leisesten Erschütterung gehen sie hoch. Das bedeutet fast immer den Totalverlust der Maschine.

Kesselring verbietet sofort die Mitnahme der Splitterbomben in Kampfflugzeugen. Die SD 10 wird nur noch von Stukas und Schlachtflugzeugen eingesetzt, die sie unter den Tragflächen aufhängen. Nun können sie sicher sein, daß die Bomben beim Wurf auch tatsächlich fallen.

Kaum sind die deutschen Verbände von ihrem Angriffsschlag in der Morgendämmerung des 22. Juni zurück, da fassen sie neue Bomben und starten zum zweiten Einsatz. Diesmal werfen sich ihnen sowjetische Jäger entgegen. Hunderte mögen schon am Boden zerstört sein, aber es kommen immer mehr.

Der Unterleutnant D. V. Kokorev vom 124. Jagdfliegerregiment vollbringt die erste Heldentat des ›Großen Vaterländischen Krieges‹, wie das erbitterte Ringen im Osten nach sowjetischer Sprachreglung genannt wird. Als Kokorev im Kurvenkampf mit einer Me 110 die Waffen versagen, reißt er seine ›Rata‹ herum, und es gelingt ihm, seinen Gegner zu rammen. Beide stürzen ab.

Die deutschen Jäger haben anfangs unerwartete Schwierigkeiten. Denn die sowjetischen Doppeldecker I-153 und I-15, die kleinen, bulligen Curtiss und I-16 ›Ratas‹ mit ihren dicken Sternmotoren sind viel langsamer, aber auch viel wendiger als die deutschen Messerschmitts.

Leutnant Schieß vom Stabsschwarm des JG 53 berichtet: »Sie lassen uns fast auf Schußposition herankommen, dann reißen sie ihre Kisten um 180 Grad herum, und wir beschießen uns gegenseitig von vorn.«

Der Kommodore des JG 53, Major von Maltzahn, ärgert sich schwarz, weil seine Gegner immer wieder im letzten Augenblick abschwingen können oder weil er mit hohem Fahrtüberschuß über sie hinwegbraust.

Die gleiche Fehleinschätzung verursacht schon beim ersten Tageseinsatz einen bitteren Verlust des JG 27. Der Kommodore, Major Wolfgang Schellmann, sitzt bei freier Jagd über Grodno einer Rata im Nacken. Nach einem Feuerstoß aus allen Waffen platzt der Russe förmlich auseinander. Aber Schellmann ist durch seine hohe Geschwindigkeit so nahe heran, daß ihm die Wrackstücke des Gegners in die eigene Maschine schlagen. Aus! Der Kommodore kann sich noch mit dem Fallschirm retten, bleibt aber verschollen.

Doch die Stunde der deutschen Jäger kommt. Sie schlägt noch am Vormittag des 22. Juni. Denn nun greifen sowjetische Bomber die deutschen Flugplätze an. Niemand weiß, woher sie so plötzlich kommen. Ob von weit her, von den zerstörten Rollfeldern oder von bisher unentdeckt gebliebenen Feldflugplätzen. Jedenfalls: Sie kommen. Zehn, zwanzig, dreißig, in dichten Pulks. Und greifen an.

Gerade sind die Gruppen von Major Graf Schönborns Stukageschwader 77 nach ihrem ersten Einsatz gegen Bunkerlinien am Bug auf die staubigen Äcker bei Biala Podlaska zurückgekehrt – da geht der Zauber los.

Rrumms – rrumms, fünfmal hintereinander. Schwere Bomben schlagen in den gegenüberliegenden Platzrand, schwarze Rauchpilze steigen hoch. Dann erst sind die russischen Angreifer zu sehen: sechs Zweimotorige. In weiter Kurve drehen sie ab.

Jetzt aber stoßen zwei, drei winzige Punkte unheimlich schnell auf die sowjetischen Bomber herab: deutsche Jäger. Die Stukaflieger am Boden erleben ein atemberaubendes Schauspiel.

»Der erste schießt«, berichtet Hauptmann Herbert Pabst, Staffelkapitän der 6./StG 77. »Dünne Rauchfäden verbinden die beiden Maschinen. Schwerfällig neigt sich der große Vogel zur Seite, blitzt in der Drehung silbern auf und stürzt senkrecht nach unten, mit immer höherem, wahnsinnigem Aufheulen der Motoren. Eine ungeheure Stichflamme schießt hoch – aus! Der zweite Bomber flammt grellrot auf, explodiert im Sturz – nur ein paar Flächenteile trudeln wie große Blätter. Der nächste kippt brennend rückwärts. Dann noch einer und noch einer. Der letzte fällt in ein Dorf, das Feuer tobt noch eine volle Stunde. Sechs Rauchsäulen stehen am Horizont – sie sind alle sechs gefallen!«

Dies ist nur ein Beispiel von vielen. Denn so geht es an der ganzen Front: Die roten Bomber greifen an. Sie weichen keinem Flakfeuer aus. Retten sich nicht vor den deutschen Jägern. Stur folgen sie ihrem Kurs. Ihre Verluste sind furchtbar. Doch wenn zehn sowjetische Bomber abgeschossen sind, erscheinen fünfzehn neue.

»Den ganzen Nachmittag über kamen sie immer wieder«, berichtet Hauptmann Pabst weiter. »Allein von unserem Platz aus haben wir 21 stürzen sehen, nicht einer entkam.«

Dieser heiße Tag, der blutige 22. Juni 1941, bringt den größten Erfolg, der jemals im Kampf zwischen zwei Luftwaffen binnen 24 Stunden erzielt worden ist:

1811 sowjetische Flugzeuge vernichtet – bei 35 deutschen Verlusten. 322 russische Maschinen werden von Jägern und Flak abgeschossen, 1489 Flugzeuge am Boden zerstört.

Dem Oberbefehlshaber der Luftwaffe, Hermann Göring, kommt diese Meldung so unglaubwürdig vor, daß er sie heimlich nachprüfen läßt. Tagelang klettern Offiziere seines Führungsstabes auf den vom deutschen Angriff überrollten Flugplätzen herum und zählen die ausgeglühten Wracks russischer Flugzeuge. Das erstaunliche Ergebnis: Sie kommen sogar auf mehr als zweitausend.

Der Erfolg findet seine Bestätigung in sowjetischen Nachkriegsveröffentlichungen. In der vom kriegsgeschichtlichen Verlag des Moskauer Verteidigungsministeriums herausgegebenen sechsbändigen ›Geschichte des Großen Vaterländischen Krieges der Sowjetunion‹ heißt es:

»Entscheidenden Anteil am Erfolg der feindlichen Landtruppen hatte die Luftwaffe... Im Verlauf des ersten Kriegstages führten die feindlichen Bomberverbände massierte Angriffe auf 66 Flugplätze der Grenzbezirke durch, in erster Linie gegen Plätze, auf denen sowjetische Jagdflugzeuge neuer Konstruktion lagen. Als Ergebnis dieser Angriffe und der heftigen Luftkämpfe beliefen sich unsere Verluste am Mittag des 22. Juni auf etwa 1200 Flugzeuge, einschließlich der mehr als 800 am Boden zerstörten Maschinen.«

Schon am Mittag also 1200. Die Schlacht aber dauerte bis zum Abend. Der sowjetische Bericht fährt fort:

»Allein im Heeresgruppenbereich West gelang es dem Gegner, 528 Flugzeuge am Boden und 210 in der Luft zu zerstören.«

Das ist der Angriffsraum von Kesselrings Luftflotte 2 mit dem II. (Loerzer) und dem VIII. Fliegerkorps (v. Richthofen). Auch nach deutschen Angaben werden hier die größten Erfolge erzielt. Kesselring hat seine erste Aufgabe, die Luftherrschaft zu erringen, bereits am Abend des 22. Juni erfüllt. Vom zweiten Angriffstag an unterstützen alle Luftwaffenverbände den Vorstoß des Heeres.

Im Rücken der durchgestoßenen Panzergruppe 2 des Generalobersten Guderian leistet die von einer Kommissarschule der Roten Armee verteidigte Festung Brest-Litowsk noch eine Woche Widerstand und blockiert die einzige Nachschubstraße zur deutschen Front. Selbst Stukabomben vermögen das meterdicke Mauerwerk der Zitadelle nicht zu brechen.

Da greifen am 28. Juni von 17.40 bis 18 Uhr sieben Ju 88 des KG 3 im Horizontalflug mit schweren Brocken an. Zwei 1800-Kilo-Bomben treffen haargenau. Die Zitadelle fällt am nächsten Morgen.

Überall dringen die Nahkampfverbände der Luftwaffe zusammen mit den schnellen Heerestruppen vor. Stukas ebnen den Panzern den Weg, wo immer harter Widerstand zu brechen ist.

General v. Richthofen, der diese Blitzkrieg-Technik mit geschaffen hat, unterstützt mit seinem VIII. Fliegerkorps die Panzergruppe 3, Generaloberst Hoth.

Südlich davon faßt General Loerzer die Stukas, Jäger und Zerstörer seines II. Fliegerkorps unter dem Nahkampffliegerführer Oberst Fiebig zusammen, der Guderians vorpreschenden Panzern dichtauf zu folgen hat.

Doch die sowjetische Luftwaffe ist noch nicht geschlagen. Am 30. Juni sind wieder Hunderte von Bombern mit dem roten Stern über der Front. Welle auf Welle brandet gegen die deutschen Panzerspitzen, die beiderseits Minsk vorbeigestoßen sind und nun zur ersten Kesselschlacht dieses Sommers eindrehen. Aber die Sowjets haben nicht mit dem Jagdgeschwader 51, nicht mit Oberst Werner Mölders gerechnet.

An diesem Tage springt das JG 51 dicht hinter der Front, unmittelbar in dem vorgetriebenen Panzerkeil Guderians, ab. Die Sowjetbomber operieren ohne Jagdschutz. Staffelweise, wie sie anfliegen, werden sie brennend abgeschossen. Bis zum Abend zählen die deutschen Jäger 114 Luftsiege. Mölders allein schickt fünf Gegner in die Tiefe (seinen 78. bis 82. Abschuß), Hauptmann Joppien und Leutnant Bär ebenfalls je fünf. Das JG 51 erreicht damit als erstes Geschwader den 1000. Abschuß seit Kriegsbeginn.

250 Kilometer weiter nordwestlich, bei Dünaburg, steht das JG 54, das ›Grünherz-Geschwader‹ unter Major Hannes Trautloft, am gleichen Tage in einer ähnlichen Abwehrschlacht. Hier richten sich die sowjetischen Bomberangriffe gegen die Dünabrücken, um an diesem Engpaß den Vorstoß der Panzergruppe 4 nach Nordosten zu stoppen. In stundenlangen erbitterten Luftkämpfen stürzen 65 Sowjetbomber brennend ab.

Für das JG 54, das im Rahmen des I. Fliegerkorps (General Foerster) den Stoß der Heeresgruppe Nord bis vor die Tore Leningrads mitmacht, schießt Oberleutnant Scholz am 1. August 1941 den 1000. Gegner ab (darunter allein 623 sowjetische Flugzeuge). Einen Tag zuvor hat auch das JG 53 diese unglaubliche Abschußzahl erreicht.

Am 15. August folgt das JG 3 unter Major Lützow, das im V. Fliegerkorps (Ritter von Greim) im Süden der Ostfront kämpft. Oberfeldwebel Steckmann (III./JG 3) erzielt drei Abschüsse, darunter den 1000. seines Geschwaders.

Der Wettlauf der Jäger um immer größere Erfolge geht weiter. Von Woche zu Woche. Von Monat zu Monat. Es ist offensichtlich, daß die russischen Maschinen den deutschen Jagdflugzeugen nicht gewachsen sind. Furchtbare Schläge muß die sowjetische Luftwaffe hinnehmen. Trotzdem gibt sie sich nicht geschlagen. Selbst wenn die Stärke ihrer Fliegerregimenter doppelt so groß war wie auf deutscher Seite angenommen wurde: Im August, längstens im September, ist der Anfangsbestand an Jägern, Bombern und Schlachtfliegern vernichtet. Dennoch greifen die Sowjets mit immer neuen Maschinen in die Schlachten ein. Die russischen Kraftquellen müssen unerschöpflich sein.

Heute kennen wir die Gründe:

»Im zweiten Halbjahr 1941 steigerten wir die Massenproduktion verbesserter Flugzeugtypen um ein Vielfaches«, heißt es in der offiziellen sowjetischen Darstellung. »Im ersten Halbjahr wurden 322 Jagdflugzeuge ›Lagg-3‹ hergestellt, im zweiten Halbjahr 2141, also mehr als das Sechsfache. Beim Jägertyp ›Jak-1‹ war das Verhältnis (erstes zum zweiten Halbjahr) 335 zu 1019. Beim gepanzerten Schlachtflugzeug ›Il-2‹ lautete es 249 zu 1293. 1867 Bomber wurden hergestellt, im zweiten Halbjahr dreimal mehr als vor Ausbruch des Krieges. 1941 hat die Industrie insgesamt 15735 Flugzeuge aller Typen an die Rote Armee ausgeliefert...«

Diese binnen weniger Monate gewaltig gesteigerte Produktion wurde von der deutschen Bomberflotte so gut wie gar nicht gestört. Ein paar Nadelstiche – sonst nichts!

Hier lag der entscheidende Fehler des Generalstabes der Luftwaffe: Wenn schon der Fernbomber – 1935 von General Wever gefordert und bezeichnenderweise ›Ural-Bomber‹ genannt –, wenn dieser viermotorige Fernbomber schon nicht gebaut worden war, dann hätten zu Beginn dieses weiträumigen Feldzuges wenigstens alle vorhandenen Kampfgeschwader in einer ›strategischen Luftflotte‹ zusammengefaßt und unter einheitlichem Kommando eingesetzt werden müssen. Dann hätten sie gemeinsam zuschlagen müssen; gemeinsam an den Brennpunkten, an den Nahtstellen des Kampfes. Auch wenn diese Stellen an der Grenze der Reichweite lagen. Auch wenn es ›nur‹ ein Panzer- oder Flugzeugwerk war.

Denn Bomber sind eine Schwerpunktwaffe.

Verzettelt eingesetzt, hebt sich ihre Wirkung auf. Genau das aber geschieht: hier ein Geschwader, dort ein Geschwader. Verteilt auf die Fliegerkorps und damit auf die Heeresgruppen. Hin und her gerissen zwischen allzu vielen Einzelaufträgen. Und immer wieder zur Heeresunterstützung eingesetzt, für Aufgaben, die nicht ihnen, sondern den Nahkampffliegern auf den Leib geschrieben sind.

Wenn Bomber auf dem Schlachtfeld Panzer jagen müssen und in einer Woche verlustreicher Einsätze gerade so viele T 34 aus der Luft vernichten, wie das Panzerwerk in Gorki an einem Tage ausstößt – dann sind diese Einsätze offenbar verfehlt. Die eigentlichen Aufgaben der Bomber aber kommen zu kurz.

In der Nacht zum 22. Juli 1941 löst Generalmajor M. S. Gromadin, der Befehlshaber der Moskauer Luftverteidigungszone, den ersten Großalarm für die sowjetische Hauptstadt aus. Von den vorgeschobenen Absprunghäfen im Raum Minsk, Orscha, Witebsk und Schatalowka greifen die deutschen Kampfgruppen an. Der Donner der nahen Kesselschlacht bei Smolensk dringt zu ihren Startplätzen hinüber. Bis Moskau haben sie immerhin noch 450 bis 600 Kilometer zu fliegen.

Bei der Lagebesprechung am 8. Juli hatte Hitler seinen ›feststehenden Entschluß‹ bekanntgegeben, »Moskau und Leningrad durch die Luftwaffe dem Erdboden gleichzumachen«. Als eine Woche später nichts geschehen war, sagte er sarkastisch zu Göring:

»Glauben Sie, daß es in der Luftwaffe überhaupt ein Geschwader gibt, das den Mut hat, nach Moskau zu fliegen?«

So wurde der Angriff auf die sowjetische Hauptstadt zu einer Prestigefrage. Zu einer lästigen Pflicht, nebenbei erledigt, obwohl man doch vermeintlich viel wichtigere Aufgaben hatte.

Moskau war nicht nur irgendeine Hauptstadt, nicht nur der Sitz der Regierung und der Parteispitze. Moskau war das Herz der Sowjetunion, das militärische und wirtschaftliche Zentrum. Und vor allem war diese Stadt die zentrale Verkehrsspinne des Landes, der Angelpunkt aller Transportbewegungen für die riesige Front. Moskau hätte das strategische Ziel Nr. 1 für die deutsche Luftwaffe sein sollen.

Am 22. Juli aber starten nur einige mühsam zusammengeholte Kampfverbände zum ersten Angriff. Ganze 127 Flugzeuge: Ju 88 vom KG 3 und KG 54, He 111 vom KG 53 und KG 55. Aus dem Westen wird sogar das KG 28 mit seinen beiden Pfadfindergruppen, der Kampfgruppe 100 und der III./KG 26, herbeigerufen.

Die Fliegerkorps an der Ostfront wehren sich entschieden dagegen, weitere Kampfverbände für die zentrale Aufgabe abzugeben, und sie werden von den Heeresbefehlshabern nach Kräften unterstützt. Jedem ist seine eigene Front am wichtigsten.

30 Kilometer vor Moskau leuchten die ersten Scheinwerfer auf dem Anflugweg der deutschen Bomber auf. Einzelne Gruppen kommen zwar fast unbehelligt bis über den Kreml. Doch plötzlich wird die Stadt zu einem feuerspeienden Vulkan. Dutzende von schweren und leichten Flakregimentern schützen die sowjetische Metropole.

Über 300 Scheinwerfer blenden die deutschen Flugzeugbesatzungen an, die ihre Ziele kaum erkennen können. Moskau ist eine Luftfestung – fast ebenso stark verteidigt wie London zur Zeit des ›Blitzes‹ über England.

In dieser Nacht werfen die deutschen Angreifer 104 Tonnen Spreng- und 46000 Brandbomben ab. Aber eine geschlossene Wirkung wird nicht erzielt. Auch der Kreml brennt nicht, obwohl die darauf angesetzte Gruppe, die II./KG 55, sicher ist, ihn mit Hunderten von Brandbomben getroffen zu haben. Die Kremldächer, so gibt am nächsten Tage ein ehemaliger deutscher Luftattaché in Moskau Aufklärung, seien mit so dicken Ziegeln aus dem 17. Jahrhundert gedeckt, daß die leichten Brandbomben wahrscheinlich nicht hätten durchschlagen können.

In der kommenden Nacht greifen nochmals 115, in der dritten 100 Kampfflugzeuge Moskau an.

Dann sinken die Einsatzzahlen rapide ab: auf 50, auf 30, auf fünfzehn Bomber. 59 von den insgesamt 76 im Laufe des Jahres 1941 geflogenen Nachtangriffen auf Moskau werden nur von jeweils drei bis zehn Kampfflugzeugen ausgeführt.

So schläft die Luftoffensive gegen das Herz des Gegners ein, kaum daß sie begonnen hat. Und in der Tat: Ist die Luftwaffe auf dem Schlachtfeld, als fliegende Artillerie, nicht viel wirkungsvoller? Unter dem Eindruck der neuen gewaltigen Verluste des Gegners in der Mitte September 1941 abgeschlossenen Kesselschlacht ostwärts von Kiew prophezeit Hitler:

»Dieser Gegner ist bereits gebrochen und wird sich nie mehr erheben!«

Josef Stalin aber kontert: »Genossen! Unsere Kräfte sind unermeßlich. Der frechgewordene Feind wird sich bald davon überzeugen müssen.«

Am 22. September 1941 macht der Kommodore des in Siwerskaja liegenden Jagdgeschwaders 54 einen Ausflug an die Front vor Leningrad. Major Hannes Trautloft will sich die Stadt einmal durch ein Scherenfernrohr vom Erdboden aus näher betrachten. Die Messerschmitts des JG 54 kreisen seit 14 Tagen über der Stadt. Meist in großer Höhe, denn soviel Feuerzauber von der Flak haben sie nicht einmal über London erlebt. Die Luft ist ›eisenhaltig‹, besonders über der Kronstädter Bucht, in der die Rote Flotte vor Anker liegt.

Die Jäger fliegen Begleitschutz für Kampfverbände im Angriff auf Leningrad. Tag für Tag schlagen sie sich mit sowjetischen Curtiss und Ratas herum.

Trautloft sieht durch die starke Optik eines Artilleriebeobachters auf der Krasnoje-Höhe. Die Stadt liegt zum Greifen nahe vor ihm: ihre Kirchtürme, ihre Hochhäuser und Paläste. Das also ist Leningrad. Es brennt an allen Ecken und Enden.

Hoch über der vorgeschobenen deutschen Stellung zieht ein Stukaverband auf die Kronstädter Bucht zu. Er stürzt sich auf die sowjetischen Schlachtschiffe, zum dritten Mal an diesem Tage. Für 17.20 Uhr ist der Angriff angesetzt. Erregt verfolgt Major Trautloft vom Boden aus das faszinierende Schauspiel, wie 20 bis 30 Maschinen nahezu geschlossen abkippen und sich in die Flakhölle stürzen.

In diesem Augenblick wird Trautloft durch einen Zuruf gewarnt:

»Achtung, Tiefangriff! Gehen Sie in Deckung, Herr Major!«

Von Peterhof drücken sechs Curtiss auf die deutsche Stellung herab. Ihre Maschinengewehre tackern, Einschläge spritzen auf. Der Jagdfliegerkommodore befindet sich plötzlich in der Lage der Infanteristen vorn an der Front. Und er reagiert genauso wie sie.

»Verflucht noch mal«, herrscht er seinen neben ihm im Graben liegenden Einsatzoffizier an, »wo bleiben denn unsere Jäger?« Trautloft ist es peinlich. Denn man sieht ja die Messerschmitts hoch oben, in mehreren tausend Meter Höhe, in der Sonne herumflitzen. Die Feldgrauen grinsen.

»Alle einsatzbereiten Maschinen müssen auf ausdrücklichen Korpsbefehl Begleitschutz für die Stukas fliegen, Herr Major«, meldet der Einsatzoffizier.

Trautloft versteht jetzt, wie es dem Landser zumute sein muß, wenn er von Ratas angegriffen wird, während die eigene Luftwaffe scheinbar spazierenfliegt. Wie sollen die Infanteristen wissen, welche Befehle die da oben haben?

Vom 22. September 1941 an greift das Stukageschwader 2 ›Immelmann‹ unter Oberstleutnant Oskar Dinort sieben Tage lang die Rote Flotte im Hafen und auf der Reede von Kronstadt an. Für das Geschwader sind Schiffsziele nichts Neues mehr. Genau vier Monate zuvor hat es entscheidend dazu beigetragen, die britische Mittelmeerflotte zum Rückzug aus dem Seegebiet um Kreta zu zwingen. Jetzt ist die sowjetische Ostseeflotte an der Reihe, die mit ihren zwei Schlachtschiffen, zwei Kreuzern und 13 Zerstörern, ihren 42 U-Booten und weit mehr als 200 anderen Kriegsfahrzeugen in Kronstadt und Leningrad liegt. Diese an Zahl übermächtige Flotte bedroht die deutsche Erzzufuhr aus Schweden und die Versorgungsschiffahrt nach Finnland und zu den baltischen Häfen am Nordflügel der Ostfront.

Am 23. September starten die I. und die III./StG 2 um 8.45 Uhr in Tyrkowo. Eine knappe Stunde später sind sie über dem Ziel. Unter ihnen ein feuerspeiender Vulkan: 600 Rohre schwere Flak sollen die Russen zum Schutz der Schiffe zusammengezogen haben. Die Stukas fliegen hoch an, über 5000 Meter, um sich der Wirkung des Feuers zu entziehen. Dann kippen sie ab und stürzen sich in das Inferno: in dichten Trauben, dicht hinter- und nebeneinander, ohne Rücksicht auf das rasende Flakfeuer.

Die Schlachtschiffe »Oktoberrevolution« und »Marat« wachsen in die Visiere der Flugzeugführer hinein. Immer tiefer stürzen die Maschinen, auf 2000, 1500, manche auf 1200 Meter. Jetzt erst werfen sie die Bomben, fangen ab. Schwerfällig und allzu langsam ziehen die Ju 87 zur Seite hoch.

Rings um die Schiffe kocht die See. In dieser Sekunde hat der Gefreite Karl Bayer, der als Bordschütze in der Ju des Geschwader-TO (Technischer Offizier), Oberleutnant Lau, mitfliegt, die Kamera am Auge und knipst. Treffer blitzen auf der »Marat«. Andere Bomben schlagen dicht neben der Bordwand ins Wasser. An Deck breitet sich Feuer aus. Das 23600 Tonnen große Schlachtschiff mit seinen zwölf 30,5-cm- und sechzehn 12-cm-Geschützen ist schon schwer angeschlagen, als es nach einem neuen Volltreffer in zwei Teile bricht und sinkt. Der entscheidende Treffer wird Oberleutnant Hans-Ulrich Rudel zuerkannt, der in den kommenden Jahren als Schlachtflieger und Panzerjäger die höchsten deutschen Auszeichnungen erhält.

Am Nachmittag sind die Stukas wieder über Kronstadt. Am 25., 26., 27. und 28. September ebenfalls. An einem dieser Tage sieht der Kommodore, Oberstleutnant Dinort, wie aus einer vor ihm angreifenden Staffel eine Ju 87 mit immer stärkerer, schwarzer Rauchfahne senkrecht nach unten stürzt. Es ist die Maschine des Kommandeurs der III. Gruppe, Hauptmann Steen. Er kann sie nach einem Flakvolltreffer offenbar nicht mehr abfangen. Die Ju stürzt direkt auf den schweren Kreuzer »Kirow« zu und zerschellt mit hoher Stichflamme an seiner Bordwand.

Die massierte sowjetische Flak und die Jäger fordern weitere Opfer von den langsamen, im Grunde längst veralteten Sturzkampfflugzeugen. Aber die Luftwaffe hat nichts anderes. Und überall an den Brennpunkten der Schlacht ruft das Heer nach Luftunterstützung.

Kaum ist die Rote Flotte in Kronstadt schwer angeschlagen, kaum der Belagerungsring um Leningrad geschlossen, da wird das für diese Kämpfe an die Nordfront ausgeliehene VIII. Fliegerkorps, zu dem auch das Stukageschwader 2 gehört, wieder an den Mittelabschnitt der Ostfront zurückgerufen.

Ebenfalls im September 1941 tobt mehr als 1000 Kilometer südlich von Leningrad die Kesselschlacht im Raum von Kiew, jene Schlacht, die Hitler gegen den Willen seiner Generale erzwingt – die Schlacht, die den Vorstoß der Heeresgruppe Mitte gegen Moskau um entscheidende zwei Monate verzögert. Die Luftwaffe greift auch hier mit Nahkampffliegern in den Erdkampf ein. Darüber hinaus erfüllt sie eine sehr wesentliche andere Aufgabe: Sie schnürt das Schlachtfeld ab.

Vier Wochen lang werden alle von Osten und Nordosten in den sich abzeichnenden Kessel führenden Bahnlinien Tag für Tag angegriffen. Ganz systematisch: die Bahnhöfe, Brücken, Engpässe, fahrende Züge, Lokomotiven. Der Nachschub für die Armeen Budjennys stockt. Truppenverschiebungen sind nicht mehr möglich. Und die zurückweichenden Verbände sind ohne intaktes Eisenbahnnetz verloren.

Dieser Erfolg tritt ein, obwohl die Luftwaffe die wichtigsten Verkehrsstränge nur vorübergehend stören, nicht aber nachhaltig zerstören kann. Dazu fehlt ihr die Kraft, fehlen größere Verbände, fehlen schwerste Bomben, die, im ›Teppich‹ geworfen, ganze Verschiebebahnhöfe vernichten und Schlüsselpunkte des Bahnnetzes einfach ›herausstanzen‹ können.

Statt dessen wendet die Luftwaffe die Taktik der Nadelstiche an. Es sind fast immer nur einzelne Bomber oder kleinste Verbände, die Eisenbahnziele angreifen. Sie fliegen an den Schienensträngen entlang, bis sie einen Zug gefunden haben. Dann stoßen sie hinab, schießen ein paar Wagen und möglichst die Lok in Brand. Oder sie blockieren die Strecke mit Bombentreffern. Aber wie lange?

Die Sowjets entwickeln erstaunliche Fähigkeiten im Reparieren und Improvisieren. Oft sind Strecken nachts wieder befahrbar, die noch am Abend zuvor schwer getroffen schienen. Die offizielle ›Geschichte des Großen Vaterländischen Krieges der Sowjetunion‹ nennt eine interessante Zahl: »Von Juni bis Dezember 1941 führte der Gegner 5939 Luftangriffe gegen die frontnahen Bahnlinien. Die durchschnittliche Dauer der Verkehrsunterbrechungen nach jedem Angriff betrug nur fünf Stunden und 48 Minuten.«

Dennoch gelingt die Abschnürung des Schlachtfeldes von Kiew. Zum letzten Male vor dem Eintritt des russischen Winters kann hier ein Schwerpunkt gebildet werden.

Schon wenige Tage später ist das nicht mehr möglich. Denn nun erstickt die Luftwaffe im Schlamm. Völlig aufgeweichte Flugplätze behindern Start und Landung. Zahlreiche Maschinen gehen zu Bruch. Nachschub kommt nicht nach vorn. Der Bedarf an Ersatzteilen, besonders an Austauschmotoren, steigt sprunghaft, die Produktion hält nicht Schritt.

So sinkt die Einsatzbereitschaft erschreckend ab. In diesen Herbstwochen gibt es in Rußland deutsche Kampf- und Jagdgruppen, die nur noch über drei bis vier einsatzbereite Flugzeuge verfügen. Im ganzen Oktober 1941 kommt es im Bereich von Kesselrings Luftflotte 2 nur zu einem einzigen ›strategischen Luftangriff‹ auf ein Flugzeugwerk in Woronesch – ausgeführt durch einen einsamen Fernaufklärer.

Neue Schwierigkeiten treten auf, als die Schlammperiode von Schnee und Eis und barbarischer Kälte abgelöst wird. Zahlreiche Luftwaffenverbände müssen aus der Front gezogen und zur Auffrischung in die Heimat zurückverlegt werden.

Mitte November kämpft sich die letzte deutsche Offensive mühsam gegen Moskau vor. In diesen Tagen melden Fernaufklärer der Luftflotte 2 auf den Bahnlinien östlich der Hauptstadt, besonders bei Gorki und Jaroslawl, starke Transportbewegungen in westlicher Richtung. Doch die deutsche Luftwaffe ist nicht mehr fähig, das Moskauer Schlachtfeld ebenso nach Osten abzuriegeln, wie es ihr noch bei Kiew gelungen war.

In einem Nachkriegsbrief schreibt Feldmarschall Kesselring, er komme um das fatale Eingeständnis nicht herum, daß man aus diesen russischen Transportbewegungen weitgehende, folgenschwere Schlüsse hätte ziehen müssen. Aber sie werden nicht gezogen. Die Transporte werden nicht einmal angegriffen.

Es sind die frischen sibirischen Divisionen, die am 5. Dezember vor Kalinin und Moskau zur sowjetischen Gegenoffensive antreten. Die deutsche Front weicht zurück. Moskau, das Ziel des Angriffes, ist nicht erreicht. Die harte Winterschlacht beginnt.

22. Sturz und Ende Udets

Offensichtlich war die Luftwaffe in einem entscheidenden Augenblick zu schwach, um ihre Aufgaben zu erfüllen. Wie konnte es dazu kommen? Warum hinkte die Produktion nach? Warum mußten die Geschwader zwei Jahre nach Kriegsbeginn immer noch mit denselben, veralteten Flugzeugtypen kämpfen? Warum vor allem war der viermotorige, der ›strategische‹ Bomber nicht da, als man ihn brauchte?

Oberst Wilhelm Wimmer, der erste Chef des Technischen Amtes der Luftwaffe und somit Vorgänger Ernst Udets, berichtet zwei typische Episoden aus dem Frühjahr 1935. Die erste: Göring besichtigt die Junkerswerke in Dessau und wird in den Attrappenraum geführt. Wie vom Donner gerührt bleibt der einstige Jagdflieger vor der riesigen Holzattrappe des in Auftrag gegebenen viermotorigen Bombers Ju 89 stehen.

»Was ist denn das?« fragt er gereizt.

Wimmer erklärt. Er spricht vom ›Uralbomber‹, wiederholt die Überlegungen des Generalstabes, die Göring selbstverständlich vorgetragen worden sind. Aber der Luftwaffenchef will sich an nichts erinnern.

»Über so eine Riesenentwicklung werde ich wohl noch selbst entscheiden dürfen!« sagt er und rauscht hinaus.

Die zweite Episode: In Friedrichshafen am Bodensee besichtigt Reichskriegsminister von Blomberg die Dornierwerke. Auch hier eine riesige Attrappe, die Do 19, ebenfalls viermotoriger Bomber, Konkurrenzentwicklung zur Ju 89. Blomberg hört den Erklärungen Oberst Wimmers interessiert zu und fragt:

»Wann, glauben Sie, werden diese Flugzeuge einsatzbereit sein?«

»Fertig erprobt und mit ausgebildeten Besatzungen an der Front ... in etwa vier bis fünf Jahren.«

»Das«, sagt von Blomberg und blinzelt in den Himmel, »das kann genau richtig sein.«

Die Entwicklung des Fernbombers stand von Anfang an unter dem Eindruck, daß die Luftwaffe eines Tages zum Kriege gegen Sowjetrußland gerüstet sein müsse. Das war keine besondere Prophetie, wenn man Hitlers ›Mein Kampf‹ gelesen hatte. Wollte man die Kraftquellen des riesigen Landes treffen, dann mußte der Bomber über Tausende von Kilometern bis zum Ural fliegen können. Das konnte nur eine viermotorige Maschine schaffen.

Der ›Uralbomber‹, wie der Chef des Generalstabes, Generalmajor Walther Wever, den Typ daher intern nannte, wurde trotz der offenen Mißbilligung Görings weitergebaut. 1936 flogen die ersten Muster der Ju 89 und der Do 19. Sie flogen gut, aber die Motoren waren zu schwach. Eine Leistungssteigerung war für die nächsten Jahre zu erwarten. Erzwungen werden konnte sie nicht.

Da änderte der plötzliche Tod General Wevers – er stürzte am 3. Juni 1936 über Dresden ab – mit einem Schlage die Anschauungen. Die neuen Männer hatten nichts mehr für den viermotorigen Bomber übrig. Vor allem Ernst Udet nicht, der Oberst Wimmer als Chef des Technischen Amtes ablöste. In Udets Kopf spukte das Sturzkampfflugzeug. Auch der Kommandeur des Lehrgeschwaders, Oberstleutnant Hans Jeschonnek, hielt auf Grund praktischer Übungen nichts vom Bombenangriff im Horizontalflug. Die Zielgeräte taugten nichts, oder die Männer verstanden nicht, damit umzugehen. Die Bomben fielen meist weit neben das Ziel.

Und Albert Kesselring, der neue Generalstabschef, fürchtete ebenso wie der industrieerfahrene Staatssekretär Erhard Milch den Materialbedarf, besonders an knappen Rohstoffen und Metallen, den der Bau einer viermotorigen Bomberflotte verschlingen mußte*. Konnte sich Deutschland das leisten? War das Ziel

* Siehe Anhang 12: Stellungnahme Generalfeldmarschall Kesselrings zur Frage des viermotorigen Bombers.

nicht schneller und billiger zu erreichen – mit zweimotorigen Bombern, von denen mit dem gleichen Aufwand fast die dreifache Menge gebaut werden konnte?

Noch war kein halbes Jahr vergangen, da setzten Milch, Kesselring und Udet im Herbst 1936 durch, daß die Entwicklung der Viermotorigen abgebrochen wurde. Dies geschah etwa zu der gleichen Zeit, da die amerikanische Luftwaffe ihren ersten viermotorigen Bomber Boeing B-17 erprobte und von der großen Zukunft dieses Typs überzeugt war.

Auch in der deutschen Luftwaffe hat es damals nicht an Gegenstimmen gefehlt. Der Inspekteur der Kampfflieger, General Kurt Pflugbeil, plädierte vergeblich für den Fernbomber. Der Chef der 1. (Operations-)Abteilung im Generalstab, Major i. G. Paul Deichmann, erbat für sich im Frühjahr 1937 einen persönlichen Vortrag beim Oberbefehlshaber.

Göring empfing ihn in Karinhall, und Deichmann faßte noch einmal alle Gründe für den Fernbomber zusammen: Die viel größere Reichweite. Die doppelte bis dreifache Bombenmenge. Die bessere Abwehrbewaffnung. Die höhere Geschwindigkeit und größere Gipfelhöhe.

»Herr Generaloberst«, sagte Deichmann, »wir müssen im viermotorigen Bomber die Waffe der Zukunft sehen.«

Milch, der es sich nicht hatte nehmen lassen, der Besprechung beizuwohnen, wischte die Argumente mit der Bemerkung vom Tisch: »Wir haben uns für das Ju-88-Programm entschieden. Daneben bleibt für Entwicklung und Bau einer Viermotorigen keine Industriekapazität übrig.«

Deichmann wandte sich nochmals an den Oberbefehlshaber: »Ich bitte Herrn Generaloberst in dieser wichtigen Sache noch keine Entscheidung zu treffen und den Fernbomber wenigstens weiter zu erproben.«

Doch Göring erlag der Faszination der großen Bomberzahlen, die ihm Milch und Udet versprachen. Er stimmte dem Entwicklungsverbot für die Do 19 und die Ju 89 am 29. April 1937 zu.

»Der Führer wird mich nie fragen: ›Wie groß sind deine Bomber?‹ sondern stets: ›Wie viele Bomber hast du?‹« gab Göring als Begründung an. Der ›Uralbomber‹ General Wevers war tot. Milch selbst wachte darüber, daß die Mustermaschinen bei Dornier und Junkers auch tatsächlich verschrottet wurden.

Im Herbst 1937 trat Jeschonnek an die Stelle Deichmanns, und bald darauf wurde der junge Oberst Generalstabschef der Luftwaffe. Damit waren die Weichen gestellt. Das neue Evangelium der Luftwaffe hieß Sturzangriff. Nicht nur die robusten, einmotorigen Stukas sollten stürzen. Nein, auch die zweimotorigen Bomber. Alles, was nicht stürzen konnte, sollte bald zum alten Eisen gehören.

Wozu brauchte man eine große und teure Flotte von Horizontalbombern, wenn die wichtigen militärischen Ziele eines Gegners auch im Punktzielangriff von einzelnen Sturzbombern getroffen werden konnten? Dies schien die ideale Lösung. Der Ausweg aus den Rohstoffnöten. Und die Möglichkeit, binnen weniger Jahre eine Luftwaffe aus dem Boden zu stampfen, die die Welt das Fürchten lehrte.

Ernst Udet, der die Stuka-Idee in Deutschland eingeführt und durchgesetzt hatte, stand auf dem Gipfel seines Lebens. Als Chef des Technischen Amtes der Luftwaffe lenkte er praktisch den damals größten Rüstungskonzern der Welt. Aber war dieser gutmütige Kerl, dieser Künstlertyp, der sein freies Leben liebte, der ›Luftclown‹, wie ihn manche Generalstäbler abschätzig nannten – war er der richtige Mann, um einen industriellen Apparat kühl, sachlich und mitunter skrupellos zu beherrschen?

Udet selbst hatte sich gegen die Übernahme des Amtes gesträubt und zu Göring gesagt: »Davon verstehe ich nichts.«

Darauf Göring: »Versteh' ich denn was von allem, was ich am Hals habe? Und es klappt trotzdem. Da kriegen Sie eben tüchtige Fachleute, die für Sie die Arbeit tun.«

Diese Fachleute waren die Stabsingenieure des Technischen Amtes, an der Spitze Chefingenieur Lucht, auf deren Rat und Urteil sich Udet nun verlassen mußte. Mit führenden Männern der Luftfahrtindustrie verband ihn bald persönliche Freundschaft, vor allem mit Professor Willy Messerschmitt, dem genialen Konstrukteur und Schöpfer des Jagdflugzeuges Me 109. Selbst Staatssekretär Milch, der die Schwächen Udets sehr wohl erkannte, stand ihm zunächst mit Rat und Tat zur Seite. »Er war wie ein Vater zu ihm«, berichtet Udets Stabschef Ploch.

Der größte Stein aber fiel Udet vom Herzen, als der robuste Junkers-Generaldirektor, Dr. Heinrich Koppenberg, im September 1938 von Göring Generalvollmacht zum Bau ›einer gewaltigen Ju-88-Bomberflotte‹ erhielt. Damit war Udet die Sorge um die Bomber los. Koppenberg würde es schon schaffen! Doch das Ju-88-Programm wurde zur ersten herben Enttäuschung. Koppenberg selbst beklagt die rund 25000 Änderungen, die die Maschine über sich ergehen lassen mußte. Sie kam und kam nicht an die Front. Bei Kriegsausbruch wurde die Ju 88 erst in einer Erprobungsgruppe geflogen. Und von den Eigenschaften eines ›Wunderbombers‹ blieb so gut wie nichts mehr übrig.

Es war seltsam: Trotz des Bannstrahls gegen den ›Uralbomber‹ wurde von 1937 ab, diesmal bei Heinkel, doch ein viermotoriges Flugzeug entwickelt: die He 177, die zunächst als Fernaufklärer zum Einsatz über See gedacht war. Udet hatte sich kaum für die Maschine interessiert. Er hatte ihr sogar alle Aussichten für einen Serienbau abgesprochen – wenn sie nicht ebenso wie die leichteren Bomber im Sturzflug eingesetzt werden konnte. Wie aber sollte ein so schweres Flugzeug jemals stürzen?

Heinkel übernahm in die He 177 eine Idee seines Konstrukteurs Siegfried Günther, die sich in dem früher gebauten Versuchsmuster He 119 anscheinend bewährt hatte: die Idee des Doppeltriebwerks, bei dem zwei hinter- oder neben-

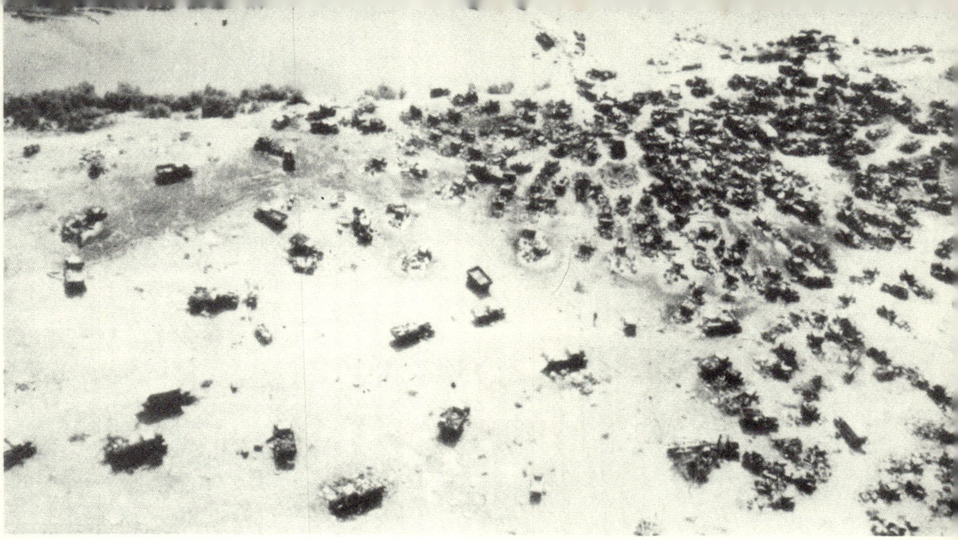

Stukas haben eine Brücke bei Wjasma zerstört und anschließend die Fahrzeugkolonnen angegriffen, die sich am Flußübergang stauten. Durch diese ›Abschnürung des Schlachtfeldes‹ leitete die Luftwaffe im Sommer 1941 die Kesselschlachten ein. Unten eine He 111 im Tiefanflug über einer brennenden Ölleitung.

Zivilflugzeug im Kriegsdienst: Mit der viermotorigen FW 200 (oben) konnte die Luftwaffe weiträumige Fernaufklärung über See fliegen. Unten: Ju 88 des KG 30 beim Hochziehen nach dem Sturzangriff auf einen Frachter des Konvois PQ 17.

Rechts: Oberst Kühl, Kommodore KG 55 und Lufttransportführer 1 für Stalingrad; Generalleutnant Fiebig, VIII. Fliegerkorps, warnte vergeblich (hier im Gespräch mit Oberst Stahel).

Stukas nach dem Bombenwurf über Stalingrad, der erbittert verteidigten Stadt, in der die deutsche 6. Armee im Winter 1942/43 eingekesselt und vernichtet wurde.

Bei barbarischer Kälte – rechts Bombenwart bei der Arbeit unter der Maschine – war es unmöglich, 250000 Mann allein aus der Luft zu versorgen. Unten: Ju 52 wird bei eisigem Schneesturm auf dem Kesselflugplatz Pitomnik entladen.

Ernste Gesichter: Die bekannten Jagdflieger Galland, Trautloft und Oesau (von links) bei einem Planspiel der Reichsverteidigung.

Brandbombenschauer fallen aus einer ›Lancaster‹, dem stärksten britischen Viermotbomber. Daß er keine Abwehrwaffen nach unten hatte, begünstigte die deutschen Nachtjäger.

Luftschlacht über Deutschland: Ein Schwarm Zerstörer von der II./ZG 26 (das Foto wurde aus der vierten Me 110 des Schwarms aufgenommen) versucht, in eine günstige Schußposition auf den wegkurvenden Bomberpulk zu kommen.

Die B-17 ›Flying Fortress‹ (oben, mit geöffneten Bombenschächten) hatten über Deutschland schwere Verluste, solange sie nicht von Langstreckenjägern geschützt wurden. Viele im Kampf beschädigte Viermotorige gingen noch bei der Landung in England zu Bruch (unten).

Eine der seltenen echten Flugaufnahmen des Düsenjägers Me 262.

Ju-88-Nachtjäger bereit zum Start. Im Frühjahr 1944 erzielte die deutsche Nachtjagd ihre bedeutendsten Erfolge gegen das britische Bomberkommando.

einanderliegende Motoren auf nur eine Luftschraube wirkten. Trotz ihrer vier Motoren sah die He 177 also wie eine zweimotorige Maschine aus. Das bedeutete geringeren Luftwiderstand, Vorteile in der Aerodynamik und, so hoffte man, eine höhere Geschwindigkeit.

Im September 1939 trat dann der Fall ein, mit dem die Luftwaffe angeblich nicht zu rechnen brauchte: der Krieg mit England. Plötzlich wurde die He 177 hochaktuell. Denn nun brauchte man einen Fernbomber.

Am 19. November 1939 flog Diplomingenieur Carl Francke die erste He 177 in der Erprobungsstelle Rechlin. Er mußte bald wieder landen, sonst wäre er brennend vom Himmel gefallen: Die Öltemperatur der Doppelmotoren war über den roten Strich geklettert. Sonst ließ sich die Maschine gut fliegen.

Die Brandgefahr war sicherlich ein Warnzeichen. Nun aber mußte alles Hals über Kopf gehen. Wenig später erhielt Heinkel bereits einen Serienauftrag: Ab Sommer 1940 sollte er monatlich 120 viermotorige Bomber ausstoßen. Doch was heute beschlossen war, wurde morgen wieder umgestoßen.

Am 9. Februar 1940 befahl Göring äußerste Sparmaßnahmen. Die fühlbare Rohstoffknappheit diktierte seine Anweisungen. Langfristige Planungen und Entwicklungen wurden verboten. Alles vorhandene Material sollte ab sofort in den Bau erprobter Flugzeugmuster gesteckt werden, um »größtmögliche Mengen so schnell wie möglich« an die Front zu bringen. Dieser Befehl war das Todesurteil für eine gesunde Weiterentwicklung neuer Flugzeugtypen. Tausende von Ingenieuren und Technikern mußten ihre Arbeitsplätze verlassen. Sie wurden eingezogen. Was nicht 1940 zum Einsatz kam, brauchte gar nicht mehr gebaut zu werden. Denn im nächsten Jahr sollte der Krieg längst gewonnen sein.

So trat die deutsche Flugrüstung auf der Stelle. Udet schob auch den Serienauftrag für die He 177 wieder hinaus. Nach dem Westfeldzug trumpfte er, inzwischen zum General der Flieger und Generalluftzeugmeister emporgestiegen, vor Mitarbeitern auf:

»Der Krieg ist aus! Die ganzen Flugzeugprogramme sind Mist – die brauchen wir nicht mehr!«

Die Ernüchterung kommt schnell. Denn die Luftschlacht über England deckt unbarmherzig die Schwächen der deutschen Luftwaffe auf. Erneut wird die Produktion der He 177 befohlen. Nun folgt Mißgeschick auf Mißgeschick.

Die Maschinen zeigen auf den Probeflügen unerklärliche Schwingungen. Flügelbrüche treten auf. Die Doppeltriebwerke sind alles andere als betriebssicher, obwohl sie aus dem Zusammenbau von zwei der tausendfach bewährten Daimler-Benz-Triebwerke DB 601 entstanden sind. Doch der Triebwerkeinbau in die Flugzeugzelle ist sehr eng, und im gleichen Raum muß auch noch die Hydraulik des Fahrgestells Platz finden. Auslaufendes Öl entzündet sich auf den heißen Auspufftöpfen. Die He 177 macht ihrem Namen ›Fliegendes Feuerzeug‹ alle Ehre. Immer wieder stürzen Maschinen brennend ab.

Diese Schwierigkeiten gäbe es nicht, wenn man vier einzelne Motoren einbaute,

Generalstab und Technisches Amt aber beharren eigensinnig auf der Sturzflugforderung. Und stürzen kann das rund 31 Tonnen schwere Bombenflugzeug, wenn überhaupt, nur mit den Doppelmotoren.

»Das ist ja eine Idiotie, für ein viermotoriges Flugzeug eine Sturzforderung zu stellen«, schimpft Göring zwei Jahre zu spät, am 13. September 1942, vor den Luftindustriellen. Bitter beklagt er sich, daß er kein einziges Fernkampfflugzeug besitze. »Wenn ich daran denke, meine Herren, das ist wirklich zum Heulen!« Hat er wirklich vergessen, daß er selbst vor fünf Jahren den Befehl zum Verschrotten des ›Uralbombers‹ gegeben hat?

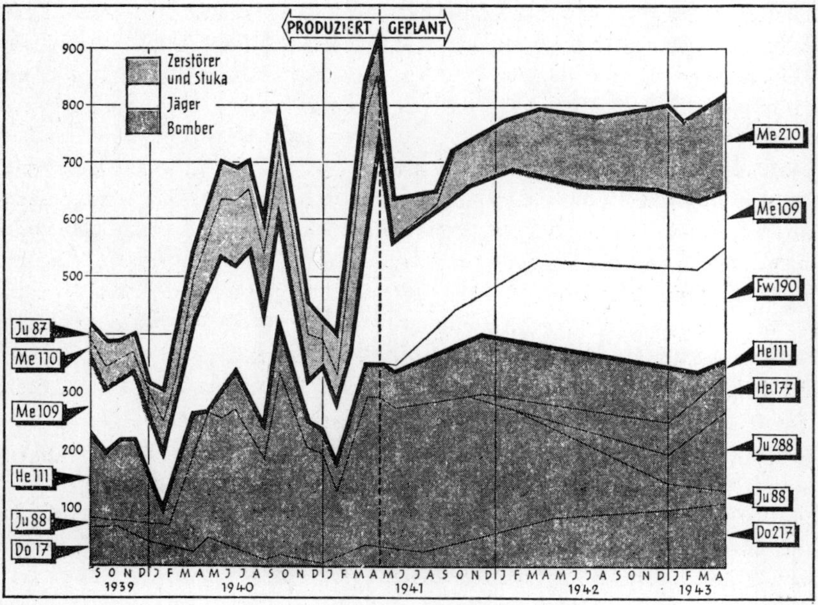

Ernst Udets ›Fieberkurve‹: Die überhebliche Meinung der deutschen Führung, der Krieg sei schon gewonnen, findet beredten Ausdruck im Auf und Ab der Flugzeug-Produktionskurve. Nach einem gewonnenen Feldzug sackte die Kurve stets ab. Tiefpunkte wurden im Februar 1940 und im Februar 1941 mit einem Monatsausstoß von nur 300 beziehungsweise 400 Bombern, Jägern, Zerstörern und Stukas erreicht. Das Schaubild, das dem Programmvorschlag 20c des Technischen Amtes vom 19. Mai 1941 nachgezeichnet ist, zeigt bis April 1941 die tatsächliche Produktion, ab Mai 1941 die weitere Planung der wichtigsten deutschen Flugzeugmuster. Der erneute Produktionsabfall im Sommer 1941, ausgerechnet zu Beginn des Rußlandfeldzuges, ließ Generalluftzeugmeister Udet scheitern. Weder die Serie der Me 210 noch die der He 177 liefen rechtzeitig an, um die Lücke zu füllen. Die schon auslaufenden alten Typen mußten weitergebaut werden.

Seit dem Frühjahr 1941 ist Ernst Udet nur noch ein Schatten seiner selbst. Ruhelos treibt er dahin. Er, der Generalluftzeugmeister, wird nun zum Sündenbock für alle Fehlschläge. Ihn trifft die Verantwortung. Ernst Udet zerbricht daran.

Es ist nicht nur die He 177. Auch die Me 210, seit Jahr und Tag als Nachfolgemuster für den Zerstörer Me 110 und zugleich für den Stuka Ju 87 vorgesehen, kommt nicht aus den Kinderkrankheiten heraus. Immer wieder gerät die Maschine aus der engen Kurve ins Flachtrudeln. Selbst erfahrene Werkpiloten stürzen dabei ab. Wie soll das an der Front werden? Ungeachtet der nicht befriedigenden Erprobungsergebnisse wird die Me 210 bereits in Serie gebaut.

Udet ist tief betroffen, daß er gerade mit seinem Freund Messerschmitt solche Schwierigkeiten hat. »Alle diese unnötigen Ärgernisse und untragbaren Zeitverluste zwingen mich nunmehr, einen schärferen Maßstab an die Überprüfung Deiner neuen Muster anzulegen...«, schreibt der Generalluftzeugmeister am 25. Juli 1941 an Messerschmitt. Aber er schickt den Brief nicht ab. Er bringt es nicht übers Herz.

In diesen Wochen ist Udet bereits ein kranker Mann. Er leidet an Blutstürzen. Die unerträglichen Kopfschmerzen sind nicht mehr zu betäuben. Neue Qualen bereitet ihm der Rußlandkrieg. Er ahnt, daß er die Frontverbände bald nicht mehr ausreichend mit Flugzeugen versorgen kann.

Am 20. Juni 1941 stattet Göring Feldmarschall Milch mit einer kommissarischen Vollmacht aus. Er soll dafür sorgen, daß »auf allen Gebieten der Luftrüstung in kürzester Zeit die vierfache Produktion« erreicht wird. Milch muß also in Udets Amtsbereich eingreifen. Nur nach außen bleibt alles beim alten, bleibt Udet direkt Göring unterstellt. Das kann nicht gutgehen.

Am 9. August fliegt Udet mit dem neuen Flugzeugprogramm – es ist das 16. seit Kriegsbeginn – zu Göring nach Ostpreußen. Milch schlägt mit der Faust auf den Tisch, als er davon hört. Er ruft im Hauptquartier an und fordert Udet auf, sofort zurückzukehren. Udet beschwert sich bei Göring, und Göring schickt Milch ein wütendes Telegramm. Gleichzeitig aber rät er Udet, einen längeren Erholungsurlaub anzutreten.

Am 25. August fährt Udet, völlig gebrochen, zur Kur nach Bühlerhöhe. Zwei Tage später erhält er als Vertrauensbeweis ein herzliches Telegramm Görings. Natürlich weiß er nicht, daß es von Freunden gefälscht ist, die ihn aufrichten wollen. Göring hat keine Ahnung davon.

Am 3. September beginnt Milch mit eisernem Besen im Amt des Generalluftzeugmeisters zu kehren. Er wirft den Ingenieuren Sabotage seiner Anordnungen vor. Am 9. September setzt er Generalingenieur Tschersich, den Chef der Planungsabteilung, vor die Tür. Udet kehrt am 26. September zurück, kann aber nicht verhindern, daß sein langjähriger Stabschef, Generalmajor Ploch, abkommandiert wird. Im Oktober erhält das Amt eine völlig neue Spitzengliederung. Ernst Udet wehrt sich kaum noch.

Am Sonnabend, dem 15. November, hat er Besuch von Ploch, der ihm von Judenerschießungen im Osten berichtet. Das Maß ist voll. Am 17. November 1941, früh um 9 Uhr, werden Staatssekretär Körner und Udets Adjutant, Oberst Max Pendele, von Frau Inge Bleyle in die Wohnung an der Heerstraße in Berlin gerufen. Udet ist tot. Bevor er sich erschoß, hat er mit Rotstift einen Satz auf die Stirnwand seines Bettes geschrieben:

»Reichsmarschall, warum hast du mich verlassen?«

Pendele nimmt einen Lappen und wischt den Satz weg. Später tut es ihm leid.

Körner ruft den Personalchef der Luftwaffe, General Kastner, an, und der verständigt Göring.

»Wir müssen einen Unfall vortäuschen«, sagt der Reichsmarschall mühsam.

»Generaloberst Ernst Udet ist den Folgen einer bei der Erprobung einer neuen Waffe erlittenen schweren Verletzung erlegen«, heißt es offiziell. Was Göring wirklich denkt, beweist er mit seinem Versuch, den Toten insgeheim vors Kriegsgericht zu bringen. Vier hohe Richter müssen befehlsgemäß die Gründe untersuchen, die zum Selbstmord Udets geführt haben. Nach monatelangen Verhören im Technischen Amt erstatten sie im Herbst 1942 auf dem Obersalzberg Bericht. Sie bitten dringend, von der Eröffnung eines Verfahrens abzusehen. Sonst würden zu viele Mißstände aufgedeckt.

»Wie bin ich froh«, sagt der Oberbefehlshaber der Luftwaffe, »daß Udet sich selbst gerichtet hat. Er hat es mir erspart, gegen ihn vorgehen zu müssen.« Die Tränen der Selbstgerechtigkeit stehen ihm dabei in den Augen.

Unternehmen Barbarossa · Erfahrungen und Lehren

1. Im Sommer und Herbst 1941 kämpften zwei Drittel der Luftwaffe am Himmel Rußlands, das restliche Drittel im Mittelmeerraum und am Kanal weiter gegen England. So groß die Erfolge im Osten auch waren – der Nachschub hielt mit dem gewaltigen Materialverschleiß nicht Schritt. Die Einsatzstärken der Jagd- und Kampfgeschwader sanken erschreckend ab. Das militärische Ziel, ›Rußland in einem schnellen Feldzug niederzuwerfen‹, wurde vor Beginn der Schlamm- und später der Frostperiode des Winters 1941/42 nicht erreicht.

2. Die mit Beginn des Mehrfrontenkrieges und angesichts der riesigen Ausdehnung des östlichen Kriegsschauplatzes notwendige Neuordnung der Luftwaffen-Führungsorganisation unterblieb. Vorschläge, alle Bomber in einem schwerpunktmäßig einzusetzenden ›Fernkampfkorps‹ zusammenzufassen und die Aufgaben der Heeresunterstützung mehreren taktischen Luftwaffenkommandos (mit Aufklärern, Schlachtfliegern und Flak) zu überlassen, wurden nicht beachtet.

3. Folglich wurden die Fliegerkorps im Rußlandfeldzug überwiegend als reine Hilfswaffe des Heeres zur Unterstützung der Operationen auf der Erde eingesetzt. Die Führung eines strategischen Luftkrieges kam über wenige Ansätze nicht hinaus. Einmal fehlte hierfür ein leistungsfähiger Fernbomber. Aber auch die mittelschweren Kampfverbände wurden überall verzettelt in die Schlacht geworfen, statt sie zum Angriff auf wichtige strategische Ziele, wie Panzer- und Flugzeugwerke, zusammenzufassen.

4. Die sowjetische Flugzeugproduktion blieb daher unbeeinträchtigt und konnte erheblich gesteigert werden. Die roten Luftarmeen erschienen mit immer neuen Maschinen auf dem Schlachtfeld, wie viele Flugzeuge auch schon abgeschossen waren. Das gleiche galt für die Panzer, die (zum Beispiel in Gorki) fast ungestört produziert wurden, solange ein großer Teil der Luftwaffe in der direkten Heeresunterstützung eingesetzt werden mußte.

5. Die Kräfte der Luftwaffe waren durch den Mehrfrontenkrieg weit überfordert. Die Entwicklungs- und Produktionskrise, die im November 1941 zu Udets Tod führte, bewies mangelnde Voraussicht der Führung, die den Krieg zu diesem Zeitpunkt längst gewonnen haben wollte. Die Vernachlässigung neuer Flugzeugtypen führte zu Fehlschlägen. Die alten Typen mußten weitergebaut werden und waren den Maschinen und Waffen des Gegners, vor allem im Westen, bald nicht mehr gewachsen.

Kampfraum Mittelmeer 1942 — 8

23. Großangriff auf Malta

Im Januar 1942 fegt ein stürmischer Schirokko von der See her und an den Hängen des Ätna hinab über Sizilien. Es regnet unaufhörlich. Das neue Jahr beginnt nicht gerade verheißungsvoll für die Kampf- und Jagdgruppen der Luftwaffe, die seit einigen Wochen wieder auf den sizilianischen Plätzen eingefallen sind: in Catania und Gerbini, in Trapani, Comiso und Gela.

Feldmarschall Kesselring, der mit seinem Luftflottenstab aus dem Mittelabschnitt der Ostfront herausgezogen und am 28. November 1941 zum ›Oberbefehlshaber Süd‹ ernannt worden war, befiehlt sofort: Großangriff auf Malta! Die Staffeln fliegen trotz des endlosen Regens. Eine geschlossene Angriffswirkung kommt jedoch vorläufig nicht zustande.

Anfang Februar sind die Regenwolken wie weggeblasen. Plötzlich Frühlingswetter mit Sonnenschein! Die Bomberstaffeln ziehen über ein tiefblaues Meer mit weißen Schaumkronen nach Süden. Malta wird nun von Woche zu Woche heftiger angegriffen. Morgens, mittags, abends und nachts: rund um die Uhr Alarm für die britische Mittelmeerfestung. Aber es sind immer nur kleine Gruppen deutscher Bomber, die die Verteidiger Maltas in Atem halten.

»Sie fingen recht vorsichtig an«, berichtet Major Gilchrist, Intelligence Officer der auf Malta eingesetzten britischen 231. Infanterie-Brigade, »drei oder fünf Ju 88 flogen ein, bis zu achtmal am Tage, begleitet von zahlreichen Jägern. Nur einwandfrei militärische Ziele – wie die Flughäfen und die Docks – wurden angegriffen.«

Jetzt ist nicht mehr das schlechte Wetter schuld, daß die Deutschen immer nur mit drei oder fünf Maschinen kommen. Kesselring selbst hat die Taktik der Einzelangriffe befohlen. Dem Vorteil des häufigen Alarms beim Gegner stehen aber erhebliche Nachteile gegenüber: Die massive Luftabwehr der Verteidiger kann sich auf wenige Bomber konzentrieren. Zumal, wenn sich die Ju 88 in die Flak-Hölle von Malta stürzen müssen. Die Verluste sind schwer. Kaum eine Maschine kommt ohne Treffer nach Hause.

»Links neben dem Staffelkapitän hänge ich in der Luft«, berichtet Leutnant Gerhard Stamp, Flugzeugführer einer Ju 88. »Wo man hinsieht, begleiten uns Messerschmitt-Jäger. Da kann ja eigentlich nicht viel passieren, noch dazu an einem so schönen Tag.«

Stamp ist mit der 2. Staffel des Lehrgeschwaders 1 unter Führung von Hauptmann Lüden in Catania gestartet und fliegt gegen Malta. Der Auftrag lautet: Sturzangriff auf den britischen Flugplatz Luca, Vernichtung der dort abgestellten Blenheim- und Wellington-Bomber. Die Messerschmitts des Begleitschutzes gehören zur III./JG 53 unter Hauptmann ›Fürst‹ Wilcke.

Neunzig Kilometer sind es nur von der sizilianischen Südküste bis zum Ziel. Eine gute Viertelstunde Flugzeit. Wie ein Felsennest hebt sich die Insel vor ihnen aus dem Meer. Bald ist die Hauptstadt La Valetta mit dem großen Hafen und dem Marinestützpunkt an den drei tief eingeschnittenen Buchten zu erkennen.

Unten blitzt es auf: schwere Flak. Plötzlich stehen schwarze Sprengwolken am heiteren Himmel, dicht unter den deutschen Bombern. Die Druckwelle rüttelt an der Ju 88 des Leutnants Stamp.

»Die Lage durfte keine 30 Meter höher liegen!« ruft Bordmechaniker Goerke.

Die Flak von Malta hat ihren ›guten Ruf‹ bei den deutschen Kampffliegern schon im Frühjahr 1941 begründet. Damals griffen meist Stukaverbände die Insel an. Die Engländer schossen offenbar mit zentraler Feuerleitung. Auf einen Schlag blitzten unten Hunderte von Abschüssen auf. Höchste Zeit für ein Ausweichmanöver! Die Stukas schmierten weg, veränderten blitzschnell Höhe und Seite. Mit der alten ›Jolanthe‹, der wendigen kleinen Ju 87, konnte man das machen. 50 Sekunden später platzte eine riesige Flak-Sprengwolke – genau an der Stelle, an der der Verband noch eben gestanden hatte.

Die Engländer machten nicht nur Feuerüberfälle. Sie setzten auch einzelne Sprengpunkte in verschiedene Höhen. Und sie schossen Sperren, sobald die Angreifer stürzten. Sperren auf 3000, auf 2000, auf 1500 Meter Höhe. Zuletzt mit allen Rohren der leichten Flak, von Land und von den Kriegsschiffen im Hafen.

»Diese Luftabwehr war ein ungewöhnlich ernst zu nehmender Gegner«, urteilte der Gruppenkommandeur der III./StG 1, Hauptmann Helmut Mahlke. Ihm selbst riß ein Flak-Volltreffer am 26. Februar 1941 ein Riesenloch in die rechte Tragfläche. Mit viel Glück und Können schaffte Mahlke gerade noch den Rückflug nach Sizilien.

Seither hat die britische Flak auf der Inselfestung Malta nichts verlernt. Jetzt, ein Jahr später, ist sie eher noch stärker geworden.

Leutnant Stamp stößt mit seiner Ju 88 durch die Sperre. Weiter, denkt er, nur durch! Schon kippt der Staffelkapitän zum Angriff ab. Stamp fährt die Bremsen aus und stürzt hinterher. Deutlich sieht er ein paar helle gekreuzte Linien vor sich: die Startbahnen des Flugplatzes Luca.

Rasch wachsen sie ins Visier hinein. Dann ist es nur noch eine Bahn. Und am Ende der Bahn Flugzeuge. Zwei, vier, sechs Bomber dicht beieinander.

Die Wurfmarke im Reflexvisier liegt deckend über dem Ziel. Der Beobachter schreit Stamp die Höhenzahlen zu. Ein Schlag aufs Knie: Wirf doch endlich, heißt das. Der linke Daumen liegt auf dem roten Knopf am Steuer. Ein leichter Druck – die Bomben fallen. Automatisch fängt die Ju 88 ab.

Die Maschine des Staffelkapitäns fliegt wie betrunken: Kurve links, Kurve rechts, 'rauf und 'runter. ›Flak-Walzer tanzen‹ nennen sie das. Sekunden später ist auch Stamp mitten in der Feuerzone.

»Vor mir hängt eine schwarze Wand, in der es zuckt und blitzt«, berichtet er. »Ich habe keine Wahl, ich muß durch.«

Patsch, patsch, klatscht es gegen die Maschine, wie ein paar Ohrfeigen. Treffer – sie kennen es zur Genüge.

»Das Fahrwerk fährt aus!« ruft Goerke von unten. Auch das noch! Aber nur die Klappen sind getroffen und springen auf. Die Fahrwerksbeine bleiben in der Fläche. Die Maschine hätte sonst zuviel Fahrt verloren. Und Fahrt brauchen sie, viel Fahrt. Wenn die Motoren nichts abbekommen haben, kommen wir durch, denkt Stamp. Da meldet sich Funker Noschinski:

»Rechts hinter uns drei Hurricanes im Anflug.«

Die Jäger lauern am Rand der Flak-Zone und stürzen sich auf die abfliegenden deutschen Bomber. Stamp schiebt Vollgas hinein und drückt die Maschine tief auf die See hinunter. Vom Rücksitz her gibt Noschinski eine atemberaubende Reportage:

»Hinter dem ersten Tommy sitzt eine Me 109. Sie schießt! Die Hurricane qualmt – schmiert ab. Da, ein Fallschirm. Maschine schlägt aufs Wasser. Achtung, die nächste ist im Anflug. Noch 500 Meter. 400 Meter. Jetzt sitzt auch da eine 109 hinter. Gut so. Die zweite Hurricane brennt. Die dritte zieht ab. – Herzlichen Glückwunsch zum Geburtstag!«

Eine halbe Stunde später kurvt Leutnant Stamp über dem großen Flugplatz Catania. Da haben sie die Bescherung: Die Druckleitung ist zerschossen. Das Fahrwerk läßt sich nicht ausfahren. Auch nicht mit der Handpumpe. Also muß er die Maschine mit einer Bauchlandung auf den Platz setzen. Ganz tief donnert er über die Hallen und schießt Leuchtkugeln. Unten wird alles geräumt. Sanitätswagen und Feuerwehr fahren auf.

»Wir schnallen uns ganz fest«, berichtet Stamp, »und dann setze ich zur Landung an. Die Landeklappen fahren auch nicht aus. Daher komme ich mit zuviel Fahrt an den Boden, gebe Gas, noch eine Runde und wieder hinunter. Ein Ruck geht durch den braven Vogel, es kracht, ich schreie ›Dach weg!‹ –

aber er bäumt sich auf, er schwebt wieder. Der Platz wird kürzer. Dann wieder ein Stoß, Dreck spritzt gegen die Kanzel, es knirscht, rauscht und rutscht. Vor mir wächst eine Betonwand ins Riesenhafte. Wir rutschen genau darauf zu. Ich trete in die Bremsen, als ob das was nützte. Da schlingert der Vogel nach rechts, schiebt die linke Fläche vor – und steht. Drei Meter vor der Betonwand...«

Es ist noch einmal gutgegangen. Um Haaresbreite, wie so oft. Stamp meldet sich bei seinem Gruppenkommandeur. Der kneift die Augen zusammen und sagt:

»Sie sieht man wohl nicht gern in Malta? Dann können Sie ja den Ia ablösen und sich nach Schluß der Saison einen neuen Schlitten abholen.«

So ist der ›Alte‹. Aber er meint es natürlich nicht so: der Hauptmann Jochen Helbig.

Die Vorgeschichte der ›zweiten Malta-Bekämpfung‹ der deutschen Luftwaffe, die im Dezember 1941 beginnt, sich langsam steigert und im April 1942 den Höhepunkt erreicht, kommt einer Lektion über Seeherrschaft gleich.

Wer Malta hatte, besaß die strategische Schlüsselposition im mittleren Mittelmeer. Die Felseninsel bot den Engländern einen ›unsinkbaren Flugzeugträger‹. Die Flotten- und Luftbasis Malta schützte nicht nur den britischen Geleitverkehr Gibraltar–Alexandria–Suez-Kanal an seinem gefährlichsten Engpaß; sie lag auch wie ein Stein auf dem direkten Nachschubweg von Italien und Sizilien nach Nordafrika. Die Italiener mußten einen großen Bogen um die Insel fahren.

Aber war ein britischer Stützpunkt so dicht vor der feindlichen Küste nicht auch aufs höchste gefährdet? Mußte er nicht den Italienern in ihrem ›mare nostrum‹ ein Dorn im Auge sein? Die anfangs heftigen Angriffe italienischer Bomber im Sommer 1940 wurden bald schwächer. Die erste deutsche Luftoffensive gegen die Insel – im Frühjahr 1941 vom X. Fliegerkorps General Geislers geflogen – diente nur einem begrenzten Ziel: Malta sollte niedergehalten werden, damit das Afrikakorps des Generals Rommel sicher nach Tripolis übersetzen konnte. Der Zweck wurde erreicht. Der Vorschlag des Vizeadmirals Weichold, Chef des deutschen Marinekommandos in Italien, die angeschlagene Insel jetzt sofort zu besetzen, fand kein Gehör. Malta konnte aufatmen.

Ab 6. April 1941 forderte der Balkanfeldzug den Großeinsatz der Luftwaffe. Zwei Wochen später entschied sich Hitler für die gewagte Luftlandung auf Kreta. Vergebens hatte der Wehrmachtführungsstab vorgeschlagen, statt Kreta das sechsundzwanzigmal kleinere, aber strategisch wichtigere Malta aus der Luft zu erobern. Schließlich kam das ›Unternehmen Barbarossa‹, der Rußlandfeldzug. Das X. Fliegerkorps blieb zwar im Mittelmeer, mußte aber Sizilien verlassen, weil es in der Ägäis und im östlichen Mittelmeer dringender gebraucht wurde.

In diesen Sommermonaten 1941 lebte die Inselfestung Malta auf. Die im Frühjahr geschlagenen Wunden heilten schnell. Drei große britische Nachschubkonvois erreichten 1941 die Insel, von 39 Transportschiffen ging nur eines verloren. Sie brachten Waffen und Munition, Treibstoff und Verpflegung. Luft-Vizemarschall H. P. Lloyd, der im Mai 1941 das Kommando über die Royal Air Force auf Malta übernahm, wunderte sich:

»Man hätte hier vergessen können, daß überhaupt Krieg war.«

Die RAF vergaß das keineswegs. Bomber und Torpedoflugzeuge starteten von der Insel. Die britische 10. Unterseeboot-Flottille stützte sich auf La Valetta. Und im Herbst 1941 wurde sogar die aus Kreuzern und Zerstörern bestehende ›Kampfgruppe K‹ dort stationiert. Maltas ›Schwert‹ war wieder scharf. Der deutsch-italienische Nachschub bekam es zu spüren. Aus der Luft, über und unter Wasser griffen die Engländer an.

Am 18. September 1941 rissen die Torpedos des britischen U-Boots »Upholder« zwei italienische Truppentransporter in die Tiefe: die »Neptunia« und »Oceania«, beides Schnelldampfer von 20000 Tonnen, vollbeladen mit Truppen und Gerät für Afrika. 5000 Soldaten fanden den Tod in den Wellen. Dicht vor Bengasi sank auch die »Oriani« im Bombenhagel von drei Blenheims aus Malta. Die Verlustkurve des Afrikanachschubs stieg steil an: von neun Prozent im August auf 37 Prozent im September 1941. Immer schwerer fanden sich italienische Schiffe, die noch nach Afrika fahren konnten – oder wollten. Die Transportleistung sank rapide.

Der November brachte vollends die Katastrophe. Die Force K – zwei britische Kreuzer und zwei Zerstörer unter Captain W. G. Agnew – stellte in der Vollmondnacht zum 9. November einen italienischen Geleitzug und versenkte alle sieben Schiffe – fünf Frachter und zwei Tanker mit 39787 BRT.

Rommel war der Leidtragende. Er bekam keine Munition. Keinen Treibstoff. Lufttransporte allein reichten nicht aus, um das Afrikakorps beweglich zu halten. Die britische 8. Armee bereitete in aller Ruhe ihre Herbstoffensive vor, und die Deutschen saßen wie festgenagelt an der ägyptischen Grenze. Ein letzter Versuch, ihnen vier Tanker mit Treibstoff hinüberzuschicken, schlug trotz stärkster Sicherung fehl. Am 18. November traten die Engländer in der Wüste an. Und Ende des Jahres war Rommel dorthin zurückgeworfen, wo er im Frühjahr begonnen hatte: nach Marsa el Brega an der Großen Syrte.

Im November 1941 verlor die Nachschubflotte insgesamt zwölf vollbeladene Schiffe mit 54990 BRT. Das waren 44 Prozent aller auf der Hinfahrt eingesetzten Transporter. Admiral Weichold meldete sogar eine Verlustquote von 77 Prozent nach Berlin. Großadmiral Raeder schlug Alarm im Führerhauptquartier:

Die Luftwaffe mußte nach Sizilien zurück!

Die Alternative war selten klarer: Entweder wurde Malta erneut niedergekämpft – oder das deutsche Afrikakorps war verloren.

Hitler rief Kesselring von der Winterfront vor Moskau zurück und schickte ihn nach Sizilien. Der Stab des II. Fliegerkorps unter General Loerzer folgte im Dezember nach Messina. Die Verbände mußten neu zugeteilt werden, denn die traditionellen Geschwader des Korps hatten sich in Rußland völlig verausgabt. Die Ausrüstung für den Tropeneinsatz kostete weitere Zeit.

Nacheinander trafen auf den sizilianischen Plätzen fünf Kampfgruppen ein, alle mit Ju 88 A-4 ausgerüstet. Ferner eine Nachtjagdgruppe (ebenfalls Ju 88), eine Stuka- (Ju 87) und eine Zerstörergruppe (Me 110). Den Jagdschutz über Malta flog das ›Pik-As‹-Geschwader JG 53 mit vier Gruppen Me 109 F. Insgesamt meldeten diese Gruppen einen Bestand von 352 Flugzeugen. Nur 229 waren einsatzbereit.

Schon im Dezember 1941 geht es los. Kaum in Sizilien eingetroffen, werden die Verbände in den Kampf geworfen. Einzeln oder staffelweise überwachen sie das Seegebiet und fliegen Geleitschutz für die Transportschiffe auf ihrer Todesfahrt nach Afrika. Nach langen Monaten der Ruhe fallen auch wieder Bomben auf Malta selbst. Für die Engländer weht sofort ein schärferer Wind. Aber für die deutsche Luftwaffe sind diese Einzeleinsätze ungewöhnlich verlustreich.

Da ist zum Beispiel die Nachtjagdgruppe, die I./NJG 2. Im Oktober griff sie die britischen Bomber noch direkt über ihren Heimatflugplätzen in England an, bis Hitler selbst die Fernnachtjagd verbot. Nun startet die Gruppe, geführt von Hauptmann Jung, von Catania aus. Oft muß sie Staffeln nach Afrika und Kreta abgeben. Auf Sizilien sind selten mehr als zehn Maschinen einsatzbereit. Aber sie fliegen Tag und Nacht. Und immer mehr Besatzungen kehren nicht zurück.

Am 3. Dezember sichtet Leutnant von Keudell im Tyrrhenischen Meer ein treibendes Schlauchboot und ruft sofort Hilfe herbei. Dadurch rettet er dem deutschen Luftattaché in Rom, Generalmajor Ritter von Pohl, das Leben. Pohl war auf dem Fluge zur ersten Einsatzbesprechung mit Kesselring abgestürzt. Acht Wochen später bleibt von Keudell nach einem Einsatz gegen Malta verschollen.

Kurz nach Weihnachten 1941 wird Leutnant Babineck, der jüngste der Gruppe, von der leichten Flak über La Valetta abgeschossen. Sein letzter Funkspruch: »Durchstoße 10/10 Wolkendecke in 500 Meter Höhe.«

Oder der Leutnant Schleif: Er setzt sich nachts über Malta hinter einen gerade landenden Blenheim-Bomber und schießt ihn brennend ab. Am 18. Januar 1942 will er seinen Erfolg wiederholen, aber die Kanonen versagen. In der nächsten Nacht erwischt ihn die Flak über Luca. Aus 200 Meter Höhe stürzt die Ju 88 als lodernde Fackel zu Boden.

Leutnant Haas verfolgt einen britischen Nachtbomber – und kehrt nicht zurück. Leutnant Laufs findet nachts den unter Wolken verborgenen Platz nicht und rast gegen einen Hang des Ätna. Der Adjutant, Oberleutnant Schulz, stürzt kurz vor der Küste ins Meer. Unteroffizier Teuber knallt mit Motorenversager aus 1500 Meter Höhe auf den Flugplatz Bengasi.

So geht es Tag für Tag. Woche um Woche.

Dem Chef des Stabes des II. Fliegerkorps, Oberst Deichmann, passen die vielen verlustreichen Einzelangriffe – besonders der Kampfflugzeuge über Malta –

gar nicht ins Konzept. Die Angriffswirkung wird zu sehr verzettelt. Aber die Ju 88 soll ja stürzen. Generalstabschef Jeschonnek hält daran fest: Sie soll ihr Ziel im Punktangriff treffen.

Hier geht es um den Glaubenssatz der Luftwaffenführung. Um den Grundgedanken des Bombereinsatzes: den Sturzflug. Malta beweist mit seltener Klarheit, daß dieser Gedanke falsch ist.

Auf Weisung Kesselrings arbeitet Deichmann einen eigenen Angriffsplan gegen Malta aus. Außer gegen erkannte Flakbatterien und Spezialziele ist darin nichts mehr von Einzelangriffen und Sturzflügen zu finden. Deichmann will alle Kampfverbände zusammenfassen. Sie sollen geschlossen angreifen. Mit klaren Schwerpunkten:

zuerst überraschend gegen den britischen Jägerplatz Ta Kali, um die Jagdabwehr schon am Boden entscheidend zu treffen;

dann gegen die anderen Flugplätze: Luca, Hal Far und Calafrana; von dort starten die britischen Bomber und Torpedoflugzeuge;

in der dritten Phase schließlich gegen die Marinestützpunkte, gegen die Docks und Hafenanlagen von La Valetta.

Nach heftigen Diskussionen wird der Plan Anfang März 1942 genehmigt. Die Vorbereitung läuft. Da geschieht etwas Unfaßbares: Die Matrizen des vervielfältigten Angriffsbefehls werden nicht verbrannt. Ein Sicherheitsoffizier entdeckt sie durch Zufall in einem Sack Altpapier, der gerade von einem Händler aus dem Stabsgebäude abgeholt wird. Eine Geheime Kommandosache im Altpapier! Ob die Engländer schon Wind von dem geplanten Unternehmen gegen Malta bekommen haben?

Der Angriffsbeginn wird verschoben. Doch auf der Insel tut sich nichts. Die sorgfältige Bildaufklärung beweist, daß Spitfires und Hurricanes nach wie vor alle zusammen auf dem Platz Ta Kali stehen. Das ist die Voraussetzung für den geplanten Überraschungsschlag.

Am 20. März 1942 ist es soweit. Die Abenddämmerung sinkt schon über Malta nieder. Die britischen Jäger landen, der Tag scheint überstanden zu sein. Plötzlich werden nochmals hoch über See anfliegende deutsche Bomber gemeldet. Die Engländer horchen auf: Das ist nicht das gewohnte helle Singen einzelner Ju 88. Der Ton klingt voller, schwerer. Das muß ein starker Verband sein!

Die erste Welle dröhnt über Malta hinweg, die zweite folgt dichtauf.

Schwere Bomben hageln auf den britischen Jägerplatz Ta Kali hinab. Es werden immer mehr, immer auf dasselbe Ziel.

Das II. Fliegerkorps hat alle nachtflugfähigen Besatzungen für diesen Dämmerungsangriff aufgeboten: rund 60 Kampfflugzeuge, begleitet von Nachtjägern und Zerstörern. Ihre Bomben reißen das Rollfeld von Ta Kali auf. Sie setzen Gebäude und Werkstätten in Brand.

Aber da ist noch etwas: Deutsche Aufklärer haben mit Stereomeßaufnahmen eine Rampe entdeckt, die am Rande des Flugplatzes nach unten führt. Daneben liegt ein großer Aushub von Erde und Gestein. Das kann nur bedeuten, daß die Engländer eine unterirdische Flugzeughalle in den Fels gesprengt haben!

Die Angreifer setzen 1000-Kilo-Panzerbomben mit Raketentreibsatz gegen das schwer zugängliche Ziel ein. Dafür müssen die Ju 88 stürzen. Bei hoher Anfangsgeschwindigkeit können die Raketenbomben bis zu 14 Meter tief in Felsböden eindringen. Ob sie die unterirdische Halle treffen?

Andere Ju 88 zielen mit Flammenbomben auf die erwähnte Rampe. Das brennende Öl soll die in der Halle vermuteten Jagdflugzeuge in Brand setzen. Bis heute ist die Frage unbeantwortet, ob der Angriff mit den Spezialwaffen erfolgreich war. Ja, ob es tatsächlich diese unterirdische Halle auf Malta gegeben hat. Die Engländer schweigen sich darüber aus.

Fest steht aber, daß die am nächsten Morgen geschlossen angreifenden deutschen Kampfverbände auf keine Jagdabwehr mehr stoßen. Sie kommen in mehreren Wellen: die Kampfgruppen 606 und 806 aus Catania. Die I./KG 54 aus Gerbini. Und das KG 77 mit zwei Gruppen aus Comiso. Zusammen mit den Jägern vom JG 53 und von der II./JG 3 ›Udet‹, zusammen mit den Zerstörern der III./ZG 26 sind binnen kurzer Zeit mehr als 200 deutsche Maschinen über dem Felsennest Malta.

Wieder und immer wieder greifen sie Ta Kali an, als ob es keine anderen militärischen Ziele auf der Insel gäbe. Es sind die ersten ›Bombenteppiche‹ des zweiten Weltkrieges. Am Abend des 21. März gleicht der Jägerplatz einer Kraterlandschaft.

Am 22. März fallen die Bomben auf die anderen Flugplätze der Insel. Die zweite Angriffsphase hat begonnen. Am vierten Tag aber wird Deichmanns Plan durch ein besonderes Ereignis unterbrochen: Die Engländer versuchen noch einmal, einen Nachschubkonvoi zu der schwergeprüften Felseninsel durchzubringen. Es ist ein verzweifelter Versuch. Verzweifelt angesichts der wiedererrungenen deutschen Luftherrschaft. Seit vier Tagen ist der Konvoi von Alexandria unterwegs. Seit vier Tagen wird er aus der Luft beschattet.

Am 22. März versucht die italienische Flotte anzugreifen, aber die starke britische Sicherung – vier Kreuzer und 16 Zerstörer – drängt die Italiener ab. Noch schwimmen die vier Transportschiffe mit Munition, Treibstoff und Verpflegung für Malta. Das Ausweichen vor den Italienern bedingt freilich, daß sie nicht nachts, sondern erst am Vormittag des nächsten Tages, des 23. März, auf die Insel zudampfen.

Jetzt schlägt die Luftwaffe zu. Ein Bombenhagel geht auf die Transporter nieder. 20 Seemeilen vor Malta sinkt die »Clan Campbell« nach einem Volltreffer. Als nächste wird die »Breconshire«, ein Marine-Versorger, schwer angeschlagen. Zwar gelingt es, das Schiff in die Bucht von Marsa Scirocco zu schleppen, doch dort geht es nach weiteren heftigen Angriffen verloren.

Die beiden letzten Transporter sinken erst im Hafen von La Valetta – ganze drei Tage später. In diesen drei Tagen gelingt es den Engländern, in den seltenen Pausen zwischen den Angriffen 5000 Tonnen von der wertvollen Ladung zu bergen. Das ist ein knappes Fünftel von den 26000 Tonnen Nachschub, die Malta mit den vier gesunkenen Schiffen erreichen sollten. Die Insel geht harten Zeiten entgegen.

Ende März beginnt die dritte Phase des Bombardements. Der Schwerpunkt liegt jetzt auf La Valetta, auf dem Hafen, den Werften und Docks. Der April bringt nochmals eine Steigerung der Angriffe. Zerstörer und U-Boote müssen den Stützpunkt nach schweren Verlusten räumen. Die letzten britischen Bomber haben die Insel schon vorher verlassen.

Malta kann den deutsch-italienischen Nachschub nach Afrika nicht mehr bedrohen. Die Transportschiffe dampfen ungestört nach Tripolis und Bengasi. Rommel atmet auf.

Mitte April ein neuer Entlastungsversuch des Gegners: Der amerikanische Flugzeugträger »Wasp« stößt von Gibraltar aus bis zum 5. Grad östlicher Länge ins Mittelmeer vor. Dort starten von seinem Deck 47 brandneue Spitfires und fliegen mit dem letzten Tropfen Sprit nach Malta ein. Die »Wasp« bleibt außerhalb der Reichweite deutscher Bomber auf Sizilien. Doch das II. Fliegerkorps ist durch seine Funk-Horchkompanie unter Hauptmann Kuhlmann genau über das Unternehmen des Gegners im Bilde. Sogar die Landezeiten der Spitfires auf Malta können errechnet werden.

20 Minuten später trifft ein neuer Bombenschlag die Flugplätze Hal Far und Ta Kali, auf denen die Jagdflugzeuge, soeben angekommen, noch ungewartet herumstehen. Nur 27 Spitfires bleiben einsatzbereit, und auch sie werden in den Luftkämpfen der nächsten Tage von den Messerschmitts des JG 53 aufgerieben.

Gegen Ende des Monats wissen die deutschen Kampfverbände kaum noch, wohin sie ihre Bomben werfen sollen. Die militärischen Ziele sind, soweit sich das aus der Luft erkennen läßt, vernichtet oder schwer angeschlagen. In einem Tagesbefehl faßt das II. Fliegerkorps seine Erfolge zusammen. Darin heißt es:

»In der Zeit vom 20. März bis 28. April 1942 wurde Malta als Flotten- und Luftstützpunkt völlig ausgeschaltet... Insgesamt waren eingesetzt: 5807 Kampfflugzeuge, 5667 Jäger und 345 Aufklärer. 6557231 Kilogramm Bomben wurden abgeworfen...« Das ist fast soviel, wie auf dem Höhepunkt der Luftschlacht um England, im September 1940, auf ganz Großbritannien gefallen waren!

Die Flugplätze Maltas sind von Treffern verwüstet. Die Hafenkais und Docks zerstört. Die Kriegsschiffe vertrieben. Malta hat als See- und Luftstützpunkt ausgespielt. Bleibt nur noch eines zu tun. Nur noch der krönende Abschluß: die Eroberung der Insel.

Die Landung auf Malta, das ›Unternehmen Herkules‹, ist das erklärte Ziel.

Großadmiral Raeder drängt seit langem darauf. Feldmarschall Kesselring versucht ebenfalls Hitler für den Plan zu gewinnen.

»Sind S' nur ruhig«, beschwichtigt ihn Hitler, »ich tu's ja!«

Mussolini und Marschall Graf Cavallero, der Chef des italienischen Generalstabes, wollen in Nordafrika keinen Schritt weiter voran, ehe nicht Malta gefallen ist. Rommel bietet sich sogar an, selber das Landungskorps zu führen. Hitler will die Führung jedoch den Italienern überlassen. Und Mussolini erklärt am 29. April 1942 auf dem Obersalzberg bei Berchtesgaden:

»Wir brauchen für einen planmäßigen Landungsangriff noch drei Monate Zeit.«

Was aber wird in drei Monaten sein?

Am Abend des 10. Mai 1942 schieben sich vier britische Zerstörer aus der Einfahrt des ägyptischen Hafens Alexandria heraus. An der Spitze läuft die »Jervis« mit dem Befehlshaber des Verbandes, Captain A. L. Poland, an Bord. Dahinter die »Jackal«, »Kipling« und »Lively«. Vor der Küste drehen die Zerstörer auf Nordnordwest und dampfen mit hoher Marschfahrt in die sinkende Nacht hinein.

Captain Poland richtet den Kurs so ein, daß sein Verband am nächsten Tage in der Mitte zwischen Kreta und Nordafrika nach Westen durchstößt. Das ist seine Chance, unentdeckt zu bleiben: weit genug von der Küste im Norden und Süden entfernt. Mit großem Abstand von dem guten Dutzend deutscher Flugplätze. Und, so hofft Poland, außer Sichtweite der deutschen Aufklärer. Es ist eine hauchdünne Chance. Aber davon hängt alles Weitere ab.

Die Engländer sollen einen italienischen Geleitzug stellen, der mit drei Transportschiffen und drei Zerstörern von Tarent nach Bengasi unterwegs ist. Seit Malta unter den Schlägen der deutschen Bomber liegt, seit die letzten britischen Kriegsschiffe und Kampfflugzeuge ihre Stützpunkte auf der Insel räumen mußten, hat sich der deutsch-italienische Nachschub für Afrika von den im Herbst 1941 erlittenen katastrophalen Verlusten erholt. Die Seetransporte laufen wieder fast ungestört.

Außerdem hatte Rommel schon Ende Januar 1942 im kühnen Gegenangriff gegen die britische 8. Armee die Cyrenaica bis zur Gazala-Linie zurückerobert. Dadurch hatte die Royal Air Force ihre gerade gewonnenen Luftstützpunkte zwischen Derna und Bengasi wieder verloren. Erst nach einem langen und gefährlichen Anflugweg konnte sie die Transportschiffe der ›Achse‹ angreifen: vorbei an den Flugplätzen deutscher Jäger und Zerstörer in der Cyrenaica. Am 14. April hatten Beaufort-Torpedoflugzeuge und Blenheim-Bomber beim vergeblichen Angriff auf einen Geleitzug 85 Seemeilen südöstlich von Malta sechs Maschinen verloren – abgeschossen von Geleitschutz fliegenden Me-110-Zerstörern der III./ZG 26 unter Hauptmann Christl.

Nun also soll die britische Marine das Steuer noch einmal herumwerfen.

Captain Polands Zerstörer sollen versuchen, an die großen Erfolge des November 1941 anzuknüpfen. Die Chancen der vier Zerstörer, die nun weither von Alexandria herandampfen müssen, stehen 1:10. Captain Poland hat strikte Befehle, nur anzugreifen, wenn er im Morgengrauen des 12. Mai vor Bengasi auf den Geleitzug treffen kann. Und nur, wenn er den ganzen 11. Mai hindurch auf dem Anmarsch unentdeckt geblieben ist. Denn die schweren britischen Schiffsverluste der letzten Wochen haben bewiesen, daß sich die deutsche Luftwaffe im Mittelmeer keine Gelegenheit zum Angriff entgehen läßt.

Zunächst geht alles gut an diesem 11. Mai 1942. Gegen Mittag stehen die britischen Zerstörer zwischen Kreta und Tobruk. Hier ist das Mittelmeer nur etwa 350 Kilometer breit. Jetzt wird es besonders kritisch. Der Verband fährt nun in einem Seegebiet, das von den deutschen Aufklärern überwacht wird. ›Die Bombenallee‹ nennen es die Engländer; denn die deutschen Kampfverbände von Kreta sind schnell zur Stelle.

Bald nach Mittag meldet der Radarbeobachter auf der »Jervis« ein einzelnes Flugzeug. Die englischen Offiziere halten den Atem an. Hat der Gegner sie entdeckt? Wird er den Standort der Schiffe melden?

Wenige Minuten später ist die hauchdünne Chance der Engländer dahin. Das deutsche Flugzeug kreist in weitem Abstand um den Verband. Ein Aufklärer! Und er funkt:

»Vier Zerstörer, Quadrat..., Kurs 290 Grad, Fahrt 25 Seemeilen.«

Auf der Brücke der »Jervis« gibt Captain Poland resigniert den Befehl:

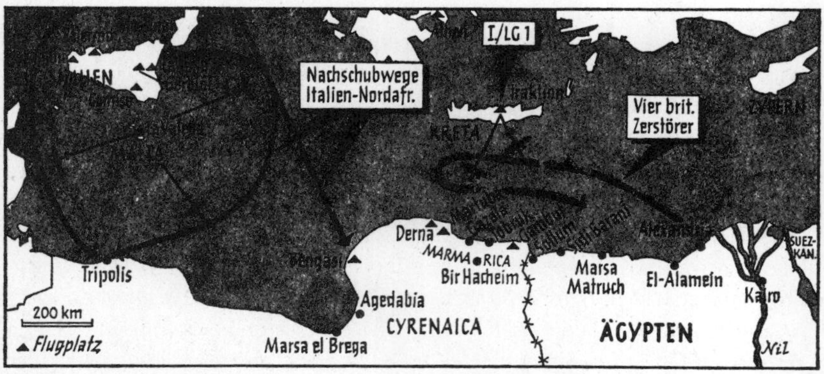

Maltas beherrschende Lage im mittleren Mittelmeer wird in dieser Karte besonders deutlich. Das von Sizilien aus startende II. Fliegerkorps kämpfte die britische Inselfestung zwar im April 1942 nieder, doch die deutsch-italienische Landung blieb aus, und Malta erstarkte wieder. Der zeitweise – durch die Malta-Bekämpfung – gesicherte Nachschub nach Nordafrika erlaubte Rommel den Beginn seiner Offensive aus der Gazala-Stellung, die ihn bis nach El Alamein führen sollte. Der Angriff von vier britischen Zerstörern nach Westen fand im Bombenhagel der Ju 88 aus Kreta sein Ende.

»Kehrtmachen. Kurs auf Alexandria.« Die Anweisungen des Befehlshabers der Mittelmeerflotte lassen ihm keine andere Wahl. Sobald er von den Deutschen gesichtet wird, hat er das Unternehmen sofort abzubrechen.

Aber damit ist die Gefahr für die Kriegsschiffe noch nicht beseitigt. Die Funkmeldung des Aufklärers alarmiert das X. Fliegerkorps in Athen. Das Lehrgeschwader 1 soll angreifen.

Erste Welle: die I./LG 1 aus Iraklion/Kreta.

Zweite Welle: die II./LG 1 aus Eleusis bei Athen.

In Iraklion hält der Gruppenkommandeur, Hauptmann Jochen Helbig, eine kurze Einsatzbesprechung mit seinen Flugzeugführern ab. Seit der See-Luftschlacht rund um Kreta vor einem Jahr ist die Gruppe auf Schiffsziele spezialisiert. Zerstörer, das wissen alle, sind ihre schwierigsten Gegner, weil sie im Gefecht Höchstfahrt laufen und dabei unheimlich schnell drehen können, und weil sie dem angreifenden Sturzbomber oft noch im Augenblick des Wurfs aus dem Visier herauslaufen.

»Es ist ungefähr so, als wenn man einen Fisch mit der Hand fangen will«, erklärt ein Flugzeugführer. »Das erfordert auch Übung, Geduld und schnelle Reaktionsfähigkeit.«

Eine Eigenschaft nennt er nicht: Mut. Den Mut, sich aus 4000 Meter Höhe in ein Flakfeuer hinabzustürzen, das von Sekunde zu Sekunde stärker wird. Und trotzdem durchzuhalten. Helbig befiehlt Zielsturz bis auf 800 Meter Höhe. Und wegdrücken tief über See. Dann können sie noch ihre hohe Sturzgeschwindigkeit ausnutzen und sind binnen Sekunden aus dem schwersten Flakfeuer heraus.

»Also dann: Hals- und Beinbruch!«

Die Flugzeugführer melden sich ab. Heute hat die Gruppe 14 einsatzbereite Ju 88 A-4. Am frühen Nachmittag des 11. Mai 1942 ziehen sie von Kreta nach Süden, dem gemeldeten Standort der britischen Zerstörer entgegen. Helbig läßt einen großen Bogen fliegen und nähert sich dem Gegner von Südwesten. Fast gelingt das Täuschungsmanöver.

Der Führerzerstörer »Jervis« hat gerade Funkverbindung mit zwei Beaufightern aufgenommen, die zum Geleitschutz von Afrika heranfliegen. Gleichzeitig tauchen die Maschinen schon am Himmel auf. Aber dann stutzen die Engländer. Das sind ja mehr als zwei... Das sind die Deutschen!

Der Angriff beginnt wenige Minuten nach 15.30 Uhr. Hauptmann Helbig stürzt allen voran auf den Führerzerstörer. Die See kocht von den Einschlägen der 250-Kilo-Bomben. 50, 30, 20 Meter neben den Bordwänden der wild kurvenden Zerstörer. Nur Treffer scheinen nicht dabei zu sein.

Die deutschen Besatzungen sehen nicht, daß die »Lively« direkt getroffen wird und daß ein weiterer Nahtreffer ihr die ganze Seite aufreißt. Die »Lively« versinkt binnen drei Minuten im Meer.

Mißmutig kehren die Männer der I./LG 1 nach Iraklion zurück. Sie glauben, nur Fehlwürfe getan zu haben. Helbig läßt die Maschinen sofort auftanken und mit neuen Bomben beladen.

»Zweiter Angriff heute abend aus der tiefstehenden Sonne heraus«, befiehlt er. »Zielsturz bis auf 500 Meter!«

Inzwischen greift die II./LG 1 unter Hauptmann Kollewe an. Von 17 Uhr ab stürzt sie mehrmals auf den britischen Verband – vergebens. Alle Bomben verfehlen das Ziel.

Als Hauptmann Helbig gegen 19 Uhr zum zweiten Male anfliegt, hat er nur noch sieben Maschinen bei sich. Sie werden von den Besten der Gruppe geflogen. Das Mittelmeer liegt wie ein glatter Teich unter ihnen. Windstille begünstigt den Angriff.

Helbig schiebt sich in die sinkende Sonne und greift im Schrägsturz an. Genau von hinten. Genau in Fahrtrichtung der Schiffe. So kann er die Ausweichbewegung des Zerstörers mitfliegen. Erst aus 500 Meter Höhe fallen die Bomben – und treffen.

Eins, zwei, drei, vier Aufschläge auf einem einzigen Zerstörer!

Auch die hinter Helbig stürzenden Besatzungen treffen ins Schwarze: die Oberleutnante Iro Ilk und Gerhard Brenner, den sie ›Fähnlein‹ nennen, und die Oberleutnante Backhaus und Leupert.

»Der erste Zerstörer«, berichtet Helbig, brach auseinander und sank schnell, ein anderer brannte und hing mit dem Heck unter Wasser.«

Das ist das letzte, was die Gruppe beim Abflug sieht. Tatsächlich sinkt die »Kipling« nach wenigen Minuten, und die brennende »Jackal« folgt ihr, nach einem vergeblichen Abschleppversuch, am nächsten Morgen auf den Grund des Meeres. Nur die »Jervis« übersteht die Katastrophe. Mit vier Zerstörern war Captain Poland ausgelaufen, um den italienischen Geleitzug zu vernichten. Geschlagen, mit 630 Überlebenden der gesunkenen Zerstörer an Bord, kehrt er nach Alexandria zurück.

Hauptmann Helbig erhält für die Erfolge seiner Gruppe im Mittelmeer die Schwerter zum Eichenlaub des Ritterkreuzes. Kesselring schickt eine Kiste Sekt. Die Marine überreicht einen englischen Rettungsring, den sie an der Untergangsstelle der Zerstörer aus dem Meer gefischt hat. Selbst die englische Presse spricht mit Respekt von den ›Helbig-Flyers‹. Und das britische Nahost-Kommando wartet mit einer besonderen Überraschung auf:

Bevor der aus elf Transportschiffen und einer ungewöhnlich starken Sicherung bestehende Juni-Geleitzug Alexandria mit Richtung auf Malta verläßt, bekommt der Flugplatz Iraklion nächtlichen Besuch. Ein britischer Sabotagetrupp dringt zu den Ju 88 der Gruppe vor und heftet Minen an den rechten Tragflächenansatz. Der Gegner weiß genau Bescheid: Dort sitzen empfindliche Aggregate, die schwer zu ersetzen sind.

Die Detonationen reißen die Männer aus dem Schlaf. Dann sehen sie die Bescherung. Die ›Helbig-Flyers‹ haben keine Flugzeuge mehr! Freilich nicht lange:

Eine Ersatzgruppe gibt sofort ihre Maschinen an die erfahrenen Zerstörerknacker ab.

Die Aktion gegen Iraklion beweist, wie sorgfältig die Engländer ihre nächste Geleitzugoperation vorbereiten. Diese Operation, die dem erschöpften, hungernden Malta endlich Nachschub bringen soll. Denn auf der hart angeschlagenen Insel geht es um Leben oder Tod.

24. Rommel gegen ›Herkules‹

»Sie werden wohl die tragische Aufgabe erfüllen müssen, Malta dem Feind zu übergeben«. Diese düstere Prophezeiung gab Churchill dem neuen Gouverneur der Insel, Lord Gort, mit auf den Weg. Der Lord hatte 1940 das britische Expeditionskorps bei Dünkirchen aus verzweifelter Lage herausgeführt. Als Gort am 7. Mai 1942 auf Malta eintraf, war die Hauptoffensive der von Sizilien startenden deutschen Bomber gerade vorbei. Die 30000 Mann Inselbesatzung konnten aufatmen. Dennoch war ihre Lage alles andere als rosig.

»Wir mußten unseren Leibriemen Monat für Monat ein Loch enger schnallen«, berichtet Vize-Luftmarschall Lloyd, der RAF-Befehlshaber auf Malta. »Unsere ›Diät‹ bestand aus eineinhalb Scheiben äußerst schlechten Brotes mit Marmelade zum Frühstück, Fleischkonserven mit einer Scheibe Brot zum Mittag und nochmals zum Abendessen. Selbst Trinkwasser, Licht und Heizung waren rationiert. Die selbstverständlichsten Dinge gab es nicht mehr. Malta stand vor der unerfreulichen Tatsache, ausgehungert und durch den Mangel an Ausrüstung und Munition zur Übergabe gezwungen zu werden.«

Freilich gab es gerade in diesen Tagen auch Lichtblicke für die Engländer. Am 9. Mai starteten etwa auf der Höhe von Algier 64 Spitfires von den Decks der Flugzeugträger »Wasp« und »Eagle«. Bis auf drei Maschinen, die vor Erreichen des Ziels ins Wasser fielen, kamen alle in Malta an.

Diesmal gab es keine Katastrophe wie am 20. April, als die sofort einsetzenden deutschen Bombenangriffe auf die Flugplätze 20 von den 47 eingeflogenen Spitfires am Boden zerstört hatten. Denn diesmal war die Aufnahme der wertvollen Jäger gut organisiert. Binnen Sekunden wurden sie in die Splitterschutz-Boxen gezogen, in denen Sprit, Munition und Ausrüstung bereitlagen. Und nach fünf Minuten waren die ersten Spitfires wieder startbereit.

Der deutsche Bombenangriff auf die Flugplätze kam zu spät. Auch im Hafen von La Valetta verfehlten die Bomben ein wichtiges Ziel. Dort lag am 10. Mai der schnelle Minenleger »Welshman«, der vor allem Flakmunition auf die Insel brachte. Der Hafen wurde vernebelt, die deutschen Kampfflugzeuge mußten ihre Bomben blind werfen, und nach sieben Stunden war die wertvolle Ladung der »Welshman« geborgen.

So kam es, daß die Verteidigung Maltas gerade in dem Augenblick gestärkt wurde, da die Insel nach der deutschen Luftoffensive sturmreif zu sein schien. Gerade in dem Augenblick, da Kesselrings Luftflotte 2 am 10. Mai an das Führerhauptquartier in Ostpreußen meldete:

»Malta ist als See- und Luftstützpunkt ausgeschaltet.«

Die nächsten Tage schon bewiesen das Gegenteil. Denn bei den wiederaufgenommenen Angriffen vom 10. bis 12. Mai verloren Italiener und Deutsche mehr Kampfflugzeuge als bei der ganzen fünfwöchigen Hauptoffensive mit ihren 11 500 Einsätzen!

»In diesen letzten Tagen ließen wir und die Deutschen viele Federn über Malta«, notierte Italiens Außenminister, Graf Ciano, in sein Tagebuch.

Die Engländer betrachten die Tage um den 10. Mai 1942 als den großen Wendepunkt, den eigentlichen Sieg in der Schlacht um Malta. Dem muß man entgegenhalten, daß die deutsche Luftwaffe ihre Offensive bereits beendet hatte und nur noch mit schwächeren Kräften angreifen konnte.

Das Kampfgeschwader 77 war auf Hitlers persönlichen Befehl von Sizilien an die Ostfront verlegt worden; die Sommeroffensive in Rußland verlangte jede einsatzbereite Maschine. Die I./KG 54 ging nach Eleusis bei Athen. Die Stukas von der III./StG 3, die Zerstörer der III./ZG 26 und die Nachtjäger der I./NJG 2 wurden zur Unterstützung Rommels nach Afrika hinübergezogen. Bei den Jägern war es nicht besser: die II./JG 3 und die I./JG 53 nach Rußland, die III./JG 53 nach Afrika – und das gerade in den Tagen, in denen eine Staffel neuer Spitfires nach der anderen auf Malta einflog.

Das II. Fliegerkorps des Generals Loerzer, das Malta im April niedergekämpft hatte, zerstob im Mai in alle Winde. Von Stund an erstarkte die Insel wieder. Die deutsche Führung wiederholte auch hier ihren entscheidenden Fehler: Sie führte eine Sache nicht zu Ende, bevor sie eine neue begann. Sie hatte offenbar nicht den Atem dazu.

Feldmarschall Kesselring forderte zu Recht, Malta unmittelbar nach der Bombenoffensive durch eine Luft- und Seelandung zu erobern. »Es wäre leicht gewesen«, schreibt er in seinen Erinnerungen.

Die Italiener waren anderer Meinung. Sie hielten die Vorbereitung des Unternehmens ›Herkules‹ für übereilt, die Kräfte für nicht ausreichend.

»Drei Monate Zeit« verlangte Mussolini bei der Besprechung am 29. April auf dem Obersalzberg. Hitler besaß zweifellos den Einfluß und die Mittel, das Unternehmen zu einem früheren Zeitpunkt durchzusetzen. Aber dieser Landungsangriff an der Seite der Italiener erfüllte ihn mit tiefem Mißtrauen. So stimmte er dem Aufschub zu. Dadurch geriet die vorgesehene Reihenfolge der Ereignisse auf dem Mittelmeer-Kriegsschauplatz durcheinander.

Alle – Deutsche und Italiener – waren sich darüber einig gewesen, daß zuerst Malta fallen müsse, bevor man wieder in Afrika losschlagen könne. Nun aber wies der Befehlshaber des Deutschen Afrikakorps, Generaloberst Erwin Rommel, auf die fieberhaften Angriffsvorbereitungen der britischen 8. Armee des Generals Ritchie hin, die ihm an der Gazala-Front gegenüberlag. Die Engländer erkannten die Chance, Malta durch eine eigene Offensive in Nordafrika zu retten. Denn die deutsche Luftwaffe war nicht stark genug, gleichzeitig zwei Schlachten zu unterstützen: eine um Malta und die andere in der Cyrenaica.

Rommel steckte in der Zwickmühle. Wartete er auf den Fall Maltas, dann wurde er selbst in der Wüste überrannt. Kam er aber dem britischen Angriff zuvor, dann blieb Malta drohend in seinem Rücken, und die Versorgungskatastrophe des Herbstes 1941 konnte sich wiederholen.

Dem deutschen ›Wüstenfuchs‹ fiel die Entscheidung dennoch nicht schwer. Er drängte zum Angriff. Er mußte Ritchie zuvorkommen. Durch die ausreichende Versorgung der letzten Monate fühlte sich Rommel stark genug, wenn er nur das Gesetz des Handelns auf seiner Seite hatte. Munition und Treibstoff reichten für einen Monat. Dann wollte er bereits in Tobruk sein. Und an der ägyptischen Grenze versprach er stehenzubleiben, damit dann endlich Malta genommen werden könne.

So war Rommel nicht ausgesprochen gegen das Unternehmen ›Herkules‹, sondern dafür; und doch brachte er es letztlich zu Fall.

Hitler und Mussolini legten am 30. April 1942 auf dem Obersalzberg die neue Reihenfolge fest: zuerst im Juni Tobruk, und dann im Juli Malta. Es war ein Kompromiß. Glücklich war niemand darüber.

Am 26. Mai, in der glühenden Mittagshitze um 14 Uhr, begann Rommel seine Offensive an der Gazala-Front. Nach 20 heißdurchkämpften Tagen war die Schlacht in der Marmarica zu seinen Gunsten entschieden. Am 21. Juni fiel Tobruk – genau nach Plan. Am gleichen Tage schrieb Mussolini in düsterer Vorahnung Hitler einen Brief und mahnte ihn, Malta nicht zu vergessen. Aber daran wollte Hitler nur ungern erinnert werden. Für ihn war das Landungsunternehmen ›Herkules‹ längst gestorben.

Dabei hatte der Kommandierende General des deutschen XI. Fliegerkorps, Kurt Student, die Luftlandung auf der Mittelmeerfestung sorgfältig vorbereitet. Die Erfahrungen von Kreta zahlten sich aus, die Fehler von dort sollten nicht wiederholt werden.

»Vom Feind war uns wesentlich mehr bekannt als vor dem Angriff auf Kreta«, berichtet Student. »Auf ausgezeichneten Luftbildern waren sämtliche Festungsanlagen, Küstenbatterien, Flak- und Feldstellungen bis in alle Einzelheiten erfaßt. Wir kannten sogar die Geschützkaliber der Küstenbatterien und den Grad ihrer Schwenkbarkeit ins Innere der Insel.«

Das Unternehmen ›Herkules‹ stand unter dem Oberbefehl des italienischen Marschalls Graf Cavallero. Allein 30000 Mann (also soviel wie die britische Inselbesatzung) sollten am Fallschirm abspringen oder aus der Luft landen: neben dem XI. Fliegerkorps die italienische Fallschirmdivision ›Folgore‹, die von Generalmajor Bernhard Ramcke ausgebildet wurde und laut Kesselring einen ausgezeichneten Eindruck machte; außerdem die Luftlandedivision ›Superba‹. Für die Landung über See waren nicht weniger als sechs italienische Divisionen mit weiteren rund 70000 Mann vorgesehen.

Student: »Gegen Malta war dies eine erdrückende Streitmacht, fünfmal soviel wie gegen Kreta.«

Generalmajor Gerhard Conrad, als Fliegerführer des XI. Korps nach wie vor für die Lufttransporte verantwortlich, sollte wiederum zehn Transportgruppen, also rund 500 Ju 52, erhalten. Der kurze Flugweg von Sizilien erlaubte es diesen Verbänden, am Angriffstage viermal hin- und herzufliegen und neue Truppen nach Malta zu werfen. Vor allem hatte Conrad weit mehr Lastensegler als bei Kreta zur Verfügung: rund 300 DFS 230 (Fassungsvermögen zehn Mann) und weitere 200 von dem neuen, größeren Typ Gotha Go 242 für je 25 Mann. Etwa 200 Flugzeugführer dieser Lastensegler hatten eine Landeausbildung am Sturzfallschirm.

»Ich schlug vor«, berichtet Conrad, »alle B-2 Flugzeuge (einmotorige Schulflugzeuge) zum Schleppen der DFS 230 zusammenzuholen. Unmittelbar nach der letzten Bombe sollten die Lastensegler mit den Sturzfallschirmen auf den Punktzielen landen: in den Flakstellungen, neben erkannten Befehlsstellen und bei den geheimnisvollen Höhlen. Gleich darauf sollten die Fallschirmjäger in sechs Gruppen über den befohlenen Zielen abspringen und anschließend vier Gruppen mit Luftlandetruppen auf dem ersten freigekämpften Flugplatz landen.«

Plötzlich, mitten in diesen Vorbereitungen, rief ein Befehl General Student Anfang Juni ins Führerhauptquartier nach Rastenburg in Ostpreußen. Dort hielt er Vortrag. Hitler hörte zu. Stellte Zwischenfragen. Räumte auch ein, daß es gelingen werde, einen Brückenkopf auf Malta zu bilden.

»Aber was dann?« fragte er gereizt. »Ich garantiere Ihnen dann folgendes: Das Gibraltar-Geschwader läuft sofort aus, und auch von Alexandria kommt die britische Flotte heran. Dann sollen Sie mal sehen, was die Italiener machen. Schon wenn die ersten Funksprüche kommen, läuft alles in die Häfen von Sizilien zurück, die Kriegsschiffe und die Transporter. Und dann sitzen Sie mit Ihren Fallschirmen allein auf der Insel!«

Student stand wie vom Schlag gerührt. Da bereitete er also seit Monaten ein Unternehmen vor, dem Hitler niemals zustimmen würde! Der General erhob Einwände. »Ich verbiete Ihnen, nach Italien zurückzugehen!« fiel ihm Hitler ins Wort. »Sie bleiben in Berlin.«

Die Unterredung war schnell beendet. Sie fand, wohlbemerkt, in den Tagen statt, als Rommels Sieg oder Niederlage in der Marmarica noch auf des Messers Schneide stand. Zwei Wochen später, als Tobruk fiel, als Rommel riesige Beute meldete, als er um die Entscheidungsfreiheit bat, den geschlagenen Gegner bis an den Nil zu verfolgen – dachten Hitler und das OKW nicht im Traum daran, seinen Siegeslauf Maltas wegen anzuhalten.

Aber die Italiener dachten daran. Sie dachten voller Sorge an den Nachschub, dachten mit Schrecken an die Katastrophe des Vorjahres. Sie pochten auf den gemeinsamen Beschluß: erst Tobruk, dann Malta und dann erst Ägypten.

Mussolini schrieb seinen schon erwähnten Brief vom 21. Juni. In der überschwenglichen Antwort Hitlers vom 23. Juni wurde Malta mit keinem Wort erwähnt. Um so mehr war von der »geschichtlichen Stunde« und der »einmaligen Gelegenheit« die Rede, »die Verfolgung bis zur vollständigen Vernichtung der britischen 8. Armee« fortzusetzen und Ägypten den Engländern zu entreißen.

»Die Göttin des Schlachtenglücks nähert sich den Führern nur einmal. Wer sie in einem solchen Augenblick nicht festhält, wird sie nie wieder erreichen können«, schloß Hitlers Brief voller Pathos. Mussolinis Augen leuchteten, als er diese Zeilen las.

»Stolz sah er mich an«, berichtet der Überbringer des Briefes, Militärattaché General von Rintelen. »Er war Feuer und Flamme für den sofortigen Angriff auf Ägypten zur Besetzung von Kairo und Alexandria. Mussolinis Vertrauen in Hitlers Strategie war zu dieser Zeit noch unbegrenzt. Cavallero konnte mit seinen Gegenargumenten nichts ausrichten. Das Malta-Unternehmen wurde auf den September verschoben, und damit war es endgültig abgetan.«

Mit Kesselring, der das Anrennen Rommels mit ausgepumpten Kräften gegen die voll intakte Fliegerbasis des Gegners in Ägypten »einen Wahnsinn« nannte, ging Hitler nicht so behutsam um. Er schickte dem OB Süd einen Funkbefehl mit der barschen Anweisung, sich jeder Opposition gegen Rommels Operationsidee zu enthalten und ihn mit allen Kräften zu unterstützen.

Nach zehn Tagen wollte Rommel am Nil stehen. Und acht Tage lang blieb er tatsächlich im Vormarsch. Bis ihn nur noch 200 Kilometer von Kairo trennten. Bis zu einem Dorf, das zuvor niemand gekannt hatte: bis El-Alamein. Dort brach die Offensive am 30. Juni zusammen. Die Offensive, die am 26. Mai, rund 750 Kilometer weiter im Westen, an der Gazala-Front mit so großen Hoffnungen begonnen hatte.

Am 3. Juni 1942 wogt die Schlacht in der Marmarica hin und her. Rommel steht mit seinen Panzerdivisionen vom zweiten Angriffstage an hinter der feindlichen Front, die er nach einem frontalen Scheinangriff der Italiener durch die Wüste ausholend überflügelt hat. Aber die Gazala-Front ist auch von rückwärts schwer zu nehmen. Sie besteht aus einem 65 Kilometer langen Minengürtel, der von igelartigen Wüstenforts, sogenannten ›Boxen‹, ringsum verteidigt wird. Ehe nicht die letzte Box gefallen ist, hat Rommel keine Bewegungsfreiheit. Und die letzte Box ist das Wüstenfort Bir Hacheim, in dem sich die 1. Frei-Französische Brigade unter General Koenig verbissen gegen alle Angriffe behauptet.

Neun Tage hält sich Bir Hacheim. Neun Tage lang hält es Rommels weiteren Vorstoß auf.

Die Stukas müssen her. Am 3. Juni greift das Stukageschwader 3 unter Oberstleutnant Walter Sigel erstmals geschlossen Bir Hacheim an. Von oben sieht das Fort mit seinen drei Kilometer Durchmesser genauso aus wie irgendein anderes Stück Wüste. Unglaublich, daß sich die Franzosen dort eingegraben haben und nicht zu werfen sind!

Bomben hageln hinunter. Aber der Sand frißt die Wirkung. Nur direkte Volltreffer erschüttern die Stellungen. Die deutschen Angreifer auf dem Erdboden können die Verwirrung des Gegners nach dem Bombenschlag nicht nutzen. Sie sind viel zu schwach bemessen, um ein so starkes Wüstenfort zu nehmen.

Kurz nach Mittag startet die zweite Welle der Stukas von Derna gegen Bir Hacheim. Die schwerfälligen Ju 87 werden von den Messerschmitts der I./JG 27 gegen die britischen Jagdangriffe gedeckt. Diesmal haben die Engländer das Nachsehen.

Um 12.22 Uhr greift eine Staffel Curtiss die Stukas an. Gleich darauf sind es Tomahawks von der 5. südafrikanischen Staffel.

Plötzlich hängen zwei Messerschmitts dahinter: vorn die ›gelbe 14‹, eine beim ganzen Afrikakorps berühmte Maschine, dahinter der Rottenflieger, Feldwebel Rainer Poettgen.

Die Briten kurven ein. Dennoch greift die Messerschmitt mit der weithin sichtbaren gelben 14 am Rumpf an. Sie wird kurz gedrosselt, ein Feuerstoß, und der erste Gegner kippt brennend über die linke Fläche. Ebenso, eine Minute später, der zweite. Und der dritte. Der vierte, fünfte und sechste.

»Ich mußte mich beeilen«, berichtet Poettgen, »die Abschüsse zu zählen, gleichzeitig Uhrzeit und Aufschlagsort festzustellen und dabei auch noch der ›gelben 14‹ den Rücken zu decken.«

Über seinen erfolgreichen Rottenführer meint er: »Er hatte ein unwahrscheinliches Gefühl für das Vorhalten in der Kurve. Sobald er schoß, brauchte ich nur auf die feindliche Maschine zu schauen: Die Garbe begann vorn auf der Motorschnauze und endete in der Kabine. Er feuerte keinen Schuß zuviel.«

Das kann nur einer. So aus der Kurve schießen. Und sechs Gegner hintereinander bezwingen, den ersten um 12.22 Uhr und den letzten um 12.33 Uhr.

Das kann nur der Herr der ›gelben 14‹. Das As unter den Jagdfliegern, vielleicht der beste der Welt: der Oberleutnant Marseille.

25. ›Der Stern von Afrika‹

Hans-Joachim Marseille, am 13. Dezember 1919 geboren, war waschechter Berliner. Er kam im Frühjahr 1941 als Oberfähnrich mit der I. Gruppe des Jagdgeschwaders 27 unter Hauptmann Eduard Neumann nach Nordafrika.

Schon das erste Erlebnis auf fremdem Boden war typisch für die Unbekümmertheit, aber auch den Charme des jungen Jagdfliegers.

Auf dem Überführungsflug von Tripolis zum frontnahen Flugplatz Gazala hatte Marseilles Me 109 einen ›Motorfresser‹. Er mußte notlanden. Mitten in der Wüste. Und noch fast 800 Kilometer vom Ziel entfernt. Die Staffel kreiste über der Landestelle, bis sie sah, daß Marseille gut unten angekommen war; dann zog sie nach Osten davon.

Der Pechvogel mußte sich selber weiterhelfen. Zuerst fuhr er einen halben Tag mit einem italienischen Lastwagen. Aber das ging ihm zu langsam. Dann versuchte er sein Glück auf einem Feldflugplatz. Vergebens. Niemand wußte, ob und wann eine Maschine in Richtung Bengasi–Derna hier zwischenlanden würde. Schließlich drang er bis zum General eines Quartiermeisterstabes an der großen Nachschubstraße vor. Marseille wußte den General zu überzeugen, daß er als Schwarmführer morgen unbedingt an der Front gebraucht würde.

Der Eifer, das Ungestüm, mit dem der junge Oberfähnrich seine Bitte um ein schnelles Fahrzeug vortrug, mochten den General vielleicht an seine eigene Jugend erinnern. Jedenfalls: Er stellte dem Jagdflieger seinen ›Opel Admiral‹ zur Verfügung. Mit Fahrer. Der ganze Stab erstarrte.

»Dafür«, sagte der General zum Abschied, »können Sie sich nur mit fünfzig Abschüssen revanchieren, Marseille.«

»Das werde ich auch, Herr General«, sagte Marseille. Es war ihm bitterernst damit.

Er fuhr die ganze Nacht hindurch. Schon am nächsten Tag traf er mit seinem Generalswagen stolz auf dem Flugplatz Gazala ein. Der Staffelkapitän, Oberleutnant Gerhard Homuth, wunderte sich sehr. Denn die Staffel war, nach einer Zwischenlandung und Übernachtung in Bengasi, erst zwei Stunden zuvor angekommen. Marseille hatte die 800 Kilometer ›zu Fuß‹ fast so schnell geschafft wie seine Kameraden mit der Me 109. Er hatte nichts versäumt.

Typisch für Marseille war auch dies: Auf der Fahrt durch Derna mußte der Opel aufgetankt werden. Der Oberfähnrich ließ sich in der Pause Wehrsold auszahlen. Aber er protestierte energisch, als der Zahlmeister die Eintragung im Soldbuch machen wollte.

»Nicht auf diese Seite bitte! Da muß noch Platz bleiben!« Es war die Seite für die Auszeichnungen. Das Eiserne Kreuz I. Klasse war schon eingetragen.

»Denken Sie etwa, Sie kriegen hier noch mehr als das EK I?« fragte der Zahlmeister.

Darauf Marseille: »Selbstverständlich!« Der Zahlmeister ließ ordentlich viel Platz. »So«, grinste er, »jetzt langt's wohl für Eichenlaub mit Schwertern.«

Jochen Marseille, 21 Jahre alt, nannte sich selbst den ›ältesten Oberfähnrich der Luftwaffe‹. Er hätte längst Leutnant sein können, aber sein schlechtes Führungszeugnis verhinderte es. Übermut und Streiche in der Ausbildungszeit, Verstöße gegen die Flugvorschriften – das alles sahen Kommandeure nicht gern.

Sie schrieben Marseille den kuriosen Tadel der ›fliegerischen Unzucht‹ ins Führungszeugnis. Das haftete ihm nun an. Eine schlechte Beurteilung sät Mißtrauen bei jedem neuen Vorgesetzten. Trotz Bewährung an der Front. Trotz seiner ersten Luftsiege, die Marseille am Kanal gegen britische Jäger errang.

Jetzt, in Afrika, wollte er beweisen, daß er ein guter Jagdflieger war. Über Tobruk erzielte er den ersten Abschuß der Staffel, der 3./JG 27, auf dem neuen Kriegsschauplatz: eine Hurricane. Das schien ein gutes Vorzeichen zu sein. Aber wieder ging Marseille alles zu langsam. Er wollte sein Jagdglück zwingen. Ungestüm stürzte er sich mitten in die englischen Pulks. Und kam oft mit von Geschossen zersiebter Maschine nach Hause.

Er hatte allzuoft unglaubliches Glück. Einmal ritzten die MG-Kugeln einer angreifenden Hurricane seine lederne Kopfstütze, als er sich gerade etwas vorgebeugt hatte.

Nach einem Luftkampf über Tobruk mußte er im Niemandsland zwischen den Fronten notlanden, konnte sich aber zur deutschen Seite durchschlagen. Dann wieder setzte er seine Messerschmitt mit zerschossenem Motor, völlig blind von dem über die Frontscheibe spritzenden Öl, krachend auf den eigenen Platz. So konnte es nicht weitergehen. Der Gruppenkommandeur nahm Marseille ins Gebet.

»Sie leben nur noch, weil Sie mehr Schwein als Verstand haben. Glauben Sie bloß nicht, daß das immer so weitergeht. Glück darf man ebensowenig überziehen wie eine Maschine.«

Hauptmann Neumann spürte, welch unbändiger Einsatzwille, welche Kraft und welches Können in dem jungen Flieger steckten. Nur war alles noch zu ungeschliffen. Neumann erkannte seine erzieherische Aufgabe. Er durfte dem Jungen nicht den Mut nehmen. Aber zum Mut mußten Besonnenheit und Beherrschung kommen.

»Sie können ein großer Adler werden«, sagte Neumann, »aber dazu brauchen Sie Zeit, Reife, Erfahrung. Mehr Zeit jedenfalls, als Sie noch erleben werden, wenn sie so weitermachen wie bisher.«

Marseille sah das ein. Er versprach, sich zu bessern. Versprach, weiter an sich zu arbeiten. Nur von seiner Angriffstaktik ließ er sich nicht abbringen. Er wollte seine Gegner nicht immer nur von hinten aus der Überhöhung angreifen, wie es auf den Schulen gelehrt wurde. Er meinte, man müsse seine Maschine fliegerisch so beherrschen, daß man aus jeder Lage gezielt schießen könne.

Nicht nur im Geradeausflug, sondern ebenso in der Kurve. Im Hochziehen. Oder sogar in der Rolle.

Kaum einer konnte das. Die meisten schossen aus solchen Flugbewegungen weit am Gegner vorbei. Aber Marseille hatte das Gefühl für Zeit und Raum. Und daraus resultierte, nach harter Arbeit an sich selbst, das Gefühl für den richtigen Vorhalt. Wenn die 3. Staffel geschlossen vom Einsatz zurückflog, erbat sich Marseille oft freies Manöver. Dann turnte er mit seiner Me um die

Kameraden herum. Flog sie von allen Seiten an. Und zielte aus allen Lagen. Und zielte. Und zielte...

Es dauerte lange, bis Marseille es konnte. Einen ganzen Sommer lang, den Sommer 1941. Dann aber, am 24. September, schoß er zum ersten Male fünf Gegner an einem Tage ab. Morgens eine Martin-Maryland, und nachmittags in einem erbitterten halbstündigen Kurvenkampf vier Hurricanes zwischen dem Halfaya-Paß und Sidi Barani.

Marseille, inzwischen zum Leutnant befördert, stieß mit seinem Schwarm immer wieder in den britischen Pulk hinein und jagte ihn auseinander. Er schoß aus allen Lagen. Und er sprengte sogar den Abwehrkreis seiner Gegner. Den letzten schickte er noch bei der Verfolgung auf Sidi Barani in die Tiefe. Es war sein 23. Abschuß.

»Ich glaube, ich habe es jetzt gefressen«, sagte er am Abend zu seinem Kameraden und Freund, Leutnant Hans-Arnold Stahlschmidt.

Dann kam der große Regen, der die Plätze der deutschen Jagdflieger mit einer wahren Sturmflut überschwemmte. Und dann brach die britische Herbstoffensive los, die Rommel auf seine Ausgangsstellung zurückwarf.

Marseille aber flog und schoß. Am 24. Februar 1942 erhielt er nach 48 Luftsiegen das Ritterkreuz. Im April wurde er Oberleutnant, Anfang Juni Führer der 3. Staffel. Hauptmann Homuth übernahm gleichzeitig die I. Gruppe, und Major Neumann wurde Kommodore des JG 27, das nun vollzählig an der Afrikafront eingesetzt war, um Rommels entscheidende Offensive zu unterstützen.

Jetzt erst steigt der Stern des Oberleutnants Jochen Marseille am Himmel Afrikas empor. Seine Maschine, die ›gelbe 14‹, hat bei den deutschen und italienischen ›Wüstenfüchsen‹ bald einen ebenso legendären Ruf wie Rommels Befehlspanzer.

Am 3. Juni 1942 schießt Marseille, wie berichtet, über der Gazala-Front innerhalb zwölf Minuten sechs Curtiss-Tomahawks von der südafrikanischen 5. Squadron ab. Die Südafrikaner wollten einen starken Ju-87-Verband vom StG 3 von seinem Angriffsziel, dem Wüstenfort Bir Hacheim, abdrängen. Nun treffen die Bomben das Ziel. Aber Bir Hacheim, der südliche Eckpfeiler der britischen Gazala-Linie, fällt nicht. Der wichtige Stützpunkt mit seinen 1200 geschickt angelegten Feldstellungen, Bunkern, Pak- und Flakständen hinter ausgedehnten Minenfeldern in der Wüste wird von den Franzosen erbittert verteidigt.

Rommel, der ohne den Fall Bir Hacheims nicht weiterkommt und seinen ganzen Offensivplan in Frage gestellt sieht, verlangt vom ›Fliegerführer Afrika‹, Generalleutnant Hoffmann von Waldau, von Tag zu Tag heftigere Stukaangriffe gegen das Wüstenfort.

Auch der Gegner weiß, um was es geht. Vize-Luftmarschall Coningham wirft die Jagd-, Jabo- und Bombenstaffeln seiner ›Western Desert Air Force‹ immer wieder gegen die deutschen Angreifer in der Luft und auf dem Erdboden. Oberstleutnant Sigels StG 3 hat große Verluste. Im Laufe einer Woche verliert das Geschwader bei Angriffsflügen gegen Bir Hacheim 14 Ju 87. Noch schlimmer: Die Angriffswirkung verpufft, weil den Bombenschlägen nicht sofort entschlossene Erdangriffe folgen.

Trotz aller Vorstellungen seiner eigenen Kommandeure weigert sich Rommel, die gegen das Wüstenfort eingesetzten Kräfte ausreichend zu verstärken. Aufgebracht wendet sich General von Waldau an Feldmarschall Kesselring und berichtet, durch mangelnde Koordination seien auch die Stukaangriffe nahezu sinnlos und forderten nur unnötige Opfer.

Kesselring fliegt sofort zu Rommel. »So geht es nicht!« sagt er. Rommel setzt darauf das Flakregiment 135 unter Oberst Wolz, das in den letzten Tagen wütende britische Panzerangriffe gegen die deutsche Ostflanke abgewehrt hat, gegen Bir Hacheim ein. Als auch das nichts hilft, muß er Kampfgruppen aus seinem nach Norden zielenden Hauptstoß umdrehen und ebenfalls gegen ›dieses verfluchte Wüstenloch‹ werfen. Endlich gewinnt der Angriff Raum.

Am 9. Juni, ganze 14 Tage nach Beginn der deutsch-italienischen Offensive, hämmern die Stukas nochmals auf Bir Hacheim ein. Schwere Treffer liegen in einer wichtigen Batteriestellung zwei Kilometer nördlich des Wüstenforts. Abends meldet von Waldau an Rommel: »Bis heute sind bereits 1030 Flugzeuge zur Heeresunterstützung gegen Bir Hacheim eingesetzt worden.« Dennoch werden für den nächsten Tag, den 10. Juni, nochmals drei Großangriffe mit allen verfügbaren Kampfverbänden befohlen. Kesselring ruft zur Unterstützung die Ju-88-Gruppen des LG 1 aus Griechenland und Kreta herüber nach Afrika.

Dunst und Staub über dem Kampffeld zwingen zum Abbruch des ersten Angriffs, weil die Flugzeugführer Freund und Feind nicht unterscheiden können. Am Mittag und Nachmittag fliegen die Stukas erneut an. Sie kommen in zwölf Wellen. Mit 124 Ju 87 und 76 Ju 88.

Diesmal treffen sie genau. 140 Tonnen Bomben hageln auf die Stellungen der tapferen Franzosen hinab. Die Infanteristen und Pioniere auf dem Boden stoßen nach, noch ehe Sand und Staub von den Bombeneinschlägen verweht sind.

168 Messerschmitts decken die deutschen Kampfverbände an diesem 10. Juni gegen britische Jagdangriffe. Zum erstenmal auf diesem Kriegsschauplatz stoßen sie auf Spitfires. Und Oberleutnant Marseille schießt erneut vier Gegner hintereinander ab: seinen 78. bis 81.

Die Stunden von Bir Hacheim sind nun gezählt. In der Nacht bricht General Koenig mit einem Teil seiner Besatzung aus und schlägt sich zu den englischen Linien durch. Am Morgen des 11. Juni zeigt das Wüstenfort die weiße Fahne.

Rommel hat endlich den Rücken frei.

In den nächsten drei Tagen stößt er hinter der britischen Gazala-Front nach Norden. Am 14. Juni muß General Ritchie seine Divisionen zurückziehen. Die

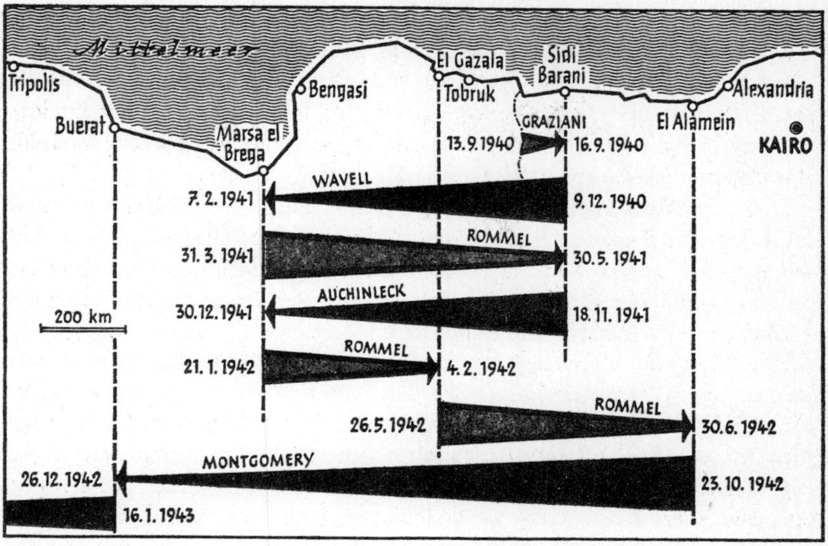

Der Pendelschlag des Krieges in Nordafrika: Zwei Jahre lang wogte der Kampf zwischen den deutsch-italienischen und den britischen Truppen hin und her. Im Herbst 1942 eröffnete Montgomery die dritte englische Großoffensive und besiegelte Rommels und des deutschen Afrikakorps Schicksal in Afrika.

Schlacht in der Marmarica ist entschieden. Ein Teil der Empire-Truppen strömt nach Tobruk. Die meisten hasten jedoch an der Festung vorbei, weiter nach Osten. Auch Rommel läßt Tobruk scheinbar links liegen und nimmt die Verfolgung des geschlagenen Gegners zur ägyptischen Grenze auf.

Hand in Hand mit diesem Vorgehen spielt sich in der Luft eine ganz andere, noch atemberaubendere ›Verfolgungsjagd‹ ab: die Jagd des Staffelkapitäns der 3./JG 27, Oberleutnant Jochen Marseille, nach immer neuen Luftsiegen. Die Verleihung des Eichenlaubs durch Kesselring am 4. Juni ist eine Woche später schon fast vergessen. Marseille fliegt Tag für Tag. Er fliegt nur seine ›gelbe 14‹. Den Unteroffizieren, die seine Maschine warten, verspricht er im Scherz 50 Lire für jeden Abschuß, wenn sie ihm die Me nur jeden Morgen topfit hinstellen.

»Na, lassen Sie man, Herr Oberleutnant«, gibt Waffenwart Schulte gutmütig zurück, »dabei werden Sie ja 'n armer Mann!«

Marseille fliegt jetzt traumhaft sicher, wie im Unterbewußtsein. Seine Maschine scheint automatisch auszuführen, was immer der Flieger will. Automatisch und auf der Stelle. Marseille selbst konzentriert sich ganz auf den Gegner. Es gibt wenige, die ihm in diesen Wochen entkommen.

Bei den Luftkämpfen über der zurückflutenden britischen 8. Armee bei El Adem erzielt Marseille am 15. Juni, fünf Tage nach dem 81., den 88. bis 91. Luftsieg. Im Geschwader werden schon Wetten abgeschlossen, wann er die 100 vollmachen wird.

»Jochen, wann sind die Schwerter fällig?« erkundigt sich einer der Kameraden, als sie abends beim Kommodore zusammen sitzen.

»Übermorgen mittag«, gibt Marseille lachend zurück. Es klingt nicht einmal überheblich. Er bildet sich nichts auf seine Erfolge ein, sondern bleibt ein guter Freund und Kamerad. Sie mögen den schlanken, blonden Jungen alle gern, vom Kommodore bis zum letzten Mann. »Unser Jochen«, sagen sie.

Am nächsten Vormittag startet die 3. Staffel zweimal, aber Marseille hat keine Feindberührung. Nachmittags nochmals ›freie Jagd‹ mit anschließender Landung im neuen Einsatzhafen Gazala. Als die Soldaten des Bodenpersonals abends dort eintreffen, kommt ihnen Feldwebel Poettgen, der Rottenflieger Marseilles, strahlend entgegen:

»Er hat wieder vier!«

Poettgen muß als Luftkampfzeuge die Abschüsse seines Kapitäns zählen, die Aufschläge beobachten und die Uhrzeiten notieren. »Das fliegende Zählwerk«, ulken die Kameraden. Aber Poettgens Zuruf im Funksprech hat Marseille schon oft das Leben gerettet, wenn sich ein Gegner unbemerkt hinter ihn gesetzt hatte. Und umgekehrt hatte auch Marseille seinen treuen Begleiter herausgeschlagen, wenn die Hurricanes ihm im Nacken saßen.

Nun fiebert alles dem nächsten Tag entgegen. Marseille hat bis jetzt 95 Abschüsse. Ob er seine Voraussage erfüllen kann? Ob er die 100 erreicht?

Das ganze JG 27 wird am 17. Juni zur freien Jagd eingesetzt. Denn die britischen Tiefflieger machen den deutschen Angriffsspitzen, besonders der 21. Panzerdivision, schwer zu schaffen. Auch der Flugplatz Gazala wird getroffen. Das JG 27 verliert bei diesem genau gezielten Tiefangriff sieben Me 109.

Was aber bringt Marseille? Um 12.35 Uhr kehrt sein Schwarm von der Front zurück. Voran die ›gelbe 14‹. Tief dröhnt sie über den Platz. Und wackelt: einmal, zweimal, dreimal. Dreht noch eine Runde. Und wackelt erneut dreimal. Sechs Abschüsse! Es ist unglaublich. Damit hat Marseille 101.

Die Männer auf dem Platz lassen alles stehen und liegen. Von allen Seiten laufen sie auf die ausrollende Maschine zu. Sie wollen ihren Jochen herausholen und auf die Schultern heben. Bordwart Meyer steht als erster oben und löst die Gurte seines Kapitäns. Aber Marseille wehrt müde ab. Er bleibt sitzen. Atmet schwer. Sein Gesicht ist aschgrau und versteinert. Als er die Fliegerhaube abstreift, rinnt ihm der Schweiß über die Stirn.

Plötzlich sehen sie alle, wie fertig er ist. Welche Kräfte es ihn kostet. Wie dieses ständige Fliegen und Schießen und Kämpfen und Töten ihn auslaugt.

Es dauert nur wenige Minuten. Die erste Zigarette nimmt er noch mit zitternden Händen. Dann hat er es überwunden, ist er wieder der junge, lachende

Jagdflieger, wie ihn alle kennen. Als er sich beim Kommodore meldet und nach weiteren Aufgaben erkundigt, sagt Major Neumann: »Sie fahren sofort in Urlaub!«

Marseille will protestieren. Jetzt Urlaub, kurz vor Tobruk? Mitten in der deutschen Offensive? Wo jeder einzelne Mann gebraucht wird?

Neumann bleibt fest: »Sie fahren! Außerdem liegt ein Befehl aus dem Führerhauptquartier vor, daß Sie sich dort Eichenlaub und Schwerter abzuholen haben.«

Der Zahlmeister in Derna, der in Marseilles Soldbuch so viel Platz für weitere Auszeichnungen gelassen hatte, ahnte sicher nicht, daß sich seine Vorsorge so bald lohnen würde.

Marseille bleibt mehr als zwei Monate fort. Schon nach zwei Wochen aber nimmt die Schlacht um Afrika eine entscheidende Wendung.

Nach dem Fall des britischen Wüstenforts El Adem am 17. Juni 1942 stürmen die italienischen Panzer-Divisionen ›Ariete‹ und das gesamte deutsche Afrikakorps weiter nach Osten – an Tobruk vorbei, auf die ägyptische Grenze zu. Das ist ein neuer Trick Rommels. Er will die Besatzung Tobruks in Sicherheit wiegen. Außerdem muß erst Gambut genommen werden, weil dort die Einsatzplätze der britischen Luftwaffe liegen.

Gambut wird am 18. Juni überrollt. Das britische Bodenpersonal auf den Flugplätzen entkommt in letzter Minute. Die direkte Luftbedrohung durch den Gegner im Raum Tobruk ist nun ausgeschaltet. Rommel macht sofort kehrt und geht Tobruk ›durch die Hintertür‹ an.

Diesmal wird der Angriffsplan auf die Minute genau mit der Luftwaffe abgesprochen. Um 5.20 Uhr früh am 20. Juni fliegt die erste Welle des Stukageschwaders 3 an. Bomben zerfetzen die Flächendrahthindernisse an der Südostecke der Festung Tobruk. Sie schlagen eine Gasse in die Minenfelder. Wirbeln riesige Staubfontänen in die Luft. Unmittelbar darauf tritt deutsche und italienische Infanterie durch die kilometerbreite Lücke zum Angriff an.

In der Luft folgt als zweite Welle das Lehrgeschwader 1. Die Ju 88 bomben die Artilleriestellungen vor der deutschen Angriffsspitze. Dann stoßen die Me-110-Zerstörer der III./ZG 26 tief auf die feindlichen MG- und Pak-Stände hinab und decken sie mit ihren Kanonen ein.

Als nächste sind die italienischen Fiat CR 42-Jabos des ›Settore Est‹ unter Oberst Grandinetti an der Reihe. Dann, eineinhalb Stunden nach dem ersten Bombenschlag, kommen wieder die Stukas vom StG 3. So geht es weiter. Welle auf Welle. Alles in dem engbegrenzten Angriffssektor der deutsch-italienischen Erdtruppen.

Blaue Rauchzeichen weisen die Luftwaffe auf die eigene Angriffsspitze hin. Nebelgranaten kennzeichnen den rechten und linken Flügel der Haupteinbruchsstelle. Richtungsschüsse markieren die Punktziele, die auch aus der Luft angegriffen werden sollen. Diese Zusammenarbeit Erde–Luft schafft dem Angriff Raum.

Die Werke des äußeren Festungsgürtels fallen nach erbittertem Nahkampf. Um 8 Uhr überbrücken Pioniere den breiten Panzergraben. Der Weg für die Panzer ist frei. Gegen Mittag stehen sie am Straßenkreuz Sidi Mahmud. Immer tiefer stößt Rommel in das Herz der Festung Tobruk vor.

Die Luftwaffe greift nun die Forts Pilastrino und Solaro, den Flugplatz und die Schiffe im Hafen an. Der südafrikanische Festungskommandant, General Klopper, wird aus seinem Gefechtsstand ausgebombt und verliert alle Nachrichtenmittel, um seine Truppen zentral zu führen. Klopper meldet noch am gleichen Abend nach Kairo, die Lage sei hoffnungslos.

Am nächsten Morgen um 5 Uhr fährt Rommel als Sieger in Tobruk ein. Um 9.20 Uhr kapituliert General Klopper. Die Festung, die 1941 nicht weniger als 28 Wochen lang allen Angriffen standgehalten hat, ist nun nach 28 Stunden gefallen.

Rommel wird zum Generalfeldmarschall befördert. Er steht auf dem Gipfel seines Ruhmes. Aber er gönnt sich und seinen Verbänden keine Ruhe, obwohl sie nun fast vier Wochen in schweren Kämpfen stehen. Er jagt sie weiter nach Osten. Wenn jemals, dann sieht er jetzt die Chance gekommen, den weichenden Gegner bis zum Nil zu verfolgen. Rommel will nach Kairo. Er will den ganzen Sieg.

Am 26. Juni – das Afrikakorps greift bereits Marsa Matruch an – kommen die Gegensätze in der deutschen Führung über die Streitfrage ›Malta oder Kairo?‹ noch einmal voll zum Ausbruch. In der berühmten Marschall-Besprechung in der Wüste bei Sidi Barani, an der neben Rommel und Kesselring die italienischen Marschälle Bastico und Cavallero teilnehmen, verbürgt sich Rommel dafür, daß er in zehn Tagen am Nil stehen werde.

»Die Briten sind im Laufen«, sagt er, »wir dürfen ihnen keine Gelegenheit geben, sich wieder festzusetzen. Ein späterer Angriff auf das Nil-Delta würde weit stärkere Kräfte und Verluste fordern. Der Nachschub ist vorläufig durch die reiche Beute in Tobruk gesichert. Wir müssen jetzt alle Kräfte, vor allem die Luftwaffe, im Sinne des Schwerpunktgedankens an der entscheidenden Stelle zusammenfassen. Und das ist hier. Hier in Ägypten.«

Kesselring widerspricht. Er hält das Nachschubproblem bei einem weiteren Vorstoß für ungelöst. »Die Luftwaffe«, sagt er, »braucht dringend Ruhe. Meine Flieger sind ausgepumpt. Die Maschinen müssen überholt werden. Ich halte es als Flieger für einen Wahnsinn, gegen eine intakte feindliche Fliegerbasis anzurennen. Bei der schlachtentscheidenden Bedeutung der Mitwirkung der Luftwaffe muß ich allein aus diesem Gesichtspunkt heraus die Fortführung des Angriffs mit dem Ziel Kairo ablehnen.«

Rommel bekräftigt dagegen energisch seinen Standpunkt. Bastico und Cavallero, die nominell den Oberbefehl führen, stimmen ihm zu.

Dahinter steckt Mussolini: Er rüstet schon zum Flug nach Afrika. Auf einem Schimmel will er an der Spitze seiner Truppen in Kairo einziehen.

Dahinter steckt auch Hitler: Er verbietet Kesselring telegrafisch jede weitere Einmischung in Rommels Pläne. Das Unheil in Nordafrika nimmt seinen Lauf.

»Der weitere Vormarsch«, berichtet Major Neumann, der Kommodore des JG 27, »steht im Zeichen des Fortrennens des Heeres. Wir kommen mit unserer unzureichenden Bodenorganisation einfach nicht mehr mit.«

Dennoch wirft der Fliegerführer Afrika alle Verbände nach vorn in die Schlachten um Marsa Matruch und El Alamein. Das LG 1 greift britische Versorgungslager an, das StG 3 Truppenbewegungen hinter der Front. In der Geschichte des JG 27 heißt es: »Die am 26. Juni nach Sidi Barani vorgeworfenen Jäger hatten Hochbetrieb. Außer einem Tankwagen war noch nichts vom Geschwader dort. Die Einsätze mußten mit hungrigem Magen geflogen werden.«

Bis zum Abend erzielt Leutnant Körner fünf Abschüsse, die Leutnante Stahlschmidt und Schroer kommen auf je drei. Am nächsten Morgen geht es weiter vor, nach Bir El Astas. Zwei Tage später wieder Verlegung: nach Fuka. Jetzt bleiben schon ganze Gruppen an den Boden gefesselt, weil der Benzinnachschub nicht klappt.

Drüben aber, auf der anderen Seite der Front, wird die britische Luftwaffe von Tag zu Tag stärker. Sie operiert jetzt von ihren gutausgebauten ägyptischen Flugplätzen aus. Rommels Verbände bekommen es zu spüren, die Verluste durch britische Tiefflieger steigen, je weiter sie nach Ägypten vorstoßen.

Am 30. Juni hindern starke Sandstürme den Absprung deutscher Bomber und Stukas von Fuka gegen die Alamein-Stellung. Drei Tage lang versucht Rommel, die Stellung zu durchbrechen. Dann sind seine Kräfte erschöpft. Er muß zur Verteidigung übergehen. Die Entscheidung ist gefallen. Rommels Versuch, die Offensive nach einer Atempause von acht Wochen wieder aufzunehmen, scheitert. Von El Alamein schlägt das Pendel des Krieges in Nordafrika endgültig zurück, als der britische General Montgomery am 23. Oktober 1942 seine Offensive eröffnet.

Am 23. August kehrt Jochen Marseille, inzwischen mit seinen 22 Jahren zum jüngsten Hauptmann der Luftwaffe befördert, nach Afrika zurück. Er übernimmt wieder seine alte Staffel, die 3./JG 27. Die Freude ist groß. Der Gefreite Neumann, der als technischer Schreiber schon immer die Gefechtsberichte Marseilles aufgenommen hat, spitzt die Bleistifte.

»Hoffentlich kann ich Ihnen viel Arbeit machen«, lacht Marseille.

Eine ganze Woche lang tut sich nichts. Dann kommt der 1. September, der Tag, an dem Rommel unten auf der Erde das Glück noch einmal zwingen, die Initiative gegen den übermächtig gewordenen Gegner noch einmal an sich reißen will. An diesem Tage lebt auch die Lufttätigkeit über der Front zu alter Stärke auf. Marseille ist mit seiner Staffel dreimal im Einsatz.

Morgens zwischen 8.28 Uhr und 8.39 Uhr schießt er zwei Curtiss und zwei Spitfires ab. Vormittags, beim Begleitschutz für Stukas über Alam El Halfa, zwischen 10.55 und 11.05 Uhr acht Curtiss. Und zwischen 17.47 Uhr und 17.53 Uhr nochmals fünf Curtiss südlich Imayid.

Das ist einmalig. Mit 17 Luftsiegen an einem einzigen Tage ist Hauptmann Marseille eindeutig der erfolgreichste Jagdflieger der Welt – sosehr diese Abschußzahl auch nach dem Kriege bezweifelt worden ist. Indes liegt die offizielle britische Verlustziffer für den Zeitraum vom 31. August bis 3. September 1942 sogar etwas über den deutschen Abschußzahlen für dieselben vier Tage. Also können auch die Einzelangaben, einschließlich der 17 Luftsiege Marseilles, nicht erfunden worden sein – ganz abgesehen davon, daß die unheimliche Erfolgsserie von Augenzeugen bestätigt wird.

Ein Monat beginnt, in dem Marseilles Stern selbst den Ruhm Rommels überstrahlt. Am 3. September erhält er die höchste deutsche Tapferkeitsauszeichnung, die Brillanten zum Ritterkreuz. Am 26. September braucht er eine ganze Viertelstunde, um seinen britischen Gegner, eine Spitfire, nach ebenbürtigem Luftkampf zu besiegen. Es ist Marseilles 158. Abschuß. Sein 158. und sein letzter.

Am 30. September startet er mit acht Maschinen seiner Staffel um 10.47 Uhr zum Hochschutz für Stukas und anschließend zur freien Jagd. Sie haben keine Feindberührung. Auf dem Rückflug qualmt es plötzlich in Marseilles Kabine. Er reißt die Entlüftung auf. Rauch dringt hervor, der Motor brennt.

»Von Elbe 1«, ruft er über Funksprech, »habe starke Rauchentwicklung in der Kabine. Ich kann nichts sehen.«

Die Staffel schließt eng heran, nimmt ihren Kapitän in die Mitte. Poettgen, sein alter Rottenflieger, gibt ihm Kurskorrekturen: »Mehr rechts halten – gut so. Etwas Höhenruder – ja, richtig.«

»Ich kann nichts sehen«, ruft Marseille immer wieder.

»Noch drei Minuten bis El Alamein«, sagt Poettgen. »Noch zwei Minuten. – Noch eine...«

Endlich sind sie über deutschbesetztem Gebiet.

»Ich muß jetzt 'raus«, preßt Marseille hervor. Er legt die Me auf den Rücken. Das Kabinendach fliegt weg. Der Körper hinterher. Dann sehen sie es alle, mit schreckgeweiteten Augen: Der Fallschirm öffnet sich nicht!

Der Körper fällt wie ein Stein. Um 11.36 Uhr schlägt er unten auf. Marseille ist tot.

Hauptmann Ludwig Franzisket, Staffelkapitän der 1./JG 27, rast mit einem Wagen los und holt den toten Kameraden aus der Wüste.

Der Fallschirmgriff ist nicht gezogen worden. Wahrscheinlich war Marseille schon vorher bewußtlos. Eine breite Schlagwunde quer über der Brust zeugt davon, daß er beim Absprung voll vom Leitwerk der stürzenden Maschine getroffen worden ist.

Sie können es alle nicht fassen. Nach einer steilen Karriere ist dieses strahlende, junge Fliegerleben ausgelöscht. Nicht im Luftkampf mit dem Gegner. Sondern durch ein Unglück.

Marseille, Sieger in 158 Luftkämpfen, ist tot. Der Stern von Afrika ist erloschen.

Kampfraum Mittelmeer 1942 · Erfahrungen und Lehren

1. Katastrophale Verluste der deutsch-italienischen Nachschub-Geleitzüge für Nordafrika im Herbst 1941 zwangen die deutsche Führung, erneut ein Fliegerkorps nach Sizilien zu legen. Mit Beginn der ›zweiten Malta-Bekämpfung‹ Anfang 1942 besserte sich die Lage der Geleitzüge sofort. Die Wechselwirkung Malta-Nordafrika war unverkennbar: Je stärker Malta angegriffen wurde, desto mehr Nachschub kam zu Rommel durch, was ihn schließlich zu seiner Offensive aus der Gazala-Stellung befähigte.

2. Die logische Folgerung, Malta durch eine Luft- und Seelandung zu erobern, wurde geplant, aber nicht in die Tat umgesetzt. Der günstige Zeitpunkt unmittelbar im Anschluß an die schwere Luftoffensive gegen die Insel im April 1942 wurde versäumt. Hitler überließ den Italienern die Führung des Lande-Unternehmens, traute ihnen aber andererseits kein Durchhaltevermögen zu. Letztlich brachte Rommel das ›Unternehmen Herkules‹ zu Fall, weil er nach der schnellen Eroberung Tobruks in einem Zuge bis zum Nil vorstoßen zu können glaubte.

3. Für diesen Schwerpunkt forderte und erreichte er den Einsatz der gesamten im Mittelmeerraum verfügbaren Luftwaffe. Das Ziel Kairo wurde nicht erreicht; und Malta, nicht mehr angegriffen, erstarkte schnell. Rommels Nachschub über See erlitt wieder steigende Verluste -- das Spiel um Nordafrika war verloren.

4. Taktisch zeigte sich in der Luftoffensive gegen Malta deutlich, daß dem geschlossenen Einsatz starker Kampfverbände gegen Schwerpunktziele wie Flugplätze oder Hafenanlagen der Vorzug gegenüber auch noch so zahlreichen Einzel-Sturzangriffen gebührte, wie sie immer noch vom Generalstabschef Jeschonnek gefordert wurden. Auf Malta fielen – gegen militärische Ziele! – die ersten ›Bombenteppiche‹ des zweiten Weltkrieges.

Luftkrieg über See 9

26. Schiffsjagd im Atlantik

Drei deutsche Kampfflugzeuge von Typ He 111 ziehen tief über den Wellen der Nordsee westwärts. Die Motoren dröhnen. Propellerböen peitschen das Wasser. Die Flugzeugführer passen höllisch auf. Eine unbedachte Bewegung kann die Maschine hinunter auf die See drücken, und Wasser ist so hart wie Stein. Sie müssen so tief fliegen, um der britischen Radarkette kein Ziel zu bieten. Wenn der Gegner gewarnt ist, hat der Angriff natürlich weniger Aussicht auf Erfolg: der Angriff auf den britischen Geleitzug, der mittags vor dem Pentland Firth gemeldet worden ist und jetzt an der schottischen Ostküste südwärts dampft.

Die Herbstsonne ist ins Meer gesunken, die Dämmerung zieht herauf. Nur im Westen bleibt der Himmel noch hell, dort wo der Geleitzug stehen muß. Das sind günstige Angriffsbedingungen: Die Bomber fliegen aus dem dunklen Horizont heraus an, die Überraschung wird gelingen.

Major Martin Harlinghausen, der Chef des Stabes des X. Fliegerkorps, sitzt als Beobachter und Kommandant in der vordersten He 111. Neben ihm als Flugzeugführer sein Ia op (Operationsoffizier im Stabe), Hauptmann Robert Kowalewski. Die drei Heinkel-Bomber bilden die Führungskette des X. Fliegerkorps, eine einmalige Einrichtung in der deutschen Luftwaffe.

Das Korps, unter General der Flieger Hans Ferdinand Geisler, hat nach wie vor die Aufgabe, den Seeluftkrieg gegen England zu führen. Aber es beschränkt sich nicht auf Befehle vom grünen Tisch. Die Führungskette fliegt selbst gegen den Feind. Von den Geschwadern und Gruppen wird nichts verlangt, was der Stab nicht erprobt und vorgemacht hat.

Major Harlinghausen entwickelt seine eigene Methode, feindliche Schiffe anzugreifen: das ›Steckrübenverfahren‹. Es beruht auf der alten Marine-Erfahrung, daß Schiffe das beste Ziel bieten, wenn man im rechten Winkel, also genau von der Seite auf sie zustößt. Und je tiefer das Flugzeug anfliegt, desto höher ragt das Ziel aus dem Wasser, desto klarer steht sein Schatten vor dem Horizont. Vor allem in der Dämmerung, aber auch in klaren oder mondhellen Nächten.

Rund 20 Seemeilen nordöstlich Kinnaird Head stoßen die drei He 111 auf den Geleitzug. Sie gehen auf Parallelkurs, taxieren die Ziele.

»Wir nehmen den vierten von links«, sagt Harlinghausen. Immer ist es der größte Schatten, der den Bomber anzieht. Der vierte von links muß ein Tanker sein, mit langgestrecktem Rumpf und Aufbauten mittschiffs und achtern. Kowalewski zieht die Maschine in einer Linkskurve auf den Geleitzug zu.

»Harling«, sagt er, »ich seh' ihn nicht.«

»Noch 10 Grad Backbord«, korrigiert der Chef, der vorn dicht hinter dem Glas der Kanzel liegt und sich ganz auf das Ziel konzentrieren kann. Der Flugzeugführer sitzt zu weit zurück und muß sich um zu viele Dinge gleichzeitig kümmern. Harlinghausen und Kowalewski sind seit Monaten aufeinander eingespielt. Sie verstehen sich, reagieren im Bruchteil einer Sekunde. Und darauf kommt es jetzt an.

»Jetzt sitzt du genau dran«, sagt Harlinghausen. Er strahlt bärenhafte Ruhe aus. Schon im spanischen Bürgerkrieg hat er das ›Steckrübenverfahren‹ erprobt. Damals mit der alten He 59, mit der taktisch gar nichts anderes als ein überraschender Tiefangriff möglich war, weil die Maschine sonst zu früh entdeckt und abgeschossen worden wäre.

Mit einer Geschwindigkeit von knapp 300 Stundenkilometer jagt die He 111 auf den Schatten des Tankers zu. Der Flugzeugführer hält sie auf 45 Meter Höhe. Auch das bedarf langer Erfahrung. Auf den barometrischen Höhenmesser ist kein Verlaß. Nach seiner Anzeige wären sie schon oft tief unter der Wasseroberfläche geflogen.

Die Angriffshöhe ist ein entscheidender Faktor in Harlinghausens Rechnung. Die Bomben fallen in der ersten Sekunde 5 Meter, in der zweiten 15 und in der dritten 25 Meter. Sie brauchen also drei Sekunden, um aus 45 Meter Höhe unten einzuschlagen. In diesen drei Sekunden durchfliegt die Heinkel eine Strecke von rund 240 Meter. Das heißt: Harlinghausen muß die Bomben 240 Meter vor dem Ziel ausklinken, um zu treffen. Die ›Rückdrift‹ der Bomben ist in den ersten Sekunden nach dem Wurf minimal. Sie fliegen unter der Kampfmaschine mit und senken sich in einer langgestreckten Kurve ins Ziel.

Immer höher wächst der Schatten des Tankers aus der See. Der Gegner hat den Angriff noch nicht bemerkt. Kowalewski hält genau auf die Aufbauten zu, weil darunter die Maschinenräume liegen. Jetzt sind schon Einzelheiten zu erkennen: Decks, Brücke und Masten.

In jeder Sekunde jagt der Bomber 80 Meter näher heran.

Noch 400... 320... 240 Meter: Wurf!

Vier 250-Kilo-Bomben fallen dicht hintereinander. Harlinghausen hat sie im

Reihenabwurfgerät auf den geringsten Abstand geschaltet. Nur etwa acht Meter liegen zwischen den einzelnen Bomben. Und eine davon trifft immer. Das Ziel ragt ja hoch und breit aus dem Wasser – der ›bestrichene Raum‹ ist groß genug.

Drei Sekunden nach dem Wurf donnert die Heinkel über den Tanker hinweg. Fast gleichzeitig schlagen unten die Bomben ein. Aber sie detonieren erst nach einem Verzug von acht Sekunden, um die eigene Kampfmaschine nicht zu gefährden. Inzwischen liegt der Tanker schon weit hinter dem Flugzeug.

Plötzlich ein gewaltiger Schlag. Eine Stichflamme schießt hoch. Der Tanker explodiert.

Nach einer neuen Kurve sehen die Männer in der Heinkel, wie brennendes Öl aus dem getroffenen Schiff fließt. Es ist ein 8000-Tonner, wie aus dem Funkverkehr des Konvois hervorgeht. In der zweiten He 111 fliegt ein Horchtrupp mit, der die Funkwellen des Gegners geschaltet hat.

Nun ist auch die Abwehr des Geleitzuges wach geworden. Ungeachtet der Leuchtspurfäden greift Harlinghausen ein zweites Mal an, diesmal einen Frachter. Er will auch seine rechte Bombenreihe, nochmals vier 250-Kilo-Bomben, ins Ziel bringen.

Im Laufe des Jahres 1940 gelingt es Major Harlinghausen und Hauptmann Kowalewski dreimal, mit beiden Bombenreihen ihrer He 111 auf Anhieb je einen Dampfer zu versenken. Mit dem ›Steckrübenverfahren‹ erreicht diese eine Besatzung bis zum September 1940 eine Versenkungsziffer, die damals mit 100000 BRT angenommen wurde*.

Dann werden die Einsatzbedingungen härter. Die Abwehr holt auf. Von Monat zu Monat ist schwerer an die Schiffe heranzukommen. Die Gruppen des ›Löwengeschwaders‹, des KG 26, werden zwar noch im Tiefangriff ausgebildet und üben mit Zementbomben in den norwegischen Schären; doch ihre Erfolge bleiben gering, und die Verluste steigen.

Im Oktober 1940 fällt noch einmal ein Paukenschlag. Täglich fliegen die wenigen viermotorigen Focke-Wulf FW 200, die in der I./KG 40 in Bordeaux zusammengefaßt sind, bewaffnete Aufklärung bis weit in den Atlantik hinaus. Am 24. Oktober stößt Oberleutnant Bernhard Jope bei einem solchen Flug etwa 100 Kilometer westlich Irlands auf einen Ozeanriesen: die »Empress of Britain«, 42348 BRT, die als Truppentransporter eingesetzt ist.

Jope drückt seine FW 200 ›Condor‹ hinab zum Tiefangriff, jedoch nicht von der Seite, sondern von hinten, in der Längsrichtung des Schiffes. Bombentreffer schlagen in die Aufbauten, und brennend bleibt der Riese liegen. Die Engländer versuchen, die »Empress of Britain« einzuschleppen. Doch zwei Tage später

* Die Luftwaffe meldete im ersten Kriegsjahr, vom 3. September 1939 bis zum 30. August 1940 insgesamt 1376813 BRT feindlichen Schiffsraumes als versenkt. Vergleiche mit den alliierten Verlustangaben nach dem Kriege führten zu dem Ergebnis, daß im genannten Zeitraum nur etwa 440000 BRT durch deutsche Luftangriffe verlorengegangen sind.

erhält sie durch Torpedos des über Funk herbeigerufenen deutschen U-Boots »U 32« unter Kapitänleutnant Jenisch den Fangschuß und versinkt.

Vor den Hallen dröhnen 20 warmlaufende Motoren. 20 Motoren, aber nur fünf Flugzeuge: mächtige viermotorige Maschinen vom Typ Focke-Wulf FW 200 ›Condor‹. Es ist sechs Uhr früh. Über dem Flugplatz Bordeaux-Merignac dämmert der neue Tag, der 9. Februar 1941.

Hauptmann Fritz Fliegel, Staffelkapitän der 2./KG 40, rollt als erster zum Start. Ihm folgen die Oberleutnante Adam, Buchholz, Jope und Schlosser. Mühsam heben die schweren Flugzeuge ab. Die Treibstofftanks in Rumpf und Tragflächen sind bis zum letzten Kubikzentimeter gefüllt: 8800 Liter schleppt die ›Condor‹ mit. Dazu sechs Mann Besatzung: erster und zweiter Flugzeugführer, zwei Funker, Bordmechaniker und Heckschütze.

Die Bombenzuladung beträgt nur 1000 Kilogramm. Die FW 200 ist eben kein ›geborenes‹ Kampfflugzeug, sondern lediglich eine umfrisierte Verkehrsmaschine, der schwerste ›Hilfskreuzer‹ der deutschen Luftwaffe. Das eigentliche Fernkampfflugzeug, die He 177, steckt noch in der Erprobung. Über dem Atlantik aber werden kampfkräftige Maschinen mit großer Reichweite gebraucht. Die ›Condor‹ läßt viele Wünsche offen. Um so erstaunlicher ist es, was die Besatzungen mit ihren wenigen Maschinen leisten.

Hauptmann Fliegels 2./KG 40 zieht nach Südwesten davon. Die Männer haben einen langen Flug vor sich, weit hinaus über die See. Ihr Ziel ist ein winziger Punkt irgendwo in der Wasserwüste des Atlantiks, irgendwo zwischen Portugal und den Azoren.

Dort ist das deutsche U-Boot »U 37« unter Kapitänleutnant Nicolai Clausen am Abend zuvor zufällig auf einen britischen Geleitzug gestoßen. Die Frachter kommen aus Gibraltar und sind für England bestimmt. Sie schlagen einen weiten Bogen um die gefährlichen deutschen Luft- und U-Boot-Stützpunkte in Frankreich. Aber »U 37« folgt ihnen wie ein Schatten. Seine Sichtmeldung erreicht über den Befehlshaber der U-Boote, Admiral Karl Dönitz, auch das KG 40 in Bordeaux. Am frühen Morgen des 9. Februar greift »U 37« an und versenkt die Frachter »Courland« und »Estrellano«. Dann folgt Kapitänleutnant Clausen dem Konvoi als Fühlungshalter und sendet Peilzeichen. Die Funker in den heranstürmenden ›Condor‹-Maschinen nehmen die Zeichen auf, und Hauptmann Fliegel korrigiert danach seinen Kurs. Nun ist es nur noch eine Frage der Zeit, wann die 2./KG 40 auf den Geleitzug stoßen wird.

Mittags haben sie ihn endlich. Nach mehr als sechs Flugstunden, rund 600 Kilometer südwestlich Lissabon, kommen die Frachter in Sicht. Fliegel verteilt die Ziele und stößt zum Angriff hinab.

Auch das ist bezeichnend für den behelfsmäßigen Charakter dieser Kampfflugzeuge: Sie können nicht, wie man es von einem schweren Bomber erwarten sollte, im Horizontalflug aus großer Höhe angreifen. Erst viel später werden die Besatzungen auf das dafür erforderliche genaue Zielgerät, das ›Lotfernrohr 7 d‹, umgeschult.

Fliegel muß seinen schweren ›Condor‹ tief auf die See hinabdrücken. Er muß einkurven, muß versuchen, das Schiff von querab anzufliegen, damit es ihm die lange Bordwand zeigt und so ein möglichst sicheres Ziel bietet.

Nur 40 oder 50 Meter über den Wellen jagt die Viermotorige auf ihr Opfer zu. Im ›Quertiefangriff‹, wie es offiziell heißt. Die Besatzungen nennen es ›Steckrübenverfahren‹.

400 Meter vor dem Ziel löst Fliegel die erste 250-Kilo-Bombe. Mehr als vier hat er nicht.

In diesem Augenblick hämmert das MG aus der Bodenwanne los. Der Bordmechaniker bestreicht die Decksaufbauten des Gegners, um dort die Flak-Mannschaft niederzuhalten.

Sekunden später dröhnt die FW 200 dicht über das Schiff hinweg. Dicht über die Mastspitzen. Und ohne Rücksicht auf die Schiffsflak, die das riesige Flugzeug so nah über den Köpfen eigentlich gar nicht verfehlen kann.

Oberleutnant Adam erhält schon beim Anflug Flaktreffer in die Flächentanks. Er hat Glück, die Maschine brennt nicht. Aber der Kraftstoff fließt aus faustgroßen Löchern und weht in Schleiern davon. Adam muß sofort umkehren und versuchen, die rettende Küste zu erreichen.

Die anderen Besatzungen greifen immer wieder an. Oberleutnant Hans Buchholz, einer der erfolgreichsten Flugzeugführer des Kampfgeschwaders 40, verfehlt sein Frachtschiff nur um Haaresbreite. Hart neben der Bordwand rauschen die Bomben ins Meer. Hauptmann Fritz Fliegel und Oberleutnant Heinrich Schlosser treffen je zweimal, Oberleutnant Bernhard Jope einmal. Fünf Frachter sinken: die britischen »Jura«, »Dagmar I«, »Varna« und »Britannic« und die norwegische »Tejo«.

Auch Kapitänleutnant Clausen kommt mit »U 37« noch einmal zum Schuß und versenkt einen weiteren Dampfer. Jetzt hat der britische Konvoi HG 53 aus Gibraltar schon die Hälfte seiner ursprünglich 16 Schiffe verloren – trotz der Sicherung durch neun Kriegsfahrzeuge. Die britische Admiralität muß das Schlimmste befürchten, wenn es nicht gelingt, die restlichen Schiffe vor den Deutschen zu ›verstecken‹. Sie greift zum äußersten Mittel: Der Geleitzug wird aufgelöst. Die Frachter sollen einzeln ihrem Zielhafen zustreben.

Auf deutscher Seite wird der Erfolg allerdings weit überschätzt. Nach den geheimen Lageberichten Nr. 520/21 des Ob.d.L.-Führungsstabes Ic meldet die 2./KG 40 sechs Schiffe mit 29500 BRT als versenkt, drei weitere mit 16000 BRT als beschädigt. Selbst erfahrenen Seefliegern fällt es schwer, die Größe von Schiffen aus der Luft richtig zu beurteilen, zumal wenn sie sich ganz auf den Angriff konzentrieren müssen. So hält Oberleutnant Schlosser die von ihm versenkte 2490 BRT große »Britannic« für einen 6000-Tonner. Hauptmann Fliegel schätzt die »Tejo« auf 3500 Tonnen. In Wirklichkeit ist sie nur 967 BRT groß. Auf der Gibraltar-Route verkehren zu dieser Zeit nur Frachter zwischen 1000 und 3000 BRT.

Tatsächlich fallen den ›Condor‹-Maschinen der 2./KG 40 am Mittag des 9. Februar 1941 fünf Schiffe mit 9200 BRT zum Opfer. Aber Zahl und Größe der Schiffe sind nicht das entscheidende Merkmal dieses Erfolges.

Zum ersten Male ist hier etwas gelungen, was selbstverständlich sein sollte: enge Zusammenarbeit zwischen Flugzeug und U-Boot. Allerdings sind die Rollen vertauscht. Eigentlich sollen die ›Condore‹ Geleitzüge im Atlantik aufstöbern und die U-Boote durch Peilzeichen heranführen. Hier ist es umgekehrt. Der Befehlshaber der U-Boote nimmt den Erfolg dennoch als gutes Zeichen. Er hofft, daß seine Boote nun endlich bessere, weitreichende Augen erhalten. Denn ohne solche Augen verpufft der U-Boot-Krieg im Leeren, erschöpfen sich die Aktionen der Boote in fruchtlosen Suchbewegungen. Meist müssen sie es dem Zufall überlassen, ob sie den Gegner finden oder nicht.

Als sich der neuernannte ›Fliegerführer Atlantik‹, Oberstleutnant Martin Harlinghausen, Mitte März 1941 bei Admiral Dönitz in Lorient meldet, empfängt ihn der ›große Löwe‹ mit den Worten:

»Sehen Sie, unsere Situation ist, auf Landmaßstäbe übertragen, folgende: Der feindliche Geleitzug steht bei Hamburg, meine nächsten Boote bei Oslo, Paris, Wien und Prag. Die U-Boote haben bestenfalls einen Sichtkreis von 30 Kilometer. Wie sollen sie den Geleitzug jemals finden, wenn ihnen nicht Fernaufklärer den Weg weisen?«

Das Problem einer weiträumigen Aufklärung über See stellte sich gleich bei Kriegsbeginn. Damals, im Herbst 1939, hatte der Navigationsoffizier im Stabe des X. Fliegerkorps, Major Petersen, als erster die Idee, die im zivilen Luftverkehr eingesetzte FW 200 zum Fernaufklärer ›umzufrisieren‹.

Seit ihrem Erstflug im Juli 1937 hatte die von ihrem Erbauer, Dipl.-Ing. Kurt Tank, ›Condor‹ genannte Maschine mehrere Langstreckenrekorde aufgestellt: von Berlin nach New York in knapp 25 Stunden, auf dem Rückflug sogar in knapp 20 Stunden. Und von Berlin nach Tokio in 46 Stunden und 18 Minuten – natürlich jeweils mit Zwischenlandungen. Focke-Wulf konnte sich über mangelnde Auslandsaufträge für den ›Condor‹ nicht beklagen. Dann kam der Krieg und machte das Geschäft zunichte. Petersen aber, der als Verkehrsflieger selber eine FW 200 geführt hatte, erinnerte sich zur rechten Zeit des großen Vogels. Denn das Versäumnis der Luftwaffe, ein viermotoriges Kampf- und Aufklärungsflugzeug für große Reichweiten zu entwickeln, war bei Kriegsbeginn offenkundig geworden.

So stimmte auch Generalstabschef Jeschonnek dem Vorschlag des X. Fliegerkorps zu, aus der FW 200 einen ›Hilfskreuzer‹ zu machen. Petersen selbst bekam die erste Versuchsstaffel, die im Laufe des Norwegenfeldzuges wertvolle Aufklärungsergebnisse erflog.

Focke-Wulf verstärkte die Zelle, baute Zusatztanks ein und hängte Bombenträger unter die Tragflächen. Damit und nach den notwendigen inneren Umbauten war die FW 200-C als militärische Version fertig. Freilich konnte sie ihren zivilen Ursprung nicht verleugnen. Sie war zu schwach, zu langsam und auch zu leicht verwundbar. Die anfangs eingebaute Abwehrbewaffnung – eine 2-cm-Kanone im Drehturm über der Führerkanzel und zwei Maschinengewehre in der Bodenwanne und im achteren ›B-2-Stand‹ – konnte die Maschine nicht ernsthaft gegen Jagd- und Zerstörerangriffe schützen.

Dagegen war die Reichweite des ›Condor‹ nach deutschen Maßstäben überragend. Schließlich war die Luftwaffe gerade in dieser Hinsicht von der mit vielen Vorschußlorbeeren bedachten Ju 88 herb enttäuscht worden.

Die FW 200-C aber besaß schon in der Normalausführung eine taktische Eindringtiefe von 1500 Kilometer. Das hieß: 1500 Kilometer hin, 1500 zurück, und 20 Prozent Reserve für Navigationsfehler, Erfüllung des Kampfauftrages und ähnliches. Mit weiteren Zusatztanks im Rumpf erreichte sie als ›Langstrecken-Condor‹ eine Eindringtiefe von 1750 Kilometer. Und die ›Längststrecken-Condor‹, die an Stelle der Bomben noch zwei Außenbehälter für Kraftstoff unter den Tragflächen mitführte, flog sogar 2200 Kilometer – hin und zurück. Flugzeiten von 14 bis 16 Stunden waren mit der FW 200-C keine Seltenheit.

Die lange Flugdauer gewann an Bedeutung, als die von Oberstleutnant Petersen neuaufgestellte I./KG 40 mit ihren ›Condor‹-Maschinen im Sommer 1940 nach Südwestfrankreich an die Atlantikküste verlegt wurde. Die 1. und die 2. Staffel operierten von Bordeaux-Mérignac, die 3. von Cognac aus. Wenn die Besatzungen dort an der Biscaya starteten, konnten sie westlich von Irland bewaffnete Aufklärung über dem Atlantik fliegen und nach einem weiten Bogen in Stavanger-Sola oder Vaernes bei Drontheim in Norwegen landen. Am nächsten oder übernächsten Tage flogen sie auf dem gleichen Wege zurück nach Südfrankreich.

Trotz aller Behelfsmäßigkeit verfügte die Luftwaffe mit diesen Maschinen also über die weitreichenden Augen, die die U-Boote so dringend nötig hatten. In einem Vortrag über die Lage im Atlantik, den Dönitz am 30. Dezember 1940 vor dem Wehrmachtführungsstab hielt, forderte er daher:

»Stellen Sie mir mindestens zwanzig FW 200 allein für die Aufklärung – dann werden die U-Boot-Erfolge schlagartig steigen.«

Am 4. Januar 1941 hieb die Seekriegsleitung in Berlin noch einmal in die gleiche Kerbe: »Die systematische Aufklärung nur für Zwecke der Seekriegführung im Atlantik durch Marine-Führungsstellen ist notwendig.«

Hinter den scheinbar nüchternen Erwägungen verbarg sich ein heftiger Kampf um die Frage, wer letztlich der ›Condor‹-Gruppe, der I./KG 40, die Einsatzbefehle zu geben habe: die Luftwaffe oder die Marine. Hitler selbst entschied diesen Streit am 6. Januar mit dem Befehl: »Die I./KG 40 wird dem Oberbefehlshaber der Marine unterstellt.« Göring versuchte er damit zu beschwichtigen, daß er der Marine gleichzeitig die mit Ju 88 ausgerüstete Kampfgruppe 806 wieder fortnahm, um sie der Luftflotte 3 des Feldmarschalls Sperrle zum Bombenangriff gegen England zuzuschlagen.

Es war eine der Entscheidungen, mit denen keine Seite zufrieden war, nicht einmal Admiral Dönitz, der doch sein Ziel erreicht hatte und über die I./KG 40 verfügen konnte. Jetzt erlebte er, daß die Gruppe viel zu schwach war. Bei einem Istbestand von 20 bis 25 Maschinen gelang es bestenfalls, sechs bis acht FW 200 pro Tag einsatzbereit zu halten. Auch hier zeigte sich, daß das Verkehrsflugzeug der ständigen Belastung der Kriegsflüge nicht gewachsen war.

Was aber waren sechs bis acht ›Condore‹? Was sollte diese Handvoll Flugzeuge draußen über dem Atlantik ausrichten können? Keinesfalls war damit die lückenlose Aufklärung in Streifen und Fächern zu fliegen, wie sie dem Befehlshaber der U-Boote vorschwebte.

Hauptmann Verlohr, Staffelkapitän der 1./KG 40, sichtete am 16. Januar 1941 weit westlich Irlands einen Geleitzug, griff an und versenkte im ›Steckrübenverfahren‹ zwei Schiffe mit 10857 BRT. Dann hielt er mehrere Stunden am Konvoi Fühlung. So lange, bis sich die Treibstofftanks bedenklich leerten, bis er schleunigst auf Heimatkurs gehen mußte. In der Zwischenzeit war es weder gelungen, eine zweite FW 200 als Ablösung heranzuführen, noch konnten U-Boote auf die Peilzeichen Verlohrs hin den Geleitzug erreichen. Sie standen zu weit entfernt. Folglich ging die Fühlung verloren. Die Nacht brach herein. Am nächsten Morgen war der Konvoi nicht mehr zu finden, sosehr die Fernaufklärer auch das Seegebiet absuchten.

Genauso ging es am 23., 28. und 31. Januar. Jedesmal sichteten FW 200 große Geleitzüge, konnten sie aber nicht so lange beschatten, bis U-Boote herangekommen waren. Jedesmal verloren die Konvois einige Schiffe durch Tiefangriffe der ›Condore‹, aber den U-Booten liefen sie nicht in die Arme.

Zwar stiegen die Versenkungserfolge bei der ›bewaffneten Aufklärung‹ der FW 200. Im Januar 1941 vernichteten sie mit Bomben 15 Schiffe mit 63175 BRT, im Februar sogar 22 Schiffe mit 84515 BRT. Dies sind die überprüften Nachkriegszahlen. Die Erfolgsmeldungen lagen damals erheblich höher.

Die meist jungen Besatzungen mußten ihr ganzes Können aufbieten, um die hohen Anforderungen der Langstreckenflüge zu erfüllen. Sie kamen von den großen Kampffliegerschulen. Dort suchte man die Besten aus, stellte die Besatzungen zusammen, spielte sie aufeinander ein. Die Jungen lernten viel von ihren erfahrenen Kameraden, die schon als Lufthansapiloten Experten im Blind- und Langstreckenflug gewesen waren. Die erfolgreichsten waren der bald zum Kommodore des KG 40 ernannte Oberstleutnant Petersen, dann seine Kommandeure und Staffelkapitäne Verlohr, Fliegel, Daser, Buchholz, Jope und Mayr. Die ›Flugmillionäre‹ Bernhard Jope und Rudolf Mayr sind auch heute wieder Chefpiloten der Lufthansa.

Doch alle Einzelleistungen konnten nicht darüber hinwegtäuschen, daß die Hauptaufgabe einer wirkungsvollen Fernaufklärung für die U-Boote nicht zu erfüllen war, solange die einsatzbereiten Focke-Wulf 200 an den Fingern einer Hand abgezählt werden konnten. 1941 baute Focke-Wulf monatlich nur vier bis fünf ›Condore‹. Damit war nichts gewonnen. Die U-Boote mußten ihre weitreichenden Augen nach wie vor entbehren. Jeden Morgen wiederholte sich im Lagezimmer des Befehlshabers der U-Boote in Lorient folgender Dialog zwischen Dönitz und dem Chef seiner Operationsabteilung, Fregattenkapitän Eberhard Godt.

Dönitz: »Wird heute Aufklärung geflogen?«

Godt: »Jawohl, Herr Admiral.«

Dönitz: »Wie viele Flugzeuge?«

Godt: »Eins.«

Darauf sahen sich beide traurig lächelnd an. Dönitz, dessen U-Boote den Engländern am meisten zu schaffen machten, hob resignierend die Schultern.

An dieser Lage kann auch Oberstleutnant Martin Harlinghausen nichts ändern, als er im März 1941 erster ›Fliegerführer Atlantik‹ wird. Der Fliegerführer soll alle über See eingesetzten Luftwaffenverbände unter einheitlichem Kommando zusammenfassen.

Besonders die Unterstellung der I./KG 40 unter die Marine hat Göring und Jeschonnek nicht ruhen lassen. Schließlich stimmt Hitler zu, daß auch die ›Condor‹-Gruppe ihre Befehle in Zukunft von dem neuernannten Fliegerführer erhält. Damit ist der Schein nach außen gewahrt. Die Aufgabe bleibt die gleiche: Aufklärung für den Befehlshaber der U-Boote. Auch die schwachen Einsatzzahlen sind nicht von einem Monat zum anderen zu erhöhen.

Harlinghausen, dem Dönitz das Château Branderion etwa 20 Kilometer vor Lorient als Stabsquartier zur Verfügung stellt, hat jedoch noch andere wesentliche Aufgaben zu erfüllen:

die Bekämpfung des Schiffsverkehrs rund um das südliche England, von der Irischen See durch den Kanal und bis zur Tyne-Mündung an der Ostküste;

ferner die Unterstützung von Sperrles Luftflotte 3 bei ihren Angriffen gegen britische Hafenziele.

Außer dem KG40 mit der I. Gruppe (FW200) in Bordeaux, der II. (Do217) in Holland und der III. (He 111, später ebenfalls FW 200) in Bordeaux, verfügt der Fliegerführer für diese zahlreichen Aufgaben nur noch über eine Ju-88-Fernaufklärungsstaffel, die 3. (F)/123 in Lannion an der Nordküste der Bretagne, ferner über drei Küstenfliegergruppen, davon zwei mit Ju 88, eine noch mit dem Schwimmerflugzeug He 115 ausgerüstet.

Diese Gruppen und Staffeln fliegen nun Tag für Tag das Seegebiet rings um England ab. Sie melden die Geleitzüge vor der Südküste der Insel ebenso wie im St.-Georgs-Kanal, vor der Themse wie in der Irischen See.

Und sie greifen an. Selbst die technisch längst überholten Seeflugzeuge He 115 mit ihren zwei 250-Kilo-Bomben und den beiden starr nach vorn schießenden MG – selbst diese ›müden, plumpen Vögel‹ des Majors Karl Stockmann bringen aus dem Bristol-Kanal manchen Erfolg nach Brest zurück.

In diesen Frühjahrsmonaten 1941 festigt sich aber auch die britische Abwehr. Die Konvois werden stärker gesichert – die U-Boote wissen ein Lied davon zu singen. Und die britischen Kriegs- und Handelsschiffe werden mit leichter Flak gespickt – die deutschen Angreifer aus der Luft bekommen es zu spüren. Noch immer fliegen sie die Schiffe tief über der See an. Noch immer werfen sie ihre Bomben nach dem ›Steckrübenverfahren‹, bei dem die Maschine dicht über die Mastspitze hinwegdonnert und der Schiffsflak für viele tödliche Sekunden ein sicheres Ziel bietet.

Die Flugzeugverluste steigen sprunghaft an. Anfangs hatte man beim ›Flieger-

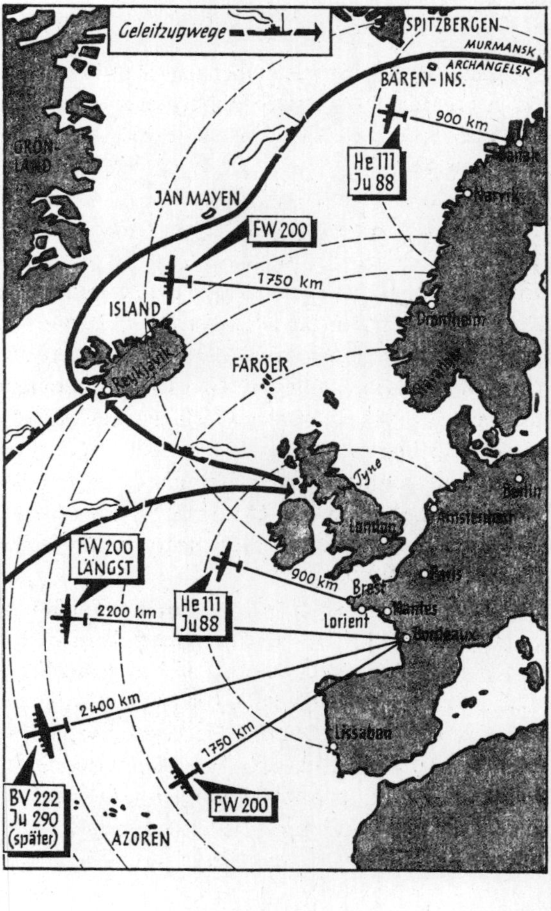

Die Reichweiten der deutschen Flugzeuge über See zeigen deutlich das Handikap der Luftwaffe im Kampf gegen die alliierte Versorgungsschiffahrt. Nur die FW 200 besaß mit gut 16 Stunden Flugdauer einen genügenden Aktionsradius, doch täglich waren nur wenige Maschinen einsatzbereit. Auf der Murmansk-Route, wo die alliierten Geleitzüge durch den Flugbereich der deutschen He-111- und Ju-88-Geschwader dampfen mußten, drohten ihnen schwere Verluste.

führer Atlantik‹ ausgerechnet, daß eine verlorene Maschine auf 30000 Tonnen versenkten feindlichen Schiffsraum käme. Jetzt sinkt diese günstige Relation schnell ab. Die Maschinen kommen nicht mehr an die Schiffe heran. Sie fliegen gegen eine Wand aus Feuer und Eisen.

Schon im Juni 1941 muß Harlinghausen den von ihm selbst 1939 eingeführten Quertiefangriff verbieten. Die Abschußzahlen sind unerträglich geworden.

Auch die U-Boote geben ihre bisher so ergiebigen Jagdgründe vor dem Nordkanal nahe der irischen und schottischen Küste auf. Denn die britische Abwehr schlägt nun zurück. Allein vom 7. März bis 5. April 1941 gehen in diesem Seegebiet sechs Boote verloren, darunter die der U-Boot-Asse Prien (U 47), Schepke (U 100) und Kretschmer (U 99), der als einziger gerettet wird. Dönitz weicht weit nach Westen aus. In großen Suchbewegungen harken die Boote über den Nordatlantik, meist außerhalb der Reichweite der ›Condor‹-Maschinen, die bis 22 Grad westlicher Länge, rund 1700 Kilometer von ihren Einsatzhäfen entfernt, über See aufklären können.

Die Zusammenarbeit U-Boot–Fernaufklärer lebt noch einmal auf, als Dönitz seine U-Boot-Rudel ab Mitte Juli die Geleitzüge aus Gibraltar angreifen läßt. Dort operieren sie wieder im Bereich der FW 200 aus Bordeaux. Der Kampf ist härter geworden. Tiefangriffe der Viermotorigen kommen kaum noch in Frage, höchstens gegen einzelfahrende Schiffe, und die muß man mit der Lupe suchen. Dagegen erzielen die ›Condor‹-Besatzungen jetzt viel bessere Aufklärungsergebnisse. Mehrmals gelingt es ihnen, die von der britischen Sicherung abgedrängten U-Boote erneut an den Geleitzug heranzuführen.

Ab September 1941 zieht Dönitz die Boote wieder nach Norden. Im November fliegen 62 ›Condore‹ Geleitaufklärung über dem Nordatlantik. Fünfmal erfassen sie Konvois, davon kann jedoch nur einer an zwei aufeinanderfolgenden Tagen gesichtet werden. Die anderen verlieren sie wieder aus den Augen. Im Dezember werden nur noch 23 ›Condore‹ eingesetzt. Zäh halten sie an einem Geleitzug Fühlung, den sie fünf Tage lang beschatten.

»In allen Fällen«, heißt es im Kriegstagebuch des ›Fliegerführer Atlantik‹, »wurden Peilzeichen zum Heranführen von U-Booten gegeben.«

Dann reißt die Verbindung zwischen U-Booten und Fernaufklärern erneut ab. Die Boote operieren im Mittelmeer und, ab Januar 1942, vor der amerikanischen Ostküste. Sie suchen sich die Jagdgründe, in denen die Abwehr noch neu und unerfahren ist. Die I./KG 40 verlegt darauf nach Vaernes bei Drontheim in Norwegen. Denn 1942 beginnen die alliierten Geleitzüge nach Rußland zu laufen. Ein neues, riesiges Operationsgebiet zeichnet sich ab: das Nördliche Eismeer.

Alltag an der Kanalküste: Das ist die britische ›Nonstop‹-Bomberoffensive, mit der die Engländer seit Mitte 1941 versuchen, ihre sowjetischen Verbündeten zu entlasten. Sie wollen die Luftwaffe zwingen, Jagdverbände von der Ostfront abzuziehen. Doch die am Kanal stationierten deutschen Jagdgeschwader – JG 2 ›Richthofen‹ und JG 26 ›Schlageter‹ – müssen allein mit dem Gegner fertig werden. Die Messerschmitts und die ab Herbst 1941 zuerst bei der II./JG 26 auftauchenden neuen deutschen Jäger vom Typ Focke-Wulf FW 190 fügen den einfliegenden Engländern immer wieder schwere Verluste zu.

Aus diesem ›Alltag‹ ragen drei Ereignisse heraus:

der vergebliche Versuch der Luftwaffe, dem von der britischen Flotte gehetzten Schlachtschiff »Bismarck« mit einem Großeinsatz von 218 Flugzeugen zu Hilfe zu kommen (26./28. Mai 1941);

das Unternehmen ›Donnerkeil‹, der unter starker Luftsicherung gelungene Durchbruch der Schlachtschiffe »Scharnhorst« und »Gneisenau« und des Kreuzers »Prinz Eugen« durch den Kanal (12. Februar 1942);

der blutig abgewiesene Landeversuch britischer und kanadischer Truppen bei Dieppe, bei dem an einem Tage 106 englische Bomber und Jäger abgeschossen werden (19. August 1942).

Die 41700 ts große »Bismarck« hatte bereits den britischen Schlachtkreuzer »Hood« versenkt, als die Luftflotte 3 in Paris am 24. Mai 1941, 16 Uhr, die Nachricht erhielt, die »Bismarck« wolle St. Nazaire anlaufen und dort ins Dock gehen. Die Luftwaffe solle alles daransetzen, das Schiff sicher einzuholen und gegen seine Verfolger abzuschirmen. Frühestens nach zwei Tagen konnte die »Bismarck« in den Bereich der deutschen Ju-88- und He-111-Kampfgruppen eindampfen. Aber wo steckte das Schiff?

Am 26. Mai, dem entscheidenden Tag für die Kontaktaufnahme, machte ein von Nordwesten heranziehendes Sturmtief den Flugbetrieb fast unmöglich. Die Aufklärer des ›Fliegerführer Atlantik‹, die dennoch starteten, stießen ins Leere. Nur eine einzelne FW 200 entdeckte plötzlich um 15.45 Uhr das britische Schlachtschiff »Rodney« und mehrere Zerstörer. Das ganz in der Nähe stehende Flottenflaggschiff »King George V.« blieb für die ›Condor‹-Besatzung unter den tief dahinjagenden Wolken verborgen. Ein Radar-Suchgerät hatte die Maschine, im Gegensatz zu den britischen See-Fernaufklärern, noch nicht an Bord.

Nach der Standortangabe des Flugzeugs, die bei dem schlechten Wetter gewiß ungenau war, lagen etwa 1200 Kilometer zwischen der französischen Küste und dem gesichteten Gegner. Die Ju 88 und He 111 konnten aber höchstens 900 Kilometer weit vorstoßen. Das gab den Ausschlag, den Start der Verbände für den nächsten Morgen, den 27. Mai, ab 3 Uhr, zu befehlen.

Um diese Zeit hatte sich das Schicksal der »Bismarck« bereits erfüllt. Der Torpedoangriff von Flugzeugen des britischen Trägers »Ark Royal«, der Schraube und Ruder der »Bismarck« traf und das schwere Schiff manövrierunfähig seinen Verfolgern auslieferte, fand bereits am Abend des 26. Mai 1941 gegen 21.05 Uhr statt.

Die letzten, die das deutsche Schlachtschiff, in schwerem Kampf und rings umstellt von Gegnern, um 9.50 Uhr am 27. Mai entdecken, sind die Besatzungen von fünf Ju 88 der in aller Frühe gestarteten Küstenfliegergruppe 606. Die Kampfflugzeuge formieren sich trotz des Artillerieduells der schweren Schiffe zum Angriff. Sie stürzen sich auf einen Kreuzer, der ihnen am nächsten steht. Doch alle Bomben verfehlen das Ziel.

Als eine Stunde später der nächste deutsche Kampfverband, die mit 17 He 111 in Nantes gestartete I./KG 28, über dem Schlachtfeld eintrifft, ist die »Bismarck« bereits gesunken. Die Heinkel-Bomber sichten die britische Kampfgruppe H und greifen den Träger »Ark Royal« mit zwei 500- und acht 250-Kilo-Bomben an. Wieder rauscht die ganze Bombenladung ins Meer.

Nun fliegt ein Kampfverband nach dem anderen an: die Kampfgruppe 100, die II./KG 1, die II./KG 54 und die I./KG 77. Aber sie finden den Gegner nicht mehr. Es sind Verbände, die seit Monaten im Nachtangriff auf England stehen. Wie sollen sie, an der Grenze ihrer Reichweite, nach stundenlangem Flug über stürmischer See, eine so schwierige Aufgabe lösen? Eine Aufgabe, für die sie nie ausgebildet worden sind? Die im Seekrieg erfahrenen Kampfgeschwader 26 und 30 aber werden nicht herangezogen. Erst denkt niemand daran, und danach ist es schon zu spät.

Die Verfolgung der heimkehrenden britischen Flotte wird noch den ganzen 28. Mai über fortgesetzt. Hunderte von Bomben prasseln wirkungslos ins Meer. Nur der Zerstörer »Mashona« wird so schwer getroffen, daß er nicht weit von der Westküste Irlands sinkt.

Die Stimmung der heimkehrenden deutschen Besatzungen ist gedrückt. 218 Maschinen waren eingesetzt – und sie alle konnten der »Bismarck« nicht helfen!

Erst im folgenden Jahr, erst 1942, wendet sich das ›Kriegsglück‹ ein wenig: Mit dem erfolgreich unterstützten Kanaldurchbruch der deutschen Schlachtschiffe. Mit jenen 106 abgeschossenen britischen Bombern und Jägern an dem einen, furchtbaren Tag von Dieppe. Vor allem aber mit einem vernichtenden Schlag auf dem jüngsten Seekriegsschauplatz im Nördlichen Eismeer: dem Schlag gegen den Konvoi PQ 17.

27. Alarm im Eismeer

Seit drei Tagen schiebt sich der Geleitzug durch dichten Nebel. Seit seinem Aufbruch vom Hvalfjord bei Reykjavik auf Island. Seit dem 27. Juni 1942.

Sechsunddreißig Handelsschiffe, ein Flottentanker zur Versorgung der zahlreichen Sicherungsfahrzeuge und drei Rettungsschiffe bilden den Konvoi – einen der berühmtesten des zweiten Weltkrieges: den alliierten Konvoi PQ 17.

36 vollbeladene Handelsschiffe mit Kriegsmaterial, Rohstoffen und Lebensmitteln für Sowjetrußland.

Langsam tasten sich die Schiffe vorwärts. Schemenhaft tauchen die Nachbarn dicht neben der eigenen Bordwand auf. In diesem undurchsichtigen Nebel rammt der Frachter »Exford« den Tanker »Gray Ranger«. Die amerikanische »Richard Bland« läuft auf eine Klippe und bleibt stecken. Alle drei Schiffe müssen umkehren.

Nun fahren noch 33 mit dem PQ 17 weiter nach Osten. Sie fahren kaum mit halber Kraft. In der Dänemarkstraße nördlich Island passieren sie geschlossene Treibeisfelder. Aber das alles wollen sie gern in Kauf nehmen: den Nebel, die Kälte, das Eis. Denn es schützt sie vor den Augen der deutschen Fernaufklärer. Es schützt sie vor der weit schlimmeren Gefahr, gemeldet, beschattet und schließlich von den deutschen Geschwadern in Nordnorwegen mit Bomben und Torpedos angegriffen zu werden.

Dennoch wissen die Deutschen recht genau über den PQ 17 Bescheid. Einmal durch die viermotorigen ›Condor‹-Maschinen der I./KG 40. Die Gruppe, die unter ihrem neuen Kommandeur, Major Ernst Henkelmann, jetzt von Vaernes bei Drontheim startet, hat die Schiffsversammlung vor Island schon seit Wochen beobachtet. Gerade als der PQ 17 ausläuft, donnert eine FW 200 von der 3. Staffel/KG 40 im Tiefflug über ihn hinweg. Sie hätte im Nebel beinahe den Kreuzer »London« gerammt.

Dann durch V-Männer der deutschen Abwehr in Reykjavik. Auch sie melden, der Konvoi sei ausgelaufen.

Schließlich durch den Funkhorchdienst, den sogenannten ›B-Dienst‹ der Kriegsmarine. Diese Männer, die den feindlichen Funkverkehr ständig überwachen, entziffern aus der plötzlich anschwellenden Zahl von Funksprüchen die entscheidende Tatsache: Die nächste große Konvoi-Operation der Alliierten hat begonnen.

Aber das alles hilft nichts, wenn der Geleitzug selber nicht gefunden wird. Da reißt am 1. Juli, am vierten Tag der Reise, der schützende Nebelvorhang auf. Zwei deutsche U-Boote sichten den Konvoi und folgen ihm im Kielwasser. Am Nachmittag geschieht das, was die alliierten Seeleute am meisten fürchten: Ein Flugzeug taucht auf. Es bleibt sorgsam außerhalb der Schußentfernung der britischen Schiffsflak. Aber es folgt dem PQ 17 wie ein Schatten.

An diesem Tag fährt der Konvoi noch im Gebiet der Insel Jan Mayen, die er mit nordöstlichem Kurs passiert. Dort hält er sich außerhalb der Reichweite der deutschen Kampfflugzeuge. Er möchte diesen Abstand zu den Einsatzhäfen in Nordnorwegen, zu Bardufoss, Banak und Kirkenes, gern halten. Aber spätestens nördlich der Bären-Insel muß er nach Osten schwenken. Die Eisgrenze läßt ihn auch jetzt im Sommer nicht weiter nach Norden ausweichen. Sie zwingt ihn in den Bereich der deutschen Bomber. Auf diesen Augenblick hat die Luftwaffe gewartet.

Im Laufe des 2. Juli versuchen vier deutsche U-Boote zum Angriff an den PQ 17 heranzukommen – vergebens. Die starke Nahsicherung des Konvois – sechs Zerstörer, vier Korvetten, sieben Minensucher und Trawler, zwei Flakschiffe und zwei U-Boote – erkennt jedesmal die Angreifer und drängt sie ab.

Nachmittags gegen 18 Uhr jagen die ersten Flugzeuge heran. Tief über der See. Ihre einzige Chance ist die Überraschung. Denn es sind Seeflugzeuge, langsame, schwerfällige He 115, mit Schwimmern unter dem Rumpf. Es sind acht Maschinen von der 1. Staffel der Küstenfliegergruppe 406 aus Sörreisa bei Tromsö.

Acht He 115 greifen an, jede mit einem Torpedo. Doch die Abwehr ist auf der Hut. Rasendes Feuer schlägt den Deutschen entgegen. Plötzlich bockt die Maschine des Staffelkapitäns, Hauptmann Herbert Vater. Flaktreffer beuteln seine Heinkel. Vater muß den Torpedo im Notwurf lösen. Und dann muß er selbst auf die See hinunter. Im letzten Augenblick gelingt es ihm und seinen beiden Besatzungsmitgliedern, sich aus der sinkenden Maschine ins Schlauchboot zu retten. Wenig später wassert eine zweite He 115 an der gleichen Stelle. Trotz des feindlichen Feuers lenkt Oberleutnant Burmester seine Maschine an das Schlauchboot heran, rettet die drei Kameraden und startet wieder – alles ohne einen Treffer!

Der Torpedoangriff der He-115-Staffel aber schlägt fehl. Abgewiesen – wie zuvor die U-Boot-Angriffe – von der aufmerksamen Geleitsicherung.

Am 3. Juli schlägt das Wetter wieder um. Eine niedrighängende Wolkendecke schützt die alliierten Schiffe. Die deutschen Aufklärungsflugzeuge suchen herum, die Luftfühlung zum Geleitzug reißt ab. Am nächsten Morgen steht der PQ 17 schon nördlich der Bären-Insel, und noch immer hat er kein Schiff verloren. Die Wolken hängen noch tiefer herab. Die schlechte Sicht begünstigt einen überraschend geflogenen Torpedoangriff – wenn die Maschinen den Konvoi überhaupt finden.

Und sie finden ihn: Wieder sind es He 115. Diesmal von der 1. Staffel der Küstenfliegergruppe 906. Der Staffelkapitän, Hauptmann Eberhard Peukert, entdeckt die Schiffe nach langem Suchen genau in einem Wolkenloch. Es ist gegen 5 Uhr früh am 4. Juli 1942, als Peukert angreift. Die britische Abwehr setzt erst ein, als die Torpedos schon laufen. Eine der Blasenbahnen frißt sich genau auf ein großes amerikanisches Liberty-Schiff zu: die »Christopher Newport«, 7191 BRT. Der Torpedo trifft den Maschinenraum des Schiffes. Zum ersten Male dröhnt eine dumpfe Explosion über den PQ 17.

Die Besatzung der »Christopher Newport« wird von einem der Rettungsschiffe aufgenommen, die hinter dem Konvoi herdampfen. Das Schiff selbst bleibt schwer angeschlagen liegen. Es sinkt erst nach zwei weiteren Torpedotreffern. Nach ›Fangschüssen‹, beide von U-Booten abgefeuert, der eine von einem deutschen (U 457) – der andere seltsamerweise von einem englischen Boot (P 614).

Der erste Verlust des PQ 17 trifft also ein amerikanisches Schiff. Plötzlich halten die Geleitfahrer ringsum den Atem an. Denn wie auf ein Kommando holen die anderen Amerikaner die Flagge nieder. Was kann das bedeuten? Wer auf See die Flagge streicht, gibt den Kampf auf. Doch dann hissen die US-Frachter an Stelle der zerfetzten Schlechtwetter-Flaggen ganz neue, strahlende Sternenbanner. Als wollten sie sagen: Jetzt geht's erst richtig los! Des Rätsels Lösung: Die Amerikaner feiern heute ihren Unabhängigkeitstag. Daher die Flaggenparade. Es wird ein Feiertag, den sie so bald nicht vergessen werden.

An diesem 4. Juli reißt die Wolkendecke wieder auf, die Sicht wird klar. Dennoch herrscht tagsüber trügerische Stille. Die Luftwaffe greift erst am Abend an.

Aber was heißt Abend, was heißt Nacht! Das sind Tageszeiten, die man in der Höhe des 75. Breitengrades nur auf der Uhr ablesen kann. Denn die Sonne geht hier zu dieser Jahreszeit 24 Stunden lang nicht unter. Tag und Nacht bleibt es hell. Tag und Nacht haben die deutschen Kampfverbände genügend Licht zum Angriff.

Um 19.30 Uhr stürzen sich zum erstenmal Ju 88 auf den Geleitzug, eine Staffel des Kampfgeschwaders 30 aus Banak. Die Bomben schlagen rings um die Schiffe ins Meer. Treffer sind wieder nicht dabei. Eine Stunde später erscheint ein größerer Angriffsverband am Himmel: die I. Gruppe des ›Löwengeschwaders‹, des KG 26. Die Gruppe wird seit der Abberufung ihres Kommandeurs, des Oberstleutnants Busch, der ›Fliegerführer Nord-West‹ in Stavanger geworden ist, von dem ältesten Staffelkapitän, Hauptmann Bernd Eicke, geführt.

Eicke teilt seinen Verband. Er nimmt den Konvoi in die Zange. 25 He 111 drücken auf die See hinab und fliegen tief über den Wellen von mehreren Seiten an. Denn auch die Standardbomber der deutschen Luftwaffe tragen nun Torpedos unter dem Rumpf.

Die Staffeln der I./KG 26 waren im Frühjahr 1942 nacheinander auf der Torpedoschule Grosseto in Mittelitalien für diese völlig neue Einsatzart ausgebildet worden. Den Anstoß dafür gaben die italienischen und vor allem die japanischen Torpedoflieger, deren Erfolge dem Generalstab der deutschen Luftwaffe ins Auge stachen.

In Deutschland hatte die Entwicklung einer einsatzfähigen Lufttorpedo-Waffe dagegen lange Jahre fast brachgelegen. Sie war ein Opfer des unseligen Kompetenzstreits zwischen Luftwaffe und Kriegsmarine um die Seeflieger. Natürlich wollte die Marine zum Angriff auf feindliche Schiffe auch Lufttorpedo-Verbände einsetzen. Solche Angriffe standen ihr freilich gar nicht zu, denn offiziell besaß sie ihre Seefliegergruppen nur für Aufklärungsaufgaben.

Den Luftkrieg über See wollte die Luftwaffe allein führen. Sie hatte jedoch zu Anfang des Krieges keine Torpedoflugzeuge und erst recht keine ausgebildeten Besatzungen. Die wiederum hatte die Marine – mit der He 115 in ihren ›Mehrzweckstaffeln‹. Diese Torpedoflugzeuge griffen auch rings um England die Schiffahrt an. Aber nach Auffassung der Luftwaffe durften sie das gar nicht – zumindest nicht unter Führung der Marine.

Dieses unglaubliche Durcheinander führte schließlich dazu, daß Göring den Lufttorpedoeinsatz am 26. November 1940 völlig sperren ließ. Die wenigen gefechtsklaren Lufttorpedos F 5 – nach einer Meldung des Generalquartiermeisters des Ob. d. L. waren es nach zeitweise gestoppter Produktion am 27. November 1940 ganze 132 Stück – sollten für einen Sondereinsatz der Luftwaffe gegen die Schiffe der britischen Mittelmeerflotte in den Häfen von Gibraltar und Alexandria aufgespart werden.

Dagegen erhob nun wieder der Oberbefehlshaber der Marine, Großadmiral Raeder, in einem persönlichen Vortrag bei Hitler Einspruch. Er forderte weitere Lufttorpedoeinsätze gegen die Schiffahrt an Englands Küsten. Hitler ließ die Sache überprüfen und fand heraus, daß sich die Lufttorpedos in den seichten Hafengewässern von Gibraltar und Alexandria wahrscheinlich alle in den Grund gebohrt hätten. Denn ein aus 30 Meter Höhe abgeworfener Lufttorpedo tauchte zunächst einmal fast 30 Meter tief ins Wasser, ehe er an die Oberfläche zurückkam. Göring hatte das nicht bedacht. Oder wußte er es nicht?

Die Lufttorpedo-Absichten des Oberbefehlshabers der Luftwaffe fielen also buchstäblich ins Wasser. Die Marine schien zunächst ihren Vorteil davon zu haben. So forderte der Chef der Operationsabteilung der Seekriegsleitung Admiral Kurt Fricke, am 4. Dezember 1940, erstens den Kampfeinsatz mit Lufttorpedos mit aller Energie fortzusetzen; und zweitens der Marine zur Umrüstung ihrer Mehrzweckstaffeln ein für den Lufttorpedoeinsatz bei Tage geeignetes Flugzeug – die He 111-H 5 – zur Verfügung zu stellen.

Schließlich saß aber die Luftwaffe doch am längeren Hebel. Kampfflugzeuge vom Typ He 111 – später auch Ju 88 und Do 217 – wurden zwar für Torpedos umgerüstet, aber nicht etwa die Marine erhielt diese Verbände, sondern sie blieben bei der Luftwaffe. Obwohl Göring drängte, es den Italienern gleichzutun, hielt sich bei den Torpedogegnern hartnäckig die Meinung, die der Stabschef der Luftflotte 3, Oberst Koller, in die Worte gefaßt hatte:

»Warum denn das Geschoß (als Torpedo) erst vor dem Schiff ins Wasser werfen, wenn ich es (als Bombe) gleich daraufwerfen kann?«

Das hieß jedoch zweierlei völlig verkennen: die von Monat zu Monat steigende heftige Flakabwehr der Schiffe, die die Bomber bald daran hinderte, Tief- und Sturzangriffe bis zum Bombenwurf durchzuhalten. Und die viel größere Trefferwirkung des unter Wasser ein Loch in die Bordwand reißenden Torpedos – gegenüber den meist nur in die Aufbauten schlagenden Bomben.

Im Generalstab gab es also viel Widerstand gegen die Torpedowaffe. Als sie Anfang 1942 endlich doch eingeführt wurde, machte man sich in der Truppe keine Illusionen mehr über die möglichen Erfolge.

Die taktischen Übungen der Torpedoschule in Grosseto – offiziell hieß sie KSG 2 (Kampfschulgeschwader 2) und wurde von dem erfahrenen Seeflieger Oberstleutnant Stockmann geführt – gegen das Zielschiff »Citta di Genova« zeigten, daß selbst Torpedoangriffe gegen einen gutgeschützten Schiffsverband Selbstmord waren, wenn sie nicht überraschend und gleichzeitig von vielen verschiedenen Seiten geflogen wurden. Noch besser wären kombinierte Angriffe von Bombern und Torpedoflugzeugen gewesen, aber diese taktisch schwierige Aufgabe wurde in Deutschland nirgends geübt.

Auch die Ju-88-Staffel des KG 30 und Hauptmann Eickes Torpedoflieger von der I./KG 26 hätten ihre Angriffe auf den Konvoi PQ 17 am Abend des 4. Juli 1942 besser aufeinander abstimmen sollen.

Statt dessen fliegen sie getrennt an. Die Ju 88 eine Stunde vor den He 111. Und die britische Abwehr kann sich mit voller Kraft gegen die einzelnen Angreifer richten. Zuerst gegen die Stukas, dann gegen die Torpedoflieger.

Dennoch trifft den Konvoi nun der erste harte Schlag. Von allen Seiten jagen Torpedoflugzeuge heran. Sie fliegen tief über der See. Bäumen sich auf, wenn das Abwehrfeuer vor ihnen hohe Wassersäulen aus dem Meer reißt. Aber sie halten durch. Sie greifen weiter an.

Leutnant Konrad Hennemann hat sich vorgenommen, ein großes Kriegsschiff zu torpedieren. Nun findet er, außer Zerstörern und Bewachern, nur Handelsschiffe. Und fliegt schon mitten im Konvoi. Mitten in einem Netz aus Feuer, Eisen und Rauch.

Sein Torpedo trifft den 4841 BRT großen Frachter »Navarino«. Doch zugleich zerreißen mehrere Flaktreffer Leutnant Hennemanns Maschine. Die He 111 stürzt nicht weit von ihrem Opfer ins Meer und versinkt.

Auch die Maschine des Leutnants Georg Kanmayr gerät in eine Flaksperre. Kanmayr wird nach dem Anflug in einem leichten Nebelschleier von dem hellen Sonnenlicht über dem Geleitzug geblendet. Er sieht nicht, daß er schnurgerade auf einen Zerstörer losfliegt.

Die ersten Flaktreffer zerfetzen die Kanzel. Kanmayr und sein Beobachter, Feldwebel Felix Schlenkermann, werden verwundet. Aber sie schaffen es noch, die Maschine aufs Wasser zu bringen. Alle vier werden gerettet: Flugzeugführer und Beobachter, der Funker, Unteroffizier Helmut Clausnitzer, und der Bordmechaniker, Gefreiter Theo Mands. Sie werden gerettet durch denselben britischen Zerstörer, der sie abgeschossen hat.

Der Führer des Angriffsverbandes, Hauptmann Bernd Eicke, trifft den US-Frachter »William Hopper« (7177 BRT), der verlassen liegenbleibt und später durch einen Fangschuß von »U 334« versenkt wird. Auch der sowjetische Tanker »Azerbaidzan« erhält bei diesem Angriff einen Torpedotreffer, kann sich aber mit neun Knoten Fahrt beim Konvoi halten – »durchlöchert, aber guter Dinge«, wie es im Bericht des Geleitführers, Commander Broome, heißt.

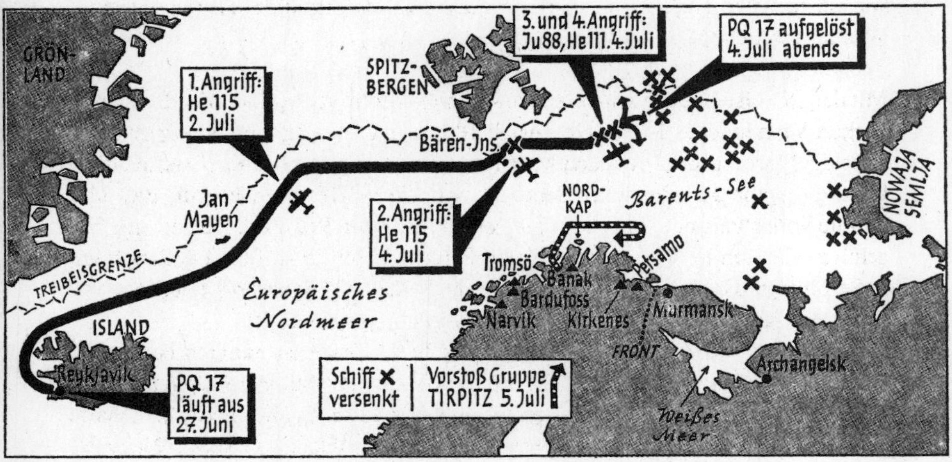

Der Weg des Nordmeer-Geleitzuges PQ 17, der im Sommer 1942 von Island entlang der Treibeisgrenze auf sein Ziel Archangelsk zudampfte. Am achten Tag der Reise gab die britische Admiralität überstürzt den Befehl zur Auflösung des Konvois. Die einzeln weiterfahrenden Schiffe wurden zum Freiwild für die deutschen Flugzeuge und U-Boote.

Nach dem Abflug der I./KG 26 zieht Konvoi-Commodore Dowding Bilanz: Er hat wieder zwei Schiffe verloren, doch niemand kann sagen, daß der PQ 17 schon arg gelichtet sei. 30 vollbeladene Frachter und Tanker schieben sich weiter nach Osten. Über eines besteht kein Zweifel: Ihre Geschlossenheit ist ihre beste Waffe. Denn so können die Sicherungsfahrzeuge ihre Schützlinge einigeln. So können sie den Geleitzug gegen Angriffe aus der Luft oder unter Wasser am besten verteidigen.

Wie ein Keulenschlag wirkt daher auf alle Beteiligten ein völlig unbegreiflicher Befehl der britischen Admiralität. Um 21.23 Uhr funkt London, nachdem es schon vorher die Kreuzer der Deckungsgruppe ›mit Höchstfahrt‹ zurückgerufen hat:

»Dringend. Wegen Bedrohung durch Überwasserstreitkräfte Konvoi auflösen und einzeln nach russischen Häfen weiterlaufen.«

Um 21.36 Uhr klingt es noch dramatischer: »Äußerst dringend. Mein Funkspruch 21.23 vom 4. Juli: Der Konvoi ist zu zerstreuen!«

Das heißt praktisch: Rette sich, wer kann! Die Schiffe stieben auseinander. Die Kapitäne müssen glauben, jeden Augenblick werde ein deutsches Geschwader mit Schlachtschiffen und Kreuzern am Horizont auftauchen, um sie alle zu vernichten. Aber die Stunden vergehen, und nichts geschieht.

Es gibt keinen PQ 17 mehr. Nur noch eine Herde einzelner, aufgescheuchter, schutzloser Handelsschiffe. Freiwild für die deutschen Flugzeuge und U-Boote, wie die nächsten Tage zeigen werden. Hat sich die Admiralität in London geirrt? Was ist geschehen?

Mit den PQ-Geleitzügen schickten die Alliierten ihrem schwerkämpfenden sowjetischen Verbündeten schon seit August 1941 große Mengen von Kriegsmaterial über die Nordmeer-Route nach Murmansk und Archangelsk. Es dauerte lange, bis die Gefahr auf deutscher Seite erkannt wurde, bis man begriff, daß hier Schiffe voller Panzer und Geschütze versenkt werden konnten. Panzer und Geschütze, die nun in immer größerer Zahl an der Front in Rußland auftauchten.

So blieben die ersten elf PQ-Geleitzüge, die das Nordmeer bis Februar 1942 kreuzten, fast ungeschoren. Erst PQ 13 wurde angegriffen.

Inzwischen war die deutsche Position in Nordnorwegen nämlich bedeutend verstärkt worden. Hitler, der in der ständigen Furcht lebte, die Alliierten könnten durch eine Invasion Norwegens seine nördliche Flanke bedrohen, hatte verlangt, schwere Seestreitkräfte in den hohen Norden zu verlegen. Nacheinander trafen das Schlachtschiff »Tirpitz« und die schweren Kreuzer »Lützow«, »Admiral Scheer« und »Admiral Hipper« in ihren neuen Stützpunkten in den einsamen Fjorden ein. Hitler hatte gegen den Widerstand von Dönitz auch die Stationierung größerer U-Boot-Gruppen in Norwegen befohlen.

Schließlich wurde noch die von Generaloberst Hans-Jürgen Stumpff geführte Luftflotte 5 (Oslo) verstärkt und die Absprungbasis dicht südlich des Nordkaps ausgebaut. Der Fliegerführer Nord-Ost in Kirkenes, Oberst Alexander Holle, und der Fliegerführer Lofoten in Bardufoss, Oberst Ernst-August Roth, verfügten auf dem Höhepunkt des Kampfes über:

das Kampfgeschwader 30 (Ju 88) in Banak,

die I. und III. Gruppe/Kampfgeschwader 26 (He 111) in Bardufoss und Banak,

die I. Gruppe/Stukageschwader 5 (Ju 87) in Kirkenes,

die Küstenfliegergruppen 406 und 906 (He 115 und BV-138-Flugboote zur Seeaufklärung) in Tromsö und Stavanger,

zwei Gruppen des Jagdgeschwaders 5 (Me 109) auf mehreren Plätzen verteilt,

die I. Gruppe/Kampfgeschwader 40 (FW 200) in Drontheim,

die Fernaufklärerstaffeln 1. (F)/22 und 1. (F)/124 (Ju 88) in Bardufoss, Banak und Kirkenes und die Westa 6 (Wettererkundungsstaffel) in Banak.

Solange der Polarwinter andauerte, war die Luftwaffe auf diesem nördlichsten aller Kriegsschauplätze stark behindert. Doch die Führung verlangte nun ungestüm, jeder alliierte Geleitzug solle gefunden, beschattet und angegriffen werden. Die ›Vorfahren‹ des PQ 17 hatten folgendes Schicksal:

Am 5. März 1942 wird der PQ 12 südlich Jan Mayen von einem Aufklärer gesichtet. Es herrscht schwerster Schneesturm. Luftwaffenverbände können nicht starten. Die »Tirpitz« läuft mit drei Zerstörern aus, findet den Konvoi aber nicht. Nur ein Nachzügler, der Sowjetfrachter »Ijora«, wird versenkt. Auch die britische Home Fleet steht in See. Die »Tirpitz« kann nur mit Mühe den Angriff von Torpedoflugzeugen der »Victorious« ausmanövrieren.

PQ 13 (27. bis 31. März) wird in schwerem Wetter auseinandergerissen. Trotzdem versenkt die III./KG 30 unter Hauptmann Hajo Herrmann zwei Frachter. U-Boote und Zerstörer vernichten drei weitere alliierte Schiffe.

PQ 14 (8. bis 21. April) gerät im Nebel in dickes Treibeis. 16 von seinen 24 Schiffen müssen beschädigt nach Island zurück. Ein Frachter läuft dem deutschen Unterseebot »U 403« vor die Rohre und sinkt.

PQ 15 (26. April bis 7. Mai) verliert drei Schiffe durch Angriff deutscher Torpedoflieger. Bei dem gleichzeitig laufenden Rückgeleit QP 11 (Murmansk–Island) wird trotz schlechtester Sicht der Kreuzer »Edinburgh« durch U-Boot- und Zerstörer-Torpedos so schwer beschädigt, daß er aufgegeben werden muß.

PQ 16 (25. bis 30. Mai) verläßt Island mit 35 Frachtern. Die Zahl der Schiffe steigt von Konvoi zu Konvoi – aber auch die Zahl der deutschen Angreifer. Auf dem Höhepunkt am 27. Mai 1942 entwickelt sich eine wahre See-Luftschlacht, bei der mehr als 100 Ju 88 des KG 30 und der I/KG 26 den Konvoi angreifen. Zahlreiche Schiffe werden beschädigt, aber nur sieben mit 43205 BRT versenkt.

Das also war die Vorgeschichte. Im Grunde hatte sie bewiesen, daß die Sicherung der Konvois nicht leicht zu durchbrechen war. Die Verluste schwerbeladener Handelsschiffe waren für die Alliierten erträglich. Stalin hatte die meisten verschifften Panzer tatsächlich erhalten.

Trotz der guten Erfahrungen mit diesen geschlossenen und schwerbewachten Nordmeer-Geleitzügen jagt die britische Admiralität mit ihren panikartigen Funksprüchen am Abend des 4. Juli 1942 den größten aller bisherigen Geleitzüge, den PQ 17, auseinander. Wie konnte es zu diesem verhängnisvollen Befehl kommen?

Der PQ 17 wird seit seinem Auslaufen von Island am 27. Juni nicht nur von der Nahsicherung unter Commander Broome geschützt. Auch eine sogenannte ›Deckungsgruppe‹ von vier Kreuzern und drei Zerstörern kreuzt unter dem Befehl des Konteradmirals Hamilton in der Nähe des Konvois, um einen Angriff deutscher Seestreitkräfte zu vereiteln. Damit nicht genug: Der Oberbefehlshaber der britischen Heimatflotte, Admiral Sir John Tovey, läuft mit den Schlachtschiffen »Duke of York« und »Washington«, dem Flugzeugträger »Victorious«, zwei Kreuzern und 14 Zerstörern von Scapa Flow als ›Fern-Deckungsgruppe‹ für den PQ 17 ebenfalls ins Nordmeer aus.

Die größte Sorge der Londoner Admiralität gilt den schweren deutschen Seestreitkräften, die in den norwegischen Fjorden auf der Lauer liegen und allem Anschein nach den nächsten Rußland-Geleitzug angreifen sollen.

London täuscht sich nicht: Sobald die deutschen Kampfgruppen I und II unter Admiral Otto Schniewind und Vizeadmiral Oskar Kummetz die Meldung vom Auslaufen des PQ 17 erhalten, stoßen sie von ihren Liegeplätzen bei Drontheim und Narvik nach Norden vor: die mächtige »Tirpitz«, die »Admiral Hipper«, »Lützow« und »Admiral Scheer« und zwölf Zerstörer. Allerdings sammeln sie sich zunächst im Altafjord, um ein klares Bild der Luftaufklärung über die britischen Flottenbewegungen abzuwarten. Denn auch auf deutscher Seite sind die Befürchtungen groß. Hitler selbst hat den Einsatz der Schiffe verboten, wenn damit ein Risiko verbunden ist. Und ein solches Risiko wird vor allem darin gesehen, daß offenbar britische Flugzeugträger in See stehen. Außerdem melden Fernaufklärer zwei Kreuzer der Deckungsgruppe des Admirals Hamilton irrtümlich als Schlachtschiffe.

Kein Risiko? Damit wird jeder Waffeneinsatz illusorisch. Die deutschen Seestreitkräfte liegen an der Kette. Sie laufen nicht ins Nördliche Eismeer aus. Sie zögern. Warten ab.

Das wiederum bleibt den britischen Fernaufklärern und damit auch der Admiralität verborgen. Der Erste Seelord, Admiral Sir Dudley Pound, sieht sich von Stunde zu Stunde mehr in die Enge getrieben. Am Abend des 3. und am Morgen des 4. Juli überstürzen sich die Funkmeldungen, daß der Konvoi PQ 17 und daß auch die britischen Deckungsgruppen von deutschen Flugzeugen beschattet werden. Folglich müssen die Deutschen ein klares Bild der Lage haben. Folglich müssen sie auch wissen, daß die Home Fleet unter Admiral Tovey zu weit entfernt steht, um einen Überfall der deutschen Seestreitkräfte auf den Geleitzug zu verhindern.

Den entscheidenden Anstoß zur Auflösung des PQ 17 gibt die am Morgen des 4. Juli in London eintreffende Meldung eines russischen Unterseeboots, es hätte die deutschen Kriegsschiffe auf dem Marsch zum Angriff auf den Konvoi gesichtet. Diese Meldung ist offensichtlich falsch. Denn die Schiffe liegen noch im Altafjord – von Hitlers Risikofurcht zurückgehalten.

Aber für Admiral Pound sind jetzt die Würfel gefallen. Er ist entschlossen, genau das zu tun, was der Oberbefehlshaber der Home Fleet, Admiral Tovey, zuvor in einem Gespräch mit Pound als »nackten, blutigen Mord« bezeichnet hatte: Er zieht seine Deckungsgruppe, seine Kreuzer und Zerstörer, zurück. Und er jagt die Handelsschiffe auseinander – rette sich, wer kann!

Tatsächlich läuft der deutsche Flottenverband erst am Mittag des nächsten Tages zu einem kurzen Vorstoß aus, kehrt aber noch am gleichen Abend wieder um. Denn zur Jagd auf die in alle Winde verstreuten Einzelfahrer des PQ 17 eignen sich die schweren Schiffe nicht. Das ist nun Sache der Flugzeuge und der U-Boote.

Das KG 30 – Kommodore Major Erich Blödorn – startet in rollendem Einsatz den ganzen Tag: die I. Gruppe unter Hauptmann Konrad Kahl, die II. unter Hauptmann Erich Stoffregen und die III. des Hauptmanns Hajo Herrmann.

Den Anfang macht Leutnant Willi Clausener, der mit seiner Ju 88 in einem genau gezielten Sturzangriff den Frachter »Peter Kerr« versenkt. An diesem 5. Juli 1942 sinkt ein Schiff nach dem anderen, von Bomben getroffen, auf den Grund des Meeres: die Amerikaner »Washington«, »Pan Kraft«, »Fairfield City«, der Brite »Bolton Castle« und das Rettungsschiff »Zaafaran«. Viele andere Schiffe werden schwer beschädigt.

Da ist die »Paulus Potter«, die dicht neben der »Bolton Castle« an der Packeisgrenze entlangdampft, als sich die Ju 88 der III./KG 30 auf sie stürzen. Beide Schiffe werden schwer getroffen. Die Besatzungen flüchten in die Rettungsboote. Während die »Bolton Castle« sinkt, treibt das verlassene Wrack der »Paulus Potter« noch ganze acht Tage in den Eisfeldern weiter. Endlich sichtet »U 255« das Geisterschiff und versenkt es mit einem Fangschuß.

Da ist die Geschichte von den Überlebenden der »Washington«, die sich weigern, aus ihren Rettungsbooten auf den zur Hilfe herbeieilenden Frachter »Olopana« überzusteigen. Tatsächlich wird auch die »Olopana« am 8. Juli von einem U-Boot versenkt.

Die Jagd auf die Einzelfahrer des im Stich gelassenen PQ 17 dauert noch bis zum 10. Juli, an dem die 5. und die 6./KG 30 weit im Osten, vor der Einfahrt zum Weißen Meer und nach Archangelsk, angreifen. Hauptmann Dohne und Leutnant Bühler treffen dabei den US-Frachter »Hoosier« und den Panamesen »El Capitan« schwer. Beide Schiffe sinken jedoch ebenfalls erst nach Fangschüssen deutscher U-Boote.

Am 12. Juli 1942 meldet der Chef der Luftflotte 5, Generaloberst Stumpff, dem Reichsmarschall »... die Vernichtung des Großgeleitzuges PQ 17. Bei der Aufklärung am 10. Juli im Weißen Meer, im Westfahrwasser an der Kola-Küste und im Seegebiet nördlich davon wurde kein Handelsschiff mehr festgestellt... Als Erfolg der Luftflotte 5 melde ich die Versenkung von 22 Handelsschiffen mit zusammen 142216 BRT.«

Insgesamt verliert der PQ 17 24 Schiffe mit 143977 BRT, davon jedoch nur acht allein durch Luftangriffe, neun durch U-Boote und weitere sieben zunächst von Bomben schwer getroffen und dann von Fangtorpedos versenkt worden sind. Elf Schiffe, die meisten nach wochenlangem Versteck an der Küste Nowaja Semljas, treffen schließlich in den Zielhäfen am Weißen Meer ein*.

* Von ihrem für Rußland bestimmten Kriegsmaterial verloren die Geleitzüge PQ 16 (Mai 1942) und PQ 17 (Juli 1942):

		mit den Schiffen versenkt	in Rußland angekommen
PQ 16	Kraftfahrzeuge	770	2 507
	Panzer	147	321
	Flugzeuge	77	124
PQ 17	Kraftfahrzeuge	3 350	896
	Panzer	430	164
	Flugzeuge	210	87

»Diese Tragödie«, berichtet Captain Roskill, der Verfasser des britischen Seekriegswerkes, »war also die Folge des Versuchs der Admiralität, die Flotte über eine Entfernung von 2000 Meilen am Zügel zu halten. Unter der alleinigen Führung der Frontbefehlshaber hätten sich die Kriegsschiffe keinesfalls zurückgezogen, der Geleitzug wäre nicht aufgelöst worden und ebenso erfolgreich ans Ziel gekommen wie seine Vorgänger.«

Nach dem Fiasko des PQ 17 rüsten beide Seiten zur nächsten Geleitzugschlacht: Die Alliierten, die den Sowjets Hilfe bringen müssen, koste es, was es wolle. Und die Deutschen, die dem PQ 18 das gleiche Schicksal bereiten wollen wie seinem Vorgänger.

Im August 1942 gibt es falschen Alarm auf den deutschen Fliegerhorsten in Nordnorwegen. Am 1. August hatten Fernaufklärer im Hvalfjord auf Island, in dem die Alliierten ihre Nordmeer-Geleitzüge versammeln, eine riesige Schiffsherde entdeckt: 41 beladene Frachter und drei Tanker. Dazu Kreuzer und Zerstörer. Drei Tage später kommt die alarmierende Meldung: Der Hvalfjord ist leer. Auch auf der Reede von Reykjavik liegen keine Schiffe mehr. Folglich ist der Geleitzug unterwegs. Aber wo steckt er?

Das heißt Großeinsatz für alle Aufklärungsstaffeln der Luftflotte 5 in Norwegen! Zwei Wochen lang suchen sie das ganze Nordmeer ab. Sie fliegen Fächer- und Streifenaufklärung über dem von vielen Schlachten bekannten Geleitzugweg der Alliierten.

Das Ergebnis ist gleich Null. Regenwolken nehmen den Aufklärern die Sicht. Endlich, am 12. und 13. August, wird das Wetter gut. In den Lagezimmern der deutschen Fliegerführer ist der vermutliche Kurs des Geleitzuges Tag für Tag mitgekoppelt worden. Nun werden alle Quadrate noch einmal abgesucht. Meile für Meile. Lückenlos. Und wieder ohne Erfolg.

Der Geleitzug hat sich in Luft aufgelöst. Auch die U-Boote finden ihn nicht. Am 17. August wird die Suche ergebnislos abgebrochen. 140 Aufklärer waren von der Luftwaffe eingesetzt. In 1600 Flugstunden verbrauchten sie fast eine Million Liter Flugbenzin – für nichts und wieder nichts.

Trotz Stalins Hilferufen läßt die britische Admiralität nämlich im August 1942 keinen PQ-Geleitzug nach Nordrußland laufen. Sie muß alle Kräfte zusammenfassen, um in der Operation ›Pedestal‹ einen Konvoi von Gibraltar nach Malta durchzubringen. Doch von 14 Transportern kommen nur vier auf der heißumkämpften Mittelmeerinsel an. Der am 1. August von deutschen Fernaufklärern im Hvalfjord entdeckte Konvoi ist nicht in das Nordmeer, sondern in den Atlantik ausgelaufen. Deshalb suchte ihn die Luftwaffe zwei Wochen lang vergebens.

Der PQ 18 kommt erst im September. Ein dreimotoriges Flugboot BV 138 von der Küstenfliegergruppe 706 entdeckt ihn zuerst. Am 8. September klärt das Boot auf der Höhe von Jan Mayen auf. Das Wetter ist gut. Plötzlich sichtet der Beobachter den riesigen Geleitzug: 39 Frachter und einen Tanker. Dazu zwei Flottentanker und ein Rettungsschiff. Umgeben von ungezählten Zerstörern und anderen Kriegsschiffen.

Diesmal ist der Alarm echt. Die Aufklärer hängen sich an den Konvoi. Sie lassen ihn nicht mehr aus den Augen.

Schon am nächsten Morgen, dem 9. September, gibt es eine unliebsame Überraschung. Eine weitere Kriegsschiffgruppe stößt zum Geleit: sechs Zerstörer, ein Kreuzer und dazu ein größeres Schiff mit breit ausladendem Deck – ein Flugzeugträger! Es ist der Geleitträger »Avenger« – der Rächer – mit zwölf Jägern und einigen U-Jagd-Flugzeugen an Bord. Die Hurricanes greifen sofort die deutschen Aufklärer an. Die schwerfälligen Flugboote haben Mühe, an der Grenze der Sichtweite Fühlung am PQ 18 zu halten.

Das ist neu auf der Nordmeerroute: Die Engländer führen nun ihren eigenen Jagdschutz mit. Allerdings sind es Hurricanes vom ältesten Typ. Der Befehlshaber der Home Fleet, Admiral Tovey, bemerkt Churchill gegenüber, es sei »ein Witz, Transportschiffe voller moderner Hurricanes für Rußland von solchen veralteten Jagdflugzeugen schützen zu lassen«. Zweifellos rettet dieser Umstand vielen deutschen Flugzeugbesatzungen das Leben. Denn nicht nur die Aufklärer, auch die ›Kämpfer‹, die He 111 und Ju 88, wären den Angriffen moderner Jäger ohne eigenen Jagdschutz kaum gewachsen.

Am späten Nachmittag des 13. September ist es soweit. Vom Flugplatz Bardufoss startet die I. Gruppe des ›Löwengeschwaders‹, des KG 26, mit 24 Maschinen. Einzeln dröhnen die He 111 durch den Malangerfjord zum Sammelpunkt vor der Küste. Von dort fliegt die Gruppe geschlossen weiter. An der Spitze ihr neuer Kommandeur, Major Werner Klümper, der zuvor Ausbildungsleiter der Torpedoschule Grosseto in Italien war.

Im Tiefstflug, nur wenige Meter über dem Meer, jagt der Verband nach Nordwesten. Das geschieht, um den Radar-Meßbereich des Gegners zu unterfliegen. Torpedoflugzeuge müssen überraschend angreifen. Wenn die Abwehr des Geleitzuges vorgewarnt ist, wenn sie sich voll auf die Angreifer konzentriert, haben die He 111 keine Chance.

Die Gruppe fliegt eine Stunde, zwei Stunden. Die Sicht beträgt etwa zehn Kilometer. Leichter Sprühregen geht nieder. Die Wolkenuntergrenze liegt bei 800 Meter.

Major Klümper schaut seinen Funker an. Aber der zuckt mit den Schultern: »Kein Peilzeichen, Herr Major.«

Eine halbe Stunde vor der Angriffszeit soll der fühlunghaltende Aufklärer Peilzeichen für die Torpedoflieger senden. Nichts ist zu hören.

Die Gruppe stößt am PQ 18 vorbei, ohne ihn zu sichten. Fast an der Grenze der Reichweite geht Klümper auf Gegenkurs, sucht dann nach Osten hin. Und er hat Glück. Direkt auf seinem Kurs taucht der Geleitzug auf.

Die I./KG 26 bildet zwei Angriffswellen von je 14 Torpedoflugzeugen.

Dahinter taucht noch eine dritte Welle auf: eine Staffel der III./KG 26 aus Banak, geführt von Hauptmann Klaus Nocken. So gewinnt der Angriff noch größere Durchschlagskraft.

Für die alliierten Geleitfahrer, die gerade einen Sturzangriff von Ju 88 des KG 30 mit viel Glück ohne Verluste überstanden haben, erscheinen die 40 Torpedobomber tief über See »wie ein mächtiger Heuschreckenschwarm in einem Alptraum«. Doch ihre Abwehr läßt sich nicht überrumpeln.

Dicht vor der ersten Welle der He 111 brechen die Fontänen der britischen Granateinschläge steil aus dem Wasser. Wenn eine Heinkel in diese Wassersäulen hineinrast, ist sie verloren. Major Klümper muß den Tiefstflug aufgeben. Er zieht auf Angriffshöhe hoch, auf 40 bis 50 Meter. Die Maschinen schaukeln in wilden Abwehrbewegungen hin und her. Aber sie halten weiter auf ihr Ziel zu.

Laut Einsatzbefehl soll die I./KG 26 vor allem den beim Geleitzug stehenden Flugzeugträger vernichten. Klümper mustert Schiff für Schiff – ein Träger ist nicht dabei. Er zweifelt, ob die Meldung stimmt. Denn die Torpedoflieger werden auch nicht von Jägern angegriffen. Klümper kann nicht wissen, daß die Hurricanes hinter den Ju 88 herjagen, die kurz zuvor angegriffen haben; und daß sich die »Avenger« vom Geleitzug abgesetzt hat, um bei Luftangriffen besser manövrieren zu können.

So richtet sich der Stoß der vierzig He 111 gegen die schwerbeladenen Frachter des PQ 18, und zwar allein gegen die Steuerbordkolonne des Geleitzuges – gegen seine rechte Flanke.

Die Engländer schießen Sperrfeuer aus allen Rohren. Treffer schlagen in die Flugzeuge. Einzelne lösen die Torpedos im Notwurf und drehen ab. Aber die meisten drücken den Angriff durch. Tausend Meter vor der äußersten rechten Kolonne des Geleitzuges klatschen die Torpedos ins Wasser. Zwanzig, dreißig Blasenbahnen fressen sich fast gleichzeitig auf die Schiffe zu. Die Flugzeugführer reißen die Maschinen herum und versuchen, aus dem tödlichen Flakfeuer zu entkommen.

Dann ist unter den Schiffen des PQ 18 der Teufel los: Der erste Frachter wird getroffen, die Detonation dröhnt über das Meer. Dann ein zweiter. Und ein dritter, der mit hoher Stichflamme in die Luft fliegt. Weitere Schläge folgen in kurzen Abständen. Nach acht Minuten ist der ganze Angriff vorbei, sind die drei Wellen der Torpedoflugzeuge auf dem Heimflug. Und ihr Erfolg?

»Der Feind griff äußerst kühn an«, heißt es im britischen Seekriegswerk von Captain Roskill. »In den beiden Steuerbordkolonnen des Konvois überlebte nur ein Schiff den Angriff. Acht Schiffe wurden versenkt, wobei der Feind fünf Flugzeuge verlor.«

Binnen acht Minuten reißen die Torpedos des KG 26 acht Schiffe mit über 45000 BRT auf den Grund des Meeres. Major Klümpers Gruppe kommt sogar vollzählig auf die Flugplätze Banak und Bardufoss zurück. Allerdings haben alle

Maschinen Flaktreffer, und sechs sind so schwer getroffen, daß sie für die nächsten Einsätze ausfallen.

Auch am nächsten Tag läßt das Wetter den PQ 18 im Stich. Der Himmel ist wolkenlos, kein Lüftchen regt sich. Die Sicht reicht bis zum Horizont. Die deutschen Torpedoflieger haben alle Aussicht, ihren Erfolg vom Vortage zu wiederholen.

Doch der Einsatzbefehl macht ihnen einen Strich durch die Rechnung. Göring hat den Fehlschlag des Ju-88-Angriffs auf den britischen Flugzeugträger »Ark Royal« in den ersten Kriegswochen immer noch nicht verwunden. Schlimmer noch: Ein U-Boot hat den Träger nun im Mittelmeer versenkt. Außerdem stechen dem Reichsmarschall die Erfolge der japanischen Marineflieger gegen die US-Träger im Pazifik in die Augen. Er will endlich einen gleichen Erfolg für die Luftwaffe. Deshalb befiehlt er den Torpedofliegern des KG 26: Mit allen verfügbaren Kräften sollen sie allein den Flugzeugträger angreifen. Das wird ihnen zum Verhängnis.

Major Klümper startet diesmal mit 22 He 111. Die Aufklärer am Geleitzug melden, daß der Träger vor dem PQ 18 stehe. Klümper setzt sich daraufhin vor den Geleitzug und jagt ihm mit dem geschlossenen Verband im Tiefstflug entgegen. Zuerst kommen Rauchwolken, dann Masten und Schornsteine und schließlich die Schiffe genau voraus in Sicht.

Durch das Glas entdeckt der Kommandeur, daß ein großes Schiff vor dem Geleit fährt. Das muß der Flugzeugträger sein. Die I./KG 26 teilt sich. Elf Maschinen ziehen sich nach links, elf nach rechts auseinander. Zum Zangenangriff auf den »Rächer«.

Bis dahin geht alles gut. Aber kaum haben die He 111 ihren schützenden Verbandsflug aufgegeben, da kommt ein Warnruf über den UK-Sprechfunk:

»Achtung, Jäger von vorn!«

Zehn Hurricanes greifen an. Also ist es wieder nichts mit der Überraschung. Der Gegner muß den Angriff, wahrscheinlich durch die Peilzeichen des deutschen Fühlunghalters, lange erkannt haben. Sonst könnte er den Torpedoflugzeugen nicht schon jetzt seine Jäger entgegenwerfen.

»Kettenweise zusammenschließen«, befiehlt Klümper seinen weit auseinandergezogenen Maschinen. So können sie sich der Jagdangriffe besser erwehren.

Plötzlich eine neue Enttäuschung: Das angegriffene Schiff ist gar nicht der Flugzeugträger.

»Angriff abbrechen«, befiehlt Klümper. »Träger steht nördlich des Geleits. Zielwechsel auf den Träger!«

Das heißt, daß sie über den ganzen Konvoi hinwegmüssen. Im Tiefflug über Dutzende, nein, Hunderte von Flakgeschützen. Dicht vorbei an den Zerstörern, die aus allen Rohren auf sie feuern. Es ist die Hölle. In dem mörderischen Feuer stürzen sogar drei der verfolgenden Hurricanes ab. Eine Heinkel schlägt mitten zwischen den Schiffen in die See. Andere müssen abdrehen – mit qualmenden

Motoren, mit großen Löchern in Zelle oder Tragflächen. Wieder erweist sich, daß Torpedoangriffe auf einen vorgewarnten Gegner mit starker Flakabwehr nur mit Todesverachtung durchzustehen sind.

Nur der Kommandeur und eine andere Maschine kommen auf den Träger zum Schuß. Major Klümper muß seine Torpedos aus allzu spitzem Winkel abwerfen. Die »Avenger« dreht sofort darauf zu. Die Geschosse laufen ins Leere.

Der vergebliche Angriff auf den Träger kostet die Gruppe fünf Maschinen. Neun weitere kommen zwar gerade noch nach Hause, sind aber so schwer beschädigt, daß auch sie ausfallen. Nach zwei Angriffen auf den PQ 18 hat die anfangs besonders starke I./KG 26 also nur noch acht einsatzbereite Torpedoflugzeuge.

Außerdem ist die letzte Chance vertan, neue schwere Lücken in den Geleitzug zu reißen. Denn am folgenden Morgen schlägt das Wetter wieder um. Der PQ 18 fährt den letzten Teil der Strecke im Schutz dichten Nebels oder tiefhängender Wolken. Immer wieder stoßen die deutschen Verbände ins Leere.

Insgesamt verliert der PQ 18 durch Luft- und U-Boot-Angriffe nur 13 Schiffe. 27 Transporter kommen wohlbehalten in Archangelsk an. 27 Schiffe – das sind Hunderte moderner Panzer und Flugzeuge, Tausende von Kraftwagen und große Mengen Industrierohstoffe und anderes Kriegsmaterial.

27 Schiffe – das bedeutet die Ausrüstung einer ganzen Armee, die Stalin nun wieder an die Front werfen kann.

Auf deutscher Seite ist man sich über die Auswirkungen dieser gewaltigen Materialtransporte durchaus im klaren. In einer geheimen Ausarbeitung des Luftwaffen-Führungsstabes Ic vom 4. April 1943 heißt es, daß Sowjetrußland im Jahre 1942 durch das Nordmeer 1,2 Millionen Tonnen Nachschub erhalten habe, während im gleichen Zeitraum in den Häfen des persischen Golfes und im Fernen Osten nur je 0,5 Millionen Tonnen gelöscht worden seien. Über die Nordmeer-Häfen Murmansk und Archangelsk habe die Sowjetunion neben Rohstoffen, Nahrungsmitteln und Mineralöl allein folgendes Kriegsgerät erhalten: 1880 Flugzeuge, 2350 Panzer, 8300 Lastkraftwagen, 6400 andere Kraftfahrzeuge und 2250 Geschütze.

Der deutsche Landser an der Ostfront bekam es zu spüren. Er wußte, was der übermächtige Materialdruck auf seiten des Gegners bedeutete.

Luftkrieg über See · Erfahrungen und Lehren

1. Angriffe deutscher Kampfflugzeuge auf die britische Flotte und die alliierte Versorgungsschiffahrt litten von Beginn des Krieges an darunter, daß die Luftwaffe im Zuge ihrer überstürzten Aufstellung noch gar nicht dazu gekommen war, einzelne Geschwader im Kampf über See auszubilden. Das war erst für den zweiten Aufstellungsabschnitt 1940-1942 vorgesehen; denn vor 1942 brauchte, wie Hitler den Oberbefehlshabern der Luftwaffe und der Marine mehrmals versichert hatte, angeblich nicht mit einem Kriege gerechnet zu werden.

2. Trotz guten Willens und mancher Ansätze glückte nur bei wenigen Seekriegsoperationen eine erfolgreiche taktische Zusammenarbeit zwischen beiden Wehrmachtteilen. Die Luftwaffe konnte die Wünsche der Marine auf stärkere Luftunterstützung nur selten erfüllen, da die mit den Kriegsjahren steigenden Anforderungen von allen Landfronten ihre Kräfte ohnehin überbeanspruchten.

3. Die von den Seefliegern zunächst bevorzugten Flugboote und Schwimmerflugzeuge zeigten sich (von der Reichweite abgesehen) in den Flugleistungen und -eigenschaften Landflugzeugen mit einziehbarem Fahrgestell nicht gewachsen. Die Umrüstung der Küstenfliegergruppen auf Ju 88 und andere Landflugzeugtypen führten jedoch oft dazu, daß diese Gruppen als Kampfverbände über Land eingesetzt und somit der Seekriegführung ganz entzogen wurden.

4. Angriffe auf bewegliche, wendige Schiffsziele forderten ein großes Maß an Übung und Erfahrung, wenn sie erfolgreich sein sollten. Die Angriffstaktik mußte entsprechend der Abwehrstärke des Gegners oft wechseln. Die von der Luftwaffe im Sinne des Schwerpunktgedankens angewandte Methode, Land-Kampfgeschwader gelegentlich auch gegen Seeziele einzusetzen, konnte daher nicht zu durchschlagendem Erfolg kommen. Hochgeschraubte Erwartungen, die Luftwaffe werde die britische Flotte durch Bombenangriffe außer Gefecht setzen, erfüllten sich nicht. Nur in landnahen Seegebieten, in denen die Luftwaffe die Luftherrschaft besaß (wie vor Kreta), führten entschlossene Angriffe auf die gegnerische Flotte zum Erfolg. Einsatzbereite Flugzeugträger, die die Flugbasis auf die See hinaus verlegen konnten, besaß Deutschland nicht.

5. Der Einsatz von Luftminen und Lufttorpedos ließ ebenfalls eine einheitliche Führung vermissen. Besonders die Entwicklung des Lufttorpedos, die in den Händen der Torpedoversuchsanstalt der Marine lag, führte lange Zeit nicht zu brauchbaren Ergebnissen. Erst ab 1942 (wenn man von wenigen Seefliegern absieht) kamen Torpedoflugzeuge zum Einsatz. Da aber war die Zeit der langsam und unbeweglich über See anfliegenden Torpedoträger eigentlich schon vorüber.

6. Die schweren Verluste des Konvois PQ 17 hatten ihre Ursache vor allem in einer falschen Lagebeurteilung der britischen Admiralität, die den Konvoi zur Unzeit auflöste und ihn dadurch seines besten Schutzes beraubte. Die geringeren Verluste des nachfolgenden PQ 18 fanden ihre Erklärung u. a. im Verhalten Görings, der unbedingt einen Prestigeerfolg gegen einen britischen Flugzeugträger haben wollte. Später ließen die Wetterbedingungen des Polarwinters und der starke Konvoischutz durch britische Seeluftstreitkräfte nennenswerte deutsche Erfolge gegen die Nordmeer-Geleitzüge nicht mehr zu.

Verhängnis Rußland 10

28. Luftbrücke nach Demjansk

Eis und Schnee hatten die deutsche Offensive an der Ostfront im Dezember 1941 kurz vor Moskau gestoppt; nun schlug die Stunde der Sowjets. Alle Voraussagen, die Rote Armee sei geschlagen und könne nach den gewaltigen Verlusten der Sommerschlacht über keine Reserven mehr verfügen, erwiesen sich als falsch. Das deutsche Ostheer war völlig erschöpft – nicht aber die Rote Armee. Sie schenkte ihrem Gegner keine Atempause. Die Russen griffen an.

Am 9. Januar 1942 rissen sie die Nahtstelle zwischen den deutschen Heeresgruppen Nord und Mitte im Gebiet des Seliger-Sees auf. Vier sowjetische Armeen durchbrachen hier einen Frontabschnitt von hundert Kilometer Breite, der nur von zwei deutschen Infanteriedivisionen verteidigt wurde. Der Stoß der Sowjets zielte über die Waldai-Höhen hinweg tief in den Rücken der deutschen Front. Er war Stalins Antwort auf die Kesselschlachten. Nun sollte der deutschen Heeresgruppe Mitte das gleiche Schicksal bereitet werden.

Bunt zusammengewürfelte deutsche Alarmeinheiten wurden in die Ortschaften auf dem Vormarschweg der sowjetischen Stoßarmeen geworfen – als Wellenbrecher gegen die rote Flut. Welikije Luki, Welisch und Demidow im Süden, Cholm, Staraja Russa und Demjansk weiter im Norden wurden zu Brennpunkten der erbitterten Abwehrschlacht.

In der zweiten Februarwoche gelang es den Sowjets, das bei Demjansk südöstlich des Ilmensees kämpfende II. Armeekorps des Generals Graf Brockdorff-Ahlefeldt und Teile des X. Armeekorps von allen rückwärtigen Verbindungen abzuschneiden. Sechs Divisionen mit rund 100000 Mann waren eingekesselt. Binnen weniger Tage klaffte zwischen ihnen und der zurückgewichenen deutschen Front eine Lücke von 120 Kilometer, die vom Feind beherrscht wurde.

Es gab nur ein Mittel, um die Eingeschlossenen vor der Vernichtung zu bewahren: die Versorgung aus der Luft. Aber war es überhaupt möglich, 100000 Mann allein über eine Luftbrücke am Leben zu erhalten? Ihnen nicht nur Verpflegung und Medikamente, sondern auch Waffen, Munition und alle Ausrüstung zuzufliegen, damit sie sich gegen die wütenden Angriffe eines überlegenen Gegners behaupten konnten?

War es möglich – wochenlang, vielleicht monatelang, bei grimmiger Kälte, bei Temperaturen zwischen 40 und 50 Grad unter Null, und oft bei schlechtestem Flugwetter?

Dies sind die Fragen, die der Befehlshaber der Luftflotte 1, Generaloberst Alfred Keller, am Nachmittag des 18. Februar 1942 in Ostrow an den Lufttransportführer, Oberst Fritz Morzik, stellt. Morzik war bisher beim VIII. Fliegerkorps des Generals v. Richthofen in den harten Abwehrschlachten der Heeresgruppe Mitte eingesetzt. Er kennt die Ju-52-Transportverbände, die nun in aller Eile nach Norden überführt werden. Er weiß, daß er allenfalls mit 220 Ju 52 rechnen kann und daß nur ein Drittel davon noch einsatzbereit ist.

»Wenn wir täglich 300 Tonnen Nachschub nach Demjansk fliegen sollen«, sagt Morzik, »dann brauche ich mindestens 150 voll einsatzfähige Maschinen pro Tag. Das heißt, wir müssen die Gesamtzahl der Maschinen verdoppeln. Durch Transportverbände von anderen Fronten. Durch alle entbehrlichen Flugzeuge aus der Heimat.«

Generaloberst Keller stimmt dieser Forderung zu.

»Zweitens brauche ich mehr Bodenpersonal und eine bessere technische Ausrüstung für den Winterbetrieb. Ich brauche Werkstattzüge auf den Absprungplätzen. LKW zur Vorwärmung der Flugmotoren. Hilfsanlassermaschinen...«

Alles wird Morzik zugesagt. Alles, was er fordert. Wenn es nur sofort losgeht mit der Luftbrücke nach Demjansk.

Ein Blitzunternehmen startet. Binnen 24 Stunden verlegen die Ju-52-Verbände – offiziell ›z.b.V.-Einheiten‹ genannt – auf die neuen Einsatzhäfen: nach Pleskau-West und -Süd, Korowje-Selo und Ostrow und sogar nach Riga und Dünaburg. Oberst Morzik, sein Ia, Hauptmann Wilhelm Metscher, und der Stab des Lufttransportführers kommen mit ihrem Gefechtsstand notdürftig in Pleskau-Süd unter – einem Platz, der schon gerammelt voll ist. Hier liegt auch das Kampfgeschwader 4, das am ganzen Frontabschnitt in die Abwehrschlacht eingreift und schon bald selbst Versorgung für die in Cholm eingeschlossene Kampfgruppe Scherer fliegen muß.

Mehr und mehr wird die Luftwaffe zu einer reinen Hilfswaffe für das schwerringende Heer. Stukas und Schlachtflieger schaffen es nicht allein. Auch die Bombergruppen müssen Nahkampfeinsätze fliegen. Ihre eigentlichen Ziele, die weit hinter der feindlichen Front liegen, bleiben verschont. Eine eigene Luftkriegführung mit einem strategischen Ziel, mit operativen Ideen, mit Schwerpunkten dort, wo die Engpässe des Gegners liegen – das alles versinkt hinter den

Hilferufen von der Front, hinter den Forderungen dieser gnadenlosen russischen Winterschlacht.

Am 20. Februar 1942 landen die ersten 40 Transporter Ju 52 auf dem 50 Meter breiten und 800 Meter langen, festgestampften Schneerollfeld von Demjansk. Binnen 90 Minuten müssen sie entladen sein und wieder starten, fordert der Lufttransportführer. Aber vorerst fehlt jede Organisation. Alles muß eingeflogen werden. Alles – von der Nachrichten-Ju mit Peilgerät und Funkfeuer bis zum letzten Werkzeug.

Oberst Morzik verlangt die Anlage eines zweiten Landefeldes im Kessel von Demjansk. Über einen einzigen Flugplatz kann er keine 100000 Mann versorgen. Der Platz wird vom Gegner angegriffen. Er kann durch Schlechtwetter ausfallen. Kann von ›Brüchen‹ blockiert werden, von zerstörten Maschinen, die die Landebahn versperren.

Ab März 1942 ist auch der provisorische Platz bei Pyesky, zwölf Kilometer nördlich Demjansk, einsatzbereit. Aber nur die erfahrensten Flugzeugführer landen auf dem 30 Meter schmalen ›Rollfeld‹. Die Jus dürfen nicht mehr als eineinhalb Tonnen laden, sonst versinken sie im tiefen Schnee.

250 Kilometer liegen zwischen Pleskau und Demjansk, und 150 Kilometer davon führen über Feindgebiet. Morzik läßt die Ju 52 zuerst einzeln im Tiefflug das Ziel ansteuern. Bald aber wird die russische Abwehr am Boden zu stark. Auf dem Luftbrückenkurs tauchen immer mehr sowjetische Jäger auf. Darauf fliegen die Transportgruppen geschlossen in 2000 Meter Höhe. Geschützt vom Jagdverband des Majors Andres, von der III./JG 3 ›Udet‹ und der I./JG 51 ›Mölders‹. Meist lauern die Sowjets über Demjansk und greifen die einzeln landenden Transportmaschinen von hinten an. Sobald deutsche Jäger zur Stelle sind, ist die Luft schnell wieder rein.

Das größte Problem für einen reibungslosen Nachschub bleibt der russische Winter. Da werden Transportgruppen in den Kessel von Demjansk geworfen, die frisch von den Flugzeugführerschulen in Deutschland kommen. Eine Gruppe, die z.b.V.-Einheit 500 unter Major Beckmann, kommt sogar aus dem milden Klima Afrikas. Hier aber herrschen barbarische Kälte von minus 40 Grad und eisiger Schneesturm. Wochenlang müssen die Besatzungen der Transportflugzeuge ihre Ju 52 selbst startklar halten, weil viel zu wenig Bodenpersonal da ist.

Die Fahrgestellreifen sind platt, weil das Gummi spröde und rissig wird. Treibstofftanks und selbst die Ölleitungen frieren ein. Kolbenfresser treten schon nach 40 Betriebsstunden auf. Die hydraulischen Pumpen versagen. Auf die Instrumente ist kein Verlaß mehr. Die Funkgeräte fallen aus. Ganz zu schweigen von den Flugmotoren, die fast ununterbrochen gewartet werden müssen.

Unter solchen widrigen Umständen sinkt die Einsatzstärke auf 25 Prozent der vorhandenen Transportmaschinen. Um so erstaunlicher ist der Erfolg der Luftbrücke nach Demjansk. Drei volle Monate, vom 20. Februar bis zum 18. Mai 1942, hängt des Schicksal von sechs eingeschlossenen deutschen Divisionen buchstäblich in der Luft.

In diesen drei Monaten fliegen die Transportverbände der Luftwaffe 24303 Tonnen Versorgungsgüter aller Art in den Kessel. Das sind Tag für Tag 276 Tonnen. Brot und Waffen und Munition für 100000 Mann.

Außerdem 24 Millionen Liter Benzin. Und 15446 frische Soldaten. Auf dem Rückflug holen die Jus 22093 Verwundete aus dem Kessel. Sie selbst verlieren 265 Maschinen, weniger durch den Feind als durch ›General Winter‹, der ihnen am meisten zu schaffen macht.

Vom 18. Mai an bleiben nur noch drei Transportgruppen weiter im Versorgungseinsatz, weil nun eine schmale Landbrücke zum Kessel von Demjansk freigekämpft ist.

Die gleichzeitig laufende Luftversorgung von Cholm wird ebenfalls von Erfolg gekrönt. Dieser Kessel hat nur einen Durchmesser von zwei Kilometer. Die Sowjets berennen die deutsche Hauptkampflinie am Stadtrand von allen Seiten. Dennoch trotzt hier eine 3500 Mann starke Kampfgruppe unter dem Kommandeur der 281. I. D., Generalmajor Scherer, allen Angriffen.

Dieses ›Festungsgebiet‹ ist zu klein, es hat keinen eigenen Flugplatz. Trotzdem landen die Ju 52: auf einer schneebedeckten Wiese außerhalb der deutschen Linie, im Niemandsland, dicht vor den Augen der Sowjets.

Noch im Ausrollen werden die Luken aufgestoßen, die Versorgungsgüter fliegen hinaus, und schon müssen die deutschen Transportmaschinen wieder starten, ehe sich die sowjetische Artillerie auf sie eingeschossen hat.

Als dieses Vabanque-Spiel des Majors Walter Hammer von der z.b.V.-Gruppe 172 zu hohe Verluste fordert, werfen die He 111 vom KG 4 den Nachschub über dem Kessel ab. Und immer wieder landen schwere Lastensegler, Typ Go 242, vor den deutschen Linien. Stoßtrupps springen unter Feuerschutz an die Bruchmaschinen heran und bergen die lebenswichtige Ladung. Manchmal sind auch die Sowjets schneller; doch es gelingt ihnen nicht, den Nachschub aus der Luft für die Eingeschlossenen zu unterbinden. So kann sich die Gruppe Scherer in Cholm halten, bis sie Anfang Mai durch das vorstoßende Grenadierregiment 411 befreit wird.

Bei den Kämpfen zum Entsatz von Cholm werden zum erstenmal Erdkampfverbände eingesetzt, die aus Freiwilligen zahlreicher Luftwaffen-Einheiten gebildet worden sind. Das 1. Luftwaffen-Feldbataillon unter Führung des Oberstleutnants Dr. Bauer kämpft sich Seite an Seite mit der Infanterie zu den Eingeschlossenen durch. Ab Juni 1942 steht die neugebildete ›Division Meindl‹, die spätere 21. Luftwaffen-Felddivision, den ganzen Sommer und Herbst über im harten Abwehrkampf um Cholm, das mehrmals den Besitzer wechselt.

Die Erfolge der Luftversorgung von Cholm und besonders von Demjansk sind jedoch unbestreitbar. Aber sie erweisen sich als gefährlicher Bumerang. Nicht im Frühjahr, sondern im Herbst 1942. Ein halbes Jahr später. Nicht am Ilmensee, sondern viel weiter im Süden: zwischen Don und Wolga.

Dort steht die 6. Armee des Generals Friedrich Paulus im Kampf um Stalingrad. Sieben Achtel des riesigen Industriezentrums an der Wolga sind bereits in deutscher Hand, als am 19. November mit dem ersten Einfall des Winters auch die erwartete sowjetische Gegenoffensive losbricht. Schon zwei Tage später geht es um die entscheidende Frage:

Macht die 6. Armee kehrt und kämpft sich zurück? Oder läßt sie sich zwischen Don und Wolga einschließen?

Am 21. November telefoniert Generalleutnant Martin Fiebig, der Kommandierende General des vor Stalingrad eingesetzten VIII. Fliegerkorps, mit dem Chef des Stabes der 6. Armee, Generalmajor Arthur Schmidt. Der OB, General Paulus, hört das Gespräch am zweiten Apparat mit.

Fiebig weist auf die Zangenbewegung starker sowjetischer Panzerkräfte hin und fragt:

»Welche Absichten hat die 6. Armee?«

Darauf Schmidt: »Der OB trägt sich mit dem Gedanken, um Stalingrad zu igeln.«

»Und wie«, fragt Fiebig, »denken Sie sich die Versorgung der Armee?«

Schmidt: »Die muß dann eben durch die Luft erfolgen.«

Der Fliegergeneral ist entsetzt: »Eine ganze Armee? Das ist völlig unmöglich! Unsere Transportflugzeuge sind gerade jetzt in Nordafrika stark in Anspruch genommen. Ich warne vor übertriebenen Hoffnungen!«

Fiebig gibt das Gehörte sofort an seinen Luftflottenchef, Generaloberst v. Richthofen, weiter. Und der klingelt noch in der Nacht Generalstabschef Jeschonnek in Goldap aus dem Schlaf.

»Das müßt ihr verhindern«, poltert Richthofen. »Bei diesem Schweinewetter hier unten können wir niemals eine Armee von 250000 Mann aus der Luft versorgen. Das ist ja heller Wahnsinn...«

Doch das Beispiel von Demjansk lockt. Das Unheil nimmt seinen Lauf.

29. Stalingrad – die verratene Armee

Um 7 Uhr am 22. November greift Generalleutnant Fiebig wieder zum Telefon. Er will die 6. Armee noch einmal warnen. In der Nacht ist eine Katastrophenmeldung nach der anderen gekommen: Die Feldflugplätze der Nahaufklärer und der Stukas im großen Don-Bogen bei Kalatsch von den Russen überrannt: Die Schlachtflieger unter Oberstleutnant Hitschhold gerade noch herausgekommen. Das wertvolle Bodenmaterial verloren. Die sowjetische Angriffszange schließt sich bei Kalatsch. Damit wird der Hauptnachschubweg nach Stalingrad abgeschnitten. Drei Tage nach Beginn der Offensive ist die 6. Armee praktisch schon eingeschlossen.

»Ich mache mir die größte Sorge«, sagt Fiebig am Telefon zu Generalmajor Schmidt, »daß Sie zu stark mit der Luftversorgung rechnen. Ich halte sie auf Grund meiner Erfahrungen für undurchführbar. Die Wetterlage und die Feindlage sind völlig unberechenbare Faktoren...«

Schmidt beendet das Gespräch, weil Generaloberst Hermann Hoth gerade zur Tür hereinkommt. Hoth führt die 4. Panzerarmee, ist also südlicher Nachbar von Paulus' 6. Armee. Die beiden Oberbefehlshaber besprechen die Lage. Noch einmal wird ein Luftwaffengeneral gehört. Denn gegen 8 Uhr platzt Generalmajor Wolfgang Pickert in die Besprechung zwischen Hoth, Paulus und Schmidt in Nischne-Tschirskaja. Pickert ist Kommandeur der 9. Flakdivision, die bei der 6. Armee steht. Er hat das nun folgende Gespräch in seinem Tagebuch aufgezeichnet.

General Schmidt fragt Pickert, mit dem er seit 1925, seit einem gemeinsamen Stabsoffizier-Lehrgang, befreundet ist, welchen Entschluß er bei der bedrohlichen Lage fassen würde.

Pickert zögert nicht: »Ich würde sofort mit allen zusammenzuraffenden Kräften nach Südwesten ausbrechen.«

»Das geht schon aus Betriebsstoffmangel nicht«, erwidert Schmidt.

Pickert: »Ich kann den Ausbruch mit beträchtlichen Flakkräften unterstützen. Die 160 Zweizentimeter schleppen wir im Mannschaftszug durch die Steppe. Und die Munition wird getragen. Das muß doch vorwärtstreiben!«

Schmidt: »Natürlich haben wir auch den Ausbruch erwogen. Aber er würde 45 Kilometer durch die deckungslose winterliche Steppe führen, zum Don, der noch nicht festgefroren ist. Am westlichen Steilufer sitzt dann schon der Feind, gegen den wir aus der ebenen Steppe angreifen müßten. Ohne schwere Waffen, die wir verlören, weil wir keinen Sprit haben, um sie mitzunehmen. Nein, Pikkert: Das würde ›napoleonisch‹ enden! Ganz zu schweigen von den 15000 Verwundeten und Kranken, die wir hier im Stich lassen müßten.«

»Die Armee«, schließt Schmidt, »hat den Befehl, den Raum um Stalingrad zu halten. Folglich gehen wir in den Igel und lassen uns aus der Luft versorgen!«

Jetzt ist Pickert entsetzt: »Die ganze Armee? Aus der Luft, bei diesem Wetter? Das halte ich für ausgeschlossen. Also nochmals: Sofort antreten. Nichts wie 'raus!«

General Paulus hat schweigend zugehört. Sein Entschluß steht fest. Ein Ausbruch aus der Flucht heraus würde nach seiner festen Überzeugung in die Katastrophe führen. Er muß ›igeln‹, um zunächst seine Kräfte zu sammeln. Noch am gleichen Tage fliegt er in den Kessel und bezieht seinen Gefechtsstand in Gumrak, außerhalb des Stadtrandes von Stalingrad.

Dennoch verfehlt die von Richthofen, Fiebig und Pickert in den letzten

24 Stunden mehrmals geäußerte Warnung, die Luftwaffe könne die 6. Armee unmöglich aus der Luft versorgen, nicht ihre Wirkung auf den Oberbefehlshaber. Denn von nun an fordert Paulus Handlungsfreiheit für sich und seine Armee. Er will Stalingrad halten. Aber wenn die Igelbildung nicht gelingt, oder wenn die Luftversorgung wirklich nicht reicht, dann verlangt er auch das Recht, die Rettung der Armee im Ausbruch zu suchen.

Auf diese Bitte funkt Hitler am Abend des 22. November ein barsches ›Nein‹.

Am 23. November wiederholt Paulus sein Ersuchen und begründet es ausführlich. Jetzt ist er schon selbst davon überzeugt: »Eine rechtzeitige, ausreichende Versorgung ist ausgeschlossen.«

Und wieder befiehlt Hitler der 6. Armee, an der Wolga stehenzubleiben und keinen Schritt zu weichen. Damit ist der Oberste Befehlshaber allein verantwortlich für das Schicksal der Armee. Oder doch nicht er allein?

Der ›Führerbefehl‹ an Paulus endet mit dem einen Wort: »Luftversorgung.«

Gibt es denn irgend jemand, der diese Luftversorgung für möglich hält? Trotz aller gegenteiligen Beteuerungen der Frontbefehlshaber der Luftwaffe? Trotz Nebel, Eis und Schneesturm? Was hat sich in den Tagen nach dem sowjetischen Großangriff am 19. November auf höchster Ebene abgespielt?

In keinem Kriegstagebuch, keinem beweiskräftigen Dokument ist aufgezeichnet, wann Göring Hitler zum erstenmal zugesagt hat, daß ›seine‹ Luftwaffe die Versorgung der 6. Armee bewältigen werde. Fest steht nur, daß Göring diese Zusage gegeben hat – und zwar spontan, ohne seine Ratgeber vorher zu fragen. Daran lassen die Aussagen der Generalstabschefs der Luftwaffe, Jeschonnek, und des Heeres, Zeitzler, keinen Zweifel.

Denn Jeschonnek und Zeitzler obliegt es nun, ihrem obersten Kriegsherrn die gegenteilige Auffassung aller Frontbefehlshaber vorzutragen. Am Tage der Einschließung der 6. Armee hält sich Hitler auf dem Obersalzberg auf. Es ist Totensonntag. Nachmittags fährt Generaloberst Hans Jeschonnek vom Hotel Geiger in Berchtesgaden zum Berghof hinauf. Mit General Kurt Zeitzler zusammen will er einen Vorstoß beim ›Führer‹ machen. Es ist ein schwerer Gang.

Später beklagt sich Zeitzler, Jeschonnek habe seinen Standpunkt gegenüber Hitler nicht entschieden genug vertreten. Er habe wohl gesagt, die Luftwaffe sei durch die neue Aufgabe überfordert, aber nicht, daß diese Versorgung einer ganzen Armee unbedingt scheitern müsse. Und auch nicht, daß sie nach den Worten Richthofens »heller Wahnsinn« sei. Doch die ruhige Art, in der Jeschonnek die aus der Versorgung entstehenden schweren Nachteile für die Luftwaffe aufzählt, bleibt nicht ohne Wirkung. General Bodenschatz, der persönliche Vertreter Görings bei Hitler, fühlt sich veranlaßt, die Besprechung zu verlassen und ein Blitzgespräch mit Göring in Karinhall zu führen.

Darauf läßt Göring Jeschonnek ans Telefon rufen und verbietet ihm zornig, »beim Führer weiter mieszumachen«. Selbstverständlich sei die Luftversorgung Stalingrads möglich!

Das verläßlichste Zeugnis zur Klärung der Frage, was den Reichsmarschall zu seiner Zusage wider besseres Wissen veranlaßt haben könne, stammt von seinem alten Freund und Kameraden aus dem ersten Weltkrieg, Generaloberst Bruno Loerzer. Göring habe mit ihm, berichtet Loerzer, oft über die Katastrophe von Stalingrad gesprochen und sich dagegen verwahrt, daß ihm die Schuld in die Schuhe geschoben werde.

Göring: »Hitler hat mich beim Portepee gefaßt: ›Hören Sie, Göring, wenn die Luftwaffe die 6. Armee nicht versorgen kann, dann ist die ganze Armee verloren.‹ Da blieb mir nichts anderes übrig als zuzustimmen, sonst wären ich und die Luftwaffe von vornherein schuldig gewesen. Ich mußte einfach sagen: ›Jawohl, mein Führer, wir machen die Sache!‹«

Von diesem Augenblick an fühlt sich auch Jeschonnek, durch und durch preußischer Offizier, an die Weisung seines Vorgesetzten gebunden – sosehr sie seiner persönlichen Überzeugung widerspricht. Jeschonnek opponiert nun nicht mehr gegen die Luftversorgung, er knüpft ihr Gelingen nur an bestimmte Bedingungen:

daß das Wetter überhaupt zu fliegen erlaube; und daß die wichtigen Absprungplätze für die Transportgeschwader, Tazinskaja und Morosowskaja, auf jeden Fall gegen alle Angriffe der Roten Armee gehalten würden.

Was kümmert es Hitler, daß beide Voraussetzungen gar nicht garantiert werden können? Noch am gleichen Abend gibt er Paulus den Befehl, in Stalingrad auszuhalten.

Zwei Tage später, am 24. November, wieder in der ›Wolfsschanze‹, versucht General Zeitzler noch einmal im Alleingang, Hitler umzustimmen. Noch hat die 6. Armee für wenige Tage zu essen. Die Luftwaffe brauchte mit allen verfügbaren Maschinen nur Kraftstoff und Munition in den Kessel zu fliegen. Noch könnte der Ausbruch gelingen.

Hitler zitiert Göring herbei*. Und der Reichsmarschall führt sich mit den Worten ein: »Mein Führer, ich melde Ihnen, die Luftwaffe wird die 6. Armee aus der Luft versorgen.«

Darauf Zeitzler: »Das kann die Luftwaffe gar nicht. Wissen Sie denn, Herr Reichsmarschall, wieviel der Armee täglich nach Stalingrad eingeflogen werden muß?«

»Ich nicht«, weicht Göring verlegen aus, »aber meine Herren wissen es.«

Zeitzler läßt nicht locker. Er rechnet die Tonnage vor. 700 Tonnen hat die Armee verlangt. Im äußersten Falle, das heißt, wenn alle Pferde im Kessel geschlachtet werden, bleiben es immer noch 500 Tonnen. Zeitzler wiederholt:

* Die hier geschilderte Szene im Führerhauptquartier stützt sich auf eine am 11. März 1955 abgegebene schriftliche Erklärung des – inzwischen verstorbenen – Generalobersten a. D. Kurt Zeitzler, in der er den Zusammenstoß mit Göring wörtlich wiedergibt. Auch Zeitzler bestätigt, die Luftversorgung sei zwischen Hitler und Göring direkt vereinbart worden, Jeschonnek habe ›ganz scharfe Bindungen‹ von Göring erhalten.

»Tag für Tag 500 Tonnen Nachschub durch die Luft.«

»Das kann ich«, versichert Göring.

Da verliert Zeitzler die Beherrschung. »Das ist eine Lüge«, ruft er erregt.

Göring läuft rot an. Er atmet schwer. Ballt die Fäuste, als wolle er sich auf den Generalstabschef des Heeres stürzen.

Sofort ist Hitlers Stimme dazwischen. »Der Reichsmarschall hat mir das gemeldet, und ich muß ihm glauben«, sagt er kalt. »Es bleibt bei meiner Entscheidung.«

Damit ist die Unterredung für Zeitzler beendet. Sein Versuch, die 6. Armee zu retten, muß scheitern, weil Hitler an dem taktisch falschen Grundsatz festhält, einmal erobertes Gebiet nicht wieder preiszugeben. Die Frage, ob die Luftwaffe die Armee mit ihren 250000 Mann versorgen könne oder nicht, bleibt für den ›Führer‹ zweitrangig. Görings leichtfertiges Versprechen der Luftversorgung dient Hitler jedoch als willkommener Vorwand für seine starre, unnachgiebige Haltung: Die 6. Armee bleibt, wo sie ist, im Kessel von Stalingrad!

Die erste entscheidende Rolle in der Tragödie von Stalingrad spielte das Wetter.

»Wir hatten einen schönen Sommer und Herbst hinter uns und beherrschten mit der Luftwaffe den Raum«, berichtet Friedrich Wobst, der langjährige Meteorologe des im Süden der Ostfront eingesetzten ›Greifengeschwaders‹, des KG 55. »Deshalb sahen wir mit Sorge der unausweichlich kommenden Schlechtwetterzeit entgegen, die zum großen Verbündeten der Russen werden mußte; denn dann würden unserer Luftwaffe die Hände gebunden sein.«

Vom 4. November 1942 an begann sich die Großwetterlage zu ändern. Das von der Adria bis zum Ural ausgedehnte europäische Festlandhoch wurde von einer westlichen Störung zusammengedrängt und gespalten. Im Gefolge der Störung drang polare Kaltluft nach Süden. Am 7. November erreichte der Kälteeinbruch den großen Donbogen. Am 8. November fiel das Thermometer in Morosowskaja, dem Einsatzhafen des KG 55, plötzlich auf minus 15 Grad. Schon jetzt wurde der Flugbetrieb durch gelegentlichen Nebel behindert. Die Motoren reagierten empfindlich auf die ungewohnte Kälte.

Aber das war nichts im Vergleich zu dem, was am 17. November begann: Dem erneuten Ansturm feuchtwarmer Luftmassen aus Island war das russische Kältehoch nicht gewachsen. So kam es parallel zum 50. Breitengrad, genau auf der Höhe von Stalingrad und im Wolga-Don-Gebiet, zu einer nur 300 Kilometer breiten ›Mischungszone‹.

Das hieß: schlechtestes Wetter, Temperaturen um null Grad. Dichter Nebel, wechselnd mit Eisregen und Schnee. Glatteis auf dem Boden und im Nu völlig vereiste Maschinen. Die Luftwaffe konnte nicht mehr fliegen. Sie war mit einem Schlage zur Untätigkeit verdammt.

Zweifellos wußten die Russen, daß dieses Wetter kommen würde. Sicherlich hatten sie darauf gewartet. Nur zwei Tage später, am 19. November, starteten sie ihre Offensive. Eine Offensive, deren Vorbereitungen seit Wochen aus der Luft beobachtet und gemeldet worden waren, ohne daß das geringste zum Schutz der langen Nordflanke im Raum der 6. Armee geschehen wäre. Unter dem ersten Ansturm der Roten Armee zerbrach der Frontabschnitt der rumänischen 3. Armee im großen Donbogen. Der Durchbruch nahm sofort verheerende Ausmaße an. Und die Luftwaffe, die allein hätte helfen können, war an den Boden gefesselt.

Vom Gefechtsstand des VIII. Fliegerkorps in Obliwskaja aus beschwor Generalleutnant Fiebig seine Verbände, dem Feind wenigstens einzelne, erfahrene Besatzungen entgegenzuwerfen. In Morosowskaja wagten einige He 111 den Start – trotz aufliegender Wolken, die dicht über den Boden zogen, trotz einer Sicht von kaum 100 Meter. An der Spitze der Kommandeur der II. Gruppe des KG 55, Major Hans-Joachim Gabriel. Sein Flugzeugführer, Oberfeldwebel Lipp, jagte nur wenige Meter über der Steppe nach Norden. Oberleutnant Neubert sah die Kommandeursmaschine noch einmal, wie sie im Tiefangriff auf die russischen Kolonnen einhämmerte. Dann zerrissen Flaktreffer Gabriels He 111 – aus!

Von Kalatsch, dem Ziel des sowjetischen Durchbruchs, startete Major Alfred Druschels Schlachtgruppe. Von Karpowka bei Stalingrad ein paar Ju 87 des Stukageschwaders 2. Hier führte der später berühmt gewordene ›Panzerknacker‹ Hans-Ulrich Rudel die 1. Staffel. Eine Gelbsucht steckte ihm in den Knochen, aber das kümmerte ihn nicht. Rudel flog im Osten insgesamt 2530 Feindeinsätze – weit mehr, als irgendein anderer Kriegsflieger der Welt jemals erreichte.

An diesem 19. und 20. November 1942 konnte auch Rudel nicht helfen. Seine wütenden Tiefangriffe auf den durchgebrochenen Feind wirkten nur wie Tropfen auf einen heißen Stein. Ebenso die Angriffe der anderen Stukas, Bomber und ›Schlächter‹, die sich in die Luft gewagt hatten. Am Abend des 20. November notierte Generaloberst v. Richthofen, der Chef der Luftflotte 4, in sein Tagebuch:

»Wieder hat der Russe meisterhaft eine Schlechtwetterlage ausgenützt. Wir brauchen unbedingt gutes Flugwetter, um noch etwas zu retten.«

Es blieb auch an den nächsten Tagen schlecht. Die Kampfverbände, die Richthofen von der Kaukasus-Front abziehen wollte, um sie in die Don-Schlacht zu werfen, konnten nicht einmal nach Norden verlegen. Sie konnten nicht einmal starten. Am 21., 22. und 23. November blieb das Wetter mit dem Feind verbündet. Nun hatten die Russen ihre Angriffszange bereits bei Kalatsch geschlossen. Aber der Feind griff nicht nur gegen Stalingrad an. Er drückte auch im großen Donbogen nach Süden. Er stieß auf den Tschir vor, einen Nebenfluß des Don. Und hinter dem Tschir lagen die deutschen Flugplätze, lagen vor allem Morosowskaja und Tazinskaja. Wenn sie verlorengingen, dann entfiel auch die zweite Voraussetzung, die Jeschonnek für das Gelingen einer Luftversorgung der 6. Armee genannt hatte.

Da greift die Luftwaffe zur Selbsthilfe. Oberst Reiner Stahel, der Kommandeur des Flakregiments 99, stampft Alarmeinheiten aus dem Boden. Mit allem was er fassen kann: mit Flakbatterien, Werkstatttrupps, Nachschubeinheiten, versprengten Truppenteilen, zurückkommenden Urlaubern. Mit diesen bunt zusammengewürfelten Verbänden sichert Stahel südlich und westlich des Tschir. Links und rechts von ihm handeln beherzte Heeres- und Luftwaffen-Kommandeure ebenso.

Am 26. November schlagen die Alarmtrupps eines anderen Flakoffiziers, des Oberstleutnants Eduard Obergehtmann, sowjetische Angriffe auf den Flugplatz Obliwskaja zurück. Aus der Luft stürzen sich die Panzerschlachtflieger mit der Hs 129, eine Staffel sogar noch mit dem alten Doppeldecker ›Henschel eins-zwei-drei‹, auf den Feind. Und am Boden verteidigen ihre eigenen Flugzeugwarte und Monteure das Rollfeld, damit die Maschinen überhaupt wieder landen können.

Auch Angehörige des Stabes des VIII. Fliegerkorps in Obliwskaja greifen zur Waffe. Mitten im Durcheinander landet Luftflottenchef Richthofen auf dem Platz. Er fragt nach dem Chef des Stabes, Oberstleutnant Lothar von Heinemann.

»Der steht vorn hinterm Maschinengewehr, Herr Generaloberst«, meldet General Fiebig.

Ärgerlich befiehlt Richthofen Fiebig zurück nach Tazinskaja. Er soll das VIII. Korps führen, soll die Luftversorgung aufbauen. Und sich nicht hier vorn mit den Russen herumschlagen. Aber wer kann die Flugplätze verteidigen, wenn es nicht die Luftwaffe selber tut?

Endlich kommen Verstärkungen an den Tschir: die ersten geschlossenen Verbände, die ersten Panzer. Doch die Alarmeinheiten unter Oberst Stahel müssen in der Auffanglinie bleiben, die nun vom neuernannten deutschen Chef des Stabes der rumänischen 3. Armee, Oberst i. G. Walther Wenck, mühsam errichtet wird. Es grenzt an ein Wunder, daß die dünne Tschir-Front hält. Daß sie Woche für Woche mit immer neuen Aushilfen behauptet werden kann. Aber dieses Wunder rettet ›Tazi‹ und ›Moro‹, wie die beiden großen Einsatzhäfen kurz genannt werden. Es führt dazu, daß die Luftversorgung überhaupt in Gang kommt.

Am 24. November wird der Luftflotte 4 ein Befehl des Ob.d.L.-Führungsstabes übermittelt, vorerst seien täglich 300 Tonnen Nachschub in den Kessel zu fliegen: 300 Kubikmeter Betriebsstoff und 30 Tonnen Waffen und Munition. Drei Tage später verlangt die 6. Armee auch Mehl, Brot und weitere Verpflegung. Die Vorräte gehen schon jetzt zur Neige. Beim Zurückweichen auf die ›Festung Stalingrad‹ mußten die Vorratslager westlich des Don im Stich gelassen werden. Die Armee lebt nur von heute auf morgen. Und bald nur noch von dem, was sie durch die Luft erhält.

Inzwischen fällt eine Ju-52-Gruppe nach der anderen in Tazinskaja ein. Alterfahrene Flieger sind darunter, die schon manche Transportschlacht geschlagen haben. Aber auch junge, unerfahrene Besatzungen, Hals über Kopf aus Deutschland an die Front geworfen. Sie bringen völlig abgeflogene Maschinen mit. Oder auch brandneue Jus, die erst eingeflogen werden müßten. Reiseflugzeuge ohne jede Frontausrüstung, ohne Eichunterlagen für Funk- und Peilgeräte, ohne Winterschutz. Ja, sogar ohne Waffen und Fallschirme! So verfügt der Lufttransportführer in Tazi, Oberst Förster, bis Anfang Dezember zwar über elf Gruppen Ju 52 und zwei Gruppen Ju 86 mit rund 320 Maschinen. Aber die Zahl täuscht. Einsatzbereit ist kaum mehr als ein Drittel dieser unzulänglich ausgerüsteten Transportflugzeuge.

Am 25. und 26. November, den ersten beiden Versorgungstagen, schleppen die Jus daher nur je 65 Tonnen Betriebsstoff und Munition nach Stalingrad. 65 statt der befohlenen 300!

Am dritten Tag ist es ganz aus.

»Schauderhaftes Wetter«, notiert Generalleutnant Fiebig in sein Tagebuch. »Es wird versucht zu fliegen, aber unmöglich. Bei uns in Tazi geht ein Schneeschauer nach dem anderen durch. Trostlose Lage.«

Dennoch wagen zwölf Flugzeugführer den Start. Sie trotzen der Vereisungsgefahr, fliegen blind von Tazi die 220 Kilometer bis zum Kesselflugplatz Pitomnik und bringen 24 Kubikmeter Treibstoff mit. Aber was sind 24 Kubikmeter für eine ganze Armee, die von allen Seiten berannt wird? Es gibt keinen Zweifel, daß die Ju-52-Verbände die Versorgung allein niemals schaffen können.

Richthofen gibt daher dem Kommodore des in Morosowskaja liegenden KG 55, Oberst Ernst Kühl, eine doppelte Aufgabe:

Als Lufttransportführer hat er alle ihm unterstellten He-111-Verbände mit zur Versorgung des Kessels einzusetzen;

als Führer des ›Gefechtsverbandes Stalingrad‹ muß er in eigener Sache handeln. Er muß die Abwehrkämpfe am Tschir durch Luftangriffe unterstützen, muß verhindern, daß die Russen weiter gegen Tazi und Moro vordringen; denn der Verlust der beiden Nachschubbasen wäre der Todesstoß für die Versorgung der eingeschlossenen Armee.

Oberst Kühl und seine beiden Ia, die Hauptleute Hans Dölling und Heinz Höfer, setzen folgende Verbände für diese Doppelaufgabe ein: zwei Gruppen des eigenen KG 55, die I./KG 100 und die He 111-Transportgruppen KG z.b.V. 5 und 20 von den Plätzen Moro-West und -Süd; ferner das von Oberstleutnant Hans-Henning von Beust geführte KG 27, das in Millerowo liegt. Zusammen sind das rund 190 He 111 mit erfahrenen Besatzungen. 190 Maschinen, die nun die Versorgung Stalingrads verstärken können – sobald ihnen der Kampf vor der eigenen Haustür Zeit dazu läßt. Für diese Kampfeinsätze zur Sicherung der Absprungbasis werden Oberst Kühl auch das Jagdgeschwader 3, eine Stuka- und eine Schlachtgruppe unterstellt.

Am 30. November fliegen zum ersten Male vierzig He 111 zusammen mit den Jus in den Kessel. Sie fliegen Tag und Nacht, einzeln oder in Ketten. Manchmal von Jägern des JG 3 ›Udet‹ geleitet, oft auch allein, obwohl sowjetische Jagdstaffeln über den Anflugwegen lauern. Über den Wolken, um der feindlichen Flak kein Ziel zu bieten, steuern die He 111 das Funkfeuer von Pitomnik an. Am Ziel stoßen sie durch die Wolkendecke, bekommen Erdsicht, suchen die Landebahn. Alles ist weiß. Brettebene, schneebedeckte Steppe.

Plötzlich stehen ein paar Maschinen unten im Feld: Ju 52. Dann sehen sie auch das rote Landekreuz. Und einen Posten, der grüne Leuchtkugeln schießt. Das gilt ihnen. Also Kehrtkurve, Fahrgestell 'raus, einschweben. Und schon rollt die He 111 auf der festgewalzten Schneebahn aus.

Das also ist Pitomnik. Ein Stück Steppe, das sich die Jäger im September beim Angriff auf Stalingrad als Feldflughafen ausgesucht hatten. Das ist der Platz, über den nun eine ganze Armee versorgt werden soll.

Die Heinkel wird zur Seite gewinkt, die schmale Startbahn muß frei sein. Alle packen zu. Die Verpflegungskisten werden entladen, die Munitionsbehälter aus den Bombenschächten gelöst. Der Sprit, den die He nicht selbst zum Rückflug braucht, wird aus den Flächentanks gesaugt: links für die Jäger der Platzschutzstaffel, rechts für die Panzer und Kraftfahrzeuge.

Ein paar Verwundete klettern in die leere Maschine. Die Heinkel könnte wieder starten. Aber der Flugzeugführer zögert. Die Wolken haben sich verzogen, und klarer Himmel lockt die sowjetischen Jäger. Er wartet, bis zwei andere Heinkel startbereit sind. Zu dritt, in der Kette, haben sie genügend Abwehrkraft, um sich die Angreifer vom Leibe zu halten. 50 Minuten später landen sie wieder in Moro. Fassen neuen Nachschub. Fliegen noch einmal in den Kessel zurück. Tag und Nacht. Wann immer das Wetter zu fliegen erlaubt.

Am 30. November klettert die Transportleistung durch den Einsatz der He 111 erstmals auf 100 Tonnen. Aber 100 Tonnen sind nur ein Drittel der Menge, die Göring zugesagt hat, und nur ein Fünftel dessen, was die Armee als tägliches Existenzminimum fordert. Schon am nächsten Tag sinkt die Transportkurve wieder ab, weil dichter Schneefall die Flüge behindert. Dem Schnee folgt am 2. Dezember klirrender Frost. Die Motoren springen nicht mehr an. Es gibt viel zuwenig Wärmegeräte. So dauert es Stunden, bis die vereisten Maschinen abgetaut sind. Stunden, die der Versorgung bitter fehlen.

Überall muß im Freien an den Maschinen gearbeitet werden. Deckungslos stehen die Monteure im eisigen Schneesturm. In Moro kommt der Bau von Schutzwänden nicht voran, weil es weder Holz noch Eisen gibt. Feinere Arbeiten an den Flugzeugen wollen mit den steifgefrorenen Fingern nicht mehr gelingen. Jeder Motorenwechsel ist eine Qual. Unaufhaltsam sinkt die Einsatzbereitschaft auf nur noch 25 Prozent der vorhandenen Maschinen.

Das alles hatte die Luftwaffe gewußt oder zumindest geahnt. Denn der erste russische Winter steckte ihr noch in den Knochen. Darum hatten ihre Befehlshaber die 6. Armee eindringlich gewarnt, bei ihrem Entschluß, in den ›Igel‹ zu gehen, nicht zu sehr auf die Luftversorgung zu bauen. Auf diese Warnungen kann Generalleutnant Fiebig hinweisen, als er am 11. Dezember zusammen mit dem Oberquartiermeister des VIII. Fliegerkorps, Major i. G. Kurt Stollberger, in den Kessel einfliegt und von Generaloberst Paulus den bitteren Vorwurf einstecken muß, die bisherige Luftversorgung sei völlig unzulänglich. 600 Tonnen brauche er, und 600 Tonnen habe man ihm zugesagt. Bisher sei kaum ein Sechstel erreicht worden.

»Davon«, sagt Paulus, »kann die Armee weder leben noch kämpfen.«

Fiebig könnte nun versichern, er werde alles tun, um das geforderte Ziel zu erreichen. Aber so leicht macht er es sich nicht. Er wählt den unbequemeren Weg. Er sagt die Wahrheit: daß die Armee nach wie vor unmöglich aus der Luft versorgt werden könne. Auch nicht, wenn noch weitere Flugzeuge zugeführt würden.

Paulus und sein Chef des Stabes, Schmidt, verlangen dennoch, gerade in den entscheidenden nächsten Tagen müsse alles auf eine Karte gesetzt werden. Sie wissen, daß Generaloberst Hoth von Südwesten eine Bresche zum Entsatz des Kessels schlagen wird. Deshalb braucht die 6. Armee gerade jetzt Betriebsstoff für ihre Panzer und Fahrzeuge und Munition für den Ausbruch, wenn Hoth nahe genug herangekommen ist. Und die Soldaten brauchen Brot. Die letzten kargen Verpflegungsreserven werden am 16. Dezember ausgegeben. Sie reichen für zwei Tage. Was danach werden soll, weiß niemand.

Tatsächlich schafft die Luftwaffe in den drei Tagen vom 19. bis 21. Dezember den absoluten Höhepunkt in der Stalingrad-Versorgung: Von rund 450 Maschinen werden in diesen drei Tagen mehr als 700 Tonnen Nachschub nach Pitomnik eingeflogen. Die geforderte Mindestleistung pro Tag scheint in greifbare Nähe gerückt. Und dann ist doch wieder alles aus. Dichter Nebel lähmt den Flugbetrieb am 22. Dezember. In den nächsten beiden Tagen wird es kaum besser.

Eine neue Katastrophe zeichnet sich ab: Der Feind hat die Front der italienischen 8. Armee am Don mit zwei Garde-Armeen durchbrochen. Sein Stoß zielt nach Süden, auf Rostow. Jetzt geht es nicht mehr allein um das Schicksal der 6. Armee in Stalingrad. Der ganze Süden der deutschen Ostfront droht abgeschnitten zu werden. Zunächst aber haben die beiden sowjetischen Angriffskeile ein begrenzteres Ziel: Sie stoßen genau auf Tazinskaja und Morosowskaja. Die Kommandeure der Spitzendivisionen tragen Stalins Befehl in der Tasche, die beiden deutschen Nachschubbasen für Stalingrad zu überrumpeln und auszuschalten. Der Versuch einer aus Teilen des Luftnachrichtenregiments 38 und des Reststabes des VIII. Fliegerkorps unter Führung des Oberstleutnants von Heinemann gebildeten Alarmeinheit, die Russen an einer Schlucht bei

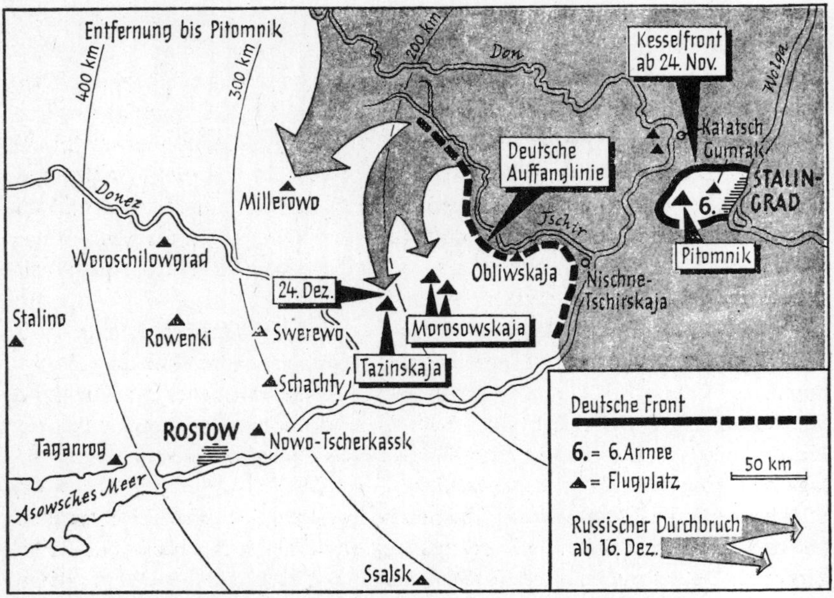

Die Entfernung von den Absprunghäfen der Transportgeschwader bis zum Kesselflugplatz Pitomnik spielte eine entscheidende Rolle für die Luftversorgung der eingeschlossenen 6. Armee. Als Tazinskaja am 24. Dezember 1942 von sowjetischen Panzern überrollt wurde, als auch die beiden Flughäfen von Morosowskaja am 1. Januar 1943 aufgegeben werden mußten, sank die Transportleistung von den mehr als 100 Kilometer weiter zurück liegenden neuen Absprunghäfen automatisch weiter ab.

Skassyrskaja, etwa 12 Kilometer nördlich Tazinskaja, aufzuhalten, scheitert, weil die Verteidiger trotz dringender Anforderung keine panzerbrechenden Waffen erhalten.

Am 23. Dezember wird es höchste Zeit, die 180 flugklaren Ju 52 von dem bedrohten Tazi auf einen anderen Flugplatz zu verlegen. Da greift der Ob.d.L. persönlich ein. Er verweigert die Starterlaubnis. Tazinskaja wird gehalten, entscheidet er aus über 2000 Kilometer Entfernung. Die Jus haben bis zum letzten dort zu bleiben. So lange, bis der Feind direkt auf den Platz schießt.

Es ist unglaublich: Die Transportflotte, trotz aller Unzulänglichkeit die letzte vage Hoffnung zur Rettung der eingeschlossenen 6. Armee, wird so leichtfertig aufs Spiel gesetzt!

Um 5.20 Uhr früh am 24. Dezember 1942 jagen die ersten russischen Panzergranaten gegen den Nordrand des Flugplatzes Tazinskaja. Ein Flugzeug brennt sofort. Ein zweites explodiert auf der Startbahn.

Und 180 Ju 52 stehen auf dem Platz. Mit dröhnenden Motoren.

Ob sie nun endlich starten dürfen?

Die Kommandeure der Transportgruppen drängen sich im Bunker der Flugleitung. Seit einer Stunde stehen sie da. Treten von einem Bein auf das andere. Und warten auf den erlösenden Befehl. Doch Generalleutnant Martin Fiebig kann sich nicht entschließen, den Start auf eigene Verantwortung freizugeben. Immer wieder versucht er, die vorgesetzte Luftflotte 4 telefonisch zu erreichen.

Es ist sinnlos. Jeder im Bunker weiß, daß die Sowjets schon bei ihrem ersten Feuerüberfall auf den Ort Tazinskaja vor eineinhalb Stunden die Fernsprechvermittlung in Brand geschossen haben. Fiebig selber ist auf dem Weg zum Flugplatz an dem brennenden Gebäude vorbeigefahren. Trotzdem versucht er verzweifelt, eine Verbindung mit seinem Flottenchef, Generaloberst v. Richthofen, zu bekommen. Dabei steht der Chef des Generalstabes der Luftflotte, Oberst i. G. Hans-Detlef Herhudt von Rohden, selbst neben Fiebig im Bunker. Richthofen hat ihn in banger Vorahnung der kommenden Ereignisse am Vortage zu Fiebig nach Tazinskaja geschickt. Aber Rohden schweigt. Auch er will offenbar nicht die Verantwortung übernehmen, gegen Görings Befehl zu handeln.

Um 5.25 Uhr rast ein VW-Kübelwagen mit dem Chef des Stabes des VIII. Fliegerkorps, Oberstleutnant i. G. Lothar von Heinemann, auf den Platz. Heinemann hat zusammen mit Hauptmann Jähne und Oberleutnant Drube bis jetzt den Korpsgefechtsstand im Ort Tazi besetzt gehalten. Er hat die Verbände alarmiert, hat vor allem das Bodenpersonal, das keinen Platz in den wartenden Maschinen findet, zum Abmarsch an den Südrand des Ortes befohlen. Heinemann trifft in dem Augenblick auf dem Flugplatz ein, als die ersten Ju 52, von Panzergranaten getroffen, in Flammen aufgehen. Niemand weiß, woher aus dem wallenden Nebel die Schüsse kommen. Der Gefechtslärm geht im Dröhnen der Motoren unter. Männer, die bisher ruhig auf Befehle gewartet haben, laufen nun plötzlich durcheinander. Sie stürzen zu den Maschinen. Panik zeichnet sich ab.

Heinemann läuft in den Befehlsbunker. Er meldet Fiebig, was draußen los ist. »Herr General!«, sagt er atemlos, »Sie müssen jetzt handeln! Sie müssen augenblicklich den Start freigeben!«

»Dafür brauche ich einen Befehl der Flotte, der die bestehenden Befehle aufhebt«, entgegnet Fiebig. »Außerdem ist es doch unmöglich, bei diesem Nebel zu starten!«

Oberstleutnant von Heinemann nimmt alle Kraft zusammen: »Entweder riskieren Sie jetzt den Start, oder alle Verbände werden hier auf dem Platz vernichtet. Die Transportverbände für Stalingrad, Herr General. Die letzte Hoffnung für die eingeschlossene 6. Armee!«

Endlich meldet sich auch Oberst Herhudt von Rohden. »Ich bin derselben Meinung«, sagt er knapp.

Da richtet Fiebig sich auf. »Also gut«, sagt er zu den Kommandeuren der

Transportgruppen, »Starterlaubnis! Versuchen Sie, in Richtung Nowo-Tscherkassk auszuweichen!«

Es ist 5.30 Uhr am Morgen des 24. Dezember 1942. Was sich in den nächsten dreißig Minuten auf dem Rollfeld von Tazinskaja abspielt, hat es nie zuvor und nie wieder gegeben.

Die Motoren brüllen auf. Aus allen Richtungen rumpeln die Jus über den Platz. Kreuz und quer. Nebelschwaden hüllen sie ein. Schnee wird von den Rädern hochgewirbelt. Die Sicht reicht kaum 50 Meter weit. Und direkt über dem Platz, fast mit der Hand zu greifen, hängen schon die Wolken.

Mit Vollgas rasen die Maschinen ins Ungewisse. Die meisten sind schwer beladen: nicht etwa mit wichtigem Bodengerät, um auf einem neuen Platz sofort einsatzbereit zu sein, sondern mit Versorgungsgut für Stalingrad – mit Munition und Spritkanistern. Auch dieser Befehl, die Versorgung weiterzuführen, als sei nichts geschehen, als stünden nicht die Russen am Platzrand, bleibt bis zum letzten Augenblick bestehen.

Plötzlich eine gewaltige Explosion: Mitten über dem Platz sind zwei aus verschiedenen Richtungen gestartete Ju 52 ineinandergerast. Brennende Trümmer wirbeln umher.

Andere Jus stoßen schon beim Rollen auf der Startbahn zusammen. Sie berühren sich mit den Tragflächen, kreiseln umeinander, bleiben mit Leitwerkschäden liegen. Doch viele Besatzungen haben Glück. Ihre Maschinen huschen knapp aneinander vorbei. Heben schwerfällig ab. Überspringen oft im letzten Augenblick sowjetische Panzer, die selbst nur zögernd vorrollen. In diesem Augenblick schützt der Nebel sogar die Jus, weil er ein wohlgezieltes Feuer des Gegners verhindert.

Um 6 Uhr wartet Generalleutnant Fiebig immer noch vor dem Befehlsbunker. Rings um ihn mehrere Offiziere seines Stabes. In der Nähe steht nur noch eine startklare Ju 52. Das Geschützfeuer wird stärker. Links brennt das Verpflegungslager für die 6. Armee. Der erste sowjetische Panzer taucht aus dem Nebel auf, rollt aber vorbei.

»Herr General, wir müssen jetzt starten«, meldet Hauptmann Dieter Pekrun. Fiebig zögert noch.

Um 6.07 Uhr fährt Major Burgsdorf von der 16. Panzerdivision vor und berichtet: »Im Ort ›wilde Sau‹, überall feindliche Panzer und Infanterie. Kein Halten mehr.«

Nun gibt es wirklich nichts mehr zu befehlen. Um 6.15 Uhr startet die letzte Ju 52 von Tazinskaja. An Bord General Fiebig, Oberst Paul Overdyk, der Nachrichtenführer, Major i. G. Kurt Stollberger, der Quartiermeister und mehrere andere Offiziere des Korpsstabes. Ihr Leben hängt jetzt vom Können des Flugzeugführers ab. Feldwebel Ruppert zieht die Ju von dem brennenden Platz in die Wolken hoch. Als er auf 2400 Meter Höhe noch immer nicht durch die Wolkenschicht nach oben durchgestoßen ist, gibt er es auf und läßt die Maschine wieder sacken. Das Glück bleibt ihm treu: Die Ju 52 vereist nicht. Nach 70 Minuten landet Ruppert glatt in Rostow-West.

Ebenso wie die Generalsmaschine schaffen es 108 Ju 52 und 16 Ju 86, aus dem Durcheinander von Tazinskaja herauszukommen und heil auf anderen Plätzen zu landen. Darunter auch Hauptmann Lorenz vom Luftnachrichtenregiment 38, der niemals Flugzeugführer war und trotzdem eine Ju 52 nach Nowo-Tscherkassk steuert. Noch am Heiligen Abend erhält Lorenz aus der Hand Richthofens ein Flugzeugführerabzeichen ›ehrenhalber‹.

Dennoch: Ein Drittel der Transportmaschinen geht verloren. Und außer diesen rund 60 Flugzeugen fast alle Ersatzteile und das wertvolle technische Gerät von Tazinskaja, vor allem die Tank- und die Wärmewagen. All das hätte gerettet werden können, wäre der Räumungsbefehl nur einen Tag früher gekommen. Was nützt es, in Deutschland die letzten Schulflugzeuge und Reisemaschinen zusammenzuholen und in die Versorgung Stalingrads zu werfen, wenn sie hier durch solche sinnlosen Befehle geopfert werden?

Vierzig Kilometer weiter nach Osten liegt der zweite große Absprungplatz für die Versorgung Stalingrads, Morosowskaja, ebenfalls in Alarmbereitschaft. Die feindlichen Panzer sind dort noch nicht so weit vorgedrungen. Als aber die Telefonverbindung zum benachbarten Tazinskaja abreißt, als die ersten Meldungen kommen, daß die Sowjets den Flugplatz überrannt und damit praktisch auch Moro von Westen abgeschnitten haben, macht man sich keine Illusionen.

Oberst Dr. Ernst Kühl, der als Lufttransportführer 1 in Moro das Kommando führt, handelt sofort: Er schickt seine He-111-Gruppen und die Stukas zurück nach Nowo-Tscherkassk. Er bringt sie in Sicherheit. Kühl selbst bleibt mit seinem kleinen Stabe in Moro. Einmal muß das nun schon drei Tage dauernde elende Nebelwetter ja aufhören. Das ist ihre einzige Hoffnung. Wenn das Wetter zu fliegen erlaubt, wenn die Verbände aus der Luft angreifen können, dann wollen sie sich den Panzerkeil auf Moro schon vom Leibe halten!

Am frühen Morgen des ersten Weihnachtsfeiertages weckt der Geschwadermeteorologe, Friedrich Wobst, seinen Kommodore. »Herr Oberst«, ruft er aufgeräumt, »wir bekommen Flugwetter!«

Kühl blinzelt in die Dämmerung hinaus: Nebel, nichts als Nebel. Mißtrauisch sieht er seinen Meteorologen an.

Wobst läßt sich nicht beirren. »Kräftiger Kälteeinbruch von Osten«, sagt er. »Der Nebel löst sich auf. In spätestens zwei Stunden bricht die Sonne durch.«

Der Ia, Hauptmann Heinz Höfer, ist schon am Telefon und alarmiert die Verbände in Nowo-Tscherkassk. Dort haben die meisten Besatzungen ohnehin in den Maschinen übernachtet. Nach einer Stunde fallen die ersten wieder in Morosowskaja ein. Und im gleichen Augenblick, da der Nebel aufreißt, stürzen sich die Stukas auf die russische Panzerspitze wenige Kilometer vor dem Flugplatz.

Diesem Feuerüberfall aus der Luft sind die sowjetischen Kolonnen in der Steppe deckungslos preisgegeben. Ihre Verluste sind furchtbar. Am zweiten Tage fluten die Reste zurück. Morosowskaja ist vorläufig gerettet.

Der Erfolg, in den sich die Gruppen des Stukageschwaders 2 (Major Dr. Ernst Kupfer), des Schlachtgeschwaders 1 (Oberstleutnant Hubertus Hitschhold), des Jagdgeschwaders 3 (Major Wolf-Dietrich Wilcke), der Kampfgeschwader 27 und 55 und die I./KG 100 teilen, beweist, daß die Luftwaffe die Lage auf dem Erdboden noch immer zu wenden vermag. Freilich nur, wenn sie gutes Flugwetter hat. Und vor allem, wenn sie geschlossen am Schwerpunkt des Kampfes eingesetzt wird. Doch der Erfolg ist nur von kurzer Dauer. Auf das klare, sonnige Winterwetter zu Weihnachten folgen wieder Tage mit Nebel und eisigen Schneestürmen. Sofort schiebt sich die sowjetische Angriffsspitze näher heran. Morosowskaja und auch Tazinskaja, das im Gegenangriff deutscher Panzer noch einmal zurückerobert worden war, müssen in den ersten Januartagen 1943 endgültig aufgegeben werden.

Die Ju-52-Transportgruppen starten jetzt von Ssalsk, die He-111-Verbände von Nowo-Tscherkassk. Für beide ist der Flugweg nach Stalingrad um mehr als 100 Kilometer länger geworden. Die Transportleistung der einzelnen Maschinen muß zwangsläufig sinken.

Schon die Ereignisse um Tazi und Moro waren ein böser Schlag für die Luftversorgung des Kessels. In den Weihnachtstagen blieb der Nachschub völlig aus. Erst um die Jahreswende, am 31. Dezember 1942 und am 1. und 4. Januar 1943, kommen noch einmal über 200 Tonnen täglich in Stalingrad an. Dazwischen liegt wieder ein Tag mit so dichtem Nebel (der 2. Januar), daß überhaupt nicht geflogen werden kann.

Je länger die deutschen Anflugwege nach Stalingrad werden, desto größere Chancen hat die sowjetische Abwehr. Auf dem Boden bauen die Russen entlang dem deutschen Funkleitstrahl nach Pitomnik eine ›Flakstraße‹ mit gewaltiger Feuerkraft auf. Die Transportflugzeuge müssen ausweichen. Sie müssen Umwege fliegen und vergeuden Zeit. Sie brauchen nun selbst mehr Sprit und können in der Festung kaum noch etwas von ihrem Treibstoff abgeben.

Theoretisch wird die beste Transportleistung erreicht, wenn die Maschinen in einer nicht abreißenden Kette fliegen. Einzeln hintereinander, pausenlos, Tag und Nacht. Praktisch ist das unmöglich. Denn die sowjetischen Jäger werden von Woche zu Woche aktiver. Bei Tage können die Ju 52 nicht einzeln fliegen. Sie müssen sich über den Absprungplätzen zu Verbänden sammeln, und sie müssen von eigenen Jägern begleitet werden. Das wiederum führt zur Stoßarbeit in Pitomnik, dem einzigen ausgebauten Flugplatz im Kessel. Stundenlang haben die Entladekommandos nichts zu tun. Dann plötzlich fällt ein ganzer Verband ein. 40, 50 Flugzeuge sollen gleichzeitig entladen werden. Die Bodenorganisation ist diesem Ansturm nicht gewachsen. Wieder verstreicht kostbare Zeit.

Von Anfang an bittet das VIII. Fliegerkorps die 6. Armee, die Flugbasis im

Kessel weiter auszubauen. Generalleutnant Fiebig und sein Quartiermeister, Major i. G. Stollberger, dringen bei ihrem Besuch am 11. Dezember persönlich darauf, daß neben Pitomnik weitere Landeplätze hergerichtet werden. Vor allem der Platz Gumrak, der zentral neben dem Gefechtsstand der Armee liegt. Aber Generaloberst Paulus lehnt ab. Hat die Armee schon Mitte Dezember nicht mehr die Kräfte, um die Bombenkrater einzuebnen und eine Landebahn glattwalzen zu lassen?

Paulus lehnt auch den Vorschlag Fiebigs ab, einem Fliegergeneral die verantwortliche Führung der Luftversorgung im Kessel zu überlassen. Einem erfahrenen Fachmann, der für den Ausbau der Plätze, ihre Aufnahmebereitschaft und zugleich auch für die Technik und Taktik des ganzen Flugverkehrs verantwortlich wäre. Einziger Luftwaffengeneral im Kessel ist der Kommandeur der 9. Flakdivision, Generalmajor Pickert. Sein Ia, Oberstleutnant i. G. Heitzmann, und der Kommandeur des Flakregiments 104, Oberst Rosenfeld, arbeiten unermüdlich am Aufbau der Bodenorganisation. Sie schützen Pitomnik durch starke Flak gegen die russischen Tiefflieger. Und sie organisieren den Flug- und Versorgungsbetrieb im Kessel. Doch was vermag der aufopferungsvolle Einsatz dieser Flakoffiziere? Haben sie genügend Gewicht, um bei der 6. Armee die ›fliegerischen Belange‹ zu vertreten? Haben sie die Erfahrung, um diese gewaltige Aufgabe – die schwierigste, die der Luftwaffe jemals gestellt worden ist – zu meistern?

Außerhalb des Kessels ringt der Oberquartiermeister der 6. Armee, Oberst i. G. Bader, um brauchbares Nachschubgut für die Eingeschlossenen. Aber auch er muß meist das nehmen, was er bekommt – und nicht das, was die Armee am dringendsten nötig hat. Wäßriges Roggenbrot wird eingeflogen, das bei dem knackenden Frost gefriert und vor Gebrauch wieder aufgetaut werden muß. Dabei lagern große Weizenmehl- und Buttervorräte bei Rostow. Aus unerfindlichen Gründen der Heeresverwaltung dürfen sie jedoch nicht angetastet werden. Kommißbrot und zu Eisklötzen gefrorenes Frischfleisch, dazu tonnenweise Gemüsekonserven, die ohnehin zu drei Vierteln aus Wasser bestehen – davon soll die 6. Armee leben können. Als hätte man noch nie etwas von Kraftnahrung gehört. Als gäbe es keinen Weg, die hochwertige Spezialverpflegung der Fallschirmjäger oder der U-Boot-Fahrer aus Deutschland heranzuschaffen. Statt dessen werden im Dezember Tausende von sperrigen ›Führerpaketen‹ mit Weihnachtsbäumen in den Kessel geflogen. Unnützer Ballast, der nur den knappen Transportraum blockiert.

Das sind die vielen kleinen Unzulänglichkeiten und Fehler, Mosaiksteinchen, die zusammengefaßt das Bild vom Untergang der 6. Armee ergeben. Die großen Linien dieses Bildes aber werden bestimmt von dem halsstarrigen Entschluß Hitlers, die Armee in Stalingrad festzuhalten, und von dem utopischen Verlangen an die Luftwaffe, Tag für Tag 250000 Mann allein aus der Luft zu versorgen und am Leben zu halten.

Am Vormittag des 9. Januar 1943 horchen die Soldaten in Pitomnik auf. Eine neue, besonders große Maschine fliegt den Platz an – eine Viermotorige.

Um 9.30 Uhr kurvt Oberfeldwebel Karl Wittmann mit seiner FW 200 ›Condor‹ ein und setzt zur Landung an. Das Fahrwerk berührt den Boden – in einer Wolke von aufstiebendem Schnee. Das ist Wittmanns Glück. Der Schnee kühlt die Reifen, die sonst unter dem Überdruck und der Reibung wahrscheinlich geplatzt wären. Denn die FW 200 – höchstzulässiges Ladegewicht 19 Tonnen – fliegt mit einer Überlast von etwa vier bis fünf Tonnen nach Stalingrad.

Wenige Minuten später fliegt Wittmanns Staffelkapitän, Oberleutnant Franz Schulte-Vogelheim, an. Auch er landet glatt. Dann kommen noch fünf FW 200. Der Einsatz dieser Viermotorigen zur Versorgung des Kessels läßt neue Hoffnung keimen: Wenn die Luftwaffe mit so großen Transportflugzeugen kommt, ist die Armee vielleicht doch noch nicht verloren?

Aber es sind nur 18 ›Condor‹-Maschinen, die aus dem KG 40 am Atlantik herausgezogen und Hals über Kopf an die Versorgungsfront vor Stalingrad geworfen werden. Sie bilden die Kampfgruppe z.b.V. 200 unter Führung des Majors Hans-Jürgen Willers. Ihr Absprungplatz ist Stalino, fast 500 Kilometer von Pitomnik entfernt.

Die ersten sieben Viermotorigen bringen am 9. Januar 4,5 Tonnen Kraftstoff, 9 Tonnen Munition und 22,5 Tonnen Verpflegung in den Kessel. Auf dem Rückflug nehmen sie 156 Verwundete mit. Schon am zweiten Tag gibt es jedoch die ersten Ausfälle: Oberleutnant Schulte-Vogelheim muß wegen Motorschadens umkehren. Leutnant Stoye bleibt in Pitomnik liegen. Oberfeldwebel Hartig landet trotz mehrerer Flaktreffer in Motor und Leitwerk. Oberfeldwebel Weyer erfüllt seinen Nachschubauftrag mit zerschossener Luftschraube. Oberfeldwebel Eugen Reck kommt heil in den Kessel, bleibt aber auf dem Rückflug zusammen mit 21 Verwundeten verschollen.

Der russische Winter trifft die Männer, die das milde Atlantikklima gewohnt sind, besonders hart. In Stalino ist nichts vorbereitet. Es gibt dort keine Halle. Die ohnehin sehr störanfälligen ›Condor‹-Maschinen müssen im Freien gewartet werden, bei 20 und 30 Grad unter Null. Die Schneehemden zum Abdecken der Motoren frieren und brechen wie Glas. Nicht einmal ein dürftiger Windschutz aus Brettern ist vorhanden. Die Männer unter Oberwerkmeister Glaser arbeiten im eisigen Schneesturm an den Flugzeugen. Der einzige Wärmewagen muß mehrmals Mechaniker abtauen, die mit dem Schraubenschlüssel in der Hand buchstäblich auf den Maschinen festgefroren sind.

Das sind die Einsatzbedingungen, unter denen die Luftwaffe den Nachschub für die angeblich von ihr ›verratene‹ 6. Armee fliegt. Tag für Tag, mit zusammengebissenen Zähnen. Mit dem Mut der Verzweiflung, der Unmögliches möglich machen will.

Sogar Großraumflugzeuge vom Typ Ju 290 setzt Major Willers zum Transport nach Stalingrad ein. Diese mächtigen ›Möbelwagen‹ schaffen auf einem

Flug zehn Tonnen Nachschub in den Kessel und nehmen dann rund 80 Verwundete mit zurück. Aber Willers hat nur zwei dieser Maschinen, und auch die nur für wenige Tage.

Die erste, die Ju 290 mit dem Kennzeichen BD + TX, wird von Flugkapitän Hänig am 10. Januar einmal mit Erfolg ein- und wieder ausgeflogen. Beim zweiten Versorgungseinsatz startet Hänig um 0.45 Uhr in der Nacht zum 13. Januar von Pitomnik zum Rückflug. 80 Verwundete sind an Bord. Sekunden nach dem Abheben bäumt sich die Ju plötzlich auf, steigt steil an, überschlägt sich und zerschellt auf dem Erdboden. Nur einer, der Unteroffizier Alfred Lutz, kommt wie durch ein Wunder mit dem Leben davon. Nach seiner Aussage müssen die Verwundeten durch die starke Startbeschleunigung nach hinten gerutscht sein. Die Maschine wurde dadurch so schwanzlastig, daß sie nicht mehr zu halten war.

Die zweite Ju 290 wird auf ihrem ersten Flug über Stalingrad von sowjetischen Lagg-3-Jägern angegriffen. Flugzeugführer Major Wiskrandt kann sich zwar dem Angriff entziehen, doch die Maschine hat so schwere Beschußschäden, daß er sie nach Deutschland in die Werft zurückfliegen muß.

Auch der verzweifelte Versuch, den lang erwarteten deutschen Fernbomber, die viermotorige He 177, für die Luftversorgung Stalingrads einzusetzen, schlägt fehl. Von mehr als 40 in der Wintererprobung in Saporoschje liegenden He 177 der I. Gruppe des Fernkampfgeschwaders 50 sind zunächst nur sieben einsatzbereit. Der Kommandeur, Major Scheede, führt sie selbst nach Stalingrad – und bleibt auf diesem ersten Flug vermißt.

Die Fernbomber eignen sich überhaupt nicht für Transporte. Sie können kaum mehr Nachschub schleppen als die viel kleineren He 111. Überdies haben sie keinen Platz für die Aufnahme von Verwundeten.

Nach Scheedes Tod fliegen die He 177 unter Führung von Hauptmann Heinrich Schlosser noch dreizehn Kampfeinsätze gegen die sowjetische Einschließungsfront. Ohne Feindeinwirkung stürzen dabei sieben Maschinen brennend ab. Der alte tödliche Fehler des ›fliegenden Feuerzeugs‹ tritt also auch hier vor Stalingrad auf. Von einem Großeinsatz der He 177 ist keine Rede mehr. Auch sie können der 6. Armee nicht helfen.

Nur die ›Condor‹-Maschinen der Kampfgruppe z. b. V. 200 schleppen weiter Munition, Treibstoff und Verpflegung in den Kessel. Sie fliegen bis zum letzten Tag. Bis zum bitteren Ende.

Am 10. Januar 1943 beginnen die Sowjets ihren lang erwarteten Großangriff. Die deutsche Kesselfront wird im Süden und Westen aufgerissen und weicht zurück. Am Morgen des 16. Januar geht der Flugplatz Pitomnik verloren. Infanteriefeuer peitscht über den Platz, als in letzter Minute noch sechs Stukas und sechs Me 109 starten.

Diese Jäger, Freiwillige aus den drei Gruppen des JG 3 ›Udet‹, sind seit Anfang Dezember als Platzschutzstaffel über Pitomnik geflogen. Ihrem uner-

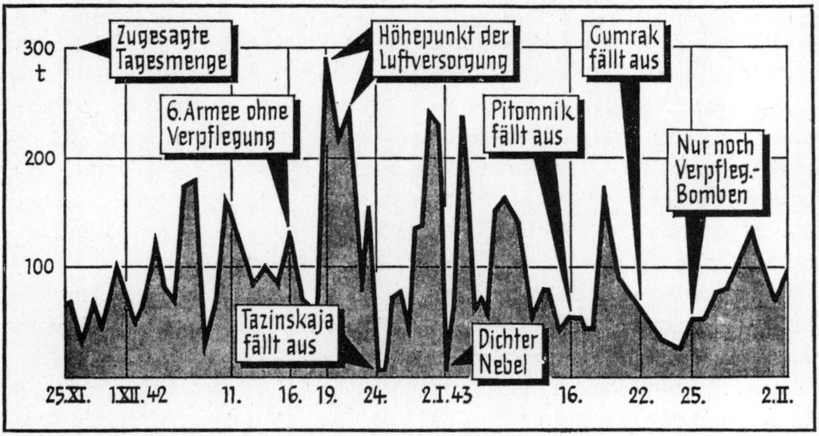

Täglich 600 Tonnen Nachschub durch die Luft verlangte die 6. Armee, um sich in Stalingrad halten zu können. 300 Tonnen sagte die Luftwaffenführung zu, doch nur rund 100 Tonnen konnten im Durchschnitt täglich eingeflogen werden. Das Schaubild zeigt die Versorgungskurve bis zum Ende der 6. Armee am 2. Februar 1943. Tiefpunkte der Luftversorgung traten durch allzu schlechtes Wetter und durch den Verlust wichtiger Flughäfen ein.

müdlichen Einsatz ist es zu danken, daß sowjetische Jäger und Schlachtflieger den deutschen Nachschub wochenlang nicht unterbinden konnten und daß es gelang, 42000 Verwundete aus dem Kessel herauszufliegen. 130 Abschüsse hat die von Hauptmann Germeroth geführte Staffel mit ihren oft nur zwei oder drei einsatzbereiten Maschinen erzielt. Erfolgreichster Jäger im Kessel von Stalingrad war Feldwebel Kurt Ebener mit 33 Luftsiegen gegen die gepanzerten Jl-2-Schlachtflugzeuge und gegen die der Me 109 jetzt fast ebenbürtigen Jäger Mig-3 und Lagg-3.

Am 16. Januar Alarmstart in Pitomnik! Befehlsgemäß wollen die sechs Messerschmitts in Gumrak landen. Aber der Platz ist nicht hergerichtet. Die erste Maschine überschlägt sich in einer Schneewehe. Die zweite rast in einen Bombentrichter. Die dritte, vierte und fünfte machen ebenfalls Bruch. Nur Oberleutnant Lukas, der letzte der sechs Jäger, dreht rechtzeitig ab und fliegt nach Westen. Es ist die einzige Me 109, die aus dem Kessel herauskommt.

Auf diesem Sturzacker von Gumrak sollen nun die Transportmaschinen landen!

Ebenfalls am 16. Januar müssen die Ju-52-Gruppen ihren Absprungplatz Ssalsk fluchtartig verlassen. Auch dort stehen die Russen wieder vor der Tür. Unter der Führung von Oberst Fritz Morzik, der die Versorgung von Demjansk im ersten Rußland-Winter meisterte, starten die Verbände nun von einem Maisfeld bei Swerewo, hart an der Grenze ihrer Reichweite. Binnen 24 Stunden büßt Morzik dort durch russische Bombenangriffe mehr als 50 Jus ein: Zwölf brennen völlig aus, und 40 werden beschädigt. So folgt ein Schlag dem anderen.

An diesem schwarzen 16. Januar trifft Feldmarschall Erhard Milch mit einer Sondervollmacht Hitlers im Befehlszug Richthofens in Taganrog ein. Er soll das Steuer noch einmal herumwerfen und die Luftvorsorgung Stalingrads neu organisieren. Doch was könnte Milch noch ändern? Auch vor seiner Ankunft hat die Luftwaffe alles Menschenmögliche zur Rettung der 6. Armee versucht – und ist gescheitert, weil die Aufgabe von Anfang an unerfüllbar war.

Bei Pitomnik bemächtigen sich die Russen der deutschen Platzbefeuerung und des Funkpeilers und errichten eine Scheinanlage. Mehrere Flugzeugführer lassen sich täuschen. Sie landen direkt beim Feind.

Auch in Gumrak wird die Lage immer schwieriger. Auf der von Brüchen und Bombenkratern flankierten schmalen Startbahn ist jede Landung ein halsbrecherisches Kunststück. In der Nacht zum 19. Januar bringt der junge Leutnant Hans Gilbert seine schwere viermotorige ›Condor‹ im Schneesturm und bei einer Sicht von kaum 50 Meter auf den Platz hinunter. Der Sporn der Maschine bricht. Aber Gilbert führt seinen Befehl aus: Er holt den General der Panzertruppen Hube aus dem Kessel heraus.

Ein offizieller Abgesandter des VIII. Fliegerkorps, Major Thiel, Kommandeur der im Stalingrad-Einsatz stehenden III./KG 27 ›Boelke‹, fliegt mit seiner He 111 ebenfalls am 19. Januar nach Gumrak ein. Er hat den Auftrag, die Beschaffenheit des Behelfsflugplatzes festzustellen, der in den Funksprüchen der 6. Armee als ›tag- und nachtlandeklar‹ bezeichnet wird. Viele Transportmaschinen kehren indessen um oder werfen nur Versorgungsbomben ab, weil sie die Landung nicht wagen können. Thiels erschütternder Bericht spricht für sich:

»Der Platz ist aus 1500 bis 2000 Meter Höhe an gewalzter Startbahn, herumliegenden Brüchen und zahlreichen Bomben- und Artillerietreffern gut zu erkennen. Das Landetuch (Landekreuz) war mit Schnee überdeckt. Kurz nach dem Ausrollen meiner Maschine wurde der Platz bereits von zehn feindlichen Jägern mit Bordwaffen angegriffen. Jedoch wagten diese sich nicht unter 800 bis 1000 Meter wegen der dann einsetzenden leichten Flakabwehr. Gleichzeitig lag auf dem Platz Artilleriestreufeuer. Ich hatte die Motoren gerade abgestellt, da konzentrierte sich das Feuer auf mein Flugzeug in Form eines regelrechten Schulschießens. Der Feind konnte mit schwerer und mittlerer Artillerie, deren Abschüsse aus offener Feuerstellung man zum Teil aus Richtung Südwest erkennen konnte, den ganzen Platz bestreichen...

Der Platz ist vom fliegertechnischen Standpunkt aus gesehen taglandeklar; nachtlandeklar nur für gute, erfahrene Besatzungen... Im ganzen liegen dreizehn Bruchflugzeuge auf dem Platz. Breite der Landebahn infolge der Brüche nur etwa 80 Meter. Für Nachtflug besonders hinderlich eine Me 109 am Ende der Startbahn, die bei überladenem Flugzeug sehr gefährlich werden kann. Räumen dieses Hindernisses wurde sofort bei Oberst Rosenfeld beantragt. Auf dem Platz verstreut zahlreiche (nicht geborgene) Verpflegungsbomben, zum Teil schon halb verschneit...

Als ich (von der Meldung bei Generaloberst Paulus) zu meinem Flugzeug zurückkehrte, war es durch Artillerietreffer schwer beschädigt, der Bordmechaniker war gefallen. Ein zweites Flugzeug meiner Kette stand ebenfalls schwer beschädigt unklar außerhalb der Landebahn. Obwohl ich etwa um 11 Uhr gelandet war, war ein Entladekommando bis 20 Uhr nicht eingetroffen. Mein Flugzeug war weder entladen noch enttankt, obwohl der Kraftstoff doch so dringend benötigt wurde. Als Grund wurde das schwere Artilleriefeuer angegeben. Um 15 Uhr begannen russische Störflieger (U-2) in Schwärmen zu drei bis vier Flugzeugen den Platz zu überwachen. Ich habe mich vom Start aus überzeugt, wie der Landebetrieb gesteuert wurde. Es war nicht möglich, bis 22 Uhr auch nur ein Flugzeug hereinzuholen... Der Leuchtpfad blendete bei Annäherung eines deutschen Flugzeuges zwar mit sieben Lampen auf und bot ein weithin sichtbares Ziel. Im selben Moment fielen sofort Bomben der russischen Störflieger. Ein landendes und ausrollendes Flugzeug wäre mit Bomben eingedeckt worden... So wurde deutschen Flugzeugen nur durch kurzes Aufblenden der Platz gezeigt, um wenigstens den Abwurf von Verpflegungsbomben sicherzustellen...«

Auf dem Gefechtsstand der 6. Armee, wo Thiel die zahlreichen unüberwindlichen Schwierigkeiten und Hindernisse der Luftversorgung zur Sprache bringen soll, schlägt ihm nur Ablehnung, Bitterkeit und Verzweiflung entgegen.

»Wenn nicht gelandet wird«, sagt Generaloberst Paulus, »bedeutet dies den Tod der Armee. Jede Maschine, die landet, rettet 1000 Menschen das Leben. Der Abwurf nützt uns gar nichts. Viele Bomben werden nicht gefunden, die Leute sind zu schwach, um sie auf dem Rollfeld zu suchen, wir haben keinen Sprit, um sie abzuholen. Ich kann keine Linie mehr sechs Kilometer zurücknehmen, da die Leute vor Entkräftung umfallen. Heute ist der vierte Tag, an dem die Leute nichts mehr zu essen bekommen haben. Schwere Waffen können nicht zurückgebracht werden, weil kein Sprit vorhanden ist. Sie gehen verloren. Die letzten Pferde sind aufgegessen. Können Sie sich vorstellen, daß sich Soldaten auf einen alten Pferdekadaver stürzen, den Kopf aufschlagen und das Gehirn roh verschlingen?«

Dieser letzte Satz, berichtet Major Thiel, könne auch von einem der anderen anwesenden Herren, von General v. Seydlitz, Generalmajor Schmidt, Oberst Elchlepp, Oberst Rosenfeld oder Oberleutnant Kolbenschlag stammen. »Es wurden von allen Seiten Einwürfe gemacht.«

Erbittert fährt Paulus fort: »Was soll ich als Oberbefehlshaber einer Armee sagen, wenn der einfache Mann zu mir kommt und bettelt: Herr Generaloberst, ein Stückchen Brot? Warum hat denn die Luftwaffe versprochen, daß die Versorgung durchgeführt werden kann? Wer ist denn der verantwortliche Mann, der die Möglichkeit aussprach? Wenn man mir das gesagt hätte, daß es nicht möglich ist, ich hätte der Luftwaffe keinen Vorwurf gemacht, denn dann hätte ich mich durchschlagen können. Damals, als der Einbruch erfolgte, war ich noch stark genug, um den Durchbruch zu erzwingen, heute ist es zu spät.«

Hat der Oberbefehlshaber vergessen, daß es sein eigener Entschluß war, in den ›Igel‹ zu gehen? Hat er vergessen, daß alle Frontbefehlshaber der Luftwaffe ihn damals beschworen haben, bei diesem Entschluß nicht auf die Möglichkeit einer Luftversorgung für 250000 Mann im russischen Winter zu vertrauen? Weiß er nicht mehr, daß es der allseits gepriesene ›Führer‹ war, der die 6. Armee entgegen seinem, Paulus', dringenden Ersuchen um die Genehmigung des Ausbruchs in Stalingrad festband? Daß Hitler die 6. Armee der Vernichtung preisgab, weil ihm dieses Opfer in sein strategisches Gesamtkonzept paßte?

Paulus: »Der Führer hat mir in die Hand versprochen, er und das ganze deutsche Volk fühlten sich für die Armee verantwortlich. Und jetzt diese fürchterliche Tragödie der deutschen Kriegsgeschichte, weil die Luftwaffe versagt hat!«

Generalmajor Schmidt, der Chef des Stabes, spricht von Verrat und Verbrechen. Schmidt: »Diese herrliche 6. Armee muß so vor die Hunde gehen!«

Und Paulus: »Wir sprechen bereits aus einer anderen Welt zu Ihnen, denn wir sind tot. Von uns bleibt nichts anderes übrig, als was die Chronik noch über uns schreibt. Haben wir den Trost, daß es zu irgend etwas nütze gewesen ist.«

Dieses Gewitter von angestautem Zorn und lodernder Verzweiflung entlädt sich also über einem Major und Gruppenkommandeur der Luftwaffe, der mit seinen Männern Tag und Nacht nichts anderes als seine Pflicht getan und alles versucht hat, Unmögliches möglich zu machen. Erschüttert verläßt Thiel den Gefechtsstand der toten Armee. Sachlich führt er in seinem Bericht die Vorwürfe und Ausbrüche der Generale auf deren furchtbare Nervenanspannung zurück.

Nach Thiels Rückkehr aus dem Kessel versuchen die Transportverbände noch einmal das Äußerste, um weitere Verpflegung, Munition und Treibstoff nach Stalingrad einzufliegen. Noch in der Nacht zum 22. Januar landen 21 He 111 und vier Ju 52 vollbeladen in Gumrak. Dann wird auch dieser Platz von den Sowjets überrannt.

»Welche Hilfe Sie auch hierherbringen, es ist zu spät, wir sind doch verloren«, hatte Generaloberst Paulus wenige Tage vorher in Gumrak auch zu Major Maess, dem Kommandeur der I./KG z.b.V. 1, gesagt. Auf den Hinweis von Maess, daß selbst die Absprungplätze der Transportflieger westlich des Don unter Feinddruck stünden, hatte Paulus bitter entgegnet:

»Tote interessieren sich nicht mehr für Kriegsgeschichte.«

Nach dem Fall Gumraks können die Besatzungen nur noch Versorgungsbomben über Stalingrad abwerfen. Die Transportleistung sinkt weiter ab. Viele dieser ›Bomben‹ gehen in den Ruinen der Stadt verloren. Oft haben die Soldaten nicht mehr die Kraft, die abgeworfenen Versorgungsbehälter zu bergen. Immer häufiger fallen Brot und Munition dem Gegner in die Hand.

Am 2. Februar 1943 kommt der letzte Funkspruch vom XI. Armeekorps im Nordkessel: »... haben im schwersten Kampf bis zum letzten Mann unsere Pflicht getan...« Dann reißt jede Verbindung ab.

Am Abend sind nochmals zwei Wellen He 111 mit Versorgungsbomben über der Stadt. Sosehr sie auch suchen: Unten rührt sich nichts mehr. Der Kampf ist vorüber.

Wie sehr sich die Luftwaffe bis zum äußersten einsetzte, beweisen die hohen Verlustziffern: Vom 24. November 1942 bis zum 31. Januar 1943 gingen bei der Versorgung Stalingrads 266 Ju 52, 165 He 111, 42 Ju 86, neun FW 200, fünf He 177 und eine Ju 290 verloren. Das sind 488 Maschinen. Oder fünf Geschwader. Mehr als ein ganzes Fliegerkorps!

Die deutsche Luftwaffe hat sich von diesem Aderlaß nie wieder erholt.

30. Unternehmen ›Zitadelle‹

Fünf Monate später. Nach dem Verlust der 6. Armee bei Stalingrad mit ihren 19 Divisionen hat das deutsche Ostheer weitere Rückschläge hinnehmen müssen. Das in der Sommeroffensive 1942 gewonnene, bis zum Kaukasus reichende Gebiet ist von den Russen in erbitterten Winterschlachten zurückerobert worden. Überall hat die deutsche Luftwaffe, so gut sie es in Eis und Schnee vermochte, dem Heer in schwierigen, oft verzweifelten Situationen beigestanden: bei der Versorgung des Kuban-Brückenkopfes, in den Abwehrkämpfen am Donez, an der Mius-Front, um Charkow, Kursk und Orel.

Seit April steht die Front. Die Winterkämpfe hatten zur Folge, daß sie in zwei deutlich ausgeprägten Buchten verläuft: Dem nach Osten ausgedehnten deutschen Orelbogen schließt sich der weit nach Westen vorspringende Kursker Bogen der Sowjets an. Generalstäbler, die diesen Frontverlauf auf der Karte sehen, denken unwillkürlich an eine Doppelzange: Die Deutschen werden versuchen, durch einen Zangengriff von Norden und Süden den Kursker Bogen abzuschneiden und alle darin stehenden sowjetischen Kräfte einzukesseln – und die Sowjets werden zu einer ähnlichen Operation gegen die deutschen Armeen im Orelbogen verlockt.

Inzwischen bereiten sich beide Seiten mit aller Energie auf diese gewaltige Doppelschlacht, die größte des Rußlandkrieges, vor. Auf deutscher Seite trägt das Unternehmen mit dem Deckwort ›Zitadelle‹ alle Hoffnungen, der übermächtig werdenden Roten Armee mit einer Kesselschlacht nach dem Vorbild des Sommers 1941 endlich doch die entscheidende Niederlage beizubringen. Nach Meinung der Generale zögert Hitler jedoch viel zu lange mit dem Angriffstermin. Der ganze Juni 1943 verstreicht ungenutzt. Die deutschen Angriffsdivisionen stehen Gewehr bei Fuß, die Russen haben Zeit, ihre eigenen Vorbereitungen zu vollenden. Auf keiner Seite besteht der geringste Zweifel über die Absichten des Gegners.

Da endlich, am 1. Juli, ruft Hitler die Oberbefehlshaber und Kommandierenden Generale nahe der ›Wolfsschanze‹ bei Rastenburg zusammen und teilt ihnen den endgültigen Termin mit: In vier Tagen wird ›Zitadelle‹ beginnen! Die Erfahrung, führt Hitler aus, habe gezeigt, daß es für ein Heer nichts Schlimmeres gebe, als tatenlos herumzustehen. Die Gefahr bestehe darin, daß der Russe seinen erwarteten Angriff im nördlichen Orelbogen ansetzen könne, wenn die eigenen Angriffsdivisionen gerade mit aller Kraft nach Südwesten stießen. Der Russe könne uns also in den Rücken fallen. Sollte dieser Fall eintreten, so beabsichtige er, auch das letzte deutsche Flugzeug in die Schlacht zu werfen, um diese tödliche Gefahr zu bannen.

Tatsächlich zieht die Luftwaffe viele Verbände von anderen Frontabschnitten ab, holt Reserven aus der Heimat heran und wirft alles, was sie für diesen letzten großen Schwerpunkt aufbieten kann, in die Schlacht:

Das VIII. Fliegerkorps, seit dem 18. Mai 1943 von Generalmajor Hans Seidemann geführt, unterstützt mit rund 1000 Bombern, Jägern, Schlacht- und Panzerjagdflugzeugen den von Süden aus dem Raum Bjelgorod vorstoßenden Zangenarm der 4. Panzerarmee des Generalobersten Hoth.

Die im Raum Orel liegende 1. Fliegerdivision unter Generalmajor Paul Deichmann greift mit zunächst 700 einsatzbereiten Flugzeugen bei dem von der 9. Armee des Generalobersten Model gebildeten nördlichen Stoßkeil an.

›Zitadelle‹ beginnt am 5. Juli 1943 um 3.30 Uhr. Auf die Minute genau sollen die 1700 deutschen Bomber, Stukas, Jagd- und Schlachtflugzeuge über der Front sein und die Offensive mit einem Bombenschlag gegen die feindlichen Flugplätze, aber auch gegen Bunker, Gräben und Artilleriestellungen des tiefgestaffelten sowjetischen Verteidigungssystems eröffnen.

Auf dem Gefechtsstand des VIII. Fliegerkorps in Mikojanowka, etwa 30 Kilometer hinter der Front bei Bjelgorod, herrscht in der frühen Morgenstunde fieberhafte Spannung. Alle Befehle sind gegeben. Auf den bis zur letzten Ecke belegten fünf Flugplätzen bei Charkow stehen die Verbände startbereit. Der Einsatzbefehl sieht vor, daß zuerst die Kampfgeschwader starten, sich über den Plätzen sammeln und auf den in zweiter Welle gestarteten Jagdschutz warten, um dann gemeinsam an die Front zu fliegen. Diesmal macht das Wetter keinen Strich durch die Rechnung. Ein klarer Sommertag zieht herauf. Niemand auf deutscher Seite hegt die Illusion, der Angriff werde vom Feind womöglich nicht erwartet. Die Hoffnungen richten sich darauf, daß wenigstens die ›taktische Überraschung‹ gelingen möge, das heißt, daß der Russe über die genaue Angriffszeit und den Angriffsort im unklaren sei.

Plötzlich aber treffen alarmierende Meldungen bei General Seidemann in Mikojanowka ein. Sie kommen vom Flugmeldedienst. Horchfunker stellen bei den sowjetischen Fliegerregimentern ein sprunghaftes Ansteigen des Funkverkehrs fest. Das kann nur den Start größerer Verbände bedeuten. Bald darauf melden die deutschen ›Freya‹-Funkmeßgeräte bei Charkow anfliegende Geschwader von mehreren hundert Flugzeugen!

Damit hat niemand gerechnet: Die Russen kennen den Tag und die Stunde des deutschen Angriffsbeginns! Sie haben eines der bestgehüteten Geheimnisse der Deutschen erfahren. Und nun kommen sie dem deutschen Angriffsschlag zuvor. Ehe ein einziger Bomber des VIII. Fliegerkorps gestartet ist, stürmen sie mit einer ganzen Luftarmee zum Angriff auf die überfüllten Charkower Flugplätze heran!

Eine Katastrophe bahnt sich an. Wenn die Luftwaffe auf ihren Einsatzhäfen, unbeweglich am Boden oder in der hilflosen Lage, in der sich startende Flugzeuge immer befinden, von dem russischen Bombenangriff voll getroffen wird; wenn also die Sowjets den ihnen zugedachten Schlag Minuten vorher selber austeilen – dann ist das Unternehmen ›Zitadelle‹, ist diese äußerste deutsche Kraftanstrengung, um das Kriegsglück im Osten noch einmal zu wenden, bereits in diesem Augenblick gescheitert. Denn ohne stärkste Luftunterstützung in jeder Stunde der Schlacht kann es nicht gelingen.

In diesem Augenblick höchster Gefahr beweisen die deutschen Jäger, daß ihnen Alarmstarts in Fleisch und Blut übergegangen sind. Kaum trifft die Meldung von der anfliegenden sowjetischen Armada auf den Feldflugplätzen bei Mikojanowka ein, da jagen die Staffeln des JG 52 schon über die Rollfelder und ziehen den Angreifern im Steigflug entgegen.

Auf den Charkower Flugplätzen wird die Startfolge von einer Minute zur anderen umgestoßen. Nicht die Bomber, die schon mit dröhnenden Motoren am Start stehen, sondern die Jäger des JG 3 ›Udet‹ schieben sich durch die Lücken, rollen kreuz und quer über die Plätze und heben sich als erste in die Luft.

General Seidemann und der ebenfalls anwesende Generalstabschef der Luftwaffe, Jeschonnek, erleben bange Minuten, als die sowjetischen Geschwader dicht geschlossen über den Gefechtsstand in Richtung Charkow hinwegziehen. Gleich darauf sind die ersten deutschen Jäger am Feind. Und dann entwickelt sich eine der größten Massen-Luftschlachten des Krieges: Zwei deutsche Jagdgeschwader gegen rund 400 bis 500 angreifende sowjetische Bomber, Jäger und Schlachtflugzeuge!

Seidemann: »Es war ein ganz selten gesehenes Schauspiel. Überall brennende und abstürzende Maschinen! Binnen kürzester Frist wurden rund 120 Sowjets abgeschossen. Die eigenen Verluste waren so gering, daß man von einem totalen Luftsieg sprechen konnte; denn die Folge dieses Vernichtungsschlages war die deutsche Luftüberlegenheit im ganzen Kampfgebiet des VIII. Fliegerkorps.«

Die sowjetischen Verbände sind bereits stark gelichtet, als sie über ihren Zielen, den Flugplätzen von Charkow, eintreffen. Sofort einsetzende starke Flakabwehr zersplittert sie noch mehr. Und die Messerschmitts sitzen ihren Gegnern, ohne Rücksicht auf das Flakfeuer, weiter im Nacken. So kommt es, daß der ebenso stur wie tapfer weitergeflogene Angriff der Russen wirkungslos verpufft. Die Bomben fallen weit verstreut. Die deutschen Kampfverbände, vor kurzem noch von Vernichtung bedroht, starten fast unbeeinträchtigt, genau zur befohlenen Zeit.

Der in seiner Anlage äußerst kühne und geschickte sowjetische Überraschungsangriff ist um wenige Minuten fehlgeschlagen – um wenige Minuten, die die alarmierten deutschen Jäger den sowjetischen Bombern zuvorgekommen sind. So dicht liegen oft Sieg und Niederlage beieinander.

Tiefe Einbrüche in die russische Verteidigungsfront im Norden und vor allem im Süden des Kursker Bogens kennzeichnen die ersten Tage des Unternehmens ›Zitadelle‹. Zum letzten Male im Kriege schlagen die Stukas, wie zur Zeit der Blitzfeldzüge, den Panzern Breschen in die Abwehrriegel des Gegners. Bis zu sechsmal am Tage setzen sie und die Schlachtflieger zu immer neuen Angriffsflügen an.

»Wir wußten, daß die Wirkung der ersten Luftangriffe für den Einbruch der Panzerverbände in die feindlichen Linien von ausschlaggebender Bedeutung war«, berichtet Hauptmann Friedrich Lang, der im Stukageschwader 1 des Oberstleutnants Pressler die III. Gruppe führt. Das Geschwader startet unter dem Befehl der 1. Fliegerdivision von Orel aus gegen die kilometertiefe sowjetische Riegelstellung westlich Maloarchangelsk. Irgendwo muß ja eine Lücke aufreißen, durch die Models Panzerdivisionen hindurchstoßen und ihre taktische Überlegenheit in der Bewegungsschlacht ausspielen können. Aber die Russen verteidigen sich zäh, und verfügen, ganz im Gegensatz zu den Deutschen, über ausreichende Reserven.

Bei der südlichen Angriffszange stoßen die Spitzendivisionen der 4. Panzerarmee in dreitägigen schweren Kämpfen etwa 40 Kilometer weit nach Norden vor. Ihre tiefe rechte Flanke bleibt dabei nahezu ungedeckt. Den dort als Flankenschutz vorgehenden Divisionen der Armeeabteilung Kempf gelingt es nicht, ein ausgedehntes Waldgebiet nördlich Bjelgorod vom Feind zu säubern. Die Luftwaffe fliegt ständig Aufklärung über diesen Wäldern, die offensichtlich eine große Gefahr für die Flanke des deutschen Angriffskeils bergen.

Am frühen Morgen des 8. Juli, des vierten Angriffstages, streicht eine Kette deutscher Panzerschlachtflugzeuge vom Typ Henschel Hs 129-B2 tief über diese Wälder. Der Kommandeur der bei Mikojanowka in Bereitschaft liegenden Panzerschlachtgruppe, Hauptmann Bruno Meyer, schaut mißtrauisch auf das unübersichtliche Gelände hinunter.

Plötzlich hält er den Atem an: Vor ihm, im freien Gelände nach Westen hin, fahren Panzer. Nicht ein paar einzelne. Sondern zwanzig, vierzig oder noch mehr. Eine ganze Brigade muß das sein. Und vor den Panzern marschiert Infanterie in dichtgeschlossenen Marschblocks, als handele es sich um eine Schlachtformation des Mittelalters.

Kein Zweifel: Das ist der erwartete Flankenstoß der Russen. Nun kommt es auf jede Minute an. Meyer ist schon auf dem Rückflug, aber das dauert ihm zu lange. Über Funk ruft er die Bodenstelle an und alarmiert seine Männer in Mikojanowka, die IV. (Panzerjäger) Gruppe des Schlachtgeschwaders 9. Die Gruppe ist erst vor wenigen Tagen eigens für das Unternehmen ›Zitadelle‹ von der Waffenerprobung in Deutschland in den Bereich des VIII. Fliegerkorps verlegt worden. Sie hat vier Staffeln – jede mit sechzehn Hs-129-Panzerjägern.

Meyer befiehlt staffelweisen Einsatz. Es dauert keine Viertelstunde, da ist die erste Staffel im Anflug. Der Kommandeur kann seine Piloten einweisen. Die Sowjetpanzer haben den schützenden Waldgürtel verlassen und stoßen nach Westen vor. Hier bietet ihnen das Gelände keinen Schutz.

Ganz tief greifen die Henschel an. Von hinten und aus der Flanke. Ihre 3-cm-Kanonen bellen los. Treffer! Vorn explodieren die ersten Panzer. Kurve. Neuer Zielanflug. Und wieder vier, fünf Schuß aus der Kanone.

Unruhe kennzeichnet die Manöver der Russen. Diese Angriffsart aus der Luft ist neu. Die deutschen Maschinen werden als Schlachtflieger erkannt, die sonst meist Splitterbomben werfen oder Tiefangriffe mit MG-Feuer fliegen. Damit können sie Panzern nur mit Zufallstreffern, etwa in die Antriebsketten oder in die Lüftungsschlitze, gefährlich werden. Auch die üblichen 2-cm-Geschosse aus Flugzeugkanonen prallen meist wirkungslos an den Panzern ab.

Hier aber, am Morgen des 8. Juli 1943, westlich Bjelgorod, schlagen die Geschosse der Henschel durch. Wenige Minuten sind erst vergangen, und schon liegt ein halbes Dutzend sowjetischer Panzer abgeschossen und brennend auf dem Schlachtfeld.

Mit einer einzigen Lehrgruppe, der II./LG 2, bestritten die deutschen Schlachtflieger die Feldzüge gegen Polen, Frankreich und die Luftschlacht um England. Daran änderte sich auch zu Beginn des Rußlandkrieges nichts. Die II./LG 2 blieb lange Zeit die einzige Schlachtgruppe, und immer noch flog sie neben der Me 109 den alten Doppeldecker Henschel 123.

Im ersten Rußlandsommer 1941 ereignete sich bei Witebsk eine unglaubliche, aber vom damaligen Chef der Luftflotte 2, Generalfeldmarschall Kesselring, persönlich bestätigte Geschichte. Einige Hs 123 sichteten auf dem Rückflug von einem Einsatz unter sich etwa 50 sowjetische Panzer, die mit deutschen Kampfwagen im Gefecht lagen. Bruno Meyer – zwei Jahre später Führer der Panzerschlachtflieger, damals Oberleutnant und Staffelkapitän der Hs 123-Schlächter – kurvte sofort ein und jagte, seine Staffel hinter sich, im Tiefangriff auf die Feindpanzer los. Aber womit sollte er sie angreifen? Bomben hatte er nicht mehr.

Das Feuer aus den beiden durch den Propellerkreis schießenden MG war nutzlos. Höchstens die oft erprobte ›moralische Wirkung‹ des Tiefanfluges konnte helfen. Wenn der Motor mit Vollgas lief, knatterte die Latte wie das Trommelfeuer einer ganzen Batterie.

Und wirklich: Der Gegner stockte. Die Panzer wandten sich zur Flucht! Die Russen waren so kopflos, daß sie sich von den immer wieder hinabstoßenden ›Schlächtern‹ in ein Sumpfgebiet treiben ließen. Panzer auf Panzer sackte ein, kam nicht mehr frei und mußte von der eigenen Besatzung gesprengt werden. Nach der Besichtigung dieses außergewöhnlichen Schlachtfeldes bestätigte Kesselring der Hs-123-Staffel 47 vernichtete T-34- und KW-1-Panzer.

Trotz des einmaligen Erfolges wurde die Wirkungsmöglichkeit der leichten Schlachtflieger gegen die gepanzerten Kolosse freilich nicht überschätzt. Im Frühjahr 1942 ging aus der II./LG 2 endlich das erste Schlachtgeschwader, das SG 1, hervor. Bei den Kämpfen auf der Krim 1942 setzte die II./SG 1 zum erstenmal die neuen Maschinen vom Typ Henschel 129 ein, deren Kabine, ähnlich wie bei der russischen Il-2, stark gepanzert war. Für Tiefangriffe waren diese speziellen Schlachtflugzeuge also wesentlich besser geschützt und mit ihren beiden 2-cm-MG 151 neben leichteren MG auch besser ausgerüstet. Gegen Panzer konnten sie jedoch nach wie vor nur durch Zufallstreffer Erfolg haben. Und Panzer traten bei den Sowjets in immer größerer Zahl auf.

Auch Stukas waren gegen Panzer nur erfolgreich, wenn sie Volltreffer erzielten, und das geschah in den seltensten Fällen. Mit Bomben war dem Gegner also schwer beizukommen. Schon 1941 verlangten daher die Nahkampfflieger, die die Feindpanzer trotz aller Angriffe immer wieder entkommen sahen, nach panzerbrechenden Bordwaffen. Erst ein ganzes Jahr später fand diese Forderung in der Heimat Gehör.

In der Luftwaffen-Erprobungsstelle Rechlin wurde unter dem Rumpf der Henschel 129 eine 3-cm-Kanone vom Typ MK 101 eingebaut. Übungseinsätze zeigten, daß die Panzergranatpatronen der MK 101 mit ihrem Hartkern aus Wolfram 80 Millimeter starke Panzerplatten glatt durchschlugen. Endlich war der Luft-Panzerjäger geboren!

Die ersten Erfolge stellten sich bereits gegen durchgebrochene sowjetische Panzer im Laufe der Schlacht um Charkow im Mai 1942 ein. Damals rüsteten fliegende technische Kommandos aus Rechlin einige Dutzend Hs 129 auf den Frontflugplätzen zu ›Kanonenmaschinen‹ um. Bei der Sommeroffensive 1942 boten sich den Panzerjägern freilich nicht genügend Ziele. Da die Henschel aber dringend als Schlachtflugzeug gebraucht wurde – die Produktion kam nicht über 20 bis 30 Maschinen monatlich hinaus – baute man die schwere Kanone wieder aus. Und im Winter 1942/43, als die sowjetischen Panzer wieder an vielen Stellen die deutsche Front durchbrachen, stellte es sich heraus, daß die Kanone mit den Panzergranatpatronen bei großer Kälte meist versagte. Dennoch war das nur aus zwei Staffeln bestehende Panzerjagdkommando des Oberstleutnants Otto Weiß, als ›Feuerwehr‹ an Einbruchstellen eingesetzt, oft Retter in höchster Not.

Anfang 1943 ging man in Deutschland endlich an die Vervollkommnung dieser bewährten Waffe. So konnte im Juli zum ersten Male eine geschlossene Panzerschlachtgruppe, eben jene IV. (Pz)/SG 9 unter Hauptmann Bruno Meyer, in die bisher größte Panzerschlacht der Geschichte, das Unternehmen ›Zitadelle‹, eingreifen.

Von nun an gewann die Schlachtfliegerei an der Ostfront sehr an Bedeutung. Das kam schon dadurch zum Ausdruck, daß die Stukageschwader, kurz nach ›Zitadelle‹ und dem anschließenden Rückzug aus dem Orelbogen, in Schlachtgeschwader umbenannt wurden. Bei diesen Ju-87-Geschwadern bildeten sich nun ebenfalls Panzerjägerstaffeln. Hier hatte Oberleutnant Hans-Ulrich Rudel vom Stukageschwader 2 damit begonnen, Panzer aus der Luft abzuschießen. Seine ›Kanonenmaschine‹ besaß zwei unter den Tragflächen eingebaute 3,7-cm-Maschinenkanonen ›Flak 38‹. Nach Rudels Erfahrungen baute Junkers diese Maschine als Ju 87 G serienmäßig.

Der Stuka war zum Panzerjäger geworden!

Freilich konnte niemand die Erfolge Rudels mit diesem Flugzeug erreichen. Er allein schoß in den letzten zweieinhalb Kriegsjahren 519 Sowjetpanzer aus der Luft ab – eine unvorstellbare Zahl! Rudel erhielt als einziger deutscher Soldat am 1. Januar 1945 eine eigens für ihn geschaffene höchste Tapferkeitsauszeichnung, das Goldene Eichenlaub zum Ritterkreuz.

Im Herbst 1943 verfügte der erste Waffengeneral der Schlachtflieger, der ehemalige Kommodore des Stukageschwaders 2, Oberst Dr. Ernst Kupfer, bereits über fünf Schlachtgeschwader mit 14 Gruppen, die mit Ju 87, Hs 129 und FW 190 ausgerüstet waren. Ein Versuch, die ›Allround‹-Maschine der Luftwaffe, die Ju 88, durch den Einbau der 7,5-cm-Maschinenkanone ›Pak 40‹ zum Panzerjäger umzurüsten, schlug fehl. Mit dieser Kanone konnte die Ju 88 zwar stärkste Panzer mit einem einzigen Treffer vernichten, doch das Flugzeug wurde so schwerfällig und war ohnehin im Tiefangriff so beschußempfindlich, daß auf seinen Einsatz verzichtet werden mußte.

Die Russen erkannten die Panzerjäger aus der Luft bald als ihre schlimmsten Feinde. Sie halfen sich damit, ihre Panzer in der Bereitstellung geschickt zu tarnen, und sie führten beim Angriff von Mal zu Mal mehr Flak zum direkten Schutz der Panzer gegen die tödlichen Luftangriffe mit.

Der von der Not der Front diktierte Aufschwung der Schlachtflieger aber beweist, daß die deutsche Luftwaffe ihre Aufgabe mehr und mehr in der direkten Waffenhilfe für das schwer ringende Ostheer sehen mußte.

Am Anfang dieser Entwicklung steht der 8. Juli 1943, steht der Angriff der IV. (Pz)/SG 9 auf die sowjetische Panzerbrigade westlich Bjelgorod. Immer wieder greifen die Staffeln unter Major Matuschek, Oberleutnant Oswald, Oberleutnant Dornemann und Leutnant Orth an. Bald ist das Gelände übersät von abgeschossenen und brennenden Panzern. Die begleitende Infanterie wird gleichzeitig von der FW 190-Schlachtgruppe des Majors Druschel mit Splitterbomben auseinandergetrieben. Die Reste der Panzerbrigade wenden und flüchten in den Schutz der Wälder zurück.

Der Flankenstoß der Russen ist aufgefangen. Als die deutsche 4. Panzerarmee durch den Gefechtslärm auf die Bedrohung ihrer Flanke aufmerksam wird und beim VIII. Fliegerkorps dringend um Luftangriffe gegen die neue Feindgruppe bittet, weil ihre eigenen Kräfte im Angriff nach Norden gebunden sind, ist die Lage durch den sofortigen, selbständigen Einsatz der Schlachtflieger schon geklärt.

Doch das Operationsziel des Unternehmens ›Zitadelle‹, der Zangenangriff auf Kursk, wird nicht erreicht, weil die deutschen Armeen über keinerlei Reserven verfügen.

Als die Sowjets am 11. Juli, nur sechs Tage nach Beginn des deutschen Großangriffs, nördlich und östlich Orel zum befürchteten Gegenschlag antreten, müssen Heer und Luftwaffe ihre Verbände aus dem eigenen Angriff herausziehen, um die vom Gegner aufgerissenen Frontlücken zu stopfen.

Aus der Angriffsschlacht im Kursker Bogen wird die Abwehrschlacht im Orelbogen. Dort sind zwei deutsche Armeen, die 9. und die 2. Panzerarmee, unter dem gemeinsamen Oberbefehl des Generalobersten Walter Model, durch die neue Lage von der Einschließung bedroht. Unaufhaltsam rollen sowjetische Panzer durch ein großes Loch der Nordfront in den Rücken der deutschen Armeen.

Am 19. Juli blockiert eine sowjetische Panzerbrigade bei Chotynez bereits die Bahnlinie Brjansk–Orel und bedroht die südlich davon verlaufende Rollbahn. Damit ist der einzige Nachschubweg für beide Armeen in höchster Gefahr. Es ist eine ähnliche Situation wie diejenige, die vor acht Monaten am Don bei Kalatsch zur Einschließung der deutschen 6. Armee in Stalingrad geführt hat.

In diesem Augenblick schlägt die Luftwaffe zu. Mit Stukas, die von dem dicht neben dem Einbruchsraum gelegenen Karatschew aus starten. Mit Bombern, Jägern und Panzerschlachtfliegern. Fast alle kampfkräftigen Gruppen der Luftwaffe sind in den letzten Tagen bei der 1. Fliegerdivision konzentriert worden. Endlich ein Schwerpunkt an der entscheidenden Stelle!

Der Erfolg bleibt nicht aus. Vernichtende Schläge werfen die Sowjets zurück. Den ganzen Tag über jagen die Stukas des Oberstleutnants Dr. Kupfer und die Panzerschlachtflieger des Hauptmanns Meyer die einzeln nach Norden fliehenden sowjetischen Panzer.

In den nächsten Tagen kann die Einbruchsstelle auch am Boden abgeriegelt werden. Die Voraussetzung für die wenig später anlaufende Räumung des Orelbogens in der sogenannten ›Hagen-Bewegung‹ ist geschaffen.

In einem Dank-Fernschreiben betont Generaloberst Model, zum ersten Male sei es der Luftwaffe gelungen, einen feindlichen Panzereinbruch im Rücken von zwei Armeen allein im Angriff aus der Luft zu beseitigen.

Hier bei Karatschew, vom 19. bis 21. Juli 1943, hat die Luftwaffe entscheidend dazu beigetragen, ein zweites, in seinen Ausmaßen noch furchtbareres Stalingrad zu verhindern. Es war ihr letzter Großeinsatz. Von nun an verzettelte sie sich wieder über die ganze Ostfront. Und eine neue Aufgabe begann immer mehr Kräfte zu fordern: der Schutz der deutschen Heimat.

Verhängnis Rußland · Erfahrungen und Lehren

1. Nach dem Scheitern des 1941er Blitzkrieges in Rußland, bei dem die Luftwaffe nahezu ausschließlich zur mittelbaren und unmittelbaren Heeresunterstützung eingesetzt worden war, hätte nun der ›strategische Luftkrieg‹ gegen die russische Rüstungsindustrie Vorrang bekommen müssen. Das wäre um so notwendiger gewesen, als sich die steigende russische Produktion, vor allem an Panzern, Geschützen und Schlachtflugzeugen, an der nur schwachbesetzten deutschen Ostfront immer stärker auswirkte. Deutschland produzierte von 1941 bis zum Kriegsende etwa 25000 Panzer, die russische Produktion betrug im gleichen Zeitraum das Sechsfache.

2. In noch entscheidenderem Maße als bei der Luftschlacht um England fehlte der Luftwaffe für solche Angriffe mit strategischem Ziel der schwere, viermotorige Bomber. Die dafür vorgesehene He 177 wurde wegen der verfehlten Sturzflugforderung niemals einsatzbereit. Zusammengefaßte Angriffe gegen die Schlüsselpunkte der sowjetischen Rüstungsindustrie hätten aber auch durch Einsatz der vorhandenen Ju-88- und He-111-Geschwader, und sei es bis zur Grenze ihrer Reichweite, spürbare Erfolge erzielen können, wie einige wenige ›strategische‹ Angriffe im Frühjahr 1943 bewiesen. Statt dessen wurde die Luftwaffe immer wieder zersplittert direkt in der Front eingesetzt. So groß die Erfolge auf dem Schlachtfeld auch sein mochten, die sowjetische Rüstung glich alle Verluste leicht wieder aus. Der Gegner wurde von Jahr zu Jahr stärker.

3. Hitler begegnete der Schwäche des deutschen Heeres in den Winterschlachten nicht, wie ihm immer wieder geraten wurde, mit der Zurücknahme und Begradigung der Front, um Kräfte frei zu machen, sondern mit unerbittlichen Durchhaltebefehlen. Die Front wurde dadurch zerrissen, der Luftwaffe erwuchsen mit der Versorgung abgeschnittener Heeresverbände neue, schwere Aufgaben. Die gelungene Versorgung eines starken Armeekorps im Kessel von Demjansk hatte unheilvolle Folgen. Als die 6. Armee Ende November 1942 bei Stalingrad einge-

schlossen wurde, hielt die Oberste Führung auch ihre Versorgung durch die Luft für möglich.

4. Dennoch ist der Entschluß Hitlers, die 250000-Mann-Armee in Stalingrad festzuhalten und ihr den Ausbruch zu verbieten, unabhängig von der Frage erfolgt, ob die Luftversorgung möglich sei oder nicht. Die Frontbefehlshaber der Luftwaffe, mit Einschluß des Chefs der Luftflotte 4, v. Richthofen, haben mit allen ihnen zu Gebote stehenden Mitteln von Anfang an auf die Unmöglichkeit der befohlenen Luftversorgung hingewiesen. Hitler hat sich diesen Argumenten verschlossen und die 6. Armee bewußt geopfert. Das verzweifelte Ringen der Luftwaffe um Stalingrad, mit unzulänglichen Mitteln und im ständigen Kampf gegen Wetterunbilden und gegen den die Flugplätze direkt angreifenden Feind, stellt eines der tragischsten Kapitel der Kriegsgeschichte dar.

5. Die letzte große deutsche Angriffsoperation im Osten, das Unternehmen ›Zitadelle‹ im Juli 1943, sah auch die Luftwaffe noch einmal mit 1700 Bombern, Jägern und Schlachtflugzeugen an diesem Schwerpunkt im Kampf. Trotz zahlreicher Einzelerfolge – wie der Vernichtung ganzer sowjetischer Panzerbrigaden allein im Angriff aus der Luft – wurde das Operationsziel nicht erreicht. Der Feind war übermächtig geworden. Von nun an zwang die immer spürbarere Schwäche des Heeres die Luftwaffe erst recht, all ihre Flugzeuge über die ganze Front verteilt direkt auf dem Schlachtfeld einzusetzen – eine für Bomber verzweifelte und unmögliche Aufgabe.

Die Luftschlacht über Deutschland

11

31. Feurige Zeichen

Wer es jemals erlebt hat, wird es nie wieder vergessen: den Pulk der ›fliegenden Festungen‹, den Anblick des Bomberstromes.

»Wir wurden vom Jägerleitoffizier der Stellung ›Eisbär‹ über der Zuidersee angesetzt und erreichten den feindlichen Bomberverband als letzte in 7000 Meter Höhe, 20 Kilometer westlich Texel«, berichtet der Bordfunker eines Zerstörers Me 110, Gefreiter Erich Handke. »Plözlich sahen wir die 60 Boeing ›Fortress II‹ vor uns auf einem Haufen! Ich muß gestehen, bei diesem Anblick bekam ich doch leichtes Fracksausen. Den Kameraden ging es ebenso. Wir kamen uns so klein und häßlich vor gegenüber diesen viermotorigen Festungen... Dann griffen wir von der Seite an, unser Rottenführer, Oberfeldwebel Grimm, vorneweg...«

Es sind vier Rotten, die sich nacheinander in den Luftkampf stürzen. Vier Rotten zu je zwei Maschinen. Also acht Messerschmitt Me 110 gegen 60 Boeing B-17. Oder sechzehn 20-mm-Kanonen und vierzig 7,9-mm-Maschinengewehre auf deutscher Seite gegen 720 überschwere Maschinengewehre (12,7 mm) bei den Amerikanern.

Man schreibt den 4. Februar 1943. Vor acht Tagen, am 27. Januar, haben die fliegenden Festungen der Amerikaner mit ihrem ersten schweren Tagesangriff auf Wilhelmshaven einen neuen Abschnitt des Luftkrieges gegen Deutschland eröffnet.

Das Bomberkommando der britischen Royal Air Force führt seine Schläge gegen die deutschen Städte zum besseren eigenen Schutz nur bei Nacht. Die 8. amerikanische Luftflotte hingegen, die im Laufe des Jahres 1942 auf englischem Boden eingetroffen war, hatte bisher nur Ziele in Frankreich angegriffen –

unter starkem Jagdschutz natürlich. Jetzt aber kommen die Bomber am hellichten Tage nach Deutschland. Jetzt dringen sie in Gebiete vor, in die ihnen ihre eigenen Jäger noch nicht zu folgen vermögen.

Die Engländer haben ihre Verbündeten vor diesem Schritt gewarnt. Sie kennen die Stärke der deutschen Jagdabwehr, die sie oft genug am eigenen Leibe erfahren haben. Doch die Amerikaner schlagen die Warnungen in den Wind. Sie vertrauen auf die Feuerkraft ihrer fliegenden Festungen, auf den Abwehrigel eines geschlossenen Pulks von Viermotorigen.

Der 27. Januar 1943 scheint ihnen recht zu geben. Die 55 Boeing Fortress, die ihre Bombenlast auf die Werftanlagen von Wilhelmshaven abladen, stoßen nur auf geringe Jagdabwehr, nur auf einige Staffeln Focke-Wulf FW 190 vom Jagdgeschwader 1 unter Oberstleutnant Dr. Erich Mix. Das ist alles, was die deutsche Reichsverteidigung an diesem Tage zum Schutz der Nordseeküste aufbieten kann. Es ist natürlich viel zuwenig, um den US-Bomberpulk zu sprengen.

Dennoch greifen die deutschen Jäger an. Sie überholen den feindlichen Verband, setzen sich weit vor ihn. Dann wenden sie und jagen ihm auf gleicher Höhe entgegen. Diese Erfahrung haben die beiden am Kanal liegenden Jagdgeschwader, JG 2 ›Richthofen‹ und JG 26 ›Schlageter‹, die sich schon seit Monaten mit den Viermotorigen herumschlagen, gemacht: Der ›klassische‹ Jagdangriff von hinten aus der Überhöhung, der von der Luftwaffenführung immer wieder gefordert wird, ist glatter Selbstmord. Aber von vorn sind die Bomber verwundbar.

Der Angriff dauert nur Sekunden. Die Gegner rasen mit einer Geschwindigkeit von zusammen fast 1000 Stundenkilometer aufeinander zu. Unheimlich schnell wächst der Bomber in das Reflexvisier des Jägers hinein. Aber noch ist er außerhalb der wirksamen Schußentfernung.

Dann, im Bruchteil einer Sekunde, muß der Jäger die Knöpfe drücken. Und muß auch schon hochziehen oder abschwingen, um den Bomber nicht zu rammen. Nur Jagdflieger mit einer sehr kurzen Schrecksekunde beherrschen diese Angriffsart; beim geringsten Zögern wären sie verloren.

An diesem 27. Januar 1943 kehren nur drei B-17 Fortress vom Angriff auf Wilhelmshaven nicht zurück. Das sind keine schweren Verluste. Die Amerikaner sehen ihre Einflugtaktik bestätigt. Sie zögern nicht, weiter anzugreifen. Weiter am Tage, mit geschlossenen Verbänden, und – im Gegensatz zu den Engländern – gezielt gegen militärische Anlagen und gegen die Schlüsselpunkte der Rüstungsindustrie.

Am 4. Februar, bei ihrem nächsten größeren Einflug, der sich wieder gegen die norddeutsche Küste richtet, stoßen sie auf stärkere deutsche Abwehr. Außer den Focke-Wulf-Jägern stürzen sich nun auch Messerschmitt-Zerstörer Me 110 auf die Viermotorigen. In Rotten zu zweit und Schwärmen zu viert greifen sie an.

»Ich berühre 50 Kuriere und mache Pauke-Pauke!« meldet Unteroffizier Scherer auf der Sprechwelle.

Pauke-Pauke für ›Angriff‹ – das ist die Sprache der Nachtjäger. Und tatsächlich, die Me 110 tragen alle das ›Geweih‹ der Funkmeßantennen am Rumpfbug: ihre Radaraugen, mit denen sie die Dunkelheit durchdringen können. Es sind Flugzeuge mit hochausgebildeten Spezialbesatzungen. Nacht für Nacht machen sie Jagd auf britische Bomber. Und nun werden sie auch noch am Tage in die Luftschlacht mit den Amerikanern geworfen.

Hauptmann Hans-Joachim Jabs, Staffelkapitän der 11./NJG 1, führt die vier Rotten der IV. Gruppe aus Leeuwarden. Der Gruppenkommandeur, Major Helmut Lent, einst ›Schützenkönig‹ in der Luftschlacht über der Deutschen Bucht und nun erfolgreichster deutscher Nachtjäger, hat für diese Tageseinsätze Startverbot.

Auch Jabs ist alter Zerstörerflieger aus dem ZG 76. Im Sommer 1940 hatte er sich mit den Spitfires über London herumgeschlagen, als es noch darum ging, deutsche Bomber beim Angriff auf England zu schützen. Danach waren die meisten Zerstörergruppen in die Nachtjagd übergeführt worden. Und nun geht es wieder einmal am Tage gegen den Feind. Der Kampf am Himmel über London liegt zweieinhalb Jahre zurück. Die Deutschen fliegen noch immer die alte Me 110. Beim Gegner aber ist die Entwicklung nicht stehengeblieben. Er kommt mit Viermotorigen. Mit fliegenden Festungen.

Hauptmann Jabs fliegt parallel zum Bomberpulk und sucht seine Chance. Diese amerikanischen B-17 haben im Gegensatz zu den britischen Bombern auch eine Bodenwanne mit zwei schweren MG. Nirgendwo ist ein toter Winkel, sie starren ringsum von Waffen. Der Angriff von unten – die Taktik, mit der sie die britischen Nachtbomber so erfolgreich bekämpfen – ist hier nicht ratsam. Plötzlich entdeckt Jabs eine Lücke in der geschlossenen Bomberformation und stößt zusammen mit seinem Rottenflieger hinein. Der Angriff kommt gerade rechtzeitig, um das wütende Abwehrfeuer der Amerikaner von der schon angeschlagenen Maschine des Unteroffiziers Scherer abzulenken.

Scherer muß abdrehen. Er und sein Bordfunker Mehner sind von Splittern verwundet.

Inzwischen jagt die Rotte Leutnant Vollkopf und Unteroffizier Naumann von vorn durch den Bomberpulk. Gemeinsam schießen sie eine Boeing heraus. Ein Motor qualmt, das Fahrwerk klappt heraus, der Bomber fällt zurück. Naumann reißt die Maschine herum und greift sein Opfer nun von hinten an. Der amerikanische Heckschütze bleibt ihm nichts schuldig. Beide, die Boeing und die Messerschmitt, stürzen brennend ab. Naumann kann noch einmal abfangen und die Maschine mit einer Bruchlandung am nördlichen Strand der Insel Ameland ins seichte Wasser setzen.

Die letzte Rotte Me 110 – Oberfeldwebel Heinz Grimm mit Bordfunker Meissner und Unteroffizier Georg Kraft mit Bordfunker Handke – schert im heftigen Abwehrfeuer der Amerikaner quer hinter dem ganzen Bomberpulk vorbei und stürzt sich auf eine zurückhängende Boeing. Abwechselnd greifen sie an: von der Seite, von hinten, aus der Überhöhung.

Endlich, nach einem neuen Anflug von Grimm, brennt der Bomber und kommt ins Trudeln. Es ist höchste Zeit. Bei beiden Messerschmitts qualmt der linke Motor und bleibt stehen. Grimms Kabine ist zerschossen, Unteroffizier Meissner ist verwundet. Kurz vor der Landung in Leeuwarden fällt auch der rechte Motor aus. Grimm muß die ›Mühle‹ mit einer Bauchlandung ›hinschmeißen‹. Kraft kommt besser hinunter, aber auch seine Messerschmitt ist von Treffern durchsiebt.

Alle Maschinen, die von diesem ersten Tageseinsatz der IV./NJG 1, von dem heißen Luftkampf mit den fliegenden Festungen, zurückkommen, sind übel zugerichtet. Gewiß, sie haben drei Boeing B-17 abgeschossen: Hauptmann Jabs, Oberfeldwebel Grimm und Unteroffizier Naumann waren erfolgreich. Aber für die nächste Nacht muß die Gruppe acht Flugzeuge weniger einsatzbereit melden. Acht Maschinen mit der empfindlichen Spezialausrüstung, ohne die keine Dunkelnachtjagd möglich wäre, sind ausgefallen. So geht es den meisten Nachtjagdgruppen, die nun auch am Tage gegen die Bomber geworfen werden.

Aber Maschinen sind letztlich zu ersetzen. Menschen nicht. Ein solcher Kampf bringt immer den Verlust hochqualifizierter Besatzungen. Denn Nachtjäger sind Einzelkämpfer. Wenn der Leitoffizier am Boden sie auf die Spur eines Bombers gesetzt hat, wenn sie den Gegner auf dem Radarbild ›berühren‹ und ihn schließlich auch mit eigenen Augen entdecken, dann pirschen sie sich an ihn heran. Sie hängen sich unter die mächtige ›Lancaster‹, passen sich ihrer Geschwindigkeit an, bleiben immer im Schatten ihres Opfers. Daher kommt der Angriff meist überraschend, der Bomber hat kaum eine Chance.

Das haben die Nachtjäger gelernt, darin sind sie Meister. Gegen den Bomberstrom am Tage aber ist diese Taktik undenkbar. Die geschlossene Abwehr des Feindverbandes kann nur durch einen Frontalangriff mehrerer Maschinen aufgebrochen werden.

Dennoch werden die Nachtjäger immer wieder eingesetzt. Am 26. Februar 1943 startet Hauptmann Jabs mit drei Alarmschwärmen gegen einen Pulk amerikanischer ›Liberator‹-Bomber (B-24), die von einem Angriff auf Emden zurückkommen. Zum erstenmal ist auch der Staffelkapitän der 12./NJG 1, Hauptmann Ludwig Becker, am Tage mit dabei. Becker ist der große Techniker der Nachtjagd. Aber was nützt ihm das jetzt – gegenüber den waffenstarrenden Liberators? Schon beim Anflug auf die Bomber verlieren ihn die Kameraden aus den Augen. Nach dem Luftkampf kehren Hauptmann Becker und sein Bordfunker, Feldwebel Staub, als einzige nicht zurück. Niemand hat den Absturz beobachtet, niemand weiß, wie es geschehen ist. Bis zur Abenddämmerung suchen alle Maschinen die See ab – vergebens.

Hauptmann Becker hatte sich in der Nacht absolut sicher gefühlt. Seit Monaten schoß er britische Bomber ohne einen einzigen Gegentreffer ab. Aber der erste Tageseinsatz wird ihm zum Verhängnis. Noch kurz vor dem Start hatte er erfahren, daß ihm nach 44 Nachtluftsiegen das Eichenlaub zum Ritterkreuz verliehen worden war. Beckers Tod bringt Unruhe in die Nachtjagd. Steht es so schlecht um die Luftwaffe, daß Spezialisten wie er in einer ihnen fremden Einsatzart ›verheizt‹ werden müssen?

Anfang April 1943 entsteht durch Teilung des JG 1 ein ›neues‹ Jagdgeschwader, das JG 11 in Jever, geführt von Major Anton Mader. Dann kommt auch die 2. Staffel des aus Afrika zurückgezogenen JG 27 unter Hauptmann Josef Janssen an die Nordseeküste nach Leeuwarden: eine einzige Staffel mit neun einsatzbereiten Me 109. Im April wird dann noch die III. Gruppe des JG 54 aus dem Osten nach Oldenburg verlegt.

Überall fehlen Jäger: in Rußland, am Mittelmeer, am Kanal. Die Reichsverteidigung steht in der Dringlichkeitsliste noch lange nicht an erster Stelle.

»Schafft Jäger, Jäger, Jäger!« hatte schon der Generalluftzeugmeister Ernst Udet kurz vor seinem Freitod in düsterer Vorahnung der kommenden Luftschlacht über Deutschland gefordert. Im Flugzeugbauprogramm vom September 1941 war nur eine Monatsproduktion von 360 Jagdflugzeugen vorgesehen. Bei der gewaltigen Ausdehnung der deutschen Fronten über ganz Europa war das viel zuwenig.

Udets Nachfolger Milch hatte das Jägerprogramm angekurbelt. Er hatte die Zahlen verdoppelt, hatte sogar für Ende 1942 einen Monatsausstoß von 1000 Flugzeugen angeboten. Sein Vortrag war von Göring mit schallendem Gelächter und der Frage unterbrochen worden, was er denn um Himmels willen mit den ganzen Jägern anfangen wolle. Selbst Generalstabschef Jeschonnek hatte erklärt:

»Mehr als 400 bis 500 Jagdflugzeuge pro Monat kann ich an der Front nicht unterbringen.«

Das war im Frühjahr 1942.

Diese 500 Jäger pro Monat wurden bereits im Herbst 1942 hergestellt. Und jetzt steigt die Produktion von Monat zu Monat weiter: im Februar 1943 auf 700, im März und April mehr als 800, im Mai über 900 und im Juni fast 1000 Jäger.

Doch die verschiedenen Fronten verschlingen diese neuen Maschinen. Und für die Luftschlacht, die sich nun mit feurigen Zeichen am Himmel ankündigt, sind nach wie vor zuwenig Jäger da.

Jenseits des Kanals verfolgt die 8. amerikanische Luftflotte den Aufbau der deutschen Reichsverteidigung mit gespanntem Interesse. Anfangs fühlen die fliegenden Festungen nur vor. Sie wissen noch nicht, was sie von der deutschen Luftabwehr halten sollen. Der entschlossene Einsatz der an Zahl nur geringen deutschen Jagdverbände im Frühjahr 1943 mahnt sie zur Vorsicht.

General Ira C. Eaker, der Befehlshaber der 8. Luftflotte, legt daher einen Plan vor, der zunächst einmal die Vernichtung der deutschen Jagdwaffe und ihrer

Produktionsstätten verlangt. »Denn«, so schreibt er zur Begründung, »wenn das Anwachsen der deutschen Jägerstärke nicht rasch gestoppt wird, kann es geschehen, daß die geplante Zerstörung (der Rüstungsengpässe) unmöglich zu erreichen sein wird.«

Die Forderung der Engländer, die amerikanischen Bomber sollten sich an den nächtlichen Städteangriffen beteiligen, wird von Eaker beharrlich abgelehnt. So kommt es zwar zu einem gemeinsamen alliierten Plan für die Luftoffensive gegen Deutschland, bei dem aber die Amerikaner nur bei Tage, die Engländer nur bei Nacht einfliegen.

Im Grunde ist jeder davon überzeugt, daß der andere es falsch macht. Und doch haben sich beide durchgesetzt: General Eaker und sein britischer Gegenspieler, Luftmarschall Harris.

Sir Arthur Harris, mit dessen Namen sich das Schicksal der deutschen Städte im Luftbrandkrieg untrennbar verbindet, war erst ein Jahr zuvor, am 22. Februar 1942, Chef des Bomberkommandos der Royal Air Force geworden. Er fand eine soeben, am 14. Februar, erlassene Weisung des Kriegskabinetts vor, nach der der Bombenkrieg gegen Deutschland von nun an »ohne Einschränkung« geführt werden sollte. Damit wurde eine Schwelle überschritten, über die es kein Zurück mehr gab. Denn verglichen mit dem, was nun folgen sollte, konnte die bisherige Entwicklung des Bombenkrieges als harmlos bezeichnet werden.

1939 hatten die Engländer wie die Deutschen den strikten Befehl, nicht die erste Bombe auf Feindesland zu werfen. Auch die britischen Tagesangriffe auf deutsche Kriegsschiffe vor Helgoland und Wilhelmshaven hörten auf, nachdem am 18. Dezember in der ersten Luftschlacht des Krieges mehr als die Hälfte der angreifenden Wellington-Bomber verlorengegangen war. Die RAF gewann schon früh die Erfahrung, die auch der deutschen Luftwaffe im Sommer 1940 während der Luftschlacht über England nicht erspart blieb: Die langsamen, abwehrschwachen Bomber konnten sich gegen Jagdangriffe nicht behaupten. Sie mußten in das schützende Dunkel der Nacht ausweichen.

1940 begann so ruhig, wie das Vorjahr geendet hatte. Das änderte sich schlagartig mit dem Beginn der deutschen Westoffensive, der in England mit der Ernennung Churchills zum Premierminister zusammenfiel. Noch am gleichen Abend flogen zum ersten Male britische Bomber gegen eine deutsche Stadt. Es war wenige Minuten nach Mitternacht vom 10. zum 11. Mai 1940, als die Bomben einiger zweimotoriger Whitleys auf Mönchengladbach fielen. Sie schlugen in der Luisenstraße und im Stadtzentrum ein. Vier Zivilisten, darunter eine Engländerin, wurden getötet.

»Der Einsatz der Bomber erfolgte trotz des Widerstandes der Franzosen«, schreibt der damalige Staatssekretär im Luftfahrtministerium, J. M. Spaight, in seinem 1944 veröffentlichten Buch ›Bombing Vindicated‹ (Rechtfertigung des Bombenkrieges). »Wir begannen, Ziele in Deutschland zu bombardieren, ehe die

Deutschen das in England taten. Das ist eine historische Tatsache... Wir wählten damit den besseren, aber härteren Weg. Indem wir die deutschen Städte zerschlugen, verzichteten wir auf das Privileg, unsere Städte intakt zu halten... Es ist keine absolute Gewißheit, aber doch sehr wahrscheinlich, daß die Deutschen London und das Industriegebiet nicht angegriffen hätten, wenn wir uns ruhig verhalten hätten... Diese Art der Luftkriegführung machte sich nicht für sie bezahlt.«

Spaight hatte recht: Der Versuch der deutschen Luftwaffe, England 1940/41 durch eine Luftoffensive ›friedensbereit‹ zu machen, schlug fehl. Zwar sollten nur militärische und Rüstungsziele angegriffen werden, doch bei der Ungenauigkeit der damaligen Zielverfahren wurde vor allem in den Nachtangriffen auch die englische Zivilbevölkerung schwer betroffen.

Dagegen blieb die Wirkung der nächtlichen Einflüge der RAF nach Deutschland 1940/41 gering. Sie hatten den Charakter von Störangriffen. Die Lösung des Problems, wie ein Ziel nachts gefunden und auch getroffen werden konnte, steckte noch in den Kinderschuhen. Die Ergebnisse waren, aus englischer Sicht, äußerst schlecht.

Doch Krieg macht erfinderisch. Und die ›Vollbeschäftigung‹ der deutschen Luftwaffe im Mittelmeer und vor allem in Rußland ließ der RAF Zeit und Muße, eine Bomberflotte für die kommende Schlacht zu bauen. Nun rollten die Viermotorigen vom Fließband, die ›Stirling‹, ›Halifax‹ und ›Lancaster‹. Den Hochfrequenztechnikern gelang es, ein Funknavigationsnetz (Gee) über den Himmel auszulegen, mit dessen Hilfe die Bomber nachts über Westdeutschland jederzeit wußten, wo sie sich befanden.

Anfang 1942 waren die Vorbereitungen so weit gediehen, daß die bisherige Zurückhaltung fallen konnte. Und Anfang 1942 kam Luftmarschall Harris.

Die neue Direktive, die dem britischen Bomberchef grünes Licht gab, bestimmte ausdrücklich, daß »die Moral der feindlichen Zivilbevölkerung, besonders der Industriearbeiter«, zum Hauptziel der Angriffe werden sollte. Auf der beigefügten Dringlichkeitsliste stand Essen an der Spitze, gefolgt von Duisburg, Düsseldorf und Köln.

Die weiträumige Städtelandschaft des rheinisch-westfälischen Industriegebiets lag noch im Bereich der ›Gee‹-Funknavigation. Die RAF konnte also hoffen, daß die Nachtbomber ihre Ziele auch finden würden. Die Liste enthielt ferner zahlreiche Städte außerhalb des ›Gee‹-Netzes, die nur angegriffen werden sollten, wenn die Bedingungen dafür besonders günstig waren. Hinter jeder Stadt stand ein Stichwort, das ihre industrielle Bedeutung kennzeichnete: hinter Bremen etwa ›Flugzeugindustrie‹, hinter Hamburg ›Werften und Docks‹, hinter Schweinfurt ›Kugellagerfabriken‹. Um Irrtümer zu vermeiden, entwarf der Generalstabschef der RAF, Luftmarschall Sir Charles Portal, eigenhändig eine Notiz, daß nicht etwa die erwähnten Docks oder Flugzeugfabriken, sondern die Wohngebiete der Städte Ziel der Angriffe seien.

»Das muß vollständig klar sein«, schrieb Portal, »falls es noch nicht verstanden sein sollte.«

Entscheidend war auch die Änderung der Taktik. Vom Einzelangriff in vielen aufeinanderfolgenden Wellen, bei dem die Bomben allzuweit verstreut wurden und ihre Wirkung zersplitterte, wurde zum geschlossenen Flächenbombardement übergegangen: alle Bomben in der kürzest möglichen Zeit auf eine engbegrenzte Fläche. Das mußte die Wirkung vervielfachen.

Das alles fand Luftmarschall Harris vor, als er sein Amt antrat. In ihm sahen die Planer des ›unterschiedslosen Bombenkrieges‹ offenbar den richtigen Mann, um diese Ideen bis zum äußersten in die Tat umzusetzen. Die Royal Air Force hatte nun endgültig, wie es damals hieß, ›die Handschuhe ausgezogen‹.

Harris führte sich im Frühjahr 1942 mit drei Paukenschlägen ein:

In der Nacht vom 28. zum 29. März griffen 191 Bomber die Altstadt von Lübeck an. 300 Tonnen wurden abgeworfen – zur Hälfte Brandbomben. Harris' Wahl war auf Lübeck gefallen, weil die zahlreichen alten Fachwerkhäuser besonders empfindlich gegen einen Brandangriff sein mußten und weil die Stadt nur schwach verteidigt war. Nach 32 Stunden war das letzte Feuer gelöscht. Die Innenstadt blieb als schwelender Trümmerhaufen zurück: Mehr als 1000 Wohnhäuser waren völlig, mehr als 4000 teilweise zerstört. Der Angriff forderte 320 Tote und 785 Verwundete unter der Zivilbevölkerung. Acht britische Bomber wurden, meist auf dem Rückflug, von deutschen Nachtjägern abgeschossen.

Der nächste Schlag traf Rostock, wobei immerhin auch die Heinkel-Werke getroffen wurden. Diesmal waren es 468 Bomber in vier aufeinanderfolgenden Nächten: vom 24. bis zum 27. April. 60 Prozent der Altstadt brannten aus. Zum erstenmal fiel das Wort ›Terrorangriff‹. Die gleiche Bezeichnung verdiente aber auch die von Hitler befohlene ›Vergeltung‹ gegen die kaum verteidigten englischen Städte Exeter, Bath, Norwich und York.

Schließlich faßte Harris, mit ausdrücklicher Zustimmung Churchills, alle Flugzeuge zusammen, die er in England auftreiben konnte, und führte sie in der Nacht zum 31. Mai zum ersten Tausend-Bomber-Angriff der Geschichte gegen Köln. Eineinhalb Stunden lang folgte Welle auf Welle. Diesmal waren schon fast zwei Drittel der abgeworfenen 1455 Tonnen Brandbomben. 1700 Großbrände schlossen sich zu einer gewaltigen Feuersbrunst zusammen. 3300 Häuser wurden zerstört, 9500 beschädigt, 474 Einwohner fanden den Tod.

Dieser Massenansturm zeigte sehr deutlich die Grenzen der gebundenen deutschen Nachtjagd. Denn nun flogen die Engländer nicht mehr einzeln durch die Nachtjagdräume. Sie drangen in geschlossenen Verbänden durch die ›Himmelbett‹-Kreise vor, in denen immer nur ein einziger Jäger von seinem Leitoffizier an den Feind herangeführt werden konnte. Der scheinbar hohe Erfolg der Nachtjäger – sie schossen 36 britische Bomber ab und buchten damit bereits ihren 600. Nachtluftsieg – fiel bei 1000 Angreifern kaum ins Gewicht. Harris hatte mit 50 Verlusten gerechnet, Churchill sogar 100 für tragbar gehalten. Insgesamt kehrten 40 Flugzeuge dieser riesigen britischen Bomber-Armada nicht zurück, und 116 weitere waren, meist durch die Flak, mehr oder weniger schwer beschädigt.

Die Rechnung, daß die Angriffswirkung steigen, die Verlustquote aber fallen müsse, je mehr Bomber in einem einzigen Angriff massiert wurden, erwies sich als richtig.

Der Kommandierende General des XII. Fliegerkorps und ›General der Nachtjagd‹, Josef Kammhuber, trieb daraufhin den Ausbau der Nachtjagd noch entschlossener voran. Er dehnte das Netz seiner Nachtjagdräume von Holland und Belgien immer tiefer nach Deutschland hinein aus. Er stellte immer neue Nachtjagdgruppen auf. Führte neue Leitverfahren ein, die es ihm erlaubten, zwei und später sogar drei Jäger in einem ›Himmelbett‹ gleichzeitig zu führen. Aber Kammhuber blieb bei diesem Verfahren der gebundenen Nachtjagd. Er entwarf ein Programm, dessen Verwirklichung Jahre brauchte – und das durch die Ereignisse doch schon bald überholt wurde.

Der Führungsstab der Luftwaffe klammerte sich unterdes an die Hoffnung, das Blatt werde sich wenden, wenn erst der Rußlandfeldzug gewonnen sei. Bis dieses Ziel erreicht war, mußte der Luftwaffen-Schwerpunkt unbedingt im Osten bleiben. Inzwischen war aus den ›paar Monaten‹, die der Rußlandeinsatz dauern sollte, ein ganzes Jahr geworden. Und ein Ende war nicht abzusehen. Auf die wiederholten Warnungen des ›Generals der Jagdflieger‹, Adolf Galland, daß der Aufbau einer Reichsverteidigung nicht vernachlässigt werden dürfe, hatte Göring ärgerlich geantwortet:

»Dieser ganze faule Zauber erübrigt sich, wenn ich erst meine Geschwader nach dem Westen zurückführen kann. Dann ist das Thema Luftverteidigung für mich erledigt. Erst aber muß der Russe so schnell wie möglich niedergezwungen werden...«

Die Illusionen der Luftwaffenführung wurden zudem durch steigende Abwehrerfolge genährt. In der Nacht zum 26. Juni 1942 erzielten deutsche Nachtjäger 49 Abschüsse – von 1006 britischen Bombern, die Bremen angriffen. Die Tagjäger bewiesen ebenfalls, daß noch mit ihnen gerechnet werden mußte.

Zwölf viermotorige ›Lancaster‹-Bomber unter Führung des britischen Staffelkapitäns J. D. Nettleton waren am Nachmittag des 17. April 1942 zu einem Angriffsflug quer durch ganz Frankreich bis nach Augsburg gestartet, wo sie es auf das MAN-Dieselmotorenwerk für U-Boote abgesehen hatten. Solche Präzisionsangriffe waren natürlich nur bei Tageslicht möglich. Der Bomberverband legte die ganze Strecke im Tiefstflug zurück. Dadurch entwischte er der deutschen Radar-Frühwarnung. Mehrere Alarmstaffeln des JG 2 ›Richthofen‹ jagten hinterher und holten die Bomber südlich von Paris ein. Nach heftigen Angriffen stürzten vier ›Lancaster‹ ab. Dabei erzielte Unteroffizier Pohl von der 5. Staffel des JG 2 den 1000. Luftsieg des Geschwaders.

Nun waren es noch acht Bomber, die Nettleton nach Augsburg weiterführte.

Bei Beginn der Abenddämmerung setzten sie ihre Bomben in das MAN-Werk. Die Flak hielt mitten in die Tiefangreifer und schoß drei weitere ›Lancaster‹ ab. Fünf Maschinen kehrten im Schutz der Dunkelheit nach England zurück.

So kühn der Angriff auch war: Für den vorübergehenden Produktionsrückgang in dem deutschen Werk war der Preis von sieben vernichteten Viermotorigen viel zu hoch. Das Ergebnis bestärkte das britische Bomberkommando in der Meinung, das Ziel der Luftoffensive werde nicht mit Tagesangriffen zu erreichen sein.

Nachts fehlte freilich die Präzision gegen einzelne militärische Ziele. Aber das wollte man ja auch gar nicht. Große Flächen sollten zerstört, ganze Städte ausgelöscht werden.

»Von Essen abgesehen, haben wir niemals ein besonderes Industriewerk als Ziel unserer Nachtangriffe gewählt«, schreibt Luftmarschall Harris. »Die Zerstörung von Industrieanlagen erschien uns als eine Art Sonderprämie. Unser eigentliches Ziel war immer die Innenstadt.«

Unter solchen Vorzeichen trat die Luftschlacht über Deutschland 1943 in ihr entscheidendes Stadium.

Die Sonne Nordafrikas fiel grell auf die weißen Häuser von Casablanca. Die Konferenz tagte in einem Luxushotel des Villenvorortes Anfa. Eine große, halbrunde Fensterfront gab den Blick auf den Atlantik frei. Durch die geöffneten Terrassentüren dröhnte die Brandung von der nahen Küste. Hier, weit entfernt von den Schlachtfeldern in Europa, fiel die Entscheidung über das weitere Schicksal Deutschlands im Bombenkrieg. Es war am 21. Januar 1943.

Amerikas Präsident Franklin D. Roosevelt und der britische Premier Winston Churchill setzten ihre Unterschrift ohne Zögern unter das Dokument, das die Vereinigten Stabschefs der Alliierten ausgearbeitet hatten.

Seither ist die ›Casablanca-Direktive‹ oft als endgültiges Todesurteil für die deutschen Städte bezeichnet worden. Wenn man ihren Wortlaut kennt, erheben sich Zweifel an dieser Auslegung.

»Ihr vordringliches Ziel«, lautet die Weisung an die Chefs der britischen und amerikanischen Bomberflotten, »ist die fortschreitende Zerstörung und Desorganisation des deutschen militärischen, industriellen und wirtschaftlichen Systems sowie die Untergrabung der Moral des deutschen Volkes bis zu einem Grade, da seine Fähigkeit zum bewaffneten Widerstand entscheidend geschwächt ist.«

Aber die Direktive beschränkt sich nicht auf diese allgemeine Zielsetzung. Soweit das Wetter und die taktische Durchführbarkeit es erlauben, sollen die Ziele in dieser Reihenfolge angegriffen werden:

1. die deutschen U-Boot-Bauwerften;
2. die deutsche Flugzeugindustrie;
3. das Transportwesen;

4. die Ölraffinerien und Werke zur synthetischen Benzinherstellung;
5. andere Ziele der feindlichen Kriegsindustrie.

Offensichtlich hatten sich also die Amerikaner durchgesetzt, die dem präzisen Tagesangriff auf Rüstungsziele das Wort redeten, während die Engländer nicht von ihrer Praxis des nächtlichen Flächenbombardements ganzer Städte lassen wollten. Churchill selbst berichtet, er habe im Laufe der Konferenz eine Unterredung mit General Eaker, dem Chef der 8. US-Luftflotte in England, gehabt. Hier stand Argument gegen Argument. Churchill wollte Eaker zum Nachtbombardement bekehren, Eaker beharrte auf seinem Standpunkt. Schließlich gab der britische Premier nach:

»Ich kam zu dem Entschluß, mich hinter Eaker und seine Sache zu stellen, nahm einen völligen Frontwechsel vor und zog meine Einwände gegen die Tagesangriffe der fliegenden Festungen zurück...«

Doch was für die Amerikaner galt, kümmerte die Engländer nicht. Wie stets bei solchen Weisungen von höchster Stelle, ließ auch die Casablanca-Direktive den Ausführenden viel Spielraum. Es kam ganz auf die Auslegung an. Und Luftmarschall Harris, der Chef des britischen Bomberkommandos, war entschlossen, seine bisherige Angriffstaktik fortzusetzen.

Stand nicht ausdrücklich in der Weisung, daß die als vordringlich genannten Rüstungsziele nur anzugreifen seien, wenn es die Wetterbedingungen und die Taktik erlaubten? Nun, die britische Taktik erlaubte es eben nicht. Mochten die Amerikaner bei Tage gegen die deutsche Jagdabwehr anrennen. Mochten sie sich blutige Köpfe holen, wenn sie unbelehrbar waren. Die RAF aber würde weiterhin nachts die Städte anzünden. Hieß es nicht ausdrücklich, die Moral der Deutschen solle untergraben werden?

Luftmarschall Harris legte die Direktive so aus: »Durch Casablanca waren die letzten moralischen Hemmungen gefallen, und ich erhielt für den Bombenkrieg völlig freie Hand.«

Der erste Schlag fällt gegen Essen – das einzige wirkliche Rüstungsziel der Engländer, weil die riesigen Werkanlagen von Krupp mitten in der Stadt liegen. Am Abend des 5. März 1943 eröffnen Mosquito-Schnellbomber den Angriff. Sie werden von England aus durch Radar geführt und weisen den nachfolgenden schweren Bombern durch gelbe Leuchtzeichen den Weg mitten in das Herz der Großstadt an der Ruhr. ›Pfadfinder‹ werfen während des ganzen Angriffs rote und grüne Leuchtkaskaden zur Markierung des Zielraums ab.

Dennoch gelingt es nur 153 zwei- und viermotorigen Flugzeugen, ihre Bombenlast in einem Umkreis von fünf Kilometer um den Zielpunkt abzuwerfen. 422 Bomber waren gestartet, und 367 Besatzungen geben an, über dem Ziel gewesen zu sein. Trotz aller technischen Neuerungen zur Zielfindung und Markierung bleibt der Wert der Nachtangriffe also zweifelhaft – sofern überhaupt ein bestimmtes Ziel getroffen werden soll.

Freilich: Die Bevölkerung leidet schwer. Die rings um Krupp gelegenen Wohngebiete werden am schlimmsten getroffen. Der Angriff dauert nur 38 Minuten. In wenig mehr als einer halben Stunde fallen 1014 Tonnen Bomben auf die Stadt.

Mit diesem Schlag eröffnet die RAF die ›Schlacht um die Ruhr‹. Sie beginnt am 5. März gegen Essen und endet in der Nacht zum 29. Juni mit einem neuen Angriff von 540 Bombern auf Köln. In knapp vier Monaten brennen die Innenstädte von Essen, Duisburg und Düsseldorf aus, sinken weite Teile von Wuppertal, Bochum, Dortmund und anderen Städten in Trümmer.

Doch Luftmarschall Harris begnügt sich nicht mit der Ruhr, wo er durch seine radargeleiteten ›Pfadfinder‹ immerhin eine gewisse Konzentration des Bombardements am gewünschten Ziel erreichen kann. Im gleichen Zeitraum dehnt der britische Bomberchef die Städteangriffe auf das ganze Reichsgebiet aus: im Süden bis Mannheim, Stuttgart, Nürnberg und München; im Osten bis Berlin und Stettin; im Norden bis Bremen, Wilhelmshaven, Hamburg und Kiel.

In diesen vier Monaten von Anfang März bis Ende Juni 1943 steigen auch die Erfolge der deutschen Luftabwehr, der Flak und der Nachtjäger, langsam aber stetig an.

»Wir spürten ständig den Todesatem der deutschen Städte, die jetzt zu wahren Festungen wurden«, heißt es in einem offiziellen englischen Bericht.

Je länger die Flugwege der Bomberverbände werden, je mehr Nachtjagdräume sie auf dem Hin- und Rückweg passieren müssen, desto größere Chancen hat die Abwehr. Allein von einem Angriff in der Nacht zum 17. April 1943 auf Pilsen in der Tschechoslowakei kehren 36 von 327 eingesetzten Bombern nicht zurück, und weitere 57 werden beschädigt. Das ist ein Gesamtverlust von 28,5 Prozent.

Weitere schwere Einbußen erleidet das britische Bomberkommando bei seinen Angriffen am 27./28. Mai gegen Essen (518 Bomber eingesetzt, 22 abgeschossen, 113 beschädigt), am 29./30. Mai gegen Wuppertal-Barmen, wobei die abfliegenden Engländer von mehreren Me 110 des Nachtjagdgeschwaders 1 noch weit über See verfolgt werden (719 eingesetzt, 33 abgeschossen, 66 zumeist durch Flak beschädigt); und am 14./15. Juni gegen Oberhausen (203 eingesetzt, 17 abgeschossen, 43 beschädigt).

Die Bilanz der viermonatigen ›Schlacht um die Ruhr‹ sieht folgendermaßen aus: Die britischen Bomber flogen insgesamt 18506 Einsätze. 872 Bomber kehrten nicht zurück, und weitere 2126 wurden, zum Teil schwer, beschädigt.

872 Nachtbomber vernichtet – eine gewaltige Zahl. Im Vergleich zu den Einsatzstärken sind es aber doch nur 4,7 Prozent. Dieser Verlust kann einen Mann wie Harris nicht schrecken. Er hält ihn nicht davon ab, neue, noch heftigere Schläge vorzubereiten.

Dennoch ist der Erfolg dieses viermonatigen Luftbombardements fragwürdig.

Gewiß, viele Städte liegen in Trümmern. Aber ist das Ziel erreicht? Ist die deutsche Industrie zerstört? Die Moral des Volkes untergraben? Nichts von alledem. Nach dem letzten schweren Angriff gegen Aachen am 13. Juli tritt eine Pause ein. Offenbar schöpft die RAF Atem. Harris rüstet zu seinem größten Schlag.

32. Wendepunkt Hamburg

Am Abend des 24. Juli 1943 zieht im Gefechtsbunker der 2. Jagddivision in Stade an der Niederelbe die Nachtablösung auf. Langsam füllt sich der riesige Raum des ›Gefechtsopernhauses‹. Von den Rängen tönt gedämpftes Stimmengewirr. Beherrscht wird die Szene von einer gewaltigen Glaswand, die fast die ganze Höhe und Breite des Bunkers einnimmt. Die Milchglasscheibe zeigt eine Karte des deutschen Reichsgebietes, unterlegt mit dem Quadratnetz der Jägerführung. Auf diese Karte wird die wechselnde Luftlage beim Einflug feindlicher Bomber projiziert.

Hinter der Glaswand sitzen Dutzende von Nachrichtenhelferinnen. Sie ordnen ihre Pulte, prüfen die Bildwerfer. Und dann warten sie. Warten auf den ersten Alarm, auf die erste Meldung vom Feind. Jedes Mädchen ist über ein direktes Telefon mit einer Funkmeßstellung verbunden. Sobald die Radaraugen vorn an der Küste den Bomberverband orten, läuft die Meldung über dieses Telefon:

»Etwa 80 Flugzeuge in Gustav Caesar fünf, Kurs Ost, Höhe sechstausend.«

Mit flinken Händen stellen die Mädchen die Werte auf ihren beiden Lichtpunktwerfern ein und richten sie auf das genannte Quadrat der großen Lagekarte.

Vor der Glaswand sitzen in langen Reihen die Jägerleitoffiziere. Dahinter überhöht der Kommandeur und die Verbindungsoffiziere mit ihren Schaltpulten zu sämtlichen Jagdverbänden, Nachtjagdstellungen und zum Flugmeldedienst. Und noch eine Etage höher, auf der Galerie, erneut Dutzende von ›Lichtspuckern‹, die zum Feindlagebild auf der großen Glaswand den Standort der eigenen Jäger darstellen.

Diese ganze doch wohl überzüchtete Organisation beginnt nun zu spielen. Bunte Zeichen huschen über die Riesenfläche. Einsatzbefehle werden gesprochen, Meldungen weitergegeben. Die Lichtpunkte wandern über die Karte. Neue irren umher, werden korrigiert, sitzen schließlich fest.

»Kammhuber-Lichtspiele«, sagen die Soldaten.

»Wie in einem Riesenaquarium mit einer Unzahl wildgewordener Wasserflöhe«, stellt Generalmajor Galland, der General der Jagdflieger, kopfschüttelnd fest.

Und doch haben sich diese Mammut-Gefechtsstände der deutschen Reichsverteidigung schon in mancher heißen Abwehrschlacht bewährt. Sie stehen bei der 1. Jagddivision des Generalleutnants von Döring in Deelen bei Arnheim (Holland), der 2. Division unter Generalleutnant Schwabedissen in Stade, der 3. Division unter Generalmajor Junck in Metz, der 4. Division unter Generalmajor Huth in Döberitz bei Berlin und bei der gerade erst aus dem Bereich des Jagdfliegerführers Süd hervorgegangenen 5. Jagddivision unter dem Kommando des Obersten Harry von Bülow in Schleißheim bei München.

An diesem 24. Juli 1943 geschieht etwas Unfaßbares. Es ist kurz vor Mitternacht, als im Stader Gefechtsbunker die ersten Meldungen einlaufen. Die Lichtpunkte wandern auf der Milchglaskarte über die Nordsee. Der feindliche Bomberverband fliegt parallel zur deutschen Küste nach Osten.

Die Me 110 des Nachtjagdgeschwaders 3 starten von ihren Horsten in Stade, Vechta, Wittmundhaven, Wunstorf, Lüneburg und Kastrup. Sie nehmen ihre Warteposition in den ›Himmelbetten‹, den radarüberwachten Nachtjagdräumen über der norddeutschen Küste ein. Inzwischen steht fest, daß den vorausfliegenden Pfadfindern ein Bomberstrom von mehreren hundert Maschinen folgt. Dieser ›dicke Hund‹ schiebt sich auf die Küste nördlich der Elbmündung zu. Was wird er dann machen? Wird er nach Süden schwenken? Auf Kiel oder Lübeck eindrehen? Oder durchstoßen und über der Ostsee weiterfliegen, einem noch unbekannten Ziel entgegen?

Alles kommt jetzt darauf an, den Weg des Bomberstromes lückenlos zu verfolgen und sich nicht von Finten täuschen zu lassen.

Plötzlich kommt im Stader Gefechtsbunker Unruhe auf. Die Lichtpunkte auf der Glaswand, die den Feind darstellen, rühren sich minutenlang nicht von der Stelle. Der Nachrichtenoffizier schaltet sich in die Direktleitungen zu den Radarstellungen ein. Er fragt, was los ist. Die Antwort ist überall gleich:

»Gerät durch Störung ausgefallen.«

Das kann nicht mit rechten Dingen zugehen.

Dann kommen doch wieder Meldungen: von den ›Freya‹-Geräten, die auf der längeren Welle von 2,40 Meter (›Würzburg‹: 53 cm) arbeiten. Auch sie werden gestört. Aber sie können die Echos des Bomberstromes noch gerade von dem Störnebel unterscheiden. Bei den ›Würzburg‹-Geräten aber kriechen die Echozacken wie riesige Insektenschwärme über den Bildschirm. Dazwischen ist nichts mehr zu erkennen.

Eine verhängnisvolle Lage, denn die Führung der Nachtjäger im ›Himmelbett‹ hängt völlig von den exakten Seiten- und Höhenangaben der ›Würzburg‹-Geräte ab. Die Jägerleitoffiziere am Boden können also nicht mehr führen. Die Nachtjäger in der Luft tappen im dunkeln. Wo ist der Feind?

Die 2. Jagddivision wendet sich an den Flugmeldedienst und bittet um Hilfe. Wenn die Technik, wenn Radar versagt, dann muß man sich eben wieder auf die Augen und Ohren der über das Land verteilten Flugwachen verlassen. Und die Männer auf dem Boden melden, was sie sehen: In Dithmarschen, nicht weit von Meldorf, segeln gelbe Leuchtkaskaden vom Himmel. Immer neue Kaskaden leuchten auf. Immer mehr. Immer im gleichen Gebiet.

Das muß eine Wendemarke sein. Der Bomberstrom schwenkt nach Südosten. Neue Meldungen bestätigen es: Der Feind dringt geschlossen vor. Parallel zur Elbe. Genau auf Hamburg zu.

In dieser Stunde wird die Hansestadt von 54 schweren und 26 leichten Flakbatterien, 22 Scheinwerfer- und drei Nebelbatterien geschützt. Hunderte von Rohren richten sich nach Nordwesten. Doch auch die Flak bekommt die Schußwerte von den Radaraugen der ›Würzburg‹-Geräte. Mit Beginn des Angriffs, wenige Minuten vor 1 Uhr nachts, zieht sich ein Schleier über diese Augen. Kein Echo kommt mehr durch. Gestört!

Nicht nur die Nachtjagd, auch die Flak ist blind. Die Kommandeure befehlen Sperrfeuer. Wenn sie schon nicht gezielt schießen können, dann soll wenigstens der Feuerzauber die Angreifer schrecken. Bald mischt sich das Krachen der Flak mit dem Dröhnen der Bombeneinschläge. 791 britische Bomber sind in England zu diesem konzentrierten Flächenangriff gestartet: 347 Lancaster, 246 Halifax und 125 Stirling, alles schwere Viermotorige, und dazu noch 73 zweimotorige Wellington.

Von diesen 791 erreichen 728 das Gebiet von Hamburg. In jeder Minute stoßen die schwerbeladenen Bomber ein Bündel mit Tausenden von Silberpapierstreifen aus. In der Luft flattern sie auseinander und senken sich als millionenfach reflektierende Wolke langsam zur Erde.

Das ist das Geheimnis der schlagartigen Störung aller deutschen Radargeräte: Die Silberpapierstreifen, mit Tarnnamen in England ›windows‹, in Deutschland ›Düppel‹ genannt, sind genau auf die halbe Wellenlänge der Würzburg-Geräte zugeschnitten. Sie reflektieren die Suchimpulse der deutschen Nachtjagd- und Jägerleitgeräte besonders gut. Millionen winziger Echos werden auf die Bildschirme geworfen. Das ist der Nebel, hinter dem sich die Bomber verbergen.

In England war das Geheimnis der ›windows‹ 16 Monate lang ängstlich gehütet worden. Der Einsatz war auch jetzt noch umstritten. Man befürchtete, der deutschen Luftwaffe würde dadurch ein Mittel verraten, mit dem auch sie die britische Radar-Abwehr täuschen und heftige Vergeltungsschläge gegen England führen könne.

Duplizität der Ereignisse: Bereits im Frühjahr 1942 hatte der deutsche Hochfrequenz-Ingenieur Roosenstein eine Versuchsreihe am einsamen Ostseestrand mit dem gleichen Ergebnis abgeschlossen: Radar kann mit ›Düppeln‹ mattgesetzt werden – die Gegenwaffe ist gefunden!

Kaum hatte Göring davon gehört, als er jede weitere Beschäftigung mit diesem Problem strikt verbot. Auf keinen Fall durften die Engländer davon etwas erfahren. Luftnachrichten-General Wolfgang Martini mußte die Geheimunterlagen der ›Düppel‹-Versuche tief in seinem Panzerschrank verbergen. Selbst der Gebrauch des Wortes ›Düppel‹ wurde unter Strafe gestellt. Wieder einmal steckte die Luftwaffenführung den Kopf in den Sand, statt rechtzeitig Ausweichmöglichkeiten gegen die Gefahr dieses neuen Störverfahrens vorzubereiten.

Auf englischer Seite gab schließlich eine Berechnung des RAF-Generalstabes den Ausschlag. Von den schweren Bomberverlusten der ›Schlacht um die Ruhr‹, so hieß es dort, hätten etwa 286 Flugzeuge und Besatzungen oder 25 Prozent des gesamten Bomberkommandos gerettet werden können, wenn die ›windows‹ bereits bei diesen Flügen eingesetzt worden wären. Churchill ließ sich überzeugen. Er selber befahl am 15. Juli den ersten Masseneinsatz der geheimnisvollen Stanniolpakete gegen Hamburg.

Tatsächlich übertrifft das Ergebnis der Nacht vom 24. auf den 25. Juli 1943 alle englischen Erwartungen. Von den 791 britischen Bombern kehren nur zwölf nicht zurück. Selten hatte die RAF einen Großangriff mit so geringen Verlusten bezahlen müssen.

Für Hamburg aber beginnt eine Woche des Entsetzens, die schlimmste in seiner mehr als 750jährigen Geschichte.

›Unternehmen Gomorrha‹, wie die Alliierten die Vernichtungsaktion gegen Hamburg nennen, beschränkt sich nicht auf den einen Angriff. Am 25. und 26. Juli folgen zwei amerikanische Tagesangriffe auf den Hafen und die Werften mit 235 ›fliegenden Festungen‹. In der Nacht zum 28. Juli setzen 722 RAF-Bomber das Vernichtungswerk an der Stelle fort, an der sie drei Nächte zuvor aufgehört haben. In der Nacht zum 30. Juli sind wiederum 699 Bomber über der Stadt. Auch diesmal begünstigt eine wolkenlose Sommernacht den Angriff. Erst bei dem abschließenden vierten Schlag in der Nacht zum 3. August versteckt sich Hamburg unter einer dichten Wolkendecke. Von 740 gestarteten britischen Bombern kommt nur etwa die Hälfte auf die kaum sichtbaren Zielmarkierungen ihrer ›Pfadfinder‹ zum Wurf.

Nie zuvor hatte Harris mehr als 3000 Bomber in vier Nächten gegen eine einzige Stadt eingesetzt.

Die Nachtjäger des NJG 3 überwinden den ersten Schock schnell. Trotz weiterer ›Düppel-Nebel‹, trotz Ausfall der meisten Radargeräte lassen sie sich vom Boden über Funksprech eine ›Reportage‹ geben, nach der sie den Bomberstrom auch ohne genaue Kursanweisung finden können. Außerdem sind einmotorige Jäger über der Stadt, die sich allein auf ihre guten Augen verlassen müssen. Die Abschußerfolge steigen wieder. Harris verliert schließlich doch noch 89 Bomber, und weitere 174 kommen von Flaktreffern beschädigt zurück.

Insgesamt schlagen rund 9000 Tonnen Bomben in die schwergeprüfte Stadt. Hamburg erlebt zuerst die tosende Gewalt des Feuersturms, gegen den alle menschliche Abwehr machtlos ist. 30482 Menschen kommen um, und 277330 Gebäude – das ist fast die Hälfte der Stadt – sinken in Trümmer.

Über das Schicksal der Stadt und ihrer Menschen ist schon oft berichtet worden. Hier muß die Frage gestellt werden: Wie reagierte die deutsche Luftwaffe auf diese furchtbare Katastrophe?

Hamburg ist ein Fanal. Es wirkt wie ein Schock auf die Führung der Luftwaffe. Plötzlich sind sich die Männer um Göring, Jeschonnek und Milch einig in der Beurteilung der Lage. Das Steuer muß endlich herumgeworfen werden: Alle Kraft für die Verteidigung der Heimat! Für die Abwehr der alliierten Bomberströme bei Tag und bei Nacht!

Allein Hitler bleibt unbelehrbar. Beim Lagevortrag am 25. Juli fährt er seinen Luftwaffen-Adjutanten, Major Christian, der eine andere Meinung zu äußern wagt, wütend an: »Terror bricht man durch Terror! Alles andere ist Quatsch. Aufhören wird der Engländer nur, wenn seine Städte kaputtgehen, ganz klar. Den Krieg gewinnen kann ich nur dadurch, daß ich beim Gegner mehr vernichte als der Gegner bei uns... Das ist zu allen Zeiten so gewesen und ist in der Luft genauso. Sonst werden bei uns die Menschen verrückt. Sonst verlieren sie mit der Zeit das ganze Vertrauen zur Luftwaffe. Es ist sowieso zum Teil nicht mehr da...«

Hitler verlangt vor allem Vergeltungsangriffe – mögen die Kräfte des eigens damit beauftragten ›Angriffsführers England‹, Oberst Dieter Peltz, auch noch so schwach sein.

Dagegen herrscht nun auf allen Ebenen der Luftwaffenführung erstaunliche Einmütigkeit, alle Kräfte für die Abwehr zu mobilisieren. In Berlin, in Potsdam-Eiche, in Görings ›Reichsjägerhof‹ Rominten und in seinem Befehlszug ›Robinson‹ bei Goldap jagen sich die Konferenzen. Schlag auf Schlag fallen die Entscheidungen:

Am 28. Juli, nach der zweiten Hamburg-Nacht, erteilt Göring dem Generalluftzeugmeister, Feldmarschall Milch, den Befehl, ab sofort den Schwerpunkt der Luftrüstung auf die Reichsverteidigung zu legen.

Am gleichen Tage fordert Milch von der Hochfrequenz-Industrie die beschleunigte Produktion neuer Bordsuchgeräte für Nachtjäger, die von den englischen ›windows‹ nicht gestört werden können. Sein Ziel: »Die feindlichen Nachtbomberverbände müssen in kürzester Zeit zu mindestens 20 bis 30 Prozent abgeschossen werden.«

Am 29. Juli macht Oberst i. G. von Lossberg, ehemaliger Kampfflieger und jetzt Abteilungsleiter im Technischen Amt, den Vorschlag, zur ›Verfolgungs-Nachtjagd‹ überzugehen. Die neue Taktik soll den Jäger aus der Starre des engbegrenzten ›Himmelbett‹-Verfahrens lösen; dort ist er dem Bomberstrom nicht mehr gewachsen, zumal nun seine Leitgeräte gestört werden. Statt dessen sollen die Jäger in den Bomberstrom eingeschleust werden, sollen mitfliegen und selbst ihre Opfer suchen.

Am 30. Juli überprüft eine Kommission Lossbergs Vorschlag. Feldmarschall Milch und Generaloberst Weise, der ›Luftwaffenbefehlshaber Mitte‹, dazu die Generale Kammhuber und Galland und der Kommodore des Nachtjagdgeschwaders 1, Major Streib, stimmen der Verfolgungstaktik zu.

Auch das vier Wochen zuvor auf einen Vorschlag des Kampffliegers Major

Hajo Herrmann hin aufgestellte Jagdgeschwader 300 soll weiter ausgebaut werden. Das JG 300 fliegt mit einmotorigen Jagdflugzeugen ›Objekt-Nachtjagd‹ direkt über den angegriffenen Städten – die sogenannte ›Wilde Sau‹.

Am 1. August bereits wandelt Göring die Vorschläge in Befehle um: Übergang zur Verfolgungs-Nachtjagd und Ausbau der ›Wilden Sau‹. Ausdrücklich heißt es: »Die Versorgung der Tag- und Nachtjagd geht allen anderen Aufgaben vor.«

Die Katastrophe Hamburgs hat alle wachgerüttelt. Endlich ist der Schwerpunkt gebildet, den die Männer in der Reichsverteidigung so lange vergebens gefordert haben. Noch ist der Abwehrkampf nicht verloren. Bei Einsatz aller Mittel für die Defensive hat die Jagdwaffe gute Aussichten, die alliierten Bomberströme bei Tag und Nacht empfindlich zu schwächen. Die kommenden Ereignisse, die großen Luftschlachten am Himmel über Deutschland, werden es beweisen.

Mitten in die Zeit dieses Umschwungs, dieser Besinnung auf den Schutz der Heimat, fällt ein neuer schwerer Schatten auf die Führung der deutschen Luftwaffe.

In der Nacht zum 18. August 1943 gelingt dem britischen Bomberkommando eine meisterhafte Täuschung der gesamten deutschen Nachtabwehr. Ziel des Bomberverbandes von insgesamt 597 Viermotorigen ist zum ersten Male das Raketenversuchsgelände von Peenemünde. Gleichzeitig fliegen nur 20 Mosquito-Schnellbomber einen Ablenkungsangriff gegen Berlin. Sie setzen ganze Scharen von Leuchtkaskaden ab, täuschen dadurch einen Großangriff gegen die Hauptstadt vor. Die List gelingt nur zu gut.

In diese Nacht fällt der erste Großeinsatz der ›Wilden Sau‹. 148 deutsche Zweimot- und 55 Einmot-Nachtjäger suchen am Himmel über Berlin vergebens nach dem großen Bomberstrom. Dafür feuert die Flak aus allen Rohren auf die eigenen Jäger.

Erst als die erste Welle der über Saßnitz auf Rügen einfliegenden englischen Viermotorigen Peenemünde getroffen hat, wird die Täuschung erkannt. Nun jagen die Messerschmitts nach Norden, der verlorenen Zeit nach. An der Spitze die II. Gruppe/NJG 1 unter Major Walter Ehle, die von ihrem Einsatzhafen St-Trond in Belgien quer über das ganze Reichsgebiet herbeigeeilt ist.

Um 1.32 Uhr eröffnet der Führer der 4. Staffel, Oberleutnant Walter Barte, den Kampf. In 2000 Meter Höhe stößt er auf eine Viermotorige hinab. Ein langer Feuerstoß – und im Hochziehen sieht Bordfunker Feldwebel Pieper schon beide Flächen des Gegners hell brennen. Drei Minuten später schlägt die Lancaster mit einer Stichflamme südwestlich Peenemünde auf.

Der Gruppenkommandeur, Major Walter Ehle, schießt binnen drei Minuten zwei schwere Bomber ab, die er und Oberfeldwebel Leidenbach vor dem hellen Feuerschein des brennenden Raketenversuchsgeländes Peenemünde entdecken.

Auch Barte erzielt einen zweiten Abschuß. Die Feldwebel Schellwat und Willmann beobachten, wie sich von ihrem tödlich getroffenen Gegner, einer Lancaster mit einer weißen ›17‹ hinter der Kokarde, drei Fallschirme lösen. Eine junge Besatzung, Leutnant Dieter Musset und Obergefreiter Hafner, setzt sich hinter einen Pulk von acht abfliegenden Viermotorigen und kann zwischen 1.45 und 1.59 Uhr allein vier davon mit Sicherheit abschießen, bevor sie, von feindlichem Abwehrfeuer verwundet, selbst aussteigen muß .

Insgesamt verlieren die Engländer bei diesem ebenso kühn wie geschickt durchgeführten Angriff 40 schwere Bomber, 32 kommen beschädigt zurück.

Der Schaden in Peenemünde sieht zuerst schlimmer aus, als er ist. Weder sind die Prüfstände getroffen, noch die unersetzlichen Konstruktionszeichnungen vernichtet worden. Doch am nächsten Morgen gegen 8 Uhr ruft der Chef des Luftwaffen-Führungsstabes, Generalleutnant Rudolf Meister, Generalstabschef Hans Jeschonnek an und meldet ihm: Peenemünde, die wie ein Augapfel gehütete Geburtsstätte der deutschen V-Waffen, sei von einem äußerst schweren, genau gezielten Vernichtungsangriff getroffen worden.

In diesen Minuten warten Jeschonneks Sekretärin, Frau Lotte Kersten, und sein persönlicher Adjutant, Major i. G. Werner Leuchtenberg, gerade mit dem Frühstück auf ihren Chef. Da ruft Jeschonnek an: »Leuchtenberg, gehen Sie schon hinüber zur Lage – ich komme nach.«

Frau Kersten bleibt allein in der Wohnbaracke. Sie wartet eine halbe Stunde. Eine Stunde. Der Generaloberst ist sonst ein Muster an Pünktlichkeit. Sie ruft an – er meldet sich nicht. Da läuft sie hinüber zu seinem Zimmer, keine zehn Schritte weit. Sie findet ihn lang ausgestreckt auf dem Boden. Die Pistole liegt neben ihm. Niemand hat den Schuß gehört.

Hans Jeschonnek, Generalstabschef der deutschen Luftwaffe zur Zeit der Blitzsiege und zu Beginn ihres Zerfalls, ist tot. Warum hat er sich erschossen? War es der Schock des Angriffs auf Peenemünde? Leuchtenberg, der von Frau Kersten herbeigerufen wird, sieht den Zettel mit Jeschonneks Schrift. Seine letzten Gedanken, die er zu Papier gebracht hat:

»Ich kann mit dem Reichsmarschall nicht länger zusammenarbeiten. Es lebe der Führer.«

Schrieb nicht Udet etwas ganz Ähnliches, bevor er sich im November 1941 erschoß?

Wenig später stampft Göring schwer in den Raum. Zehn Minuten schließt er sich mit dem Toten ein. Dann geht er mit starrem Blick, ruft schließlich Leuchtenberg zu sich.

»Sagen Sie mir die volle Wahrheit«, fordert der Reichsmarschall, »warum hat er das getan?«

Leuchtenberg sieht seinem Oberbefehlshaber prüfend in die Augen. Was will

Göring hören? Wirklich die ganze Wahrheit? Oder nur eine Pseudo-Wahrheit, die ihn rechtfertigt? Die den Selbstmord als Schuldbekenntnis des Generalstabschefs wertet? Leuchtenberg nutzt die einmalige Chance dieses Gesprächs unter vier Augen.

»Der Generaloberst«, sagt er betont, »wollte ein Fanal geben, um die ungeheuren Mängel in der Führung der Luftwaffe aufzuzeigen.«

Unwillig hebt Göring den Kopf. Doch nun muß er einen Schlag nach dem anderen einstecken: In dem gleichen Maße, in dem sich Hitler enttäuscht von Göring abgewandt und fast nur noch direkt mit Jeschonnek über die Luftwaffe gesprochen hatte, bekam der Generalstabschef die gekränkte Eitelkeit und Herrschsucht des Reichsmarschalls zu spüren. Das hatte schon bei Stalingrad begonnen, als Göring nach dem Scheitern der Luftversorgung die Verantwortung für seine eigene Zusage auf Jeschonnek abzuwälzen versuchte. Weitere Zwischenfälle häuften sich.

Jeschonnek wurde zwischen zwei Blöcken zermalmt. Auf der einen Seite Hitler, an dessen Genie er glaubte; auf der anderen Göring, dessen Befehle für ihn als Offizier maßgebend waren, sosehr er auch seinen Lebensstil verabscheute. Jeschonnek ertrug den Zorn Hitlers über das ›Versagen‹ der Luftwaffe an allen Fronten. Und er mußte obendrein noch Görings Spott über sich ergehen lassen: »Sie stehen ja immer wie ein Schuljunge vor dem Führer! Wie ein kleiner Leutnant mit der Hand an der Hosennaht!« Jeschonnek war der Prügelknabe. Auf seinem Rücken trugen die beiden ›alten Kämpfer‹ ihren Streit aus. Aber dieser Rücken war nicht breit genug. Er zerbrach.

Das alles berichtet Major i. G. Werner Leuchtenberg seinem Oberbefehlshaber. Wachsender Ärger rötet Görings Gesicht. Leuchtenberg läßt nicht locker. Der Adjutant, der seinem Chef vor wenigen Wochen schon einmal die Waffe im letzten Augenblick aus der Hand gewunden hatte, nennt auch die jüngsten Ereignisse, die den Entschluß des Generalstabschefs zum Freitod beeinflußt haben müssen:

Göring hatte in den letzten Wochen versucht, Jeschonnek von seinem Posten zu entfernen, war aber damit bei Hitler nicht durchgedrungen. Jeschonnek selbst erfuhr erst von seinem möglichen Nachfolger, dem Generalfeldmarschall v. Richthofen, was hinter den Kulissen gespielt wurde. Als der Plan am Widerstand Hitlers gescheitert war, hatte Göring Jeschonnek umarmt und ihm versichert: »Sie wissen doch, daß ich Ihr treuester Freund bin...« Und das zweite: Jeschonnek hatte sich stets bedingungslos hinter Hitler gestellt. Göring aber wies ihn aus nichtigem Anlaß zurecht, es sei an der Zeit, Führerbefehle nicht mehr hundertprozentig auszuführen.

Bei dieser letzten Anklage aus dem Mund des jungen Offiziers springt Göring auf. »Das«, schreit er Leuchtenberg an, »das wagen Sie mir zu sagen?«

»Sie wollten die volle Wahrheit wissen, Herr Reichsmarschall«, gibt der Major erregt zurück.

»Sie, ich bringe Sie vors Kriegsgericht!« Drohend kommt Göring auf Leuchtenberg zu. Aber plötzlich bricht er zusammen. Er sinkt auf einen Stuhl, verbirgt das Gesicht in den Händen. Ein Schluchzen schüttelt den massigen Körper. Dieses unwürdige Schauspiel bietet der Reichsmarschall seinen engsten Mitarbeitern jetzt oft. Seit Stalingrad gibt sich der theatralische Mann immer mehr seinem Schmerz hin. Doch es wäre verfehlt, diese Szenen mit einer inneren Läuterung gleichzusetzen. Er fühlt sich verraten, verlassen, getäuscht. Schuld sind nur alle andern, nie er selbst.

»Jetzt bringen wir die Luftwaffe auf Vordermann!« versichert Göring, als er seinen Schwächeanfall überwunden hat. »Warum«, klagt er zu seinen vor der Tür wartenden Generalen Meister, Martini und ›Beppo‹ Schmid, »warum hat mir niemand jemals die Wahrheit gesagt, so wie dieser junge Mann?«

Es bleibt, wie stets, bei großen Worten. Allein Leuchtenberg wird nach zwei Tagen zu einem Frontstab versetzt. Neuer Generalstabschef wird nicht Richthofen, der zu große Vollmachten fordert, sondern General Günther Korten, zuletzt vertretungsweise Chef der Luftflotte 1 im Osten.

»Für mich persönlich ein rechter Segen«, notiert Richthofen in sein Tagebuch, »da meine Verwendung (als Generalstabschef) binnen kurzem zum Riesenkrach geführt hätte.«

Bei Korten bleibt der ›Riesenkrach‹ aus. Er versieht seinen Dienst im Schatten Görings, bis er am 20. Juli 1944 von der Bombe, die Hitler zugedacht war, tödlich getroffen wird.

So ändert sich in der Führung der Luftwaffe letztlich nichts. Jeschonneks Tod führt nicht zur Besinnung. Wenn er ein Fanal geben wollte, so verhallt es ungehört. Göring bestimmt ›Magenbluten‹ als Todesursache und fälscht den Todestag, um nicht einmal den Verdacht eines Zusammenhangs mit dem Angriff auf Peenemünde aufkommen zu lassen. Das falsche Datum, der 19. statt des 18. August, hält sich bis heute in der Literatur über Jeschonneks Tod.

Zweifellos hatte der Generaloberst auch seine eigene Verstrickung in die Schuld am Niedergang der deutschen Luftwaffe erkannt, bevor er sich das Leben nahm. »Wenn wir den Krieg nicht bis Dezember 1942 gewonnen haben, ist Schluß mit unseren Aussichten«, hatte er schon zu Beginn der zweiten Sommeroffensive in Rußland geäußert.

Er selbst aber hatte die taktische und technische Ausrichtung der Luftwaffe auf einen Blitzkrieg, möglichst nur an einer Front, entscheidend mit beeinflußt. Er hatte immer wieder den Sturzangriff als alleiniges Rezept gefordert. Die Stärke des mittleren Bombers, besonders der Ju 88, war von ihm weit überschätzt, der Aufbau einer viermotorigen Bomberflotte entsprechend vernachlässigt worden. Jeschonnek war weder gegen den Entwicklungsstopp angegangen, der die Luftrüstung zurückwarf, noch hatte er Hitler vor dem Mehrfrontenkrieg gewarnt, dem die Luftwaffe gar nicht gewachsen sein konnte.

Das erschütterndste Zeugnis vom Scheitern dieses Mannes fällt in die letzten

Monate vor seinem Tode. Der Luftwaffenführungsstab besaß sehr genaue Unterlagen über das amerikanische Flugzeugbauprogramm. Nach anfänglicher Ablehnung erkannte der Generalstabschef die tödliche Gefahr, die Deutschland von den viermotorigen Bomberflotten drohte.

»Eine Gefahr von einem Ausmaß, gegen das die Katastrophe von Stalingrad geringfügig gewesen ist«, äußerte er sich oft.

Das Gebot der Stunde hieß: Alle Kraft für die Reichsverteidigung! Damit wurde Jeschonnek zum Verbündeten der Generale Galland und Kammhuber, die schon lange auf die Drohung aus dem Westen hinwiesen, während die Luftwaffe an den Fronten im Osten und Süden verblutete. Doch auch der Generalstabschef drang mit seiner Warnung nicht durch. Hitler hielt nichts von Verteidigung. Nur im Angriff glaubte er den Sieg erzwingen zu können.

Jeschonnek, im vertraulichen Gespräch über die Berechtigung eines Selbstmordes: »Drängt sich da nicht der Gedanke auf, daß man durch das Opfer seiner eigenen Person gewaltsam auf die tödliche Gefahr hinstoßen muß, die sonst nur bagatellisiert wird?«

Am Morgen des 18. August 1943 läßt der Generaloberst seinem Gedanken die Tat folgen. Er tut es seltsamerweise in einem Augenblick, da die Tagesoffensive der ›fliegenden Festungen‹ ohnehin eine starke Konzentration deutscher Jäger zum Schutz der Heimat erzwungen hat: am Morgen nach der ersten großen Luftschlacht über Deutschland, die den amerikanischen Angreifern deutlich ihre Grenzen zeigt.

33. Verfolgungsjagd im Bomberstrom

Bereits im Juli 1943 war die von England aus operierende 8. amerikanische Luftflotte auf 15 Bombergruppen mit mehr als 300 viermotorigen B-17 ›Fortress‹ und B-24 ›Liberator‹ angewachsen. Nur mit der Reichweite der Begleitjäger haperte es noch. Die P-47 ›Thunderbolt‹ kamen zunächst nur bis über das holländisch-belgische Küstengebiet. Und die zweimotorigen P-38 ›Lightning‹ mit dem Doppelrumpf waren, ähnlich wie die deutschen Zerstörer Me 110, einem Luftkampf mit einmotorigen Jägern nicht gewachsen.

Am 28. Juli erschienen die Thunderbolts zuerst mit Flächen-Zusatztanks. Jetzt reichte ihre Eindringtiefe schon bis an die deutsche Westgrenze. Das war zwar immer noch nicht genug, aber nun konnte General Ira C. Eaker, der Befehlshaber der 8. Luftflotte, nicht länger warten. Er mußte endlich seinen eigenen Plan in die Tat umsetzen.

Das hieß: Genau gezielte Tagesangriffe auf die Werke der deutschen Luftrüstung. Die Jäger sollten die eigenen Bomber auf dem Anflug so lange schützen, wie ihr Treibstoff reichte. Und sie sollten sie auf dem Rückflug wiederaufnehmen. Dazwischen lag eine lange ›Durststrecke‹ für die Viermotorigen. Am 28. Juli 1943, zur gleichen Zeit, da Hamburg durch die schweren RAF-Nachtangriffe ausbrannte, flogen 77 Fortress in zwei Pulks am hellen Tage tief nach Mitteldeutschland ein. Ihr Ziel waren die Fieseler-Werke in Kassel-Bettenhausen und Ago in Oschersleben, nicht weit vor Magdeburg. General Eaker hatte es auf die Jäger, seine schlimmsten Widersacher, abgesehen: In beiden Werken wurden Focke-Wulf FW 190 gebaut.

Schon auf dem Anflug fallen deutsche Jagdgruppen über die Viermotorigen her. Von Jever aus zieht die II./JG 11 mit ihren Messerschmitts dem Feind entgegen. Die 5. Staffel hängt hinterher. Diese elf Mes tragen schwerer als ihre Kameraden: Sie haben je eine 250-Kilo-Bombe unter dem Rumpf! Mühsam ziehen sie hoch auf 8000 Meter.

Diese Taktik ist neu: Die Jäger wollen dem dichtgeschlossenen, abwehrstarken Bomberpulk mit Bomben zu Leibe rücken. Der Staffelführer der Fünften, Oberleutnant Heinz Knoke, hatte das vor Wochen ausprobiert und einen überraschenden Erfolg erzielt: Einer Boeing war von der Gewalt der nahen Bombenexplosion eine Fläche abgerissen, und sie war trudelnd ins Meer gestürzt.

Welche Wirkung muß es erst haben, wenn die ganze Staffel, wenn elf Maschinen ihre Bomben in den Pulk werfen!

Die Messerschmitts hängen 1000 Meter über den fliegenden Festungen. Sie machen jede Kursänderung mit. Dann werfen sie. Dicht hintereinander. Ziehen in einer Linkskurve hoch, um nicht in die Explosionswirkung der eigenen Bomben zu fliegen.

Die Bomben haben Zeitzünder. Es kommt darauf an, die Entfernung Jäger–Bomber und damit den Flugweg der Bombe richtig einzuschätzen. Das kann nur über den Daumen gepeilt werden. Deshalb zeigen viele Bomben keine Wirkung. Sie liegen zu weit hinten. Oder sie fallen durch den Verband und explodieren zu tief.

Plötzlich aber blitzt es mitten unter den Boeings auf. Feldwebel Fest hat einen Volltreffer erzielt! Nein, nicht nur einen. Drei B-17 Fortress scheinen in der Luft stehenzubleiben. Sie knicken zusammen. Flächen wirbeln durch die Luft. Dann stürzen sie mit langen Rauchfahnen. Am Himmel segeln ungezählte Fallschirme.

Die Bombe muß mitten zwischen den zu dicht aufgeschlossenen Maschinen explodiert sein. Dieser unerwartete Erfolg macht Mut. Die Messerschmitts stürzen sich nun ohne Bomben in den angeschlagenen Feindverband. Er wirkt auf einmal zerrissen. Die deutschen Jäger lassen erst von den Boeings ab, als die rote Lampe am Armaturenbrett aufleuchtet: Der Sprit geht zur Neige, es ist höchste Zeit, umzukehren.

An diesem Vormittag zählt allein die II./JG 11 unter Hauptmann Günther Specht elf abgeschossene Viermot-Bomber. Insgesamt kehren von den Angriffen auf Oschersleben und Kassel-Bettenhausen 22 Fortress nicht zurück – nicht gerechnet die schwer beschädigten Bomber, die England nur mit Mühe wieder erreichen. Auf deutscher Seite wird der Abschuß von 35 Feindmaschinen gemeldet. Sieben deutsche Jäger gehen bei den Luftkämpfen verloren; die Amerikaner aber glauben, nicht weniger als 48 FW 190 und Me 109 abgeschossen zu haben.

Mit diesem Tag, dem 28. Juli, beginnt der ›blutige Sommer 1943‹, wie die Amerikaner selbst die Folge von Luftschlachten ohne eigenen Jagdschutz genannt haben, die sich nun über Deutschland abspielt. Trotz der hohen Verlustquote der ersten Einflüge setzen die fliegenden Festungen die Angriffe fort: Am 29. Juli ist Arado in Warnemünde ihr Ziel, wo ebenfalls FW 190 produziert werden. Am 30. Juli greifen 131 Viermotorige erneut die Fieseler-Werke in Kassel-Bettenhausen an.

Am 1. August schlagen die Amerikaner an ganz anderer Stelle zu: Die in Nordafrika stationierte 9. Luftflotte eröffnet ihre Angriffe gegen Südosteuropa.

178 Liberators fliegen von Bengasi über das Mittelmeer nach Norden und jagen im Tiefflug auf das Erdölgebiet von Ploesti in Rumänien zu. Die Überraschung gelingt nicht. Das Sperrfeuer der um Ploesti massierten Flak richtet unter den Tiefangreifern ein wahres Blutbad an. Und die wenigen Jäger – Teile der I./JG 4 unter Hauptmann Hans Hahn und der IV./JG 27 unter Oberleutnant Burk, dazu rumänische Jäger und ein paar Me 110 von Hauptmann Lütjes IV./NJG 6 – stoßen den abfliegenden Amerikanern nach oder fangen sie noch über See ab. 48 von den 178 Viermotorigen werden abgeschossen, weitere 55 kommen mit empfindlichen Beschußschäden zurück.

Ploesti ist zwar schwer getroffen, kann seine Produktion aber bald in vollem Umfang wiederaufnehmen.

Am 13. August dringen 61 Liberators von Nordafrika aus sogar in das Reichsgebiet ein und greifen das Messerschmitt-Werk in Wiener Neustadt an. Bei diesem Einflug finden sie so gut wie keine Jagdabwehr vor. Süddeutschland gerät damit in eine Zangenbewegung. Es kann von den Viermotorigen aus England und aus Nordafrika angegriffen werden. Die Reichsverteidigung, die gerade erst erstarkt, wird erneut zersplittert. Sie muß nun auch eine ›Luftfront‹ nach Süden errichten.

Immerhin: Die Abschußerfolge bei Tagesangriffen auf das Reichsgebiet steigen. Allein für den Juli 1943 rechnet die Luftwaffenführung mit einem Verlust von 12 bis 15 Prozent aller angreifenden Viermotorigen. Nach amerikanischen Angaben verliert die 8. US-Luftflotte bei ihren fünf Juli-Einflügen über Deutschland 87 von insgesamt 839 Maschinen. Auch das sind über zehn Prozent. Dabei sind wiederum die schwer beschädigten Bomber nicht mitgerechnet, obwohl auch sie für weitere Einsätze ausfallen.

Von einem schweren Bomberverband bleibt also nach zehn Einsatzflügen nichts mehr übrig. Seine Maschinen sind verbrannt, am Boden zerschellt, oder sie haben nur noch Schrottwert. Der ›blutige Sommer‹ wirkt sich auch auf die Einsatzfreude der amerikanischen Bomberbesatzungen aus. Auf die Dauer sind so hohe Verluste untragbar.

Untragbar erscheinen die präzisen amerikanischen Tagesangriffe freilich auch dem deutschen Reichsminister für Munitionsbeschaffung und Kriegserzeugung, Albert Speer. Denn trotz ihrer verheerenden Flächenwirkung in den Städten sind es nicht die britischen Nachtbombardements, die das deutsche Rüstungspotential spürbar beeinträchtigen. Es sind die Amerikaner, die die Industrie dort treffen, wo sie verwundbar ist. Sie greifen die Schlüsselwerke an, suchen sich die Engpässe heraus. Wenn auch viele Bomber abgeschossen werden, so genügen die anderen doch, um schwere Schäden in den angegriffenen Werken zu erzielen.

Speer teilt seine Sorge dem General der Jagdflieger, Adolf Galland, mit. Galland weiß Abhilfe: »Drei- bis viermal soviel Jäger«, sagt er, »dann können wir die Viermotorigen mit entscheidenden Verlusten abschlagen.«

Der Rüstungsminister sieht die Notwendigkeit ein. Speer wird zu einem der stärksten Befürworter der Reichsverteidigung – auch bei Hitler, dessen Ohr er besitzt.

Unabhängig davon kommt der Generalluftzeugmeister, Erhard Milch, zu gleichen Ergebnissen. Nach einer Besichtigungsreise bei den im Westen liegenden Jagdverbänden stellt er am 29. Juni in einem Bericht an Göring fest: »Um einen durchschlagenden Erfolg gegen die in Stärken zwischen 100 und 200 Viermot-Bombern einfliegenden Amerikaner zu erreichen, müßten die Jagdkräfte viermal so stark wie der Gegner sein. Eine erfolgreiche Abwehr gegen diese Verbände erfordert daher jeweils einen Einsatz von 600 bis 800 Jägern.«

Milch vergißt nicht, den Einsatzwillen der Frontverbände zu loben: »Die Moral der Jäger ist vorzüglich, ihre Leistungen sind bei der zahlenmäßigen Schwäche hervorzuheben. Die Persönlichkeiten der Jägerführung sind ihrer Aufgabe voll gewachsen. Die Tagjagdlage kann als absolut gesichert angesehen werden, vorausgesetzt, daß entsprechend neue Kräfte zugeführt werden.«

Das ›vorausgesetzt‹ wird von Milch dick unterstrichen.

Diese Voraussetzung ist eigentlich gegeben. Der Nachschub neuer Jagdflugzeuge für die Front klettert in den ersten acht Monaten des Jahres 1943 auf 7477 Me 109 und FW 190. Dennoch geht die Reichsverteidigung zunächst leer aus. Auf Hitlers ausdrücklichen Befehl hat neben der Ostfront die Luftflotte 2 im Mittelmeerraum absolutes Vorrecht auf neue Maschinen.

In Tunesien und auf Sizilien stehen die hier eingesetzten Gruppen der Jagdgeschwader 27, 53 und 77 in einem aussichtslosen Kampf gegen erdrückende Übermacht. Allein der Geleitschutz für die Nachschubschiffe fordert pausenlos ihren vollen Einsatz. Die Verluste sind schwer. Hunderte von Maschinen fallen den Bombenteppichen auf die Flugplätze zum Opfer. Hunderte müssen beschädigt zurückgelassen werden, weil die Räumungsbefehle immer zu spät kommen, um noch das Material zu retten. Der Verschleiß an Flugmotoren übertrifft die schlimmsten Befürchtungen. Immer neue Reserven werden in den Süden gepumpt. Der Mittelmeerraum ist wie ein Faß ohne Boden.

So kommt es, daß die Zahl der einsatzbereiten Tagjäger in der Reichsverteidigung trotz der von Monat zu Monat höheren Produktion nur sehr langsam steigt: von 120 Flugzeugen im März und April 1943 auf 162 Anfang Mai, auf 255 Anfang Juni und auf 300 im Juli 1943. Schließlich erreicht die Jagdwaffe zum Schutz der Heimat unter der Drohung der amerikanischen Tagesoffensive ihren höchsten Stand: Ende August zählt sie 405 einsatzbereite Me 109 und FW 190 und dazu ein Zerstörergeschwader mit etwa 80 Me 110 und Me 410.

Manche dieser Verbände sind neu aufgestellt. Die meisten aber müssen von anderen Fronten abgezogen werden. Aus Süditalien kommt die II./JG 27 (Hauptmann Werner Schroer) nach Wiesbaden-Erbenheim, die II./JG 51 (Hauptmann Karl Rammelt) nach Neubiberg bei München. Eine Gruppe des bekannten ›Grünherz‹-Geschwaders, die III./JG 54 unter Major Reinhard Seiler, verlegt aus Nordrußland nach Oldenburg und Nordholz an der Deutschen Bucht.

Ganze Geschwader werden in die Reichsverteidigung eingereiht: Vom Südabschnitt der Ostfront kommt das JG 3 ›Udet‹ unter Oberstleutnant Wolf-Dietrich Wilcke; von der Kanalfront eines der im Kampf mit Engländern und Amerikanern erfahrensten deutschen Jagdgeschwader, das JG 26 ›Schlageter‹ unter Major Josef Priller. Beide Geschwader verlegen in den niederrheinisch-holländischen Raum, möglichst dicht an die Einflugschneisen der Bomberströme.

Auch dem längst totgesagten und in vielen Nebenaufgaben eingesetzten zweimotorigen Zerstörer wird wieder eine echte Chance eingeräumt. Seine starken Bordwaffen werden den Viermotorigen zu schaffen machen – wenn er sich nicht auf Luftkämpfe mit feindlichen Jägern einlassen muß. Das ZG 26, Kommodore Major Karl Boehm-Tettelbach, meldet sich mit drei Gruppen aus dem Raum Wunstorf–Quakenbrück–Hildesheim einsatzbereit.

Der Aufmarsch ist beendet. Auf den Flugplätzen gehen die Jäger jeden Morgen in Sitzbereitschaft. Die Radaraugen tasten den Luftraum im Westen ab. Auch in den Gefechtsbunkern der Jagddivisionen wartet man auf den Feind. Die Schlacht kann beginnen.

Am frühen Morgen des 17. August stellt der deutsche Horchdienst auf den Flugplätzen der 8. US-Luftflotte in England ungewöhnliche Aktivität fest, die auf einen Großeinsatz schließen läßt. Nach allen vorhergegangenen Meldungen wird bei der 1. Jagddivision in Deelen mit Sicherheit ein Einflug tief nach Mittel- oder Süddeutschland angenommen. Einige Jagdgruppen erhalten schon jetzt den Befehl, von der Nordseeküste auf Plätze westlich des Rheins zu verlegen, um näher am Schuß zu sein. Diese Maßnahme macht sich bald bezahlt.

Kurz nach 10 Uhr dringt ein mächtiger Bomberstrom über die holländische

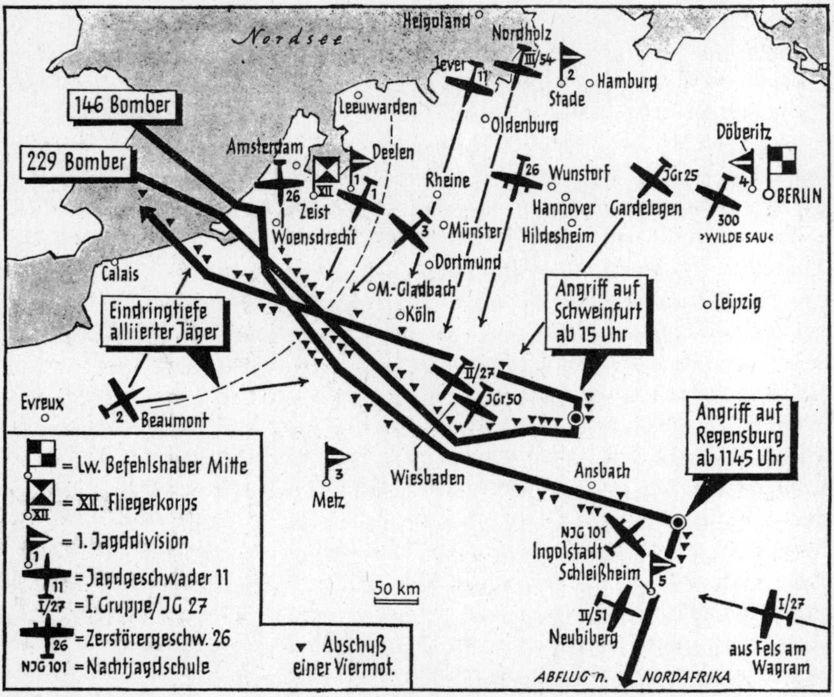

Verfolgungsjagd im Bomberstrom: Am 17. August 1943 griffen 300 Jäger der deutschen Reichsverteidigung die beiden Verbände viermotoriger amerikanischer Bomber auf ihrem Weg nach Schweinfurt und Regensburg an. Insgesamt schossen sie 60 Viermotorige ab, davon zehn über Südeuropa (außerhalb der Karte). Die Karte zeigt außerdem die Kommandostruktur der Reichsverteidigung im Sommer 1943 und die zu dieser Zeit eingesetzten Geschwader

Küste landeinwärts vor. Es sind genau 146 Viermotorige, begleitet von ungezählten Jägern, von Spitfires und Thunderbolts. Focke-Wulf-Jäger von der II./JG 1 folgen in einigem Abstand. Sie beobachten nur, halten Fühlung, aber greifen noch nicht an.

Über Holland schwenken die Amerikaner nach Süden. In 6000 Meter Höhe fliegen sie über Belgien hinweg. Kurz vor Erreichen der deutschen Grenze muß der Begleitschutz abdrehen. Darauf haben die Focke-Wulf gewartet. Jetzt greifen sie an! Von vorn, aus leichter Überhöhung, drücken sie auf die Viermotorigen zu und schießen aus allen Rohren. Jagen dann dicht unter den Bombern durch, ziehen hoch und wenden zu neuem Angriff.

Die ersten Boeings brennen. Vier stürzen mit schwarzen Rauchfahnen in die Eifel. Die nächsten drei in den Hunsrück. Kaum hat sich eine deutsche Jagdgruppe verschossen, da taucht eine neue auf. Überall hängen Focke-Wulf und Messerschmitts am Himmel.

Die Luftschlacht dauert eineinhalb Stunden. 90 Minuten ohne Aufatmen. In dieser Zeit verlieren die Amerikaner 14 schwere Bomber. 132 Maschinen öffnen ihre Bombenschächte über dem Ziel, den Messerschmitt-Werken in Regensburg-Prüfening.

Inzwischen bereitet sich die deutsche Jägerführung darauf vor, den Rückflug ebenso heftig zu bekämpfen. Gewöhnlich wählen die Amerikaner den gleichen Kurs zurück. Diesmal aber schwenken sie nach Süden ab. Sie fliegen über Italien und das Mittelmeer hinweg nach Nordafrika, was ihren gewaltigen Aktionsradius beweist. Weitere zehn Bomber werden von Jägern der Luftflotte 2 im Süden abgeschossen. Das macht zusammen 24 vernichtete Boeings. Viele andere Maschinen sind beschädigt.

Doch der Höhepunkt der Luftschlacht des 17. August steht erst bevor. Am frühen Nachmittag fliegt ein noch stärkerer Bomberstrom über der Scheldemündung ein. 229 Viermotorige haben die Kugellagerwerke in Schweinfurt als Ziel. Sie erleben einen noch heißeren Empfang. Diesmal warten die deutschen Jäger nicht, bis der feindliche Jagdschutz abgedreht hat. Eine Gruppe nimmt den Luftkampf auf, sie ›beschäftigt‹ die Thunderbolts. Eine zweite Gruppe stürzt sich auf die Bomber.

Unter den ersten Angreifern ist wieder die 5. Staffel des JG 11, die schon die Versuche mit den Bomben gegen geschlossene Pulks unternommen hatte. Heute tragen die Messerschmitts je zwei dicke ›Ofenrohre‹ unter den Tragflächen. Auf 800 Meter Entfernung hängen sie hinter einem gut gestaffelten Feindverband. Und drücken los. Fauchend verlassen die 21-cm-Raketen die Rohre. Die meisten liegen zu kurz. Aber zwei Volltreffer sind dabei. Die Bomber zerplatzen förmlich in der Luft. Nach diesem Auftakt haben die Amerikaner keinen Augenblick mehr Ruhe. Weder auf dem Weg nach Schweinfurt noch auf dem Rückflug. Mehr als 300 deutsche Jäger werden eingesetzt.

»Die deutschen Angriffe«, heißt es in einem amerikanischen Bericht, »waren beispiellos in ihrem Ausmaß, in ihrer geschickten Planung und in der Heftigkeit, mit der sie vorgetragen wurden.«

36 Boeings bleiben auf der Strecke. Mit den 24 der Vormittagswelle sind es 60 Viermotorige an einem einzigen Tag. Dazu mehr als hundert beschädigte Maschinen.

Wieder einmal hat sich gezeigt, daß langsame Bomber bei Tage entschlossenen Jagdangriffen nicht gewachsen sind. Das gilt also auch für die waffenstarrenden fliegenden Festungen. Die Amerikaner erscheinen nach dieser Niederlage länger als fünf Wochen nicht mehr über dem deutschen Reichsgebiet. Sie rächen sich auf andere Weise: Unter starkem Jagdschutz greifen sie die Flugplätze der Luftwaffe in den von Deutschland besetzten Westgebieten an.

Erst im Oktober wagt die 8. US-Luftflotte einen neuen Vorstoß außerhalb der Reichweite ihrer Jäger. Die Antwort fällt noch deutlicher aus als im August. Binnen einer Woche, vom 8. bis 14. Oktober, werden bei Angriffen gegen Bremen, Marienburg und Danzig, Münster und erneut gegen Schweinfurt 148 Viermotorige abgeschossen. Der Verlust von fast 1500 Fliegern in diesen wenigen Tagen ist selbst für die Amerikaner nicht auszugleichen.

Hat die deutsche Reichsverteidigung somit einen großen Sieg errungen? Vielleicht – wenn sie die weitere Entwicklung nüchtern einschätzt. Wenn sie erkennt, daß die Amerikaner nun alles daransetzen werden, die Reichweite ihrer Begleitjäger bis weit über Deutschland auszudehnen.

Wieder ist es der General der Jagdflieger, Adolf Galland, der warnend auf diese Möglichkeit hinweist. Er fordert die besten und schnellsten Jäger der Welt, um die Luftüberlegenheit über dem deutschen Raum nicht zu verlieren. Denn nur wenn die feindlichen Jäger in Schach gehalten werden, ist an die Bomber heranzukommen.

Hitler aber weist diese Gedanken weit von sich. Und Göring verspottet sie als ›Hirngespinste schlapper Defätisten‹.

Anfang 1944 wird das Hirngespinst wahr. Der amerikanische Langstreckenjäger P-51 ›Mustang‹ ist da. Die Luftüberlegenheit der Focke-Wulf und Messerschmitt geht verloren. Der Opfergang der deutschen Jäger beginnt.

Doch die Luftwaffe hat noch immer eine Chance. Sie besitzt den von Galland genannten überlegenen Jäger: den ersten einsatzbereiten Düsenjäger der Welt. Sie brauchte ihn nur an die richtige Front zu schicken. An die Front der Luftschlacht über Deutschland.

34. Ein Engel schiebt

Die Maschine steht am Start. Am äußersten Ende der Startbahn von Leipheim, nahe Günzburg an der Donau. Die Startbahn ist nur 1100 Meter lang. Und auf jeden Meter kommt es an. Es ist wenige Minuten vor 8 Uhr am 18. Juli 1942, als der entscheidende Startversuch beginnt.

»Hals- und Beinbruch!« rufen die Männer am Boden dem Flugzeugführer zu. Fritz Wendel, Flugkapitän und Chefpilot bei Messerschmitt, dankt mit einem Kopfnicken. Er verriegelt das Kabinendach von innen. Die Riedel-Anlasser heulen auf. Immer durchdringender, immer kreischender wird der Ton. Er steigert sich zu einem ohrenbetäubenden Bullern und Tosen.

Dieser Maschine fehlt das Hauptmerkmal aller bisherigen Flugzeuge: Sie hat keine Propeller, keine herkömmlichen Motoren. Statt dessen hängen zwei dicke verkleidete Strahlturbinen unter den Tragflächen. Aus den kreisrunden hinteren Austrittsöffnungen dieser Triebwerke donnert ein feuriger Strahl zum Erdboden. Sand und Steine spritzen gegen das Leitwerk.

Langsam, ganz langsam schiebt Wendel die Leistungshebel nach vorn und fährt die Turbinen hoch. Mit beiden Beinen stemmt er sich gegen die Bremsen. Es dauert 30 oder 40 Sekunden, bis der Tourenzähler 7500 Umdrehungen anzeigt. Bis 8500 kann Wendel die Maschine noch halten. Dann hat er Vollgas. Er läßt die Bremsen los. Die Me 262 schießt nach vorn.

Mit ihrem spitz zulaufenden Rumpfbug, der sich schräg in die Luft reckt, ähnelt die Maschine tatsächlich einem Geschoß. Aber diese Schräglage bringt schwere Nachteile mit sich. Dem Piloten ist die Sicht nach vorn versperrt. Er kann sich nur seitlich orientieren, ob er die Startbahn einhält. Und das beim Erstflug eines revolutionär neuen Flugzeugmusters!

Ein Gedanke jagt Wendel durch den Kopf: Die Maschine braucht ein Bugrad! Jetzt läuft sie nämlich, wie alle Propellerflugzeuge eh und je, auf dem hohen Hauptfahrwerk und auf einem kleinen Spornrad am Heck. Das bewirkt die Schräglage; die Triebwerke blasen in den Boden, der Pilot kann nichts sehen. Noch schlimmer: Das Leitwerk liegt im toten Winkel, es bekommt keine ›Strömung‹, reagiert nicht auf Ruderdruck, und die Maschine klebt trotz hoher Rollgeschwindigkeit am Boden.

Den Zuschauern am Start stockt der Atem. Ein donnerndes, schrilles Pfeifen zerschneidet die Luft. Wie ein Rennwagen jagt die Me über die Piste. 180 Stundenkilometer muß sie schon erreicht haben. Aber sie hebt nicht ab. Sie rast auf das Ende der Startbahn zu.

Theoretisch ist das alles ausgerechnet. Mit ihren fünf Tonnen Gesamtgewicht müßte die Me bei 180 abheben. Bei den Rollversuchen am frühen Morgen hatte Wendel die Geschwindigkeit von 180 Stundenkilometer nach einer Strecke von 800 Meter erreicht. Dennoch spürte er keinen Ruderdruck. Er bekam den verdammten Sporn einfach nicht vom Boden hoch. Und die restlichen 300 Meter der Startbahn brauchte er dringend als Auslauf. Dicht vor dem Zaun blieb er jedesmal stehen.

»Ein Flugzeug ohne Propeller kann doch nicht fliegen«, hatten die Zweifler gesagt. Sollten sie recht behalten?

Diesmal setzt Fritz Wendel alles auf eine Karte. Er hat einen Tip erhalten, wie er das störrische Heck seiner Me in die Luft bekommen kann. Es ist ein höchst ungewöhnliches Manöver und sehr riskant. Aber er wagt es.

Bei 180 Sachen, mit Vollgas auf den Turbinen, tritt Wendel plötzlich kurz und kräftig in die Bremsen. Tatsächlich: Die Maschine neigt sich um die Querachse, sie macht eine ›Verbeugung‹ nach vorn – das Heck ist frei.

Kaum liegt die Messerschmitt waagerecht, da wird auch die Strömung ›gesund‹, und Druck kommt auf die Ruder. Wendel reagiert sofort. Er zieht am Steuerknüppel. Ganz leicht, fast selbstverständlich, hebt die Me ab.

Sie fliegt! Und wie sie fliegt!

Der Chefpilot, der diese Maschine von Anfang an betreut hat und nun zum erstenmal den Lohn für alle Mühen erntet, vergißt den schwierigen Start schnell.

Er drückt etwas nach, um mehr Fahrt zu bekommen. Dann wird er selbst von der Beschleunigung in den Sitz gepreßt. Die Me jagt wie ein Pfeil in den Himmel hinein. Sie gehorcht jedem Ruderdruck. Und vor allem: Sie wird immer schneller.

Sprachlos starrt Wendel auf die Instrumente. Er selbst hält mit 755 Stundenkilometer den absoluten Geschwindigkeits-Weltrekord, den er am 26. April 1939 mit der Propellermaschine Me 209 erzielte. Seither ist diese Leistung nur von dem Raketenflugzeug Me 163 mit seinem Kameraden Heini Dittmar am Steuer übertroffen worden. Die Raketenentwicklung war im Kriege jedoch so geheim, daß die Me 163 nicht zum Rekordflug angemeldet wurde.

Und nun kommt diese Me 262, Versuchsmuster 3, angetrieben von zwei Strahlturbinen Jumo 004, schon bei ihrem Erstflug auf Anhieb über die Weltrekordmarke hinaus! Mühelos schafft sie 800 Stundenkilometer. Plötzlich fühlt sich Fritz Wendel wohl in diesem sensationellen Flugzeug. Er nimmt die Gashebel zurück, schiebt sie wieder vor – die Triebwerke laufen einwandfrei. In einer weiten Kurve schwebt er zur Landung ein, setzt glatt auf und rollt aus. Genau zwölf Minuten hat der Erstflug der Me 262 V-3 gedauert, des ersten Düsenjägers der Welt, der die Serienreife erlangt.

Fragend sieht Professor Messerschmitt seinem Chefpiloten entgegen.

»Sie ist wundervoll«, strahlt Wendel, »ich war noch nie auf Anhieb so begeistert von einem neuen Muster!«

Mittags fliegt er die Maschine zum zweitenmal. Die eigentliche Erprobungsarbeit beginnt. Viel verlorene Zeit ist aufzuholen. Denn Messerschmitt hatte lange vergeblich auf die Triebwerke für die Me 262 warten müssen.

Schon am 18. April 1941 hatte Fritz Wendel die Zelle des neuen Flugzeugs eingeflogen – mit einem alten Kolbenmotor im Rumpfbug. Der paßte zu der windschnittigen Zelle wie die Faust aufs Auge. Trotzdem hatte Wendel damit wenigstens starten und die Flugeigenschaften der Zelle erproben können.

Ein halbes Jahr später kamen die ersten TL-(Turbinen-Luftstrahl-)Triebwerke, wie man damals sagte. Sie kamen von BMW aus Berlin und waren dort auf dem Prüfstand zufriedenstellend gelaufen. Dennoch behandelten die Monteure diese ersten Muster der BMW-003-Reihe wie ein rohes Ei.

Erst am 25. März 1942 konnte der erste Probeflug gewagt werden. Die Me 262 V-1 bot einen seltsamen Anblick. Unter den Tragflächen hingen die Turbos, und in der Mitte saß noch der alte Motor. Für Wendel war das ein Glück. Denn kaum war er 50 Meter hoch, als kurz nacheinander beide Turbinen ausfielen. Ohne den wackeren Kolbenmotor hätte es böse ausgesehen. So aber gelang es Wendel gerade noch, die Maschine mit Vollgas wieder an den Platz heranzuziehen. Die Turbinen hatten der Belastung nicht standgehalten, die Verdichterschaufeln waren gebrochen. Mit solchen Kinderkrankheiten mußte man rechnen. Neue Triebwerke ließen auf sich warten. Die Me 262, der erste Turbojäger der Welt, stand wieder einmal verwaist in der Halle.

Dann endlich kamen die Jumo-004-Turbinen. Auf Anhieb glückte der beschriebene Erstflug. Und auf Anhieb zeigte die Maschine eine Leistung, auf die man kaum zu hoffen gewagt hatte.

Nun will es Fritz Wendel wissen. Er fliegt, erprobt, läßt Kleinigkeiten ändern, fliegt wieder. Nach dem sechsten Testflug, bei dem die Me schon mehr als 850 Stundenkilometer schnell ist, rät er der Werksleitung, den Serienanlauf vorzubereiten. Das hängt freilich nicht von Messerschmitt allein ab. Bisher hat das Werk nur den Auftrag für drei Versuchsmuster – weiter nichts. Nun wird der Generalluftzeugmeister in Berlin unterrichtet. Erhard Milch schaltet seine Erprobungsstelle Rechlin ein.

Am 17. August, nur einen Monat nach dem Erstflug der Me 262, kommt ein erfahrener Testpilot aus Rechlin, der Stabsingenieur Beauvais, nach Leipheim, um den sensationellen Vogel auf Herz und Nieren zu prüfen. An diesem Tag geschieht es: Beauvais zwängt sich in den engen Sitz. Wendel erklärt ihm noch einmal den Trick mit dem Bremsen bei Vollgas, um das Heck der Maschine vom Boden zu lösen. Dann stellt er sich selbst an die 800-Meter-Marke. Querab von ihm soll Beauvais die Bremse treten und dann gleich abheben.

Schon rollt die Me auf der Startbahn heran. Aber sie hat nicht genug Fahrt. Das sind niemals 180 Sachen! Dennoch bremst Beauvais kurz an, als er Wendel sieht. Das Spornrad hebt auch ab, fällt aber kraftlos zurück. Der Pilot versucht es ein zweites Mal. Und dann, kurz vor der Platzgrenze, wieder.

Irgendwie kommt die Maschine in die Luft. Kaum einen Meter hoch faucht sie über das Feld. Viel zu langsam, um nach oben wegzuziehen. Sekunden später streift eine Tragfläche den Boden, bleibt an einem Misthaufen hängen. Staub wirbelt auf. Dann ein mächtiger Knall: Die Me 262 landet unsanft auf dem Haufen. Wie durch ein Wunder klettert der Pilot fast unverletzt aus den Trümmern.

Dieser Unfall wirft die Fertigstellung des ersten deutschen Düsenjägers um Monate zurück. Eine Ersatzzelle ist zwar schnell gebaut, und auch neue Triebwerke stehen zur Verfügung. Doch beim RLM in Berlin traut man der Entwicklung nicht. Das alles, so wird argumentiert, stecke noch zu sehr in den Kinderschuhen. Von einem Serienauftrag kann keine Rede sein. Nicht einmal eine besondere Dringlichkeit wird der Me 262 zugebilligt. Milch, der Generalluftzeugmeister, will vor allem die Produktion der seit Kriegsbeginn bewährten Flugzeugmuster in die Höhe treiben. Neuentwicklungen stehen diesem Ziel entgegen. Sie fordern nur Kräfte, die der Produktion verlorengehen.

Man schreibt den Sommer 1942. Seit neun Monaten befindet sich Amerika im Kriege. Schon tauchen die ersten viermotorigen US-Bomber über dem Festland auf. 1943 werden es Hunderte, im Jahr darauf Tausende sein. Die Luftwaffenführung besitzt genaue, zuverlässige Zahlen über das gewaltige Flugzeugprogramm der Amerikaner.

In diesem Augenblick wird in Deutschland ein Jagdflugzeug geboren, das 200 Stundenkilometer schneller als irgendein anderer Jäger der Welt ist. Eine

Tatsache, die es jedem Gegner überlegen macht. In einem Jahr könnte die Maschine am Himmel über Deutschland erscheinen. Gerade zum Beginn der alliierten Hauptoffensive aus der Luft. Doch dafür müßte sie auf die höchste Dringlichkeitsstufe gestellt werden. Mit aller Kraft müßten Flugzeug und Turbinen zur Serienreife geführt werden. Tausende von Entwicklungs- und Fertigungs-Ingenieuren müßten sich an die Arbeit machen. Das will niemand in der Führung der Luftwaffe verantworten. Niemand sieht die einmalige Chance.

Endlich, im Dezember 1942, plant das Technische Amt die Produktion der Me 262 ein. Aber erst für 1944. Und mit einer lächerlichen Zahl: mit 20 Maschinen monatlich.

Der schnellste Jäger der Welt wird aufs Abstellgleis geschoben. Offenbar hat die Luftwaffe gar kein Interesse daran, ihn so bald wie möglich einzusetzen.

Nicht zum erstenmal bestimmte Kurzsichtigkeit das Handeln der führenden Männer. Und trotz ihres großen Erfolges war auch die Me 262 nicht das erste Turbinenstrahlflugzeug der Welt.

In Deutschland reichte die Entwicklung bis in die Jahre vor dem Kriege zurück. Schon der absolute Geschwindigkeitsweltrekord, der 1939 zunächst von der Heinkel He 100 und gleich darauf von der Messerschmitt Me 209 erobert wurde, zeigte deutlich, daß das Propellerflugzeug an der Grenze seiner Leistungsfähigkeit angekommen war. Mehr als die erreichten 755 Stundenkilometer war trotz höchster PS-Zahlen nicht aus den Motoren herauszuholen. Das kühne Ziel, im Fluge die Schallgeschwindigkeit zu erreichen oder gar zu überwinden, konnte nur mit einer völlig neuen Antriebsart verfolgt werden. Theoretisch war der neue Weg Mitte der dreißiger Jahre bekannt. Statt des Propellers, der das Flugzeug durch die Luft zog, konnte es auch durch einen Schub, durch eine Folge ständiger Rückstöße, angetrieben werden. Drei verschiedene Arten zeichneten sich ab:

Beim *Turbinenstrahltriebwerk* wurde Luft angesaugt, im Kompressor hoch verdichtet und nach Einspritzen von Kraftstoff in der Brennkammer gezündet. Die Verbrennungsgase strömten mit höchster Geschwindigkeit nach hinten aus der Düse und riefen die Rückstoßwirkung hervor.

Das *Raketentriebwerk* dagegen war von der Außenluft unabhängig. Es führte den zur Verbrennung nötigen Sauerstoff ebenso wie den Treibstoff in eigenen Behältern mit und zündete das Gemisch. Die Schubkraft war noch erheblich größer, aber die Rakete brannte auch um so schneller aus, weil sie den Treibsatz binnen Sekunden verbrauchte.

Im Prinzip am einfachsten war das *Staustrahltriebwerk*. In einem sich zur Mitte verengenden ›Ofenrohr‹ wurde die mit hoher Geschwindigkeit einströmende Luft allein durch den Staudruck komprimiert und dann ebenfalls mit eingespritztem Kraftstoff gezündet. Der so hervorgerufene Schub war außergewöhnlich groß. Das Flugzeug mußte aber mit einem anderen Triebwerk starten, da das Staustrahlrohr ja erst im Fluge bei hoher Luftgeschwindigkeit wirksam werden konnte. Staustrahl-Versuche nahm der Physiker Dr. Eugen Sänger, damals Leiter der Flugzeugprüfstelle Trauen, ab Herbst 1941 in der Lüneburger Heide vor.

Der erste deutsche Flugzeugindustrielle, der den neuen Ideen eine Chance gab, war Ernst Heinkel. Ende 1935 traf er mit dem jungen Wernher von Braun zusammen, der damals noch auf dem Schießplatz Kummersdorf bei Berlin mit sogenannten ›Raketenöfen‹ experimentierte. Braun war überzeugt, daß man damit auch Flugzeuge antreiben könne. Aber als Angestellter des Heereswaffenamtes besaß er keinerlei Mittel für Flugzeugversuche.

Da griff Heinkel ein. Er schickte Braun den Rumpf einer He 112 für Standversuche, er schickte auch einige Flugzeugtechniker. Von der Erprobungsstelle Rechlin kam der Testpilot Erich Warsitz hinzu. Das Wagnis konnte beginnen.

Es begann damit, daß Brauns Raketentriebwerk in den Flugzeugrumpf eingebaut wurde und in einer Halle mit Höllenlärm abbrannte. Die Männer duckten sich anfangs hinter einen Betonschutz. Mehrmals explodierte die Brennkammer. Zweimal schickte Heinkel einen neuen Flugzeugrumpf als Ersatz. Dann folgte sogar eine flugbereite He 112 mit eigenem Motor. Warsitz sollte die zusätzlich eingebaute Rakete erst zünden, wenn er mit der Maschine in der Luft war. Doch schon beim Probelauf am Boden zerplatzte die ganze He 112, der Pilot wurde im hohen Bogen hinausgeschleudert.

Dennoch gab er nicht auf. Er selber bat Heinkel nochmals um eine neue He 112. Und damit gelang dann im Sommer 1937 der erste Start eines Flugzeugs mit Raketenantrieb. Steil stieg die He 112 in die Höhe, jagte um den Platz und landete ohne Schaden.

Der Bann war gebrochen. Auf eigene Faust entwickelte Heinkel nun ein reines Raketenflugzeug, die He 176. Es war eine winzige Maschine, nur 1,44 Meter hoch und 5,20 Meter lang. Der Rumpf wurde wie ein Maßanzug um Pilotensitz und Triebwerk herumgebaut. Nicht einmal sitzen konnte man in der Kabine. Der Pilot lag, die Füße nach vorn, in einer Art Liegestuhl unter der Vollsichtkanzel. Die Tragflächen waren mit 5,4 Quadratmeter so ungewohnt klein, daß Udet sich beim Anblick der Maschine empörte:

»Das ist ja eine Rakete mit Trittbrett!«

Inzwischen hatte der Kieler Chemiker Dr. Hellmuth Walter ein regelbares Raketentriebwerk von 600 Kilo Schub entwickelt, das betriebssicherer als Brauns ›Raketenofen‹ war. Mit diesem Walter-Triebwerk machte die He 176 bald am Strand der Ostseeinsel Usedom die ersten Rollversuche und die ersten zaghaften Luftsprünge. Im Frühjahr 1939 setzte Erich Warsitz die Erprobung auf dem Flugplatz Peenemünde fort. Gefahr drohte jetzt weniger von der qualmenden Rakete, auf der er ritt, als von dem Abstoppen an der Grenze des kleinen Platzes. ›Ringelpietze‹ mit Bodenberührung der Tragflächen gehörten zur Tagesordnung.

Warsitz mußte den Absprung wagen. Am 20. Juni 1939, einem Tag mit klarem, ruhigem Flugwetter, war es soweit. Die kleine Maschine reagierte musterhaft, sooft der Testpilot mit ihr die Startbahn entlangjagte. Nachmittags rollte er nach einem geglückten Luftsprung zu seinen Technikern zurück und sagte nur:

»Fertigmachen zum ersten Flug!«

Warsitz' Entschlossenheit – er hatte am Abend zuvor sein Testament gemacht – überwand die Bedenken und Warnungen der Werksingenieure. Er steckte sie alle an. Noch einmal prüften sie die Maschine durch. Füllten die gefährlichen Brenn- und Treibstoffe nach. Zwei Monteure liefen zum nahen Gutshof und drückten Erich Warsitz ein neugeborenes Ferkel als Glücksbringer in den Arm.

Dann jagte die He 176 über die Startbahn. Sprang über eine Unebenheit im Boden, neigte sich gefährlich zur Seite. Aber Warsitz behielt sie in der Hand. Er hob ab, drückte etwas nach und zog die fauchende Rakete dicht vor einem Kiefernwald hoch. Bei den Rollversuchen hatte er die Beschleunigung im Keim ersticken müssen. Jetzt drückte ihn eine gewaltige Kraft in den Liegesitz. Binnen weniger Sekunden wurde er weit über die Ostsee hinausgetragen. Er mußte einkurven, mußte den Platz anvisieren.

Die Rakete brannte nur eine Minute.

Linkskurve. Zielanflug. Plötzlich setzte das Triebwerk aus. Die Maschine hatte noch zuviel Fahrt, aber die Räder fingen den Stoß ab. Weit über den Platz rollte sie aus. Erst der Jubel der Kameraden riß den Piloten aus der Stille, die ihn auf einmal umgeben hatte. Warsitz rief sofort Heinkel an, der keine Ahnung von dem Flug hatte.

»Herr Doktor«, sagte er, »ich melde Ihnen den ersten reinen Raketenflug der Welt mit Ihrer He 176! Daß ich noch lebe, hören Sie an meiner Stimme.«

Im RLM hielt man bei Heinkels Nachricht den Atem an. Schon am nächsten Morgen, am 21. Juni, eilten Milch, Udet und zahlreiche Ingenieure des Technischen Amtes nach Peenemünde. Warsitz wiederholte seinen 60-Sekunden-Ritt auf der feuerspeienden Rakete. Persönlich erntete er Dank und Anerkennung für den Flug. Doch die He 176 lehnten Milch und Udet ab. Statt der Freude über die ›Welturaufführung‹ stand Verärgerung in ihren Gesichtern. Heinkel hatte bei dieser Entwicklung wieder einmal den eigenen Kopf durchgesetzt, ohne das Ministerium zu Rate zu ziehen. Jetzt erhielt er die Quittung.

»Das ist doch kein Flugzeug«, schimpfte Udet. Er verbot ab sofort, »mit diesem Vulkan unter dem Hintern« weitere Flugversuche zu machen. Heinkel und seine Mitarbeiter, nicht zuletzt Warsitz, der bei der Erprobung sein Leben gewagt hatte, blieben fassungslos auf dem Platz zurück.

Zwar lief Heinkel Sturm gegen die Entscheidung. Zwar erreichte er, daß die He 176 am 3. Juli 1939 Hitler und Göring in Roggenthien bei Rechlin vorgeflogen wurde. Aber wieder galt das Interesse allein der Leistung des Piloten, kaum dem epochemachenden Flugkörper. Heinkel mochte sein ›Raketenspielzeug‹ behalten. Ein Auftrag zur weiteren Entwicklung wurde nicht erteilt. Als der Krieg kam, mußten die Versuche eingestellt werden. Die He 176 wanderte ins Luftfahrtmuseum nach Berlin. Dort wurde sie, noch in Kisten verpackt, 1944 bei einem Bombenangriff zerstört.

Nicht viel besser erging es Heinkel mit der Parallelentwicklung He 178, mit der er das Turbinenstrahltriebwerk erprobte. Diese Antriebsart versprach bei ebenfalls sehr hoher Geschwindigkeit wesentlich längere Flugzeiten. In aller Stille hatte Heinkel in seinem Rostocker Werk schon 1936 eine Abteilung eingerichtet, in der der junge Physiker Pabst von Ohain Tag und Nacht an seiner Strahlturbine arbeitete. Auch das paßte dem RLM nicht. Heinkel sei Flugzeugbauer, grollte man in Berlin. Die Triebwerkentwicklung solle er gefälligst den Motorenwerken überlassen.

Doch die Flugmotorenindustrie hatte andere Sorgen. Die Luftwaffe rüstete mit atemberaubendem Tempo auf. Es galt, den immer noch spürbaren Vorsprung des Auslandes in der Leistung der Kolbenmotoren aufzuholen. Da blieb keine Zeit, um auch noch kaum ausgereifte Theorien in der Praxis zu erproben. Erst Ende 1938, auf ausdrückliche Anweisung des RLM, machte sich Junkers in Dessau an die Entwicklung einer Strahlturbine heran. Den gleichen Auftrag erhielt auch BMW. Und Messerschmitt sollte das Flugzeug dazu bauen.

Das alles war Zukunftsmusik. Heinkel, dessen eigene Arbeiten einen guten Schritt weiter waren, wurde übergangen. Das störte ihn freilich nicht. Er machte unverdrossen weiter. Er wollte es den Herren in Berlin schon zeigen. Ohains erste Turbine lief seit September 1937, eine stärkere Weiterentwicklung ein Jahr später. Dieses Triebwerk wurde im Sommer 1939 in die He 178 eingebaut. Und Flugkapitän Erich Warsitz flog wenige Wochen nach der ersten Raketenmaschine auch das erste Strahlflugzeug der Welt.

Das war am 27. August 1939, fünf Tage bevor der Krieg begann. In Berlin hatte niemand Zeit für die He 178. Erst Wochen nach dem Ende des Polenfeldzuges gelang es Heinkel, die Maschine Milch und Udet vorzuführen. Göring war nicht einmal erschienen.

Nach einem anfänglichen Fehlstart sauste die He 178 mit heulender Turbine über die Köpfe der Zuschauer hinweg, daß ihnen Hören und Sehen verging. Mit Donnergetöse führte sich das Strahlflugzeug in die Geschichte der Luftfahrt ein. Doch wer erkannte schon die revolutionäre Wende? Die Luftwaffe war vom Blitzsieg in Polen geblendet. Zur mangelnden Voraussicht kam Überheblichkeit:

»Ehe daraus was wird, ist der Krieg längst gewonnen...«

Das RLM erteilte auch für die He 178 keinen Bauauftrag. Der aus der gleichen Fehleinschätzung der Lage im Februar 1940 von Hitler erlassene Entwicklungsstopp »für alle Projekte, die nicht binnen eines Jahres Frontreife erlangen«, tat ein übriges.

Deutschland war seinen Gegnern zu Beginn des Krieges in der Technik des

Raketen- und Strahlantriebes ein gutes Stück voraus. Es hätte den Vorsprung halten, hätte später der zahlenmäßigen Überlegenheit der alliierten Luftflotten ein technisches Übergewicht entgegensetzen können. All das wurde verspielt und vertan.

Doch Gedanken lassen sich nicht an die Kette legen. Trotz des Entwicklungsstopps geht die Arbeit weiter. Bei Messerschmitt wird nicht nur die Zelle der Me 262 gebaut, für die noch die Triebwerke fehlen. In Augsburg verfolgt auch der von der DFS, der Deutschen Forschungsanstalt für Segelflug, zu Messerschmitt gekommene Konstrukteur Alexander Lippisch seine Pläne weiter.

Lippisch hat schon seit Jahren schwanzlose Nurflügel- oder Delta-Flugzeuge, zuletzt die DFS 194, entworfen. Nach diesen Erfahrungen entsteht nun die Me 163, die von Testpilot Heini Dittmar eingeflogen wird. Eine Walter-Rakete ist als Triebwerk vorgesehen. Erstes Ziel der kurzen, gedrungenen Maschine: Sie soll die 1000-Kilometer-Grenze überschreiten, seit je ein Wunschtraum der Luftfahrt.

Im Frühjahr 1941 nimmt Dittmar in Peenemünde die Versuche auf. Von Flug zu Flug tankt er mehr Treibstoff, und jedesmal wird er schneller. Spielend erreicht er 800 Stundenkilometer, kommt dann auf 880 und sogar auf 920 Stundenkilometer.

Am 10. Mai 1941 will es Dittmar wissen. Steil steigt die Me in den Himmel. Binnen einer Minute ist sie auf 4000 Meter Höhe. Dittmar zwingt das ›Kraftei‹, wie es später genannt wird, in den Horizontalflug und jagt mit Vollgas weiter. 950, 980 und schließlich 1000 Kilometer zeigt der Fahrtmesser! Plötzlich zittert die Maschine, das Leitwerk beginnt zu flattern, und kopfüber stürzt sie in die Tiefe. Dittmar reißt den Schubhebel zurück, die Rakete verstummt. Nun kann er die Me abfangen und segelt sicher mit ihr zum Boden zurück.

Die Meßingenieure bestätigen es: 1004 Stundenkilometer! Zum erstenmal ist ein Mensch so schnell geflogen, ist er der Schallmauer so nahe gekommen.

Das ›Kraftei‹ wird später zum Abfangjäger weiterentwickelt und von den Freiwilligen des Erprobungskommandos 16 unter Hauptmann Wolfgang Späte in Bad Zwischenahn bei Oldenburg eingeflogen. In den letzten Kriegsmonaten jagen die bemannten Raketen noch zum Angriff auf die alliierten Bomberströme in den Himmel.

Größere Erfolgsaussichten hat jedoch der Strahljäger, die Me 262, an der das RLM bisher so wenig Interesse bekundet hat. Das ändert sich erst, als Adolf Galland, der 31jährige General der Jagdflieger, die Maschine von Lechfeld aus fliegt.

Inzwischen schreibt man den 22. Mai 1943. Bald ist ein Jahr seit Wendels Erstflug vergangen. Ein Jahr, seit der Chefpilot dringend das Bugrad forderte. Aber die Maschine, die Galland fliegt, hat immer noch das unglückliche Spornrad unter dem Heck. Das RLM hält eben nichts von der ›amerikanischen

Erfindung‹ des Bugrades. So bleibt der Start nach wie vor ein Kunststück. Doch nach dem Abheben geht es Galland wie allen, die vor ihm die ›262‹ geflogen haben. Er spürt ihre unbändige Kraft. Ihren vibrationsfreien, pfeilschnellen Flug. Ihr ungewöhnliches Steigvermögen. Er stürzt sich zu einem Scheinangriff auf eine zufällig vorbeifliegende Versuchsmaschine.

Galland ist begeistert. In diesem Augenblick weiß er, daß die Luftschlacht über Deutschland noch nicht verloren ist, wenn er diese großartige Maschine für seine Geschwader bekommt. Wenn er sie bald bekommt, und in großer Zahl. Nach der Landung, bestürmt von Fragen, sagt er nur:

»Das ist, als wenn ein Engel schiebt...«

Galland berichtet sofort an Milch. Er alarmiert Göring. Diese Me 262 ist der ganz große Wurf. Sie kann noch einmal eine Wende bringen. Milch ist einverstanden. Göring läßt sich überzeugen. Aber dann läuft die Großserie doch wieder nicht an. Denn einer ist dagegen: Hitler. Er will keinen neuen Jäger. Keine Verteidigung, sondern Angriff. Er will Bomber, sonst gar nichts.

Als die Me 262, nach einem weiteren halben Jahr Verzögerung, dem Obersten Befehlshaber am 26. November 1943 in Insterburg vorgeflogen wird, stellt Hitler überraschend Professor Willy Messerschmitt die verhängnisvolle Frage:

»Kann dieses Flugzeug Bomben tragen?«

Messerschmitt bejaht – das kann schließlich jedes Flugzeug –, zögert dann, überlegt die Nachteile... Aber Hitler läßt ihn gar nicht wieder zu Wort kommen. »Das ist endlich der Blitzbomber!« triumphiert er.

Die Umstehenden sind wie versteinert. Es ist einer von Hitlers ›unabänderlichen Entschlüssen‹. Alle späteren Proteste helfen nichts. Die Me 262 wird umgerüstet. Der erste Düsenjäger der Welt muß Bomben schleppen, seine Überlegenheit ist dahin.

Nun stellen sich plötzlich eine ganze Reihe technischer Schwierigkeiten ein. Durch die Bomben erhöht sich das Startgewicht des leichtfüßigen Jagdflugzeuges erheblich. Fahrwerk und Reifen müssen verstärkt werden. Für einen Bombeneinsatz ist auch die Reichweite zu gering. Zusatzbehälter müssen eingebaut werden. Dadurch verlagert sich der Schwerpunkt, die Stabilität des Düsenflugzeugs wird ungünstig beeinflußt. Es gibt weder eine erprobte Bombenaufhängung noch gar ein Visier für die Me 262. Mit dem Reflexvisier, dem ›Revi‹ der Jäger, kann die Bombe nur im leicht geneigten Sturzflug geworfen werden. Im Sturz aber wird die Maschine zu schnell, sie hält das noch nicht aus. Ein Führerbefehl verbietet daraufhin jeden Sturzflug und jede Geschwindigkeit über 750 Stundenkilometer.

Die Männer der I./KG 51 unter Major Unrau, die mit dem Schnellbomber in den Einsatz sollen, sind verzweifelt. Im Horizontalflug treffen sie nichts, bei Übungswürfen liegen die Bomben ein bis zwei Kilometer um das Ziel verstreut. Erst als die Zelle genügend verstärkt wird und die Piloten ihr Ziel wieder im ›Bahnneigungsflug‹ angreifen können, werden die Ergebnisse gut.

Inzwischen sind seit Hitlers Entscheidung für den Düsenbomber acht Monate vergangen. Die Invasion hat stattgefunden, und soeben kommt die Front in der Normandie als Folge des alliierten Durchbruchs bei Avranches in Bewegung. Nun endlich, in den ersten Tagen des August 1944, kann ein Einsatzkommando von Me 262-Düsenbombern nach Juvincourt bei Reims verlegt werden. Von dort aus soll es in die Kämpfe eingreifen.

Das Kommando steht unter Führung des Majors Schenck und verfügt über ganze neun Flugzeuge. Schon in Deutschland, beim Start zum Überführungsflug, gehen zwei Maschinen nach Bedienungsfehlern zu Bruch. Die Piloten waren noch nie mit vollem Fluggewicht gestartet – so weit waren sie in der Ausbildung nicht gekommen. Die dritte Maschine fällt nach der Zwischenlandung in Schwäbisch-Hall aus. Die vierte muß, weil der Flugzeugführer Juvincourt nicht findet, kurz vor dem Ziel notlanden: ebenfalls Bruch.

Bleiben noch fünf. Fünf Me 262 gegen die Invasionsstreitkräfte der Alliierten. Zwar werden dem Kommando Schenck bis Ende Oktober 1944 insgesamt etwa 25 Düsenflugzeuge zugeführt. Und neben der I./KG 51 erhält auch die II. Gruppe des Geschwaders die Jagdbomber-Version der Me 262. Maschine und Piloten sind jetzt zuverlässiger, Flugunfälle gibt es kaum mehr. Aber was kann diese Handvoll einsatzbereiter Düsenbomber schon ausrichten? Sie stehen auf verlorenem Posten.

Hitlers Eingriff, der den ersten Düsenjäger der Welt zum Bomber stempelte, hat zu nichts geführt.

35. Nachtjagd auf dem Höhepunkt

Am späten Nachmittag des 3. Juli 1943 jagt ein blaugrauer Luftwaffen-Pkw von Potsdam über die Avus nach Berlin. Der Mann am Steuer, Major Hajo Herrmann, führt ein Doppelleben. Tagsüber sitzt er als Referent der Gruppe ›Taktisch-technische Forderungen‹ im Führungsstab der Luftwaffe in Wildpark Werder. Nachts hängt er mit einer Focke-Wulf 190 am Himmel.

Herrmann will beweisen, daß seine Idee richtig ist. Die Idee, für die viele Fachleute und Vorgesetzte nur ein mitleidiges Lächeln übrig haben.

Endlich biegt der Wagen auf den Flugplatz Staaken ein. Andere Flugzeugführer, Freiwillige aus Stäben und Fliegerschulen, sind zur Stelle. Die Maschinen stehen startbereit. Unter dem Rumpf hängt ein 400-Liter-Zusatztank. Damit können sich die Jäger gut zweieinhalb Stunden in der Luft halten. Abends landet der kleine Verband in Mönchengladbach. Das Wetter verspricht eine klare, wolkenlose Nacht. Herrmann hört von Zeit zu Zeit die Luftlage mit.

Gegen Mitternacht ist es soweit: Die Engländer kommen! Ein starker Bomberverband dringt über die holländische Küste vor. Sein Anflugkurs zielt auf das Ruhrgebiet. Minuten später sind die zehn Me 109 und FW 190 des ›Versuchskommandos Herrmann‹ in der Luft. Sie fliegen dem Feind nicht entgegen, weil sie ihn ohne Bodenführung gar nicht finden würden. Statt dessen klettern sie im Raum Duisburg-Essen, dem vermutlichen Angriffsziel, auf die gemeldete Flughöhe der Bomber. Dann warten sie ab – und beobachten gespannt den Himmel im Westen.

Dort dringt der Gegner jetzt durch die ›Himmelbett‹-Kreise vor, in denen die zweimotorigen Nachtjäger vom Boden aus durch Funksprechbefehle an die feindlichen Bomber herangeführt werden. Was Herrmann erwartet hat, geschieht: Plötzlich flackert, noch weit entfernt, eine Fackel auf und sinkt langsam tiefer. Das ist ein brennend abstürzender Bomber. Die zweimotorigen Nachtjäger liegen im Kampf. Die Brandfackeln ihrer Erfolge markieren den Weg des Bomberstroms.

»Sie kommen genau auf uns zu«, sagt Herrmann im Sprechfunk.

Dann leuchtet ein Abschuß links vom bisherigen Kurs der Bomber auf. Sie müssen nach Süden geschwenkt sein. Auf einmal segeln bunte Lichter über den Himmel. Das sind die Markierungsbomben der britischen Pfadfinder.

»Da, Tannenbäume«, ruft Herrmann, »nichts wie hin!«

Vor den Augen der deutschen Jäger entfaltet sich ein faszinierendes Feuerwerk. Es scheint ganz nah zu sein. Ungezählte Scheinwerferstrahlen tasten den Himmel ab. Gelbe, grüne und rote Fallschirm-Leuchtbomben senken sich langsam zur Erde. Am Boden blitzen die Einschläge der ersten Reihenwürfe auf. Das Feuer breitet sich aus. Diese ›Brandbombenstraßen‹ weisen den Jägern am Himmel endgültig den Weg zum Angriffsziel. Es ist Köln, liegt also weiter weg, als Herrmann zunächst angenommen hatte. Mit Vollgas jagen sie hin.

Die Scheinwerfer haben mehrere Viermot-Bomber erfaßt, übergießen sie mit kalkweißem Licht und lassen sie minutenlang nicht aus den Fängen.

Darauf baut Herrmanns Plan. Seine einmotorigen Jäger können nicht, wie die zweimotorigen Nachtjäger, vom Boden aus mit Radar geführt werden. Sie sind darauf angewiesen, die Bomber mit eigenen Augen zu sehen. Das können sie nur im Scheinwerferlicht. Also direkt über dem Angriffsziel. Mitten im Sperrfeuer der eigenen Flak. Zusätzlich zu den bisher angewandten Abwehrmethoden und außerhalb ihrer starren Ordnung stürzen sich diese Jäger ›wie die wilden Säue‹ in den Kampf.

Der Name bleibt an ihnen haften: Die ›wilde Sau‹ ist los!

Plötzlich fliegt Herrmann hinter einem hell angestrahlten Bomber. Er fliegt dicht heran. So dicht, daß er selbst von den Scheinwerfern geblendet wird. Ringsum krepieren die Granaten der schweren Flak. »Ich saß wie in einem Käfig aus Feuer und glühendem Stahl«, berichtet er.

Herrmann kennt das von vielen eigenen Feindflügen. Denn er ist nicht Jäger, sondern Kampfflieger. Er hat die Londoner Flak erlebt und in den Fängen der Schiffsflak über den Konvois im Nördlichen Eismeer gehangen. Er ist mit einem blauen Auge aus dem wohl stärksten Flakfeuer des Krieges über der britischen Mittelmeerfestung Malta herausgekommen. Ihn kann so leicht nichts mehr erschüttern.

»Unterschätzen Sie die deutsche Flak nicht«, hatte ihm der Luftwaffenbefehlshaber Mitte, Generaloberst Hubert Weise, warnend gesagt, als Herrmann ihm den Plan der einmotorigen Nachtjagd vortrug.

Das will Herrmann auch gar nicht. Er vereinbart mit dem Kommandeur der im Ruhrgebiet liegenden 4. Flakdivision, Generalmajor Johannes Hintz, eine Abgrenzung der Feuerzone. Die Flak soll nur bis zu einer Höhe von 6000 Meter schießen und das Gebiet darüber den Jägern der ›wilden Sau‹ überlassen. Wenn der Jäger bei der Verfolgung eines Bombers in die Flakfeuerzone eindringt, muß er sich durch Leuchtsignale zu erkennen geben. Dann soll die Flak dieses eine Ziel aussparen, auf alle anderen Bomber aber weiterfeuern.

So kompliziert das klingt – Übungen über Berlin haben bewiesen, daß diese Abgrenzung möglich ist. General Hintz ist ebenfalls bereit, den Versuch zu wagen. Aber nun jagt Herrmann nicht über dem Ruhrgebiet, sondern über Köln. Und die 7. Flakdivision, die dort unten den Abwehrkampf führt, weiß nichts von den Vereinbarungen. Die Flak hat keine Ahnung, daß zusammen mit den britischen Bombern deutsche Nachtjäger am Himmel herumkurven – mitten im Feuer der 8,8-Batterien. Die grünen und roten Leuchtkugeln in 6000 und 7000 Meter Höhe werden von den Männern am Boden nicht verstanden.

Herrmann zögert nur einen Augenblick. Dann gibt er trotzdem Angriffsbefehl. Er hängt so dicht hinter der Lancaster, daß er im gleißenden Scheinwerferlicht deutlich den Bomber-Heckschützen in seiner Kanzel sieht. Der Engländer ist ahnungslos. Er schaut nach unten, auf die brennende Stadt. Bisher war es immer so, daß er nur beim An- und Abflug im Dunkeln vor den deutschen Nachtjägern auf der Hut sein mußte, nicht aber im hellen Feuerschein über dem Angriffsziel selbst.

Das ist nun vorbei. Herrmann zielt sorgfältig und jagt einen Feuerstoß aus seinen vier Kanonen. Die viermotorige Lancaster wird voll getroffen. Sie brennt sofort. Der schwere Bomber stürzt aus einer gerissenen Linkskurve wie eine lodernde Fackel in die Tiefe.

Der erfolgreiche Jäger zieht hoch aus dem Flakfeuer heraus und sieht sich um. Drei oder vier brennende Viermotorige leuchten durch die Nacht. Als die Versuchsgruppe wieder im Einsatzhafen landet, fehlt nur eine von den zehn Maschinen. Herrmann zählt die beobachteten Abschüsse zusammen und kommt auf zwölf. Diese Zahl meldet er nach Berlin und fügt hinzu: »... trotz des vielen Eisens in der Luft!« Zwölf Viermotorige unter erschwerten Bedingungen abgeschossen – das ist ein unerwarteter, ein großer Erfolg der ›wilden Sau‹ bei ihrem ersten scharfen Probeeinsatz.

Dieses Ergebnis bringt den Stein ins Rollen. Göring, der sich schon vor sechs Tagen, am 27. Juni, nach einem Vortrag der Majore Hajo Herrmann und Werner

Baumbach positiv zu einem Versuch der Einmot-Nachtjagd geäußert hatte, klingelt Herrmann am frühen Morgen nach der anstrengenden Nacht aus dem Bett, befiehlt ihn nach Karinhall und läßt sich ausführlich berichten. Als der erst 30jährige Major und Erfinder der neuen Taktik das Haus des Reichsmarschalls verläßt, hat er den Befehl zur Aufstellung eines ganzen ›Wilde-Sau‹-Geschwaders, des JG 300, in der Tasche.

Zweifellos hatte ein anderes Ereignis zu dieser Entwicklung beigetragen: Am 24. Juni, war der Kommandierende General des XII. Fliegerkorps und ›General der Nachtjagd‹, Josef Kammhuber, bei Hitler in Ungnade gefallen.

Der Bayer Kammhuber hatte die Nachtjagd seit 1940 systematisch aufgebaut. Rückschläge hatten ihn nicht erschüttern können. So war ihm die ›helle‹ Nachtjagd im Scheinwerferriegel zerschlagen worden, als die Gauleiter die Werferregimenter für ihre Städte anforderten und auch erhielten. Hitler selbst hatte außerdem die aussichtsreiche Fernnachtjagd über den Heimatflugplätzen der britischen Bomber verboten.

Unverdrossen baute Kammhuber daraufhin die Dunkelnachtjagd aus. Im Sommer 1943 erstreckte sich das Netz seiner ›Himmelbett‹-Stellungen von der Nordspitze Jütlands über Tausende Kilometer bis ans Mittelmeer. Fünf Nachtjagdgeschwader mit rund 400 zweimotorigen Jägern waren einsatzbereit, ein sechstes im Aufbau. Doch das alles genügte nicht. Angesichts der Geheimberichte über die alliierte Luftrüstung, vor allem in Amerika, konnte man es sich an den Fingern einer Hand abzählen, daß die viermotorigen Bomberflotten die deutsche Abwehr bei Nacht einfach überrollen würden.

Pflichtgemäß arbeitete General Kammhuber Vorschläge aus, wie der Gefahr begegnet werden könnte. Er sah die Lösung nicht so sehr in einer neuen Taktik, die den Nachtjäger aus den engen Fesseln des ›Himmelbetts‹ befreite, sondern im großzügigen Ausbau seiner vorhandenen Organisation. Statt sechs sollten 18 Nachtjagdgeschwader aufgestellt werden. Statt des ›Riegels‹ im Westen ein Netz von Jägerleitstellungen über ganz Deutschland. Statt der bisherigen kostspieligen Radargeräte völlig neue Rundsichtanlagen und Funkführungsverfahren. Und statt der alten neue ›Augen‹ für die Nachtjäger selbst: Bordradargeräte, die wesentlich weiter sehen konnten als bisher. Dieses gewaltige Programm konnte nur verwirklicht werden, wenn vor allem die Funkindustrie große Produktionszweige darauf umstellte. Göring hatte dem Programm schon halbwegs zugestimmt, als es Hitler zur Entscheidung vorgelegt wurde.

Am 24. Juni 1943 wurde Kammhuber in die Wolfsschanze befohlen. Um seine Vorschläge zu erläutern, wie er glaubte. Aber Hitler ließ ihn gar nicht erst zu Wort kommen. Er verbiß sich in die amerikanischen Produktionszahlen, die Kammhuber zum Ausgangspunkt seiner Denkschrift genommen hatte. Da stand es schwarz auf weiß: Die USA stellten Monat für Monat über 5000 Militärflugzeuge her.

»Das ist ja barer Unsinn!« erboste sich Hitler. »Wenn diese Zahlen stimmten, dann hätten Sie ja recht! Dann müßte ich jetzt sofort die Ostfront zurücknehmen und müßte alle Kraft in die Luftverteidigung stecken. Aber sie stimmen nicht! Ich verbitte mir solchen Unsinn!«

Die Zahlen stammten aus einer zuverlässigen Zusammenstellung des Ic-Stabes des Oberkommandos der Wehrmacht. Bisher waren sie nie bezweifelt worden. OKW-Chef Keitel ließ, ebenso wie Göring, Hitlers Ausbruch mit rotem Kopf über sich ergehen. Niemand wagte zu widersprechen.

Kammhubers Vorschläge lehnte Hitler glattweg ab. Die Nachtjagd schösse genug feindliche Bomber herunter, die abschreckende Wirkung würde schon eintreten. Damit war der General entlassen. Göring, vor Hitler stumm wie ein Fisch, machte Kammhuber hinterher die schwersten Vorwürfe. Er habe ihn, den Reichsmarschall, beim ›Führer‹ durch seine »größenwahnsinnigen Forderungen« bloßgestellt.

»Wenn Sie die ganze Luftwaffe schlucken wollen«, schrie nun auch Göring, »dann setzen Sie sich doch gleich auf meinen Stuhl!«

Kammhuber wurde als Kommandierender General des XII. Fliegerkorps bald darauf von Generalmajor Josef ›Beppo‹ Schmid, dem bisherigen Ic des Luftwaffen-Führungsstabes, abgelöst. Bis Mitte November 1943 blieb Kammhuber noch General der Nachtjagd, dann verlor er auch diese letzte Stellung, in der er noch Einfluß auf seine Waffe gehabt hatte. Der Mann, dem der Aufbau der Nachtjagd zu verdanken war, wurde nach Norwegen abgeschoben.

Vor diesem Hintergrund gewinnt der Vorschlag des Majors Hajo Herrmann, der sich mit der ›wilden Sau‹ eine neue Variante der Nachtjagd ausgedacht hat, erhöhte Bedeutung. Herrmanns Gedanken erscheinen gar nicht so abwegig. Die im ›Himmelbett‹ geführte Nachtjagd kann immer nur eine beschränkte Zahl feindlicher Bomber abschießen. Zu viele Viermotorige kommen durch und verwüsten die Städte. Über dem Zielgebiet aber werden sie oft minutenlang von Scheinwerfern festgehalten. Diese Zeit muß dem Jäger genügen. Er braucht kein kompliziertes Leitverfahren, um seinen Gegner zu finden. Gewiß ist der Einsatz schwieriger als am Tage. Doch er beruht auf der Möglichkeit optischer Sicht, er kann daher von ganz normalen einmotorigen Jagdflugzeugen ausgeführt werden.

Herrmann glaubt von Anfang an nicht, ein Allheilmittel gegen die Bomberströme gefunden zu haben. Er will die geführte Nachtjagd auch nicht verdrängen, er will sie nur durch zusätzliche Methoden ergänzen – über dem Zielgebiet, dessen Schutz bisher allein der Flak überlassen blieb. Daß die ›wilde Sau‹ durch die Ereignisse des Juli 1943 plötzlich in den Mittelpunkt rückt und zeitweilig zur einzigen Hoffnung der Reichsverteidigung wird, kann ihr Schöpfer nicht ahnen.

Kaum hat Herrmann mit der Aufstellung und Ausbildung der drei Gruppen seines JG 300 in Bonn-Hangelar, Rheine und Oldenburg begonnen, da bricht am 24. Juli die Katastrophe über Hamburg herein. Mit ihren ›Silberwolken‹ vernebeln die Engländer die deutschen Radargeräte. Flak und Nachtjäger erblinden.

Schon am nächsten Tage ruft Göring den Kommodore des JG 300 an. »Herrmann«, sagt er ernst, »Hamburg ist angegriffen worden, es war so schlimm wie noch nie. Die ganze Nachtjagd ist ausgefallen. Jetzt kann ich mich nur noch auf Sie verlassen. Sie müssen unbedingt einsetzen – und wenn es nur ein paar Maschinen sind.«

In der zweiten Angriffsnacht – vom 27. zum 28. Juli – führt Herrmann zwölf Jäger gegen die Bomberwellen über dem brennenden Hamburg. Auch zweimotorige Jäger beteiligen sich an dieser ›wilden Sau‹. Die Engländer haben höhere Verluste als beim ersten Angriff. Bereits am 1. August befiehlt der Luftwaffenbefehlshaber Mitte, Generaloberst Weise, daß auf Grund der Radarstörungen ab sofort alle Kräfte der Nachtjagd »wie die Einmot-Jäger des Geschwaders Herrmann über der Flakscheinwerferzone des angegriffenen Objekts einzusetzen« sind. Damit wird die ›wilde Sau‹ als Taktik auf die ganze Nachtjagd ausgedehnt. Selbst General Kammhuber, zu dieser Zeit noch an der Spitze des XII. Fliegerkorps, weist seine Kommandeure an, das im Augenblick wirkungslose ›Himmelbett‹-Verfahren aufzugeben und die neue Methode anzuwenden.

Bald jagen ganze Geschwader ein- und zweimotoriger Nachtjäger am Himmel auf ein fernes Feuerzeichen zu, um die Angreifer noch über dem Ziel zu stellen. Leicht ist das nicht. In der Nacht zum 18. August sammeln sich die Jäger über Berlin, weil sie einen Angriff auf die Reichshauptstadt erwarten; tatsächlich aber geht Peenemünde in Flammen auf.

In der Nacht zum 24. August aber ist wirklich Berlin das Ziel von 727 Bombern. Die Marschrichtung des Bomberstroms wird in den Divisionsgefechtsständen von Stade und Döberitz so frühzeitig erkannt, daß die Leitoffiziere in ihrer ›Funkreportage‹ schon über eine Stunde vor der Angriffszeit das Ziel nennen können.

Von allen Seiten stoßen daraufhin Nachtjagdgruppen auf die Hauptstadt zu. Als die RAF-Bomber an der Spree eintreffen, als sie ihre ersten Leuchtbomben setzen, bricht die Hölle los. Über dem riesigen Gebiet von Berlin, dessen Scheinwerferring einen Durchmesser von gut 80 Kilometer hat, wird die Nacht zum Tage. Und zur Begleitmusik der Flak, die auf Befehl Weises nur bis zur Höhe von 4500 Meter schießen darf, entbrennt eine Nachtluftschlacht, die die Engländer 56 viermotorige Bomber kostet.

Eine Woche später das gleiche Bild: Wieder ist die ›wilde Sau‹ rechtzeitig da und stellt die Angreifer direkt über Berlin zum Kampf. Diesmal werden 47 Lancaster-, Halifax- und Stirling-Bomber abgeschossen.

Trotz aller Störmaßnahmen, trotz der ›Silberwolken‹, die das deutsche Radar einnebeln und die Jägerführung mattsetzen, und trotz der neuen ›Rotterdam‹-Geräte in den Bombern, mit denen sie das überflogene Land durch Milliarden von Radarechos sichtbar machen – trotz alledem werden die ersten drei Großangriffe auf Berlin in den Nächten zum 24. August, zum 1. und zum 4. September 1943 zu einer deutlichen Warnung für das britische Bomberkommando: 123 Viermotorige kehren nicht zurück, und weitere 114 werden beschädigt. Das sind zusammen 14 Prozent aller eingesetzten Bomber. Diese Verlustrate ist höher als je zuvor. Und das in einem Augenblick, da man die deutsche Abwehr geschlagen glaubte. Der Weg nach Berlin ist weit, die deutsche Einsatzführung kann das Ziel des Bomberstromes früh genug erkennen. Und die Taktik der ›wilden Sau‹ gibt ihr die Möglichkeit, dem Angriffsschwerpunkt des Feindes die Masse der eigenen Jäger entgegenzuwerfen.

Beim Ob. d. L. in Berlin breitet sich ein vorsichtiger Optimismus aus. Feldmarschall Milch sagt am 25. August: »Wir sind fest davon überzeugt, daß es uns gelingt, den Gegner bei Tage wie bei Nacht empfindlicher als bisher zu schlagen. Das ist die einzige Möglichkeit, die deutsche Rüstungsindustrie und die Menschenzentren, die dazu gehören, zu erhalten. Gelingt uns das nicht, dann werden wir überrollt ...«

Auch Göring nennt die ›Nacht von Berlin‹ einen entscheidenden Abwehrsieg, der bei der Luftwaffe und der Bevölkerung zu einem günstigen Stimmungsumschwung geführt habe.

Schon im September erhält Herrmann den Befehl, sein gerade aufgestelltes JG 300 zu einer Division mit drei Geschwadern auszubauen. Herrmann selber wird als Oberstleutnant Kommandeur dieser neuen 30. Jagddivision. Seine Geschwader, das JG 300 unter Oberstleutnant Kurt Kettner in Bonn-Hangelar, das JG 301 unter Major Helmut Weinreich in Neubiberg bei München und das JG 302 unter Major Manfred Mössinger in Döberitz, besitzen allerdings nur für eine Gruppe eigene Flugzeuge. Die anderen Gruppen sind sogenannte ›Aufsitzer‹: Sie müssen mit den Maschinen einer Tagjagdgruppe starten, die sie ihnen für die Nacht überläßt. Diese doppelte Beanspruchung halten viele Flugzeuge nicht aus. Die Verluste der einen Gruppe bei Nacht wirken sich auf die Einsatzbereitschaft der anderen bei Tage aus – und umgekehrt.

Mit dem beginnenden Herbstwetter werden die klaren, wolkenlosen Nächte immer seltener. Das britische Bomberkommando stellt seine Angriffstaktik auf Schlechtwetter-Einsätze um, weil die einmotorige Nachtjagd dann schwer behindert ist. Die ›wilde Sau‹ aber startet auch in einem Wetter, in dem ›sogar die Vögel zu Fuß gehen‹ und jeder Jagdeinsatz früher undenkbar gewesen wäre.

Herrmann begründet das so: »Wir mußten dem Bomberkommando auf den Fersen bleiben und ihm in das Wetter folgen, in das wir es gezwungen hatten. Wäre das unterblieben, hätte die RAF die Luftherrschaft über Berlin errungen. Das konnten wir uns nicht erlauben.«

Tatsächlich wird die am 18. November 1943 begonnene und bis zum 24. März

1944 dauernde Luftschlacht um Berlin zu einem Kampf auf Leben und Tod. In dieser Zeit finden 16 Großangriffe auf die Reichshauptstadt statt. Luftmarschall Harris, der Chef des Bomberkommandos, will Berlin »vom einen bis zum anderen Ende zerstören«.

»Dieses Unternehmen«, so trumpft Harris auf, »wird uns 400 bis 500 Bomber, Deutschland aber den Verlust des Krieges kosten.«

Durch den Masseneinsatz seines besten Bombers, der viermotorigen Lancaster, gegen Berlin und andere wichtige Städteziele glaubt Harris die deutsche Kapitulation bis zum 1. April 1944 erzwingen zu können.

Das ist die Drohung, der die Nachtjagd in den harten Wintermonaten 1943/44 mit der ›Wilde-Sau‹-Taktik begegnet. Kein Mittel bleibt unversucht, um die Sichtverhältnisse über dem Angriffsziel zu verbessern und dadurch wieder auf den Feind zum Schuß zu kommen. Da die Engländer ihre Bomben jetzt meist durch die geschlossene Wolkendecke werfen, können die Scheinwerfer sie nicht mehr erfassen. Dennoch strahlen die Werfer von unten die Wolken an und hellen sie zusammen mit dem Feuerschein der brennenden Stadt auf. Sie erzeugen ein ›Leichentuch‹, auf dem die Bomber, von oben gesehen, wie schwarze Insekten herumkriechen und dem Nachtjäger sichtbar werden.

Herrmann macht sogar den Vorschlag, die Berliner sollten die Verdunkelung aufheben und soviel Licht wie möglich durch Fenster und Türen auf die Straßen fallen lassen. Je heller die Stadt sei, desto besser könnten die Jäger den Feind über den Wolken erkennen. Die Engländer richten ihre Angriffe ohnehin allein nach den Messungen ihrer ›Rotterdam‹-Radargeräte. Aber dieser Vorschlag wird von Reichsminister Goebbels, dem Gauleiter von Berlin, abgelehnt.

Wo immer die britischen Pfadfinder ihre ›Tannenbäume‹ zur Markierung des Ziels für die nachfolgenden Bomber am Himmel aussetzen, werfen deutsche ›Beleuchter‹-Flugzeuge über den Wolken Scharen von Leuchtbomben in das abgesteckte Gebiet und tauchen es in gleißendes Licht. Der Erfolg bleibt nicht aus. Die Jäger beobachten, daß der Gegner ein hell ausgeleuchtetes Zielgebiet kaum noch im dichtgeschlossenen Bomberstrom, sondern in stark gelichteter Formation überfliegt. Dadurch bleibt auch die vernichtende Wirkung des Bombenteppichs in den getroffenen Stadtgebieten aus, weil die Bomben auf eine zu große Fläche verstreut geworfen werden.

Der britische Vize-Luftmarschall Bennett beklagt, daß zahlreiche Bomberbesatzungen ihre Angriffe auf Berlin nicht mehr mit der gewohnten Entschlossenheit durchführten. Nacht für Nacht seien viele Bomben auf den Anflugwegen und sogar über der Nordsee verstreut worden. Zweifellos hat der beharrliche Einsatz deutscher Nachtjäger auf der langen Bomberstraße nach Berlin seinen Eindruck auf die Engländer nicht verfehlt.

Die ›wilde Sau‹ erleidet freilich bei diesen Schlechtwetter-Einsätzen selbst hohe Verluste, die bald die erzielten Erfolge überschatten. Die einmotorigen Jäger sind ja nicht blindflugfähig. Selbst wenn sie einen Zielflugempfänger besitzen, mit dem sie das Funkfeuer eines Flugplatzes ansteuern können, zerschellen sie oft beim Durchstoßen der aufliegenden Wolken am Boden. Immer häufiger müssen die Piloten mit dem Fallschirm abspringen, weil der Versuch zu landen den Tod bedeuten würde. Allzuoft stoßen die Jäger auch ins Leere.

Ihr Einsatz hängt zunächst davon ab, daß die Bodenführung das Angriffsobjekt der Engländer rechtzeitig erkennt – trotz gestörter Radargeräte, trotz Täuschungs- und Ablenkungsangriffen des Gegners. Rechtzeitig heißt eine halbe Stunde vor dem Angriff, damit die Gruppen der ›wilden Sau‹ noch über dem Ziel versammelt werden können. Die Jägerleitoffiziere müssen sich auf ihre Erfahrung, oft auch auf ihre ›Intuition‹ verlassen, um den Weg des Bomberstroms richtig zu deuten. Und das gelingt in den Schlechtwetter-Nächten verzweifelt selten.

So verblaßt die einmotorige Nachtjagd schnell, nachdem sie einen kometenhaften Aufstieg erlebt hatte. Am 16. März 1944 wird die 30. Jagddivision wieder aufgelöst. Nur wenige ›Wilde-Sau‹-Gruppen bleiben im Einsatz.

Gleichzeitig aber erhalten die zweimotorigen Nachtjäger mit dem ›Lichtenstein SN 2‹ neue Radaraugen, die von den englischen Silberwolken nicht mehr gestört werden können. Sie machen die Verfolgungsnachtjagd im Bomberstrom erst möglich. Der Höhepunkt dieser Luftschlachten wird am 30. März 1944 über Nürnberg erreicht, wo das britische Bomberkommando die schwersten Verluste seiner Geschichte hinnehmen muß.

Und das geschieht gerade in den Tagen, für die Luftmarschall Harris als Folge seiner Bomberoffensive die deutsche Kapitulation vorausgesagt hat.

Am Abend des 30. März 1944 wird für alle deutschen Nachtjagdgeschwader das Deckwort ›Fasan‹ gegeben: Einflüge sind zu erwarten. Auf den Einsatzhäfen, die sich im großen Bogen von Nordfrankreich über Belgien und Holland, über West- und Norddeutschland bis nach Berlin erstrecken, klettern die Besatzungen in die Maschinen. Sitzbereitschaft. Die Nachtjagd liegt auf dem Sprung.

Das Wetter ist für die Jahreszeit ungewöhnlich gut. Eine klare, ruhige Nacht. Wolkenlos im Westen. Kurz vor Mitternacht wird der Mond aufgehen und alles in mildes Licht tauchen. Bessere Angriffsbedingungen können sich die Nachtjäger kaum wünschen. Wenn die Engländer wirklich kommen, werden sie es schwer haben.

Gegen 23 Uhr gibt Generalmajor Josef Schmid, der Kommandierende des I. Jagdkorps, Startbefehl. Bisher sind nur einzelne Gruppen des Gegners über den Kanal eingeflogen: Mosquitos zum Angriff auf die Nachtflugplätze in Holland und Minenflugzeuge über der Nordsee. Die Deutschen lassen sich von diesen Ablenkungsangriffen nicht täuschen. Sie warten auf den Bomberstrom. Die Vorbereitungen in England sind unverkennbar. Dann stößt die erste Bomberwelle mit Südostkurs über See auf Belgien zu. Ehe die Engländer die Küste überfliegen, sind die meisten deutschen Nachtjäger gestartet und jagen ihnen entgegen.

Der Kommandeur der 3. Jagddivision in Deelen, Generalmajor Walter Grabmann, befiehlt seinen Verbänden, zunächst eine Warteposition beim Funkfeuer ›Ida‹ südlich von Aachen einzunehmen. Die Gruppen der 1. Jagddivision in Döberitz (Oberst Hajo Herrmann) und der 2. Jagddivision in Stade (Generalmajor Max Ibel) fliegen von weit her das Funkfeuer ›Otto‹ östlich von Frankfurt an. Das alles geschieht noch auf gut Glück. Niemand in den ›Gefechtsopernhäusern‹ der Jagddivisionen kann mit Sicherheit voraussagen, welchen Weg der Bomberstrom nehmen, welche Haken er noch schlagen und welche Täuschungen er versuchen wird. Nur eines wissen alle: Es kommt darauf an, die eigenen Jäger so früh wie möglich in den Bomberstrom einzuschleusen.

Aufmerksam verfolgen die Besatzungen in der Luft die ›Reportage‹ der Bodenführung. Die Engländer haben dieses Rundspruchverfahren als wichtiges Führungsmittel der deutschen Nachtjagd lange Zeit gestört. Seit die Sendeenergie verstärkt wurde, dringt die Reportage wieder durch.

»Kuriere fliegen in breiter Front zwischen Scheldemündung und Ostende ein«, heißt es dort. »Viele hundert. Spitze der Kuriere geht südlich Brüssel auf Kurs 90 Grad, Höhe 5000 bis 7000.«

Kuriere – das sind die Bomber. Was werden sie unternehmen? Wohin werden sie abdrehen? Wenn sie auf diesem Kurs weiterfliegen, berührt der Strom im Norden das Funkfeuer ›Ida‹, im Süden das Funkfeuer ›Otto‹ – die Sammelpunkte der deutschen Nachtjäger.

Genau das geschieht. Fast 400 Kilometer weit, bis hinter Fulda, steuern die Viermotorigen nach Osten. Warum das Bomberkommando diesen geraden Kurs befohlen hat, obwohl es die Kunst der Scheinkurse und plötzlichen Schwenkungen wohl beherrscht, bleibt ein Rätsel. Jedenfalls treibt es dadurch die Halifax- und Lancaster-Bomber den deutschen Nachtjägern direkt in die Arme. ›Verrat‹, wie die Engländer nach dem Kriege vermutet haben, ist dabei nicht im Spiel.

Oberleutnant Martin Drewes, Kommandeur der III./NJG 1, hält nach dem Start in Laon-Athies quer durch Belgien auf das Funkfeuer ›Ida‹ zu. Seit einigen Monaten, seit die Engländer mit Fernnachtjägern über Deutschland erscheinen, fliegen die Deutschen auch in der Me 110 zu dritt; hinter Drewes, dem Flugzeugführer, sitzt Rücken an Rücken mit dem Bordfunker, Unteroffizier Erich Handke, noch der Bordschütze, Feldwebel Georg Petz. Vor allem soll er den Luftraum nach hinten überwachen und seine Besatzung vor unliebsamen Überraschungen warnen. Das macht sich jetzt bezahlt. Drewes ist noch im Anflug auf das Funkfeuer, und niemand denkt, es könne schon losgehen. Plötzlich zuckt Petz zusammen.

»Halten, halten!« ruft er. »Quer über uns eine Viermot. Da links geht sie ab.«

Die Köpfe der beiden andern fliegen herum, aber es ist schon zu spät. Die Messerschmitt hat zuviel Fahrt, der Bomber ist verschwunden.

Doch wo ein viermotoriger Bomber ist, werden auch andere sein. Drewes zieht die Messerschmitt auf Ostkurs herum, und Handke schaltet das Bordradargerät, das neue ›Lichtenstein SN 2‹, ein. Die beiden runden Sichtrohre leuchten auf. Links für die Seitenrichtung, rechts für die Höhe des angemessenen Ziels. Handke stutzt. Auf den Leuchtrohren stehen mehrere Zielzacken, drei davon ganz deutlich, in verschiedenen Richtungen und Entfernungen.

»Wir sind mitten im Bomberstrom«, ruft er.

Der Nachtjäger muß etwas steigen, um an den nächstliegenden Bomber heranzukommen. Jetzt hat es der Bordfunker in der Hand, ob sie den Gegner finden. Er dirigiert seinen Flugzeugführer allein nach den Zeichen der Radarschirme. Langsam kommen sie näher. Die Entfernung sinkt unter tausend Meter.

»Genau vor uns muß er sein«, sagte Handke an, »etwas höher als wir.«

Plötzlich entdeckt Drewes die vier Auspuffflämmchen und gleich darauf den dunklen Schatten des Bombers vor dem vom Mondschein hellen Himmel.

»Entfernung 600 Meter«, liest Handke zufrieden ab. Wenig später hätte ihm das ›SN 2‹ nichts mehr genutzt, weil die Nahauflösung noch fehlt. Er kann nur bis auf 500 Meter an den Gegner heranführen. Langsam schiebt sich der Nachtjäger unter sein Wild, eine viermotorige Lancaster. Ruhig fliegt sie geradeaus, die Engländer schöpfen keinen Verdacht. Drewes paßt sich der Geschwindigkeit des Gegners an und beginnt zu steigen. Immer näher zieht sich der Jäger an den Bomber heran.

Die drei Deutschen schauen gebannt nach oben. Breit ausladend, schwer und drohend hängt die Viermotorige über ihnen. Der Abstand beträgt nur noch 50 Meter. Unter dem Rumpf des Gegners ist deutlich die kleine Kuppel des Luft-Boden-Radars zu sehen. Sonst stellen sie, aufatmend, keine Veränderung fest. Die Lancaster hat immer noch keine Bodenwanne. Sie ist nach unten blind und wehrlos. Ob die Engländer nicht wissen, daß die meisten ihrer verlorenen Nachtbomber von unten abgeschossen worden sind?

Oberleutnant Drewes sieht durch das Reflexvisier am Kabinendach und zielt sorgfältig auf den linken Innenmotor des Gegners. Dieses Visier ist auf die ›Schrägbewaffnung‹ justiert: zwei 2-cm-Kanonen, die hinter der Kabine eingebaut sind und in einem Winkel von 72 Grad schräg nach oben schießen. Der Nachtjäger braucht also nicht einmal seinen Bug mit den starr eingebauten Waffen auf den Gegner zu richten. Er kann parallel unter ihm mitfliegen – und trifft ihn doch.

Drewes drückt den Auslöseknopf, die ›schräge Musik‹ rattert los. Er hat gut gezielt, kleine Treffer-Flammen blitzen in der Tragfläche auf. Schlügen die Geschosse direkt in den Rumpf, dann könnten die Bomben explodieren, und die auseinanderplatzende Lancaster würde den Nachtjäger wahrscheinlich mit in die Tiefe reißen.

Im Nu brennt die ganze Fläche. In einer steilen Linkskurve zieht der deutsche Nachtjäger seine Maschine aus der Gefahrenzone. Fünf Minuten dauert der

Todeskampf der Lancaster. Erst fliegt sie, in Flammen gehüllt, noch ein Stück weiter, schmiert dann ab und stürzt steil zur Erde. Die gewaltige Aufschlagexplosion zeugt davon, daß die Maschine noch ihre ganze Bombenlast in den Schächten hatte.

Die Nachtjagd-Besatzung Drewes, Handke und Petz aber ist schon im Steigflug nach Osten. Dort stehen jetzt andere Brandfackeln am Himmel als sicherer Anhaltspunkt, wo der britische Bomberstrom zu suchen ist.

In dieser Nacht vom 30. zum 31. März 1944 erleidet das britische Bomberkommando die schwersten Verluste über Deutschland, erzielt die deutsche Nachtjagd ihren größten Erfolg. Das Wetter und das rechtzeitige Sammeln und Einschleusen der Jäger in den Bomberstrom spielen dabei gewiß eine entscheidende Rolle. Daß es aber der Nachtjagd nach ihrem technischen K.o. im Sommer 1943 gelungen ist, sechs Monate später noch einmal zu einer ernsten Drohung für die Bomberoffensive zu werden, verdankt sie zum großen Teil ihren beiden neuen Waffen: dem ›Lichtenstein SN 2‹-Radargerät und der ›schrägen Musik‹.

Als bei den britischen Großangriffen auf Hamburg um die Juli-August-Wende 1943 erstmals die Silberpapierwolken der ›windows‹ oder ›Düppel‹ vom Himmel niedersanken, wurden dadurch neben den Flak- und Jägerleitgeräten am Boden auch die Radaraugen der Nachtjäger gestört. Alle diese Geräte arbeiteten auf der Wellenlänge 53 Zentimeter. Das alte ›Lichtenstein B/C‹ hatte zudem einen sehr geringen ›Öffnungswinkel‹ von etwa 24 Grad. Der Nachtjäger konnte damit nur einen schmalen Sektor direkt nach vorn überwachen. Kurvte der erfaßte Bomber seitwärts aus dem Suchstrahl heraus, dann war er nur schwer wiederzufinden. Schon aus diesem Grunde war bereits eine Weiterentwicklung des ›Lichtenstein‹-Geräts in Arbeit, als die totale Störung der alten Wellen das neue ›SN 2‹ zum Rettungsanker für die gesamte Nachtjagd werden ließ. Es vereinte in sich zwei Vorteile: den wesentlich größeren Öffnungswinkel von 120 Grad und eine Wellenlänge (3,30 Meter), die von den Engländern so bald nicht gestört werden konnte.

Im August 1943 erhielt die Produktion des ›SN 2‹ die höchste Dringlichkeit. Anfang Oktober kamen die ersten Nachtjagdmaschinen mit den neuen Radaraugen an die Front, und binnen eines Vierteljahres waren die meisten Geschwader damit ausgerüstet. Das ›Hirschgeweih‹ der Antennen vor dem Rumpfbug war nun viel ausladender als beim alten ›Lichtenstein‹. Die Besatzungen wollten es gern in Kauf nehmen, wenn sie nur nicht mehr blind waren.

Das ›SN 2‹ reichte auch weiter als sein Vorgänger. Es entdeckte den Gegner schon in einer Entfernung, die etwas über der Flughöhe lag: bei 5500 Meter Höhe also etwa sechs Kilometer weit. Sobald es gelungen war, den Nachtjäger durch die Funksprech-Reportage vom Boden aus an den Bomberstrom heranzuführen, konnte er sich seine Gegner selber suchen.

Das britische Bomberkommando, das im November 1943 die Luftherrschaft bei Nacht über Deutschland errungen zu haben glaubte, mußte im Dezember wieder höhere Verluste hinnehmen. Die Verlustkurve stieg im Januar und Februar weiter an, bis sie im März 1944 ihren absoluten Höhepunkt erreichte.

Auf deutscher Seite war der Erfolg der neuen Taktik der Verfolgungsnachtjagd zuzuschreiben, und diese Taktik wurde durch das ›Lichtenstein SN 2‹ erst möglich. Daneben hatte auch die ›schräge Musik‹ steigenden Anteil an den Abschüssen der viermotorigen Bomber. Diese Waffe war in der Truppe entwickelt worden. Als ›Vater des Gedankens‹ werden heute mehrere berühmte Nachtjäger genannt: von Helmut Lent und Heinz-Wolfgang Schnaufer bis zu den beiden Prinzen der Nachtjagd, Lippe-Weissenfeld und Sayn-Wittgenstein. Tatsächlich hatte ein Unteroffizier die zündende Idee gehabt, der Waffenoberfeldwebel Paul Mahle.

Bei einem Streifzug durch die Waffenerprobungsstelle Tarnewitz hatte Mahle den Versuchseinbau von Schrägwaffen in eine Do 217, also einen Bomber, zur Abwehr feindlicher Jäger gesehen. Das hatte ihm keine Ruhe gelassen. Wenn es ihm gelang, Kanonen schräg nach oben in die Me 110 einzubauen, konnten seine Nachtjäger die britischen Viermots von unten bekämpfen, wo sie im toten Winkel der Abwehrwaffen des Bombers keine Gegenwehr zu befürchten hatten.

Schon jetzt flogen sie meist von unten an, mußten aber zum Angriff aus ihren starr nach vorn gerichteten Waffen hochziehen und gerieten dadurch leicht in den Wirkungsbereich der Vierlingswaffen aus dem Heckstand des Bombers. Das konnte vermieden werden. Der viermotorige Bomber bot von unten ein scheunentorgroßes Ziel. Er war dort auch nicht gepanzert. Die breiten Tragflächen mit den schweren Motoren und den großen Treibstofftanks würden schon nach wenigen Treffern Feuer fangen.

Mahle machte sich sofort mit ›Frontmitteln‹ an die Arbeit. Er verankerte zwei 20-mm-MG FF auf einer Hartholzplatte und brachte das Reflexvisier dafür am Kabinendach an. Die Flugzeugführer der II./NJG 5 in Parchim, zu der Mahle damals gehörte, sahen zuerst kopfschüttelnd zu, wurden aber doch vom Jagdfieber gepackt und erprobten die neuen Schrägkanonen im Einsatz.

In der Nacht zum 18. August 1943, beim Angriff auf Peenemünde, schoß Unteroffizier Hölker von der 5. Staffel/NJG 5 als erster zwei Feindbomber mit der ›schrägen Musik‹ ab. Ihm folgte Leutnant Peter Ehardt von der 6. Staffel mit vier Luftsiegen innerhalb 30 Minuten. Der Kommandeur, Hauptmann Manfred Meurer, schrieb in einem Erfahrungsbericht am 2. Oktober:

»Bisher hat die II./NJG 5 mit der versuchsweise eingebauten Schrägbewaffnung ohne Verluste und Treffer in eigenen Maschinen 18 Abschüsse erzielt...«

Ohne eigene Treffer – die Nachtjagd horchte auf. Es sprach sich herum, daß hier eine Art ›Lebensversicherung‹ erfunden worden war. Paul Mahle bekam reichlich Arbeit. Er berichtet: »Bald gehörten viele bekannte Nachtjäger zu meiner Kundschaft. Sie wollten alle die ›schräge Musik‹ eingebaut haben.«

Aus der privaten Bastelei des Waffenoberfeldwebels war eine entscheidende Waffe geworden, deren Produktion schließlich vom RLM übernommen wurde. Mahle erhielt eine schriftliche Belobigung und ganze 500 Reichsmark Erfinderlohn... 1944 gab es nur noch wenige Nachtjäger, die ohne Schrägbewaffnung flogen. Und immer mehr viermotorige Bomber gingen plötzlich in Flammen auf, ohne daß die Besatzungen wußten, woher sie beschossen worden waren.

Die britischen Verluste stiegen im Januar 1944 auf 6,1 Prozent aller gegen Berlin eingesetzten Bomber und auf 7,2 Prozent bei den Angriffen auf Stettin, Braunschweig und Magdeburg. Die Wirkung der deutschen Abwehr aber ging viel weiter. Immer häufiger stellten die Nachtjäger den Bomberstrom bereits auf dem Anflug zu seinem fernen Ziel. Die angeschossenen Viermotorigen trugen also ihre volle Bombenlast. Zahlreiche andere wurden, beschädigt, zur Umkehr gezwungen. Luftkämpfe und Abwehrmanöver spalteten und zerstreuten die Bomberströme. Ihre Geschlossenheit war dahin. Sosehr Berlin und die anderen im Winter 1943/44 angegriffenen Städte auch unter dem Bombenterror litten, die vorausgesagte totale Vernichtung blieb ihnen erspart, weil die deutsche Abwehr den Bomberströmen die Entfaltung ihrer vollen Kraft verwehrte.

Nach dem Urteil des britischen Geschichtswerkes über die ›Strategische Luftoffensive gegen Deutschland‹ wurde das Bomberkommando »in erster Linie durch die deutsche Nachtjagd gezwungen, von seinem Hauptziel Berlin abzulassen und seine Operation mit offensichtlich weniger wirksamen Mitteln als zuvor fortzusetzen... Die Schlacht um Berlin war mehr als ein Fehlschlag; sie war eine glatte Niederlage«.

Drei Luftschlachten führten vor allem diese Wende herbei. In der Nacht vom 19. zum 20. Februar 1944 war Leipzig das Ziel von 823 Viermotorigen. Obwohl die RAF das deutsche Luftlagebild durch Scheinkurse und Ablenkungsangriffe zu verwirren suchte, obwohl der Bomberstrom lange auf Berlin zuflog und erst kurz vorher nach Süden abschwenkte, blieben die Nachtjäger am Feind. 78 Bomber kehrten nicht nach England zurück.

Der letzte Angriff dieser Serie auf Berlin selbst kostete das Bomberkommando am 24./25. März erneut 72 Viermotorige.

Und dann kam die Nacht zum 31. März, diese klare, mondhelle Nacht, in der sich die deutschen Jäger, rechtzeitig alarmiert, genau an den beiden Funkfeuern sammelten, die vom britischen Bomberstrom auf seinem Weg nach Nürnberg überflogen wurden.

Zehn Minuten nach dem ersten Abschuß hat Oberleutnant Martin Drewes von der III./NJG 1 wieder eine Lancaster vor den Rohren. Bordfunker Erich Handke führt ihn nach den Angaben seines ›SN 2‹ heran. Sie müssen lange steigen, ehe sie in 7000 Meter Höhe dicht unter dem viermotorigen Bomber hängen. Drewes zielt und schießt. Aber schon nach dem zweiten Schuß versagen die Schrägkanonen. Ladehemmung!

Unruhig kurvt die Lancaster und drückt plötzlich steil nach unten weg. Drewes hat alle Mühe, zu folgen. Er setzt sich tief darunter, wartet ab, bis sich der Gegner beruhigt hat, und fliegt dann einen neuen Angriff, diesmal mit den nach vorn gerichteten Waffen. Die Lancaster brennt sofort, stürzt steil ab und explodiert noch in der Luft. Weit verstreut schlagen die brennenden Teile in das Waldgebiet des Vogelsberges.

»Rundherum gingen die Abschüsse weiter«, berichtet Bordfunker Handke, »wie die Fliegen fielen sie 'runter.« Oberleutnant Drewes schießt 20 Kilometer nördlich Bamberg noch einen dritten Bomber ab, diesmal wieder mit der ›schrägen Musik‹.

Gruppen aus allen Teilen des Reichsgebietes haben Anteil an dem Erfolg. Oberleutnant Helmut Schulte, Staffelkapitän in der II./NJG 5, startet in Parchim in Mecklenburg, trifft südlich Frankfurt auf den Bomberstrom und gerät gleich beim ersten Angriff an einen ›Pfadfinder‹ der Engländer: Beim Aufschlagbrand am Boden entsteht ein einmaliges Feuerwerk von roten, grünen und weißen Leuchtzeichen. Schulte schießt insgesamt vier Gegner ab, und weitere vier kommen auf das Konto des mit der IV./NJG 5 in Erfurt gestarteten Leutnants Dr. Wilhelm Seuss.

Den größten Erfolg dieser Luftschlacht aber erringt eine Besatzung der I./NJG 6. Um 23.43 Uhr startet Oberleutnant Martin Becker mit Bordfunker Karl-Ludwig Johanssen und Bordschütze Eugen Welfenbach vom Einsatzhafen Mainz-Finthen. 25 Minuten später stoßen sie über der Sieg ostwärts Bonn auf einen Pulk Halifax-Bomber. In der halben Stunde zwischen 0.20 und 0.50 Uhr schießt Becker sechs Viermotorige ab. Die Aufschlagstellen kennzeichnen den Kurs dieser nördlichen britischen Angriffsgruppe über Wetzlar, Gießen und Alsfeld nach Fulda. Dort muß Becker umkehren, startet aber von Mainz aus nochmals gegen die zurückfliegenden Bomber und schießt um 3.15 Uhr über Luxemburg einen weiteren Bomber ab.

Das sind sieben Viermotorige in einer einzigen Nacht!

246 Einmot- und Zweimot-Jäger werden laut Kriegstagebuch des I. Jagdkorps in dieser Nacht eingesetzt. Die einmotorigen ›Wilde-Sau‹-Jäger finden den Feind nicht, da Nürnberg zu spät als Angriffsziel der Engländer erkannt wird. Die zweimotorigen Nachtjäger melden 101 sichere und sechs wahrscheinliche Abschüsse. Die britischen Angaben sind nur geringfügig niedriger: 95 von den gestarteten 795 Halifax- und Lancaster-Bombern kehren nicht nach England zurück, und weitere 71 Viermotorige werden schwer beschädigt, davon zwölf mit Totalschaden bei der Landung.

Die größte Nachtluftschlacht des zweiten Weltkrieges ist geschlagen. Der Totalverlust von zwölf Prozent aller eingesetzten Maschinen ist auch dem britischen Bomberkommando zu hoch. Die Luftoffensive bei Nacht wird vorläufig eingestellt. Ihr Fehlschlag ist offenkundig. Die deutsche Nachtjagd hat ihren größten, freilich zugleich auch ihren letzten Sieg errungen.

36. Auf verlorenem Posten

Von nun an wurde der Großteil der alliierten Luftstreitkräfte zur Vorbereitung und nach dem ›D-Day‹, dem 6. Juni 1944, zur Unterstützung der Invasion in Frankreich eingesetzt. Gegen diesen übermächtigen Ansturm stand die Luftwaffe von vornherein auf verlorenem Posten. Was konnten Taktik und Einsatzplanung, was Erfahrung, Tapferkeit und selbst Opferwille ausrichten, wenn den 198 Kampf- und den 125 Jagdflugzeugen der Luftflotte 3 unter Feldmarschall Sperrle auf alliierter Seite 3467 Bomber und 5409 Jäger gegenüberstanden?

Mit der Rückkehr der Alliierten auf das europäische Festland war der militärische Zusammenbruch Deutschlands nur noch eine Frage der Zeit. Daran änderte auch der Einsatz der ›V-Waffen‹ nichts mehr, zumal sie auf Befehl Hitlers nicht auf wichtige militärische Ziele, sondern als absurde ›Vergeltung‹ blindlings nach London hineingeschossen wurden.

Der von der Propaganda geschürte Glaube an ein Wunder, das noch einmal eine Wende herbeiführen werde, konnte die fehlenden Waffen nicht ersetzen. Im Westen stemmte sich die Luftwaffe mit einer 1:20-Unterlegenheit vergebens gegen die Luftoperationen des Gegners.

Im Süden hatte sie bei den Kämpfen und Rückzügen aus Tunis und Sizilien ganze Geschwader mit Hunderten von Maschinen verloren. In den drei Cassino-Schlachten behaupteten sich ihre Fallschirmjäger, nun als reine Erdtruppe eingesetzt, gegen alle Angriffe, selbst als nach dem Kloster auch der Ort Cassino von amerikanischen Bombenteppichen völlig umgepflügt wurde. »Ich bezweifle«, telegrafierte damals der alliierte Oberbefehlshaber, Lord Alexander, an Churchill, »ob es auf der Welt eine zweite Truppe gibt, die das überstehen und nachher mit der gleichen Verbissenheit weiterkämpfen würde.«

Im Norden griffen schwache Luftwaffenkräfte – zwei Gruppen des KG 26 mit Torpedoflugzeugen – erneut die vollbeladenen Konvois auf dem Weg durch das Eismeer nach Rußland an, konnten aber gegen die starke Abwehr trotz scheinbar höherer Erfolge nur ein einziges Schiff versenken: die 7177 BRT große »Henry Bacon« am 23. Februar 1945.

Im Osten gelang noch einmal ein Überraschungsschlag. Fernkampfverbände des IV. Fliegerkorps unter General der Flieger Rudolf Meister griffen in der Nacht zum 22. Juni 1944 den Flugplatz Poltawa in der Ukraine an, auf dem wenige Stunden zuvor 114 ›fliegende Festungen‹ im ersten Pendeleinsatz der 8. US-Luftflotte aus England gelandet waren. Beleuchter des KG 4 tauchten den Platz in gleißendes Licht, und die Kampfgeschwader 27, 53 und 55 zielten gut: 43 viermotorige Bomber und 15 ›Mustang‹-Begleitjäger wurden am Boden vernichtet, 26 weitere beschädigt. Der Angriff war auch nach amerikanischem Urteil »brillant erfolgreich«. Doch das mehrere Jahre zu spät aufgestellte Fernkampfkorps kam durch die immer weiter zurückweichende Front bald nicht mehr an die wichtigen strategischen Ziele in Rußland heran. Und die deutschen Luftwaffenverbände im Osten verbrauchten sich in ihrer Hauptaufgabe, dem schwerbedrängten Heer immer wieder Entlastung zu bringen.

Über Deutschland schließlich nahmen die Alliierten ihre Großangriffe wieder auf und errangen nun vollends die Luftüberlegenheit – bei Tage durch Hunderte von Langstreckenjägern, bei Nacht durch neue Taktiken und Störmaßnahmen, durch die im Herbst 1944 auch die ›SN 2‹-Radaraugen der Nachtjäger endgültig erloschen.

Trotz Hitlers Machtwort, trotz des Verbots, auch nur davon zu sprechen, daß die Me 262 ein Jagdflugzeug sei, kam es schließlich doch noch zum Einsatz des ersten Düsenjägers der Welt in der Reichsverteidigung. Zuerst bildete sich das Erprobungskommando Lechfeld, nahe Augsburg, unter Hauptmann Thierfelder; er stürzte am 18. Juli 1944 bei einem der ersten Angriffsversuche auf einen Pulk viermotoriger Bomber brennend ab. Dann trat einer der besten Jagdflieger der Ostfront, Major Walter Nowotny, an die Spitze der Düsenjäger. Nowotny erkannte, wieviel Ausbildungsarbeit noch nötig war, um den Verband mit Aussicht auf nachhaltigen Erfolg gegen den Feind zu führen. Es half ihm nichts. Die Führung der Luftwaffe drängte nun überstürzt auf den Einsatz.

Anfang Oktober 1944 verlegte die Gruppe nach Achmer und Hesepe bei Osnabrück, mitten in den Haupteinflugraum der amerikanischen Bomber. Tag für Tag starteten drei bis vier Messerschmitts gegen die starken Jagdverbände des Gegners. Dennoch schossen die Düsenjäger im Laufe eines Monats 22 feindliche Maschinen ab. Sie selbst besaßen am Ende dieses Monats von ursprünglich dreißig Me 262 nur noch drei. Die meisten waren jedoch nicht im Kampf bezwungen worden, sondern durch Bedienungsfehler zu Bruch gegangen. Manche Flugzeugführer hatten vor dem Einsatz gerade ein paar Platzrunden mit der 262 geflogen – das war ihre ganze ›Erfahrung‹ mit dem revolutionären neuen Flugzeug.

Major Nowotny fiel, wie sein Vorgänger Thierfelder, im Kampf. Ein neues Jagdgeschwader, das JG 7 ›Hindenburg‹ unter Oberst Johannes Steinhoff, wurde als Me-262-Geschwader aufgestellt. Doch nur die aus dem Kommando Nowotny hervorgegangene III./JG 7, von Major Erich Hohagen und später von Major Rudolf Sinner geführt, kam unter schwierigsten Bedingungen noch vollzählig an den Feind. Von Brandenburg-Briest, Oranienburg und Parchim starteten die Staffeln immer wieder gegen die amerikanischen Bomberströme.

Ihr größtes Hindernis war dabei das Abwehrfeuer aus den ›fliegenden Festungen‹, das schon auf eine Entfernung von 800 Meter einsetzte, während sie auf mindestens 250 Meter an einen Bomber herankommen mußten, um ihn mit ihren vier 3-cm-Kanonen wirksam beschießen zu können. Noch einmal brachte eine neue Waffe Abhilfe: Das Erprobungskommando 25 unter Major Christl hatte die sogenannte ›R 4 M‹ einsatzbereit, eine 5,5-cm-Rakete, die zu je 12 Stück aus einfachen Holzrosten unter den Tragflächen abgeschossen wurden. Eine Salve von 24 Raketen wirkte wie ein Schrotschuß und konnte schon aus größerer Entfernung abgefeuert werden. Ein, zwei Treffer waren meistens dabei, und wenn eine Rakete traf, so bedeutete das jedesmal das Todesurteil für einen schweren Bomber.

Binnen weniger Tage erhielten die Messerschmitts der III./JG 7 die neue R 4 M-Bewaffnung. So ausgerüstet, schoß die Gruppe allein in der letzten Februarwoche 1945 bei geringen eigenen Verlusten 45 viermotorige Bomber und 15 Langstreckenjäger ab. Doch was bedeuteten diese relativ hohen Erfolge der etwa 40 Düsenjäger gegen die gewaltigen Bomberströme, die jetzt oft mit mehr als zweitausend Maschinen über Deutschland erschienen? Von den insgesamt gebauten 1294 Messerschmitt 262 kam ein Viertel tatsächlich an den Feind. Viele versickerten in den ungezählten Erprobungskommandos, die meisten blieben an den Boden gefesselt, obwohl es gerade an Düsentreibstoff nicht mangelte.

Der Düsenjäger – schon vor dem Kriege entwickelt, dann jahrelang vernachlässigt, vom Obersten Befehlshaber der Wehrmacht sogar kategorisch verboten und schließlich doch noch überstürzt in den Kampf geworfen – dieser Düsenjäger bewies wohl die deutsche Leistungsfähigkeit selbst in schwerster Zeit; am Ausgang des Krieges aber änderte er nichts.

Berühmte Nachtjäger fielen: Major Prinz zu Sayn-Wittgenstein und Hauptmann Manfred Meurer bereits am 21. Januar 1944 – der Prinz, nachdem er kurz vor seinem eigenen Abschuß durch eine Mosquito noch fünf britische Bomber vernichtet hatte. Brillantenträger Oberst Helmut Lent stürzte nach 110 Luftsiegen ab, als ihm beim Landen ein Motor ausfiel. Zusammen mit seiner Besatzung fand auch er den Tod.

Erfolgreichster Nachtjäger wurde der letzte Kommodore des NJG 4, Major Heinz-Wolfgang Schnaufer, mit 121 Nachtluftsiegen. Er und seine Besatzung, Bordfunker Leutnant Fritz Rumpelhardt und Bordschütze Oberfeldwebel Wilhelm Gänsler, überlebten den Krieg. Ebenfalls überlebte der überhaupt erfolgreichste Jagdflieger der Welt, Major Erich Hartmann, Kommodore des JG 52, dessen 352 anerkannte Luftsiege mit seiner Me 109 unerreicht blieben.

Aber solche herausragenden Einzelerfolge konnten die Niederlage nicht abwenden. Die Luftwaffe starb dahin. Ihr Niedergang war untrennbar mit dem militärischen Zusammenbruch an allen Fronten verbunden. 113514 Flugzeuge hatte Deutschland im Laufe des Krieges produziert, die weitaus meisten, nämlich über 40500, im Jahre 1944, also während und nach den vernichtenden Luftangriffen auf die deutsche Flugzeugindustrie. Rund 150000 Soldaten der Luftwaffe fanden in dem fünfeinhalbjährigen Ringen den Tod, darunter über 70000 Flieger. Viele fielen noch in den letzten Kriegsmonaten, im aufopfernden Einsatz eines aussichtslosen Kampfes.

Am 8. November 1944 starten von Achmer und Hesepe bei Osnabrück fünf deutsche Düsenjäger Me 262 zum Angriff auf amerikanische Bomber. Die fünf Strahlflugzeuge gehören zum ›Kommando Nowotny‹. Tag für Tag werden die Plätze der Düsenjäger von amerikanischen Jabos angegriffen. Eine FW-190-Jagdgruppe und stärkste Flak müssen Start und Landung der in diesen Augenblicken hilflosen Düsenmaschinen schützen.

Auf dem Gefechtsstand in Achmer werden Rückflüge von viermotorigen Bombern gemeldet. Trotz Startverbots hält es Major Nowotny nicht am Boden. Mit der letzten einsatzbereiten Me 262 jagt er los. Wenige Minuten später meldet er einen Abschuß. Es ist der 258. Luftsieg des erst 23jährigen Jagdfliegers. Seine nächste Durchsage im Funksprech verheißt nichts Gutes:

»Ein Triebwerk ausgefallen. Versuche Landung.«

Die Männer im Gefechtsstand in Achmer, darunter Generaloberst Keller und der General der Jagdflieger, Adolf Galland, drängen ins Freie.

Da heult die Me 262 Nowotnys schon heran. Tief über den Platz. Ein ganzes Rudel amerikanischer Mustang-Jäger im Nacken. Sie wittern die sichere Beute. Sie hetzen den flügellahmen Düsenjäger wie bei einer Treibjagd. Jetzt zur Landung einzuschweben, wäre Selbstmord. Nowotny nimmt mit einem Triebwerk den Luftkampf auf.

Er zieht steil hoch, kurvt, drückt wieder hinab. Nur wenige Meter über dem Erdboden jagt er dahin. Plötzlich ein greller Blitz und eine Explosion: Aufschlag!

Niemand weiß, ob die Me 262 abgeschossen wurde oder ob sie bei der wilden Jagd den Boden berührte.

Gleichviel: Walter Nowotny, einer der Besten, war tot. Unter den Zeugen seines Absturzes auf dem Gefechtsstand herrschte tiefes Schweigen. Dieser Krieg, das wußten sie, war verloren, wie lange er auch noch dauern mochte.

Die Luftschlacht über Deutschland
Erfahrungen und Lehren

1. Nur kurze Zeit, bis Rußland niedergeworfen sei, sollte sich die Luftwaffe 1941 nach Osten wenden, um dann mit aller Kraft erneut im Westen gegen England eingesetzt zu werden. Tatsächlich brachte der Osten eine Folge von Abnutzungsschlachten, die von Jahr zu Jahr größere Opfer forderten. Im Westen blieb die Luftwaffe schwach, während sich die Engländer und ab 1942 auch die Amerikaner in aller Ruhe auf den Luftkrieg gegen Deutschland vorbereiten konnten.

2. Die Luftwaffe verließ sich darauf, daß ihre an Zahl geringen Jagdstreitkräfte feindliche Bombenangriffe bei Tage durch eine hohe Verlustquote abweisen und daß die Bomber bei Nacht nichts treffen würden. Das Kräfteverhältnis verschob sich jedoch immer mehr zugunsten der Alliierten. Neue Verfahren der Luftnavigation und der Zielfindung führten auch zu genauen Nachtangriffen.

3. Die Erfolge der deutschen Nachtjagd stiegen, konnten aber nicht mit den wachsenden Einsatzstärken der Bomberverbände Schritt halten. Das ›Himmelbett‹-Verfahren, bei dem einzelne Nachtjäger durch eine enge Bodenführung mit dem Bomber in ›Berührung‹ gebracht wurden, bewährte sich so lange, wie die Bomber einzeln und in breiter Front ein- und ausflogen. Der geänderten Einflugtaktik des geschlossenen Bomberstromes mußte die Abwehr mit der Verfolgungsnachtjagd begegnen, bei der sich die Jäger mit Bordradargeräten selber ihre Gegner suchten.

4. Die aussichtsreiche ›Fernnachtjagd‹ über den Heimatflugplätzen der britischen Bomber wurde nur zeitweise und in geringem Umfang wiederaufgenommen. Bei den schwierigen Start- und Landemanövern waren die Bomber besonders verwundbar, zumal viele bereits schwer beschädigt vom Luftkampf über Deutschland zurückkamen. Daß sie in diesem Augenblick nicht mehr angegriffen wurden, daß auch ihre meist hell erleuchteten Flugplätze intakt blieben, hat viel zur Stärkung des britischen Bomberkommandos beigetragen.

5. Die vernichtenden Nachtangriffe auf Hamburg Ende Juli 1943 rüttelten die Führung der Luftwaffe auf und gaben den Kräften der Reichsverteidigung endlich Vorrang vor anderen Fronten. Allein Hitler bestand nach wie vor darauf, daß Angriff und nicht Verteidigung die Hauptaufgabe der Luftwaffe sei. Das führte u. a. zu der krassen Fehlentscheidung, den ersten Düsenjäger der Welt, die Messerschmitt 262, zum Schnellbomber umzurüsten.

6. Die gegen den Rat der Engländer bei Tage angreifenden ›fliegenden Festungen‹ der 8. US-Luftflotte erlitten über Deutschland schwere Verluste, solange ihre Begleitjäger sie nicht auf dem ganzen Flug schützen konnten. Durch Langstreckenjäger – wie sie den deutschen Kampfverbänden 1940 über England gefehlt hatten –

gelang es den Amerikanern jedoch, ab 1944 die Luftüberlegenheit über Deutschland zu erringen.

7. Das Ziel des britischen Bomberkommandos, den Krieg durch Flächenangriffe auf die deutschen Städte zu entscheiden, wurde nicht erreicht. Die ›Moral‹ der schwergeprüften Bevölkerung brach nicht zusammen, die rechtzeitig dezentralisierte Kriegsproduktion erreichte trotz schwerster Bombenschläge gerade 1944 ihren höchsten Stand. Die nächtliche Bombenoffensive der RAF erwies sich letztlich als kostspieliger Fehlschlag. Die ungeheure dafür abgezweigte Kapazität fehlte an den militärischen Fronten. Der Krieg wurde dadurch eher verlängert als abgekürzt.

8. Die Entscheidung fiel vielmehr durch die erdrückende Übermacht der alliierten taktischen Luftstreitkräfte bei der Invasion und im strategischen Luftkrieg durch die Angriffe auf die Engpässe der deutschen Treibstofferzeugung und des Verkehrsnetzes, die den Zusammenbruch der Wehrmacht beschleunigten. Es waren also die Angriffe auf militärische Ziele und nicht diejenigen auf die Zivilbevölkerung, die, neben anderen Faktoren, kriegsentscheidend waren. Diese Lehre sollte niemals wieder vergessen werden.